U0874496

中華古籍保護計劃

ZHONG HUA GU JI BAO HU JI HUA CHENG GUO

·成果·

(宋)王安石　撰

宋本臨川先生文集

第一册

國家圖書館出版社

圖書在版編目(CIP)數據

宋本臨川先生文集:全十册/(宋)王安石撰.—北京:國家圖書館出版社,2018.10

(國學基本典籍叢刊)

ISBN 978-7-5013-6569-2

Ⅰ.①宋… Ⅱ.①王… Ⅲ.①中國文學-古典文學-作品綜合集-北宋 Ⅳ.①I214.412

中國版本圖書館CIP數據核字(2018)第211342號

書　　名	宋本臨川先生文集(全十册)
著　　者	(宋)王安石　撰
責任編輯	廖生訓
助理編輯	潘肖薔
封面設計	徐新狀
出　　版	國家圖書館出版社(100034　北京市西城區文津街7號) (原書目文獻出版社　北京圖書館出版社)
發　　行	010-66114536　66126153　66151313　66175620 66121706(傳真)　66126156(門市部)
E-mail	nlcpress@nlc.cn(郵購)
Website	www.nlcpress.com→投稿中心
經　　銷	新華書店
印　　裝	北京市通州興龍印刷廠
版　　次	2018年10月第1版　2018年10月第1次印刷
開　　本	880×1230(毫米)　1/32
印　　張	78
書　　號	ISBN 978-7-5013-6569-2
定　　價	260.00圓

《國學基本典籍叢刊》編委會

《國學基本典籍叢刊》前言

國家圖書館出版社（原書目文獻出版社 北京圖書館出版社）成立三十多年來，出版了大量的中國傳統文化典籍。由於這些典籍的出版往往採用叢書的方式或綫裝形式，供公共圖書館和大學圖書館典藏使用，普通讀者因價格較高、部頭較大，不易購買使用。爲弘揚優秀傳統文化，滿足廣大普通讀者的需求，現將經、史、子、集各部的常用典籍，選擇善本，分輯陸續出版單行本。每書之前均加簡要説明，必要者加編目録和索引，總名《國學基本典籍叢刊》。歡迎讀者提出寶貴意見和建議，以使這項工作逐步完善。

編委會

二〇一六年四月

序　言

王安石（一〇二一—一〇八六），字介甫，撫州臨川（今屬江西）人。中國宋代著名政治家、文學家、思想家。因籍貫臨川，人稱王臨川。晚年退居金陵（今江蘇南京）半山園，又稱王金陵、王半山、半山老人。因封舒國公、荆國公、舒王，世稱王荆公、舒王。因去世後謚文，又稱王文公。

宋真宗天禧五年（一〇二一）十一月十三日辰時，王安石出生於臨江軍清江縣（今屬江西）。父親王益，真宗大中祥符八年（一〇一五）登進士第，時任臨江軍判官，爲官清廉剛直，勇於任事。母親吴氏，出自撫州金溪大族，好學强記，文化素養很高。王安石自幼隨父親轉徙於各地任所，至宋仁宗景祐四年（一〇三七），全家始定居江寧（今江蘇南京）。他『少好讀書，一過目終身不忘。』（《宋史》卷三百二十七《王安石傳》）『自百家諸子之書，至於《難經》《素問》《本草》、諸小説，無所不讀，農夫女工，無所不問。』（《臨川先生文集》卷七十三《答曾子固書》，中華書局一九五九年版，以下簡稱《文集》）十七、八歲時，便以歷史上的賢臣稷、契自命，樹立起遠大的政治理想：『材疏命賤不自揣，欲與稷契遐相希。』（《文集》卷十三《憶昨詩示諸外弟》）

宋仁宗慶曆二年（一〇四二），王安石以第四名登進士高第，授校書郎。此後，歷任簽書淮南判官廳公事（治所在揚州）、知鄞縣（今浙江寧波）、舒州（今安徽安慶）通判。仁宗至和元年（一〇五四）九月，入京任群牧司判官，提點開封府諸縣鎮公事。嘉祐二年（一〇五七）夏，外調出知常州、提點江南東路刑獄。嘉祐四年（一〇五九）入京，任三司度支判官、知制誥等，直至嘉祐八年（一〇六三）八月，因母喪歸江寧丁憂。

作爲進士高第，王安石本可按北宋官場慣例，於揚州簽判任滿後獻文求試館職，獲取仕途晋升的捷徑。然而，他却數次放弃了這樣的機會，寧願輾轉地方任職，去施展治民的抱負。在知鄞期間，他『讀書爲文章，二日一治縣事。起堤堰，决陂塘，爲水陸之利。貸穀與民，立息以償，俾新陳相易。興學校，嚴保伍，邑人便之。』（邵伯温《邵氏聞見録》卷十一，中華書局一九九七年版）在舒州通判任上，王安石躬行儉素，吏治嚴明。時逢大旱大饑，他襄助知州每天開常平倉賑濟灾民，並巡行屬縣，發粟救灾。在知常州的短暫任期内，他開鑿運河，疏導水勢，振興文教。隨後提點江南東路刑獄，巡視一路，訪問民生疾苦，獎勵提掖人才，糾治官場上的苟且因循之風，導致謗議紛然。

憑藉出色的政績，王安石逐漸成爲北宋政壇上一顆冉冉升起的新星，被視爲東南地方吏治的典範：『是時，荆公王介甫宰明之鄞縣，知樞密院韓玉汝宰杭之錢塘，公弟師直宰越之會稽，環吴越之境，皆以此四邑爲法。處士孫侔爲文以紀之。』（范純仁《范忠宣公文集》卷十三《謝公墓志銘》，文淵閣《四庫全書》本）更重要的，通過任職地方，王安石積累起豐富的行政經驗，對民生疾苦、社會弊端、吏治腐敗有了深入瞭解。他以儒家經典中的理想政治制度作爲對比，從中汲取資源，來觀照、批判當前社會中的土地兼並、貧富分化等不公正現象。儒家兼濟天下的理想與情懷，驅使著他每任職一方，總是恪盡職守，奮發有爲。

嘉祐四年春，王安石回京任三司度支判官。在煌煌萬言的《上仁宗皇帝言事書》中，他對當時的各項社會弊端作了全面分析，並將其根本原因歸之於：『方今之法度，多不合乎先王之政故也……臣以謂今之失患在不法先王之政者，以謂當法其意而已。』（《文集》卷三十九）由此，他明確提出變革更制的主張，認爲應當效法古代儒家的理想政治，回歸三代，效法先王。『因天下之力以生天下之財，取天下之財以供天下之費。』在隨後幾年裏，他陸續撰寫了一系列文章，系統地闡述自己的政治理念和改革方案，核心是以法理財，以才行法：

> 夫合天下之衆者財，理天下之財者法，守天下之法者吏也。吏不良，則有法而莫守；法不善，則有財而莫理。有財而莫理，則阡陌閭巷之賤人，皆能私取予之勢，擅萬物之利，以與人主爭黔首，而放其無窮之欲，非必貴强桀大而後能如是。而天子猶爲不失其民者，蓋特號而已耳。（《文集》卷八十二《度支副使廳壁題名記》）

宋神宗熙寧元年（一〇六八）春，王安石以翰林學士召入京師，深獲神宗賞識。熙寧二年（一〇六九）二月，除參知政事，翌年拜相。在神宗的大力支持下，王安石於熙寧二年二月二十七日設立制置三司條例司，開始了全方位的變革更制。先後出台的重大新法有：均輸法、青苗法、農田水利法、銷並軍營、措置宗室、募役法（免役）、市易法、方田均税法、保甲法、將兵法等等。同時，强化官僚系統的考核；整頓中書系統以提高行政效率；控制台諫异議；改革科舉制度；整頓各級學校；設置經義局訓釋經義，以一道德同風俗，確保爲新法的順利實施提供人才、制度、意識形態的保障。

以上新法，基本上達到了富國强兵的預期成效。政府財政收入大幅度提高，官僚系統的行政效率得以改善，皇室、外戚、士大夫的某些特權得到削減，豪强兼並與高利貸者受到抑制，農業生產獲得較大發展，軍隊戰鬥力有所增强，取得了熙河大捷。

但變革也產生了諸多新問題。各項新法的出台比較密集倉促，往往雷厲風行，超出了社會的承受能力。由於各地官吏的良莠不齊，新法在具體執行過程中弊端叢生。而且新法的實施，或多或少觸犯了特權階層的某些利益。新法以富國强兵爲核心目標，這與傳統儒學的側重禮儀、教化頗有不同。而神宗、王安石希望通過富國强兵，徹底改變北宋與西夏、遼國對峙中的妥協局面，從而取得王朝的長久治安，這種奮發有爲的政治理念和戰略目標，也並未在官僚士大夫階層内取得一致共識。以上等等，導致了變革從一開始便受到强烈反對，引起士大夫階層内部的嚴重分裂，深刻影響了北宋後期政局。

熙寧七年（一〇七四），反對者又以持續大旱爲由，對新法展開攻擊，而新黨内部也開始内訌。四月，王安石罷相，出知江寧府。熙寧八年（一〇七五）二月，復相。熙寧九年（一〇七六）十月，因遭喪子之痛，且深感神宗的信任和支持已經不如以前，王安石再次罷相，出判江寧府。

自神宗熙寧十年至哲宗元祐元年（一〇七七—一〇八六），王安石退居江寧，僅食祠禄。雖然遠離政治中心，但仍然關注政局。他修訂《三經新義》，注解佛經，删定《字説》，試圖爲新法尋求統一的理論基礎。更多時間，則悠游於山水之間，參禪問佛，詩歌唱酬，真率無心，灑脱自如。

哲宗元祐元年四月六日，王安石去世。其時，他所創立的各項新法，已被垂簾聽政的高太后以及司馬光等舊黨逐一廢除。等到哲宗親政後，新法又開始陸續恢復，但與王安石創法立制時的本意，已頗有不同。

在中國歷史上，王安石是極少數能够『廣涉四部、具有恢宏格局的文化巨人。』（王水照主編《王安石全集》前言，復旦大學二〇一七年版）清代著名學者陸心源《儀顧堂集》卷十一《臨川集書後》：

三代而下有經濟之學，有經術之學，有文章之學，得其一皆可以爲儒。意之所偏喜，力之所偏注，時之所偏重，甚者互相非笑，蓋學之不明也久矣。自漢至宋千有餘年，能合經濟、經術、文章而一之者，代不數人，荆國王文公其一焉。

同時，王安石又是中國歷史上最具争議性的人物之一。南宋心學家陸九淵《荆國王文公祠堂記》：

英特邁往，不屑於流俗，聲色利達之習，介然無毫毛得以入於其心。潔白之操，寒於冰霜，公之質也。掃俗學之凡陋，振弊法之因循，道術必爲孔、孟，勛績必爲伊、周，公之志也。不蘄人知，而聲光燁奕，一時鉅公名賢爲之左次，公之得此，豈偶然哉？用逢其時，君不世出，學焉而後臣之，無愧成湯、高宗，君或致疑，謝病求去，君爲責躬，始復視事，公之得君，可謂專矣。

新法之議，舉朝嚾嘩，行之未幾，天下恟恟。公方秉執《周禮》，精白言之，自信所學，確乎不疑。君子力争，繼之以去，小人投機，密贊其决，忠樸屏伏，憸狡得志，曾不爲悟，公之蔽也。典禮爵刑，莫非天理，《洪範》九疇，帝實錫之。古所謂憲章法度典則者，皆此理也。公之所謂法度者，豈其然乎？（《陸九淵集》卷十九，中華書局一九八〇年版）

『英特邁往，不屑於流俗，聲色利達之習，介然無毫毛得以入於其心。潔白之操，寒於冰霜，公之質也。掃俗學之凡陋，振弊法之因循，道術必爲孔、孟，勛績必爲伊、周，公之志也。』這個評價充分凸顯出王安石高尚的道德、人品和偉大的理想抱負，是相當中肯的，堪稱不刊之論。

但對王安石的政事、學術，陸九淵則不無保留。事實上，歷代對王安石評價的巨大分歧，主要即來自於對王安石變法的不同認識，至於他文學方面的巨大成就，則很少有异議。自南宋以後直至清代，對於王安石變法，批評、否定是主流；自近代梁啓超以來，褒揚、肯定是主流。但無論是批評還是褒揚，主流評價之外，始終有强烈的异議之聲存在。對於王安石變法的研究、認識，一直處在『進行時』中。

王安石生前未曾編纂個人文集。徽宗重和元年（一一一八），薛昂奉詔編集王安石遺文。宣和年間（一一一九—一一二五），王棣也曾奉旨編纂。薛昂是王安石高足，王棣是王安石長孫。可惜因遭戰亂，宋室南渡後，此二人所編之集均已散佚不傳。兩宋之交，閩、浙間有王安石文集刊本流行，不詳所自。南宋高宗紹興十年（一一四〇），撫州知州詹大和在閩、浙舊本基礎上，於臨川刊刻王安石文集一百卷，題作《臨川先生文集》，世稱『臨川本』。紹興二十一年（一一五一），王安石曾孫王珏，時任右朝散大夫、提舉兩浙路常平鹽茶公事，以詹大和刻本爲基礎，校以自薛昂家所得王安石遺文，參以『龍舒』本等，於杭州刊刻《臨川先生文集》一百卷，世稱『杭本』。『臨川本』與『杭本』編次、録文相同。

此次影印，所據即紹興二十一年王珏刻、元明遞修本《臨川先生文集》一百卷。卷端所題爲

『臨川先生文集』，書口題『臨川先生文集卷第一』，卷第一百末有王珏題後曰：

曾大父之文，舊所刊行，率多舛誤。政和中門下侍郎薛公，宣和中先伯父大資皆嘗被旨編定。後罹兵火，是書不傳。比年臨川、龍舒刊行，尚循舊本。珏家藏不備，復求遺稿於薛公家，是正精確，多以曾大父親筆、石刻爲據，其間參用衆本，取捨尤詳。至於斷缺，則以舊本補校足之。凡百卷，庶廣其傳云。紹興辛未孟秋旦日，右朝散大夫、提舉兩浙路常平鹽茶公事王珏謹題。

李盛鐸《木樨軒藏書題記》著録此書曰：『此本前有吴草廬序，稱危太樸搜索諸本增補校定。其實即以宋版略加修補，掩爲新刻（元人此類甚多），又間有嘉靖五年（一五二六）補刊之葉，知此版明時尚存，宋刻十存六七。宋諱如竟、讓、縣、懲、完皆缺末筆，桓字注「淵聖御名」，蓋紹興中公曾孫珏所刊，元明以來遞有修版。此本雖係明印，而宋槧面目具在，良可寶也。』（李盛鐸著，張玉範整理《木樨軒藏書題記及書録》，北京大學出版社一九八五年版）此書現存中國國家圖書館。

劉成國

二〇一八年八月

總目録

第一册

第二册

第三册

第四册

第五册

第六册

第七册

第八册

第九册

第十册

第一册目録

臨川先生文集卷第五……七五

臨川先生文集卷第六……九一

臨川先生文集卷第十……一六五

據國家圖書館藏宋紹興二十一年兩浙西路轉運司王珏刻元明遞修本影印原書版框高二十點四厘米寬十六點三厘米

臨川先生文集卷第一

古詩

元豐行示德逢

後元豐行

夜夢與和甫別因寄純甫

純甫出釋惠崇畫要予作詩

徐熙花

燕侍郎山水

陶縝菜

送沈氏妹于白鷺洲遇雪作詩寄天騭

招約之職方并示正甫書記

同王濬賢良賦龜

示元度[illegible]卷半山圖作

仲明父至宿明日遂行

杏花

奉酬約之見招

寄吳氏女子

贈約之

寄楊德逢

再次前韻寄楊德逢

仲明父不至

與呂望之上東嶺

與望之至八功德水

要望之過我廬

聞望之解舟

法雲

彎碕

月夜二首

兩山間

元豐行示德逢

四山翛翛映赤日田背坼如龜兆出湖陰先生坐草室看踏溝車望秋實雷蟠電掣雲滔滔夜半載雨輸亭皋旱禾秀發埋牛尻豆死更蘇肥莢毛倒持龍骨挂屋敖買酒澆客追前勞三年五穀賤如水今見西成復如此元豐聖人與天通千秋萬歲與此同先生在野故不窮擊壤至老歌元豐

後元豐行

歌元豐。十日五日一雨風。麥行千里不見土。連山没雲皆種黍。水秧綿綿復多稌。龍骨長乾挂梁梠。鱘魚出網蔽洲渚。荻筍肥甘勝牛乳。百錢可得酒斗許。雖非社日長聞鼓。吴兒蹋歌女起舞。但道快樂無所苦。老翁塹水西南流。楊柳中間杙小舟。乘興欹眠過白下。逢人歡笑得無愁。

夜夢與和甫别如赴北京時和甫作詩覺而有作因寄純甫

水菽中歲樂鼎茵暮年悲同胞苦零落會合尚淒其況乃夢乖闊傷懷而賦詩詩言道路寒乃似北征時叙兮今安否兮季也來何遲中夜遂不眠輾轉[illegible]

老我孫主恩結草必爲期冀叔善事國有知無不爲千里永相望昧昧我思之幸唯季優游歲晚相攜持於焉可晤語水木有茅茨晩蘭佇歸憩遶屋正華滋

純甫出釋惠崇畫要予作詩

畫史紛紛莫足數惠崇晩出吾最許旱雲六月漲林莽移我翛然墮洲渚黃蘆低摧雪翳土鳧鴈靜立將儔侶往時所歷今在眼沙平水澹西江浦暮氣沈舟暗魚罟欹眠嘔軋如聞櫓頗疑道人三昧力異域山川能斷取方諸承水調幻藥灑落生綃變寒暑金坡巨然山數堵粉墨空多真漫與大梁崔白亦善畫曾見桃花淨初吐酒酣弄筆起春風便恐漂零作紅雨鸎流探枝婉欲語蜜蜂掇蘂隨翅股一時二子皆絕

藝裘馬穿窮久羈旅華堂豈惜萬黃金苦道今人不
如古

徐熙花

徐熙丹青蓋江左杏枝偃蹇花婀娜一見真謂值芳
時安知有人槃礴羸同朝衆史共排媢亦欲學之無
自可錦囊深貯幾春風借問此木何時果

燕侍郎山水

往時濯足瀟湘浦獨上九疑尋二女蒼梧之野煙漠
漠斷壠連岡散平楚暮年傷心波浪阻不意畫中能
更覩燕公侍書燕王府王求一筆終不與奏論讞一死
誤當赦全活至今何可數仁人義士埋黃土秪有粉
墨歸囊褚

陶縝菜

江南種菜漫阡陌，紫芥緑菘何所直。陶生畫此共言好，一幅往往黄金百。比山老圃不外慕，但守荒畦斸荆棘。陶生養目渠養腹，各以所能爲物役。

己未耿天隲著作自烏江來予逆沈氏妹于白鷺洲遇雪作此詩寄天隲（辛酉冬天隲復來誦之遂書于壁請天隲書所酬于右）

朔風積夜雪明發洲渚淨開門望鍾山松石皓相映故人過我宿未盡躋攀興而我方渺然長波一歸艇款叚庶可策柴荆當未暝與子出東岡墻西掃新徑

招約之職方并示正甫書記

往時江總宅近在青溪曲共滅非故桐臺傾尚餘竹

池塘三四月菱蔓芙蕖馥蒲柳亦競時冥冥一川綠
方壥最所愛意謂可穿築欲往無舟梁長年寄心目
故人晚得此心事付草木消搖欄宇新攬結蹊隧熟
更能適我願中水開茆屋鬼營誅荒梗人境掃喧黷
濠魚淨留連海鳥暖追逐豈無方外客於此停高躅
憶初桑落時要我豈非夙蠶眠忽欲老一介未言速
當緣東門水尚澀南浦舳吾廬雖隱翳賞眺還自足
橫陂受後潤直塹輸前瀆跳鱗出重錦舞羽墮輕玉
碧篛遮舒卷紫角聯出縮千枝孫嶧陽萬本母淇奧
滿門陶令株彌岸韓侯蔌尚復有野物與公新聽矚
金鈿擁蕪菁翠被敷苜蓿蝦蟆能作技科斗似可讀
檽軒俯北渚花氣時[illegible]度咎耘耡聊效顰罼締名御行可續

東籬不倦一壺敢辭辭雖無北海酒乃有平津肉

倏儵仙李枝城市久煩從寄聲與俱來蔭我臺上殺

同王濟賢良賦龜得升字

尚待一尾龜百歲。此龜遠見隋唐興。雖然天幸免焦灼。想優縮頸愁巖凝。前年赴海不量力。欲替籠負三峻嶒。番禺使君邇迨見。知困籔蕩因嗟矜。疾呼余且設網羅。以組系首羈穿繩。北歸與俱度大庾。兩夫舁贔屭苦不勝。艤舡秦淮擔送我。去此一可當十朋。昔人寶龜謂神物。奉享槁骨充競競。殘民滅國遞爭奪。有此乃敢司黎蒸。於時龜甲別貴賤。太卜藏法傳昆仍。豈如元君須見夢。初知歡喜得未曾。自從九江羅納錫。衆漁賤棄秋不登。卜人官廢亦已久。果獵誰復知殊稱。今君此實世莫識，我亦坐視心瞢瞢。楮柎纔堪比瓦礫。當粟孰肯指斗升。縿頭腥臊何足嗜。曳尾污穢。適可憎。盛溲除龔豈必驗。蹈背出險要敢憑。剖腸以占幸無事。卷殼而食病未能。如聞翁息可視效。乃往有墮崖千層。仰窺朝陽俯引氣。亦得難老如岡陵。諒能學此真壽類。世論妄以蟲疑冰。嗟余老矣倦呼吸。起晏光景難瞻承。但知故人所玩惜。每戒異物相侵陵。唯憂盜賊今好卜。夜半剝請無感戀。復恐覽夫負之走。并竊老木爲薪烝。淺樊荒園不可係。守視且寄鍾山僧。

示元度（一譽 一居半 山圖作）

今年鍾山南隨分作園圃鑿池（綸名）吾廬碧水寒可漱

西崖丁壯擔土爲培塿扶踈三百株蒔綠最高處
不求鷄鷄實但取易成就中空一丈地斬木令結御
五楸東都來斵以遠簷霤老來厭世語深卧寒門巷
賸魚與之游饑鳥見如舊一徊當邀之子商略終宇宙
更待春日長黃鸝弄清晝

仲明父至宿明日遂行

初登張公門公子始冠幘於今見公子與我皆鬢白
山林坐語笑宛我在公側豈惟貌如之侃侃有公德
憶公營懶鄉許我歸作客我歸公既逝惆悵難再得
得子如得公交懷我忻感凛凛將安往稅駕止一昔
寤言且勿寐庶以永今夕何時復能還裹飯治城宅

杏花

石梁度空曠茅屋臨清炯俯窺嬌鏡杳未覺身勝影

嫣如景陽妃含笑墮宮井怊悵有微波殘粧壞難整

奉酬約之見招

君家段干木爲義畏人侵馮軾信厚禮踰垣終褊心

川塍寧有此園屋諒非今雨過梅柳淨潮來蒲稗深

種芳彌近渚伐翳取遥岑清節亦難尚曠懷差易尋

子猷憐水竹逸少愜山林況復能招我親題漢上襟

寄吳氏女子

伯姬不見我乃今始七齡家書無虛月豈畏常歸寧

汝夫綴卿官汝見亦搢綖見已孟入師學出藍而更青

女復知女功婉嫕有典刑自吾[illegible]汝東守父繼在廷

小父數往來言音汝每聆既嫁可頻懷孰如汝所[illegible]

而吾與汝毋湯驗士卒小停立園祿一品吏卒給使令
膏粱以晚食安步而車野山泉皐壤間適志多所經
汝何思而憂書每誦蘭亭令吾廬所封殖歲久愈華青
豈特茂松竹梧楸亦宜含六莖荷芙花實瀰漫爭溝徑
諸孫肯來遊誰謂川無魚眾茹示汝我詩知嘉此林垌
未有擬寒山覺汝耳目然因之發汝季季也亦淑靈

贈約之

君胃寒而瘖我齒熱以搐無方可採藥相值久無瘳
欲尋秦越人魂逝莫能招但當觀此身不實如芭蕉

寄楊德逢

山樊老憚暑獨寤無所適湖陰宛在眼曠若千里隔
遥聞青秧底復作龜兆坼占歲以知予將勤而後食

穿溝取西港此計當未獲脩脩兩龍骨豈得長掛壁
晤言久不嗣作苦何時息炎天不可觸悵望新春白

再次前韻寄楊德逢

一雨洗炎烝曠然心志適如[illegible]瑚浮幢海瀛火十八鵬
俯觀風木涌仰視雷雲坼知[illegible]關霽後過我言不食
翻然陂路長泥淖固藏獲明[illegible]明吾有懷如日照東壁
莫逢田父歸倚杖問消息渠[illegible]不那得度南蕩今已白

仲明父一不至張名[illegible]民仲明父其字也

月出映溝坻煙升隱墟落寒[illegible]占窟聚暝鳥投枝[illegible]
亭皋閑晚市隴首歸新穫佇子終不來青燈歎[illegible]

與呂望之上東嶺

清節愛吾廬猗玗樂吾耳適野無世諠吾今亦如

七

紛紛舊可厭俗子令憎執使君氣相求眷顧未六日

追隨上東嶺俯仰多可喜何以況清明朝陽麗秋水

纖雲會消散豈久汙塵滓所懷在分衿藉草淚如洗

與望之至八功德水

念方與子違懭怳夜不眠起視明星高整駕出東阡

聊爲山水遊以寫我心悁知子不餔糟相與酌雲泉

要望之過我廬

念子且行矣要子過我廬汲我山下泉煑我園中蔬

知子有仁心不忍鉤我魚我池在人境不與積瀨居

亦復無蟲蛆出沒爭腐餘食罷往遊觀鰷鱍藻與蒲

清波映白日擺尾揚其鬐豈魚有此樂而我與子無

擊壤謠 聖時自得以爲娛

聞望之解舟

子來我樂只子去悲如何謂言且少留文舸已凌波

闇黙雖莫測皇明邁羲娥將[illegible]門歸有時京水非汨羅

法雲

法雲但見春細路埋桑麻以與度簇水窈窕一川花

一川花好泉亦好初晴漲綠深於草汲泉養之花不

老花底幽人自衰槁

彎碕

殘暑無所逃彎碕此隱此伐翳作清曠培芳衛岩竇

披衣挂青枝敷簟取一息凉風過碧水俯見遊魚食

永懷少陵詩菱葉淨如拭誰當共新甘菱角方可擷

月夜二首

山泉隨瀉陂陂月臨靜路惜哉此佳境獨賞無與晤■口哆陂陰要予水西去呼僮擁草垡復使東南注

二

躅月看流水水明搖蕩月草木已華滋山川復清發褰裳伏檻處綠淨數毛髮誰能挽姮娥俯濯凌波韈

兩山間

自予營此渚數至兩山間臨路愛山好出山愁路難山花如水淨山鳥與雲閑我欲拋山去山仍勸我還祗應身後塚亦是眼中山且復依山住歸鞍未可攀

臨川先生文集卷第一

臨川先生文集卷第二

古詩

題南康晏史君望雲亭

南康父老傳史君。疾呼急索初不聞。未嘗遣汲谷簾水。三歲只望香爐雲。雲徐無心澹無滓。史君恬靜亦如此。颯然一去掃遺陰。便學歎煩悵千里。歸田負戴予與妻。圃蔬園果西山西。出門亭皋百頃綠。望雲纔喜雨一犁。我知新亭望雲好。欲斸比鄰成二老。莫嫌雞黍數往來。爲報襄陽德公嫂。

淯亭

朝尋東郭來西路歷淯亭衆山若怨思慘澹長眉青遊水泣幽咽復如語丁寧豈予久忘之而欲我小停歇鞍松栢間坐起俯軒櫺秋日幸未暮奈何雨冥冥

光宅寺

翛然光宅淮之陰扶輿獨來止中林千秋鍾梵已變響十畝桑竹空成陰昔人倨堂有妙理高座翳遶天花深紅葵紫莧復蕭眼徃事無跡難追尋

春日晚行

門前楊柳二三月枝條緑煙花白雪呼僮羈我果下騮欲尋南岡一散愁緣岡初日滿港淨與我門前緑相映隔淮仍見裊裊垂佇立怊悵去年時杏花園西光宅路草暖沙晴正好渡興盡無人識迎我却隨倦鳥歸薄暮

新花

老年少忻豫況復病在牀汲水置新花取慰此流芳流芳柢須臾我亦豈久長新花與故吾已矣兩可忘

四皓二首

四皓秦漢時招招莫能致紫芝可以飽粱肉非所嗜
谷廣水渙渙山長雲泄泄與其貴而拘不若賤而肆

二

秦敺九州逃知力起經綸重利誘衆策頗知聚秦民
頹然此四老上友千載䰟采芝商山中一視漢與秦
靈珠在泥沙光景不可昏道德雖避世餘風迴至尊
嫡孽一朝正留侯果知言出處但有禮廢興豈所存

真人

予常值真人能藏毒而無能納穢若淨能易羶使馨
能解身赫赫能逆知冥冥日唯汝心攖而汝耳目熒
廓然而無營其孰擾汝靈神奇實主汝厥通莫之令

嘻子豈不知黄帝與焦螟死心而廢形乃可少聞霆
顧今親遺之於吾獨剽聆剳心事斯語自儆以書銘

寄蔡氏女子二首

建業東郭望城西堘千嶂承宇百泉遶霤青遥遥兮
纚屬緑宛宛兮横逗積李兮縞夜崇桃兮炫晝蘭馥
兮衆植竹娟兮常茂柳蔦綿兮含姿松偃蹇兮獻秀
鳥跂兮下上魚跳兮左右顧我兮適我有班兮伏獸
感時物兮念汝遲汝歸兮攜幼

二

我營兮北渚有懷兮歸女石梁兮以苫蓋緑陰陰兮
承宇仰有桂兮俯有蘭嗟汝歸兮路豈難望超然之
白雲臨清源而長嘆

夢黃吉甫

夢傳失之妄（一作悲）晝冀見而想豈伊不可懷而使我心往山林老顛眴數日占黃壤舟輿來何遲北望屢懭怳西城薺花時落魄隨兩槳歲晚洲渚淨水消煙渺莽躊躕壁上字期我無乃迂

遊土山示蔡天啓

定林瞰土山近乃在眉睫誰謂秦淮廣正可藏一艓朝予欲獨往扶憊強登涉蔡侯聞之喜喜色見兩頰呼鞍追我馬亦以兩黥挾斂書付衣囊褁飯隨藥笈翛翛阿蘭若土木老山脅鼓鍾卧空曠龔龕雕捷業升堂廓無主考擊誰敢輒披陁謝公家藏椁久穿劫百金買酒地野老今行饁綣懷起東山勝踐比稠疊

於時國累夘楚夏血常喋外實備艱梗中仍費調燮
公能覺如夢自喻一蝴蝶（淵聖御名）温適自斃苻堅方天
厭且可緩九錫寧當快一捷彼哉斗筲人得喪易矜
怯妄言豺齒折吾欲刋史牒傷心新城埭歸意終難
愜漂摇五城舟尚想浮河檝千秋隴東月長照西州
堞豈無華屋處亦捉蒲葵箑碎金諒可惜零落隨秋
葉好事所傳玩空殘法書帖清談耻不嗣陳迹悅如
接東陽故侯孫少小同鼓篋一官初嶺海仰視飛鳶
跕窮歸放款段高卧停遠踈牽襟肘即見著帽耳纔
孿數椽危敗屋爲我炊陳浥雖無膏胃污鼎尚有羹濡
炙縱言及平生相視關笑噱邯鄲枕上事且飲且田
獵或　眠委翳或妄走超趨躪或叫號而寤或哭泣而

魘幸哉同聖時田里老安帖易牛以寶劍擊壤勝彈
鋏追憐衰晉末此土方岌業強偷須臾樂撫事終愁
慄予雖天戮民有械無接摺翁今貧而靜内熱非復
藥予衰極今歲儻與雞夢恊委蜕亦何恨吾見巳長
鬚翁雖齒長我未見白可鑷祝翁尚難老生理歸善
攝久留畏年少識我兩呫囁東火扶路還宵明泝免
懾蔡侯雄俊士心憭形亦諜異時能飛鞚快若五陵
俠胡爲阡陌間跪足僅相躡諒欲交轡語怯子不能嗜

再用前韻寄蔡天啓

蔡侯東方來取友無所挾偷偷一囊衣偶以一書笈
定林朝自炊有匕或無筴時時羮藜藿鑊大苦難爨
驕頑遂敢侮有甚觀駢脅澹然山谷中變色未嘗輒

始見類欺䫂寒暄粗訓接從容與之語爛漫無不涉
奇經可治疾祕祝可解魘巫醫之所知瞽史之所業
載車必百兩獨以方寸攝微言歸易悟疾若髮赴鑷
天機信阜越學等何足躐縱談及既往每與唐許協
揚雄尚漢儒韓愈々真秦俠好大人謂狂知微乃如諜
惟知造文字人惑鬼愁懾秦愚既改皇新眂仍易疊
六書遂失指隸草矜敏捷誰珍檀山刻共賞蘭亭帖
東京一祭酒收拾偶予惬少嘗妄思索老懶因退怯
侯方習篆籀寸管靜嘗壓乎深原道德意助我耕且獵
昔功恐害捐異味今得鐫京口媚學子追師嘗劫劫
陸贏淮汴糧水餞湖海鰈無遠求而近違如目不見睫
僑鳳易悅楚々真龍反驚無术聞予再三歎往往心不厭

或自逸而走或咕而不嚼或嗤元郎漫或詆白翁囁
鑠金徒欲消韞玉豈愁浥賢愚有定分咄波無喋喋
跨鞍隨我遊曳屣聯我跕罛泉挹清泚跂石緣嵬嶪
東陂數儵魚西崦追蛺蝶翳羽林窺搏黍藉草聽批頰
黃尋遠蓮鬚紅闞鄰杏靨荏苒光景流楊園忽無葉
扶痾歸未久吾見喜寧帖褰裳告我去祿仕當隨牒
肅晨秣款段歸騎得追躡謂言循東路覆出西城堞
行矣忍羈旅無魚勿彈鋏天閑久索驥駿足方騰蹀
長驅勿驕矜小跪亦勿慄鵬飛九萬里勿借風一箑
溟波浩難窮勉自養鱗鬣爵祿貫天械功名為接摺
寧能復與我搖漾秦淮檝附書勿辭頻隔歲期滿篋

用前韻戲贈葉致遠直講

棄侯越著姓胄出實毳業緇雲雖窮遠冠蓋傳累葉
心大育所濬肩高未嘗脅飄飄凌雲意強禦莫能懾
辟雍海環流用汝作舟檝開胷出妙義可發矇起魘
詞如太阿鋒誰敢觸其鋏聽之心凜然難者口因囁
搏飛欲峩峩鎩墮今跕跕忘情塞上馬適志夢中蝶
若金靜無求在冶惟所挾載醫但彼惑饋漿非我諜
經綸安所施有寓聊自愜碁經看在手碁訣傳蒲篋
坐尋碁勢打側寫碁圖貼攜持山林扆刺擿溝港鰈
一抨嘗自副當爇寧忘筴人反嗤褦襶子但守一經笈
亡羊等殘生朽筴何足捐歡然值手敵便與對匕筴
縱橫子墮局腷膊聲出堞樵父弛遠擔牧奴停晏饁
旁觀各技癢竊議見茇囁所矜在得喪聞此更心惵

熟視籠兩手徐思撚長鬚微吟靜愔愔堅坐高帖帖
未快巖谷叟斧柯嘗爛浥趣邊耻肩縮穿腹愁危囊
或撞關以攻或覰眼而攫或贏行伺擊或猛出追躡
垂成忽破壞中斷俄連接或外示閒暇伐事先和戀
或冒突超越鼓行令震疊或粗見形勢驅除令遠蹀
或開拓疆境欲并包總攝或僅殘尺寸如黒子著靨
或横潰解散如尸僵血喋或憖如告亡或喜如獻捷
嚐敵未甘虜報仇方借俠諱輸寧斷頭悔惧乃批頰
終朝已罷精既夜未交睫翻然悟且歎此何宜劫劫
孟軻惡妨行陶侃懲廢業楊雄有前言韋曜存往牒
晉臣抑帝手拔侯何嘗涉冶城子爭道拒父乃如輒
爭也實逆德豈如私鬭怯藝成況窮苦此殆天所厭

如今劉與李倫等安可躐試令取一毫亦乏寸金鏑以此待君子未與回參協擽具投諸江道耕而德獵

白鶴吟示覺海元公

白鶴聲可憐紅鶴聲可惡白鶴靜無匹紅鶴喧無數白鶴招不來紅鶴揮不去長松受穢死乃以紅鶴故北山道人曰美者自美吾何爲而喜惡者自惡吾何爲而怒去自去耳吾何關而追來自來耳吾何妨而拒吾豈厭喧而求靜吾豈好丹而非素汝謂松死吾無依邪吾方捨陰而坐露

示安大師

道人深北山爲家宴坐白露眠蒼霞手扶桄杖雖老矣走險尚可追麏麚踞堂俯視何所有窈窕樛木垂

槙櫧深尋石路仍有粟持以饋我因烹茶

示寶兒覓

宿雨轉歊煩朝雲擁清迴蕭蕭碧柳輭脉脉紅蕖靚默卧如有懷荒棄豈無興幽人適過我共取牆陰徑

定林示道原

許登定林山俯視東南陔但見一方白莫知所從來㶁銀注寒晶奩以青培堆迢迢晻靄中疑有白玉臺是夕清風興煩雲豁然開常娥攀桂枝顧景久徘徊杖藜忽高秋陳迹與子陪壯觀非復昔平蕪夜蕪苦

我所思寄黃吉甫

我所思兮在彭蠡一奩寒晶徑千里天低紺滑風靜止月澹星渟尤可喜亦復可憐波浪起琉璃崩嵌湧

顛崖萬斛之舟簸一葦超邑越都如歷指岸沙雪積山雲委雲半飛泉挂龍尾跳空散作平地水牛乳芳甘那得比蘿蔦冥冥蔭演迤稍上尋源出奇詭像圖釋迦祠老子臺殿晻靄相重累石槽環除逗清泚松竹靚深無虎跡其徒翛然棄塵滓雖未應真終適己黃侯可與談妙理視棄榮官猶弊屣每採紫芝求石髓我欲從之勸游徒穀城公孫能若此五老聞之當啓齒寄聲五老吾念爾相見無時老將死

寄朱昌叔

西安春風花幾樹花邊飲酒今何處一盃塞上看黃雲萬里寄聲無鴈去世事紛紛洗更新老來空得鬢成塵青山欲買江南宅歸去相招有此身

與僧道昇二首

昇世初見我，膚腴仍潔白。今何苦而老，手脚皺以黑。聞有道人者，於今號禪伯。嬲汝以一句，西歸瘦如腊。汝觀青青枝，歲寒好顏色。此松亦有心，豈問庭前栢。

二

跋陀羅師能幻物，幻穢爲淨持幻佛。佛幻諸天以戲之，幢幡香果助設施。茫然悔欲除所幻，還爲幻佛力所持。佛天與汝本無間，汝今何恭昔何慢。十方三世本來空，受記豈非遭佛幻。

贈彭器資

鄱水滔天竟東注，氣澤所鍾賢可慕。文章浩渺足波瀾，行義迢迢有歸處。中江秋浸兩崖間，瀨洄與我相

往還我拖其清久未竭復徂以縱觀於波瀾放言深入
妙雲海示我僊聖本所寰櫻以伽我亦見髣髴歲晚所
悲行路難

贈王居士

武林王居士與子俱學佛以財供佛事不自貴一物

贈李士雲

李子山水人而常寓城郭毫端出窈窕心手初不著
我聞大梵天擎跨雞孔雀鼓鈴揚赤幡浩劫淨無作
佳哉子能圖可以慰寂寞相與驗其真他年在寥廓

臨川先生文集卷第二

臨川先生文集卷第三

古詩

跋黄魯直書

過楊德逢莊

秋熱

秋旱

題半山寺壁二首

我行天即雨我止雨還住雨豈爲我行邂逅與相遇

二

寒時暖處坐熱時涼處行衆生不異佛佛即是衆生

定林寺

冢木稟交覆孤泉靜積分楚老一枝筇於此傲人羣

城市少美蔬想今園惔焚且憑東北風持寄嶺頭雲

題定林壁

定林自有主我爲林下客客主各有心還能共岑寂

移桃花示俞秀老

舍南舍北皆種桃東風一吹數尺高枝柯蔫綿花爛熳美錦千兩敷亭皋晴溝漲春綠周遭俯視紅影移漁舠山前邂逅武陵客水際髣髴秦人逃攀條弄芳畏晼晚已見黍雪盤中毛仙人愛杏令虎守百年終屬樵蘇手我衰此果復易朽蟲來食根那得久瑶池紺絶誰見有更值花時且追酒君能酩酊相隨否

對棊與道源至草堂寺

北風吹人不可出清坐且可與君棊明朝投局日未晚從此亦復不吟詩

書八功德水庵

幽獨若可厭真實爲可喜見山不礙目聞水不逆耳翛然無所爲自得而已矣

放魚

捉魚淺水中投置最深處當暑脱煎熬翛然泳而去豈無良庖者可使供匕箸物我皆畏苦捨之寧啖茹

霾風

霾風摧萬物暴雨膏九州卉花何其多夭閼亦已稠白日不照見乾坤莽悲愁時也獨奈何我歌無有求

偶書

惠施說萬物槃特忘一句寄語讀書人呶呶非一處

即事二首

雲從鍾山起却入鍾山去借問山中人雲今在何處

二

雲從無心來還向無心去無心無處尋莫覓無心處

擬寒山拾得二十首

牛若不穿鼻豈肯推人磨馬若不絡頭隨宜而起臥
乾地終不涴平地終不墮擾擾受輪迴秖緣疑這箇

二

我曾為牛馬見草豆歡喜又曾爲女人歡喜見男子
我若真是我秖合長如此若好惡不定應知爲物使
堂堂大丈夫莫認物爲己

三

九夫當夢時眼見種種色此非作故有亦非求故獲

不知今是夢道我能善積貪求復守護常怕水火賊
既覺方自悟本空無一所得死生如覺夢此理甚明白

四

風吹尾墮屋正打破我頭我亦自破碎豈俱我血流
我終不嗔渠此尾不自由衆生造衆惡亦有一機抽
渠不知此機故自認愆尤此但可哀憐勸令真正脩
豈可自迷悶與渠作冤讎

五

莫言夢是空覺後應無記若言夢非空應有真實事
燔燒陽自招沈溺陰自致令汝嘗驚覺豈知安穩睡

六

人人有這箇這箇沒量大坐也坐不定走也跳不過

語也解不斷鏈也打不破作馬便搭鞍作牛便推磨
君問無恥人這箇是甚麼便遭伊纏繞鬼窟裏忍饑
七
我說萬卷書識盡天下理智者渠自知愚者誰信爾
奇哉閑道人跳出三句裏獨悟自根本不從他處起
八
無身無事時種種無思量張三袴口窄李四帽簷長
失腳落地獄將身投鑊湯誰知受熱惱却不解思涼
九
有一即有二有三即有四一二三四五有亦何妨事
如火能燒手要須方便智若未解傳薪何須學鑽燧
十

昨日見張三嫌他不守己歸來自悔責分別亦非[illegible]
今日見張三分別心復起若除此惡習佛法無多子

十一

[illegible][illegible]紙一機種種没根栽被我入棚中昨日親看來
方知棚外人擾擾一場戲終日受伊謾更被索錢財

十二

李三坦[illegible][illegible]所見實奇哉問渠前世事答我虎炭來
[illegible]成能然火火過却成灰灰成即是土隨意立根栽

十三

衆生若有我我何能度脫衆生若無我已死應不活
衆生不了此便聽佛與奪我無我不二四天王[illegible]

十四

莫嫌張三惡莫愛李四好既往念即曉未來思又早
見之亦何有欻然如電掃惡既是磨滅好亦難長保
若令好與惡可積如財寶自始而至今有幾許煩惱

十五

失志難作福得勢易造罪苦即念快樂樂即生貪愛
無苦亦無樂無明亦無昧不屬三界中亦非三界外

十六

打賊賊恐怖看客客喜歡亦有客是賊切莫受伊[illegible]
樂哉貧見家無事役心肝既無賊可打豈有客須[illegible]

十七

有一種貧兒不能自營生若不作客走即須隨賊行
復有一種貧常時腹彭亨若有亦不畜若無亦不營

十八

汝無名高者以見利貪叨汝無行實者以取著名高
行實尚非實利名豈堅牢一朝投土窟魂魄散逃逃

十九

勇有孟施舍能無懼而已若人學佛法勇亦當如此
休來講下坐莫入禪門裏但能一切捨管取佛歡喜

二十

利瞋汝刀山濁愛汝灰河汝癡分別心即汝濬魔羅
圓成但一性一切法依他徧了一切法不如且頭陀

自遣

閉戶欲推愁愁終不肯去底事春風來留愁愁不住

自喻

岸凉竹娟娟水淨菱帖帖鰕摇浮遊鬚頳魚鼓嬉戲豈釋杖聊一愒褰裳如可涉自喻適志歟翩然夢中蝶

古意

采芝天門山寒露淨毛骨帝青九萬里空洞無一物傾河略西南昴射河鼓沒蓬萊眼中見人世歎超忽當時棄桃核閒已撐月窟且當呼阿環乘輿弄溟渤

吾心

吾心童稚時不見一物好意言有妙理獨恨知之早初聞守善死頗復吝肝腦中稍歷艱危悟身非所保猶然謂俗學有指當窮討曉知童稚心自足可慰老

無營

無營固無尤多與亦多悔物隨擾擾集道與翛然會

墨翟真自苦莊周吾所愛萬物莫足歸此言猶有在

病起

稚金斂新涼老火弛殘燭挑枝屢洟涊散髮睎曉捉煩痾脫然愈靜若遺身覺移榻欹獨眠欣佳恐難數

獨歸

鍾山獨歸雨微冥稻畦夾岡半黃青疲農心知水未足青雲倚木車不停悲哉作勞亦已久暮歌如哭難爲聽而我官閑幸無事北窻枕簟風泠泠於時荷花擁翠蓋細浪蹴雪千娉婷誰能欹眠共此樂秋港雖淺可揚舲

獨卧有懷

午鳩鳴春陰獨卧林壑靜微雲過一雨淅瀝生晚聽

紅綠紛在眼流芳與時競有懷無與言佇立鍾山暝

無動

無動行善行無明流有流種種生住滅念念聞思修終不與法縛亦不着僧家

夢

知世如夢無所求無所求心普空寂還似夢中隨夢境成就河沙夢功德

車載板二首

荒哉我中園珍果所不產朝暮惟有鳥自呼車載板楚人聞此聲莫有笑而莞爾而我更歌呼與之相往返視遇若摶黍好音而睍睆褱壤生死夢久知無可揀物然則歸土吾歸其不晚歸歟汝隨我可相萬里境

二

烏有車載板朝暮嘗一至世傳鵩似鴞而此與鴞似唯能預人死以此有名字疑即賈長沙當時所遭值洛陽多少年擾擾經世意粗聞方外語便擇形骸累吾衰久捐書放浪無復事尚自不見我安知汝爲異憐汝好毛羽言音亦清麗胡爲太多知不默而見忌楚人既憎汝彈射將汝利且長隨我遊吾不汝羕哉

跋黃魯直畫

江南黃鷁飛滿野徐熙畫此何爲者百年幅紙無所直公每玩之常在把

過楊德逢莊

攜僧出西路日晏昧所投循河望積穀一飽覺易謀

稚子舉梜出咄嗟見盤羞飯新秔有香貴菜旨且柔
暮從秀嵓歸詩蹇得少留捧腹笑相語果然無所求

秋熱

火騰爲虐不可攉屋窄無所逃吾骸纖蘆編竹繼櫚
宇架以松櫟之條枚豈惟實至得清坐因有餘地蘇
陪臺從陽陵秋更暴橫燃我欲作昆明灰金流玉熠
何足怖鳥焚魚爛爲可哀憶我少時亦值此偷然但
以書自娛老衰奄奄氣易奪撫卷豈復能低佪西風
忽送中夜瀾六合一氣寒新開簾窻幕戶便防冷且
恐霰雪相尋來

秋早

暮尋蔡墩西獨覺秋尚早山路葩卉繁野田風日好

禪林烏未泊經屋壓初掃蠻藤五花簞復足休吾老

臨川先生文集卷第三

臨川先生文集卷第四

古詩

同沈道源遊八功德水

望鍾山

思北山

上南崗

謝公墩

秋夜泛舟

和耿天騭同遊定林

次韻約之謝惠詩

次韻舍弟江上

[illegible]王[illegible]賢良松華二詩

源行

食黍行

息行

送春

井

同

寒雲靜如癡寒日如

廿出短緩一酌須可

望鍾山

行盡望鍾山陽春更蕭瑟暮 比郭歸故遶

思北山

日日思北山而今北山去寄白蓮庵迎我青

上南崗

春塢屋荒凉寒陂水清淺捐書息微倦秀響醋小[illegible]偶攀黄黄柳却望青青嶂幽尋復有興未覺西[illegible][illegible]

謝公墩

走馬白下門投鞭謝公墩昔人不可見故物尚或[illegible]問樵樵不知問牧牧不言摩挲蒼苔石點檢晨[illegible][illegible]想此縫長檣想此倚短轅想此玩雲月猿鶴盤與[illegible]井逕亦已沒漫然禾黍村摧藏羊曇骨放浪李白[illegible]亦已同山丘緬懷蔣蘭蓀小草戲陳迹甘棠詠遺[illegible]萬事付鬼籙恥榮何足論天機自開闔人理孰畔援公色無懼喜儻知禍福根滯涙對[illegible]聖御名伊暮春年無乃昏

秋夜泛舟

池塹秋水淨扁舟涼颸颯的皪荷上珠俯映疎星揺
深尋晨魚淰中道只回橈冥冥菰蒲中乃復有驚跳

和耿天隲同遊定休

道人深閑門二客來不速攝衣負朝曦一笑皆捧腹
逍遥煙中策放浪塵外躅晤言或世聞誰謂非絕俗

次韻約之謝惠詩

魚跳桑柳陰鳥落蒲葦側已無谿上祠何有江令宅
故人耽田里老脫尚方舄閑亭捐百金於此掃塵迹
地偏人罕至心遠境常寂我行西州旋稅駕候顏色
相隨望南山水際因一息公時指岸木謂此可尋尺
伐之營中沚持用自怡懌懽言俟其成邀我堂上食
百憂每多違一諸還自惕春風欄檻新坐久膝前席

翛然忘故約比郭疑有適長謡舒永懷佇想對以聽摛辭甚有理竊比書石鵠知公不欺我把玩累心惻嘉肴既夙設釃蘗仍盧擲左車公自迎右叅吾敢責閑說芼羹臛芬香出鄰壁婦休機杼事兒失刀槧職何膠膠擾擾而紛紛籍籍攜持欲一往繼此方如織元龍但高眠司馬多親滌幾能孩童舊握手皆鬢白有興即聯轆東阡與南陌

次韻舍弟江上

岸紅歸欲稠渚綠合猶晚晴沙上屐輕暖水隨帆遠吹波戲魚動掠葉飛禽返著意覓幽蹊桃花悞劉阮

酬王濬賢良松泉二詩

松

世傳壽可三松倒此語難為常人道人能百歲自古稀松得千年未為老我移兩松苦不早豈望見渠身合抱但憐衆木揔漂揺顔色青青終自保兎絲茯苓會當有邂逅食之能壽考不知篝火定何人且看森垂覆荒草君詩愛我亦古意秀眉昔比南山梼復謂留侯不及我人或笑君無白皁求僊辟穀彼誠悮未見赤松饑已槁豈如强飯適志遊封殖蒼官蔭華皓赤松復自無特操上下随煙何慅慅蒼官受命與舜同真可從之忘髮縞詩雖祝我以冄黑積雪已多安可掃試問蒼官值歲寒戴白孰與蒼然好

泉

宋興古刹今長千靈躍臺殿荒檀欒二泉相望棄不

漾西泉尚窯三石槃其流散漫爲涓汝稍集小礫生
徼瀾東泉土梗久蔽塞穿治乃見甃甓完道人慈哀
波及遠溝蕩兩取合土山山前灌輸各自足轆轤罷
轉井口閑取遥比甘覺近美與舊爭洌知新寒蟲蟲
夏秋百源乾抱甕復道愁蹣跚疾顛橫逗勢來是嗟
此善利何時殫慮長易脆有大檀心代堅羌廬窟孱顏
金多匠手肯出巧風水千里安知難沒羽之虎行林
間籊龍失職因藏跧循除靜投悲瑟瑟映乳徽見清
潺潺三年營之一日就有口共以成爲懽論功信可
多後觀何似當時萬竹蟠

荅俞秀老

諸偶緣安有實相非相偶雖神如季咸終亦失而走

清涼寺溪王彥魯

空懷諍與論夢境偶相值莫將潄流齒欲掛功名事

送惠思上人

黃鶴撫四海翻然落中州一聽笙與鏞低回如有求
飛鳴閶闔上好與鳳凰遊顧憐魯東門無事反悲愁
歲晏忽驚矯問胡不少留因知網羅外猶有稻粱謀

老景友諒人名

老景春可惜無花可留得繞屋楮先生蕭蕭何所直
每嫌柳渾青追悵李太白多謝安石榴向人紅蘂拆

雜詠八首

萬物余一體九州余一家秋毫不為小徼外不為遐
不識壽與夭不知貧與賒忘心乃得道道不去紛華

近迹以觀之堯舜亦泥沙莊周謂如此而世以爲夸

二

神龍豢可致猛虎擾亦留變生父子閒上聖不能謀
常情不欲得豢養或成仇他人恩更輕患禍信難周

三

古風致遜悌班白見尊優薄俗移爲恭獨在勢權尤
伏波迷俯仰愛禮坐成仇斷斷洙泗閒豈是老者羞

四

羔豚搴虎豹鳩雀窮鷹鸇巧者具機弋鷙猛還拘攣
論功莫如神論大莫如天悲哉區區人乃欲逃其閒

五

黃雀死彈丸厥罪在啄粟翠鴞不近人何爲亦窮[illegible]

材爲世所利高下同僵仆能逃天地間蠛蠓無不足

六

關雎后之淑棫樸王之明兎罝尚好德況乃公與卿
所以彼行葦敦然遂其生誰能絃月歌爲我發古聲

七

召公方伯尊材亦聖人亞農時憚煩民聽訟甘棠下
嗟今千室長巳耻問耕稼彈琴高堂上欲以世爲化

八

任公蹲海濱一釣飽千里用力巳云多鉤緡亦難理
巨魚暖更逃壯士饑欲死游鯈不可數空滿滄浪水

張良

留侯義好如婦人五世相韓韓入秦傾家爲主合壯

士博浪沙中擊秦帝脫身下邳世不知舉國大索何
能爲秦書一卷天與之穀城黃石非吾師固陵解鞍
聊出口捕取項羽如嬰兒從來四皓招不得爲我立
棄商山芝洛陽賈誼才能薄擾擾空令絳灌疑

司馬遷

孔鸞負文章不忍留枳棘嗟子刀鋸閒悠然止而食
成書與後世憤悱聊自釋 略非一家高辭殆天得
雖微焚父悲不 孟子直彼欺以自私豈嘗相十百

諸葛

漢日落西南 群盜伺昏黑聯翩各飛
武侯當此時龍卧 掉頭梁甫吟羞與衆爭
得所從福 巴漢間屢以弱攻強

煇暉若長虹孤出照一方勢欲起六龍東迴出扶桑
惜哉淪中路志者爲悲傷嬰子祖餘業猶能走強梁

讀墨

誰爲堯舜徒孔子而已矣人皆是堯舜未必知孔子
伯夷不辱身柳下援而止孔子尚有言我則異於是
兼愛爲無父排斥固其理孔墨必相用自古寧有此
退之嘲魯連顧未知之耳如何蔽於斯獨有見於彼
只人工自私耆也信奇偉借乎不見正遂與中庸詩
退之辟孟軻而駁荀揚氏至其趣舍間亦又蔽於已
化而不自知此語孰云俚詠言以自警吾詩非好訛

讀秦漢間事

秦斂天下材入作阿房宮宮成非一木山谷爲窮空

子羽一炬火驪山三月紅能令掃地盡豈但楚人功

幽谷引

雲翳翳兮谷之幽天將雨我兮田畓之稠有繩子防兮有畚千壽我公不出兮誰省吾憂日暉暉兮山之下歲則熟兮收者舞吾收滿車兮棄者滿筥誰吾與樂兮我公燕語山有木兮谷有泉公與客兮醉其間芳可搴兮甘可漱無壯無稺兮環公以笑公歸而醉兮人則喜公好我州兮殆其肯止公歸不醉兮我之憂豈其不懌兮將舍吾州公一朝兮去我我歲歲兮來遊宇公亭兮使勿毀以慰吾兮歲歲之愁

明妃曲二首

明妃初出漢宮時淚濕春風鬢脚垂低佪顧影無顏

色尚得君王不自持歸來却怪丹青手入眼平生
曾有意態由來畫不成當時枉殺毛延壽一去心知
更不歸可憐着盡漢宮衣寄聲欲問塞南事只有年
年鴻鴈飛家人萬里傳消息好在氈城莫相憶君不
見咫尺長門閉阿嬌人生失意無南北

二

明妃初嫁與胡兒氈車百兩皆胡姬含情欲說獨無
處傳與琵琶心自知黃金捍撥春風手彈看飛鴻勸
胡酒漢宮侍女暗垂淚沙上行人却回首漢恩自淺
胡自深人生樂在相知心可憐青冢已蕪沒尚有哀
絃留至今

桃源行

望夷宮中鹿爲馬秦人半死長城下避時不獨商山翁亦有桃源種桃者此來種桃經幾春採花食實枝爲薪兒孫生長與世隔雖有父子無君臣漁郎漾舟迷遠近花間相見因相問世上那知古有秦山中豈料今爲晉聞道長安吹戰塵春風回首一霑巾重華一去寧復得天下紛紛經幾秦

食黍行

周公兄弟相殺戮李斯父子夷三族富貴常多患禍嬰貧賤亦復難爲情身隨衣食南與北至親安能常在側謂言黍熟同一炊欻見隴上黄離離遊人中道忽不返從此食黍還心悲

歎息行

官驅群囚入市門妻子慟哭白日昏市人相與説囚
事破家劫錢何處村朝廷法令亦知覺大汝罪當死誰
云竟路傍年少歎息汝正觀元元之子孫

送春

武陵山下朝買船風吹宿霧山花鮮萬家笑語積青
天綺窻羅幕舞嬋娟小鬟折花叩船舷玉盞舃酒醻
金錢朱甍飛動浮雲崢嶸天外筦籥來宛轉斷橋人行
夕陽路樓觀瑠璃影中見酡顏未分驊騮催燭入坐
客猶徘徊豈知閶闔門邊佳春盡不見芳菲鬧日月
紛紛車走坂少年意氣何由挽洞庭浪與天光白塵
昏萬里東浮眼黑貂裘敝歸幾時相見綠樹啼黃鸝
紫華俯仰憂患隨命舊吾與高人期

兼并

三代子百姓，公私無異財。人主擅操柄，如天持斗魁。賦予皆自我，兼并乃姦回。姦回法有誅，勢亦無自來。後世始倒持，黔首遂難裁。秦王不知此，更築懷清臺。禮義日已偷，聖經久煙埃。法尚有存者，欲言時所咍。俗吏不知方，掊克乃爲材。俗儒不知變，兼并可無摧。利孔至百出，小人私闔開。有司與之爭，民愈可憐哀。

臨川先生文集卷第四

臨川先生文集卷第五

古詩

送石賡歸寧

送張拱微出都

寄題聽軒

沖卿席上得作字

塞翁行

白溝行

河間

陳橋

澶州

和吴御史汴渠

鄭國欲弊秦渠成秦富彊本始意已陋末流功更長
維汴亦如此浚源任涵荒歸作萬世利誰能弛其防

天都橫帶國之陽漕引天下半豈云獨荆揚
貨入空外府租輸陳太倉東南一百年寡老無殘粻
自宜富京師乃亦窘蓋藏征求過夙昔機巧到逢芒
御史閔其然志欲窮舟航此言信有激此水存何傷
救世詎無術習傳自先生念非老經綸豈易識其方
我懶不足數君材仍自强他日聽施設無乃棄篇章

酬王詹叔奉使江南訪茶利害

余聞古之人措法貽厥後命官惟賢材職事又習狃
止能權輕重王府則多有豈嘗推其子而爲民父母
當時所經營今十已毀九其一雖幸在漂摇亦將朽
公卿患才難州縣固多苟詔令雖數下紛紛誰與守
官居甚傳舍位以聲勢受既不責施爲安能辨賢不

區區欲救弊萬謗不容口天下大安危誰當執其咎
勞心適有罪養譽終天醜豈惟祖子孫殺戮及朋友
貴者大其領詩人歌四牡至尊空獨憂不敢樂飲酒
嗟矣富阡陌哀哉此無糗鄉閭人所懷今或棄而走
豈無濟時術使爾安畎畝故今二三公戮力思矯揉
永惟東南害茶法蓋其首私藏與竊販犴獄常紛糾
輸將一不足往往死鞭杻販陳彼雜惡強責曾非誘
已云困關市且復搔林藪將更百年敝謂民知可否
出節付羣材詢謀欲經久朝廷每若此自可躋仁壽
因知從今始漸欲人財阜吾宗俠奇士選使自朝右
聰明諒多得為上歸析剖王程雖薄遽邦法難鹵莽
願君傳諮諏無擇壯與耇余知茶山民不必生皆厚

獨當征求任尚恐難措手孔稱君無貧此語令可取

譬欲輕萬鈞當令衆人負強言豈宜當聊用報瓊玖

酬王伯虎

吾聞人之初好惡尚無朕帝與鑿耳目賢愚遂殊品

爾來百千年轉化薄愈甚父翁相販賣浮詐誰能審

睢盱猴纓冠狼籍鼠穴寢滄海恐值到誰論魚鼈淰

鴞聲雖云惡革去在食葚嗟誰職教化獨使此風稔

恬觀不知救坐費太官稟子生少小戇好古乃天稟

念此俗衰壞何嘗敢安枕有時不能平悲咤失食飲

唯子自我病亦或涕沾衽謂子何告語悤以詩來諗

爛然辭滿紙秋水濯新錦窮觀何拳拳靜念復凜凜

賤貧欲救世無寧猶拾瀋說窮且板築尹屈唯烹飪

逢時豈遽廢避俗聊須噤徂年幸未暮此意可勤懋
輟學以從仕仕非吾本謀欲歸諒不能非敢忘林丘
臨餐恥苟得冀以盡心疇萬事等畫墁雖勤亦何收

荅虞醇翁

古之人彼職乃無憂感子撫我厚欲言秖慙羞

送潮州呂使君

韓君揭陽居戚嗟與死鄰呂使揭陽去笑談面生春
當復進趙子詩書相討論不必移鱷魚詭怪以疑民
有若大顛者高材能動人亦勿與爲禮聽之汨彛倫
同朝叙朋友異姓接婚姻恩義乃獨厚懷哉余所陳

寄曾子固二首

嚴嚴中天閣藹藹層雲樹爲予望江南蔽虧無行路

平生湖海士心迹非無素老矣不自知低佪如有慕

傷懷面風起心與河剌注哀鴻相隨飛去我終不顧

二

崔嵬天門山江水遶其下寒渠巳膠舟欲往豈無馬

時恩繆拘綴私養難乞假低佪遶爲此含憂何時寫

吾能好諒直世或非詭詐安得有一壟相隨問耕者

虎圖

壯哉非羆亦非貙目光夾鏡當坐隅橫行妥尾不畏

逐顧盼欲去仍躊躇卒然我見心爲動熟視稍稍摩

其鬚圖知畫者巧爲此此物安肯來庭除想當槃礴

欲畫時睥睨衆史如庸奴神閑意定始一掃功與造

化論錙銖悲風颯颯吹黃蘆上有寒雀驚相呼槎牙

死樹鳴老烏向之俛蜀如哺鷓山牆野壁黃昏後馮婦遙看亦下車

次韻信都公石枕蘄簟

端溪琢枕綠玉色蘄水織簟黃金紋翰林所寶此兩物笑視金玉如浮雲都城六月招客語地上赤日流黃塵燭龍中天進無力客主歊然各疲劇形骸直欲坐棄忘冠帶安能強修飾特公寬貸更不疑箕倨豈復論官職留材平瑩家故藏硯璞幽清手斵新得掃除堂屋就陰翳公不自眠分與客知公用意每如此眞能冥物同其適豈比法曹空自私却嫌天日長炎赫公才卓犖人所驚久矣四海流聲名天方選取欲扶世豈特使以文章鳴深探力取當不寤思以正論排

縱橫奈何甘心一榻上欲卧穎尾爲潔清賢愚勞佚非一軌顑頷我病昏惟未死心於萬事久翛然身寄一官真偶爾便當買宅歸偃休白髮溪山如願始看公勠力就太平却上青天跨箕尾

和吴冲卿雪

陽回力猶邅陰合勢方鞏填空忽汗漫造物誰慫慂輕於擘絮紛細若吹毛氄雲連晝已昏風助宵仍洶憑陵雖一時變態亦千種簾深巷或避戶隘闕猶擁滔天有凍浪匝地無荒隴飛揚類挾富委翳等辭寵穿幽偶相重值險輒孤聳積慘會將舒群輕那久重紛華始滿眼消釋今旋踵槁樹散飛花空簷落縣湩還當因炎熱以此滌煩壅共約市南人收藏不爲宂

和沖卿雪詩并示持國

地卷江海浮天吹河漢湧北風散作花巧麗世無種霾昏得照曜塵滓歸掩擁荒林無空枝幽凡有高隴分纔一毛細聚或千鈞重飛飄窺已眩權壓聽還兇漁舟平繫舷樵屩沒歸踵空令物象瑩豈免川塗壅孚光姮娥妬失色羲和恐賴逢陽氣烝轉作水波溶舞庭稱賀嚴掃路傳呼寵衝遊謝壯少避臥甘閑宂吳侯絕俗唱韓子當敵勇勝負觀兩家吾衰但陰拱

送石賡歸寧

虛名誤長者邂逅肯經過所操十餘篇浩蕩決江河側身朝市間樂少悲憂多文章舊所好久已廢吟哦開編喜有得一讀瘳沉痾裹飯北城陰永懷從晤歌

文欲及歲晚空堂掃絲窠稍出平生言道藝相琢磨
忽隨鴈南飛當此葉辭柯去去棃嶺高想見青坡陁
黃花一杯酒爲壽樂如何微詩等瓦礫持用報隨和

送張拱微出都

歸卧不自得出門無所投獨尋城隅水送子因遠遊
荒林纏悲風慘慘吹騑裘提手共笑語顧瞻中河舟
嗟人皆行樂而我方坐愁腸胃繞鍾山形骸空此留
念始讀詩書豈非亦有求一朝裹青衫觸事自悔尤
誤爲世所容榮禄令白頭塞責以區區一毛施萬牛
不足助時治但爲故人羞寬恩許自劾終欲東南流
子今涉冬江船必泊蔡洲寄聲冶城人爲我問一丘

寄題聽軒

劉侯少忼慨天馬脫羈一官不得意州縣老委蛇
新居當中條牆屋稍補治跡軒以驛名從我遠求詩
朝廷法令具百吏但循持又況佐小邑有才安所施
賦租如簿領獄訟了鞭笞翛然即高枕林此樂可知
王官有空谷隱者常棲遲拂榻夢其人亦足慰所思
嗟予久留連竊食坐無爲浩歌臨西風更欲往從之

沖卿席上得作字

咨予乏時才始願乃丘壑強走十五年朱顏已非昨
低回大梁下屢歎風沙惡所欣同舍郎誘我文義博
古聲無慆淫眞味有淡泊追攀風月久貌簡非心略
君恩忽推徙所望頗乖錯尚憐得經過未比參辰各
留連惜餘景從子至日落明燈照親友環坐傾杯杓

別離覔後悲笑語盡今樂論詩知不如興至亦同作

塞翁行

塞翁少小壟上鋤塞翁老來能捕魚魚長如人水滿眼桑栢死盡生芙蕖漢家新堤廣能築胡兒壯馬休南牧北風卷却波浪聲秪放田車行轣轆

白溝行

白溝河邊蕃塞地送迎蕃使年年事蕃馬常來射狐兔漢兵不道傳烽燧萬里鉏耰接塞垣幽燕桑葉暗川原棘門灞上從兒戲李牧廉頗莫更論

河間

北行出河間千歲想賢王胡麻生蓬中詰曲終自傷好德尚如此恃材宜見戕乃知陰自脩彼不爲傾商

區區三世家廟冊富文章教子以空言得祚果不良

陳橋

走馬黄昏渡河水夜爭歸路春風裏指點韋城太白高投鞭日午陳橋市楊柳初回陌上塵烟脂洗出杏花勻紛紛塞路堪追惜失却新年一半春

澶州

去都二百四十里河流中間兩城峙南城草草不受兵北城樓櫓如邊城城中老人爲予語契丹此地經鈔虜黄屋親乘矢石間胡馬欲踏河冰渡天發一矢胡無酋河冰亦破沙水流歡盟從此至今日丞相萊公功第一

臨川先生文集卷第五

臨川先生文集卷第六

古詩

和王微之登高齋三首

北客置酒

紫衣操鼎置客前巾韝稻飰隨粱饘引刀取肉割啖客銀盤擘臑薧與鮮殽勤勸侑邀一飽卷牲歸館觴更傳山蔬野果雜飴蜜獾脯豕腊加炰煎酒酣衆史稍欲起小胡捽耳爭留連爲胡止飲且少安一杯相屬非偶然

奉使道中寄育王山長老常坦

道人少貫海上游海船破散身沉浮抱金滿篋人所寄吹歎偶得還中州贏身歸金不受報秖取斗酒相獻酬歡娛慈母終一世脫棄妻子藏巖幽蒼煙寥寥池水漫白玉蕊菖吹高秋夜燃栢子煑山藥憶此東

望無時休塞垣春枯積雪溜沙礫盛怒黃雲愁五更
匹馬隨鴈起想見鄭郭花今稠百年夸奪終一丘世
上蕩眼真悠悠寄聲萬里心綢繆莫道異趣無相求

送李屯田守桂陽二首

泊船香爐峯始與子相識寄書邦江上詒我峯下石
緣以湘水竹攜持與南北永懷故人歡不願百金易
竹枯歸樵蘇石爛棄沙礫夷門得邂逅緑髮皆半白
追思少時事俛仰如一夕老矣無所爲空知念疇昔
常思一杯酒要子相解釋出門事紛紛歸卧意還
欲闐當上湓水持詔守嶺阸方爲萬里别執手先
慘戚兹游信浩蕩山水多所得爲我謝香爐風塵每
相憶

二

蒼黃離家問南北中路思歸歸不得風濤何處不驚人雨雪前村更欺客舊交旌旆此盤淵聖御名見我即令見解鞍荒山樂官歌舞拙提壺沽酒聊一歡行藏欲語眉不展互歎別離心繾綣行年半百勞如此南畝催耕未宜晚

送吳仲庶出守潭州

吳公治河南名出漢廷右高才有公孫相望千歲後平明省門開吏接堂上肘指橋談笑閑靜若在林藪連牆畫山水隱几詩千首浩然江湖思果得東南守傳鼓上清湘旌旗蔽牛斗方今河南治復在荊人口自古楚有材酃淥多美酒不知樽前客更得賈生否

雜詠三首

懷王自墮馬賈傅至死悲古人事一職豈敢苟然爲
哭死非爲生吾心良不欺滔滔聲利間絳灌亦何知

二

先生善鼓瑟齊國好吹竽操竽入齊人雅鄭亦復殊
豈不得祿賜歸卧自欷歔寥寥朱絲絃老矣誰與娛

三

商陽殺三人每輙不忍視亦云食君食報禮當如此
波瀾吹九州金石安得止永懷南山阿慷慨中夜起

即事三首

我起影亦起我留影逡巡我意不在影影長隨我身
交游義相好骨肉情相親如何有乖睽不得同苦辛

昏昏白日卧皎皎中夜愁明月入枕席涼風動衾幬
蟬相鳴悲上下無時休徒能感我耳顧爾安知秋

三

日月隨天旋疾遲與天謀寒暑自有常不顧萬物求
蜉蝣蔽朝夕蟪蛄疑春秋眇眇上古曆回環今幾周

送鄭叔熊歸閩

鄭子喜論兵矻然萬人敵嘗持一尺箠跨馬河南北
方今邊利害口手能講畫疑師轂城翁方略已自得
天兵卷甲老壯士不肉食低徊向詩書文字銳鐫刻
科名又齟齬棄置非人力黃塵彫罽裘逆旅同偪仄
秋風吹殘汴霰雪已驚客浩歌隨東舟別我無慘惻

閫生今好遊往往老妻息南陔子所慕天命豈終塞

寄二弟時往臨川

蕭條冬風高吹我冠上霜我行歲已寒悲汝道路長持以此一作犬馬心千里不得將使汝身百憂辛苦冒川梁青燈照詩書仰屋涕數行不有親戚思詎知遠遊傷

李氏沅江書堂

沅江水有梁與晉沅田樹桑可蠶耕君於其間恥射利獨岸清泚留朱薨詩書當前日開闔冠帶蕭坐相逢迎勉求高論出施設無以私智爲公卿

休假大佛寺

罷憊得休假衣冠倦趨翔挾書聊自娛解帶寺東廊

天龍高徘徊光景在我裳冬屋稍暄暖病身更強羸從我有不思捨我有不忘問誰可與言攜手此徜徉娩婉吾所愛新居乃鄰牆奇聲能來遊維用寫愁腸

別謝師宰

闔閭城西地如水雞鳴黃塵生波浪起窮午一馬望扶桑東得省門身輒止簿書期會旦老紛紛邂逅論心喜有君數日未多還捨我相抛有愁思亂於雲

解使事泊棠陰時三弟皆在京師二首

嗟吾泊棠陰三子不在舟今當捨之去三子還遠遊茫然千里水今見荻花洲洲俛仰換春冬紛紛空白憂

二

懷哉山川異往矣霰雪稠登高一涕泗寄此寒江流

泊船棠陰下灘水清且淺回首望孤城浮雲一何緬久留非吾意欲去猶遣綣馳心故人側一望三四反蕭蕭東堂竹異日留自憶無恩被南國疑此行當翦

騂騮

龍德不可係變化誰能謀（一本無此二句）騂騮亦駿物卓犖地上遊怒行追疾風忽忽跨九州轍迹古所到山川略能周鴻蒙無人撩之汎瀁遠天浮巉巖拔青冥仙聖所止留欲往輒不能視龍乃知羞

寄朱氏妹

昔來高郵居我始得朱子從容談笑間已足見奇偉行尋城陰田坐釣泥米下沚歸來同食眠左右皆圖史又視爾諸幼歡言亦多祉當時獨張倩遠在廬山趾

沈君未言　名已習吾耳安知十來年乖隔非願始
相逢輒念遠悲吒多於喜今茲豈人力所念皆聚此
諸甥昔未有滿眼秀而美低徊吾親側亦足慰勞止
嗟予迫時恩一傳日千里尓舟亦已戒五兩翩然起
蕭蕭東南縣望爾何時已空知夢爲魚游上西安水

贈陳君景初

吾嘗奇華佗腸胃真割剖神膏既傅之頃刻活殘朽
昔聞今則信絶伎世嘗有堂堂潁川士察脉極淵藪
珍凡起病瘠鱠蟲隨泄嘔攣足四五年下針使之走
一言儻不合萬金莫可誘又復能賦詩往往吹瓊玖
卷紙誇速成語怪若神授名聲動京洛蹤跡晦良莠
相逢但長嘯遇飲輒掩口獨醒竟何如無乃寡俗偶

顧非避世翁疑是壁中叟安得斯人術付之經國手

贈張康

昔在歷陽時得子初江津手中紫團參一歃寬吾親
捨舟城南居杖履日相因百口代起伏呻呼聒比鄰
叩門或夜半屢費藥物珍欲報恨不得腸胃盤車輪
今逢又坎坷令子馳風塵顛倒車馬間起先冰雪晨
嗟我十五年得祿尚辭貧所讀漫累車豈能蘇一人
無求愧子義有施慙子仁逝將收桑榆邀子寂寞濱

送程公闢守洪州

畫船插幟搖秋光鳴鐃傳鼓水洋洋豫章太守吳郡
郎行指斗牛先過鄉鄉人出郭航酒漿包鱉鱠魚炊
稻粱芡頭肥大菱腰長爵醻喧呼坐滿牀怪君三年

灩瞿塘又驅傳馬登太行纓毛睨盡歸大梁翻然出
走天南疆九江左投貢與章揚瀾吹漂浩無旁老蛟
戲水風助狂盤渦忽坼千丈强君聞此語悲慨慷迎
吏乃前持一觴鄜州歷選多儁良鎮撫時有諸侯王
拂天高閣朱鳥翔西山蟠繞鱗鬣蒼下視城壍亘金
湯雄樓傑屋欝相望中戶尚有千金藏薸田種秔出
穰穰沉檀珠犀雜萬商大舟如山起牙檣（一本無此一句）輸
瀉交廣流荆揚輕裙利屣列名倡春風蹋謠能斷腸
平湖灣塢煙渺茫樹石珍怪花草香幽處往往聞笙
簧地靈人秀古所臧勝兵可使酒可嘗十州將吏隨
低昂談笑指麾回雨暘非君才高力方剛豈得誇有
此一方無爲聽客欲霑裳使君謝吏趣治裝我行樂

矣末渠央

鳳凰山

驅馬信所適落日望九州青山滿天地何往爲吾丘貧賤身秖辱富貴道足羞涉世諒如此惜哉去無由

夢中作

青門道北雲爲屋大壚貯酒千萬斛獨龍注雨如車軸不畏不售畏不續

彭蠡

茫茫彭蠡春無地白浪春風濕天際東西捩柂萬舟回千歲老蛟時出戲少年輕事鎮南來水怒如山帆正開中流蜿蜒見脊尾觀者膽墮予方咍衣冠今日龍山路廟下沽酒山前佳老矣安能學佽飛買田欲

棄江湖去。

牛渚

歷陽之南有牛渚。一風微吹萬舟阻。華戎蠻蜀支百川。合爲大江神所蹕。山盤水怒不得泄。到此乃有無窮淵。朱衣乘車作官府。操制生殺非無權。陰靈秘怪不欲露。爇犀得禍豈偶然。

東門

東門白下亭摧甓蔓寒葩淺沙杙素舸一水宛秋蛇
漁商數十室門巷隱桑麻翰林謫仙人往歲酒姥家
調笑此水上能歌揚白花楊花飛白雪枝裊緑煙斜
舞袖卷煙雪綺裘明紫霞風流翳蓬顆故地使人嗟
迢迢陌頭青空復可藏鴉

和王微之登高齋三首

寒雲沈屯白日埋河漢蕩坼天如簁衡門蒹旬恨泥潦卧聽窾木鳴相挨蕭辰忽掃纖翳盡北嶺初出青嵬嵬微之新詩動我目爛若火齊金盤堆想攜諸彥眺平野高論歷詆秦以來觥船淋浪始快意忽憶歸雲胡爲哉念君少壯輟游衍發揮春秋名玉杯書成不得斷國論但此空語傳八垓登臨興罷因感觸更欲遠引追宗雷君知富貴亦何有謫譽未足償譏排風豪雨橫費調燮坐使髮背爲黃台留賓往往夜參半雖有鐏俎無由開江南佳麗并一日況乃故園名池臺能招過客飲文字山水又足供歡咍剩留官屋貯酒毋取醉不竭當如淮

二

六朝人物隨煙埃金輿王几安在哉鍾山石城巳寂寞秪見江水雲端來百年故老有存者尚億世宗初伐淮魏王兵馬接踵出旗纛千里相撑拄當時謀臣非不衆上國拔取多陪臺龍騰九天跨四海欲阻一水爲可咍降王北歸樓殿圻棄屋尚鎖残金堆神靈變化自真主將帥何力求公台山川清明草木靜天地不復屯雲雷使君登高訪古昔傷此陳迹聊持杯因留嘉客坐披寫鄙淥笑語傾如從酒酣重惜功業晚老矣萬卷徒兼該攢峯列壑動歸興憂端落筆何崔嵬餘年無歡易感激亦愧莊叟能安排青燈明滅照不寐但把君詩闔且開

三

干戈六代戰血埋雙闕尚指山崔嵬當時君臣但兒戲把酒空勸長星杯臨春美女閑黃壤玉枝自（一作白）蘂繁如堆後庭新聲散樵牧興廢倏忽何其哀咸陽龍移九州坼遺種變化呼風雷蕭條中原碭無水崛强又此憑江淮廣陵衣冠掃地去穿築隴畝爲池臺吳儂傾家助經始尺土不借秦人簁珠犀磊落萬艘入金璧照耀千門開建隆天飛跨兩海南發交廣東溫台中間嶪嶪地無幾欲久割據誠難哉靈旗指麾盡貔虎談笑力可南山排樓船蔽川莫敢動扶伏但有謀臣來百年滄洲自潮汐事往不與波爭迴黃雲荒城失苑路白草廢時空壇垓使君新篇韻險絕登

躭慼悼隨喫咍嗟予愁憊氣已竭對壘每欲相劘挨
揮毫更想能一戰數窘乃見詩人才

臨川先生文集卷第六

臨川先生文集卷第七

古詩

董伯懿示裴晉公平淮右題名碑詩用其韻

和酬

用王微之韻和酬即事書懷

和仲求即席分題得廡字

出犨縣

書任村馬鋪

葛蘊作巫山高愛其飄逸因亦作兩篇

西風

久雨

和王勝之雪霽借馬入省

和吳冲卿鵶鳴樹石屏

送李宣叔倅漳州

送裴如晦宰吳江

韓持國從富并州辟

寄吳冲卿

韓持國見訪

思王逢原

登景德塔

和劉貢甫燕集之作

寄王逢原

寄正之

思古

愔曰

送裴如晦即席分題三首

董伯懿示裴晉公平淮右題名碑詩用其韻和酬

元和伐蔡何危哉朝廷百口無一諧盜傷中丞偶不死利劒白日投天街裹瘡入相議軍旅國火一再更擅槐上前慷慨語發涕誓出按撫除睽乖指撝光顔戰洄曲鬬如怒虎搏虺豺愬能捕虜取肝鬲護送密乞完形骸管兵夜半投死地雪濕不敢燃薪蕉空城堅子巳可縛中使尚作嘵見哇退之道此尤儁偉當鑱玉牒東燔柴欲編詩書播後嗣筆墨雖巧終類俳唐從天寶運中圮廊廟往往非忠佳諸侯縱橫代割

據疆土豈得無辭俛德宗末年懲戰禍一矢不試虜
蒙敦憲皇初起衆未信意欲立掃除昏霾追還清明
赦薄罰屢勑主府拘窮蛙王師傷夷征賦窘千里亦
忌毫釐差小夫偷安自非許長者遠慮或可懷淵聖御名二字
晉公忠且壯時命適與功名偕是非末世主成敗炟
赫今古誰譏排賢哉韋純議北赦倉卒兩伐尤難皆
重華聲明彌萬國服苗干羽舞兩階宣王側身內脩
政常德立武能平淮昔人經綸初若緩欲棄此道非
吾儕千秋事往蹤跡在嶽石款記如湘崖文嚴字麗
皆可喜黃埃蔽沒蒼蘚埋當時將佐盡豪傑想此兵
禱陪祠齋君曾西遷為拓本孺劇割蜜親劘指新篇
波瀾特浩蕩把卷熟讀迷津涯懷賢樂善自為美當

桂廟壁爲詩牌

用王微之韻和酬即事書懷

秦惜逝者臺晉嘉良大休古人皆好樂衰此歳月遒嗟我抱愁毒殘年自羈囚但爲免得歸非復天上鷗雖知林塘美欲往輒回輈名園一散策笑語隨觥籌探題遶梅花高詠接應劉宿雨洗荒塹寒蛟沈老湫泓洄信畫舸歸路子城幽冬風不改綠忽見新陽浮歡事去如夢。嘉時念難留。明發得君句謂將續前遊語我飲倡樂不如詩獻酬淮洲秦鍾磬雅刺德不猶文墨有眞趣荒淫何足收來篇信時女窈窕衆所求茲理儻可諳華簪爲君抽

和仲求即席分題得庶字

刀筆處無營圖書紛不御平生携手人邂逅賞心處名御邵宋邑膚使趨嚴助都官富篇章博士熟經據豈特好微言又多知大慮從容故天幸倜儻盡人譽千艘來交荆萬舸去揚豫良無此嘉客式飲吾所庶

出鞏縣

昭陵落月煙霧昏篝火度谷行山根投鞭委轡涉數村窟出鞏縣城東門向來宫闕不可見但有洛水流渾渾

書任村馬鋪

見童繫馬黄河曲近岸河流如可掬任村炊米朝食魚日暮滎陽驛中宿投老經過身獨在當時洲渚今平陸林黍冥冥十數家仰視荒蹊但喬木氷盤美

客自知起看三白水還東馳兩來百口皆年少歸與何人共此悲

葛蘊作巫山高愛其飄逸因亦作兩篇

巫山高十二峯上有往來飄忽之猨猱下有出沒瀺灂之蛟龍中有倚薄縹緲之神宮神人處子冰雪容吸風飲露虛无中千歲寂寞無人逢邂逅乃與襄王通丹崖碧嶂深重重白月如日明房櫳象牀玉几來自從錦屏翠幔金芙蓉陽臺美人多楚語秖有纖腰能楚舞爭吹鳳管鳴鼉鼓那知襄王夢時事但見朝朝暮暮長雲雨

二

巫山高偃薄江水之滔滔水於天下實至險山亦起

伏爲波濤其巔冥冥不可見崖岸斗絶悲猨猱赤楓青櫟坐滿谷山鬼白日樵人遭窈窕陽臺彼神女朝朝暮暮能雲雨以雲爲衣月爲褚乘光服暗無留阻崑崙曽城道可取方丈蓬萊多伴侶堀獨守此嗟何求況乃低佪夢中語

西風

少年不知秋喜聞西風生老大多感傷畏此[illegible]況乃捨親友抱病獨遠行中夜卧不周惻惻感[illegible]起視天正黑弱雲亂縱横似有霰雪飄不復星[illegible]時節忽如此壯容豈心驚諒無同憂人[illegible]

苦雨

熯焰著天無寸空白沫上岸吹魚龍羲和推車出不

得河伯欲取山爲宫城門晝開眠百賈飢孫得糟夜
啼翁老人慣事少所怪看屋箕踞歌南風

和王勝之雪霽借馬入省

泥水塡馬不受轍瓦雪得火猶藏溝宿霧紛紛度城
闕朔氣凜凜吹衣裘窮閻閉門無一客剥啄驚我有
前騶強隨傳呼出屋去鼻息凍合髭鬖鬖投韁馬鬣
任敧側欲出撩鞭手還抽行思江南悲故事溪谷冬
暖花常流前年臘歸三見白雲霽色嶺上斑斑留杖藜
此時將邑子登眺置酒身優游豈如都城今日事羈
恐一蹶爲親憂因知田里觸款段昔人豈卽非良謀
君家洛陽名寶大談笑枯槁回春柔平生意氣故應
在白髮未敢稱尋求從容退食想佳節豈無歌聲相

獻酬奈何亦作苦寒調歎息朝夕無驊騮超然遂有
江湖意滿紙爲我書窮愁相如正應居客右子路且
莫棄桴淨

和吳冲卿鵶鳴樹石屏

寒林昏鵶相與還下有跂石蒼嶙顏曾於古圖見髣
髴已怪刀筆非人間君家石屏誰爲寫古圖所傳無
似者鵶飛歷亂止且鳴林葉慘慘風煙生高齋日午
坐中見意似落日空上行君詩雄盛付君手云此非
人乃天巧嗟哉渾沌死乾坤至造作萬物醜姸巨細
各有理問此誰主何其精悏奇譎詭多可喜人於其
間乃復雕鑱刻畫出智力欲與造化追相傾拙者變
媸尚欲奮工者固已窮奇矜吾觀鬼神獨與人意異

雖有至巧無所爭所以號山間埋沒此寶二千萬歲不
爲見者驚嗟吾又以此知妙偉之作不在百世後造始
乃與元氣并畫工粉墨非不好歲久剝爛空留名能
從太古到今日獨此不朽由天成世人尚奇輕貨力
山珍海怪採掇今欲索此屏後出爲君得胡賈欲價
著不識吾知金帛不足論當與君詩兩相直

送李宣叔倅漳州

關山到漳窮地與南越錯山川鬱霧毒瘴癘春冬作
荒茅篁竹間蔽虧有城郭居人特鮮少市井宜蕭索
野花開無時蠻酒持可酌窮年不用客誰與分杯杓
朝廷尚賢後磊砢充臺閣君能喜節行文藝又該博
超然萬里去識者爲不樂予聞君子居自可救民瘼

苟能禦外物得地無美惡似聞最南方北客今勿藥
林麓換風氣獸虵凋毒蠱如漳猶近州氣冷又銷鑠
珍足海物味其厚不爲薄章舉馬甲柱固巳輕羊酪
蕉黃荔子丹又勝楂梨酢逢衣比多士往往在丘壑
從容與笑語豈不慰寂寞太守好觴詠嘉賓應在幕
想即有新詩流傳至京洛

送裴如晦宰吴江

霜（一作震）澤與天沓旁臨無限情他時散髮處最愛垂
虹亭飄然平生遊捨我戴吴星欲往獨不得都門看
揚舲到縣問疾苦爲子求所經當知耕牧地往往茭
蒲青三江斷其二滲水何由寧徵子好古者此歌尚

韓持國從富并州辟

韓侯冰玉人不可塵土雜官雖衆俊後名字久訇磕
并州天下望撫士感愛慨千金棄不惜賓客常滿閤
遥聞餘風高爲子置一榻覩交西門餞百馬驕雜遝
子材宜用世談者爲嗚唈矧今名主人氣力足呵欱
推賢爲時輔勢若朽易拉會當薦還朝立子在閶闔
惜哉秣騏驥賦以升龠合咨子栖栖者氣象已摧塌
他年佐方州說將尚不納況於聲勢尊豈易取酬荅
有如持寸莛未足感鞺鞳顧於山水間意願多所合
臣廬與韶石少小已嘗躡風遊會稽春雪宿天柱臘
淮湖江海上慣食蝦蟹蛤西南窮岷嶓東北盡濟漯
身雖未嘗歷魂夢已稠沓荊溪最所愛歟燭多廟塔

溪果點丹漆溪花團繡卷扁舟信所適行不廢樽榼
一從捨之去霜雪行滿領思之不能寐覺若蠶蚋嘈
方將築其濱畢景謝嘈嘈安能孤此意顛倒歲衰颯
唯子余所嚮嗜好比鶼鰈何時歸相過遊屐尚可蠟

寄吴冲卿

物變極萬殊心通纔一曲讀書謂已多撫事知不足
與君語承華念此非不夙恨無數頃田歸耕使成熟
當官拙自計易用忤流俗窮年走區區得謗大於屋
歸來汙省舍又繼故人躅相逢秖數步吏桉常填目
吁嗟非無傷阻闊嗟何速孤危失所助把卷常恨獨
虛名終自誤謬恩何見屬清明有冲卿奧美如晦叔
時謂當選弁屈指尚五六揆才最不稱饕寵寧無

殷勤故人書紙尾又見勗君雖好德言我目望思告易稱動不括傳論大明服進爲非成村罪惡不容贖歲殘東風生陜樹麈翳麴何緣一杯酒談笑相追逐

韓持國見訪

余生非匏瓜於世不無求弱力憚耕稼衣食當周流起家始二十南北今白頭愁傷意已敗罷病恐難瘳江湖把一節屢乞東南州治民豈吾能謬僻庶可偷謬恩當徂冬黽勉始今秋豈敢事高蹇茫然乖本謀撫心私自憐仰屋窮歎愀強騎黃飢馬欲語將誰投賴此城下宅數蒙故人留攬衣坐中庭仰視白雲浮白雲御西風一一向滄洲安得兩黃鵠跨之與雲遊

思王逢原

自吾失逢原觸事輒愁思豈獨爲故人撫心良自悲
我善孰相我孰知我瑕疵我思誰能謀我語聽者誰
朝出一馬驅暝歸一馬馳馳驅不自得談笑強追隨
仰屋卧太息起行涕淋漓念子冢上土草亭已紛披
婉婉婦且少煢煢一女嫠高義動閭里尚聞致財貲
嗟我衣冠朝略能具饘糜葬祭無所助哀顏亦何施
聞婦欲北返跂予常望之寒汴已閉口此行又參差
又説當產子產子知何時賢者宜有後固當夢熊羆
天方不可恃我願適在茲我疲學更誤與世不相宜
宿昔心已許同岡結茅茨此事今已矣已矣尚誰知
渺渺江與潭茫茫山與陂安能久竊食終負故人期

登景德塔

放身千仞高北望太行山邑屋如螘冢蔽虧塵霧間念此屋中人當復幾人閑雞鳴起四散暮夜相與還物物各自我誰爲醫與頑賤氣即易凌貴氣即難攀愧予心未齊俛首一破顔

和劉貢甫燕集之作

馮侯天馬壯不羈韓侯白鷺下清池劉侯羽翰秋欲擊吳侯葩蕚春爭披沈侯玉雪照人潔蕭灑已見江湖姿唯予貌醜駭公等自鏡亦正如蒙倛忘形論交喜有得杯酒邂逅會良時心親不復異新舊便脫巾屨相諧嬉空堂無塵小雨定濃綠翳水浮秋曦高談四坐掃炎熱木末更送涼風吹此歡不盡忽分散明月照屋空參差平明餘清在心耳洗我重得劉侯詩

劉侯未見聞已熟，吾友稱誦多文辭。才高意大方用世，自有豪俊相攀追。咨予後會恐不數，魂夢久向東南馳。何時扁舟却顧我，還欲迎子遊山陂。

寄王逢原

北風吹雲埋九垓，草木零落空池臺。六龍避逃不敢出，地上獨有寒崔嵬。披衣起行愁不愜，歸坐把卷闔且闢。永懷古人今已矣，感此近世何爲哉。申韓百家爇火起，孔子大道寒於灰。儒衣紛紛欲滿地，無復氣焰空煤炲。力排異端誰助我，憶見夫子眞奇材。楩柟豫章槃白日，秖要匠石聊穿栽。我方官拘不得往，子有閑暇宜能來。晤言相與入聖處，一取萬古光芒迴。

寄正之

少時已感韓子詩東西南北俱欲往新年尤覺此語悲恨無羽翼超惚恍肺肝欲絕形骸外涕洟自落衣巾上此憂難與世共知憶子論心更惆悵

思古

古之士方窮材行已去貴大臣公聽釆左右不得嚴或從蒿藜閒入據廊廟勢小夫不敢望云我非其豪朝遊儁者羞暮出逢者避所以後世愚人人願高位

惜日

白日照四方當在中天留春風地上行當與時周遊和氣所披拂槁乾却濕柔愛欲傳萬物勢難停一州悽悽孔子者惜日此之由不能使此邦利澤施諸侯豈若駕以行使我過者稠當時三千人齊宋楚陳州

小者傳吾粗大能傳與幽道散學以聖衆源乃常流
吾初如匏瓜彼亦孰知丘唯士欲自達窮通非外求
暨必相天子乃能經九疇行雖恥強勉閉戶非良謀

送裵如晦郎席分題三首以黯然消魂惟別而已爲韻擬而惟字韻作

飄然五湖長昨日國子師緑髮約略白青衫欲成緇
牽舟推河水去與山水期春風垂虹亭一杯湖上持
傲兀何賓客兩忘我與而能復記此飲詩成酒淋漓

二

十月款水氷閒君行何為行不顧斗米自與五湖期
平生湖上遊幽事略能知此後君最樂窮年得游嬉
彩鯨抗波濤風作鱗之而鳴鼓上洞庭笑看紅橋垂

漠漠大梁下，黄沙吹酒巵。應憐故人愁，回首一相思。

三

邂逅君子堂，一盃相與持。便應取酩酊，萬事不足惟
平明蔡河風，回首成差池。獨我漫浪者，尚得行相追
磨刀鱠鱖冬，宿昔少陵詩。還當捕鱸魚，載酒與我期
甫里松菊盛，洞庭柑橘垂。文章爲我唱，不數陸與皮

臨川先生文集卷第七

臨川先生文集卷第八

古詩

兩馬齒俱壯

春從沙磧底

晨興望南山

結屋山澗曲

朝日一暴背

黃菊有至性

少狂喜文章

三戰敗不羞

少年見青春

白日不照物

草端無華滋
一日不再飯
秋枝如殘人
青青西門槐
天下不用車
山田久欲折
聖賢何常施
散髮一扁舟
道人北山來
今日非昨日
秋日不可見
騏驥在霜野

悲哉孔子二度

秋庭午吏散

秋日在梧桐

我欲往滄海

前日石上松

日出堂上飲

兩馬齒俱壯

兩馬齒俱壯自驕千里材生姿何軒軒或是龍之媒一馬立長纓顧影方徘徊一馬裂衘轡犇嘶逸風雷立豈飽芻豆戀棧常思迴犇豈欲野齕久羈羨騖駘兩馬不同調各爲世所猜問之不能言使我心悠哉

春從沙磧底

春從沙磧底轉上青天際靄靄桑柘墟浮雲變姿媚
游人出暄暖鳥語辭陰翳心知歸有日我亦無愁思
所嗟獨季子尚客江湖澨萬里卜鳳凰飄飄何時至

晨興望南山

晨興望南山不見南山根草樹露顛頂樛枝空復繁
銅瓶取井水已至尚餘溫天風一吹拂的皪成璵璠

結屋山澗曲

結屋山澗曲挂瓢秋樹顛鳴不中律呂時時驚我眠
吾見亦惡聒勠力事棄捐止我爲爾歌不如恣其然
狂風動地至萬竅各啾喧一瓢雖易除豈在有無間
皪皪山下石泠泠手中弦臨流寫所愛坐聽以窮年

朝日一暴背

朝日一暴背，欣然忘夜寒。焚松煑澗水，既食取琴彈。
彈作南風歌，歌罷坐長歎。寤彼棲棲者，遺世長擺難。

黃菊有至性

團團城上日，秋至少光輝。積陰欲滔天，況乃草木微。
黃菊有至性，孤芳犯群威。采采霜露間，亦足慰朝饑。

少狂喜文章

少狂喜文章，頗復好功名。稍知古人心，始欲老蠶耕。
低佪但志食，邂逅亦專城。仰慚冥冥士，俯愧擾擾氓。
良夜未遽央，青燈數寒更。撥書置左右，仰屋慨平生。

三戰敗不羞

三戰敗不羞，一官遷輒喜。古人思慰親，愧辱寧在己。
於陵避兄食，織屨仰妻子。恩義有相權，潔身非至理。

少年見青春

少年見青春萬物皆嫵媚身雖不飲酒樂與賓客醉一從鬢上白百不見可喜心腸非故時更覺日月駛聞歡已倦往得飽還思睡春歸只如夢不復悲憔悴寄言少年子努力作春事亦勿怪衰翁衰强自然異

白日不照物

白日不照物浮雲在寥廓風濤吹黃昏屋瓦更紛泊行觀蔡河上負土私力弱隨堤散萬家亂若春風籜仍聞決數道且用寬城郭婦子夜號呼西南漫爲壑

草端無華滋

草端無華滋陰氣已盤固暄妍却如春歲晚曾不寤一裘可以暖貧士終難豫怱怱去逐枝空寒蟲欲坏戶

一日不再飯

一日不再飯，飯已八九眠。忽忽返照間，損羸不可遷。筋骸徽纆束，肺腑鬲鐺煎。長往理不惜，高堂思所牽。

秋枝如殘人

秋枝如殘人，顏色先憔悴。微寒吹已空，性命一何脆。寍當記疇昔，葩葉相嫵媚。歲行誰使然，好殺豈天意。

青青西門槐

人情甘阿諛，我獨倦請謁。尤於權門踈，萬事亦已拙。平生江湖期，夢寐不可遏。青青西門槐，少解馬上暍。

天下不用車

天下不用車，人人乘馬馳。王良雖善御，攬轡欲從誰。漢武伐大宛，殺人若京坻。孝文却走馬，獨行先安之。

萬物命在天取舍各有時陰陽更用事冬暖豈所宜卞氏强獻玉兩刖亦已癡幸終遇良工已剖得不疑

山田久欲拆

山田久欲拆秋至尚求雨婦人喜秋涼踏車多笑語朔雲卷衆水慘淡吹平楚横陂與直塹疑即没洲渚霍霍反照中散絲魚幾縷鴻濛不可闢旦往知何往欹眠露下舸側見星月吐龍骨已嘔啞田家真作苦

聖賢何常施

聖賢何常施所遇有伸屈曲士守一隅欲以齊萬物喪非不欲富言爲南宮出世無子有子誰敢救其失

散髮一扁舟

散髮一扁舟夜長眠屢起秋水瀉明河迢迢藕花底

愛此露的皪復怜雲綺靡亦無與歌絃幽獨亦可喜

道人北山來

道人北山來問松我東岡舉手指屋脊云今如此長
開田故歲收種果今年嘗告叟去復來耘鋤尚康強
死狐正首丘遊子思故鄉嗟我行老矣墳墓安可忘

今日非昨日

今日非昨日昨日已可思明日異今日如何能勿悲
當門五六樹上有蟬鳴枝朝聽尚壯急暮聞已衰遲
仰看青青葉亦復少華滋萬物同一氣固知當爾為
我友南山居笑談解人頤分我秋栢實問言歸何時
衣冠汚窮塵苟得猶苦飢低徊歲已晚恐負平生期

秋日不可見

秋日不可見林端但餘黄秋蘂息平野俛仰旵無光
栗栗澗谷風吹我衣與裳娟娟空山月照我冠上霜

騏驥在霜野

騏驥在霜野低徊向衰草入櫪聞秋風悲鳴思長道
黄金作鞭轡粲粲空外好人生貴得意不必恨枯槁

悲哉孔子没

悲哉孔子没千歲無麒麟豈盡鉏商此物誰能珍
漢武得一角燔烹誣鬼神更以鑄黄金傳夸後世人

秋庭午吏散

秋庭午吏散子亦歸息偃豈無嘉賓客欲往心獨懶
出窓古人篇一讀三四反悲哉不益計失道行晩晩

秋日在梧桐

秋日在梧桐轉陰如急轂冥宣薇中庭下視仝可暴

高蟬不復譁稍得寒鴉宿百遠有哀蛩行歌待春綠

我欲往滄海

我欲往滄海客來自河源手探囊中膠救此千載渾

我語客欲爾當還治崑崙歎息謝不能相看渫甆盆

客止我且往濯髮扶桑楓春風吹我舟萬里空自存

前日石上松

前日石上松斸移沙水際青青折斂股俯映幽人砌

蟠根今邑茂落子還遠蒼翠三年一楮葉世事眞朝貴

日出堂上飲

日出堂上飲日西未云休主人笑而歌客子歎以愀

指此堂上桂始生在巖幽雨露飽所滋凌雲亦千秋

所託願求久何言值君收乃今畀濕地百蟻上窮鏤
丹青空外好鎮壓已堪憂爲君重去之不使一蟻留
蟻力雖云小能生萬蚍蜉又能高其礎不爾繼者稠
語客且勿然百年等浮漚爲客當酌酒何豫主人謀

臨川先生文集卷第八

臨川先生文集卷第九

古詩

孔子

楊雄二首

漢文帝

秦始皇

韓信

叔孫通

東方朔

揚劉

藏倉

田單

雲山詩送正之

孔子

聖人道大能亦博學者所得皆秋毫雖傳古未有孔子蠛蠓何足知天高（淵聖御名）魋武叔不量力欲撓一草搖蟠桃顏回已自不可測至死鑽仰忘身勞

揚雄二首

子雲游天祿華藻銳初學覃思晚有得晦顯無適莫寥寥鄒魯後於此歸先覺豈嘗知符命何苦自投閣長安諸愚儒操行自爲薄謗嘲出異己傳載因疏略孟軻勸伐燕伊尹干說亳叩馬觸兵鋒食牛要祿爵少知羞不爲況彼皆卓學史官蔽多聞自古善穿鑿

二

子雲平生人莫知知者乃獨稱其辭今尊子雲者皆是得子雲心亦無幾聖賢樹立自有師人知不知無以爲俗人賤今常貴古子雲今存誰汝數

漢文帝

輕刑死人衆喪短生者偷仁孝自此薄哀哉不能謀露臺惜百金灞陵無高丘淺恩施一時長患被九州

秦始皇

天方獵中原狐兔在所憎傷哉六孱王當此鷙鳥膺搏取已掃地翰飛尚憑凌遊將跨蓬萊以海爲丘陵勒石頌功德群臣助驕矜舉世不讀易但以刑名稱蚩蚩彼少子何用辨堅冰

韓信

韓信寄食常歎然邂逅漂母能哀憐當時噲等何由伍但有淮陰惡少年誰道蕭曹刀筆吏從容一語知人意壇上平明大將旗舉軍盡驚王不疑拔兵半楚濰半涉（一作摶兵擊楚濰半涉）從初龍且聞信怯濡溝天下已橫分談笑重來卷楚氛但以怯名終得羽誰爲孔費兩將軍

叔孫通

先生秦博士秦禮頗能熟量主欲有爲兩生皆不欲章其一王儀羣豪果知蕭黄金既偏賜短衣亦已續儒術自此凋何爲反初服

東方朔

平原狂先生隱翳世上塵材多不可數射覆亦絕倫辭最談諧發口必有神以此得親幸賜予頗不貧

金玉本光瑩浮沙豈能埋時來一悟主驚動漢庭目
不肯下兒童敢言詆平津何知夷與惠空復忤時人

楊劉

人各有是非犯時爲患害唯詩以譎諫言者得無悔
汾王昔監謗變雅今尚載末俗忌諱繁此理豈復在
南山詠種豆議法過四罪玄都戲桃花母子受顚沛
疑似已如此况欲諄諄誨事變故不同楊劉可爲戒

臧倉

位在萬乘師孟軻猶不遇豈云貧與賤世道非吾趣
意行天下福事忤由然去命也固有在臧倉汝何與

田單

湣王萬乘齊走死區區燕田單一即墨掃敵如風旋

舞鳥惟不測騰牛怒無前飄飄樂毅去磊砢功名傳
搖葬與劓降論乃愧儒先深誠可奮士王蠋豈非賢

戴不勝

昔在宋王所皆非薛居州區區一不勝辛苦亦何求
懷祿詎有恥知命乃無憂此士自可憐能復識此不

陸忠州

虞人以士招御者與射比當時尚羞爲況乃天下士
英英陸忠州學問兼鄭明奮低佪得坎坷勳業終不遂

開元行

君不聞開元盛天子糾合儁傑披蓊翳幾年辛苦補
四海始得完好無疽瘡一朝寄託誰家子威福顛倒
那復理那知赤子痛怨毒秖見狂胡倉卒起茫茫孤

行西萬里僅一反歸來賣憂死子孫險不失故物社稷陵夷從此始由來犬羊著冠坐廟堂安得四鄙無豺狼

相送行效張籍

一車南一車北身世忽忽俱有役憶昔論心兩綢繆那知相送不得留但聞馬嘶覺已遠欲望應須上前坂秋風忽起吹泥塵雙目空回不見人

陰漫漫行

愁雲怒風相追逐青山滅沒滄江覆少留燈火荒空床更聽波濤圍野屋憶昨踏雪度長安夜宿木窗還苦寒誰云當春便妍暖十日八九陰漫漫

一日歸行

歲貧奔走食與衣百日奔走一日歸平生歡意苦不盡正欲老大相因依空房蕭瑟施繐帷青燈半夜哭聲稀音容想像今何處地下相逢果是非

汴水

汴水無情日夜流不肯爲我少淹留相逢故人昨夜去不知今日到何州州州人物不相似處處蟬鳴令客愁可憐南北意不就二十起家今白頭

陰山畫虎圖

陰山健兒鞭鞚急走勢能追北風及逶迤一虎出馬前白羽橫穿更人立回旗倒戟四邊動抽矢當前放蹄入爪牙蹭蹬不得施磧上流丹看來濕胡天朔漠殺氣高煙雲萬里埋弓刀穹廬無工可貌此漢使自

解丹青包堂上絹素開欲裂一見猶能動毛髮低佪
使我思古人此地摶兵走戎羯禽逃獸遁亦蕭然豈
若封疆今晏眠契丹弋獵漢耕作飛將自老南山邊
還能射虎隨少年

杜甫畫像

吾觀少陵詩爲與元氣侔力能排天斡九地壯顔毅
色不可求浩蕩八極中生物豈不稠醜妍巨細千萬
殊竟莫見以何雕鎪惜哉命之窮顛倒不見收青衫
老更斥餓走半九州瘦妻僵前子仆後攘攘盜賊森
戈矛吟哦當此時不廢朝廷憂常願天子聖大臣各
伊周寧令吾廬獨破受凍死不忍四海寒颼颼傷屯
悼屈止一身嗟時之人死所羞所以見公畫再拜涕

泗流惟公之心古亦少願起公死從之游

吳長文新得顏公壞碑

魯公之書既絕倫歲久更爲時所珍荒壇壞冢稍崖屋剥落風雨埋煨塵斷碑數尺誰所得點畫入紙宁始新延陵公子好事者拓取持寄情相親六書篆籀數變改訓詁後世多失眞誰初妄鑿妍與醜坐使學士勞骸筋堂堂魯公勇且仁出遇世難親經綸揮毫卓犖又驚俗豈亦以此誇常民但疑技巧有天得不必強勉方通神詩歌甘棠美召伯愛惜蔽芾由恩人時危忠誼常恨少寶此勿復令埋堙

答楊州劉原甫（圖君古人風更欲敘吾贊）

少食苦不足一官聊自謀爲生晚更拙懷禄尚遲留

黽勉訏有穢強顏包衆羞謂我古人風知君以相優君實高世才主恩正綢繆寄矣哀此民華簪寧易投

寄鄂州張使君

昔人寧飲建業水共道不食武昌魚公來建業每自如亦復不厭武昌居武昌山川今可想緑水逶迤煙莽蒼白鷗晴飛隨兩槳岸蘼茸茸映魚網投老留連陌上塵思公一語何由往

送元厚之待制知福州

海隅山谷間人物最多處平旦息相吹連城黯如霧閩王舊宮室丹漆美無度今爲大帥府千里來赴愬元侯文章翁更以吏能著峩峩中天閣鳴玉新改步銜詔出梨嶺方爲遠人慕旌旗滿流水冠蓋東門駐

四坐共咨嗟疑侯不當去張仲稱孝友楚侯正求助
名城肇云樂行矣未宜遠

悼四明杜醇

杜生四五十孝友稱鄉里隱約不外求耕桑有妻子
藜杖牧雞豚筠筒釣魴鯉歲時沽酒歸亦不乏甘旨
天涯一杯飯夙昔相逢喜談辭足詩書篇詠又清泚
鄞城聞越客安否常在耳日月未渠央如何棄予死
古風久凋零好學少爲已悲哉四明山此士今已矣

哭梅聖俞

詩行於世先春秋國風變衰始柏舟文辭感激多所
憂律呂尚可諧鳴球先王澤竭士已偷紛紛作者始
可羞其聲與節急以淫真人當天施再流篤生梅公

應時求頌歌文武功業傳經奇緯麗散九州衆皆少
銳老則不翁獨辛苦不能休惜無采著人名遺貴人
憐公青兩眸吹噓可使高岑樓坐令隱約不見收空
能乞錢助饘餬疑此有物司諸幽棲棲孔孟葬會鄒
後始卓犖稱軻丘聖賢與命相楯矛勢欲強違誠無
由詩人況又多窮愁李杜亦不爲公侯公窺窮阨以
身投坎軻坐老當誰尤吁嗟豈即非善謀虎豹雖死
皮終留飄然載喪下陰溝粉書軸幅懸無旒高堂薦
罍哀白頭東望使我商聲謳

遊章義寺

九日章義寺倦遊因解鑣拂榻寄午夢起尋北山楸
翠蔚鳥絶迹悲鳴唯一蜩歡言與僧期於此共簞瓢

斬松八九根窻壁具一朝伏檻何所見蒼蒼圍寂寥
巖谷寒更靜水泉清不揺安得有車馬尚無漁與樵
神茂真觀復心明衆塵消隂嶺有嘉客儻來不須招

飯祈澤寺

篤言東南遊午飯投僧舘山白梅蘂長林黃柳芽短
笭箵沙際來略彴桑間斷春暎一川明雪消千壑漫
魚隨竹影浮鳥誤人聲散翫物豈能留于時吾自懶

荅瑞新十遠

遠水悠然碧遠山天際蒼中有山水人寄我十遠章
我時在高樓徙倚觀八荒亦復有遠意千載不相忘

送文學士倅邛州

文翁出治蜀蜀士始文章司馬唱成都嗣音得王揚

峰峰漢守孫千秋起相望操筆賦上林脫巾選爲郎擁書天祿閣奇字校偏傍忽乘駟馬車牛酒過故鄉時平無諭檄不訪碧雞祥問君行何爲關隴正繁霜中和助宣布循吏綴前芳豈特爲親榮區區誇一方

送宋中道倅洛州

漳水不灌鄴不知幾何時後世有史起乃能爲可爲余嘗游洛民舄鹵半不治頗覺漳可引但爲談者嗤高議不同俗功成人始思夫子到官日勿忘吾此詩

送張公儀宰安豐

楚客來時鴈爲伴歸期秪待春冰泮鴈飛南北三兩回回首湖山空夢亂祕書一官聊自慰安豐百里誰復歎揚鞭去去及芳時壽酒千觴花爛熳

送陳諤

有司昔者患不公翻名謄書今故密論才相若子獨棄外物有命眞難必鄉閭孝友莫如子我願卜隣非一日朱門弈弈行多轍歸矣無爲悲蓬蓽

送孫長倩歸輝州

溪澗得雨潦奔溢不可航江海收百川浩浩誰能量溪澗之日短江海之日長願生畜道德江海以自方

送喬執中秀才歸高郵

薄飯午不羨空爐夜無炭寠家日避席烈烈風欺慢謂子勿惡此何爲向子歎長年客四壁沙無婦助親爨寒暄慰白首我弟纔將冠遲迴歲又晚想見淮湖漫古人一日養以三公換田園在勠力且欲歸鋤灌

行矣子誠然光陰未宜虛負來力有餘能無讀書伴

雲山詩並正之

雲山參差碧相圍溪水詰曲帶城隈溪窮壤斷至者誰予獨與子相諧燕山城之西鼓吹悲水風蕭蕭不蒲旗子今去此來無時予有不可誰予規

臨川先生文集卷第九

臨川先生文集卷第十

古詩

和甫如京師徽之置酒

别孫莘老

寄丁中允寶臣

示平甫弟

憶北山送勝上人

相國寺啓同天節道場行香院觀戲者

馬上轉韻

乙巳九月登冶城作

過劉貢甫

估玉

自訟

彼狂

衆人

和甫如京師微之置酒

季子將北征貂裘解亭皐使君擁鳴騶出餞載酒醪作詩寵行色坐客多賢豪信知丈夫才能賦在登高陟屺憂未已強歌反哀號問言歸何時逮此冬風饕川塗良阻脩箠轡慎所操黃屋初啓聖萬靈歸一陶詢謀及疎賤拔取皆時髦往往矣果有合可辭州縣勞

別孫莘老

逢原未熟我已與子相知自吾得逢原知子更不疑把手湖上舟望子欲歸時茫然乃分散獨背東南馳

寥寥西城居邂逅與子期鷄鳴入省門朱墨來紛披
合意不自得強顔聊爾爲會合常在夜青燈照書詩
往往并衾語至明不言疲怱怱捨我去使我當從誰
送子不出門我身方羈縻我心得自如今與子相隨
隨子至湖上逢原所嘗嬉想見荷葉盡北風卷寒漪
已懷今日愁更念昔日悲相逢亦何有但有鏡中絲

寄丁中允寶臣

人生九州間泛泛水中木漂浮隨風波邂逅得相觸
始我與夫子得官同一州相逢皆偶然情義乃綢繆
我於人事疏而子久已修磨礱以成我德大不可讎
乖離今六年念子未嘗休豈不道相逢但得頃刻留
歡喜不滿顔長年抱離憂古人有所思千里駕車牛

如何咫尺間而不與子遊顧惜五斗米無辜自拘囚
念彼磊落者心顏兩慹蓄剡山碧榛榛剡水日夜流
山行苦無巘水淺亦可舟使君子所善來檄自可求
何時子來意待子南山頭

示平甫弟

汴渠西受崑崙水五月奔湍射黃矢高淮夜入忽倒
流碕岸相看欲生觜萬檣如山矻不動嗟我仲子行
亦止自聞留連且一月每得問訊猶千里老工取河
天上落伏礫邅沙卷無底土橋立馬望城東數日知
有相逢喜檣隅返照媚槐穀池面過雨蘇萱葦欣然
把手相與開所願此時無一詭豈無他憂能老我付
與天地從今始閉門爲謝載酒人外慕紛紛吾已矣

憶北山送勝上人

蒼藤翠木江南山，激激流水兩山間。山高水深魚鳥樂，車馬跡絶人長閑。雲埋樵聲隔葱蒨，月弄釣影臨潺湲。黃塵滿眼衣可濯，夢寐惆悵何時還。

相國寺啓同天節道場行香院觀戲者

侏儒戲場中，一貴復一賤。心知本自同，所以無欣怨。

馬上轉韻

三月楊花迷眼白，四月柳條空老碧。年光如水盡東流，風物看看又到秋。人世百年能幾許，何須慼慼長辛苦。富貴功名自有時，簞瓢捽茹亦山雌。

乙巳九月登冶城作

欲望鍾山岑，因知冶城路。躋攀隱木杪，稍記曾遊起

紅沉渚上日蒼翠榛中霧〻即事有哀傷山川自如故

過劉貢甫

去年約子遊山陂今者仍爲大梁客天旋日月不少
留稱意人間寧易得天明徑欲相就語雲雪塡城萬
家白冬風吹鬚亂馬更驕一出何由問行迹能言奇字
世已少終欲追攀豈辭劇枕中鴻寶舊所傳飲我寧
辭酒或索吾願與子同醉醒顏狀雖殊心不隔故知
今有可憐人回首紛紛斗筲窄

估玉

潼關西山古藍田有氣鬱鬱高挂天雄虹雌霓相結
纏晝夜不散非雲煙秦人挾斤上其巔視氣所出深
鑱鐫得物盈尺方且堅以斤試叩聲泠然持歸市上

求百錢人皆疑嗟莫愛憐大梁老估聞不眠操金喜
取走蹁躚深藏牢包三十年光怪隣里驚相傳欲獻
天子無由緣朝廷昨日鍾鼓鼾呼工琢圭寘神筵玉
斜細鎖不中權貴孫抱物詔使前紅羅複疊帕紫氈
發視紺碧光屬聯詔問與價當幾千衆工讓口無敢
先嗟我豈識真庵一作與全

信都公家白兔

水晶爲宫玉爲田姮娥縞衣洗朱鉛宫中老兔非日
浴天使潔白宜嬋娟揚鬚弭足桂樹間桂花如霜司
後前赤鴉相望窺不得空凝嚥聽射日丹東西跳梁
白長父天畢橫施亦何有憑此下視宜罔繁衣祖紛
紛漫回首去年驚膽除山　出入墟莽猶無群奇毛

[illegible]亦得千里今以窮歸君之[illegible]衢險幽不可逐食

君庭除嗟亦寘今子得爲此兔無[illegible]豐草長林且遊行

車鳌二首

車鳌肉甚美由羨得烹燔殻以無味弃弃之能久存

子嘗憐其肉柔弱甘咀吞又嘗怪其殻有功不見論

醉客快一啖散投墻壁根寧能爲收拾持用訏醫門

二

車鳌肉之弱恃殻保厥身自非身有求不敢微啓唇

尚恐壞蠲着得泥沙常埋堙往往湯火間身盡殻空存

維海錯萬物口牙且咀吞爾無如彼何可畏寧獨人

無爲久自苦含匿不暴陳豁然從所如游蕩四海濱

清波躍其汙白日曬其昏死生或有在豈遽得烹燔

與平甫同賦槐

冰雪消楚岸，萬株同飄零。春風一都城，居初見葉青青。歲行如車輪，蔭翳忽滿庭。秋子今在眼，何時動江舲。

甘棠梨

甘棠詩所歌，自足誇衆果。小愛其茇，秋霜萬玉懸磊砢。園夫盛採擷，市賈爭包裹。車輸動盈箱，舟載輒連柁。朝分不知數，暮在知幾顆。但使甘有餘，何傷小而橢。主人捐千金，餉留四坐。柑橘與橙栗，本在口亦云可。都城紛華地，內熱易生火。問客當此時，獨煩孰如我。

獨山梅花

獨山梅花何所似，半開半謝荆棘中。美人零落依草木，忠士顛顇守蒿蓬。亭亭孤艷帶寒日，漠漠遠香隨

野風移栽不得根欲老回首上林顔色空

同昌叔賦鴈奴

鴈鴈無定棲隨陽以南北嗟哉此爲奴至性能懇惻人將伺其殆奴輒告之亟舉群竊而飛機巧無所得夜或以火取奴鳴火因匿頻驚莫我補顧謂奴不直嗷嗷身百憂泯泯衆一息相隨入矰繳豈不聽者惑偷安與受紿自古有亡國君看鴈奴篇禍福甚明白

老樹

去年北風吹瓦裂墻頭老樹凍欲折蒼葉蔽屈忽扶踈野禽從此相與居禽鳴無時不可數雌雄各自應律吕我牀擬書當午眠能驚我眠聒我語古詩鳥鳴山更幽我念不若鳴聲收但憂此物一朝去狂風還

來歎老樹

賦棗 得燭字

種桃昔所傳種棗子所欲在實爲美果論材又良木餘甘入鄰家尚得嚵婦逐況余秋盤中快噉取饜足風包墮朱繒日顆皺紅玉贄享古已然幽詩自宜録紙懷青齊閭萬樹蔭平陸誰云食之昏匿知乃成俗賡庭鶴聖壽以此參看藪願比赤心投皇明黨予燭

飛鴈

鴈飛冥冥時下泊稻粱雖少江湖樂人生何必慕輕肥辛苦將身到沙漠漢時蘇武與張騫萬里生還值偶然丈夫許國當如此男子辭親亦可憐

寓言九首

詵詵古之士出必見禮樂群游與群歛仁義待揚搉
心疲歌舞荒耳聪采益獨所以後世賢絕俗乃爲學

二

不得君子居而與小人游疵瑕不相摩究乃禍釁稠
高語不敢出鄙辭强顔酬始云避世患自覺日已偷
如何一齊人以萬楚人咻云復學齊言定復不可求

三

仁義多在野欲從苦淹留不悲道難行所悲累身修
周公歌七月耕稼乃王術宣王追祖宗考牧與宫室
甘棠能聽訟召伯聖人匹後生論常高於世復何實

四

婚喪欺不供貸錢免爾禁耕收孰不給領票助之生

物益顯我收之物害出使管後世不務此區區拴兼并

五

正觀業萬世經營豈非縣其子一操之宗廟能幾殫開基始聰明一青奔西山功高後野易德薄人存難

六

言失於須臾百世不可除行失几席間惡名滿八區百年養不足一日毀有餘諒彼恥不仁戒哉惟厥初

七

鐘鼓非樂本本末猶相因仁聲入人深孟子言之諄如何正觀君從古同隋陳風俗不粹美惜哉世無臣

八

遊鯨厭海濁出戲清江湄風濤助翻騰網罟不敢窺

矣乎洲渚閭蠛蟻爽其機物大莫易窮一窮無所歸

九

猛虎卧草間群鳥從譟之萬物忌强梁豈獨以其私
虎終幾械得鳥亦彈丸隨山雞不忤物黙與鳳凰期

舟中讀書

冉冉木葉下蕭蕭山水秋浮雲帶田野落日抱汀洲
歸卧無與語出門何所求未能忘感慨聊以古人謀

和王樂道讀進士試卷

文章始隋唐進取歸一律安知鴻都事竟用程人物
變今嗟未能於已空自出流波亦已漫高論常見屈
故令俶儻士往往棄壎篪臯陶叙九德固有知人術
聖世欲爾爲徐觀異人出

自訟

孔子見南子子路為不怡欲從公山氏勃欝見色鮮道知天之蒼萬物不能緇弟子尚不信況余之才資明知古人仁語縣各有時苟出不自慎果為驍著疑白圭尚有磨駟馬猶能追一言成不智雖悔欲何為

彼狂

上古沓默無人聲日月不忒山川平人與鳥獸相隨行祖孫一死十百生萬物不給乃相兵伏羲畫法作後程漁虫獵獸覓群爭勢不得已書經營非以示世為聰明方分類別物有名聲賢尚功列恥榮盡偽巧鬭元精至言一出衆非驚上智閑匿不敢成因時就俗救刖黥惜哉彼狂以文鳴強取色樂要聾盲宸

蕩沈濁紛無清談詭徒亂聖人氓豈若泯默死蠶耕

衆人

衆人紛紛何足競是非吾喜非吾病頌聲交作莽豈賢四國流言旦猶聖唯聖人能輕重人不能銖兩爲千鈞乃知輕重不在彼要之美惡由吾身

臨川先生文集卷第十

（宋）王安石 撰

宋本臨川先生文集

第二册

國家圖書館出版社

第二册目録

臨川先生文集卷第十二……二五

臨川先生文集卷第十六……一〇三

臨川先生文集卷第二十……一七九

臨川先生文集卷第十一

古詩

平甫歸飲

荅陳正叔

過食新城藕

明州錢君倚衆樂亭

愛日

荅裴煜道中見寄

餘寒

孤城

和微之藥名勸酒

客至當飲酒二首

乙未冬婦子病至春未已

強起

飲裴侯家

送謝師宰赴任楚州二首

次韻遊山門寺望文脊山

車鼇

洂

寄題郢州白雪樓

折楊黃華笑者多，陽春白雪和者少。知音四海無幾人，況乃區區郢中小。千載相傳始欲慕，一時獨唱誰能曉。古心以此分冥冥，俚耳至今徒擾擾。朱樓碧瓦何年有，榱桷連空欲驚矯。郢人爛漫醉浮雲，郢女參差躡飛鳥。丘墟餘響難再得，欄檻茲名復誰表。我來欲歌聲更吞，石城寒江暮雲繞。

聖俞爲狄梁公孫作詩要予同作

虎豹不食子鴟梟不棄雄人惡甚鳥獸吾能與成功愛有以討留去有勢不容吾謀適合意幾亦齒毒鋒時恩渝九泉褒取異代忠堂堂社稷臣近世孰如公空使苗裔間稱稱揚得詩翁一讀亦使我慨然想餘風

蒙亭

隱者委所逢在物無不足山林與城市語道歸一轂詩人論巨細此指尚局束頗知區區者自棄忍所欲孰識古之人超然遺耳目豈於喧與靜趣舍有偏獨命亭今何爲似乃畏驚俗至意不標揭小名聊自屬夏風簷楹寒冬雪牕戶燠春與亂梅柳秋徑深松菊壺觴日笑傲絕徙相追逐此樂已難言[illegible][illegible]新曲

和王樂道烘蝨

秋暑汗流如炙輠敝衣濕蒸塵垢涴施施衆蝨當此
時擇肉甘於虎狼餓咀嚙侵膚未去已肥撥次骨終
無那時時對客輒自捫十百所除纔幾箇皮毛得氣
強復活爪甲流丹眞暫破未能湯沐取一空且以火
攻令少挫踞爐熾炭已不暇對竈張衣誠未過飄零
作若蛾赴燈驚擾端如蟻旋磨欲毆百惡死焦灼肯
貸一凶生棄播已觀細黠無所容未放老姦終不墮
然臍郿塢患溢世焚寶鹿臺身易貨冢中燎入化秦
冤池上燃隨遷彝坐彼皆勢極就煙埃況汝命輕侔
蕩噬逃藏壞絮尚欲索埋沒死灰誰復課（此八句一本無）熏
心得禍爾莫悔爛額收功吾可賀猶殘衆蟣恨未除

自許寧能久安臥

賀聖俞農具詩十五首

田廬

田父結田廬聊容一身息呼兒取茅竹不借鄉人力起行廬旁朝歸臥廬下夕悠悠各有願勿笑田廬窄

樵斧

百金鍛一冶所賦以所遭此豈異鏌鋣柰何獨當樵朝出在人手暮歸在人腰用捨各有時此心兩無邀

耕牛

朝耕草茫茫暮耕水瀰瀰朝耕及露下暮耕連月出身無一毛利主有千箱實睆彼天上星空名豈余匹

水車

取車當要津膏潤及遠野與天常斡旋如雨自瀲灔
置心亦何有在物偶相假此理乃可言安得圓機者

牧笛

綠草無端倪牛羊在平地芊綿杳靄間落日一橫吹
超遥送逸響澹漫寫真意豈比賣餳人吹簫販童稚

颺扇

精良止如留蹠惡去如擯如擯非爾憎如留豈吾吝
無心以擇物誰喜亦誰愠翁乎勤簸颺可使糠粃盡

田漏

占星昏晚中寒暑已不疑田家更置漏寸晷亦欲知
汗與水俱滴身隨陰屢移誰當哀此勞往往奪其時

牛衣

百獸冬自暖獨牛非氄毛無衣與卒歲坐恐得空牢
主人覆護恩豈啻一綈袍問爾何以報離離滿東皐

耬種

富家種論石貧家種論斗富貧同一時傾瀉應心手
行看萬壟空坐使千箱有利物博如此何慙在牛後

耒耜

耒耜見於易聖人取風雷不有仁智兼利端誰與開
神農后稷死微爾相尋來山林盡百巧揉斲無良材

錢鎛

於易見耒耜於詩聞錢鎛百工聖人爲此最功不薄
欲收禾黍善先去蒿萊惡願同歌器悟更使臣工作

耰耡

鍛金以爲曲揉木以爲直直曲相後先心手始兩得秦人望屋食以此當金革君勿易耰耡耰耡勝鋒鏑

襏襫

采采霜露下披披煙雨中蒲茅以爲友裋褐相與同勿妬市門人綺紈被奴僮嘗聽邊城戍擐甲徂春冬

臺笠 史記索隱謂蓬累立也

耕有春雨濡耘有秋陽暴二物應時須九州同我服欲爲生少慕得此自云足君思周伯陽所願豈華轂

耘鼓

逢逢戲場聲壤壤戰時伍日落未云休田家亦良苦問見今隴上聽此何莽鹵昨日應官繇州前看歌舞

次韻酬微之贈池紙并詩

微之出守秋浦時樵氷壬自禱萬穀皮渡工龜手咤令
漾魚網青數荊州池霜紈奪色賈不售虹玉囊氣山
無輝方船穩載獻天子差菖價徐取供吾私十年零落
尚百一持以贈我隨清詩以君寧文寄金穀地方執賜
筆磨拗蟠當留此物朝上國日侍 帝側書新儀不
然名山副史本褒拔元凱誅窮竒沓予文章非世用
畫鏤空爾縻冰脂揮毫才足記姓字竊學文恥從師
宜怱怱點汙亦何恐嘉既但覺難爲辭篇終有意責
趙璧竊國恐誤連城歸傾囊倒篋恥一報安敢坐以
秦爲雌

酬沖卿月臨夜一月感

夜雲不見天況乃星與月蕭蕭暗塵走坎坎寒更發

樓歌客尚飲酩酊不畏雪巷哭復有人鄰風送幽咽
紛然各所遇悲喜孰優劣君方感莊周浩蕩擺羈紲
歸來亦置酒玉指調絃撥獨我坐無爲青燈對明滅

送子思兄參惠州軍

法法曲江水天借九秋色樓臺飛半空秀氣盤韶石
載酒塡里閭吹花換朝夕笙簫震河漢錦繡爛冠幘
地靈瘴癘絶人物傾南極先朝有名臣卧理訟簡息
稍稍延諸生談笑與賓客子來適妙年謁入交屨舄
寂寥九齡後此獨望一國虞翻禮丁氾韓愈侯趙德
孤岸鎮頹波俗流未易識我方文棣中旋逐旌旗[illegible]
去思今豈忘耳目熟遺迹吏舍劬勤言俛仰間乖隔
當時府中見侵尋鬢邊白下帷雖著書不救寒饑迫

謂宜門閫士官路久烜赫奈何猶差池更捧丞掾檄
驥摧千里蹄鵬墮九霄翮人生無巧愚天運有通塞
試觀馳騁人意氣宇宙窄榮華去路塵謗辱與山積
優游祿仕間較計誰失得送君強成歌陟岵翻感激

送董伯懿歸吉州

我來以喪歸君至因謫從女君黃憂患中邂逅遇於此
去年服初除聽赦相助喜看君數歸月但屈兩三指
茫然冬更秋一笑非願始盍與楊柳下明月芙蕖求
僮饑屢闌門客罷方隱几是非評衆詩成敗斷前史
時時對奕石漫浪爭生死送迎皆幅巾設食但陳米
亦曾戲篇章禪翰森高古君豪才有餘我老憊先止
東城景陽陌南望長干紫欲斷三歎離於焉寄殘齒

經過許後日唱和猶在耳新■心忽捨我欣悵半歲已
江湖北風帆㨱㮴即千里相逢一知何時莫惜纖尺紙

八月十九日試院若芳沖卿

空庭得秋長漫漫寒露入暮愁漫漫單萱喧人語已成
市白日未到扶桑間永懷所好却成夢玉色髣髴開
心顛逆知後應不復隔談笑明月相與閑

平甫歸飲

無田士相弔亦以廢燕樂我宦雖在朝得飲乃不數
詩書向牆戶賓至無杯杓空取上古言疇之等糟粕
有如揚子雲歲晚天祿閣但無載酒人識字真未博
叔兮歸自東一笑堂上酌緒餘不及客見女聊相酢
高談非世歡自慰亦不惡寄言緐華子此趣由來各

答陳正叔

天馬志萬里駕鹽不如閑壯士困局束不如之宇利行有阨轍勢涉無恬瀾明明千年羞促促一日歡孰肯避此世引身取平寬超然子有意為我歌考槃予方慕孔氏委吏文盤粗聖御名得失未去殊聊各趣所安

過食新城藕

他年過食新城藕枕藉船中共執親友今年却到經行處獨坐昏煙對舞柳甘酸向口無所適空落盤餐與樽酒冰房玉節漫自好欲御[illegible]還休滯甕手曾參官學居常近陽城離別初不久人[illegible]間此願兩未能西風落日空迴首

明州錢君倚衆樂亭

使君慕府開東部名高海曲人知慕艤船談笑政即成洗滌山川作嘉趣一泉浩蕩銀河注想見明星弄機杼載沙築成天上路援虹爲橋取孤嶼掃除荊棘水中央碧瓦朱甍隨指顧春風滿城金版舫來看晋酒新亭上百女吹笙綵鳳悲一夫伐鼓靈鼉壯安期羨門相與遊方丈蓬萊不更求酒酣忽跨鯨魚去陳迹空令此地留

愛日

鴈生陰沙春冬息陽海瀲冥冥取南北豈以食爲累咨予愁病軀朴鄙人所戲無才治時難量力當自棄豈知塞上霜飄然亦何事高堂已白髮愛日負明義

悲風吹平原秣馬聊一憩含懷孰與語仰屋思嘆喟
孟母知身從萊妻恥人制一肉儻易謀萬鍾非得計

荅裴煜道中見寄

君遊苦數歸苦晚一騎行險有千里遠知君陟降且暮
闇馬力不勁嚴長坂雨[illegible]脚墜地花枝低風頭入溪蕭
葉偃此處登臨不奈愁瑣樹森森遮疊巘

餘寒

餘寒篤春風入我征衣裳捫鬢覺秖得凍藪面尚鐵劍
士耳恐猶墜馬毛欲吹僵牢持有失箸疾飲無留湯
曈曈扶桑日出有萬丈光可憐當此時不濕地上霜
冥冥鴻鴈飛北望去成行誰言有百鳥此鳥知陰陽
豈時有必至前識聖[illegible]所藏把酒謝高翰我知思故鄉

孤城

孤城回望首一作距幾何記得好處常經過最思東山煙樹色更憶南湖秋水波百年顛倒一作三年飄忽如夢寐萬事乖隔一作萬事感激徒悲歌應須飲酒不復道今夜江頭明月多

和微之藥名勸酒

赤車使者錦帳郎從容[illegible]馬留閑坊紫芝眉宇傾一坐笑語但聞雞舌香藥名勸酒詩寶貝好陈登為我書數行真珠的皪鳴槽牀入盂罌琥珀正可嘗丈君子細看流光莫惜覓醉衣[illegible]獨醒至死誠可傷歡華易盡悲酸早人間沒藥[illegible]贈老寄言歌管衆少年趁取烏頭未白前

客至當飲酒二首

結屋在墻陰閉門讀詩書懷我平生友山水異秦吳
杖藜出柴荊豈無馬與車窮通適異趣談笑不相愉
豈復求古人浩蕩與之俱客至當飲酒日月無根株

二

天提兩輪光環我屋角走自從紅顏時照我至白首
纍纍地上土往往平生友少年所種樹磥砢行復朽
古人有真意獨在無妍醜冥冥誰與論客至當飲酒

乙未冬婦子病至春不已

天旋無窮走日月青髮能禁幾回首見呻婦嘆冬復
春強欲笑歌難發口異巷幽尋非貴嗟藜牀穩臥雖
貧有二物長乖亦可憐一生所得猶多苟

強起

寒堂耿不寐轆轆聞車聲不知誰家兒先我雲衢上行歎息夜未央遶壁覓前榼推枕欲強起問知星正明昧旦聖所勉齊詩有雞鳴嗟予以羈食更覺負益生

飲裴侯家

裴侯飲我日向中四坐賓客顏皆紅掃除高館邀我入自出羅麥憐民窮天邊眼力破萬里桑麻冥宜山四起野心探尋殊未已更欲湔衣北城水忽見碧樹櫻桃懸下馬恣食不論錢赤是石榴落入我眼恐是半醉遊青天裴侯方坐塵沙裏役身榖物當如此我曾偶挽簿領閒何忍〻愛惜一日閑且歸拂席飽眠鐘頭日更看滁南山

送謝師宰赴任楚州

珠玉不自貴故爲人所憐賢愚亦如此好惡有自然聞子欲東南使我抱幽情炎風沙土中昔與子留連大梁非無客曉起廢食眠相看獨不厭以此知子賢豪氣已難強壯心方少年才高豈易得勗子在雕鐫

二

昆侖一支流向東七月八月船如風愛君少壯此行樂恨我留連成老翁神頭兩岸水無窮伏檻倚花滿地紅當時不得君攜手今日山川在眼中

次韻遊山門寺望文脊山

宣城百山聞文脊尤奇峯拔出飛鳥上圖畫難爲容聞昔有幽人刳蘿追赤松遺形此古寺孤坐度衰[illegible]

人去邈不反洞壑空藏龍側行蒼崖煙俯仰求靈蹤
遊者追可得甘棄萬户封安能久塵土傾倒相迎逢

車螯

海於天地間萬物無不容車螯亦其一埋沒沙水中
掏取常苦易衞生乏明聰機緘誰使然含蓄略相同
坐欲腸胃得要令湯火攻置之先生盤啜客爲一空
饕夏怪四坐不論𣪊之功狼籍堆左右棄置任兒童
何當强收拾持問大醫工

疥

浮陽燥欲出陰濕與之戰燥濕相留連虫出乃投間
搔膚血至股解衣燎鑪炭方其愜心時更自無可患
乎醫急治之莫惜千金散有樂即有苦愜心非所願

臨川先生文集卷第十一

臨川先生文集卷第十二

古詩

有感

送孫叔康赴御史府

別馬祕丞

到郡與同官飲

追送朱氏女弟宿木瘤僧舍

招同官遊東園

九日隨家人遊東山遂遊東園

秋懷

既別羊王二君與同官飲城南

試茗泉

躍馬泉

白紵山

七星硯

九鼎

九井

寄題衆樂亭

書會別亭

題舒州山谷寺石牛洞泉穴

和平甫舟中望九華山二首

楚越千萬山雄奇此山兼盤根雖巨壯其末乃脩纖
去縣尚百里側身勇前瞻蕭條煙嵐上縹緲浮青尖
徐行稍復逼所矚亦已添精神去亹亹氣象來漸漸
御席取近岸移船傍蒼蒹窺覦坐窮晡未覺晷刻淹
江空萬物息四面波瀾恬巍然九女鬟爭出一鏡奩

卧送秋月没起看朝陽遲遊氛蕩無餘瑣細得盡覓
陵空翠矗直照影寒鋋銛冢木立紺髮崖林張紫鬚
變態生倏忽雖神詎能占當留老吾身少駐諺云覺
惜哉秦漢君黃屋上衛瀛等之車嬉遊捨此何其摩
我疑二后荒神物久已厭埋藏在雲霧不欲登昏憸
又疑避褒封藏匿以爲謙或是古史書脫落簡與籤
嘗時備巡遊今不在緗縑終南泰之望泰山魯所詹
天王輿秩祭俎豆羅醯鹽苟能澤下民維此遠亦沾
方今東南旱土脉燥不黏尚無膚寸功豈免竊食嫌
神莽吾雖知士病吾能砭文章巧傅會智術工飛箝
薦寶亞珪璧論材自楩枏苟以飾婦妾諺云活蒼黔
豈如幽人樂茲山謝閭閻穴石作戶牖垂泉當門簾

尋奇出後徑覽勝倚前簷超然往不返舉世徒呫呫
高興寄日月千秋伴烏蟾遐追商洛翁秦火不能炎
近慕楚穆生胥脫楚人鉗吾意竊所尚人謀諒難僉

二

誰謂九華遠吾身未嘗詹唱篇每起予予口安能箝
憶在秋瀨北空江上新蟾光潔寫一鏡迴環兩堤奩
露坐引衣襟風行欹帽簷維舟當此時巨細得盡瞻
試嘗論大略次乃述微纖此山廣以深包畜萬物兼
噓雲吐霧雨生育靡不漸巍然如九皇德澤四海沾
此山相後先各出群峯尖毅然如九官羅立在堂廉
挺身百辟上附麗無姦憸此山高且寒五月不覺炎
草樹萎已綠冰霜尚涵淹頹然如九老白髮連蒼髯

此山當無雲秀色鬱以添婉然如九女靚飾出重簾
珮環與巾裙緗玉青紈縑遠之妍西施近或醜無鹽
變態不可窮詩者徒呫呫我初勇一往役世難安恬
浪荒不走職民瘼當誰砭乖離今數旬夢想欲窺覘
自朝得所如何嘗釋因錯念昔太白巔下視海日暹
竭來天柱遊屐齒尚苔黏猶之健飲食屢饗亦云饜
胡爲暮攀踏已憊具不嫌豈其仁智心山水固所潛
男兒有所學進退不在占功名苟不諧廊廟等閭閻
況乃掄椽材其誰辨楩楠歸歟巖崖居料理帶與籤
得石坐兀兀逢泉飲厭厭取舍斷在獨豈必詢謀僉
子語實慰我寧殊邑中黔至牧狩在山當倚以蔭蒹
詩力我已屈鋒鋩子猶銛扶傷更一戰語澁真無謙

和守蔚兄春日有感

雪釋沙輕馬蹄疾北城可遊今暇日濺濺溪谷水亂流漠漠郊原草爭出嬌梅過雨吹爛熳幽鳥迎陽語啾唧分香欲滿錦樹園剪綵休鬪寶刀室胡為我輩坐自苦不念茲時去如失飽聞髙逕動車輪甘卧空堂守經帙淮蝗蔽天農久餓越卒圍城盜少逸至尊深拱罷簫韶元老相看進刀筆春風生物尚有意壯士憂民豈無術不成歡醉但悲歌回首功名古難必

信陵坊有籠山樂官

萬里山林姿羽毛何璀璀鳴聲應律吕唯有知音愛都門市井兒誰識波文釆應須鎖樊籠勿受凡禽害

收鹽

州家飛符來比櫛海中收鹽今復密窮囚破屋正嗟欷吏兵操舟去復出海中諸島古不毛島夷爲生今獨勞不煎海水餓死耳誰肯坐守無亡逃爾來賊盜往往有劫殺賈客沈其艘一民之生重天下君子忍與爭秋毫

省兵

有客語省兵兵省非所先方今將不擇獨以兵乘邊前攻已破散後距方完堅以衆亢彼寡雖危猶幸全將既非其才議又不得專兵少敢孰繼胡來飲秦川萬一雖不爾省兵當何緣驕惰習已久去歸豈能田不田亦不桑衣食猶兵然省兵豈無時施置有後前王功所由起古有七月篇百官勤儉慈勞者已息肩

游民慕草野歲熟不在天擇將付以職省兵果有年

發廩

先王有經制頒貧上所行後世不復古貧窮主兼井
非民獨如此爲國賴以成築臺尊寡婦入粟至公卿
我嘗不忍此願見井地平大意苦未就小官苟營營
三年佐荒州市有棄餓嬰駕言發富藏云以救鰥惸
崎嶇山谷閒百室無一盈鄉豪已云然罷弱安可生
茲地昔豐實土沃人良耕他州或呰窳貧貴不難評
豳詩出周公根本詎宜輕願書七月篇一寤上聰明

感事

賤子昔在野心哀此黔首豐年不飽食水旱尚何有
雖無剽盜起萬一且不久特愁吏之爲十室災八九

原田畝粟麥欲訴嗟無賕間關辛見省箠扑隨其後
況是交冬春老弱就僵仆州家閉倉庾縣吏鞭租負
鄉鄰鋝兩徵坐逮空南畝取貲官一毫姦弊已云富
彼昏方怡然自謂民父母竭來佐荒郡懍懍常澈夜
昔之心所哀今也孰其咎乘田聖所勉況乃余之陋
內訟取不勤同憂在僚友

美玉

美玉小瑕疵國工猶珍之大賢小玷缺良交豈其絶
小瑕可磨琢小缺可補磨不補亦不磨人爲交工何

寄曾子固

吾少莫與合愛我君爲最君名高山嶽嶇崒高與天
低心交泰態友以下譚塵壒又如滄江水不[illegible]滄

君身揭日月遇輒破氛靄我材特窮空無用補倉廥
謂宜從君久垢汚得洮汰人生不可必所願在顛沛
乖離五年餘牢落千里外投身落俗穽薄宦自鉗釱
平居每自守高論從誰丐搖搖西南心夢想與君會
思君挾奇璞願售無良儈窮閻抱幽憂凶禍費禳禬
州窮吉士少誰可壻諸妹仍聞病連月醫藥誰可賴
家貧奉養狹誰與通貨貝詩人刺曹公賢者荷戈祋
奈何遭平時德澤盛汪濊鸞鳳鳴且下萬羽來翽翽
呦呦林間麀爭出噬華薈乃今高世士動輒遭狼狽
人事既難了天理尤茫昧聖賢多如此自古云無奈
周人貴婦女扁鵲名醫滯今世無常勢趨舍唯利害
而君信斯道不閔身窮泰弃捐人間樂濯耳受天籟

諒知妥肥甘未肯顧糠糩龍蟠雖蟠屈不慕蛇蟬蛻
今人重感奮意勇忘身最何由日親炙病體同砭艾
功名未云合歲月尤須惕懷思切劘劾中夜欬霶需
君嘗許過我早晚治車軾山蹊雖峻惡高眈發蒙肺
峯巒碧參差不樹青蓊藹桐江路尤駛飛葉下鳴瀨
魚村指暮火酒舍瞻晨旆清醪足消憂至鯽行可膾
行行願無留日夕佇傾蓋會將見顏色不復謨蓍蔡
延陵古君子議樂恥言飾細事豈足論故欲論其大
披拔發韃橐懍懍見戈銳探深犯巖壁破惑飜強獪
離行步荃蘭偶坐陰松檜宵床連衾幬晝食共簏攜
茲歡何時合清瘦見衣帶作詩寄纖識誠語無綵繪

同杜史君欽城南

山公遊何處白馬鳴翩翩檀那十畝碧五月浮寒煙留客聽其間風吹江海縣出鐏不見日竹外空青天焚蠟助月出酒光發金船狂客惜不去醉翁舞回旋何必吹簫人王枝自嬋娟歸路借紅燭兩星低馬前

有感

憶昨與胡子戲娛西城幽放斥僕與馬獨身步田疇牛豎歌我旁聽之爲久留一接田父語嘆之聖王俟追逐恨不恣暮歸輒懷愁顧常輕千乘秖願足一丘子時怪我少好此寂寞遊笙篁不入耳又不甘醪羞那知抱孫傷罷頓不能道世味已鮮少但餘野心稠乖離今十年斑髮滿我頭昔與不畧盡食眠常百憂每逢佳山水欲往輒復休方壯遂如此況乃高春秋

送孫叔康赴御史府

古人喜經綸萬事懃強聒時來上青冥俯仰但一節危言回丘山聲利盡毫末由來治亂體宿昔心已達肯隨俗好惡議論輕自决遺風何寥寥夢寐待豪傑天書下東南趣召赴巖闕長材晚朝倫高行隱家閭新除疇問望宿蘊行施設念吾非忘形此理未易說

別馬祕丞

伯夷惡一世季也皆鄉人吾嘗論夫子有似季之倫人情路萬殊近世頗荊榛唯君遊其間坦坦得所循意君誠愷悌慕向從宿昔柰何初相懽鷁首已云北莓莓郊原青漠漠風雨黑冠蓋滿津亭君今去何適

到郡與同官時倅舒州

瀉碧浤浤橫帶郭浮[illegible]靄遙連閣草木猶疑夏鬱
葱風雲已見秋蕭索[illegible]歌野舞同醉醒水果山肴互
酬酢自嫌多病少懽[illegible]獨負嘉賓此時樂

自舒州追送朱氏女弟憩獨山館宿木瘤
僧舍明日[illegible]長安嶺至皖口

晨霜踐河梁落日憩古寺皁念彼千里行惻惻我心勞
攬轡上層岡下臨百仞濠寒流咽欲絕魚鼈久已逃
暮行若遭迴細路隱逵蒿鷩麏出馬前烏駭六其曹
投僧避夜雨古檠昏無膏山木鳴四壁疑身在波濤
平明長安頂飛雪忽[illegible]瀰抱天低浮雲深更覺所向高

招同官遊[illegible]園

青青石上蘚霜至亦已凋冉冉水中蒲爾生信無聊

感此歲云晚欲懽念[illegible]詎邀嘉我二三子爲回東城鐙
幽菊尚可泛取魚繫[illegible]簖條毋爲百年憂一日以逍遥

九日隨家人遊東山遂遊東園

暑往詎幾時涼歸亦云暫相隨東山樂及此身無憾
聊回清池棹更伏荒城檻采采黄金花持盃爲君泛

秋懷

城南平野寒多露窓壁含風秋氣度鄰桑槭槭已欲
空悲虫啾啾促機杼柴門半閑掃馬迹獨抱殘編與
神遇韓公既云豈能迫孟子有來還不拒

既别羊王二君與同官會飲于城南因成

寄用藥名

赤車使者白頭翁當歸[illegible]入見天門冬與山久别悲忽

忽澤瀉半天河漢空半壬不留行薄曉酒肉從容遣
路遠臨流黃昏席未卷玉壺倒盡黃金盞羅列當辭
更繾綣預知子不空青月眼嚴徐長卿誤推挽老年揮
韓天子苑送車陸續隨子返坐聽城雞腸宛轉

試茗泉

此泉地何偏陸羽曾未闚坻沙光散射竇乳甘潸瀉
靈山不可見嘉草何由啜但有夢中人相隨掬明月

躍馬泉

古木縮蛟螭憎山欲隳突山祇來伐之半嶺跳驀驤
玉珂鳴塞空組練光照日崩騰赴不測一蹈嘗萬匹
神戰異人間千秋爲儳忽泉旁往來客夜寄幽人宅
但聽鳴蕭蕭何由見神物

白紵山

白紵衆山頂江湖所縈帶浮雲卷晴明可見九州外肩輿上寒空置酒故人會峯巒帳錦繡草木吹竽籟登臨信地險俯仰知天大留歡薄日晚起視飛鳥背殘年苦局束往事嗟摧壞歌舞不可求〔淵聖御名〕公井空在

七星硯

余聞星墮地往往化爲石石上有七星此理余莫測持來當白日光彩不爲匿恍如起鴻蒙俛仰帝垣側嘗由偶然似見取參筆墨豪心蕩珍異樂以萬金得南工始爲僞傳合巧無隙亦時疑世人故自有能書

九鼎

禹行鑿山走百谷蛟龍竄藏魑魅伏心詭幽妖尚覬隙以金鑄鼎空九牧冶雲赤天漲爲黑黼風餘吹山拔木鼎成聚觀變怪索夜人行歌鬼晝哭功施元元後無極三姓衛守相傳屬弱周無人有宜出沉之九幽拆地軸始皇區區求不得坐令神姦窺邑屋

九井 得爲字

泓崖涉澗三十里高下犖确無人耕捫蘿俛首到山阯仰見吹瀉何崢嶸餘聲投林欲風雨来勢卷土猶濤阬飛蟲凌競走獸慄霜雪夏落雷冬鳴野人往往見神物鱗甲漠漠雲隨行我來立久無所得空數石上菖蒲生中官繫龍沉玉冊小吏礫狗澆銀觥地形偶爾藏險怪天意未必司陰晴山川在理有崩竭立

壑自古相虛盈誰能保此千世後天柱不折泉常湧

寄題衆樂亭

陵陽遊觀吾所好恨不即過衆樂亭嘗聞騷驛入夢寐吟筆自欲圖丹青千峯秀出百里外忽於其上崢簷楹朝雲噓晝日暖暖夜水落澗風泠泠春花窈窕鳥爭舞夏木蔭鬱猿哀鳴潦收葉落天地變海月影到山川明籃輿晨出誰與適坐與萬物觀虛盈令恩民事不忍後田閒笑語催蠶耕吏休歸舍獄訟少墟落飲酒欲秋成唯愁一日奪令去出來老稚交逢迎彼民安知方祿仕徒喜使我寬遺征令知道義士林泉遺愛豈用吾詩評

書會別亭

西城路居人送客西歸處年年借問去何時今日扁舟從此去春風吹花落高枝飛來飛去不自知路上行人亦如此應有重來此處時

題舒州山谷寺石牛洞泉穴皇祐三年九月十六日自州之太湖過懷寧縣山谷乾元寺宿與道人文銳弟安國擁火遊石牛洞見李翱習之書聽泉久之明日復遊乃刻習之後

水泠泠而北出山靡靡而旁圍欲窮源而不得竟悵望以空歸

臨川先生文集卷第十二

臨川先生文集卷第十三

古詩

泊舟姑蘇

崑山慧聚寺次孟郊韻

如歸亭順風

垂虹亭

張氏靜居院

丙戌五日京師作二首

答客

次韻唐彥猷華亭十詠

顧林亭

寒穴

吴王獵場

始皇馳道

柘湖

陸瑁養魚池

華亭谷

陸機宅

崑山

三女崗

太白嶺

秃山

贈曾子固

鮑公水

寄李士寧先生

僧德殊水簾

杭州修廣師法喜堂

復至曹娥堰寄丁元珍

答曾子固南豐道中所寄

寄贈胡先生

得子固書因寄

寄虔州江陰二妹

登越州城樓

憶昨詩示諸外弟

泊舟姑蘇

朝遊盤門東暮出閶門西四顧莽無人但見白日低

荒林帶曾煙上有歸鳥啼物皆得所託而我無安棲

崑山慧聚寺次孟郊韻

僧蹊蟠青蒼莓苔上秋牀露翰饑更清風蔓遠亦香掃石出古色洗松納空光久遊不忍還迫迮冠蓋場

如歸亭順風

春江窈窈來無地飛帆浩浩窮天際朝出吳川夕霅溪回首喬林吹岸薺柁師高卧自嘯歌戲彼挽舟行復止人生萬事古人衍多道路後先能幾何

垂虹亭

三江五湖口地與天不隔日月所蔽虧東西渺然白漫漫浸北斗浩浩浮南極誰役此虹蜺欲濟兩間阨中流雜蜃氣欄楯承翼翼初疑神所爲臧没在頃刻

長鯨坐其上傲兀不生畏猶懼變化功不謂因人役
令君持酒漿談笑顧賓客頗誇九州物莊麗此無敵
熒煌丹沙柱璀璨黃金壁中家不自給助我皆豪殖
喟予獨感此剝爛有終極改作不可無還當采民力

張氏靜居院

動者利進爲靜者樂止居物性有偏好得惟賢待卷舒
張侯始出仕所至多名譽老矣歸偃息占地斸荒蕪
晕成爲令名名實與時俱南堂棲幽息晨起瞻像圖
北堂畫五禽游戲養形軀燕有諸賓筵學有諸子廬
問侯年幾何矯矯八十餘問侯何能爾心不藏憂愉
問侯客何爲弦歌飲投壺問侯兒何讀見商及唐虞
嵩山填門户洛水遶階除侯於山水間結駟有通衢

我念老退者古多賢大夫留侯亦養生乃欲凌空虛
閉門不飲酒豈異山中臞踈傅稍喜客揮金能自娛
不聞喜教子滿屋青紫朱張侯能兼取勝事古所無
襄獨有樂右丞損為之書而我不自量聞風亦歌呼

丙戌五日京師作二首

北風閉雨去不下驚沙蒼茫亂昏曉傳聞城外八九
里雹大如拳死飛鳥

二

浮雲離披久不合日太陽獨行乾萬物誰令昨夜雨滂
沱北風蕭蕭寒到骨

答客

士常疑西伯何至羑里厄豈曾鰥親父子嘗虎在彙臨

昏主雖聖臣飛禍安可卜致命遂其志雖窮不爲戮

次韻唐彥猷華亭十詠

顧林亭野王所居也

寥寥湖上亭不見野王居平林豈舊物歲晚空扶疎
自古聖賢人邑國皆丘墟不朽在名德千秋想其餘

寒穴

神農冽冰霜高穴與雲平空山渟千秋不出嗚咽聲
山風吹更寒山月相與清北客不到此如何洗煩酲

吳王獵場

吳王好射虎但射不操戈匹馬掠廣場萬兵助遮羅
時平事非昔此地桑麻多猛獸亦已盡牛羊在田坡

始皇馳道

穆王得八駿萬事得期修莛莛萬載閒復此好遠游
車輪與馬跡此地亦嘗留想當治道時勞者尸如丘

柘湖 湖中有山生柘故名柘湖記云秦有女人湖爲神今有廟

柘林著湖山菱葉蔓湖濵秦女亦何事能爲此湖神
年年賽雞豚漁子自知津幽妖窟險阻禍福易欺人

陸瑁養魚池

野人非昔人亦復水上居紛紛水中游豈是昔時魚
吹波浮還沒競食糟糠餘吞舟不可見守此歲月除

華亭谷 水行三百里入松江

巨川非一源源亦在衆流此谷乃清淺松江能覆舟
蝦魚何所知上下相沉浮徒嗟大盈比浩浩無春愁

華亭水自大盈入松江而北入海

陸機宅

故物一已盡嗟此歲年深野桃自著花荒棘自生鍼芊芊谷水陽鬱鬱崑山陰俛仰但如昨遊者不可尋

崑山 世傳陸氏家生機雲故名崑山言生玉也

玉人生此山山亦傳此名崖風與水清越有餘聲悲哉世所珍一出受欹傾不如鶴與猿棲息尚全生

三女崗 吳王葬三女於此

自古世上雄慷慨擅功名當時豈有力能使死者生三女共一丘此慽亦難平音容若有作無力傾人城

太白嶺

太白巃嵸東南馳衆嶺環合青紛披煙雲厚薄皆可愛樹石疎密自相宜陽春已歸鳥語樂溪水不動魚

行遲生民何由得處所與蒸魚鳥相諳熙

禿山

吏役滄海上瞻山一停舟怪此禿童傻鄉人語其由
一狙山上鳴一狙從之遊相匹乃生子子衆孫還稠
山中草木盛根實始易求攀挽上極高崛指亦窮幽
衆狙各豐肥山乃盡侵牟攘爭取一飽豈暇議藏收
大狙尚自苦小狙亦已愁稍稍受咋嚙一毛不得留
狙雖巧過人不善操耡耰所嗜去下果穀得之常似偷
嗟此海山中四顧無所投生生去不云已歲晚將安謀

贈曾子固

曾子文章衆無有水之江漢星之斗挾才乘氣不媚
柔群見謗傷均一口吾語群兒勿謗傷豈有曾子終

皇皇借令不幸賤且死後日猶爲班與揚

鮑公水

村南鮑公山山北鮑公水高穴逗遠源泠泠落山觜玉色與飴味不可他味比竹樹四蒙密翠藤相披靡漫郎昔少年幽居得之此臨窺若有遇愛歎無時已浮名未汙染永矢終焉爾奈何中棄入長安十載風塵化舊顏讙囂滿耳不可洗此水泠泠空在山

寄李士寧先生

樓臺高聳間晴霞松檜陰森夾柳斜渴愁如箭去年華陶情滿滿傾榴花自嗟不及門前水流到先生雲外家

僧德殊家水簾求予詠

淙淙萬音落石顛皎皎一派當簷前清風高吹鸞鶴

唆白日下照蛟龍涎浮雲耕頟自能巻鋑月琢鉤相

與縣朱門試問幽人價翡翠鮫綃不直錢

杭州修廣師法喜堂

浮屠之法與世殊洗滌萬事求空虛師心以此不挂

物一堂收身自有餘堂陰置石雙嶙嵲石脚立竹青

扶踈一來巳覺肝膽豁況乃宴坐窮朝晡憶初敎時

勇自許壯大看俗尤崎嶇豐車肥馬載豪傑少得志

願夕夕長憂虞始知進退各有理造次未可分賢愚會將

築室返耕釣相與此處吟山湖

復至曹娥堰寄剡縣丁元珍

溪水渾渾來自北千山抱水清相射山深水急無聲

子欲從故人安可得故人昔日此水上鐏酒扁舟慰行役津亭把手坐一笑我喜滿懷君動色論新講舊嗜來足暮日低佪已催客離心自醉不復飲秋果寒花空滿薦今年却坐相逢處悵悵難求别時迹可憐溪水自南流安得溪船問消息

寄曾子固南豐道中所寄

吾子命世豪術學窮無間直意慕聖人不問閔與顔彼醫何爲者誣名御來嚬嚬應遠犯秋陽動爲人所歎不鄙我躬蹐乃嗟天澤慳今人念公卿嬋嬋趨玉班但雖憫世意祖篾而佩環愛子所守卓慕子不能攀永矢從子游合如弃上錄願言借餘力迎遡瀾蹤潺潺亦有衣上塵可攀裨太山大江秋正清島溆相縈彎

四時浩無主日暮煙霞斑水竹密以勁霜楓衰更赤
貨託亦云健行矣非閒關相期東北遊致館淮之濱
無爲襲寧嬴悠悠然又溫還

寄贈胡先生 并序

孔孟去世遠矣信其聖且賢者賓諸書焉耳冀之先生與予並世非若孔孟之遠也聞薦紳先生所稱述又詳於書不待見而後知其人也歎慕之不足故作是詩

先生天下豪傑魁智聰廣博天所開文章事業望孔孟不復睥睨蔡與崔十年留滯東南州飽足藜藿要蒿萊獨鳴道德驚比氏民之聞者源源來高冠大帶滿門下奮如百蟄乘雷霆惡人沮服去者趨昔時驕

踈今蹇驁回先生不試乃能爾誠令得志如何哉吾願
聖帝營太平補葺廊廟枝傾頹披榛發纘廣耳目照
徹山谷多遺材先收先生作梁柱以次欂櫨架桷輿榱
羣臣面向帝深拱仰戴堂陛方崔嵬

得曾子固書因寄

始吾居揚日重問每見及云將自親側萬里同講習
子行何舒舒吾望巳汲汲窮年夢東南顏色不可挹
仁賢豈欺我正恐事維縶嚴親抱憂衰生理賴以給
不然航江外天寒北風急無乃山路惡僕弱馬行澁
孤懷未肯開歲物忽如蟄蝎來高郵住巷屋頗卑濕
蓬蒿稍芟除茅竹隨補葺茍云禦風氣尚恐憂雨汁
故人莫在眼屢獨開巾笈忠信蓋未見吾敵誰茲邑

出關誰與語念子百憂集眺聽聊自放日暮城頭立
徐歸坐當戶使者操書入時開識子意如渴得美酒
驅駒日就道玉手行可執舊學待鑽摩新文得删拾
重登城頭望喜氣滿原隰

寄虔州江陰二妹

貢水日夜下下與章水期我行二水間無日不爾思
飄若越鳥北心常在南枝又如歧首蛇南北兩欲馳
逝者日已遠百憂詎能追生存苦乖隔邂逅亦何時
女子歸有道善懷見於詩庶云留汝車慰我堂上慈

登越州城樓

越山長青水長白越人長家山水國可憐客子無定
宅一夢三年今復北浮雲縹緲抱城樓東望不見空

回頭人間未有歸耕處早晚重來此地遊

憶昨詩示諸外弟

憶昨此地相逢時春入窮谷多芳菲短垣囷囷冠翠嶺躑躅萬樹紅相圍幽花媚草錯雜出黃蜂白蝶參差飛此時少壯自負恃意氣與日爭光輝乘閑弄筆戲春色脫略不省旁人譏坐欲持此博軒冕肯言孔孟猶寒飢丙子從親走京國浮塵坌並緇人衣明年親作建昌吏四月挽船江上磯端居感慨忽自寤青天閃爍無停暉男兒少壯不樹立挾此窮老將安歸吟哦圖書謝慶弔坐室寂寞生伊威材疏命賤不自揣欲與稷契遐相晞旻天一朝畀以禍先子泯没予誰依精神流離肝肺絕眥血被面無時晞母兄呱呱

泣相守三載厭食鍾山薇屬聞降詔起群彥遂自下國趨王畿刻章琢句獻天子釣取薄祿歡庭闈身着青衫手持版奔走卒歲官淮沂淮沂無山四封庳獨有廟塔九峩巍時時憑高一悵望想見江南多翠微歸心動蕩不可抑霍若猛吹飜旌旆騰書漕府私自列仁者惻隱從其祈暮春三月亂江水勁櫓健帆如轉機還家上堂拜祖母奉手出涕縱橫揮出門信馬向何許城郭宛然相識稀永懷前事不自適却指舅館排山扉當時髫兒戲我側于今冠佩何頎頎況復丘樊滿秋色蜂蝶攛藏花草腓令人感嗟千萬緒不忍蒼卒回驂騑留當開樽強自慰邀子劇飲毋予違

臨川先生文集卷第十三

臨川先生文集卷第十四

律詩 五言八句

送張宣義之官越嶲二首

送贊善張軒民西歸

送鄧監簿南歸

秋夜二首

即事

晝寢

過故居

鴈

與道原過西莊遂遊寶乘二首

送陶氏婦兼寄純甫

自府中歸寄西菴行詳

贈上元宰丁米之儀徵議

示無外

北山暮歸示道人

懷古二首

與寶覺宿精舍

中書偶感

華藏寺會故人得泉字

求全

秋風

次韻昌叔歲莫

次韻酬昌叔羈旅之作

欣會亭

數家鄰水竹一塢共雲林晚食靜適己獨謠於會心

移林隨漫興操篆平幽尋来處神鮮渋猶盤賢今

起伏晴雲徑縱橫駿水陂草長流翠碧花遠没黃鸝

東皐

楚劇從人笑吳吟得自怡東皐興不淺遊走及芳時

歲晚

月映林塘澹風含笑語涼俯窺憐綠淨小立佇幽香

携幼尋新的扶衰坐野航延緣久未已歲晚惜流光

半山春晚即事

春風取花去酬我以清陰翳翳陂路靜交交園屋深

牀敷每小息杖屨或幽尋惟有北山鳥經過遺好音

欹眠

翠幘卷東岡欹眠月半林松聲悲永夜荷氣馥初涼

清話非無寄幽期故不忘扁舟亦在眼終自愧衣裳

露坐

露坐看溝月飄然風度荷珠跳散作點金溺合成波

老矣芳歲易靜知良夜多陵秋久不寐吾樂豈登歌

山行

出寫清淺景歸穿蒼翠陰平頭均楚製長耳嗣吳吟

暮嶺已佳色寒泉仍好音誰同此眞意倦鳥亦幽尋

題雩祠堂 在實公潜晚

斯文實有寄天豈偶生才一日鳳鳥去千秋梁木摧

煙留衰草恨風造暮林哀豈謂登臨處飄然獨往來

定林

漱甘涼病齒坐曠息煩襟因脫水邊屨就敷叢上衾

但留雲對宿仍借月相尋旨其樂非無寄悲歡亦好音

送張錫赴青州幕

人情每期費之子適予心老餞城東陌悲分歲暮襟少留班露草遂往隔雲林未覺青丘遠因風嗣好音

送張宣義之官越幕二首

會稽遊宦鄉海物錯句章土潤箭萌美水甘茶事香今君誠暫屈他日恐難忘唯有西興渡靈胥或怒張

二

誰謂貴公子乃如寒士家眞宜舉數揍已自勝浮華洲萩藏逸子溪篁擁若耶相望只在眼音問莫言賒

送贊善張軒民西歸

崇荆雀有羅公子數經過邂逅相知晚從容所得多

百憂生暮齒一笑隔滄波早晚西州路遥聽下坂珂

送鄭監簿南歸

不見驪塘路茫然四十春長爲異鄉客每憶故時人
水閣公三世雲浮我一身濠梁送歸處握手但悲辛

秋夜二首

客卧言顛倒蟲鳴坐寂寥殘燈生暗暈重露集寒條
眞樂閑尤見深禪靜更超此懷無與語擁鼻一長謠

二

慢逗長風細窓留半月斜浮煙暝綠草泣露冷黄花
獨夢緣雲築仍尋度水槎歸時參夜半鄰犬靜中譁

即事

極暖草如積山晴花更繁縱橫一川水高下數家村

靜憩雞鳴午荒尋犬吠昏歸來向人說疑是武陵源

晝寢 甲子四月十七日午時作

井逕從蕪漫青藜亦倦扶百年唯有且萬事總無如弃置蕉中鹿驅除屋上烏獨眠牕巳午往往夢華胥

過故居

沂杝開新屋扶輿遶故園事遺心獨寄路翳目空存野果寒林寂鑾花午簟溫難忘舊時處欲宿愧桑門

鴈

北去還爲客南來豈是歸倦投空渚泊飢帖冷雲飛垣栅雞長暖溝池鶩自肥憐渠不知此更墮野人機

與道原過西莊遂遊寶乘 元豐四年十月二十四日

桑楊一作麻已零落藻荇亦一作復消沉園宅在人境歲

時傷我心强穿西（一作南）隸路共望北山岑欲覓（一作與）
道人語跨鞍聊一尋

二

親朋會合少時序感傷多勝賤聊爲樂清談可當歌
微風淡水竹淨日暖煙蘿興極猶難盡當如薄暮何

送陶氏婦兼寄純甫

雲結川原暗風連草木萎遥瞻季行役正對女傷悲
夢事中千變生涯老百罹更慚無道力臨路涕交頤

白府中歸寄西庵行詳

意衰難自力扶路便思還强逐蕭騷水遥看慘淡山
行尋香草遍歸漾晚雲間西崦分明見幽人不可攀

贈上元宰梁之儀承議（梁多留詩在江寧僧舍）

白下有賢宰能歌如紫芝民欺自不忍縣治本無爲
風月誰同賞江山我亦思粉牆侵醉墨怊悵緑苔滋

贈殊勝院簡道人

早悟耆山義今爲洛社豪有生常寂寞所得是風騷
露夕吟逾苦雲峰思共高此懷差自適千社一牛毛

懷吴顯道

南郭紅亭冷西山白道曛江光凌翠氣洲色亂黄雲
歲暮誰邀客情親故憶君天涯獨惆悵歸鳥黑紛紛

靜照堂

任公蹲會稽海上得招提淨觀堂新御名幽尋客屢攜
飛簷出風雨灑翰落虹蜺投老黄塵陌東看路恐迷

重遊草堂次韻三首

垣屋荒蒿藟野殿冷檀沈鶴有思顒意鷹無戀遒心
禪房閑深竹齋鉢度遥岑寂寞黄塵裏金身倚一尋

二

僧殘尚食少佛古但泥多寒守三衣法飢傳一鉢歌
寬閑每逆竹危朽漫牽蘿柖悵庭前栢西來意若何

三

野寺眞蘭若山僧老病多踈鍾挾谷響悲梵入樵歌
水駛茅篁竹雲埋蔦女蘿拂塵書所見因得擬陰何

題齊安寺山亭

此山無躑躅故國有楊梅悵望心常折慇懃手自栽
暮年逢火改晴日對花開萬里烏塘路春風自往來

自白門歸望定林有寄

軒愁一石路余亦倦躋攀不見道人久忽然芳歲殘
胡西雲暫出暮與鳥爭還杳杳青松壑知公在兩間

宿定林示無外（名周務）

天女穿林至姮娥度隴來欲歸今晚晚相阻且徘徊
誰謂我忘老如聞蟲造哀鄰家亦不寐共盡白雲杯

宿北山示行詳上人

都城羈旅日獨許上人賢誰為孤峯下還來宴坐邊
是身猶夢幻何物可攀緣坐對青燈落松風咽夜泉

獨飯

窻明雨不借榻淨一蘧篨栩栩幽人夢夭夭老者居
安能悶香積誰可告華胥獨飯牆陰轉看雲坐久如

草堂

草堂今寂寞往事翳山椒蕙帳空留鶴蘿衣終換貂
生皆墮天衰隱或寄公朝疊潁何勞慭東風汝自搖

示耿天騭

挾篆能傷性捎書可盡年弦歌無舊習香火有新緣
白土長岡路朱湖小洞天望公時顧我於此暢幽悄

光宅

今知光宅寺牛首正當門臺殿金碧毀丘墟桑竹繁
篤簫新犢卧冉冉暮鴉翻回首千歲夢雨花何足言

示無外

支頤橫口語椎髻曲肱眠莫問誰賓主寧知汝輩年
鄰雞生午寂幽草弄秋妍却憶東窗篁縈藤故宛然

北山暮歸示道人

千山復萬山行路有無間花發蜂遞繞果垂猿對攀
獨尋寒水度欲趂夕陽還天黑月未上兒童初掩關

懷古二首

日密畏前境淵明欣故園那知飯不賜所喜菊猶存
亦有牀座好但無車馬喧誰爲吾侍者稚子候柴門

二

長者一牀室先生三徑園非無飯滿鉢亦有酒盈樽
不起華邊坐常開柳際門漫知談實相欲辯已忘言

與寶覺宿精舍

擾擾復翩翩秋牀燭屢昏眞爲說萬物豈止挾三言
問義曹溪室捎書闕里門若知同二妄目擊道逾存

中書偶成

忽忽余年往茫茫不自知慇懃照清淺邂逅見衰遲輔世無賢業容身有聖時歸歟今可矣何以長人爲

華藏寺會故人 得泉字

百憂成阻闊一笑得留連城郭西風裏園林落照前共知官似夢莫負酒如泉興罷重攜手江湖即渺然

求全

求全傷德義欲速累功名玉要藏而待苗非揠故生未妨徐出晝何苦急墮成此道今亡矣嗟誰可與明

秋風

揫斂一何饕天機亦自勞牆隈小飊動屋角盛呼號漢漠驚沙密紛紛斷柳高江湖豈在眼昨夜夢波濤

次韻昌叔歲暮

城雲漏日曉樹凍褱春漂㯏密魚雖暖巢危鶴負陰
横風高礦砮殘溜細鳴琴歲換兒童喜還傷老大心

次韻酬昌叔羇旅之作

君方困旅食予亦誤朝簪自索東方米誰多季子金
高門蔦馬散窮巷一燈深客主章何事蕭條梁父吟

臨川先生文集卷第十四

臨川先生文集卷第十五

律詩五言八句

次韻唐公三首

烏塘

欲歸

發館陶

王村

長垣北

冬日

壬辰寒食

雨中

宿雨

乘日

秋露

還自河北應愿客

將次洺州憩漳上

和仲庶夜過新開湖憶沖之仲涂共泛

送契丹使還次韻荅淨因老

送吴叔開南征

遊棲霞菴約平甫至因寄

和棲霞寂照菴僧雲渺

宜春苑

春日

癸卯追感正月十五事

寄深州晁同年

白雲然師

自白土村入北寺二首

題朱郎中白都莊

少教授獨善堂

寄福公道人

身閑

還家

題湯泉壁示諸子有欲開之意

和唐公舍人訪淨因

沂溪懷任之

荅許秀才

次韻唐公三首

東陽道中

山蔽吴天窄江蟠楚地深浮雲堆白玉落日蕩黄金

渺渺隨行旅紛紛换歲陰强將詩詠物收拾濟時心

江行

材非當世用轂有故人推使節春冬换征帆日夜開

南遊取干越東望得州來試盡風波惡生涯亦可哀

旅思

此身南北老愁見問征途地大蟠三楚天低入五湖

看雲心共遠步月影同孤慷慨秋風起悲歌不爲儒

烏塘

地僻居人少山稠伏獸多怒貍朝搏鳥嘯虎夜窺屋

盡落生孫竹，門庭上女蘿。未應悲老大，六載一經過。

欲歸

水漾青天暖，沙吹白日陰。塞垣春錯莫，行路老侵尋。綠稍還幽草，紅應動故林。留連一盃酒，滿眼欲歸心。

發館陶

促轡數殘更，似聞雞一鳴。春風馬上夢，沙路月中行。笳鼓遠多思，衣裘寒始輕。稍知田父穩，燈火閉柴荊。

王村

晻靄王村路，春風北使旗。塵催輕騎走，寒咽短簫吹。攬轡聊貂帽，投鞭各酒卮。紛紛小兒女，何事倚牆窺。

長垣北

攬轡長垣北，貂寒不自持。霜風急鼓吹，煙月暗旌旗。

螢火流星點牆桑亞戲殺荼荊擁春夢誰見我行晴

冬日

擾擾今非昔漫漫夜復晨風沙不貸客雲日欲迷人
散髮愁邊老開顏醉後春時思江海上一洗白綸巾

壬辰寒食

客思似楊柳春風千萬條更傾寒食淚欲漲冶城潮
巾髮雪爭出鏡顏朱早雕未知軒冕樂但欲老漁樵

雨中

尚疑櫻欲吐已恠菊成藂紫莧凌風怯青苔扶雨驕
長閑故有味多難自無聊牢落柴荊晚生涯付一瓢

宿雨

綠攬寒蕪出紅爭暖樹歸魚吹塘水動鴈掃塞垣秋

宿雨驚沙盡晴雲晝漏稀却愁春夢短燈火著征衣

乘日

乘日塞垣入御風塘路歸胡皆躍馬去鴈却背人飛煙水吾鄉似家書屢使稀怨怨照顏色恨不流征衣

秋露

日月凋何急荒庭露送秋初疑宿雨泣稍怪曉霜稠曠野將馳獵華堂已御裘空令半夜鶴抱此一端愁

還自河北應客

媿客問謡俗舊傳令自如村難知驥馬味美實河魚塞水移民久川防動衆初北人雖異論時議或非疎

將次洛州憩漳上

漳濵春風一茸茸山緑春齊平田鵠散野深樹馬迎嘶

地入河流曲天隨日去低高城已在眼聊復解輕齋

和仲庶夜過新開湖憶沖之仲塗共泛

水遠浮秋色河空洗夜氣行隨一明月坐失兩孤雲露髮此時濕風顏何處醺淹留各有趣不比漢三君白樂天有二處成孤雲之句

送契丹使還次韻答淨因老

老欲求五已志時方撫我華強將愁出塞空得病還家日轉山河暖風含草木葩勝遊思一往不敢問三車

送吴叔開南征

擔袂不勝情犀舟擊汰行倦遊無萬里惜別有千名春草淒淒綠江楓湛湛青金陵多麗景此去屬蘭成

遊樓霞庵約平甫至因寄

渺渺林間路，蕭蕭物外僧。高陰涼易入，閑貌老難增。宦事真傷錦，君恩更飲冰。東田此山下，終欲忤陳登。

和棲霞寂照庵僧雲渺　平甫

蕭然一世外，所樂有誰同。宴坐能忘老，齋蔬不過中。無心為佛事，有客問家風。笑謂西來意，雖空亦不空。

宜春苑

宜春舊臺沼，日暮一登臨。解帶行蒼蘚，移鞍(一作鞍)坐綠陰。樹疏啼鳥遠，水靜落花深。無復增修事，君王惜費金。

春日

冉冉春行暮，菲菲物競華。鶯猶求舊友，燕不背貧家。室有賢人酒，門無長者車。醉眠聊自適，歸夢到天涯。

覺知道志　正月十五事

正月端門夜金䦕紅縹中傳勝〻鼓羅龍綏觀萬人同聲讙聲如在嬉遊事已空但今千載後追詠太平宮

晚興和沖卿學士

剗剗風生晚娟娟月上初白沙眠綠鸂清浪谷鱣魚貴欲從差飲猶便讀我書斜陽不到處牆角樹扶疎

秋興和沖卿

雲浮朝慘淡風起夜飂飅欲作冰霜地先迴草樹秋征人倚笛怨思婦向砧愁爲問隨陽鴈哀鳴豈有求

次韻沖卿除日立春

猶殘一日臘併見兩年春物以終爲始人從故得新近陽朝翦綵守歲夜傾銀恩賜隨嘉節無功秖自塵

題友人郊居水軒

田中三畝宅水上一軒開爲有漁樵樂非無仕進緣
搖頭收晚釣荷葉卷新醅坐說魚腴美功名我不來

遊賞心亭寄虔州女弟

秀發下峯雲清涵萬里秋滄江天上落明月鏡中流
眼與寬俱斷身依影獨留爲憐幽興極不見鼎來遊

江亭晚眺

白下崦嵫外秋生流碭間清江無限好白鳥不勝閑
雨過雲收嶺天空月上灣歸鞍侵調角回首六朝山

金山寺

重經高處寺一與白雲親樹不育春亭江山如故人
幽軒含氣象倫影落風塵日暮歸無計徊徊換神

揖仙閣

結閣揖仙子踈塘臨隱扉　來花紅四出山竹翠相圍
雲度疑軿下鳬驚恐鳥飛　蜀韉寧可恃投釣此忘歸

舟夜即事

火炬臨遥岸餘光照客船　水明魚中餌沙暖鷺忘眠
感槩無窮事遲回欲曉天　山泉如有意枕上送潺湲

何處難忘酒二首 擬白樂天作

何處難忘酒英雄失志秋　廟堂生莽卓巖谷死伊周
賦斂中原困干戈四海愁　此時無一盞難遣壯圖休

二

何處難忘酒君臣會合時　藻堂拱堯舜密席坐皐夔
和氣襲萬物歡聲運四時　此時無一盞真負鹿鳴詩

送孫子高

蕩漾江南客融怡席上珍一鐏相别酒千里獨歸人客路貧甚病交情遠更親自慙兒女意失淚滴衣巾

送董傳

悠悠隴頭水日夜向西流行路未云已歸人空復愁文章合用世顏髪未驚秋一聽秦聲罷還來上國遊

寄深州晁同年

秀色歸荒隴新聲換氄毛日催花蘂急雲避鴈行高駐馬旌旗暖傳觴鼓吹宜豕班春不知負短髪爲君播

白雲然師

白首一山中形骸稿不同晢爭庵徑路雲補衲穿空壁上隨卓錫波濤信掩一昏昏老南北應謝此高風

自白土村入北寺二首

木杪田家出城陰野逕分溜渠行碧玉畦稜卧黄雲

薄槿烟脂染深荷水麝焚夕陽人不見雞鶩自成群

二

雨過百泉出秋聲連衆山倒尋飛鳥外時渡亂流間

坐石偶成歇看雲相與還會須營一畝長此聽潺潺

題朱郎中白都莊

蕭灑桐廬守滄洲寄一犀小光隔釣岸江氣雜炊煙

藜杖聽鳴觴籃輿看種田明時須共理此興在他年

史教授獨善堂

湖海十年舊林塘三畝餘躬耕非談者隱貧勝富人居

列鼎亦何有幅巾聊自如猶應不獨善學子滿階除

寄福公道人

帝力護禪林滄洲側布金樓依水月觀門接海潮音
開士但軟語遊人多苦吟豈同方丈宿燈火夜沉沉

身閑

身閑宜晚食慵晏起晨興人自朝便腹吾方樂曲肱
睡蛇雖不去夢魄已無憑寄語中林客思禪病未能

還家

還家豈不樂生事未應閑朝夕已復出征鞍方更攀
傷心百道水關目萬重山何以忘羈旅脩然醉夢間

題湯泉壁示諸子有欲闢之意

吟哦一水上披寫衆峯間佪遑非彭澤留名比峴山
君才今高穩家行古原巔平世雖多士安能易地閑

和虞公舍人訪淨因

西城方外士傳法自南華高蹈玩一世旁邀兼數家來遊仁者淨傳詠正而葩乘興何時垂還能託後車

沂溪懷正之

故人何處所天角浪漫漫寂寞其斷音驛徘徊愁肺肝世情紛可怪旅況𣺌難安願化東南鵠高飛託羽翰

荅許秀才

高陽有才子負笈求晨饘所趣少知者其辭多慨然樵妻竟謝絶漂母嘗哀憐尚友古之人于今猶壯年

臨川先生文集卷第十五

臨川先生文集卷第十六

律詩 五言八句 五言長篇附

次韻景仁雪霽

次韻范景仁二月五日夜風雪

次韻冲卿過睢陽

荅冲卿

得書知二弟附陳師道舟上汴

初憩和州

瘧起舍弟尚未已示道原

送杜十八之廣南

崑山慧聚寺次張祜韻

吳江

江

江南

賈生

還自舅家書所感

世事

寄維甫

招丁元珍

遊杭州聖果寺

京兆杜嬰大醇卒以詩二首傷之

江上二首

夏夜舟中頗涼因有所感

孤桐

擬和御製賞花釣魚

和吴沖卿雪霽紫宸朝

和吴沖卿集禧齋祠

送周都官通判湖州

雙廟 張巡 許遠

和子瞻同王勝之游蔣山

送鄆州知府宋諫議

見遠亭上王郎中

次韻景仁雪霽

新聲生屋霤，殘點着垣衣。委翳無多在，飄零不更飛。
坳中餘宿潤，暖處自朝暉。稍見青青色，還從柳上歸。

次韻范景仁二月五日夜風雪

何知此邂逅談笑揖清揚對雪知春淺回燈情夜長
密雲通圯亮殘月燈宣茫故有臨邛客抽毫興未忘

次韻中卿過睢陽

宮廟此神鄉留親泊楚艎天開今壯麗地積古悲涼
不改山河舊猶餘草木荒還聞足賓客誰是漢鄒陽

答沖卿

風作九衢黃南窻坐正涼破瓜青玉美浮蘚白雲香
詩懶猶能強官閑肯便忘賢愚各有用尺寸果誰長

得書知二弟附陳師道舟上汴

見童聞太丘邂逅兩心投與汝今爲伴知吾不復憂
園桃已解萼沙水欲驚舟一見南飛鴈江邊肯更留

初憩和州

衣足一囊糲粟餘三釜陳猶係食貧地已媿省煩人
塵土病催老風波愁過春詩書今在眼還欲討經綸

瘧起舍弟尚未已示道原

側足呻吟地連甍瘴瘧秋窮鄉醫自絀小市藥難求
肝膽疑俱破筋骸漫獨瘳慙君遠從我契闊每同憂

送杜十八之廣南

東南炎海外尋訪又輸君過嶺猿啼暖貪程馬送驄
清談消瘴癘秀句起煙雲及早來鄉薦朝廷尚右文

崑山慧聚寺次張祜韻

峯嶺互出没江湖相吐吞園林浮海角臺殿擁山根
百里見漁艇萬家藏水村地偏來客少幽興稱桑門

莽莽昔登臨秋風一散襟地留孤嶼小天入五湖深柑橘無千里魚鰕有萬金吾雖輕范蠡終欲此幽尋

江

盈源開闢有羸縮但相隨逆折山能礙奔流海與期泝沙折蚌蛤雲雨暗蛟螭欲問深何處馮夷秪自知

江南

江南春起棹秋至尚波濤問舍才能定呼舟已復操行歌付浩蕩歸夢得蕭騷冉冉欲何補紛紛爲此勞

賈生

漢有洛陽子少年明是非所論多感槩自信肯依違死者若可作今人誰與歸應須蹈東海不但涕沾衣

還自舅家書所感

行行過舅居歸路指親廬日苦樹無賴天空雲自如畜蕉下澤稻緑碎短樊蔬沮溺非吾意憫嗟聊駐車

世事

世事一何稠論心日已偷尚蒙今士笑宜見古人著老圃聊須問良田亦欲求非關畏巖兒無責易身偕

寄純甫

雲壓上無花草飄風急我歸梢林聽澗落卷土看雲飛想子當紅蕊思家上翠微江寒亦未已好好著春衣

招丁元珍

默默不自得紛紛何所爲書漫聊取食獵較久隨時秋入江湖暗風吾言樹悲黄花一盃酒思與故人持

遊杭州聖果寺

登高見山水亭在水中央下視樓臺起空多樹木蒼

浮雲連海氣落日動湖光偶坐吹横笛殘聲入富陽

京兆杜翠大醇能讀書其言近莊其爲人

曠達而廉清自託於醫無貴賤請之輒往

卒也以詩二首傷之

蕭瑟野衣巾能忘至老貧避囂依市井蒙垢出埃塵

接物工齊物勞身耻爲身傷心宿昔地不復見斯人

二

叔度醫家子君平上肆翁蕭條昨日事髣髴古人風

舊宅雨生菌新阡寒轉蓬存亡誰一問嗟我亦窮空

江上二首

潮連風浩蕩沙引客淹留落日更清坐空江無近舟

共看蒹葭宅聊即稻粱謀未敢嗟艱食凶年半九州

二

書自江邊使鄉鄰病餓稠何言萬里客更作百身憂
補敗今誰卹趨生我自羞西南雙病眼落日倚扁舟

夏夜舟中頗涼因有所感

扁舟畏朝熱望夜倚桅檣日共火雲退風兼水氣涼
來秋經病骨微曙浣愁腸堅我江湖意滔滔興不忘

孫桐

天質自森森孤高幾百尋陵霄不屈已得地本虛心
歲老根彌壯陽驕葉更陰明時思解慍願斲五絃琴

邊明

欹枕諳無情遙遙獨遲明霜繁紅樹老雲月懸蟾清

倦鵑猶三帀寒雞未一鳴故山何處所應有曉猿驚

陪友人中秋夕賞月

海霧看如洗秋陽望却昏光明疑不夜清瑩欲無坤
掃掠風前坐留連露下樽苦吟應到曉況有我思存

慎縣修路者

畚築今三歲康莊始一修何言野人意能助令君憂
勠力非無補論心豈有求十年空志食因汝起予羞

河勢

河勢浩難測禹功傳所聞今觀一川破復以二渠分
國論終將塞民嗟亦已勤無災等難必從衆在吾君

送河間晁寺丞

公孫富文墨名字世多知談笑取高第弦歌當此時

臨河薪石費近塞藺絲移緩急常愁此看君有所爲

暮春

春期行晼晩春意賸芳菲曲水應修禊祓香未試衣
雨花紅半墮煙樹碧相依悵望夢中地王孫底不歸

遊北山

攬轡出東城登臨目覺明煙雲藏古意猿鶴弄秋聲
客坐苔紋滑僧眠樾蔭清賞心殊未已山下日西縈

兵正仲謫官得故人寄蟹以詩謝之余次
其韻

越客上荆舠秋風憶把螯故煩分巨跪持用佐清糟
飲量寬滄海詩鋒標孟勞甘飡飽餳詠餘事付鈞陶

陳師道宰烏程縣

嘗聞太丘長德不負公卿墟墓今千載昆雲亦一城本懷深閑蓄餘論略施行故自有仁政能傳家世聲

冬至

都城開博路佳節一陽生喜見兒童色歡傳市井聲幽閑亦聚集珎麗各携擎却憶他年事關商閉不行

湯泉

寒泉詩所詠獨此沸如烝一氣無冬夏諸陽自廢興人游不附火蟲出亦疑冰更憶驪山下歘然雪滿塍

讀鎮南邸報癸未四月作

賜詔寬言路登賢壯陛廉相期正在治素定不煩占叙臯夔龍盛子虛絲灌儉太平詎可致天意慎猜嫌

擬和　御製賞花釣魚

雲暖蓬萊日風酣太液春水光承步輦花氣入鈎陳伏檻留清蹕傳觴屬從臣霏香連釣餌落葉亂游鱗鎬飲恩知厚衢樽賜願均更看追夏諺先此詠逢辰

和吳沖卿雪霽紫宸朝

虎士開閶闔雞人唱九霄雲移銀闕角日轉玉廊腰篝動川收潦靴烏海上潮舞袍沾宿潤拜笏擁殘飄賜飲人何樂歸嘶馬亦驕低徊但忘食吟詠得逍遥

和吳沖卿集禧齋祠

緘封祝辭密占寫御名真帝坐遥臨物星圖俯映人風含禋外節月點霧中茵沈藿升煙遠槐檀取燎新朝衣歸寢寐金鋑立逡巡却想來時路還疑隔一塵

送周都官通判湖州

淥水烏程地青山顧渚濱酒醪猶美好蔡蕣正芳新聚從罇前月分班焙上春仁風已及俗樂事始關身橘柚供南貢楓槐望北宸知君白羽扇歸日未生塵

雙廟 張巡 許遠

兩公天下駿無地與騰驤就死得處所至今猶耿光中原擅兵革昔日幾侯王此獨身如在誰令國不亡北風吹樹急西日照窻凉志士千年淚泠然落奠觴

和子瞻同王勝之游蔣山 并序

子瞻同王勝之游蔣山有詩余愛其峰多巧障日江遠欲浮天之句因次其韻

金陵限南北形埶豈其然楚役六千里陳亡三百年江山空幕府風月自觥船主送悲京岸妃堙想故蓮

臺傾鳳久去城踞虎爭偏司馬壖廟域獨龍層塔巔
森跡五願未蹇逡一人皋梲杖窮諸嶺藍輿罷竿天
朱門園淥水碧瓦第青煙墨客真能識留詩野竹娟

送鄭州知府宋諫議

盛世千齡合宗工四海瞻天心初顧俊雲翼首離濟
德望亭圭角儀形壯陛廉徐鳴蒼玉佩盡校碧鐵
綸綍清光洽鑾坊茂遲霑文明誠得主政瘨尚頗丞
右府參機務東塗贊景炎府謨資石書兵略倚珠鈐
坐鎮均勞逸齋居養智恬謳謠喧井邑惠化穆蒼黔
進律朝章舊號思物議僉通班三殿遂徙部十城兼
中甫周之翰龜蒙魯所詹地靈奎宿照野沃汶河濟
首路龍旗盛提封虎節嚴賜衣纏紫妥衛甲綴朱綬

海谷移文省谿堂燕豆添班春回紺幰問俗卷彤檐
舟檥商巖命熊羆渭水上治裝行入覲金鼎重調鹽

見遠亭上王郎中

高亭豁可望朝暮對谿山野色軒楹外霞光几席間
樹侵蒼靄沒鳥背夕陽還草帶平沙闊煙籠別戍閑
園畦荷氣合田徑燒痕班樵笛吟晴塢漁帆出暝灣
登臨及芳節宴喜發朱顏爽砌陳旌旆寒簾進佩環
觀風南國最應宿紫宸班康樂詩名舊蕪音詎可攀

臨川先生文集卷第二十六

臨川先生文集卷第十七

律詩 七言八句

歲晚懷古

段約之園亭

又段氏園亭

回橈

酴醿金沙二花合發

次韻公闢正議書公戲語申之以祝助發一笑

次韻致遠木人洲二首

次韻龔深甫二首

次葉致遠韻

次韻酬宋昌叔五首

次韻送程給事知越州

次韻酬徐仲元

詩奉送覺之奉使東川

次韻奉酬覺之

送程公闢得謝歸姑蘇

送項判官

次韻張德甫奉議

北山三詠

寶公塔

覺海方丈

道光泉

登寶公塔

重登寶公塔復用前韻[illegible]首

紙暖閣

雨花臺

北牕

小姑

榮上人遽欲歸以詩留之

呈陳和叔 并序

招呂望之使君

公闢枉道見過獲聞新詩因叙歎仰

全椒張公有詩在北山西菴僧者墁之悵然

有感

嶺雲

蓼蟲

莫疑

歲晚懷古

先生歲晚事田園魯叟遺書廢討論問訊桑麻憐已長按行松菊喜猶存農人調笑追尋壑稚子歡呼出候門遥謝載醪袪惑者吾今欲辯已忘言

段約之園亭

愛公池館得忘機初日留連至落暉菱蔓紫鱗跳復沒柳陰黃鳥囀還飛徑無凡草唯生竹盤有嘉蔬不采薇勝事閬州雖或有終非吾土豈如歸

又段氏園亭

歇眠遺水轉東垣一點炊煙映水昏漫漫芙蕖難覓

路脩脩楊柳獨知門、青山曇露新如染白鳥嬉游靜不烟朱雀航邊今有此可能擺蕩武陵源

回橈

柴荆散策靜涼飈隱几烏舟白下潮紫磨月輪升靄靄帝青雲暮卷寥寥數家雞犬如相識一塢山林特見招尚憶木瓜園最好興殘中路且回橈

酴醾金沙二花合發

相扶照水弄春柔發似矜夸歛似羞碧合晚雲霞上起紅爭朝日雪邊流我無丹白一知如夢人有朱鉛見即愁疑此冶容詩所忌故將緑字本比綢繆

次韻公闢正議書公戲語申之以祝助發一笑

故人辭禄未忘情語我猶能作扞城身不自遭如貢薛見應堪數章平老羆豈得長高卧雛鳳仍聞已間生把盞祝公公莫拒緇衣心為好賢傾

次韻致遠木人洲二首

迸子山前漲一洲木人圖志失編收年多但有柳生肘地僻獨無茅蓋頭河側鮑魚生乾尚立江邊屈子橋將投未妨他日稱居士能使君疑福可求

二

杌爾何年客此洲飄流誰弃止誰收無心使口肝使目有幹作身根作頭懸鬼神靈難寄託禱祠村落幾依投紛紛剪紙眞虛負禍安知富可求

次韻酬龔深甫二首

恩容楚老護松楸復得龔從我遊講肆劇談兼祖

謝舞雩高蹈異求由此𠙚五柞故未愁東挽三楊仍

有樛陟巘降原從此始但無瑤玉與君舟

二

握手東岡雪滿簔後期惆悵依老吴蠶芳辰一笑具難

值暮齒相思豈久堪他日杜詩傳渭北幾時周宅對

漳南百年邂逅能多少且可勤來共草菴

次葉致遠韻

生涯聊占水中洲豈即乘桴逐聖丘身與鳧飛仍鴈

集心能茅靡亦波流由來杞梓常先伐誰謂萑蒲可

久留乘與吾廬知未厭故移脩竹擬延翳一作知君聊占水中洲去即東浮逐聖丘憂國無時須閒會得紙有與即乘流由來要路當先據誰謂宗鄉可久留他日玉湖

尋忘盡想能重此學前驅

次韻酬朱昌叔五首一

點也自殊由與求既成春服更何憂拙於人合且天合靜與道謀非食謀未愛京師傳谷口但知鄉里勝壺頭嗟予老矣無一事復得山君相與遊

二

去年音問隔淮州百謫難知亦我憂前日杯盤共江渚一歡相屬豈人謀山蟠直瀆輸淮口水抱長干轉石頭乘興舟輿無不可春風從此與公遊

三

烏榜登臨興未休共言何許更消憂聯裾蕭寺尋真覺方駕孫陵弔仲謀罷能開歡笑口詩來仍掉苦

吟頭已知軒冕眞吾累且可追隨馬少游

四

白下門東春水流相看一嘯散千憂寒梅入押曲書春逆度灘緣罔初不謀世事但如吹劍首官身難卧閣刀頭長臨鍛竈眞自苦有興復來從我遊

五

樂世閑身豈易求巖居川觀更何憂放懷自事如初服賈宅相招亦本謀名譽子眞矜谷口事功新息困壺頭知君於此皆無累長得追隨曠埃遊

次韻送程給事知越州

千騎東方占上頭如何誤到北山遊清明若禊蘭亭月暖熱因忘蕙帳秋猨老始知藏可惜通宵豫以別

爲憂西歸定有詩千首慇肯重來賁一丘

次韻酬徐仲元

投老逍遥屺與堂天刑其已脱術楊緣源静無[illegible]
滄度谷澤追有鳥頑每昔交游尋五柳最嫌尸祝[illegible]
庚桑相看不厭唯夫子風味眞如顧建康

詩奉送覺之奉使東川

三秋不見每惓惓握手山林復悵然後會敢期[illegible]
日相看且度白雞年是途石棧王尊馭學監今[illegible]
遜鞭一代官儀新藻繪得瞻家字想留連

次韻衮酬覺之

久知乘傳入西州羅香從容亦不謀戶外[illegible]
望眼中飛浪白帆收江竹窓[illegible]煩三顧湖法[illegible]歎

萬周尚有光華貴岑寂簾中佳句得長留

送程公闢得謝歸姑蘇

東歸行路嘆賢哉碧落新除龍上才白傅林塘傳書去吳王花鳥入詩來唱酬自有微之在談笑應容逸少陪少卿元絳謝事居姑蘇中甫善歌詞與相唱酬太王絳集除此兩翁相見外不知三徑為誰開

送項判官

斷蘆洲渚落楓橋渡口沙長一廻午潮山鳥自呼泥滑滑行人相對馬蕭蕭十年長自青衿識千里來非白璧招握手祝君能強飯華簪常得從雞翹

次韻張德甫奉議

知君非我載醪人終日相隨免汗茵賞盡高山見流

水唱殘白雪值陽春中分香積如來鉢對現毗耶長
著身誰拂定林幽處壁與君圖寫繼吾真

北山三詠

寶公塔

道林真骨葬青霄窣堵千秋未寂寥寶勢旁連大江
起尊形獨受衆山朝雲泉別寺分三徑香火幽人止
一瓢我亦鷲峯同聽法歲時歌唄豈辭遙

覺海方丈

往來城府住山林諸法翛然但一音不與物違真道
廣每隨緣起自禪深舌根已淨誰能壞足迹如空我
得尋歲晚北窻聊寄傲蕭菊零落半牀陰

道光泉

瀑龍將雨繞山行注遠搖落靜有聲雲〻渦浴增熱自

瓔珞垂齋鑊午還晴銅瓶各滿幽人意玉梵因高正

士名神力可嗟妨智巧桔槔零落便菩生

登寶公塔

倦童疲馬放松門自把長筇倚石根江月轉空為白

晝嶺雲分暝與黃昏鼠搖岑寂聲隨起鴉矯荒寒影

對翻當此不知誰客主道人忘我我忘言

重登寶公塔復用前韻二首

空見方墳湧半霄難將生死問參寥〻〻應身東返知何

國瑞像西歸自本朝遺寺有門非輦路故池無鉢但

僧瓢獨龍下視皆陳迹追數齊梁亦未遥

二

碧玉旋螺恍隔霄冠山仙冢亦寥寥空餘華名御延風月無復靈蹤落市朝帳座追嚴多獻寶供盤隨施有擲瓢他方出沒還如此與物何心作逍遥

紙暖閤

聯屏蓋障一尋方南設鉤簾北置牀側座對數紅篆暖仰總分啓碧紗涼氊盧易以梅柔壞錦幄終於草尋訪楚穀越藤真自翻每糊因得減書囊

雨花臺

鹽至長千有絶壓并包佳麗入江亭新霜浦溆綿綿凈尋晚林巒往往青南上欲窮牛渚怪北尋難忘草宮靈薇便興卻走塵揚陌已戴寒雲一兩星

北牎

廢興哀樂無餘地雜難挂搭亦時須空花根蒂難尋擿尋覓遷塵費卻除着藏藥囊真妄有軒轅經匱或充無此窻枕上春風暖漫讀毗耶數卷書

小姑

小姑來嫁與蘭支何恨流傳樂府詩初學水仙騎赤鯉音尋山鬼從文狸繽紛雲旛空堂櫬綽約煙鬟獨桂旗弄玉有詞終或往飛瓊無夢故難知

榮上人遽欲歸以詩留之

道人傳業自天台千里翛然赴感來梵行毗沙爲外護法筵靈曜得重開已能爲我通神足便可隨方長聖胎肯顧北山如意約與公西崦斸莓苔

呈陳和叔 并序

嘉祐末和叔以集賢校理判登聞鼓院同知太常禮
院度場街有園數畝中置二㯶甎豪文北戶臨達磨衍
適衢旁作小屋毀輜車爲蓋某以直集賢院爲三司
度支判官以知制誥糾察在京刑獄同管句三班院
閒度衍飯車蓋下隨所有無坐臥軟上笑語常至夜
如此三歲而和叔遭太夫人憂未幾某亦喪親以去
時　永昭陵尚未復土也後與和叔皆蒙
今上拔用數會議語皆憂傷之餘責厚事叢無復故
情元豐元年某會觀使禄居鍾山南和叔經略廣東
適舊悵然某作詩以叙其事

毀車爲屋僅容身三歲相要薦主人晝寫攜甎嘗至
夜冬　沿尋約復二三眷兩陵不洵公歸千里蒼髯亦成我

喪親後會縱多無此樂山林投老一傷神

招呂望之使君

潮溝東路兩牛鳴十畝漪漣一草亭委質山林如許國寄懷魚鳥欲忘形紛紛易變浮雲白落落誰鍾老栢青尚有使君同好惡想隨秋水肯揚舲

公闢枉道見過獲聞新詩因叙歎仰

青丘神父能爲政碧落僊翁好作詩舊事齊兒應共記新篇楚老得先知懷軌大峴如迎日供帳閶門勝去時若與鴟夷闘百草錦囊佳麗敵西施

全椒張公有詩在北山西菴僧者墁之悵然有感

十年惆悵躡山阡終欲持杯滴到泉東路角巾非故

約西州華屋漫脩椽幽明永隔休炊黍眞俗相妨久絶弦遺墨每看疑邂逅復隨人事散如煙

嶺雲

嶺雲台處小盤淵聖御名人得數衾馬解鞍寒莢著天楡歷歷淨華浮海桂團團交游渙散淵明喜吏卒蕭條叔夜寛方丈老翁無一髮更知來不爲皮冠

蓼蟲

蓼蟲事業無餘習蜀狗文章不更陳隱几自憐居喪我倨堂誰覺似非人難堪藏室稱中士秖合箕山作外臣尚有少緣灰未死欲持新句惱比鄰

莫疑

莫疑禪伯未知禪莫笑仙翁不學仙靈骨肯傳黃蘗

燼真心自放赤松煙蓮華出界何關汝楮葉工夫浪

費年露鶴聲中江月白一燈岑寂擁書眠

臨川先生文集卷第十七

臨川先生文集卷第十八

律詩 七言八句

示俞秀老

外厨遺火示公佐

讀眉山集次韻雪詩五首

讀眉山集愛其雪詩能用韻復次韻一首

八功德水

寄題程公闢物華樓

酬俞秀老

次韻吳沖卿召赴資政殿聽讀詩義感事

張侍郎示東府新居詩因而和酬二首

次韻沖卿上元從駕至集禧觀偶成

次韻陪駕

和吳相公東府偶成

和蔡樞密孟夏旦日西府書事

和蔡副樞賀平戎慶捷

次韻奉和蔡樞密南京種山藥法

次韻元厚之平戎慶捷

謁曾魯公

駕自啓聖還内

集禧觀池上詠野鵝

次韻東廳韓侍郎齋居晚興

酬和甫祥源觀醮罷見寄

和御製賞花釣魚

次韻吴仲庶省中畫壁

夜讀試卷呈君實待制景仁内翰

荅張奉議

示俞秀老

繚繞山如涌翠波人家一半在煙蘿時聞笑語當壚旱地僻追尋野興多窣堵生不覺閑北向招提素脊隱西阿暮年要與君携手處處相煩作好歌

外厨遺火示公佐

刀匕初無欲清七姓切人如何■黽鼂尚嫌嗔儵儵短褐方煬■一作火舜舟青煙已被宮瓦邂逅焚巢連鳥雀倉黃濤暮愧比鄰王陽幸有囊衣在報賞焦頭亦未貧

讀眉山集次韻雪詩五首

老木昏昏未有鵶凍雷深閉阿香宙下搏雲忽散蓰爲
屑翦水如分綴作花擁篲尚憐南北巷持杯能喜兩
三家戲掇弄擲輸見女羔袖龍鍾手獨乂

二

神女青腰寶髻鵶獨藏雲氣委飛車夜光往往多聯
璧白小紛紛每散花珠網纚連裀翼異座瑤池淼漫阿
環家銀爲宮闕尋常見豈即諸天守夜乂

三

惠施文字黑如鵶於此機緘漫五車鱠若易緇綮不
染紛然能幻夲無花觀空白足寧知處疑有青腰豈
作家慧可忍寒眞覺曉爲誰將手少林乂

四

寄聲三足阿環鵶問訊青腰小駐車一一熙肌寧有種紛紛迷眼爲誰花爭妍恐落江妃手耐冷疑連月姊家長恨玉顔春不乂畫圖時展爲君乂

五

戲搖微縞女鬟鵶試咀流酥已頰車歷亂稍埋冰孫粟消沉時點水圓花豈能舴艋眞尋我且與蝸牛獨臥家欲挑青腰還不敢直須詩膽付劉乂

讀眉山集愛其雪詩能用韻復次韻一首

靚粧嚴飾曜金鵶比興難工漫百車水種所傳清有骨天機能織皦非花嬋娟一色明千里綽約無心熟萬家長此賞懷古獨目袁安交戟豈須乂

八

功德水

雪山馬口出琉璃聞說諸天與護持此水遥連八功德供人真淨四威儀當時迦葉無塵垢何事閩鄉有土思道力起緣非一路但知瓢飲是生疑

寄題程公闢物華樓

吴楚東南最上游江山多在物華樓遥瞻旌節臨尊俎獨卧柴荆阻獻酬想有新詩傳素壁恨無餘墨到滄洲湡浯南望重重緑章水還能向此流

酬俞秀老

灑掃東庵置一牀於君獨覺故情長有言未必輸摩詰無法何曾混飲光天壤此身知共弊江湖他日要相忘猶貪半偈歸思索却恐提洄妄揣量

次韻吴沖卿召赴資政殿聽讀詩義感事

沖卿詩云雪銷鳷鵲御薷馳無見殊恩渥上公書日作鸞三樓寵正風獲聽二南[illegible]解頤共仰天顏喜牆面裁容聖域通午漏漸長知禹錫侍臣何術補堯聰時修撰經

周南麟趾聖人風未有騶虞繫召公雅頌兼陳爲四始笙歌合奏以三終討論詔使成書上休瀚恩容著義所初進二南有旨資政殿讀云籍通牆面豈能知奥義延陵聽賞自爲聰

張侍郎示東府新居詩因而和酬二首

得賢方慕北山萊亦白中天二府開功謝蕭規慙漢第恩從隗始詫燕臺曾留 上主經過跡更費高人賦詠才自古落成須善頌掃除東閤望公來

二

榮觀流傳動草萊中官賜設上尊開鼓歌竒蓧聽疑

饌肴果蓏餉餽有豪斧藻兹應宜舊德棟梁非復稱凡材虛堂欲踵曹參事試問齊人或肯來

次韻冲卿上元從　駕至集禧觀偶成

昭陵持橐從遊久更見熙寧第四春寶御中閑移玉座華燈錯出映朱塵輦前時看新歌舞仗外還如舊徼巡投老逢時追往事却含愁思度天津

次韻陪　駕觀燈

繡幰含風下玉除宮商挾奏斐然殊禎祥周室流爲火恩澤堯樽散在衢伏檻但能知廣樂揮毫何以報明珠願留巾[illegible]歸田日追詠公歡每自娛

和吳相公東府偶成

承華往歲幸疇躇風月清談接緒餘並轡趍朝今已

老連牆得屋喜如初誅茅我夢江皐地澆薤公思洛水渠欽退故應容拙者先營環堵祭牢蔬

和蔡樞密孟夏旦日西府書事

宮闕初晴氣象饒寶車攢轂會東朝重輪慶自離明發內壤陰隨解澤消賜篚外廷紛錦繡燕庖中禁續薪樵聯翩入賀知君意咫尺威顏不隔霄

和蔡副樞賀平戎慶捷

城郭名王據兩陲軍前一日送降旗羌兵自此無傳箭漢甲如今不解纍幕府上功聯舊代朝廷稱慶具新儀周家道泰西戎喙還見詩人詠串夷

次韻奉和蔡樞密南京種山藥法蔡詩并序云隸見索南都種山藥法并以生頭數十其上輝成小詩青青正是中分天區種何

試玉庭即晛矧須綠叟木定知如鷳鳥冬延𣞀偺之傳擅如時人之潤還御水水霜結[illegible]近堯雲雨露偏自裹自顯還自媿慳苗應笑家人然

區種拋來六七年春風條蔓想宛延難追老圃每荅徑空對珍盤玳瑁筵嘉種忽傳河右壤靈苗更長闕西偏故畦穿斸知何日南望鍾山一慨然

次韻元厚之平戎慶捷來詩有何人更得通天帶謀合君心只晉公之句

朝廷今日四夷功先以招懷後殪戎胡地馬牛歸隴底漢人煙火起湟中投戈更講諸儒藝免胄爭趨上將風文武佐時慚吉甫宣王征伐自膚公

謁曾魯公即赴會時

翊戴三朝冕有蟬歸榮今作地行仙且開京闕一作洛

蕭何第朱放江湖范蠡船老景已鄰周呂尚慶門方似漢韋賢一觴豈足爲公壽願賦長虹吸百川

駕自啓聖還内

衣冠原廟漢家儀羽衛親來此一時　天子當懷霜露感都人亦歎鼓簫悲紛紛瑞氣隨雲漢漠漠榮光上日旗塵土未驚閶闔閉緑槐空覆影參差

集禧觀池上詠野鵝

池上野鵝無數好晴天鏡裏雪毰毸似憐暄暖鳴相逐疑戀寛閑去却回京洛塵沙工點汙江湖矰弋飽驚猜羽毛的的人難近嗟此謀身或有才

次韻東廳韓侍郎齋居晚與

齋禁雖嚴異太常蕭然高卧意何長煙含欲暝宫庭

紫日映新秋省闥黄壯節易摧行踽踽華年根背去堂堂追攀坐歎風塵隔空聽鈞天夢帝鄉

酬和甫祥源觀醮罷見寄

竊禄祠官久見容每持金石薦宸衷鈞天忽忽清都夢方丈寥寥弱水風知結勝緣人意外想尋陳迹馬跡中新詩起我超然興更感鍾山蕙帳空

和御製賞花釣魚

蔭幄晴雲拂曉開傳呼仙仗九天來披香殿上留朱輦太液池邊送玉杯宿蘂暖含風浩蕩戲鱗清映日徘徊宸章獨與春爭麗恩許賡歌豈易陪

二

次楊樂道韻六首

後殿朝次偶題

百年文物士優游萬國今方似綴旒發策東堂招儁乂回輿北苑罷倡優忽隨諸彥登龍尾尚憶當年應鵠頭獨望清光無補報更慙虛食太官羞

御溝

渺渺金河漲欲平數支分綠報清明常縈輦路漂花去更引流杯送酒行靜見金輿穿樹影清含玉漏過牆聲衰顏一照自多感迴首江南春水生

暮次憶漢上舊居

漢水泱泱繞鳳林，峴山南路白雲深。如何憂國忘家日，尚有求田問舍心。直以文章供潤色，未應風月負登臨。超然便欲遺榮去，却恐元龍會見侵。

後苑詳定書懷

文墨由來妙禁中，家傳豈獨賦河東。平生聽想風聲早，歎日追隨笑語同。御水新如鴨頭綠，宮花更有鶴翎紅。看花弄水聊爲樂，不晚朝廷相弱翁。

上巳聞苑中樂聲書事

苑中誰得從春遊，想見漸臺瓦欲流。御水曲隨花影轉，宮雲低繞樂聲留。年華未破清明節，日暮初回祓禊舟。更覺至尊思慮遠，不應全爲撤倡優。

用樂道舍人韻書十日事呈樂道舍人

聖從待制

東門人物亂如麻想見新韉照路華午鼓已傳三刻漏從官初賜一杯茶忽忽殿下催分首擾擾宮前聽賣花歸去莫言天上事但知呼客飲流霞

詳定幕次呈聖從樂道

殿閣掄材覆等差從臣今日擅文華揚雄識字無人敵何遜能詩有世家舊德醉心如美酒新篇清目勝眞茶一觴一詠相從樂傳説猶堪異日誇

崇政殿詳定幕次偶題

嬌雲漠漠護層軒嫩水濺濺不見源禁柳萬條金細撚宮花一段錦新翻身閑始更知春樂地廣還同避世喧不恨玉盤冰未賜清談終日自蠲煩

詳定試卷二首

簾垂咫尺斷經過把卷空聞笑語多論衆勢難專可否法嚴人更謹誰何文章直使看無類勳業安能保不磨疑有高鴻在寥廓未應迴首顧張羅

二

童子常誇作賦工暮年羞悔有揚雄當時賜帛倡優等今日論才將相中細甚客卿因筆墨早於爾雅注魚蟲漢家故事眞當改新詠知君勝弱翁

奉酬楊樂道

邂逅聯裾殿閣春却愁容易即離群相知不必因相識所得如今過所聞近代聲名出盧駱前朝筆墨數淵雲與公家世由來事愧我初無百一分

奉酬聖從待制

班行想望歲空多知有龍門未敢過和近聖人師展季勇爲君子盜荆軻三刀舊協庭闈夢五袴今傳里巷歌復道諫書嘗滿篋不唯詩句似陰何

次韻吴仲庶省中畫壁

畫史雖非顧虎頭還能滿壁寫滄洲九衢京洛風沙地一片江湖草樹秋行數儵魚賓共樂卧看鷗鳥吏方休知君定有扁舟意却爲丹青肯少留

夜讀試卷呈君貺待制景仁内翰

篝燈時見語驚人更覺揮毫捷有神學問比來多可喜文章非特巧爭新蕉中但可鹿初疑夢牖下窺龍稍覺真邂逅兩賢時所服坐令孤朽得相因

答張奉議

五馬渡江開國處一牛吼地作菴人結蟠茅竹纔方丈穿築溝園未過旬我久欲忘言語道君今來見句文身思量何物堪酬對棒喝如今總不親

臨川先生文集卷第十八

臨川先生文集卷第十九

律詩 七言八句

次韻和吳仲庶池州齊山畫圖

次韻祖擇之登紫微閣二首

送沈興宗察院出使湖南

春風

永濟道中寄諸舅弟

道逢文通北使歸

將次相州

次韻平甫喜唐公自契丹歸

尹村道中

次韻王勝之詠雪

次韻酬府推仲通學士雪中見寄

次韻宋次道憶太平早梅

和曾子翊授舒掾之作

送劉和父奉使江西

次韻張子野竹林寺二首

送吳龍圖知江寧

送直講吳殿丞宰鞏縣

送真州吳處厚使君

送李質夫知陝府

題儀真致政孫學士歸來亭

次韻吳季野題岳上人澄心亭

送彥珍

和微之重感南唐事

李君昆弟訪別長蘆至淮陰追寄

貴州虞部使君訪及道舊竊有感惻因成小詩

沖御席上得行字

示董伯懿

次韻和吳仲庶池州齊山畫圖知制誥時作一

省中何忽有崔嵬六幅生綃坐上開指點便知巖石處登臨新作史君來雅懷重向丹青得勝勢兼隨翰墨回更想杜郎詩在眼一江春雪下離堆

次韻祖擇之登紫微閣二首

瀰漫秋陰護掖垣青雲稱在兩楹間宮禁鼉雞人

遠門閼朝歸虎士 開華蓋北瞻天帝座蓬萊東想道家山却懣久此隨諸彥文采初無豹一斑

二

掖門相對敞銅鐶巘巘飛甍在兩閒潤色平生知地禁登臨此日愧身閑浮書倒影移窻隙落木回飈動屋山忽憶初來秋尚早紫微花點綠苔斑

送沈興宗察院出使湖南

諫書平日皁囊中朝路爭看一馬驄漢節飽曾衡海霧楚帆聊復借湖風皇華命使今爲重直道酬君遠亦同投老承明無補助得爲湘守即隨公

春風

一馬春風北首燕却疑身得舊山川陽浮樹外滄江

水塵漲原頭野火煙日借嫩黃初著柳雨催新緑稍歸田回頭不見辛夷發始覺看花是去年

永濟道中寄諸舅弟

燈火忽忽出館陶回看永濟日初高似聞空舍烏烏樂更覺荒陂人馬勞客路光陰眞棄置春風邊塞秖蕭騷辛夷樹下烏塘尾把手何時得汝曹

道逢文通北使歸

朱顏使者錦貂裘笑語春風入貝州欲報京都近消息傳聲車馬少淹留行人盡道還家樂騎士能吹出塞愁回首此時空莫參差煙樹驚塵一段向南流

將次相州

青山如浪入漳州銅雀臺西八九丘螻蟻往還空壟

畝騏驎埋沒幾春秋功名蓋世知[illegible]是氣力迴天到此休何必地中餘故物魏公諸子分衣裘

次韻平甫喜唐公自契丹歸（子辭北使而唐公代往）

留犁撓酒得戎心繡袷通歡歲月深奉使由來須陸賈離親何必強曾參燕人候望空驚眦胡馬追隨出蹛林萬里春風歸正好亦逢佳客想揮金

尹村道中

滿眼霜吹宿草根謾知新歲不逢春却疑青嶂非人世更覺黃雲是塞塵萬里張侯能奉使百年曾子肯辭親自憐許國終無用何事紛紛客此身

次韻王勝之詠雪

萬户千門車馬稀行人却返鳥休飛玲瓏剪水空中

墮的皪裝春樹上歸素髮聯華驚老大王顏爭好羨輕肥朝來已賀豐年瑞更問田家果是非

次韻酬府推仲通學士雪中見寄

朝來看雪詠君詩想見朱衣在赤墀爲問火城將棄試何如雲屋聽窻知曲牆稍覺吹來密窮巷終憐掃去遲欲訪故人非興盡自緣無路得傳卮

次韻宋次道憶太平早梅

大梁春費寶刀催不似湖陰有早梅今日盤中看嘗絳當畸花下就傳杯紛紛自向江城落杳杳難隨驛使來知憶舊遊還想見西南枝上月徘徊

和曾子開撰貽舒掾之作

皖城終歲靜妳山商舊遊應從到日開一水碧羅裁繚

繞萬峯蒼玉刻屏舒顏舊遊筆墨吾今老浪走塵沙鬢已斑攬轡羡君橋北路春風枝上鳥關關

送劉和父奉使江西

劉郎今日擁旌麾傳到江南喜可知上冢還須擊牟豕下車應不問狐貍無人敢效一作勸公榮酒爲我聊尋逸少池亦見嶺頭花爛熳更將春色寄相思

次韻張子野竹林寺二首

澗水橫斜石路深水源窮處有叢林青鴛幾世開蘭若黃鶴當年瑞卯金敗壁數峯連粉墨涼煙一上穗起檀沈十年親友半零落回首舊遊成古今

二

京峴城南隱映深兩牛鳴地得禪林風泉隔屋撞哀

玉竹月緣堦貼碎金藻井仰窺塵漠漠青燈對宿夜
沈沈扁舟過客十年事一夢此山愁至今

送吳龍圖知江寧

才高明主聽方深屬郡聞風自革心閭里不須多察
治山川從此數登臨茅簷坐隔雲千里栢龍初抽翠
一尋東望泫然知有寄但疑公豈久分襟

送直講吳殿丞宰鞏縣

青嵩高碧洛曾遊地壘綬銅章忽在身擁馬尚多囊句
雪隨衣無復禁城塵古來學問須行已此去風流定
慰人更憶少陵詩上語知君不負鞏梅春

送眞州吳處厚使君

江上齋船駐彩橈鳴茄應滿綠楊橋久爲漢吏知文

法當使淮人服教條拱木延陵贍故國叢祠瓜步謁
前朝登臨莫負山川好終欲東歸聽楚謠

送李質夫之陝府

平世求才漫至公悠悠羇旅士多窮十年見子尚短
褐千里隨人今此風戶外屨貧虛自滿樽中酒賤亦
常空共嫌欲老無機械心事還能與我同

題儀真致政孫學士歸來亭

彭澤陶潛歸去來素風千歲出塵埃明時雋老心無
累故里高門子有才更作園林負城郭常留花月映
池臺却尋五柳先生傳柴水區區但可哀

次韻吳季野題岳上人澄心亭

高亭五月尚寒生回首塵沙自鬱蒸砌水亂流穿石

底檻雲高出蔽山層躋攀欲絕人間世締御名知從物
外僧腸胃坐來清似洗神奇未怪佛圖澄

送彥珍

挾筴窮鄉滿鬢絲陂田荒盡豈嘗窺未應谷口終身
隱正合菑川舉國推握手百憂空往事還家一笑即
芳時栝罔定有辛夷發亦見東風使我知

寄張先郎中

留連山水往多時年比馮唐未覺衰籠火尚能書細
字鄭箋還肯寄新詩胡牀月下知誰對蠻榼花前想
自隨投老主恩聊欲報每瞻高躅恨歸遲

汜水寄和甫

虎牢關下水逶迤想彼飄然過此時灑血紙添波浪

起脫身難借羽翰追留連厚祿非朝隱乖隔殘年更
土思已卜冶城三畝地寄聲知我有歸期

寄黃吉甫

朱顏去似湖風驚白髮多於野草生挾策讀書空有
得求田問舍轉無成解鞍烏石岡邊坐攜手辛夷樹
下行今日追思眞樂事黃塵深處走鷄鳴

次韻平甫村墅春日

昨日青青尚未齊忽看春色滿高低陂梅弄影爭先
舞葉鳥藏身自在啼樵屩踏雲歸舊徑漁蓑冒雨向
前溪似知我欲逃軒冕談笑相過各有攜

即席次韻微之泛舟

畫舸幽尋北果園應將陳迹問桑門地隨牆塹行多

曲天著岡巒望易昏故國時平空有木荒城人少半爲村悠悠興廢皆如此賴付乾愁酒一罇

示長安君

少年離别意非輕老去相逢亦愴情草草杯盤供笑語昏昏燈火話平生自憐湖海三年隔又作塵沙萬里行欲問後期何日是寄書應見鴈南征

和平甫招道光法師

練師投老演真乘像劫空王不與肱於藏持門遍一路以光明藏續千燈從容發口酬摩詰譚迎討心契慧能新句得公還有賴古人詩字取無情

和祖仁晚過集禧觀

竒暖聊隨馬首東春衫猶未著方空煙霞送色歸瑶

水山水分香繞闌風壯髮已輸塵外綠罷顏漫到酒
邊紅日斜歸去人間世却記前遊似夢中

程公闢轉運江西

江西一節鑄黃金最慰章濱父老心長孺向來眞强
予次公今不異重臨餘風尚有歡謡在陳迹非無勝
事尋豫想新詩能寄我十年華省故情深

次韻微之即席

釀成吳米野油囊却愛清談氣味長閑日有僧來此
阜平時無盜出南塘風亭對竹酬孤峭雪逕尋梅認
暗香江水中濡應未變一杯終欲就君嘗

和王微之秋浦望齊山感李太白杜牧之

齊山置酒菊花開秋浦聞猿江上哀此地流傳空筆

墨昔人埋没已蒿萊平生志業無高論末世篇章有
逸才尚得使君驅五馬與尋陳迹久徘徊

次韻王微之登高齋

臺殿荒墟辱井堙豪華不復見臨春北山漠漠雲垂
地南埭悠悠水映人馳道蔽虧松半死射場埋没雉
多馴登高一曲悲亡國想繞紅梁落暗塵

和微之重感南唐事

叔寶傾陳衍斃梁可嗟曾不見興亡齋祠父子終身
費酬詠君臣舉國荒南狩皖山非故地北師淮水失
名王天移四海歸眞主誰誘昏童昔用良

李君夢弟訪別長蘆至淮陰追寄

谿水憑風雪壟高亂流追我秪魚舠忽看淮月臨寒

食想映江春聽伯勞道義當成麟一角文章已秃兔千毫後生可畏吾知子南北何時見兩髦

貴州虞部使君訪及道舊竊有感惻因成小詩

韶山秀拔江清寫氣象還能出搢紳當我垂髫初識字看君揮翰獨驚人郵籤忽報旌麾入齋閤遥瞻組綬新握手更誰知往事同時諸彦略成塵

沖卿席上得行字

二年相值喜同聲並轡塵沙眼亦明新語各從天上得殘樽同向月邊傾已嗟後會歡難必更想前官責尚輕黽勉敢忘君所勗古人憂樂有違行

示董伯談

穿橋度塹衹閑行詠石嘲花亦漫成嚼蠟已能忘世味畫脂那更惜時名長干里北寒山紫白下門西野水明此地一廛須卜築竝收人他日訪柴荊

臨川先生文集卷第十九

臨川先生文集卷第二十

律詩 七言八句

思王逢原三首

和吳御史臨淮感事

和文淑湓浦見寄

次韻吳季野再見寄

次韻平甫贈三靈山人程惟象

次韻和甫詠雪

次韻張氏女弟詠雪

次韻徐仲元詠梅二首

詩呈節判陸君

留題曲親盆山

狄梁公陶淵明俱爲彭澤令至今有廟在焉

刁景純作詩見示繼以一篇

寄沈鄱陽

送裴如晦宰吳江

次韻樂道送花

壽思亭

愁臺

和正叔懷其兄草堂

鄭子憲西齋

寄題思軒

陳君式大夫恭軒

寄黄吉甫

高魏留

丁年

恩王逢原三首

布衣阡陌動成群，卓犖高才獨見君。杞梓豫章蟠絕
壑，騏驎騕褭跨浮雲。行藏已許終身共，生死那知半
路分。便恐世間無妙質，鼻端從此罷揮斤。

二

蓬蒿今日想紛披，冢上秋風又一吹。妙質不爲平世
得，微言唯有故人知。廬山南墮當書案，湓水東來入
酒巵。陳迹可憐隨手盡，欲歡無復似當時。

三

百年相望濟時功，歲路何知向此窮。鷹隼奮飛凰羽

騄騏驎埋沒馬群空中郎舊業無兒付康子高才有婦同想見江南原上墓樹枝零落紙錢風

和吴御史臨淮感事

柵鏁城扉曉一開櫓牙車軸轉成雷黃塵欲礙龜山出白浪空分汴水來澄觀有材邀睞陋壽雲無方棄姧回騷人此日追前事悲氣隨秋動管灰

和文溆湓浦見寄

多難漂零歲月賒空餘文思舊生涯䄂看楚越嘗千里不及朱陳似一家鬢為感傷無翠葆眼從瞻望有立花唯詩與我寬愁病報爾何妨賦棣華

次韻吴季野冉見寄

衣裘南北弊弁風塵志趣卑汙已累親流俗尚疑身竄

察交遊方笑黨頻頻遠同魚樂思濠上老使鷗驚恥
海濱邂逅得君還恨晚能明吾意久無人

次韻平甫贈三靈山人程惟象

家山松菊半荒蕪杖策窮年信所如占見地靈非卜
筮算知人貴自陶漁父詰郭璞言多驗老比顏含古意
更疎秖欲勸成方士傳借君名姓在新書

次韻和甫詠雪

奔走風雲四面來坐看山壟玉崔嵬平治險穢非無
德潤澤焦枯是有才勢合便疑包地盡功成終欲放
春同寒鄉不念豐年瑞只憶青天萬里開

次韻張氏女弟詠雪

天上空多地上稀初寒風力故應微那能鎮壓黃塵

甚強欲侵凌白呂飛邑犬横來矜意氣富蟠偷閒出
光輝都城只有豪安穩我亦年年幸賜衣

次韻徐仲元詠梅二首

溪杏山桃欲占新高梅放蘂尚嬌春額黃映日明飛
燕肌粉含風冷太眞玉笛悲涼吹易散冰紈生澀畫
難親爭妍喜有君詩在老我一作我老翛然敢效顰

二

舊撓青條冉冉新花邊亦度柳前春肌冰綽約如姑
射膚雪參差是太眞摇落會應傷歲晚攀翻欲寄
情親慇無驛使傳消息寂寞知誰笑與顰

詩呈節判陸君 名彥回

中郎筆墨妙他年晚與君遊喜衆賢款款故情初未

惑飄飄新句揔堪傳英才但未遭文舉明主寧嘗
弃浩然援贈臨分加組麗小詩能不强雕鐫

留題曲親盆山 和州曲叙

巧與天成未覺殊國工施手豈須臾根連滄海蓬萊
闊勢壓黄河砥柱孤坐上煙嵐生紫翠影中樓閣見
青來爲山觀水皆良喻誰向君家識所趣

不到太初兄所居逖已十年以詩攀寄

一水衣市前翡翠繡九峯環珮刻青瑤生才故有山川
氣十篩象無市井習命三葉素風門閥在十年陳迹屐
綦銷歸夢早晚重攜手莫負幽人久見招

偶成二首

滿老偏諳世上情已知吾事獨難行脫身負米將求

志戮力求田豈為名高論頗隨衰俗廢壯懷難值故
人傾相逢始欲寬愁病搔首還添白髮生

二

懷抱難開醉易醒曉歌悲壯動秋城年光斷送朱顔
去世事栽培白髮生三畝未成幽處宅一身還逐衆
人行可憐蝸角能多少獨與區區觸事爭

雨過偶書

霈然甘澤洗塵寰南畝東郊共慰顔地望歲功還物
外天將生意與人間霽分星斗風雷靜凉入軒窓枕
簟閑誰似浮雲知進退纔成霖雨便歸山

季春上旬苑中即事

輦路行看斗柄東簾垂殿閣轉春風樹林隱翳燈含

霧河漢歌斜月墜空新禁漫知紅蔌蔌舊山常夢直叢叢賞心樂事須年少老去應無日再中

上西垣舍人

共說才高世所珍諸賢誰敢望光塵討論潤色今爲美學問文章老更醇賦擬相如眞復似詩看子建的應親仍聞悟主言多直許史家兒往往嗔

退朝

門外鳴騶送響頻披衣强起赴鷄人火城夜闇雲藏闕玉座朝寒雪被宸邂逅欲成雙白鬢蕭條難得兩朱輪猶憐退食親朋在相與吟哦未厭貧

與微之同賦梅花得香字三首

漢宮嬌額半塗黄粉色凌寒透薄粧好借月魂來映

燭恐嬉春燕去飛揚風亭把盞酬孤豔雪徑回輿認
暗香不爲調羹應結子直須留此占年芳

二

結子非貪鼎鼐嘗偶先紅杏占年芳從教臘雪埋藏
得却怕春風漏泄香不御鉛華知國色秖裁雲縷想
仙裝少陵爲爾牽詩興可是無心賦海棠

三

淺淺池塘短短牆年年爲爾惜流芳向人自有無言
意傾國天教抵死香鬚嫋黃金危欲墮蔕團紅蠟巧
能裝嬋娟一種如冰雪依倚春風笑野棠

和晚菊

不得黃花九日吹空看野葉翠葳蕤淵明酩酊知何

處子美蕭條向此時委翳以甘棠草莽栽培空欲[illegible]
蒺藜籬可憐蜂蝶飄零後始有閑人把一枝

景福殿前栢

香葉由來耐歲寒幾經眞賞駐鳴鑾根通御水蟠龍
勢枝觸宮雲鶴更盤怪石談蒙三品號老松先得大
夫官知君勁節無榮慕寵辱紛紛一等看

四月果

一春強半勤花風幾日園林幾樹紅汲汲追攀常恨
晩紛紛吹洗忽成空行看果下蒼苔地已作人間白
髮翁豈惜解鞍留夜飲此身醒醉與誰同

墻西樹

墻西高樹結雲陰稠步屧窮年向此留占白日屢移催我

老清風一至使人私慮紛紛瞑鳥驚還合湫湫涼蟬咽欲休回首舊林歸亦不得看看知復幾春秋

度摩尼嶺呈可莘老

區區隨傳換冬春夜半懸崖託此身豈慕王尊能許國直緣毛義欲私親施爲已壞生平學夢想猶歸寂寞濱風月一歌勞者事能明吾意可無人

狄梁公陶淵明俱爲彭澤令至今有廟在焉刁景純作詩見示繼以一篇 嘉祐中提點江東刑獄時作

梁公壯節變魑魅陶令清身託酒徒政在房陵成底事年稱甲子亦何須江山彭澤空遺像歲月柴桑失故區末俗此風猶不競詩翁歎息柔應無

寄沈鄱陽時爲江東提刑

離家當日尚炎風吒馭歸時九月窮朝渡藤溪霜落後夜過鼇嶺月明中山川道路良多阻風俗謠言苦未通唯有番君人共愛流傳名譽滿江東

送裴如晦宰吳江分題以賦梅堯臣然安石鎖[illegible]王安[illegible] [illegible]推[illegible]之而[illegible]山[illegible]陽脩爲[illegible]

青髮朱顏各少年幅巾談笑兩歡然紫桑別後餘三徑天祿歸來盡一廛邂逅都門誰載酒蕭條江縣去鳴弦猶疑甫里英靈在到日憑君爲艤船

次韻樂道送花

沁水名園好物華露盤分送子雲家新粧欲應何人面彩筆知書幾葉花曾和郢中歌白雪亦陪天上飲流霞春風已得同心賞更擬攜詩載酒誇

籌思亭 在江東轉運司南廳後園

昔人何計亦何思許國憂民適此時寓興中園爲遠趣託名華榜有新詩數株碧柳蒼苔地一丈紅蕖淥水池坐聽楚謡知歲美想銜杯酒問花期

愁臺

頹垣斷壍有平沙老木荒榛八九家河勢東南吹地坼天形西北倚城斜傾壺語罷還登眺岸幘詩成却嘆嗟萬事因循今白髮一年容易即黄花

和正叔懷其兄草堂

茆堂竹樹水之濵耕稼逍遥似子眞小吏一身今倦宦先生三畝獨安貧欲抛縣印辭黄綬來伴山冠戴白綸秪恐明時收士急不容家有兩閑人

鄭子憲西齋

漫[御名]軒窓意亦深滔滔浮俗倦登臨詩書千載經綸志松竹四時蕭洒心曉枕不容春夢到夜燈唯許月華侵行看富貴酬勤苦車馬重來拾翠陰

寄題恩軒

名郎此地昔徘徊天誘良孫接踵來萬屋尚歌餘澤在一軒還向舊堂開右軍筆墨空殘沼内史文章秖廢臺邑子從今誇勝事豈論王謝世稱才

陳君式大夫恭軒

恭軒靜對北堂林新斸檀欒一畝陰膝下往來前日事眼中封植去年心每懷罇斚沾餘瀝獨喜弦歌有嗣音肯[御名]會須明闕大世資何用滿籯金

寄黄吉甫

學兼文武在吾曹別後應看虎豹韜欲問廟堂誰鎮撫尚傳邊塞敢驕驁旌旗急引飛黃下（時發騎上南征）烽火遥連太白高閒說荆人亦憔悴家家還願獻春醪

高魏留

魏留十七助防邊埋没鹽州十八年衣屨窮空委胡婦糗糧辛苦待山田關河舊路頻回首腹背他時兩受鞭邂逅得歸耶戰死毋隨人去亦蕭然

丁年

丁年結客盛遊從宛洛輜車處處逢吟盡物華愁筆老醉消春色愛醅濃壚閒寂寞相如病鍛處荒凉叔夜備早晚青雲須自致立談平取徹侯封

臨川先生文集卷第二十

（宋）王安石　撰

宋本臨川先生文集

第三册

國家圖書館出版社

第三册目録

臨川先生文集卷第二十四……五七

臨川先生文集卷第二十五……………七五

臨川先生文集卷第二十六……九七

臨川先生文集卷第二十八……一三九

臨川先生文集卷第三十……一八一

臨川先生文集卷第二十一

律詩七言八句

送王詹叔利州路運判

送周仲章使君

送王蒙州

送龐簽判

送潘景純

送僧無惑歸鄱陽

送遜師歸舒州

寄育王大覺禪師

寄無爲軍張居士

次韻酬鄧子儀二首

夢張鄮州

酬慕容員外

次韻張唐公馬上

和王司封會同年

次韻酬子玉同年

和舍弟舟上示沈道源

過山卽事

酬裴如晦

酬鄭閎中

寄余溫卿

寄郎侍郎

送道光法師住持靈巖

送王詹叔利州路運判

王孫舊讀五車書手把山陽太守符未駕朱轓辭輦轂卻分金節佐均輸人才自古常難得時論如君豈乂孤去去便看歸奏事莫嗟行路有崎嶇

送國佐章使君

看君東下霅溪船迴首紛紛已九年簪筆少留吾所望剖符輕去此何緣高庵行路空千秦樹駿馬歸時著蜀韉子墨文章應滿篋承明宣室正詳延

送王豪州

請郡東南保去程稍堤江水照紅旌仁聲已逐春風到使節猶占星下斗行箭落早鵰鳧免避句傳炎海鱷威驚麒麟不是人間物漢詔先應召賈生

送龐簽判

北都兩去不辭勤仕路論材况出群一相開藩嘗負弩三年通籍吏從軍清談猶得當時事遺愛應從北日聞我憶荆溪山最樂看君摩翮上青雲

送潘景純

東都曾以一當千場屋聲名十五年晚賜緑衣隨官牒始操丹筆事戎旃明時正欲精蒐選榮路何當力薦延賴有史君能好士方看一鶚在秋天

送僧無惑歸鄱陽

曉扶衰憊寄人閒應接紛紛秖强顔挂席每諳東匯水採芝多夢舊遊山故人獨往今爲樂何日相隨我亦閑歸見江東諸父老爲言飛鳥會知還

送遜師歸舒州

山川相對一悲翁往事紛紛夢寐中邂逅故人恩意在低徊今日笑言同看吹陌上楊花滿忽憶巖前蕙帳空亦見桐鄉諸父老爲傳衰颯病春風

寄育王大覺禪師

單己安那示入禪草堂難望故依然山今歲暮終岑寂人更天寒最靜便隱蹟亦知甘自足憑心豈吝慰相憐所聞不到荆門耳人老禾新又一年

寄無爲軍張居士

南陽居士月城翁曾習禪那問色空卓犖想超文字外低徊却寄語言中眞心妙道終無二末學殊方自不同此理世間多未悟因君往往嘆西風

次韻酬鄧子儀二首

青溪相值各青春，老去臨流輒損神。事事只隨波浪去，年年空得鬢毛新。論心未忍遺横目，千世還憂近逆鱗。嘉句感君邀我厚，自嗟才不異常人。

二

金陵邂逅府東偏，千得新蒲每共編。采石偶耕垂百日，青溪並釣亦三年。君才有用方求禄，我志無成稍問田。一笑欲論心迹事，白頭相就且歆眠。

送李璋

湖海聲名二十年，尚隨鄉賦巳華顛。却歸甫里無三徑，擬傍胥山就一廛。朱轂風塵休悵望，青鞋雲水且留連。故人亦見如相問，爲道方尋木鴈篇。

送章宏

道合由來不易謀豈無和氏識荆璆一川濁水浮文
鷁千里輕帆落武丘身退豈嫌吾道進學成方悟衆
人求西風乞得東南守杖策還能訪我不

别葛使君

邑屋為儒知善政市門多粟見豐年追攀更覺相逢
晚談笑難忘欲别前客幔雅　皆置榻令堂清坐亦
鳴笳輕舟後夜滄江北迴首春城空黯然

送王龍圖守荆南

壯志高才偃一藩更嗟賢路此時難長幡欲動何防
屈老驥能行豈易閑沙市放船寒月白渚宫留御古
苔斑知公未厭還隨詔歸看功名重太山

次韻酬宋中散二首

初見彤庭賜覆雙便參東閣寄南邦時聞正論除[illegible]網每讀高辭折慢幢陳迹欲尋無復白舊恩思報有如江風流今見佳公子拔老心旌一片降

二

起然京洛諒難雙處在家庭譽在邦道義門中寵户牖風騷壇上見麾幢素書款款誰憐杜彩筆遒遒獨勝江信美賢公有才子篤誠眞復類尨降

和宋太傅服除還朝簡諸朋舊

[illegible]門初起外廷臣秀氣稜稜動搢紳談論坐來能[illegible]我篇章傳出亦驚人生[illegible]一事他年闕伐木相求此地新便欲與君同樂處窮通餘事不關身

次韻酬宋珏六首

洗雨吹風一月春山紅漫漫綠紛紛褰裳遠野誰從
我散策空陂忽見君青眼坐傾新歲酒白頭追誦少
年文因嗟涉世終無補反使高材壅上聞

二

東風渺渺客天涯病眼先春已見花遠欲報君羞發
聒老知隨俗厭雄誇窮通往事眞如夢得失秋毫豈
更嗟邂逅故人唯有醉醉中衣幘任欹斜

三

城中燈火照青春遠引吾方避糾紛遊衍水邊追野
馬嘯歌林下應山君愁尋徑草無來伴喜對簷花有
廣文邂逅一樽聊酩酊聲名身後豈須聞

四

遠迹荒郊謝儁豪春風誰與駐千旄故交重逝恩何
厚新句連篇韻更高美似狂酲初嚼蔗快如衰病得
觀濤久知坯冶成天巧豈與人間共一陶

五

無能私願秖求田時物安能學計然鑿井耕成歌擊
壤射熊猶得夢釣天遥思故國歸來日留滯新恩已

六

去年攜手與君遊最樂春風陂上水濺濺
山陂疇昔從吾親諸父先生各佩紛零落長年誰語
此邐回故地却逢君衣冠偶坐論經術機樣當時刺
繡文更怪高材終未過有司何日選方聞

寄吳正仲卻蒙馬行之都官梅聖俞太傅

和寄依韻酬之

山水玄暉去後空騷人還向此間窮小詩聊與論孤憤大句安知厚兩雄秦甲久愁荆劍利趙兵今喜漢旗紅背城不敢收餘燼馬首翩翩只欲東

寄平甫

少時爲學豈身謀欲老低佪各自羞乘馬從徒真擾擾求田問舍轉悠悠弦歌舊國平生樂鞍馬新年幾日留坐想搖鞭楊柳路春風先我入皇州

次韻舍弟常州官舍應客

霜雪紛紛上鬢毛夏憂時自悔目空蒿桑麻秖欲求三畝執利誰能筭一毫此地當傳公子禮吾心真慕伯

成高飄然更有乘舟興萬里寒江正復艚

舟還江南阻風有懷伯兄

幾時重揆汝南評兩槳留連不計程白浪黏天無限
斷玄雲垂野少晴明平皋望望欲何向薄宦嗟嗟客
此行會有開樽相勸日鶺鴒隨處共飛鳴

同陳伯通餞材翁遊山二君有詩因次元
韻

秋來閑興每登臨因叩精藍望碧岑强策羸驂尋水
石忽驚幽鳥下煙林同時覽物悲歡異自古忘名趣
向深安得湖山歸我手靜看雲意學無心

夢張劒州

萬里憐君蜀道歸相逢似喜語還悲江淮别業依前

處日月新阡卜幾時自說曲阿留未穩即尋湓水去

猶疑茫然却是陳橋夢昨日春風馬上思

酬慕容員外嘗爲王官教授四代舉入官故[illegible]

初駕王門學者師晚漂湖海衆人悲吹[illegible]一未識青閔

翎刺股猶藏袖裏錐衛霍功名還有命蘇秦才氣久

非時江光亦見應須飲莫放窮愁入兩眉

次韻張唐公馬上

竭節初悲力不任賜身終愧謬恩臨病春氣務歸宜

旦偷取官多責恐深膏澤未施空謗怨疼衰猶在豈

謳吟黃昏信馬江城路欲訪何人話此心

和王司封會同年

按科歷頃同時遇自相識事亦稀追講舊贊摩[illegible]

脫交酬新唱移燧飛且須傾倒罇中酒休惜淋浪座

已衣月暮主翁留客轄會稽聊滯買臣歸

次韻酬子玉同年（子玉詩云過盡金湯帝策見求貂虎識軍[illegible]男兒本有四方志秖在蓬瀛恐不知）

盛德無心漠北窺犇胡亦恐勢方羸塞垣高壘深溝地幕府輕裘緩帶時趙將時皆思李牧楚音身自感鍾儀慙君許我論邊鎖俎豆平生却少知

和舍弟舟上示沈道源

還裝欲盡喜舟輕更喜嘉賓伴此行對飲不忘魚可釣旅羹何惜鴈能鳴西山壯馬先歸牧南穴殘梟欲就烹莫憂國自多廊廟宰與君詩酒盡交情

過山即事

却過兹山已九年江湖身世只飄然曲城丘墓心空折鹽步庭闈眼欲穿慘慘野雲生隴底蕭蕭飢馬立風前轉多愁思催華髮早晚輕舟上秀川

酬裴如晦

二年羇旅越人吟乞得東南病更侵傷子未安莊氏義壽親還慰魯侯心鮮鮮細菊霜前蘂漠漠疎桐日下陰濁酒一杯秋滿眼可憐同意不同斟

酬鄭閎中

蕭條行路欲華顛迴首山林尚渺然三釜秖知爲養急五噐非敢在人先文章滿世吾誰慕行義如君衆所傳空有至言來助我可能空寄好詩篇

寄余温卿

雲散風流不自禁天涯 無路盡崩替空馳上國青泥
信誰和南山白石音平 日離愁寬帶眼訖春歸思滿
琴心終回一命翩翻翟 獨過稽山鍛樹陰

寄郎侍郎

兩朝人物歎賢豪凜逈 清風晚見褱江漢但歸滄海
闊丘陵難學太山高故 懷詩酒機先息迴首功名世
自勞久願作公樽俎客 恨無三畝斲蓬蒿

送道光法師住持靈巖

靈巖敞閙白何年草木 神奇鳥獸仙一路紫苔通窅
窱千崖青靄落潺湲山 祗嘯聚荒禪室象衆低摧想
法[illegible]辭重蹈往來人香火有因緣

臨川先生文集卷第二十一

臨川先生文集卷第二十二

律詩 七言八句

次友人 三首

寄張襄州

次韻昌叔瀟樓讀書之樂

酬淨因長老樓上翫月見懷

寄張鷚招張安國金陵法曹

欲往淨因寄涇州韓持國

送别韓虞部

懷舒州山水呈昌叔

呈柳子玉同年

次韻陸定遠以謪往來求詩

李璋下第

送楊驥秀才歸鄱陽

丙申八月作

登西樓

即事

奉酬承叔見贈

欲傳道義心猶在一作雖壯強學一作學作文章力已窮他日若能窺孟子終身何敢望韓公摳衣最出諸生後倒屣嘗傾廣座中秖恐虛名因此得嘉篇爲貺豈宜蒙

送陳舜俞制科東歸

諸賢發策未央宮獨得菑川一老翁曲學暮年終漢相高談平日漫周公[illegible]今壯氣收科第我欲它時看事功聞說慨然貞有志贈行聊以古人風

送何[illegible]

何郎冰雪照青春應敵皆言筆有神魯國儒人何獨少元君畫史故應眞百年冠蓋風雲會萬里山川日月新可但諸公能品藻會須天子擢平津

與舍弟華藏院此君亭詠竹

一逕森然四座涼殘陰餘韻去何長人憐直節生來瘦自許高材老更剛曾與蒿藜同雨露終隨松栢到冰霜煩君惜取根株在欲乞伶倫學鳳凰

上元戲呈貢父

車馬紛紛白晝同萬家燈火暖春風別開閶闔壺天外特起蓬萊陸海中盡取繁華供俠少秖分牢落與衰翁不知太一遊何處定把靑藜獨照公

次韻楊樂道述懷之作

素心非不慕前修自怪因循欲白頭獷較趣時終瑣瑣盡墁營職信悠悠濠梁鼻憶知魚樂空羨鱸鱠爲蟲諫尚有故人能慰我詩成珠玉每相投

和楊樂道見寄

宅帶園林五畝餘蕭條還似茂陵居殺青滿架書新繕生白當牕室久虛孤學自難窺奧窔重言猶得尉空疎相思每欲投詩社只待春蒲葉又書

寄吳沖卿二首

平生身事略相同三歲連牆左掖中更得謬恩分省舍又將衰鬢作隣翁聯翩久傍宮槐綠契闊今看楚紅不欲與君爲遠別沙臺吹帽約秋風

二 時吳晉州方得[illegible]

春坰花氣欲飛浮眼底紛紛綠滿洲袖悠遠山川嗟我老急難兄弟想君愁舊知白日明曹滿試問紅燈幾客留時節只應無意思亦如行趁判春休

酬沖卿見別

同官同齒復同科朋友婚姻分最多兩地塵沙今齟齬二年風月共婆娑朝倫孰共君村似使指將如我病何升黜會應從此異願倫閑暇數經過

次御河寄城北會上諸友

客路花時秪攪心行逢御水半晴陰背城野色雲邊盡隔屋春聲樹外深香草堪回步履午風聊復散衣襟憶君載酒相追處紅萼青蹊定滿林

寄友人三首

萬里書歸說我愁知君不忘北城幽一篇封禪才難
學三畝蓬蒿勢易求欲與山僧論地券願爲鄰舍事
田疇應須急作南征計漠北風沙不可留

二

水邊幽樹憶同攀曾約移居向此間欲語林塘迷舊
逕却隨車馬入他山飛花幸有地容難治鳴鳥窺人意
轉閑物色可歡春不返相思空復慘朱顏

二

一別三年至一方此身漂蕩只殊鄉看沙更覺蓬萊
淺數日空驚霹靂忙渺渺不波低赤岸濛濛雲氣淡
扶桑登臨舊興無多在但有浮槎意未忘

寄張襄州

襄陽洲望古來雄 女曰舊相傳有素風 四業衣問唐氏

氏一門逃世漢龐公 故冢遺俗應多在美景良辰定

不空遙憶習池寒夜 月幾人談笑伴詩翁

次韻呂叔益懷灊樓讀書之樂

志食長年不得休 一甾不無地拙於鳩 聊爲薄宦谷身

者能免高人笑我不道 德文章吾事落塵埃波波汶

生浮看君別後行藏意 回顧灊樓秖自羞

酬淨因長老樓上翫月見懷有疑看瑰蔓

在清都之句

道人心與世無求 隱几蕭然在此樓 坐對高梧傾曉

月看翻清露洗新秋 登臨更欲邀元亮 披寫還能擬

惠休 顧我不知天上樂 虛疑昨夜夢仙遊

寄張謁招張安國金陵法曹

我老願爲藏文人君今少壯豈長貧好須自致青冥上可且相從寂寞濱深谷黃鸝驕引子曲礀翠碧巧藏身尋幽觸靜還成興何必區區九陌塵

欲往淨因寄涇州韓持國

紫荊山下物華新只與都城共一春令節想君講緑酒故情憐我踏黃塵泔魚已悔他年事搏虎方收末路身欲寄微言書不盡試尋僧閣望西人

送別韓虞部

客舍街南初著市與君兄弟即相親當年豈意兩家子今日更爲同社人京洛風塵嗟阻闊江湖杯酒惜逡巡歸帆嶺北茫茫水把手何時寂寞濱

懷舒州山水呈昌叔

山下飛鳴黃栗留溪邊飲啄白符鳩不知此地從君處亦有他人繼我不塵土生涯休盪滌風波時事只飄浮相看髮禿無歸計一夢東南即自羞

呈柳子玉同年

三年不上鄴王臺鴻鴈歸時又北來水底舊波吹歲換柳梢新葉卷春回塵沙漠漠凋雙鬢簫鼓忽忽把一盃勞事欲歌無與和衰顏思見故人開

次韻陸定遠以謫往來求詩

牢落何由共一樽相望空復歎芝焚濟時尚負生平學尉我應多别後文可但風流追甫白由來家世出機雲行吟強欲偷新格自笑安能到萬分

李璋下第

浩蕩宫門白日開君王高拱試群材學如吾子何憂失命屬天公不可猜意氣未宜輕感槩文章尤忌數悲哀男兒獨患無名爾將相誰云有種哉

送楊驥秀才歸鄱陽

客舍風塵弊綵衣悲吟重見鴈南飛荆山和氏方三獻太學何生且一歸曠野已寒諳獨宿長年多難惜分違巾箱所得皆幽懿亦見鄉人為發揮

平山堂

城北横岡走翠虬一堂高視兩三州淮岑日對朱欄出江岫雲齊碧瓦浮墟落耕桑公愷悌杯觴談笑客風流不知峴首登臨處壯觀當時有此不

示德逢

先生貧敝古人風緬想桒桑在眼中憐愍雞豚非孟子勤勞禾黍信周公深藏組麗三千牘靜占寬閑五百弓處世但令心自可相知何藉一劉龔

示四妹

孟光求壻得梁鴻廡下相隨不諱窮卓犖才名今日事蕭條門巷古人風五噫尚與時多忤一笑兼忘我屢空六月塵沙不相貸泫然搔首又西東

寄酬曹伯玉因以招之

寒鴟對立西風樹幽草環生白露庭清坐苦無公事擾高談時有故人經思君異日投朱紱過我何時載淥醽及此江湖氣蕭爽最宜相值倒吾餅

次韻奉酬李實夫

逸少池邊有舊山幾年征淚染衣斑駑駘自飽万爭路驥褭長飢不在閑雪漲江南歸[illegible]蕩煙埋河朔去間關勞歌一聽皆愁思況我心非木石頑

寄袁州曹伯玉使君

宜春城郭繞樓臺想見登臨把一盃濕濕嶺雲生竹菌冥冥江雨熟楊梅政成定入邦人詠詩就還隨驛使來錯莫風沙愁病眼不知何日爲君開

邢太保有鶴折翼以詩傷之客有記翎經冥三韻而忘其詩者因作四韻

不爲摧傷改性靈靜中猶見好儀形每憐令日長垂翅却悔當時誤剪翎醫得舊創猶有法相知多難豈

無經稻粱且向人間覓莫羨摶風起北冥

寄致政吴虞部

白鷗生意在滄波不為風塵有網羅年抵馮唐初耒半才方踈廣豈能多孤清楚國知誰繼遺愛郴人想共歌嗟我欲歸真未晚雪舟乘興會相過

再至京口寄漕使曹郎中

漂流曾落此江邊懷與詩翁賦浩然（浩然堂名）鄉國去身猶萬里驛亭分首已三年北城紅出高枝靚南浦青回老樹圓還似昔時風露只疑談笑在君前

次韻平甫金山會宿寄親友

天末海門橫北固煙中沙岸似西興已無船舫猶聞笛遠有樓臺祇見燈山月入松金破碎江風吹水雪

崩騰飄然欲作乘桴計一到扶桑恨未能

送何聖從龍圖

射策曾稱蜀郡雄朝廷重得漢司空應留賜席丹塗地誤責飛芻紫塞功三徑欲歸無舊業百城先至有清風潞山直與天爲黨回首孫高想見公

送趙學士陝西提刑

遥知彼俗經兵後應望名公走馬來 陛下東求今日始胷中包畜此時關山西豪傑歸囊櫝渭北風光入酒盃堪笑陋儒昏鄙甚略無謀術賛行臺

丙申八月作

秋風摧剥利如刀漠漠昏煙玩日高眼看南山露崖巇心隨東水轉波濤歸期正自憑蓍蔡生理應須問

酒醒還有詩書能慰我不多霜雪上顛毛

登西樓

樓影侵雲百尺斜行人樓上憶天涯情多自悔登臨數目極因驚悵望賒一曲平蕪連古樹半分殘日帶明霞潘郎何用悲秋色秪此傷春髮已華

即事

河流南苑岸西斜風有晶光露有華門柳故人陶令宅井桐前日揔持家嘉招欲覆盃中淥麗唱仍添錦上花便作武陵樽俎客川源應未少紅霞

臨川先生文集卷第二十二

臨川先生文集卷第二十三

律詩七言八句

酬吳仲庶小園之句

始與韓玉汝相近居遂相與遊今居復相近而兩家子唱和詩相屬因有此作

春寒

次韻再遊城西李園

予求守江陰未得酬昌叔憶江陰見及之作

送蘇屯田廣西轉運

酬淮南提刑邵不疑學士

酬王太祝

出城訪無黨因宿齋館

寄陳宣叔

寄張綿州并示女弟

元珍以詩送緑石硯所謂玉堂新樣者

和徵之林亭

酬徵之梅暑新句

平甫與寶覺遊金山思大覺并見寄及相見
得詩次韻二首

金陵懷古四首

次韻舍弟遇子固憶少述

次韻呂叔詠塵

石竹花

古松

玉晨大檜鶴廟古松最爲佳樹

次韻董伯懿松聲

次韻答平甫

次韻質夫兄使君同年

酬吴仲庶小園之句

舊年臺榭掃流塵　閑朱門歲又新花影隙中看梟梟車音墻外去轔轔相逢豈少佳公子一醉何妨薄主人秖向東風邀載酒定知無奈帝城春

始與韓玉汝相近居遂相與遊今居復相近而兩家子唱和詩相屬因有此作

騎猿兒童得近鄰相知邂逅即情親當時豈意兩子此地更爲同社人勳業彈冠知白首文章投筆

青春萬金雖愧君多産比我淵明亦未貧

春寒

春風滿地月如霜拂曉鍾聲到景陽花底裌衣朝宿衛柳邊新火起嚴糕冰殘玉甃泉初動水澁銅壺漏更長從此暄妍知幾日便應鶗鴂損年芳

次韻再遊城西李園

京師花木類多奇常恨春歸人未歸車馬喧喧走塵土園林處處鑠芳菲殘紅已落香猶在羇客多傷涕目揮我亦悠悠無事者約君聯騎訪郊圻

予求守江陰未得酬昌叔憶江陰見及之作

黄田港北水如天萬里風檣看賈船海外珠犀常入市人間魚蟹不論錢高亭笑語如昨日末路塵沙非

少年強乞一官終未得秖君同病肯相憐

送蘇屯田廣西轉運

置將從來欲善師一日城蹉跌起毫氂驅除久費兵符出按撫紛煩使節移恩澤易行窮苦後功名常見急難時儒文此日風流在直筆他年豈愧辭

酬淮南提刑邵不疑學士（來詩及子送沈常州之詩而卒有素壁鑱詩尚未泯之句）

曾詠常州送主人豈知身得兩朱輪田疇沆瀣川方壅廚傳蕭條市亦貧以我薄材思拊傴賴君餘教得因循詢求故有風謠在不獨鑱詩尚未泯

酬王太祝

一馬常隨世事馳豈論江徼與河渭已成白髮潘常

侍吏似青衫杜拾遺（一作）業儒來知有命文章聊欲見
無期喜君材俊能從我力學何妨和子思

出城訪無黨因宿齋館

關外尋君信馬蹄漫成詩句任天倪花枝到眼春相
照（一作蚀）山色侵衣晚自迷今日笑談還喜共經年勞
逸固難齊生涯零落歸心懶多謝慇懃杜宇啼

寄張氏女弟

十年江海別常輕（一作經）豈料今隨寡婦行心折向誰
論宿昔魂來空復夢平生音容想像猶如昨歲月蕭
條忽已更知汝此悲還似我欲爲西望涕先橫

奉寄子思以代別

南北蹉跎成兩翁羽悲歡邂逅笑言同全家欲出嶺雲

外匹馬上肖尋山雨中趨府折腰嗟踽踽聽泉分手惜
忽忽寄聲但有加餐飯才業如君豈久窮

次韻劉著作過茆出令平甫往遊因寄

華陽仙伯有茆御官府今傳在赤城三鶴不歸猶地
勝二君能到亦心清詩中慷慨悲陳迹篇末慇懃奬
後生遥想青雲知可附坐看閑巷得名聲

次韻十四叔賜詩留别

窮冬追路出西津得侍茫然兩見春發冊久嗟淹國
士起家初命慰鄉人行辭北闕樓臺麗歸佐南州縣
邑新班草數行衣上淚何時枝襪却相親

次韻耿天騭大風

雲埋月蝕暈寒灰颱發齊如巨象豗縱勇萬川冰柱

立紛披千幛上襄開曾門未怪爰居至鄭圃何妨禦寇來終夜不眠誰與共坐忘唯有一顛回

法喜寺

門前白道自縈回門下青莎間綠苔雜樹繞花鶯引去壞簷無幕燕歸來寂寥誰共樽前酒牢落空留案上杯我憶故鄉誠不淺可憐鶗鴂重相催

長干寺

梵館清閑側布金小塘回曲翠文深柳條不動千絲直荷葉相依萬蓋陰漠漠岑雲相上下翩翩沙鳥自浮沉羇人樂此忘歸思忍向西風學越吟

落星寺在南康軍江中

峯雲臺殿起崔嵬萬里長江一酒盃坐見山川吞日

月杳無車馬送塵埃鴈飛雲路聲低過客近天門夢易迴勝槩唯詩可收拾不才羞作等閑來

清風閣

飛甍孤起下州墻勝勢崢嶸壓四方遠引江山來控帶平看鷹隼去飛翔高蟬感耳何妨靜赤日焦心不廢涼況是使君無一事日陪賓從此傾觴

留題微之廨中清輝閣

故人名字在瀛洲邂逅低徊向此留鷗鳥一雙隨坐笑荷花十丈對冥搜水涵樽俎清如洗山滲衣巾翠欲流宣室應疑鬼神事知君能復幾來遊

次韻和甫春日金陵登臺

鍾山漠漠水洄洄西有陵雲百尺臺萬物已隨和氣

動一樽聊與故人來天邊幽鳥鳴相和地上晴煙掃
不開悲眼看春長（一作唯）恐盡直須去取六龍回

慶老堂　陳繹

板輿去國宦三年華屋歸來地一偏種竹常疑出冬
筍開池故合涌寒泉身閑楚老猶能戲道勝鄉人不
更遷嗟我強顏無所及想君爲樂更焦然

寄陳宣叔

扁舟欲動更徘徊一笑相看病眼開事忤貴人今見
節政行豪縣衆稱材忽驚歲月侵雙鬢卻喜山川共
一盃落日亂流江北去離心猶與水東迴

寄張劒州并示女弟（時張以太夫人喪自劒州歸）

劒閣天梯萬里寒春風此日白衣冠烏鳥反哺顛毛

黑鳥引思歸口血丹行路想君今晝瘦相逢添我老悲酸浮雲渺渺吹西去每到原頭勒馬看

元珍以詩送緑石硯所謂玉堂新樣者

玉堂新樣世爭傳況以蠻溪緑石鐫嗟我長來無異物愧君持贈有佳篇久埋瘴霧看猶濕一取春波洗更鮮還與故人袍色似論心於此亦同堅

和微之林亭

爲有檀欒占雒陽憶歸杖策此徜徉觀魚得意還知樂入鳥忘機肯亂行未敢許君輕去國不應如我漫爲郎中園日涉非無趣保此千鍾慰北堂

酬微之梅暑新句

江梅落盡雨昏昏去馬來牛漫不分當此沈陰無白

旦豈知炎旱有彤雲苓絲欲緩何妨促晝蠹微生故可熏囘首涼秋知未遠會須重曝阮郎裩

平甫與寶覺遊金山思大覺并見寄及相見得詩次韻二首

寵參時宰道人琳氣蓋諸公弟季心勝踐肯論山在險冥搜欲與海爭深搖搖北下隨帆影踽踽東來想足音握手更知禪伯遠隔雲靈鷲碧千尋

二

漳南開士好叢林慧劒何年出水心獨往便應諸漏盡相逢求免故情深檻窺山島有眞意窗聽海潮非世音一笑上方人事外不知褱境兩侵尋

金陵懷古四首

霸祖孤身取二江子孫多以百城降豪華盡出成功後逸樂安知與禍雙東府舊基留佛刹後庭餘唱落船窗天際離麥秀從來事且置興亡近酒缸

二

天兵南下北撟江敵國當時指顧降山水雄豪空復在君王神武自難雙留連落日頻回首想像餘墟獨倚窗却怪夏陽繞一葦漢家何事費罌缸

三

地勢東回萬里江雲間天闕古來雙兵纏四海英雄得聖出中原次第降山永寂寥理王氣風煙蕭颯滿僧窗

四

廢陵[illegible]家空冠劍誰復沾纓酹一缸

憶昨天兵下鎮江將軍談笑士爭降黃旗已盡年三百紫氣空收劍一雙破堞自生新草木廢宮誰識舊軒窗不須搔首尋遺事且倒花前白玉缸

次韻舍弟遇子固憶少述 時舍弟在臨川

歸計何時就一廛寒城回首意茫然野林細錯黃金日溪岸寬圍碧玉天飛兔已聞追騕褭太阿猶恨失龍泉遙知更憶河濱友從事能亡我獨賢

次韻昌叔詠塵

塵土輕飇不自持紛紛生物更相吹翻成地上高煙霧散在人間要路歧一世競馳甘眯目幾家清坐得軒眉超然秖有江湖上還見波濤恐我時

石竹花

退公詩酒樂華年欲取幽芳近綺筵種玉亂抽青節瘦刻繒輕染絳花圓風霜不放飄零早雨露應從愛惜偏已向美人來上繡更留佳客賦嬋娟

古松

森森直幹百餘尋高入青冥不附林萬壑風生成夜響千山月照掛秋陰豈因糞壤栽培力自得乾坤造化心廊廟乏材應見取世無良匠勿相侵

玉晨大檜鶴廟古松最為佳樹

壇廟千年草不生幽貞曾此蔭餘清月枝地上流雲影風葉天邊過雨聲材大賢於人有用節高仙與世無情泰山陂下今迷處苦里宮中漫得名

次韻董伯懿松聲

天機自動豈關情能作人會物外聲暝聒一堂無客
夢曉悲千嶂有猿驚廟中奏瑟沈三歎堂下吹簫失
九成俚耳紛紛多鄭衛直須聞此始心清

次韻荅平甫

高蟬抱殼悲聲切新鳥才巢語語忙長樹老陰欺夏
日晚花幽艷敵春陽雲歸山去當簷靜風過溪來滿
坐涼物物此時皆可賦悔子千里不相將

次韻質夫兄以君同年

樓堞相望一日程春風吹急似搖旌莫言樂國無愁
夢賴把新詩有故情安舍五漿非所願私田三徑會
須成青雲自致歸去今如我何緣得此聲

臨川先生文集卷第二十三

五六

臨川先生文集卷第二十四

律詩

金明池

葛溪驛

泛舟青溪入水門登高齋奉呈康叔

爲裴使君賦擬峴臺

送李才元校理知邛州

送張頡仲舉知奉新

張劍州至劍一日以新憂罷

次韻子履遠寄之作

送李太保知儀州

送西京簽判王著作

送劉貢父赴秦州清水

送純甫如江南

送郊社朱兄除郎東歸

送沈康知常州

安豐張令修芍陂

送復之屯田赴成都

送經臣富順寺丞

送張御致仕

送梅龍圖

送李秘校南歸

送蕭山錢著作

送靈仙裴太博

送楚穆之劉永之[illegible]濟川

酬吳季野見寄

和平甫寄陳正叔

送王大卿致政歸江陵

送叔康侍御

寄朱昌叔

九日登東山寄昌叔

到舒次韻答平甫

舒州七月十七日雨

次韻答丁端州

答劉季孫

次韻酬王太祝

寄吳成之

寄曾子固

至開元僧舍上方次韻舍弟二月一日之作

寄王回深甫

次韻答彥珍

寄闕下諸父兄兼二小平甫兄弟

金明池

宜秋西望碧參差憶看鄉人禊飲時斜倚水開花有思緩隨風轉柳如癡青天白日春常好綠髮朱顏老自悲跋馬未堪塵滿眼夕陽偷理釣魚絲

葛溪驛

缺月昏昏漏未央一燈明滅照秋牀病身最覺風露

早歸夢不知山水長坐感歲時歌慷慨起看天地色
淒涼鳴蟬更亂行人耳正抱疏桐葉半黄

泛舟青溪入水門登高齋奉呈康叔

領紛紛惜此時起携佳客散沈迷十圍但見諸營
柳九曲難尋故國溪牽纜欲隨流水遠放船終礙畫
橋低子猷清興何曾盡想憶高齋更一躋

爲裴使君賦擬峴臺

君作新臺擬峴山羊公千載得追攀歌鍾勢地登臨
處花木移春指顧閒城似大隄來宛宛溪如清漢落
潺湲時平不比征吳日緩帶尤宜向此閒

送李才元校理知邛州

朝廷孝治稱今日鄉郡榮歸及壯時關吏相呼迎印

綏里兒爭出望旄麾北堂已足誇三釜南畝當今識兩岐獨我尚留眞有命天於人欲本無私

送張頵仲舉知奉新

故人爲邑士多稱縣賦寬賒獄訟平老吏閉門無重糈荒山開隴有新粳方揮玉麈日邊坐又結銅章天外行此去料君歸不久換材如此即名卿

張劒州至劒一日以新憂罷

客舍飛塵尚滿韉却尋東路想茫然白頭反哺秦烏側流血思歸蜀鳥前今日相逢知悵望幾時能到與留連行看萬里雲西去倚馬春風不忍鞭

次韻子履遠寄之作

飄然逐客出都門士論應悲玉石焚高位紛紛誰得

悲窮途往往始能文柴桑今日思元亮天祿何時召
子雲直使聲名傳後世窮通何必較功勳
送李太保知儀州
北平上谷當時守氣略人推李廣優還見子孫持漢
節欲臨關塞撫羌酋雲邊鼓吹應先喜日下旌旗更
少留五字亦君家世事一吟何以稱來求
送西京簽判王著作
兒曹曾上洛城頭尚記清波遶驛流却想山川常在
夢可憐顔髮已驚秋辟書今日看君去著籍長年歎
我留三十六峯應好在寄聲多謝欲來遊
送劉貢父赴秦州清水
劉郎高論坐嘘枯幕府調胹用緒餘筆下能當萬人

識腹中嘗記五車書閭多望士登天祿知有名臣麄
子虛且復強歌窮塞上秪應非晚召相如

送純甫如江南

青溪看没始蹁躚兄弟追隨各少年壯爾有行今納
婦老吾無用亦求田初來淮北心常折却望江南眼
更穿此去還知苦相憶歸時快馬亦須鞭

送郊社朱兄除郎東歸

手持官牒出神皐迎客遥知賀酒醪照映里門非白
屋歎淩春草有青袍官遊雖晚何妨久賤顯從來不
必高孝友父兄家法在想能清白遺兒曹

送沈康知常州

作客蘭陵迹已陳爲傳謠俗記州民溝塍半廢田疇

潭廚傳相仍市井貧常恐勞人輕白屋忽逢佳士得
朱輪慇懃話此還同悵最憶荆溪兩岸春

安豐張令修芍陂

桐鄉振廩得周旋芍水修陂道路傳目想儔功追往
事心知爲政似當年魴魚鱍鱍歸城市秔稻紛紛載
酒船楚相祠堂仍好在勝遊思爲子留篇

送復之屯田赴成都

槃礴西南江與岷石犀金馬世稱神桑麻接畛餘無
地錦繡連城別有春結綬相隨通籍久推車此去辟
書新知君不爲山川險便忘吾家叱馭人

送經臣富順寺丞

故人爲縣楚江邊海角猶聞政事傳萬井已安如赤

子一麾今去上青天應開醉眼酴醾下莫起歸心杜宇前報主代親俱有地幾人忠孝似君全

送張卿致仕

子房籌策漢時功身退超然慕赤松餘烈尚能開後世高材今復繼前蹤執鞭始負平生願操几何知此地逢竊食一官慚未支緒言方賴賜從容

送梅龍圖

子眞家世子雲鄉風力才華豈易當回首古人多隱約致身今日獨輝光謨明久合分三府治劇聊須試一方從此政成何所報百城無事秪耕桑

送李秘校南歸

四十青衫更旅人悠悠飢馬傍沙塵久留上國言塵

富却走南州食轉貧自作詩書能見志應知時命不關身江湖勝事從今數肯但悲歌寂寞濱

送蕭山錢著作

才高諸彥故無嫌兄弟同時舉孝廉東觀外除方墨綬西州相見已蒼髯靈胥引水清穿市神禹分山翠入簾好去弦歌聊自慰郡人誰敢慢陶潛

送靈山裴太博

一官留隱太常中生事蕭然信所窮有力尚期當世用無求今見古人風邅迴舊學皆殘𦵏邂逅相看各老翁他日卜居何處好溪山還欲與君同

送趙燮之蜀永康簿

蜀山萬里一青袍石棧天梯筆纜高多學似君寧易

得小官於此亦徒勞行追西路聊班草坐憶南州欲夢刀他日寄聲能問我應從錦水至江皋

酬吳季野見寄 時被召來詩以賈誼見方

漫披陳蠹學經綸捧檄生平秖爲親聞道不先從事早課功無狀取官頻豈堪置足青冥上終欲回身寂寞濱俛仰謬恩方自歉慙君將比洛陽人

和平甫寄陳正叔

強行南仕莫辭勤聞說田園已曠耘縱使一區猶有宅可能三月尚無君且同元亮傾罇酒更與靈均續舊文此道廢興吾命在世間騰口任云云

送王太卿致政歸江陵

九卿初命亞三司朝吏相瞻得老師南闕便還新印

經東丹只載白詩書漢庠錢客無佳句送水歸未有官貲回首千年見踈范共猴今事勝當時

送叔康侍御

詔取名郎入憲臺此時方急濟時才聖聰應已虛心待蘇黨寧無側目猜白筆豈知權可畏皁囊還請上親開伫聞讜論能醫國飛報頻隨驛騎來

寄宋昌叔

清江浸浸遶城流尚憶城邊繫小舟射虎未能隨李廣劃難空欲戲言游雲埋塞路驚塵合霜入春風滿鬢愁此日君書苦難得漫多鴻鴈起南洲

九日登東山寄昌叔

城上啼烏破寂寥思君何處坐岩嶢應須綠酒酬黃

菊何必紅裙弄紫簫落木雲連秋水渡亂山煙入夕陽橋淵明久負東籬醉猶分低心事折腰

到舒次韻答平甫

夜別江船曉解驂秋城氣象亦潭潭山從樹外青爭出水向沙邊綠半涵行問當年多不記坐論公瑾少能談只愁地僻無賓客舊學從誰得指南

舒州七月十七日雨

行看野氣來方勇臥聽秋聲落竟慳漸歷未生羅匠木蒼忙空失皖公山火耕又見無遺種肉食何妨有厚顏巫祝萬端曾不救只疑天賜雨工閑

次韻答丁端州

莫嗟荒僻又離羣且喜風謡嶺北聞銅柱雖然[illegible]徼

接竹符還是漢家分春書來逐衡陽鴈秋騎歸看隴首雲相見會知南望苦病骸今似沈休文

荅劉季孫

偶著儒冠敢陋今自憐多負少時心輕軒已任人前後揭厲安知世淺深挾筴有思悲慷慨負薪無力病侵淫愧君緑綺虛投贈更覺貧家報乏金

次韻酬王太祝

壟上波瀾不自期飄然身與願相違衰根要路知難植病羽長年欲退飛高論已嗟能聽少力行還恨賦材微慚君俊少今知我一見心如客得歸

寄吳成之

緑髮溪山笑語中豈知翻手兩成翁辛夷屋角摶香

雪躑躅岡頭挽醉紅想見舊山茅徑在近隨今日板輿空渭陽車馬嗟何及榮禄方當與子同

寄曾子固

斗粟猶慙報禮輕敢嗟吾道獨難行脱身負米將求志戮力乗田豈爲名高論幾爲衰俗廢壯懷難值故人傾荒城回首山川隔更覺秋風白髮生

至開元僧舍上方次韻舍弟二月一日之作

溪谷濺濺嫩水通野田高下緑茸茸和風滿樹笙簧雜霽雪兼山粉黛重萬里有家歸尚隔一廛無地去何從傷春故欲西南望首荒城巳暮鍾

寄王回深甫

少年倏忽不再得後日歡娛能幾何顧我面顏衰更
早憐君身世病還多窓間暗淡月含霧船底飄颻風
送波一寸古心俱未試相思中夜起悲歌

次韻荅彥珍

手得封題手自開一篇美玉綴玫瑰衆知圓媚難論
報自顧窮通敢角才君卧南陽惟畎畝我行西路亦
風埃相逢不必嗟勞事尚欲賡歌詠起哉

寄闕下諸父兄兼示平甫兄弟

父兄爲學衆人知小弟文章亦自奇家勢到今宜有
後士才如此豈無時父聞陽羨溪山好頗與淵明性
分宜但願一門皆貴仕時將車馬過茆茨

臨川先生文集卷第二十四

臨川先生文集卷第二十五

律詩 七言八句一 七言長篇附

鍾山西菴白蓮亭

贈老寧僧首

次韻舍弟賞心亭即事二首

次韻陳學士小園即事

寄友人

登大茅山

登中茅山

登小茅山

送張仲容赴杭州孫公辟

贈李士寧道人

藏春塢詩戲刀十四丈學士

太湖恬亭

蒙城清燕堂

次韻酬吳彥珍見寄二首

自金陵如丹陽道中有感

初去臨川

讀史

讀詔書

王太丞邑事之暇過訪山館兼示佳篇

王浮梁太丞聽訟軒有水禽巢于竹林

寄虞氏兄弟

除夜寄舍弟

荅熊本推官金陵寄酒

和錢學士喜雪

送江寧彭給事赴闕

鍾山西庵白蓮亭

山亭新破一方苔白帝留花滿四隈野豔輕明非傳
粉秋光清淺不憑栽鄉窮自作幽人伴歲晚誰爲靜
女媒可笑遠公池上客却因松菊賦歸來

贈老寧僧首

秀骨龐眉倦往還自然清譽落人間閑中用意歸詩
筆靜外安身比太山欲倩野雲朝送客更邀江月夜
臨關嗟予蹤迹飄塵土一對孤峯幾厚顏

次韻舍弟賞心亭即事二首

檻折簷傾野水傍臺城佳氣已消亡　難披梗莽尋千古獨倚青冥望八荒坐覺塵沙昏遠眼忽看風雨破驕陽扁舟此日東興　欲盡江流萬里長

二

霸氣消磨不復存舊朝臺殿秪空村孤城倚薄青天近細雨侵凌白日昏稍覺野雲成晚霽却疑山月是朝暾此時江海無窮興醒客忘言醉客喧

次韻陳學士小園即事

牆屋雖無好鳥鳴池塘亦未有蛙聲樹含宿雨紅初入草倚朝陽綠更生萬物天機何得喪百年新　不將迎與君杖策聊觀化搔首春風眼向明

寄友人

飄然羈旅尚無涯一望西南百歎嗟江擁涕洟流入海風吹寃夢去還家平生積慘應消骨今日殊鄉又見花安得此身如草樹根株相守盡年華

登大茅山

一峯高出衆山顛疑隔塵沙萬里千俯視煙雲来不極仰攀蘿蔦去無前人間已換嘉平帝地下誰通句曲天陳跡是非今草莽紛紛流俗尚師仙

登中茅山

儵然杖屨出塵囂鷄犬無聲到泬寥欲見五芝莖葉老尚攀三鶴羽翰遥容谿路轉迷横彴仙凡風来得隨樵興罷日斜歸亦懶更磨碑蘚認前朝

登小茅山

捫蘿路到半天窮下視淮洲杳靄中物外眞游來几席人間榮願付苓通白雲坐處龍池杳明月歸時鶴馭空回首三君誰更似子房家世有高風

送張仲容赴杭州孫公辟

萬屋相誇漆與丹笑歌長在綺紈間緣船春戲城邊水畫燭秋尋寺外山憶我屢隨遊客入喜君今赴辟書還遙知曼倩威行久赤筆應從到日閑

贈李士寧道人

李生逡巡居卜肆彌明邂逅作詩翁曾令宋賈歎車上吏使劉侯驚坐中杳杳人傳多異事冥冥誰識此高風行歌過我非無謂唯恨貧家酒盞空

次韻春日即事

人間尚有薄寒侵和氣先薰草樹心丹白白分齊破蕾青黄相向欲交陰潺潺嫩水生幽谷漠漠輕煙動遠林病得一官隨太守班春無助愧周任

次韻荅陳正叔二首

青衫憔悴北歸來髮有霜根面有埃群吠我方憎猘子一鳴誰更識龍媒功名落落求難值日月沄沄不不回勝事與身何等近酒樽詩卷數須開

二

田宅荒凉去復來詩書顔髮兩塵埃忘機自許鷗相狎得禍誰期鶴見媒此道未行身有待古人不見首空回何當水石他年住更把韋編靜處開

送幽江左藏之廣東

巇石巉巉上次寥昔人出於此奏簫韶水清但有嘉魚
出風暖何曾毒草搖令日淹留君按節當時嬉戲我
垂髫因尋舊政詢遺老為作新詩變俚謠

苦雨

靈場奔走尚無功去馬來車道不通風助亂雲陰更
密水爭高岸氣尤雄平時溝洫今多廢下戶京囷久
已空肉食自嗟何所補古人憂國願年豐

江上

村落家家有濁醪青旗招客解祗裯春風似補林塘
破野水遙連草樹高寄食舟車隨處弊行歌天地此
身勞遲回自負平生意豈是明時惜一毛

午枕

百年春夢去悠悠不復吹簫向北留野草自花還自
落鳴禽相乳亦相酬舊蹊埋沒開新徑朱戶欹斜見
畫樓欲把一盃無伴侶眼看興廢使人愁

寄石鼓寺陳伯庸

鯨海無風白日閑天門當面險難攀塵埃撲實貪
陌琴酒和雲入舊山仁義未饒軒冕貴功名莫信鬼
神慳郭東一點英雄氣時伴君心夜斗間

送熊伯通

歲暮欣逢盞共傾川塗南北豈忘情事經官路心慮
達地入家山眼更明江上月華空自照梅邊春意合
相迎關河不鎖眞消息野谷猶能聽治聲

送王曹

分走人間十五年塵沙吹鬢貫蒼然山林渺渺長回
首兒女紛紛忽滿前知子有思奮發嗟余無地與
迴旋相看一作秦吳別身世何時兩息肩

送明州王大卿

大曆中臣有此州昆雲今駕鹿轓游從來所至邦人
喜且具復能分聖主憂千里封疆何足治一時名跡故
應留屬城舊吏雖疲懶尚可揮毫敵李舟

姑胥郭

誤襪雲巾別故山抵吳由越兩間關千家漁火秋風
市一葉歸舟暮雨灣旅病情情如困酒鄉愁脉脉似
連環情知帶眼從前緩更恐顛毛自此斑

嚴陵祠堂

溪庭來見一羊裘默默俄歸舊釣舟迹似磻溪應有待世無西伯可能留崎嶇馮衍才終廢索寞（淵聖鄉名）譚道不謀兮水果非鱣鮪地放身滄海亦何求

藏春塢詩獻刁十四文學士

蒔山東渡得林丘邂逅籃輿亦少留今日更知萊氏隱暮年長憶武陵遊欲營垣屋隨穿斸尚歎塵沙隔獻酬遥約向吳亭下路春風深駐五湖舟

太湖恬亭

檻臨溪上綠陰圍溪岸高低入翠微日落斷橋人獨立水涵幽樹鳥相依清遊始覺心無累靜處誰知世有機更待夜深同徙倚秋風斜月釣船歸

蒙城清燕堂

清燕新碑得自蒙行吟如到此堂中吏無田甲當時氣民有莊周後世風庭下早知開木索坐間遥想御絲桐飄然一往何時得俛仰塵沙欲作翁

次韻酬吳彦珍見寄二首 時彦珍爲教授學有右軍墨也

君作新詩故起予一吟聊復報雙魚杖藜髙徑誰來往散帙空堂自卷舒樹外鳥啼催晚種花間人語趁朝虛春風處處堪携手何事臨池苦學書

二

篁竹荒茅五畝餘生涯山蔌與泉魚家貧殖貨羞端木鄉里傳書比仲舒白日憶君聊遠望青林嗟我似逃虛春風渺渺烏塘尾漫得東來一紙書

自金陵如丹陽道中有感

數百年來王氣消難將前事問漁樵苑方秦地皆蕪沒山借揚州更寂寥荒埭暗雞催月曉空場老雉挾春驕豪華紙有諸陵在往往黃金出市朝

初去臨川

東浮溪水渡長林上坂回頭一拊心已覺省煩非仲叔安能養志似曾參憂傷遇事紛紛出疾病乘虛疊疊侵未有半分求自贖恐塡溝壑更霑襟一作馬頭西去日霑襟一望親庭更苦心已覺省煩非仲叔安能養志似曾參憂傷遇事紛紛出疾病乘虛疊疊侵手把空篇卧空屋欲歌商頌不成音

讀史

自古功名亦苦辛行藏終欲付何人當時黮闇猶承誤末俗紛紜更亂真糟粕所傳非粹美丹青難寫是

精神區區豈盡高賢意獨守千秋紙上塵

讀詔書 慶曆七年

去秋東出汴河梁已見中州旱勢強日射地穿千里赤風吹沙度蒲城黃近聞急詔收群策頗說新年又亢陽賤術縱工難自獻心憂天下獨君王

每見王太丞邑事甚冗而剸劇之暇能過訪山館兼出佳篇爲贈仰歎才力因成小詩

我看繁訟頻搔首君富才明見亦常尚有閑襟尋水石更留佳句似池塘松苗地合分高下梟鶴天教有短長徐上青雲猶未晚可無音問及滄浪

王浮梁太丞之聽訟軒有水禽三巢于竹

林之上恬而自得邑人作詩以美之因次

元韻

水邊舟動多驚散何事林間近絕疑野意肯從威令

至舊巢猶有主人知見王太丞詩不關飲啄春江暖自在飛

鳴夏日遲覽德豈無丹穴鳳到時應謙向南枝

寄虞氏兄弟

一身兼抱百憂虞忽忽如狂久廢書疇昔心期俱喪

勇此來腰疾更兼虛久聞楊姜安家好自度淵明與

世踈亦有未歸溝日會應相近置田廬

除夜寄舍弟

一尊聊有天涯憶百感翻然醉裏眠酒醒燈前猶是

客夢回江北已經年佳時流落真何得勝事蹉跎只

何憐叮有到家寒食节春風因次潁溪船公

荅熊本推官金陵寄酒

鬱金香是蘭陵酒枉入詩人賦詠來庭下北風吹急
雪坐間南客送寒醅淵明未得歸三徑金陵有舊廬叔夜
猶月把一盃吟罷想君醒醉處鍾山相向白崔嵬

和錢學士喜雪

手把詩翁憶雪詩坐愁窮海瘴煙霏誰令天上蒼茫
合忽見空中散漫飛閶闔與風生氣勢姮娥交月借
光輝山鵲瑟縮相依立邑犬跳梁未肯歸點綴丘園
榮樹木埋藏溝壑亂封圻高郢歌業已傳都市逸興何
當叩隱扉頗欲攜樽邀使騎繼公忘溫席薦親闈公今
早晚班春去強勸滂田補歲饑

送江寧彭給事赴闕

西江望士衆長兼卓犖傳家在一男壯志異時開吏牒妙齡終日對書龕桂堂鑱篆收科選櫻苑頒詩豫宴酣大邑援琴聊試可小州懷紱果才堪分臺拜職榮先入抗疏辭恩恥橫覃勁操比松寒不撓忠言如藥苦非甘龍鱗直爲當官觸虎穴寧關射利探朱轂獸頭終愶夢粉闈雞舌更何貪含均輸比轄荊門鎮勸課西臨蜀市蠶期信有兒迎郭伋食貧無地乞羊曇橐垂鈴棧駝鳴圖節擁崇郊虎視耽歸見廣埠瞻斧藻對揚初服改朱藍進班華省財方阜出按窮邊虜稍戢帝命賈琮當冀北民歌姬奭次周南投壺饗客魚無乙伐鼓蒐兵馬有驚鯨鬣飈掀紅旗杳杳虬髯帶

昊霦鬖髮鬖風加諸部下風霜蕭肅東漫連營雨露涵大斗

時時能劇飲輕裘往江紙清談乾龍巴應天飛五晉

馬徐觀畫接三道在君官臣方自合德倅御長亦誰懃

便蕃肯較平生寵放矐皆知雅性婉委佩去辭廷祖

殖揚舲來得府潭潭一尊客語從容盡千里人情委

曲諳豈但搢紳稱召杜叹多扶杖祝彭聃幕中俊乂

開刀筆帳下驍雄冷劍鍔楚地怪須留汲黯蕭規疑

欲付曹參從來貴勢公何慕自是賢名上所貪未信

邊身今以老且當憂國每如惔論心邂逅膠投漆搔

首低徊雪滿簪鎮撫未驚移歲月追攀曾許賞煙嵐

餘歡遽隔新亭餞宿惠難忘舊館驂巷曲尚誰知散

樑崢嶸空此詠枯楠

臨川先生文集卷第二十五

臨川先生文集卷第二十六

律詩 五言絶句 回紋 六言詩附

題何氏宅園亭

草堂一上人

題黃司理園

北山濟亭

題永昭陵

詠穀

池上看金沙花數枝過酴醾架盛開

五柳

移松皆死

山中

送毛補之〻行風忽作因題四句於舟中

被召作

别方劭祕校

梅花

紅梅

病起過寶覺

書定林隱

題徐浩書法華經

回紋詩

碧蕪

夢長

送月

泛鴈

六言詩

題西太一宮壁二首

西太一宮樓

聊行

聊行弄芳草獨坐隱團蒲問客茅簷日君家有此無

染雲

染雲爲柳葉翦水作梨花不是春風巧何緣有歲華

溝港

溝港重重柳山坡處處梅小輿穿麥過狹徑礙桑回

霹靂溝

霹靂溝西路柴荆四五家憶曾騎款段隨意入桃花

午睡

簷日陰陰轉牀風細細吹翛然殘午夢何許一黃鸝

題齋安壁

日淨山如染風暄草欲薰梅殘數點雪麥漲一溪雲

昭文齋（米識題跋定 林所居因作）

我自中山客何緣有此名當緣琴不鼓人不見虧成

臺上示吳愿

細書妨老讀長簟愜昏眠取簟且一息拋書還少年

示道原

久不在城市少留心悵然幽芳可攬結佇子飲雲泉

傳神自讃

此物非他物今吾即故吾今吾如可狀此物若爲摹

題何氏宅關亭

荷葉參差卷榴花次第開但令心有賞歲月任渠催

草堂一上人

一公持一鉢想復度遥岑地瘦無黃犢春來草更深

題黃司理園

爲憶去年梅凌寒特地來門前空臈盡渾未有花開

北山游亭

西崦水泠泠沿岡有游亭自從春草長遥見柢青青

題永昭陵

神闕澹朝暉蒼蒼露未晞龍車不可望投老涕霑衣

詠穀

可憐臺上穀轉目已陰繁不解詩人意何爲樂彼園

池上看金沙花數枝過酴醾架盛開

故作酴醾架金沙祇謾栽似矜顔色好飛度雪前開

五柳

五柳柴桑宅三楊白下亭往來無一事長得見青青

移松皆死

李白今何在桃紅已索然君看赤松子猶自不長年

山中

隨月出山去尋雲相伴歸春晨花上露芳氣著人衣

送王補之行風忽作因題四句於舟中

淮口西風急君行定幾時故應今夜月未便照相思

被召作

榮祿嗟何及明恩愧未酬欲尋西掖路更上北山頭

再題南澗樓

北山雲漠漠南澗水悠悠去此非吾願臨分更上樓

南浦

南浦隨花去迴舟路已迷暗香無覓處日落畫橋西

題定林壁懷李叔時

雲與淵明出風隨御寇還燎爐無伏火蕙帳冷空山

離蔣山

出谷頻回首逢人更斷

江上

江水漾西風江花脫晚紅離情被橫笛吹過亂山東

春雨

苦霧藏春色愁霖病物華幽可無可奈強酬一杯霞

歸燕

馬上逢歸燕知從何處來會尋舊巢去不帶錦書迴

和惠思波上鷗

翩翩白鳧鷗汎汎水中游西岑久不見夢想在滄洲

秣陵道中口占二首

經世才難就田園路欲迷憩將白髮下馬照青溪

二

歲熟田家樂秋風客自悲茫茫曲城路歸馬日斜時

次青陽

十載九華邊歸期尚眇然秋風一乘傳吏覺負林泉

代陳景元書于太一宮道院壁

官身有吏責觸事遇嫌猜野性豈堪此廬山歸去來

山雞

山雞照淥水自愛一何愚乎不爲世用適足累形軀

雜詠四首

故畦拋汝水新壠寄鍾山爲問揚州月何時照我還

二

巳作湖陰客如何更遠遊章江昨夜月送我到揚州

三

證聖南朝寺三年到百回不知牆下路今日幾荷開

四

桃李石城塢餉田三月時柴荆常自閉花發少人知

卧聞

卧聞黃栗留起見白符鳩坐引魚兒戲行將鹿女遊

秋興有感

宿雨清鑾御朝陽麗帝城豐年人樂業隴上踏歌聲

題八功德水

欲尋阿練若曳屐出東岡澗谷芳菲少春風著野桑

口占

去歲別南嶽前年返潙潭臨機一句子今日遇同參

偶書

雄也管身足聽兮悞汝多捐書知聖已絕學奈禽何

送陳景初金陵持服舉族貧病煩君藥石之功

舉族貧兼病煩君藥石功長安何日到一一問歸鴻

泊姚江

軋軋櫓聲急蒼蒼江日低吾行有定止潮汐自東西

樓上

湊洋舟中寄徘徊樓上人滄波浩無主兩槳遡艱

春晴

新春十日雨雨晴門始開靜看蒼苔紋莫上人衣來

淨相寺

淨相前朝寺荒涼二十秋曾遭滅劫壞今遇勝緣修

將母

將母邗溝上留家白紵陰月明聞杜宇南北總關心

朱朝議移法雲蘭

幽蘭有佳氣千載闕山阿不出阿蘭若豈遭乾闥婆

晚歸

岸迴重重柳川低渺渺河不愁南浦暗歸伴有姮娥

題舫子

愛此江邊好，留連至日斜。暉分黃犢草，坐占白鷗沙。

惠崇畫

斷取滄州趣，移來六月天。道人三昧力，變化只和鉛。

蒲葉

蒲葉清淺水，杏花和暖風。地偏緣底綠，人老爲誰紅。

芳草

芳草知誰種，緣階已數叢。無心與時競，何苦綠忽忽。

與徐仲元自讀書臺上定林

蹟絕潺湲度，深尋舉袂行。百年同逆旅，一壑我平生。

病中睡起折杏花數枝二首

獨臥南窗榻，翛然五六旬。已聞鄰杏好，故挽一枝春。

獨卧無心起春風閑寂寥鳥聲誰喚汝屋角故相撩

送望之赴臨江

黄雀有頭顱長行萬里餘想因君出守暫得免直

送丁鄜秀才歸汝陰

風駛柳條乾駝裘未勝寒慇懃陌上日爲客暖征鞍

送王彦魯

北客憐同姓南流感似人相分豈相忘臨路更情親

送吕望之

池散田田碧臺敷灼灼紅年華豈有盡心賞亦無窮

别方劭秘校

遥遥建業水中有武昌魚别後應相憶能忘數寄書

梅花

墻角數枝梅，凌寒獨自開。遥知不是雪，爲有暗香來。

紅梅

春半花纔發，多應不奈寒。北人初未識，渾作杏花看。

病起過寶覺

執手乍欣悵，霜毛應更新。依然舊童子，却想夢前身。

書定林院牎 問遠大師，師云夜來夢與說十波羅蜜

道人今輟講，卷襪寄松蘿。夢説波羅蜜，當如習氣何。

題徐浩書法華經

一切法無差，水牛生象牙。莫將無量義，欲覓妙蓮華。

碧蕪 回紋

碧蕪平野曠，黄菊晚村深。客倦留甘飲，身閑累苦吟。

夢長

夢長隨永漏吟苦雜踈鍾動蓋荷風勁沾裳菊露濃

迸月

迸月川魚躍開雲嶺鳥翻徑斜荒草惡臺廢冶花繁

泊鴈

泊鴈鳴深渚收霞落晚川柝隨風斂陣樓映月低弦漠漠汀帆轉幽幽岸火然壑危通細路溝曲繞平田

題西太一宮壁三首 六言

草色浮雲漠漠樹陰落日潭潭（一作柳葉鳴蜩綠暗荷花落日紅酣）三十六陂流（一作宮墅）水白頭想見江南

二

三十年前此路（一作地）父兄持我東西今日重來白首欲尋陳迹都迷

西太一宫樓

草際芙蕖零落水邊楊柳欹斜日暮炊煙孤起不知魚網誰家

臨川先生文集卷第二十六

臨川先生文集卷第二十七

律詩七言絕句

歌元豐五首

棊

題畫扇

夢

清明

東岡

春郊

元日

九日

初晴

南蕩

芙蕖

濤西

東皋

一陂

園蔬

脩然

杖藜

圖書

老嫌

移蒔

誰詞

[illegible]

南[illegible]

雪晨

隨意

秋雲

春風

陂麥

木末

進字說二首

窺園

嘲白髮

代白髮荅

外廚遺火二絶

初夏即事

千蹊

和陳贑秀才金陵書事

和耿憲天騭以竹冠見贈四首

和郭功甫

葉致遠置洲田以詩言志次其韻四首

次昌叔韻

次張唐公韻

次俞秀老韻

[illegible]宋廷評請序經解

送耿天騭至渡口

永慶院送道原還天臺與作詩要

送方劭祕校

芙蓉堂二首

長干釋普濟坐化

歌元豐五首

水滿陂塘穀滿篝漫移蔬果亦多收神林處處傳簫
鼓共賽元豐第二秋

二

露積成山百種收漁梁亦自富鰕鰌無羊說夢非真
事豈見元豐第二秋

三

湖海元豐歲又登稆生猶足暗溝塍家家露積如山

攏黄髮咨嗟見未曾

四

放歌扶杖出前林遥和豐年擊壤音曾侍玉階知帝力曲中時有譽堯心

五

豚柵雞塒晻靄間暮林摇落獻南山豐年處處人家好隨意飄然得往還

棊

莫將戲事擾眞情且可隨緣道我贏戰罷兩奩分（一作收）白黑一枰何處有虧成

題畫扇

壬癸年修成賣月團月邊仍有女乘鸞青冥風露非人

[illegible]鬢亂鬖斜特地寒

夢

黃粱欲熟且留連漫道春歸莫悵然蝴蝶豈能知夢
事蘧蘧飛墮晚花前

清明

東城酒散夕陽遲南陌鞦韆寂寞垂人與長缾卧芳
草風將急管度青枝

東岡

東岡歲晚一登臨共望長河映遠林萬竅怒號風裏
我千波競湧水無心

春郊

青秧漫漫出初齊雞犬遥聞路却迷但見山花流出

水那知不是武陵溪

元日

爆竹聲中一歲除東風送暖入屠蘇千門萬户曈曈
日爭插（一作總把）新桃換舊符

九日

九日無歡可得追飄然隨意歷山陂蔣陵西曲（一作面）
風煙慘（一作澹）也有黃花一兩枝

初晴

帽巾慵整露蒼華度隴深尋一徑斜小雨初晴好天
氣晚花殘照野人家

南蕩

南蕩東陂水漸多陌頭車馬斷經過鍾山未放朝雲

散奈此黃梅細雨何

芙蕖

芙蕖耐夏復宜秋一種今年便入滿瀟南蕩東陂無此物但隨深淺見游儵

瀟西

瀟西直下看芙蕖葉底三三兩兩魚若比濠梁應更樂近人渾不畏春鉏

東皋

東皋攬結知新歲西崦攀翻憶去年肘上柳生渾不管眼前花發即欣然

一陂

一陂一作陂餘水蔣陵西含風卻轉與城齊周遭碧銅

磨作港畐塞綠錦剪成畦

園蔬

園蔬小摘嫩還抽畦稻新春滑欲流杭簟一不穀隨處有飽餐甘寢更無求

翛然

翛然三月閉柴荊綠葉陰陰忽滿城自是老年遊興少春風何處不堪行

杖藜

杖藜隨水轉東岡興罷還來赴一牀堯桀是非時入夢困知餘習未全忘

圖書

圖書老矣尚紛披神劓天縣以有知茅竹結蟠聊一

憫却尋三界外愚癡

老嫌

老嫌智巧累形軀欲就田翁學破除百歲用癡能幾許救吾黥劓可無餘

移柳

移柳當門何啻五穿松作徑適成三臨流遇興還能賦自比淵明或未慙

誰將

誰將石黛染春潮復撚黄金作柳條西崦東灘從此好筍輿追我莫辭遥

雪乾

雪乾雲淨見遥岑南陌芳菲復可尋換得千聲鳥一

笑春風輸柳萬黃金

南浦

南浦東岡二月時物華撩我有新詩含風鴨綠粼粼起弄日鵞黄裊裊垂

竹裏

竹裏編茅倚石根竹莖疎處見前村閑眠盡日無人到自有春風爲掃門

隨意

隨意柴荆手自開松岡度壍復登臺小橋風露扁舟月迷鳥羇雌竟往來

秋雲

秋雲放雨靜山林萬壑崩湍共一音欲記荒寒無善

盡江湖傳悲壯有能參

春風

春風過柳綠如繅晴日烝紅出小桃池暖水香魚出處一環清浪湧亭皐

陂麥

陂麥連雲慘淡黃綠陰門巷不多涼更無一片桃花在借問春歸有底忙

木末

木末北山煙冉冉草根南澗水泠泠繅成白雪桑重綠割盡黃雲稻正青

進字說二首

正名百物自軒轅野老何　強詩論但可與人漫醬

訊豈能令鬼哭黃昏

二

鼎湖龍去字書存開闢神器眷聖孫湖海老臣無四目謾將糟粕汗脩門

窺園

杖策窺園日數巡攀花弄草興常新董生只被公羊惑肯信捐書一語眞

嘲白髮

久應飄轉作蓬飛眷惜冠巾不忍違種種春風吹不長星星明月照還稀

代白髮荅

從衰得白天機不怪長青鹵八顛還看取春條隨日

長會須秋葉向人稀

外厨遺火二首

竈鬼何爲便赫然似嫌刀机苦無羶圖書得免同煨燼却賴厨人清不眠

二

青煙散入夜雲流赤焰侵尋上瓦溝門户便疑能炙手比鄰何苦却焦頭

初夏即事

石梁茅屋有彎碕流水濺濺度兩陂晴日暖風生麥氣緑陰幽草勝花時

千谿

千谿百隧散林丘圖畫風煙一色秋但有輿來隨處

好揚朱何苦涕橫流

和陳輔秀才金陵書事

南郭先生比鷾鴯年年過我未愆期佇論王謝當時事大抵烏衣衹舊時

和耿天騭以竹冠見贈四首

竹根殊勝竹皮冠欲著先須短髮乾要使山林人共見不持方帽禦風寒

二

無物堪持比此冠竹皮柔脆縠皮乾故人戀戀綈袍意豈爲哀憐范叔寒

三

玉潤金明信好冠錯刀劍出蘚紋乾不忘君惠常加

首要使懽盟未可寒

四

冠工新意斲檀欒参會雲烝久未乾遺我山林真自稱何須貂蟬配金寒

和郭公甫

目欲相邀歸看山扁舟自可送君還留連山郭今如此知復何時伴我閒

葉致遠罟洲田以詩言志次其韻二首

吟歎君詩久掉頭知君與不負滄洲土山欲為羊曇賭且可專心學弈秋

二

若將有限計無涯自圉真同算海沙隨順世緣聊戲

劚莫言河渚是吾家

又次葉致遠韻二首

庵成有興亦尋春風暖荒萊步始勻若遇好花須一笑豈妨邀葉杜多身

二

時時君尚富春秋豈比衰翁遠自投智略未應施畎畝上前他日望吾丘

次呂叔韻

寄公無國寄鍾山垣屋青松晻靄閒長以聲音爲佛事野風蕭颯水潺湲

次張唐公韻

憶昨同追八馬蹄約公挂花與山棲公乘白鳳今何

羨我適新年值白鷄

次俞秀老韻

解我葱珩駢孟勞暮年甘與子同袍新詩比舊增奇峭若許追攀莫太高

酬宋廷評請序經解

未曾相識已相憐香火靈山亦有緣訓釋雖工君尚少不應忽務世人傳

送耿天隲至渡口

雪雲江上語依依不比尋常恨有違四十餘年心莫逆故人如我與君稀

承慶院送道原還儀真作詩要之

歲暮青條已見梅餘花次第相尋開淮南無此山林

勝作意春風更一來

送方劭秘校

南浦柔條拂地垂攀翻聊寄我西悲武昌官柳年年好他日春風憶此時

芙蓉堂二首

投去歸來一幅巾尚私榮禄偏藩臣芙蓉堂下踈秋水且與龜魚作主人

二

乞得膠膠擾擾身五湖煙水替風塵秖将鳧鴈同爲侶不與龜魚作主人

長干釋普濟坐化

投老唯公最故人相尋長恨隔城闉百年俯仰隨薪

盡畫手空傳淨戒身

臨川先生文集卷第二十七

臨川先生文集卷第二十八

律詩 七言絶句

送黃吉甫入京題清凉寺壁

與道原自何氏宅步至景德寺

過法雲

光宅寺

題勇老退居院

與寶覺宿龍華院三絶

清凉白雲庵

自定林過西庵

歸庵

雪中遊北山呈廣州使君和叔同年

濤　海棠花欲謝

二絶

次天止鳴許以浪山千葉梅見寄

與天隱宿清涼廣惠僧舍

池上看金沙花數枝過酴醿架盛開二首

北山

詠菊二首

楊柳

北山道人求栽松

山櫻

償薛肇明秀才榿木

馬斃

和叔雪中見過

俞秀老忽不見

與耿天騭會話

送黃吉甫入京題清涼寺壁

薰風洲渚薺花繁看上征鞍立寺門投老難堪與君

別倚江從此望還轅

與道原自何氏宅步至景德寺 元豐七年三月十九日

前時偶見花如夢紅紫紛披競淺深今日重來如夢

覺靜無餘馥可追尋

過法雲

路過潮灘〻九盤招提雪脊隱雲端金鋪一花摐

老翠被重重山更寒

光宅寺（梁武帝宅也其地齊安隔淮齊武帝宅也宋興又在其地）

齊安孤起宋興前光宅相仍一水邊蜂分蟻爭今不見故巢遺堞尚依然

題勇老退居院

道人投老寄山林偶坐脩然洗我心夢境此身能且在明年寒食更相尋

與寶覺宿龍華院三絕句（舊有詩云京口瓜洲一水間鍾山只隔數重山春風自綠江南岸明月何時照我還）

老於陳迹倦追攀但見幽人數往還憶我小詩成悵望鍾山只隔數重山

二

世間投老斷攀緣忽憶東遊已十年但有當時京口

月與公隨我故依然

三

與公京口水雲間問月何時照我還邂逅我還還問月何時照我宿金山

清涼白雲庵

庵雲作頂峭無鄰衣月爲衿靜稱身木落岡巒因自獻水歸洲渚得横陳

自定林過西庵

午雞聲不到禪林栢子煙中靜擁衾忽憶西巖道人語杖藜乗興得幽尋

歸庵

稻畦藏水緑秧齊松竅初乾尚有泥縱蹇尋岡歸獨

卧東菴殘夢午時雞

雪中遊北山呈廣州使君和叔同年

南州歲晚亦花開有底堪隨驛使來看取鍾山如許雪何須特寄嶺頭梅

謝安墩二首

我名公字偶相同我屋公墩在眼中公去我來墩屬我不應墩姓尚隨公

二

謝公陳迹自難追山月淮雲秖往時一去可憐終不返暮年垂淚對山佩鍾奈可名伊

東陂二首

東陂風雨卧黃雲[illegible]陘水翻溝隔壠分春至取新知不

曬腰鎌今日已紛紛

二

荷葉初開筍漸抽東陂南澗正悠悠無端瀧上脩脩麥橫起寒風占作秋

山際

山陂院落今蕭瑟郭樓臺已蕪燈白髮逢春唯有睡聽鶯啼鳥不生憎

欲往北山以雨止

北山朝氣濃欲往懸蘿獨山留歡喜綠岡初見日興闌雲盡復中休

耿天驥惠梨次韻奉謝

故人家果獨難忘秋實初成便得嘗直使芸花形味

勝豈能終日望咸陽

二

灌園新陰百畝涼分甘每得助秋嘗張公大谷難云美誰肯苞苴出晉陽

三

甘滋南北共傳誇栽接還如老圃家誰謂交梨非外奬因君澆灌已萌芽

北山有懷

香火因緣寄此山主恩投老更人間傷心躑躅岡頭路明日春風自往還

定林院

窮谷經春不識花新松老栢自欹斜慇懃更上山頭

望白下城中有幾家

封舒國公三首

陳迹難尋天柱源蹤封投老誤明恩國人欲識公歸
處揚柳蕭蕭白下門

二

桐鄉山遶復川長紫翠連城碧滿隍今日桐鄉誰愛
我當時我自愛桐鄉

三

開國桐鄉已白頭國人誰復記前遊故情但有吴塘
水轉入東江向我流

北陂杏花

一陂春水繞花身花影妖嬈各占春縱被春風吹作

雪絕勝南陌碾成塵

五更

青燈隔幔映悠悠小雨含煙凝不流秖聽蛩聲已無
夢五更桐葉強知秋

與薛肇明奕棊賭梅花詩輸一首

華髮尋春喜見梅一株臨路雪培堆鳳城南陌他年
憶杳杳難隨驛使來

又代薛肇明一首

野水荒山寂寞濱芳條弄色最關春故將明艷凌霜
雪未怕青腰玉女嗔

溝上梅花欲發

亭亭背暖臨溝處脉脉含芳映雪時莫恨夜來無伴

侶月明還見影參差

江梅

江南歲盡多風雪也有紅梅漏洩春顏色淩寒終慘澹不應搖落始愁人

耿天騭許浪山千葉梅見寄

聞有名花即謾栽慇懃準擬故人來故人歲歲相逢曉一作湘見能知復同看幾度開

與天騭宿清涼廣惠僧舍

故人不惜馬馳隤許我年年一度來野館蕭條無準擬與君對殖浪山梅

池上看金沙花數枝過酴醾架盛開二首

午陰寬占一方苔映水前年坐看栽紅蘂似嫌塵染

汚青條飛上别枝開

二

酴醿一架最先來夾水金沙次第栽濃緑扶疎雲對

起醉紅撩亂雪爭開

北山

北山輸緑漲橫陂直塹回塘灩灩時細數落花因坐

久緩尋芳草得歸遲

詠菊二首

補落迦山傳得種閻浮檀水染成花光明一室眞金

色復似毗耶長者家

二

院落秋深數菊叢緑花錯莫兩三蜂蜜房歲晚能多

少酒盞重陽自不供

楊柳

楊柳杏花何處好石梁茅屋雨初乾綠垂靜路要深駐紅寫清陂得細看

北山道人栽松

陽坡風暖雪初融度谷遥看積翠重磊砢拂天吾所愛他生來此聽樓鍾

山櫻

山櫻抱石蔭松枝比並餘花發最遲賴有春風嫌寂寞吹香渡水報人知

償薛肇明秀才榿木

濯錦江邊木有榿小園封植佇華滋地偏或免淵聖御名

雕戕歲晚聊同庾信移

馬甃

恩寬一老寄松筠晏卧東窻度幾春天廐賜駒龍化去謾容小蹇載閑身

出郊

川原一片緑交加滘樹冥冥不見花風日有情無處著初廻光景到桑麻

懷府園

槐陰過雨盡新秋盆底看雲映水流忽憶小金山下路緑蘋稀處看游鯈

江寧夾口二首

鍾山咫尺被雲埋何況南樓與北齋昨夜月明江上

夢逐隨潮水到秦淮

二

日西江口落征帆却望城樓淚滿衫從此夢歸無別路破頭山北北山南

蔣山手種松

青青石上歲寒枝一寸嶔巖前手自移聞道近來高數尺此身蕭柳故應衰

中年

中年許國邯鄲夢晚歲還家壙埌遊南望青山知不遠五湖春草入扁舟

寄四姪旊

數篇詩往勤勤咍想見封題手自開春草已生無好

句阿連空復夢中來

二

一日東岡上幾廻百重雲水隔蘇臺一作一日東岡望百廻迢迢雲水隔蘇臺遙知別後詩無數黃犬歸時總寄來

寄吳氏女子

夢想平生在一丘暮年方此得優游江湖相忘眞魚樂怪汝長謠特地愁

寄蔡天啓

杖藜緣塹復穿橋誰與高秋共寂寥佇立東岡一搔首冷雲衰草暮迢迢

呈陳和叔

數椽生草覆蕪菁一作數椽牢落長蕪菁一徑牆陰斸雪開王

吉囊衣新徙舍杖藜從此盃盤君來

二

數椽庳屋茨生草三畝荒園種曉蔬永日終無一杯
酒可能留得故人車

招葉致遠

白下長干一水間竹雲新筍已斑斑明朝若有扁舟
興落日潮生尚可還

招楊德逢

山林投老倦紛紛獨卧看雲却憶君雲尚無心能出
岫不應君更懶於雲

和叔招不往

門前秋水可揚舲有意西尋白下亭只欲往來相邀

追卻嫌招喚苦丁寧

和叔雪中見過

捎書去寄老山林無復追緣（緣一作尋）往事心忽值故人乘雪興玉堂前話得重尋

俞秀老忽然不見

忽去飄然遊冶盤共疑枝策在梁端攜心暫起何妨寂道骨雖清不畏寒

與耿天騭會話

邯鄲四十餘年夢相對黃粱欲熟時萬事祇如空鳥迹怪君強記尚能追

臨川先生文集卷第二十八

臨川先生文集卷第二十九

律詩七言絶句

與道原過西莊遂遊寶乘

庚申正月遊齊安

庚申正月遊齊安有詩壬戌正月再遊

壬戌正月晦與仲元自淮上復至齊安

壬戌五月與和叔同遊齊安

成字説後與曲江譚君丹陽蔡君同遊齊安

元豐二年十月政公改路故作此詩

書定林院牕

同熊伯通自定林過悟真二首

悟真院

傳神自讚

定林院招文齋

經局感言

鍾山晚步

散策

書靜照師塔

記夢

勸會賀蘭溪主

書湖陰先生壁二首

過劉全美所居

書何氏宅壁

題永慶壁有雱遺墨數行

江寧府園示元度

金陵郡齋

戲示蔣穎叔

遊城東一示深之德逢

麗澤門

示公佐

示俞秀老二首

示李叔時

示寶覺二首

仲元女孫

示永慶院秀老

示王鐸主簿

萬事

寄金陵傳神者李士雲

贈外孫

東流頓令罷官阻風示文荅以四句

楊德逢送米與法雲二老作此詩

送黃吉父將赴南康官歸金谿三首

與道原過西莊遂遊寶乘

周顒宅作阿蘭若婁約身歸窣堵波今日隱侯孫亦老偶尋陳迹到煙蘿一作蕙帳銅瓶皆舊事飄然陳迹在松蘿

庚申正月遊齊安

水南水北重重柳山後山前處處梅未即此身隨物化年年長趁此時來

庚申正月遊齊安有詩云水南水北重重柳壬戌正月再遊

招提詩壁漫黃埃忽忽籠紗兩過梅老值白雞能不死復隨春色破寒來

壬戌正月晦與仲元自淮上復至齊安

風暖柴荆處處開雪乾沙淨水洄洄意行卻得前年路看盡梅花看竹來

壬戌五月與和叔同遊齊安

繰成白雪桑重綠割盡黃雲稻正青它日玉堂揮翰手芳時同此賦林坰

成字說後與曲江譚君丹陽蔡君同遊齊安

[illegible]諸君共此勞遙望東山揖

[illegible]路[illegible]

元豐二年十月政公改路故作此詩

騎龍東路得平岡始無遊人屐齒跡更有青林身半現與公隨轉作陰涼

書定林院牕 與安大師同宿既曉問昨夜夢師太有數夢皆忘記

竹雞呼我出華胥起滅篝燈擁燎鑪試問道人何所夢但言渾忘不言無

同熊伯通自定林過悟真二首

與客東來欲試茶倦投松石坐欹斜暗香一陣連風起知有薔薇澗底花

二

城郭紛紛[illegible]寺福巾來寄北山岩今長遣客子留連

我來[illegible]不[illegible]

[illegible]大院

野水[illegible]際午[illegible]鳥相呼春風日日吹香

空山[illegible]山[illegible]欲無

[illegible]讚

我[illegible]與丹青兩幻身世間流轉會成塵但知此物非他

物[illegible]問今人猶昔人

定林院昭文齋

定林齋後鳴禽散只有提壺守屋簷苦勸道人沽美

酒不應無意引陶潛

經局感言 羅相出守江寧仍領經局

自古能全已不才豈論騏驥與駑駘放歸自食情雖適絡首猶存亦可哀

鍾山晚步

小雨輕風落楝花細紅如雪點平沙槿籬竹屋江村路時見宜城賣酒家

散策

散策東岡亦已勞橫塘西轉有亭皋絮飛度屋何許柳花落填溝無數桃

書靜照師塔

簡老已歸黃土陌淵師今作白頭翁百憂三十餘年事陳迹山林草野中

記夢 辛酉九月二十二夜夢高卿土山道人赴蔣山比集雲峯爲長老已而坐

化復出山南興國寺與余同時一榻撣榻山片竹數寸上繞生絲屬余藏之余弃弗取作詩與之

月入千江體不分道人非復世間人鍾山南北安禪地香火他時共一作供兩身

勘會賀蘭溪主 賀蘭溪洛京地名買地築居於鄜中

賀蘭溪上幾株松南北東西有幾峯買得住日尋常誰與坐從容

書湖陰先生壁二首

茆簷長掃靜無苔花木成畦手自栽一水護田將遶兩山排闥送青來

二

桑條索漠柳花繁風斂餘香暗度垣黃鳥數聲殘午

夢尚疑身在半山園

過劉全美所居

西崦晴天得強扶出林知有故人居數能過我論奇字當復令公見異書

書何氏宅壁

有興提魚就公煮此言雖在巳三年睆灊終負幽人約空對湖山坐惘然

題永慶壁有雱遺墨數行

永慶招提墨數行歲時風露每悽傷殘骸豈久人間世故有情鍾未可忘

江寧府園示元度

畫一船南北水遥通日暮幅巾篁竹中行到月臺逢翠

碧背人飛過子城東

金陵郡齋

談經授老拚悠悠爲吏文書了即休深炷鑪煙一作香

閑齋閤卧聽簷雨瀉高秋

戲示蔣穎叔

扶衰南陌望長楸燈火如星滿地流但怪傳呼殺風

景豈知禪客夜相投

遊城東示深之德逢

欲牽淮舸共尋源且踏青青繞杏園憶我舊詩光宅

路依然桑柳映花繁

麗澤門

麗澤門西日未餓水明沙淨卷纖維綠遶洲渚青瑤

嶂付與詩工敢琢磨

示公佐

殘生傷性老躭書年少東來復起各據槁梧同不寐偶然聞雨落堦除

示俞秀老二首

不見故人天際舟小亭殘日更回頭繰成白雪三千丈細草孤雲一片愁

二

君詩何以解人愁初日紅蕖碧水流未怕元劉妨獨步每思陶謝與同遊

示李時叔二首

知子鳴絃意在山一官聊復戲人間能爲白下東南

尉藜杖緇巾得往還

二

千山訪我幾摧輈清坐来看十日留勢利白頭何是道古人傾蓋有綢繆

示寶覺二首

火輭窻明粥一盂晨興相對寂無魚超然聖寺山林外別有禪天好淨居

二

重將壞色滌衣裾共卧鍾山一塢雲客舍黃粱今始熟烏殘紅柹昔曾分

仲元女孫

雙鬟嬉戲我庭除爭挽新花比繡襦親結香纓知不

又汝翁那叟鑷髭鬚

示永慶院秀老

禪房借枕得重歌陳迹倘然尚有詩嗟我與公皆老矣拂天松栢見栽時

示王鐸主簿

君正忙時我正閑如何同得到鍾山東門二十年前事回首黃塵一夢間

戲城中故人

城郭山林路半分君家塵土我家雲莫吹塵土來污我我自有雲持寄君

戲贈段約之

竹栢相望數十楹藕花多處復開亭如何更欲通南

埭割我鍾山一半青

示俞處士

魯山眉宇人不見只有歌辭來向東借問樓前踏子驚何如雲卧唱松風

懷張唐公

直諒多爲世所排有懷長向我[illegible]開暮年惆悵誰知此南陌東阡獨往來

憶金陵三首

覆舟山下龍光寺玄武湖畔五龍堂想見舊時遊歷處煙雲渺渺水茫茫

二

煙雲渺渺水茫茫繚繞蕪城一帶長蒿目黄塵憂世

事追思陳迹故難忘

三

追思陳迹故難忘翠木蒼藤一水方聞說精廬今更好好隨殘汴理歸艎

離昇州作

殘菊冥冥風更吹雨如梅子欲黃時相看握手㧾無語愁滿眼前心自知

望淮口

白煙瀰漫接天涯黯黯長空一道斜有似錢塘江上望晚潮初落見平沙

入瓜步望揚州

落日平林一水邊蕪城掩映秖蒼然白頭追想當時

事幕府青衫最少年

泊船瓜洲

京口瓜洲一水間鍾山秖隔數重山春風自綠江南岸明月何時照我還

重過佘婆岡市

憶我東遊未有鬚須扶衰重此駐肩輿市中年少今誰在曾叟當街六十餘

秦淮泛舟

强扶衰病牽淮舸尚怯春風泝午潮花與新吾如有意**山**於何處不相招

中書即事

投老飜爲世網嬰低佪終恐負平生何時白土岡頭

路渡水穿雲取次行

萬事

萬事黃粱欲熟時世間談笑漫追隨雞蟲得失何須
算鵬鷃逍遙各自知

寄金陵傳神者李士雲

丰容一見便疑真李子揮毫故有神欲去鍾山終不
忍謝渠分我死前身

贈外孫

南山新長鳳凰雛眉目分明畫不如年小從他愛梨
栗長成須讀五車書

東流頓令罷官阻風示文有按風伯奏天
閽之語答以二句

令尹犀舟失去期憮然凭几占文移勸君愼莫譏風伯會有闘帆破浪時

楊德逢送米與法雲二老作此詩

盧仝不出僧流俗我卜郊居避俗僧仝有鄰僧來乞米我今送米乞鄰僧

送黃吉父將赴南康官歸金谿三首

柘岡西路白雲深想子東歸得重尋亦見舊時紅躑躅爲言春至每傷心

二

還家一笑即芳辰好與名山作主人邂逅五湖乘興往相邀錦繡谷中春

三

歲晚相逢喜且悲莫占風日恨相違我如逆旅當去

客後會有無那得知

臨川先生文集卷第二十九

臨川先生文集卷第三十

律詩七言絶句

金陵即事三首

烏塘

柘岡

城北

金陵

午枕

州橋

觀明州圖

九日賜宴瓊林苑

壬子偶題

祥雲

題中書壁

禁中春寒

試院中

學士院燕侍郎畫圖

道旁大松人取以爲明

見鸂鶒戲作四句

沚鴈

六年

世故

邵平

中牟

王章
神物
文成
讀漢書
賜也
重將
載酒
楚天
江上
春江
春雨

送和甫至龍安微雨因寄吳氏女子

與北山道人

過外弟飲

若耶溪歸興

烏石

定林

定林所居

臺城寺側獨行

遊鍾山

松間

雨未止正臣欲行以詩留之

金陵即事三首

水際柴門一半開小橋分路入青苔背人照影無窮
柳隔屋吹香併是梅

二

結綺臨春歌舞地荒蹊狹巷兩三家東風漫漫吹桃
李非復當時仗外花

三

昏黑投林曉更驚背人相喚百般鳴柴門長閉春風
暖事外還能見鳥情

烏塘

烏塘渺渺綠平隄隄上行人各有攜試問春風何處
好辛夷如雪柘岡西

柘岡

萬事紛紛紙偶然老來容易得新年柘岡西路花如
雪迴首春風最可憐

城北

青青千里亂春袍宿雨催紅出小桃迴首北城無限
思日酣川淨野雲高

金陵

金陵陳迹老莓苔南北遊人自往來最憶春風石城
塢家家桃杏過牆開

午枕

午枕花前簟欲流日催紅影上簾鉤窺人鳥喚悠颺
夢隔水山供宛轉愁

州橋

州橋蹋月想山椒迴首哀湍未覺遥今夜重聞舊嗚咽却看山月話州橋

觀明州圖

明州城郭畫中傳尚記西亭一檥船投老心情非復昔當時山水故依然

九日賜宴瓊林苑作

金明馳道柳參天投老重來聽管絃飽食太官還惜日夕陽臨水意茫然

壬子偶題 熙寧五年東府廳下作盆池故作

黄塵投老倦忽忽故遶盆池種水紅落日欹眠何所憶江湖秋夢艣聲中

和張仲通憶鍾陵二首

一夢章江已十年故人重見想皤然秪應兩岸當時柳能到春來尚可憐

二

逸少池邊有一丘西山南浦慣曾遊殘年歸去終無樂聞説章江即淚流

送和甫至龍安暮歸

隱隱西南月一鉤春風落晚澹如秋房櫳半掩無人語鼓角聲中始欲愁

鍾山即事

澗水無聲遶竹流竹西花草弄春柔茅簷相對無終日一鳥不鳴山更幽

成一首澗水繞竹流花草
到坐終日鳥鳴山更幽

南澗樓在江寧府司

撲撲烟嵐遶四阿物華終恨未能多故應斗起三千丈始奈壺山複嶺何

京城

三年衣上禁城塵撫事茫然愧古人明月滄波秋萬頃扁舟長寄夢中身

隴東西二首

隴東流水向東流不肯相隨過隴頭秖有月明西河上伴人征戍替人愁

二

隴西流水向西流自古相傳到此愁添却征人無限淚怪來嗚咽已千秋

斜徑

斜陽偶過南塘路數家垂對北山岑草頭蛺蝶黃花晩菱角蜻蜓翠蔓深

暮春

北山吹雨送殘春南澗朝來綠映人昨日杏花渾不見故應隨水到江濱

雨晴

晴明山鳥百般催不得桃花一半開雨後綠陰空繞舍摠將春色付莓苔

日西

日西階影轉梧桐簾卷青山簟半空金鴨火銷沉水冷悠悠殘夢鳥聲中

禁直

羣木交陰霽復雨簷夜天如水碧湝湝帝城風月看常
好人世悲哀老自添

御柳

御柳新黃已迸條宮溝澌凍未全消人間今日春多
少祇看東方北斗杓（一作習習春風拂柳條御溝春水已冰消欲知四海春多少先向天邊問斗杓）

祥雲

冰入春風漲御溝上林花氣欲飛浮未央屋瓦猶殘
雪却爲祥雲映日流

題中書壁

夜闌金鑰詔辭臣對御抽毫　命綸須信朝家重儒
衘一時同牓用三人

禁中春寒

青（一作浮）煙漠漠雨紛紛水殿西廊北苑門已著單衣猶禁火海棠花下怯黃昏

試院中

少時操筆坐中庭子墨文章頗自輕聖世選材終用賦白頭來此試諸生

學士院燕侍郎畫圖

六幅生綃四五峯暮雲樓閣有無中去年今日長于里遙望鍾山與此同

道旁大松人取以爲明

龍甲虯髯不可攀亭亭千丈蔭南山應嗟無地逃斤斧豈顧爭明爝火閒

見鸚鵡戲作四句

雲木何時兩翅翻玉籠金鎖秪煩冤眞須强學人間語舉世無人解鳥言

池鴈

羽毛摧落向人愁當食哀鳴似有求萬里衡陽冬欲暖失身元爲稻粱謀

六年

六年湖海老侵尋千里歸來一寸心西望國門搔短鬢九天宮闕五雲深

世故

世故紛紛漫白頭欲尋歸路更遲留鍾山北繞無窮水散髮何時一釣舟

邵平

天下紛紛未一家販繒屠狗尚雄誇東陵豈是無能
者獨傍青門手種瓜

中牟

積城百雉擁高秋驅馬臨風想聖丘此道門人多未
悟爾來千載判悠悠

王章

壯一作志士軒昂非自謀近臣當爲國深憂區區女子
無高意追念牛衣暖即休

神物

神物登天擾可騎如何孔甲但能羈當時若更無劉
累龍意茫然豈得知

文成

文成五刹老紛紛方丈蓬萊但可聞萬里出師求賞
馬飄然空有意凌雲

讀漢書

京房劉向各稱忠詔獄當時跡自窮畢竟論心異[illegible]
[illegible]不妨迷國略相同

賜也

賜也能言未識眞誤將心許漢陰人桔橰俯仰終[illegible]
事抱甕區區老此身

重將

重將白髮傍牆陰陳迹茫茫不可尋花鳥認知春[illegible]
緩人間獨自有傷心

載酒

載酒欲尋溪上舟出門無路水交流黃昏獨倚春風立看却花開觸地愁

楚天

楚天如夢水悠悠花底殘紅漫不收獨繞去年揮淚處還將牢落對滄洲

江上

江北秋陰一半開晚雲含雨却低回青山繚繞疑無路忽見千帆隱映來

春江

春江渺渺抱牆流煙草茸茸片愁吹盡柳花人不見青旗催日下城頭

春雨

城雲如夢柳僛僛野水横來强滿池九十日春渾得
雨故應留潤作花時

初到金陵

江湖歸不及花時空遶扶踈緑玉枝夜直去年看蓓
蕾晝眠今日對紛披

送和甫至龍安微雨因寄吳氏女子

荒煙涼雨助人悲淚染衣巾不自知除却春風沙際
緑一如看汝過江時

與北山道人

蔣巢跡泉帶淺山柴門雖設要常關別開小徑連松
路秖與鄰僧約往還

過外弟飲

一日君家把酒盃六年波浪與塵埃不知烏石岡邊路至老相尋得幾回

若耶溪歸興

若耶溪上踏莓苔興罷張帆載酒回汀草岸花渾不見青山無數逐人來

烏石

烏石岡邊繚繞山柴荊細路(一作逕)水雲間吹(一作拈)花爵禄長來往秪有春風似我閑

定林

定林青(一作倩又作蒨)木老參天橫貫東南一道泉六月杖藜尋石路午陰多處弄潺湲

定林所居

屋遶灣溪竹繞山溪山却在白雲間臨溪放艇依山坐溪鳥山花共我閑

臺城寺側獨行

春山撩亂水縱橫籬落荒畦草自生獨往獨來山下路筍輿看得綠陰成

遊鍾山

終日看山不厭山買山終待老山間山花落盡山長在山水空流山自閑

松間按名溥行作

偶向松間覓舊題野人休誦北山移丈夫出處非無意猿鶴從來自不知

雨未已止臣欲行以詩留之

紛紛應接使人愁與子從容喜閒話他日故將泥自在今朝欲以雨相留

臨川先生文集卷第三十

（宋）王安石　撰

宋本臨川先生文集

第四册

國家圖書館出版社

第四册目録

臨川先生文集卷第三十二…………二七

臨川先生文集卷第三十三……四七

臨川先生文集卷第三十四……六九

臨川先生文集卷第三十七……一二九

[illegible]川先生文集卷第三十一

律詩 七言絶句

題張司業詩

同陳和叔遊北山

次吳氏女子韻二首

即席

遊城南即事二首

寄沆道原

哭張唐公

生日次韻南郭子二首

八公山

過徐城

序并

題金沙

夜聞流水

詠月二首

題張司業詩

蘇州司業詩名老樂府皆言妙入神看似尋常最奇崛成如容易却艱辛

同陳和叔遊北山

春風蕩蕩屋雨塡溝東閣翛然擁罽裘鄰壁黄粱炊未熟喚迴殘夢有鳴騶

次吳氏女子韻 吳氏詩云西風不入小窗紗秋氣應憐我憶家極目江南千里恨依前和淚看黄花向朝九日臺在孫陵曲街旁去吾園只數百步

孫陵西曲岸烏紗知汝淒涼正憶家人世豈能無聚
散亦逢佳節且吹花

再次前韻

秋燈一點映籠紗好讀楞嚴莫念家能了諸緣如夢
事世間唯有妙蓮花

即席

曲沼融融泮盡澌暖煙籠瓦碧參差人情共恨春猶
淺不問寒梅有幾枝

遊城南即事二首

神姦變化久難知禹鼎由來更不疑魑魅合謀非一
日太丘眞復社亡遲

黍壇東路遶重城，獨背朝陽信馬行。漫道城南天尺五，荒林時見一柴荊。

寄沈道原

城郭千家一彈丸，蜀岡擁腫作蛇蟠。眼前不道無蒼翠，偷得鍾山隔水看。

哭張唐公

堂（一作棠）邑山林久寂寥，屬車前日駐雞翹。冥冥獨鳳隨雲霧（一作知何處），南陌空聞引葬簫。

生日次韻南郭子二首

救黥醫劓世無方，斷簡陳編付藥房。祝我壽齡君好語，毗耶一夜滿城香。

二

寒逼清枝故有梅草堂先對白頭開殘骸已若雞年夢猶見騷人幾度來

八公山

淮山但有八公名鴻寶燒金竟不成身與仙人守都厠可能雞犬得長生

過徐城

七年五過徐城縣自笑皇皇此世間安得身如倉庾氏一官能到子孫閑

送丁鄺秀才歸汝陰二首

好去翩然丁令威昔人且在不應非淮雲且與遼天闊想復留情故一歸

西州行路日蕭條執手傷懷不自聊遊子故鄉終念
返豈能無意治城潮

和惠恩韻二首

醴泉觀

邂逅相隨一日閑或緣香火共靈山夕陽興罷黃塵
陌直似蓬萊墮世間

蟬

白下長干何可見風塵愁殺庾蘭成去年今日青松
路亦自聞蟬第一聲

送王石甫學士知湖州

吳興太守美如何柳惲詩才未足多遥想郡人迎下
擔白蘋洲渚正滄波

懷鍾山

投老歸來供奉班塵埃無復見鍾山何須更待黃粱熟始覺人間是夢間

江寧夾口三首

茅屋滄洲一酒旗午煙孤起隔林炊江清日暖蘆花轉秖（一作恰）似春風柳絮時

二

月墮浮雲水捲空滄洲店坼五更風北山草木何由見夢盡青燈展轉中

三

落帆江口月黃昏小店無燈欲閉門側出岸沙楓半死繫船應憩有去年痕

寄碧巖道光法師

去馬來車擾擾塵自難長寄水雲身碧巖後主今爲客何況開山說法人

省中

萬事悠悠心自知强顏於世轉參差移牀獨卧秋風裏靜看蜘蛛結網絲

二

大梁春雪滿城泥一馬常瞻落日歸身世自知還自笑悠悠三十九年非

崇政殿後春晴即事

悠悠獨夢水西軒百舌枝頭語更繁山鳥不應知地禁亦逢春暖即啾喧

省中沈文通廳事

竹上秋風吹網絲角門常閉吏人稀蕭蕭一榻卷書坐直到日斜騎馬歸

吳任道説應舉時事

縣郭城南陂水深春泥滿眼路嶇嶔獨騎瘦馬衝殘雨前伴茫茫不可尋

送河中通判朱郎中迎母東歸

綵衣東笑上歸船萊氏歡娱在晚年嗟我白頭生意盡看君今日更悽然

寄題杭州明慶院脩廣師明碧軒

明碧軒南竹數叢别來江外幾秋風道人無復人間世嗟我今爲白髮翁

金爐香盡漏聲殘翦翦輕風陣陣寒春色惱人眠不得月移花影上欄干

試院中

白髮無聊病更侵移牀卧竹向秋陰朝來鴈背西風急吹折江湖萬里心

二

咫尺淹留可奈何東西處共一姮娥堦前棗樹應搖落此夜清光得幾多

三

青燈照我夢城西坐上傳觴把菊枝怱怱覺來頭更白隔牆聞語趁朝時

四

蕭蕭疏雨吹簷角噎噎暝蛩啼草根閑却荒庭歸未得一燈明滅照黃昏

人間

人間投老事紛紛才薄何能強致君一馬黃塵南陌路眼中唯見北山雲

後殿牡丹未開

紅襆未開知婉娩紫囊猶結想芳菲此花似欲留人住山鳥無端勸我歸

春日

柴門照水見青苔春遶花枝漫漫開路遠遊人行不到日長啼鳥去還來

寄韓中國

漾漾宫城漫漫流，搗黄小蝶弄春柔。問公孚朝陵去，歸得花時却自愁。

答韓持國

知公尚憶洛城中，醉裏簪花滿袖風。花亦有知還有恨，今為紅藥主人翁。

出城

慣作野人多野興，欲為時用少時材。出城偶與沙塵背，轉覺谿山入眼來。

涿州

涿州沙上望桑乾，鞍馬春風特地寒。萬里如今持漢節，却尋此路使呼韓。

出塞

涿州沙上飲盤（淵聖御名）看舞春風小契丹塞雨巧催燕淚落濛濛濛吹濕漢衣冠

入塞

荒雲淒雨水悠悠鞍馬東西鼓吹休尚有燕人數行淚回身却望塞南流

書汜水關寺壁

汜水瀟瀟楚漢間跳兵走馬百重山如何咫尺商於地便有園公綺季閑

題北山隱居王閑叟壁

荒村日午未開門雨後餘花滿地存有客曲肱能避隱免誰人知道是王孫

和惠恩歲二日二絶

懶讀書來已數年從人嘲我腹便便爲嫌歸舍見童
聒故就僧房借榻眠

二

沙礫藏春未放來荒庭終日守陳荄遥憐草色留青
綠湖寺西南一徑開

赴召道中

海氣冥冥漲楚氛汀洲回薄水橫分青松十里鍾山
路秪隔西南一片雲

江東召歸

昨日君恩悞賜環歸腸一夜繞鍾山雖然眷戀明時
禄羞見瑯邪有邴丹

平甫如通州寄之

北山揺落水崢嶸想見揚帆出廣陵平世自無憂國事來田應不忤陳登

寄顯道

舟約刀頭止歲前故人專使手書傳出門江口問消息極目寒沙空渺然

和平父寄道光法師

欲見道人非一朝杖藜無路到青霄千巖萬壑排風雨想對銅鑪梧子燒

三品石

草沒苔侵弃道周誤恩三品竟何酬國人今日頑無恥似爲當年不與謀

和崔公度家風琴八首

屋山終日信飄飄似與幽人破寂寥爲有機心須强聒直教懸解始聲消

二

簾幕無風起泬寥誰悲精鐵任飄飄隨商應角知無意不待歌成韻已消

三

萬物能鳴爲不平世間歌哭兩營營君知此物心何欲自信天機自有聲

四

風鐵相敲固可鳴朔兵行夜響行營如何清世容高卧飜作幽窻枕上聲

五

南風屋角響蕭蕭白日簾垂坐寂寥愛此宮商有眞
意與君傾耳盡今朝

六

風來風去豈嘗要隨分鏗鏘與寂寥不似人間古鍾
磬從來文飾到今朝

七

繫身高處本無心萬竅鳴時有玉音欲作鐸耶爲物
使知君能笑不祥金

八

䟽鐵簷間挂作琴清風纔到遽成音伊人欲問無眞
意向道從來不博金

送陳請中舍歸武陵

知君欲上武陵溪水自東流人自西到日桃花應已謝想君應不爲花迷

北山

刳木爲舟數丈餘卧看風月映芙蕖清香一陣渾無暑時有驚鯈躍出魚

適意

一疊相伴十餘年舊事陳言知幾編到了不如無累後困來顛倒枕書眠

廢井

結綺臨春草一丘尚殘宮井戒千秋奢淫自是前王恥不到龍沈亦可羞

題金沙

海棠開後數金沙高架層層吐絳葩咫尺西城無力
到不知誰賞魏家花

夜聞流水

千丈崩奔落石磯秋聲散入夜雲悲州橋月下聞流
水不忘鍾山獨宿時

詠月三首

寒光乍洗山川瑩清影遥分草樹纖萬里更無雲物
動中天只有兔隨蟾

二

江海清明上下兼碧天過見一毫纖此時只欲浮雲
盡窟宅何妨有兔蟾

三

一片淸光萬里兼幾回圓極又纖纖君看出没非無意豈爲辛勤養玉蟾

臨川先生文集卷第三十一

臨川先生文集卷第三十二

律詩七言絶句

揚子二首

獨卧二首

孟子

商鞅

蘇秦

范雎

張良

曹參

韓信

伯牙

范增二首

賈生

兩生

謝安

世上

讀後漢書

讀蜀志

讀唐書

讀開成事

別和甫赴南徐

寄茶與和甫

寄茶與平甫

戲長安嶺石

代答

促織

臘亭

次韻杏花三首

只愁風雨劫春回怕見枝[illegible]爛漫開野鳥不知人意

緒啄教零亂點蒼苔

二

心憐紅藥與移栽不惜年年糞壤培風雨無時誰會

得欲教零亂强催開

三

看時高艷先驚眼折處幽香易滿懷野女强簪看亦

醜少教憔悴逐荆釵

杏園即事

蟠桃移種杏園初紅抹燕脂嫩臉蘇聞道飄零落人
世清香得似舊時無

宋城道中

都城花木久知春北路餘寒尚中人宿草連雲青未
得東風無賴只驚塵

對客

窗壁風回午枕涼清談相對一胡牀心知帝力同天
地能使人閒白日長

愍儒坑

智力區區不爲身欲將何力助強秦只應埋沒千秋
後更足詩書發冢人

遇雪

定知花發是歸期不奈歸心百日歸風雪豈知行客恨向人更作落花飛

殊勝淵師八十餘因見訪問之近來如何荅曰隨緣而已至示寂作是詩

寄記荒山鬼與鄰一生黃卷不離身百年薪盡隨緣去莫學緇郎更誤人

懷舊

吹破春冰水放光山花澗草百般香身閑處處堪行樂何事低佪兩鬢霜

訪隱者

童子穿雲晚未歸誰收松下着殘碁先生醉卧落花裏春去人間揔不如

海棠花

緑驕隱約眉輕掃紅嫩妖饒臉薄粧巧筆寫傳功未
盡清才吟詠興何長

證聖寺杏接梅花々不開

紅蘂曾遊此地來青青今見數枝梅只應尚有嬌春
意不肯凌寒取次開

雜詠五首

勲業無成照水羞黄塵入眼見山愁煙中漠漠江南
岸更與家人一步留

二

白頭重到太寧宮玉珮瓊琚在眼中歌舞可憐人暗
換花開花落幾春風

三

朝陽映屋擁書眠夢想煙山一慨然投老安能長忝垢會當歸此濯寒泉

四

烏石岡頭躑躅紅東江柳色漲春風物華人意曾相值永日留連草莽中

五

[illegible]花聽竹心無

書陳祈兄弟居壁

千里歸來倦宦身欲尋田宅豫求鄰能將孝友傳家世鄉邑如君更幾人

郊行

柔桑條盡綠陰稀蘆箔蠶成密繭肥聊向村家問風俗如何勤苦尚凶飢

破冢二首

埋沒殘碑草自春旋風時出地中塵墦間夜半分珠玉獨是當時乞祭人

二

殘磚空來欲幾春蕭蕭長草沒麒麟墦間或有樵蘇客未必他年醉飽人

題景德寺試院壁 至和三年八月十日

屋東瓜蔓已扶疎小石藍花破萼初從此到寒能幾日風沙還見一年除

金陵報恩大師西堂方丈二首

簷花映日午風薰時有黄鸝隔竹聞香炧一鑪春睡足上方車馬正紛紛

二

肅肅出屋千竿玉靄靄當窻一炷雲心力長年人事外種花移石尚慇勤

題正覺院箨龍軒二首

北軒名字經平子愛此吾能爲賦詩山雨江風一拔拂箨龍還自有吟時

二

仙事茫茫不可知箨龍空此見孫枝壺中若有閑天地何苦歸來問葛陂

相州古瓦硯

吹盡西陵歌舞塵當時屋瓦始稱珍甄陶往往成今手尚託聲名動世人

望夫石

雲鬟煙鬢與誰期一立天邊更不歸還似九疑山下女千秋長望舜裳衣

山前

山前溪水漲潺潺山後雲埋不見山不越雨來耕水際即穿雲去卧山間

江雨

冥冥江雨濕黃昏天入滄洲漫不分北澗欲通南澗水南山正遶北山雲

揚子二首

儒者陵夷此道窮千秋止有一揚雄當時薦爲口終虚語賦擬相如却未工

二

道眞沉溺九流渾獨泝頽波討得源歲晚强顔天禄閣秖將奇字與人言

獨卧二首

誰有耡耰不自操可憐園地滿蓬蒿欲尋春物無蹊徑獨卧南牀白日高一作日自高

二

茅簷午影轉悠悠門閉青苔水亂流百囀黄鸝看不見海棠無數出牆頭

孟子

沉魄浮魂不可招遺編一讀想風標何妨舉世嫌迂闊故有斯人慰寂寥

商鞅

自古驅民在信誠一言爲重百金輕今人未可非商鞅商鞅能令政必行

蘇秦

已分將身死勢權惡名磨滅幾何年想君魂魄千秋後卻悔初無二頃田

范雎

范雎相秦傾九州一言立斷魏齊頭世間禍故不可忽簀中死屍能報讎

張良

漢業存亡俯仰中，留侯當一作於此每從容。固陵始謀韓彭地，複道方圖雍齒封。

曹參

束髮河山百戰功，白頭富貴亦成空。華堂不著新歌舞，却要區區一老翁。

韓信

貧賤侵凌富貴驕，功名無復在芻蕘。將軍北面師降虜，此事人間久寂寥。

伯牙

千載朱弦無此悲，欲彈孤絕鬼神疑。故人捨我閉黃壤，流水高山心自知。

范增二首

中原秦鹿待新羈力戰紛紛此一時有道弔民天即助不知何用牧羊兒

二

鄭人七十謾多奇爲漢毆民了不知誰合軍中稱亞父直須推讓外黃兒

賈生

一時謀議略施行誰道君王薄賈生爵位自高言盡廢古來何啻萬公卿

兩生

兩生才器亦超群黑白何勞強自分好與騎奴同一處此時俱事衛將軍

諸安

謝公才業自超羣，誤長清談助世紛。秦晉區區等云國，可能王術勝商君。

世上

范蠡五湖收遠迹，管寧滄海寄餘生。可憐世上風波惡，最有仁賢不敢行。

讀後漢書

錮黨紛紛異是非，當時高士見精微。可憐竇武陳蕃輩，欲與天爭漢鼎歸。

讀蜀志

千載紛爭共一毛，可憐身世兩徒勞。無人語與劉玄德，問舍求田意最高。

讀唐書

志士無詩亦少成，中才隨世就功名。并汾諸子何爲者，坐與文皇立太平。

讀開成事

奄閹紛紛不爲明，有心天下共無成。空令執筆螭頭者，只記君臣口舌爭。

別和甫赴南徐

都城落日馬蕭蕭，雨壓春風暗柳條。天際歸艎那可望，只將心寄海門潮。

寄茶與和甫

綵絳縫囊海上舟，月團蒼潤紫煙浮。集英殿裏春風晚，分到并門想麥秋。

寄茶與亞甫

碧月團團墮九天封題寄與洛中仙石樓試水宜頻
啜金谷看花莫漫煎

戲長安嶺石

附巘憑崖豈易躋無心應合與雲齊横身勢欲塡滄
海肯爲行人惜馬蹄

代答

破車傷馬亦天成所託雖高豈自營四海不無容足
地行人何事此中行

促織

金屏翠幔與秋宜得此年年醉不知秖向貧家促機
杼幾家能有一絇絲

臘享

明星慘澹月參差萬竅含風各自悲人散廟門燈火盡却尋殘夢獨多時

臨川先生文集卷第三十二

臨川先生文集卷第三十三

律詩七言絶句

杏花

城東寺菊

拒霜花

燕

吐綬雞

黃鸝

蝶

暮春

真州東園作

過皖口

奉和景純十四文三絶

臨津

汀沙

西山

和文淑 張氏文弟

春入

暮春

烏江亭

漢武

諸葛武侯

望越亭

春日席上

句容道中

晏望驛釋舟走信州

祁澤寺見許堅題詩

送陳景初（陳善醫）

巫峒

徐秀才園亭

中茅峯石上得徐鍇篆字題名

欲雪

上元夜戲作

石竹花

黃花

木芙蓉

精衛

戲贈育王虚白長老

黄河

東江

北望

驪山

縣舍西亭二首

鐵幢浦

臨吳亭作

蘓州道中順風

杏花

垂楊一徑紫苔封人語蕭蕭院落中獨有杏花如喚

客倚牆斜日数枝紅

城東寺菊

黄花漠漠美秋暉無数蚕蜂花上飛不忍獨醒孤爾去慇懃爲折一枝歸

拒霜花

落盡群花獨自芳紅英渾欲拒嚴霜開元天子千秋節戚里人家承露囊

燕

處處定知秋後別年年長向社前逢行蔵自欲追時節豈是人間不見容

吐綬雞

樊籠寄食老低摧組麗深蔵肯自媒　清明聊一

吐兒童初見互驚猜

黃鸝

野花吹盡竹娟娟尚有黃鸝最可憐婭姹不知緣底事背人飛過北山前

蝶

翅輕於粉薄於繒長被花牽不自勝若信莊周尚非我豈能投死爲韓憑

暮春

無限殘春著地飛谿頭煙樹翠相圍楊花獨得東風意相逐晴空去不歸

真州東園作

十年歷遍人間事却遶新花認故叢南北此身知幾

日山川長在淚痕中

過皖口

皖城西去百重山陳迹今埋杳靄間白髮行藏空自
感春風江水照衰顔

登稟空石陂寺

騖水穿山近水貽三更燃火飯僧家秉田有秩難逃
責從事雖勤敢嘆嗟

別皖口

浮烟漠漠細少平飛雨濺濺嫩水生異日不知來照
影更添華髮幾千莖

別灊皖二山

鄉壘新恩借舊朱欲辭灊皖更躊躕攢峰列岫應譏

我飽食窮年忝禮虛

舒州被召試不赴偶書

戴盆難與望天兼自怪虛名亦自嫌槁壤大牢俱有
味可能蚯蚓獨清廉

舟過長蘆

木落草搖洲渚昏泊船深閉雨中門回燈只欲尋歸
夢兒女紛紛强笑言

金山三首

北檥南檣泊四垂共憐金碧爛參差孤根萬丈滄波
底除却蛟龍世不知

二

波瀾蕩沃乾坤大氣象包藏水石閑秪有此中宜曠

望誰令天作海門山

三

天日蒼茫海氣深一船西去此登臨丹樓碧閣皆時事只有江山古到今

泊姚江

山如碧浪飜涇去水似青天照眼明喚取仙人來往此莫教辛苦上層城

遊鍾山

兩山松櫟暗朱藤一水中門勝武陵午梵隔雲知有寺夕陽歸去不逢僧

龍泉寺石井二首

山腰石有千年潤海（一作石）眼泉無一日乾天下蒼生

待霖雨不知龍向此中蟠

二

人傳湫水未嘗枯滿底菖蒲亂髮麤四海旱多霖雨
少此中端有卧龍無

興國樓上作

松篁不動翠相重日射流塵四散紅地上行人愁暍
死那知高處有清風

別澫閣

一溪清瀉百山重風物能留鄭晏容後夜肯思幽興
極月明孤影伴寒松

杭州望湖樓回馬上作呈玉汝樂道

水光山氣碧浮浮落日將歸又少留從此秪應長入

夢妻中還與故人遊

奉和景純十四文三絶

身先諸老斡樞機再見王門闔左扉但恨東歸相值晚豈知臨别更心違

二

幾年相約在林丘眼見京江更阻遊遺我珠璣何以報恨無瑶玉與公舟

三

藏春花木望中迷求復山長道阻隮惆悵老年塵世累無因重到武陵溪

臨津

臨津灩灩花千樹夾徑斜斜柳數行著憶金明池上

[illegible]紅諾爭看綠衣郎

汀沙

汀沙雪漫水溶溶睡鴨殘蘆晻靄中歸去北人多憶此每家圖畫有屏風

西山

西山映水碧潭潭楚老長謠淚滿衫但道使君留不得那知肯更憶江南

和文淑（張氏女弟）

天梯雲棧蜀山岑下視嘉陵水萬尋我得一舟江上去恐君東望亦傷心

春入

春入園林百草香池塘冰散水生光身閑是處堪携

手何事低徊兩鬢霜

暮春

芙蕖的歷抽新葉苜蓿闌干放晚花白下門東春已老莫嗔楊柳可藏鴉

烏江亭

百戰疲勞壯士哀中原一敗勢難迴江東子弟今雖在肯與君王卷土來

漢武

壯士悲歌出塞頻中原蕭瑟半無人君王不負長陵約直欲功成賞漢臣

諸葛武侯

慟哭何顒爲一言餘風今日更誰傳區區庸蜀支吳

魏不是虛心豈得賢

望越亭

亂山千頃翠相圍來來滄江去復歸安得病身生羽
翼長隨沙鳥自由飛

春日席上

十年流落負歸期臨水登山各有思今日樽前千萬
恨不堪頻唱鷓鴣辭

句容道中

荒煙寒雨暮山重草木冥冥但有風二十四年十三往
返一身多在百憂中

晏望驛釋舟走信州

病起行山山更險下窮溪谷上通天乘高欲作東南

望青壁杉杉滿我前

祈澤寺見許堅題詩

藹藹春風入水村森森喬木映朱門高人遺蹟空崔
句誰識旌陽後世孫

送陳景初 陳番醫

慘淡淮山水墨秋行人不飲奈離愁藥囊直入長安
市誰識柴車載伯休

巫峽

神女音容詎可求青山回抱楚宮樓朝朝暮暮空雲
雨不盡襄王萬古愁

徐秀才園亭

茂松脩竹翠紛紛正得山阿與水濆莫歎一生離自

中茅峯石上徐鍇篆字題名

一百年風雨草苔昏尚有當年畫法存秖恐綠隨墨彈盡西風吹燒滿秋原

欲雪

天上雲驕未肯同晚來雪意已塡空欲開新酒邀嘉客更待天花落坐中

上元夜戲作

馬頭無興尚誰先曲巷横街一一穿盡道滿城無國豔不知朱户鎖嬋娟

石竹花

春歸幽谷始成叢地面芬敷淺淺紅車馬不臨誰見

賞可憐亦解度春風

黃花

四月揚州芍藥多先時爲别苦風波還家忽忽驚秋色獨見黃花出短莎

木芙蓉

水邊無數木芙蓉露染臙脂色未濃正似美人初醉着強擡青鏡欲粧慵

精衛

帝子銜冤久未平區區微意欲何成情知木石無云補待見桑田我變更

戲贈育王虛白長老

白雲山頂二爲禪師昔日公卿各贈詩行盡四方年十八

十[illegible]島荒寺有詩究

黄河

派出崑崙五色流一支黄濁貫中州吹沙走浪幾千里轉側屋閭無處求

東江

東江木落水分洪伐盡黄蘆洲渚空南凋夕陽煙自起西山漠漠有無中

北望

欲望淮南更白頭杖藜蕭颯倚滄洲可憐新月為誰好無數晚山相對愁

驪山

六籍燃除士一不磨驪山如此盜兵何五陵珠玉歸人

世却爲詩書發家多

縣舍西亭二首

山根移竹水邊栽已見新篁破嫩苔可惜主人官便
滿無因長向此徘徊

二

主人將去菊初栽落盡黄花去却迴到得明年官又
滿不知誰見此花開

鐵幢浦

憶昨初爲海上行日斜來往看潮生如今身是西歸
客過盡山川覺有情

臨吳亭作

補亭草遠廬區區之志義殊差士大夫欲致太平非

回謝學使者報許書

蘄州道中順風

北風一夕阻東舟清曉飛帆落虎丘運數本來無得喪人生萬事不須謀

臨川先生文集卷第三十三

臨川先生文集卷第三十四

律詩 七言絶句

疊翠亭

默默

達本

寫意二首

偶書

蕩子

讀維摩經有感

春日即事

贈安大師

送李生白華巖脩道

寄道光大師

示報寧長老

紅梨

鴟

驢二首

送僧惠恩歸錢塘

淥淨堂前湖水淥，歸時正復有荷花。花前亦見餘杭姥，爲道仙人憶酒家。

松江

來時還似去時天，欲道來時已惘然。秖有松江橋下水，無情長送去來船。

秋日

莫言草木未知秋，今日風雲已自愁。獨傍黃塵騎一馬，行看蕭索聽颼飀。

中秋夕寄平甫諸弟

浮雲吹盡數秋毫爚爚金波滿滿醪千里得君詩挑戰夜壇誰敢將風騷

靈山

靈山寧與世爲仇斤斧侵凌自不休水玉比來聞長價市人無數起相讎

荷花

亭亭風露擁川坻天放嬌嬈豈自知一舸超然他日事故應將爾當西施

殘菊

黃昏風雨打園林殘菊飄零滿地金擸得一枝猶好在可憐公子惜花心

竹窗

竹窗紅莧兩三根山色遥供水際門只我近知牆下路能將屐齒記苔痕

出定力院作

江上悠悠不見人十年塵土夢中身殷懃爲解丁香結放出枝間自在春

寄育王大覺禪師

山本悲鳴水怒流百蟲專夜思高秋道人方丈應無夢想盡長吟慧休

送僧遊天台

天台一萬八千丈山咸是老僧推勢錫歸前程好景解吟否密雲亂雲纖翠微

次韻張仲通水軒

急雨含煙暝不收草根長見一水交流愛君古錦囊中
句解道今秋似去秋

送陳令

長谿流水碧潺潺古木蒼藤一暗雨山把臂道人今在
否長官白首尚人間

無錫寄正之

促席高牆送病身亂山荒隴一障歸津應須一曲千回
首西去論心更幾人

謾成

清時無路取封侯病卧牛衣已數秋日月不膠時易
夫感今懷昔使人愁

初晴

一抹明霞黯淡紅瓦溝已見雪花融前山未放亮寒敢猶鎖白雲三兩峯

釣者

釣國平生豈有心解甘身與世浮沈應知渭水車中老自是君王著意深

將次鎭南

豫章江面朔風驚浩蕩帆船破浪行目送家山無幾許千年空想蟪蛄聲

出金陵

白石岡頭草木深春風相與散衣襟浮雲映郭留佳氣飛鳥隨人作好音

酬王微之

一雨迴飈助蓐收炎歊頓不復畏金流君家咫尺堪乘

興想岸烏巾坐奕秋

題王允亭

傳聞天下此環堵千古誰分僞與真每向小庭風月

夜却疑山水有精神

贈僧

紛紛擾擾十年間世事何嘗不强顔亦欲心如秋水

靜應須身似嶺雲閒

嘲叔孫通

爲仁一切成不喜又叔孫綿蕝共經綸諸君可笑貪看

賜便許當時作聖人

和淨因有作

飄紅一片墮虛塵，禪客翛然感此辰。更覺城中芳意少，不如山野早知春。

張工部廟

使節紛紛下禁中，幾人曾到此城東。獨君遺像今如在，廟食真須德與功。

次韻和張仲通見寄三絕句

高山流水意無窮，三尺空絃膝上桐。默默此時誰會得，坐憑江閣看飛鴻。

二

收拾乾坤付一壺，世間無物直錙銖。醉鄉舊業拋來久，更欲因君稍問塗。

欹枕狂歌擊唾壺直將對晁笙蹣跚醉鄉岐路君知否不似人間足畏途

宣州府君要過金陵

百年難盡此身悲眼入春風秪涕洟花發鳥啼皆有思忍尋棠棣鶺鴒詩

觀王氏雪圖

崖嵬積映雪重重茅屋柴門在半峯想有幽人遺世事獨臨青峭倚長松

韓子

紛紛易盡百年身舉世何人識道真力去陳言夸末俗可憐無補費精神（一本作默默誰令識道真）

宰嚭

謀臣本自繫安危，賤妾何能作禍基。但願君王誅宰嚭，不愁宮裏有西施。

郭解

藉交唯有不貲恩，漢法歸成棄市論。平日五陵多任俠，可能推刃報王孫。

古寺

寥寥蕭寺半遺基，遊客經年斷履綦。猶有齊梁舊時殿，塵昏金像雨昏碑。

越人以幕帟養花因遊其下二首

幕天無日地無塵，百紫千紅占得春。野草自花還自落，落時還有惜花人。

二

尚有殘紅已可悲更憂回首秋空枝莫嗟身世渾無事睡過春風作惡時

魚兒

遶岸車鳴水欲乾魚兒相逐尚相歡無人挈入滄江去汝死那知世界寬

離鄭至菁江東亭

村落蕭條夜氣生側身東望一傷情丹樓碧閣無處所秖有谿山相照明

信州迴車館中作二首

太白山根秋夜靜亂泉深水遶林鳴病來空館聞風雨恰似當年枕上聲

二

山木漂搖臥弋陽因思太白夜淋浪西窗一樹芭蕉

雨（一作芭蕉枕西窗雨）一復似當時水遶牀

天童山　次上

溪水清漣樹老蒼行穿溪樹踏春陽溪深樹密無人

處唯有幽花渡水香

鄞縣西亭

收功無路去無田竊食窮城度兩年更作世間兒女

態亂栽花竹養風煙

寄杜甫

水村悲喜詩存昔有聞道荊州九月寒憶得此時花更

畢家寄詩不同盤

寄伯兄

身留海上去何時秖看春鴻北向飛安得先生同一
飲蕨芽香嫩鬻魚肥

別鄭女

行年三十已衰翁滿眼憂傷秖自攻今夜扁舟來訣
汝死生從此各西東

眞州馬上作

身隨飢馬日中行眼入風沙困欲盲心氣已勞形亦
弊自憐於世欲何營

登飛來峯

飛來山上千尋塔聞說雞鳴見日昇不畏浮雲遮望
眼自緣身在最高層

讀漢功臣表

漢家分主建忠良鐵券丹書信誓長本待山河如帶礪何緣葅醢賜侯王

詠月

追隨落日盡還生點綴浮雲暗又明江有蛟龍山虎豹清光雖在不堪行

金山

怪祕陰靈與護持重丹複碧煥參差滄江見底應無日萬丈孫根世不知

疊翠亭

煙籠遠浦迷芳草日照澄湖浸碧峯幸有清樽堪酩酊忍陪良友不從容

默默

默默長年有所思世間談笑强追隨蒼髯欲出朱顔謝更覺求田問舍遲

達本

未能達本且歸根真照無知豈待言枯木巖前猶失路那堪春入武陵原

寓言二首

太虚無實可追尋葉落松枝謾古今若見桃花生聖解不疑還自有疑心

二

本來無物使人疑却爲參禪買得癡聞道無情能說法面墻終日妄尋思

偶書

穰侯老擅關中事長恐諸侯客子來我亦暮年專一壑每逢車馬便驚猜

揚子

千古雄文造聖真眇然幽思入無倫他年未免投天祿虗爲新都著劇秦

讀維摩經有感

身如泡沫亦如風刀割香塗共一空宴坐世間觀此理維摩雖病有神通

春日即事

池北池南春水生桃花深處好閒行細思擾擾夢中事何用悠悠身後名

贈安大師

獨龍岡北第三峯道客歸來老更慵敗屋數椽青繚繞冷雲深處不聞鐘

送李生白華巖修道

白華巖主是金仙假作山僧學道禪珍重此行吾不及爲傳消息結因緣

寄道光大師

秋雨漫漫夜復朝可嗟蔀屋望重霄遥知宴坐無餘念萬事都從劫火燒

示報寧長老

白下亭東鳴一牛山林陂港淨高秋新營棗棫我檀越曾悟布毛誰比丘

紅梨

紅棃無葉庇花身黃菊分香委路塵歲晚苕官繞自
保日高青女尚橫陳

鷗

依何秋風氣象豪似欺黃雀在蓬蒿不知羽翼青冥
上窩鼠相隨勢亦高

鸕二首

力倖龍象或難堪脣比儃人亦未懃臨路長鳴有真
意盤山弟子欠同參

二

雖得康莊亦好還每逢灘瀨便知難由來此物非佗
物莫道何曾似仰山

卷終

臨川先生文集卷第三十五

挽辭

處士葛君挽辭

永壽縣太君周氏挽辭二首

致仕邵君挽辭二首

葛郎中挽辭二首

悼王致處士

蘇才翁挽辭一首

悼慧休二首

仁宗皇帝挽辭四首

去序三朝聖行崩萬國天憂勤無曠古治洽最長年
仁育齊高厚哀思罄幅員欲知千載美道德疑遺編

二

憑几微言絶群臣涕泗揮哀號三級陛縞素九重圍

天上僊遊遠宫中御座非最悲帷幄侍不復未明衣

三

厭代人間世收神天上游遽然虛王座不復望珠旒
待旦移巾幘饔人改膳羞尋常飛白几寂寞暗塵浮

四

問執群方至因山十月催永違天日表空有肺肝摧
帳殿流蘇卷鈴歌薤露哀宫中垂曉朝西去不更回

英宗皇帝挽辭二首

御氣玄尊極乘雲已泬寥衣冠萬國會陵寢百神朝
夏鼎金歸啓虞羹想見堯誰當授椽筆論德在瓊瑤

二

玉冊上鴻名猶殘警蹕聲忽辭千歲祝虛卜五年征

羽衛悲哀送山陵指顧成謳歌歸聖子世孝在持盈

神宗皇帝挽辭二首

將聖由天縱成能與鬼謀聰明初四達俊乂盡旁求

一變前無古三登歲有秋謳歌歸子啓欽念禹功修

二

城闕宮車轉山林隧路歸蒼梧雲未遠姑射露先晞

玉暗蛟龍蟄金寒鴈鶩飛老臣他日淚湖海想遺衣

慈聖光獻皇后挽辭二首

國賴姜任盛門歸馬鄧高關雎求窈窕卷耳念勤勞

聖淑才難擬休明運繼遭周原今獻卜帷扆正攀號

二

塗山文德茂京室母才難具美多前志餘光本後觀

遺衣遷館御祖載出宮韋終始神孫孝長留萬國歡

正肅吳公挽辭三首 公嘗舉賢良終河南守葬鄭子舉進士時公知舉

從容邊塞議慷慨廟堂華曲突非無驗方穿有不行

簪紳終倚賴贈襚極哀榮豈慕公孫貴平生學董生

二

應世文章手宜民政事才朝多側目忌士有誚心哀

書蠹平生簡香寒後夜衣悠悠國西路空得葬車回

三

昔繼吳公治今從子產遊里門無舊客鄉國有新丘

謀讓裨諶遠文歸賈誼優比時辜怨寵西望涕空流

文元賈公挽辭二首

功名烜赫在三朝經術從容輔漢儒明早紆丞相

絨戎冠再拜侍中貂閑僉六搭流人復出甲甘陵叛
黨銷京第秪今空畫像當時於此識風標

二

銘旌蕭颯九秋風薤露悲歌落月中華屋幾人思貫
傳佳城今日閉滕公名垂竹帛書勳在神寄丹青審
象同天上貂蟬曾夢賜歸竃應佩紫陽宫

元獻晏公挽辭三首

文章晉康樂經術漢公孫舊秩疑丞貴前功保傅尊
傳呼猶在耳會哭已塡門蕭瑟城南路嗚笳上九原

二

終賈年方妙蕭曹地已親優游太平日密勿老成人
抗論辭多秘賡歌迹已陳功名千載下不負漢庭臣

三

感會眞奇遇飛揚獨妙齡他年西餞日此夜上騎星宿惠留藩屛餘忠在禁庭音容無處所髣髴寄丹青

忠獻韓公挽辭二首

心期自與衆人殊骨相知非淺丈夫獨斡斗杓環帝座親扶日轂上（一作纔）天衢鋤穫萬里山無盜衮繡三朝國有儒奕氣忽隨秋露盡但留陳迹在龜趺

二

兩朝身與國安危典策衰榮此一時禾稼常聞達官怕山頹果見哲人萎英姿奕氣歸圖畫舊德元勳熙在鼎彝幕府少年今白髮傷心無路送靈

正憲吳公挽辭

丙魏雖遭漢道昌豈妨公出佐虞唐秀鍾舊國山川
氣榮附中天日月光更化事功參虎變贊元時序得
金穰傷心鼓吹城南陌回首新阡栢一行

孫威敏公挽辭

功名一世事興廢豈人謀重爲蒼生起終隨逝水流
淒涼歸部曲零落掩山丘許國言猶在姦諛可使羞

崇禧給事同年馬公挽辭二首

慶曆公偕起元豐我獨傷兩朝終昔夢五鼎繼前喪
薰歇曾攀桂甘留所憩棠素風知不墜能世有諸郎

二

藏室亡三篋得之公最多露晞嘗曉景川逝作前波
恩寄輿人誦悲傳挽者歌竹西芳手澤遺淚灑山河

陳勳之祕丞挽辭二首

年高漢賈誼官過楚荀卿望古石無儔論今我未平

有風吹畫翣無日照佳城空復文章在流傳世上名

人間三十六追逐孔鸞飛似欲雲為瑞如何去不歸

琴樽已寂寞筆墨尚光輝空復下生友西華豈易依

贈工部侍郎鄭公挽詞

地幡江漢久知靈通德門中息成南去伏波推將

路北來光祿擅詩名密章贈襚三組畫翣喪車載

一旌陰德故應多後福可能生但升卿

致仕虞部曲江譚君挽辭

同時獻賦畢久無人握手悲歡述陳中日白衣雲濮

□□□綫水雲身虛容鋼几亾長夜小隱山林藪
鶯春豈惜埋辭追往事幽壤才盡獨傷神

馬玘大夫挽辭

冠蓋青門道知君自少時從容但日喜奄忽暮年悲
江月明丹旐湖風冷繐帷音容雖可想材力竟何施

宋中道挽辭

文史傳家學聲名動帝除蘭堂空作賦金匱不歸書
勝事悲疇昔清談想緒餘吹簫秦上去歸國有魂車

王中甫學士挽辭

同學金陵最少年奏書曾用牘三千盛名非復居人
後壯歲如何棄我先種橘園林無舊業採蘋洲渚有
新篇蒜山東路春風緑埋没誰知太守阡

王逢原挽辭

蒿里競何在死生從此分謾傳仙掌籍誰見鬼修文蔡琰能傳業侯芭爲起墳傷心北風路吹淚濕江雲

葛興祖挽辭

憶隨諸彥附青雲場屋聲名旨出群孫寶暮年猶主簿卜商今日更修文山川寂寞平生氣草木蕭蕭數尺墳欲寫此哀終不盡但令千載少知君

河中使君修撰陸公挽辭三首

文采機雲後知名實妙年銀鉤工壯麗金薤富清研批鳳多新貴凭熊數外遷空令猗氏監遺愛有良田

二

皖城初得故人詩歎息龍驤晚壯時小史滯留終不

偶中郎制作遂無施二千石禄今何有四十車書昔
漫知海曲冷雲埋拱木延州空掛暮年悲

三

前旌一幅粉書名行路知君亦涕零遂失詞人空南
里謾留悲鶴老華亭主張壽禄無三甲收拾文章有
六丁歸處仙龕終不遠新墳東見海山青

王子直挽辭

多才自合至公卿豈料青衫困一生太史有書能序
事子雲於世不徽名丘墳慘淡箕山緑門巷蕭條潁
水清握手笑言如昨日白頭東望一傷情

孫君挽辭 名適

喪車上新壟哀挽轉空山名與碑長在魂隨帛暫還

無兒漫黄卷有母亦朱顔俛仰平生事人生一夢間

處士葛君挽辭 名

楚人黄歇地晋代葛洪家特擅山川秀相承巖壑華
猗君有清尚於世不雍夸令子能傳業流光未可涯

永壽縣太君周氏挽辭二首 鄧忠臣母

永壽開新邑長沙返舊塋金旙冷鈿軸粉字暗銘旌
薤久露難濕蘭餘風尚清慶鍾知有在令子合升卿

二

子引金閨籍身開石窌封靈輀悲吉路象服儼虚容
楚挽雖多相萊衣不更縫誰知逝川底劍自喜相逢

致仕邵少卿挽辭二首

謝朓中守梁鴻基下歸素車馳吉路丹旐卷寒輝

撫几虛空在瞻圖實貌非無因置一酹空此嘆長違

七

杯酒邗溝上紛紛已十年音容常想見 跡每流傳
老去元卿位新開太守阡慶門常更大子弟固多賢

葛郎中挽辭二首

卷卷總帷輕空堂晝哭聲衣冠遺故物杯案若平生
白馬有悲送赤車非古行低徊九原日光景在銘旌

二

蠻荊長往地湖海獨歸時旅櫬蛟龍護銘旌鴈鶩隨
此生要有盡何物告無期一片幽堂石公知我不欺

悼王致處士

處士生涯水一鄉行年七十更蕭條老妻稻下分遺

手弱手松間食墮椹豈有聲名高後世遂無饘粥永
今朝窮魂散漫知何處甬水東西不可招

長干釋普濟坐化

投老唯公最故人相尋長恨隔城闉百年俯仰隨薪
盡書手空傳淨戒身

悼慧襟

休公遂不起難料亦難忘玉骨隨薪盡空留一分香

臨川先生文集卷第三十五

臨川先生文集卷第三十六

集句 古律詩

送吳顯道五首

送吳顯道南歸

送劉貢甫謫官衡陽

贈寶覺 并序

金山寺

化城閣

明妃曲

懷元度四首

招元度

示黃吉甫

花下

春山

金陵懷古

沈坦之將歸溧陽值雨留吾廬久之三首

示蔡天啓三首

烝然來思 并序

示楊德逢

示道光及安大師

老人行

離昇州作

倉頡

送吳顯道五首

五湖大浪如銀山問君西遊何當還以手撫膺坐長歎空手無金行路難丈夫意有在吾徒且加餐屏風九疊雲錦張千峯如連環上有橫河斷海之浮雲可望不可攀飛空結樓臺動影裊窕沖融間沛然垂天遊下看塵世悲人寰洎舟潯陽郭去去翔寥廓君今幸未成老翁衰老不復如今樂

二

滕王高閣臨江渚東邊日出西邊雨十五年前此會同天際張帷列樽俎公今此去何時歸我今停盃一問之春風兩岸水楊柳昔日青青今在否偶向東湖更向東杏花兩株能白紅[illegible]洽拓舊遊應記得插花走馬月明中荏苒荏苒聽西湖明年花開復誰在杏花

楊柳年年好南去北來人自老少壯幾時奈老何與
君把箸擊盤歌歌罷仰天歎六龍忽蹉跎眼中了了
見鄉國自是不歸歸便得欲往城南望城北此心炯
炯君應識

三

臨川樓上柁園中羅幃繡幕圍香風䑨船一棹百分
空看朱成碧顏始紅杏花楊柳年年好南去北來人
自老舊事無人可共論惟君與我同懷抱

四

忽憶舊鄉頭已白牙齒欲落真可惜臨江把臂難再
得江水江花豈終極

五

百年多病獨登臺知有歸日眉放開功名富貴何足道且賦淵明歸去來

送吳顯道南歸

君不見蔡澤棲遲世看醜豪氣英風亦何有忽然變軒昂盛事傳不朽君今幸未成老翁二十八宿羅心胷何不上書自薦達封侯起第一日中秋月春風等閑度山中舊宅無人住宅中青桑葉宛宛澗水流過田中路遥知楊柳是門處萬里蒼蒼煙水暮我欲尋之不憚遠君又暫來還徑去紅亭驛路掛城頭憶君秪欲苦死留天際張帷列罇俎君歌聲酸辭且苦人生憔悴生理難使人聽此凋朱顏勸君更盡一盃酒山路長山復山

送劉貢甫謫官衡陽

劉郎劉郎莫先起遲酒當歌且歡喜船頭朝轉暮千里眼中之人吾老矣九疑聯綿皆相似負雪崔嵬插花裏萬里衡陽鴈尋常到此迴行逢二三月好與鴈同來鴈來人不來如何不飲令心哀莫厭瀟湘少人處謫官罇俎定常開

贈寶覺 并序

予始與寶覺相識於京師因與俱東後以翰林學士召會宿金山一昔今復見之聞化城閣甚壯麗可登眺思往遊焉故賦是詩

大師京國舊興趣江湖迥往與惠詢輩一宿金山頂懷哉若留戀王事有朝請別來能幾時浮念劇含梗

今朝忽相見眸子清炯炯夜闌接軟語令人發深省
化城出天半遠色有諸嶺白首對汀州猶思理煙艇

金山寺

招提憑高岡四面斷行旅勝地猶在險浮梁褭相拄
大江當我前飈灩翠綃舞通流與廚會甘美勝牛乳
扣欄出黿鼉幽姿可時覩夜深殿突兀太微凝帝宇
壁立兩崖對迢迢隔雲雨天多曠得月月落聞津鼓
夜風一何喧大舶夾雙艣顛沉在須臾我自識迎汝
始知像教力但度無所苦憶昨狼狽初只見石與土
榮華一朝盡土梗空俯僂人事隨轉燭蒼茫竟誰主
咄嗟檀施開繡楹盤萬礎高閣切星辰新秋照牛女
湯休起我病轉上青天去攝身淩蒼霞同凭朱欄語

我歌爾其聆幽憤得一吐誰言張處士雄筆映千古

化城閣

曾宮憑風回兩岸聞鍾聲百里見秋毫一作[illegible]尋開戶[illegible]御宿雲有高營化城若化出仰攀日月行俛視大江奔衆山遥相迎一作並並與天平大江蟠嶽根旋流一作回波自成浪却略羅翠屏秀色各異狀楞伽海中山迥一作杳出霄漢上中有不死庭天龍盡回向惜哉不得往側坐澀難望擁擁難怒宥一作登茲[illegible]百憂意欲鏈疊嶂登臨獨無語一望一惆悵一本無此二句忽憶少年時孤嶼坐題詩空懷焉能果唯有故人知

明妃曲

我本漢家子早入深宮裏遠嫁單于國憔悴無復理

穹廬爲室旃爲牆胡塵暗天道路長去住彼此無消息明明漢月空相識死生難有却回身不忍回看舊寫真玉顏不是黄金少愛把丹青錯畫人朝爲漢宮妃暮作胡地妾一作今日漢宮妃明朝胡地妾獨留青塚向黄昏顔色如花命如葉

懷元度四首

秋水纔深四五尺扁舟斗轉疾於飛可憐物色阻携手正是歸時君不歸

二

含南含北皆春水恰似蒲萄初醱醅不見袱書心若失百年多病獨登臺

三

恩君攜手安能得上盡重城更上樓時獨看雲淚橫
臆長安不見使人愁

四

自君之出矣何其挂懷抱孤坐纍窮辰山林跡如掃
數枝石榴發豈無一時好不可持寄君思君令人老

招元度

早知皆（一作身）是自拘因年少因何（一作何因）有旅愁自是
不歸歸便得陸乘肩輿（一作籃轝）水乘舟

示黃吉甫

三山半落青天外勢比凌歊宋武臺塵世難逢開口
笑生前相遇且銜杯

送張明甫

觥船一棹百分空十五年前此會同南去北來人自老桃花依舊笑春風

贈張軒民贊善

潮打空城寂寞迴百年多病獨登臺誰人得似張公子有底忙時不肯來

望之將行

江涵秋景鴈初飛沙尾長檣發漸稀惆悵無因見范蠡夕陽長送釣船歸

招葉致遠

山桃野杏兩三栽嫩葉一作蘂商量細細開最是一年春好處明朝有意抱琴來

獨行

朱顏日夜斷一作不如故深感杏花相映紅盡日獨行春色裏醉吟誰肯伴衰翁

江口

六朝文物草連空今古無端入望中江上晚來堪畫處參差煙樹五湖東

戲贈湛源

恰有三百青銅錢憑君爲筭小行年坐中亦有江南客自斷此生休問天

與北山道人

可惜昂藏一丈夫生來不讀半行書子雲識字終投閣幸是元無免破除

梅花

白玉堂前一樹梅爲誰零落爲誰開唯有春風最相惜一年一度一歸來

即事五首

漸老逢春能幾回蓬門今始爲君開莫嫌野外無供給更向花前把一盃

二

一樹籠鬆玉刻成遊蜂多思正經營攀枝弄雪時回顧還繞櫻桃樹下行

三

幽棲地僻經過少鍾梵聲中掩竹門唯有多情枝上雪暗香浮動月黄昏

四

真鄉雞下五更願爲開客此開行欲知前面花多
颭倒青苔落絳英

五

春光冉冉歸何處細雨斜風作夜寒猶有數葩紅好
在老年花似霧中看

春風

春風吹園雜花開青天露坐始此迴一盃一盃復一
盃笑言溢口何歡咍古人白骨生青苔我獨不飲何
爲哉何時出得禁酒國疊麴便築糟丘臺

春雪

春雪墮如篩渾家醉不知泥留虎鬪跡愁殺路傍兒

花下

花下一壺酒定將誰舉杯雪英飛落近疑是故人來

春山

春山春水流曲折方屢渡荒棄不知疲行到水窮處
依然舊童子要予竹西去歸時始覺遠草蔓已多露

金陵懷古

六代豪華空處所金陵王氣漠然收煙濃草遠望不
盡物換星移度幾秋至今江山誰是主却因歌舞破
除休我來不見當時事上盡重城更上樓

沈坦之將歸溧陽值雨留吾廬久之三首

天雨蕭蕭滯茅屋冷猿秋鴈不勝悲牀牀屋漏無乾
處獨立蒼茫自詠詩

二

蒼雨亂淋慢風悲蘭杜秋相看更說勝人老自多愁

三

片雲頭上黑淅淅野風秋室婦歎鳴鸛分爲兩地愁

示蔡天啓三首

蔡子勇成癖能騎生馬駒銛鋒瑩鸊鵜價重百硨磲
脫身事幽討禪龕只晏如劃然變軒昂愼勿學哥舒

二

蔡子勇成癖鏦可萬人敵讀書百紙過顥銳物不隔
開口取將相志氣方自得偪仄何偪仄未見有一獲
蕭蕭兩翅蓬蒿下未能生彼升天翼焉能學堂上燕
絢練新羽翮

三

身着青衫騎惡馬日馳三百尚嫌遲心源落落堪爲
將卻是君王未備知

烝然來思 并序

烝然來思送程公也公來以蕘麋饋我我飲餞之宿
西水滸故作是詩

念我獨兮亦莫我顧烝然來思程伯休父我有旨酒
爾殽伊脯酌言醻之式歌且舞不留不處適彼樂土
言秣其馬率西水滸有客宿宿于時語語山有橋松
江有渚式遄其歸不我與作此好歌倡予和女

示楊德逢

我行其野春日遲遲有菀者柳在水之湄有鳴倉庚
豈曰不時求其友聲頡之頏之嗟我懷人何日忘之

六日不見方何為期期逝不至我心西悲跂予望之
其室則邇一者之來我心則喜我之懷矣升彼虛矣
愛而不見云何吁矣

示道光及安大師

春日載陽陟彼高岡樂彼之園維水泱泱維筍及蒲
既生既育擠飛維鳥集于灌木嚶其鳴矣亂我心曲
有懷二人在往空谷既往既來獨寐寤宿陟則在巘
或降于阿瞻望弗及傷如之何

移桃花

舍南舍北皆種桃東風一吹數尺高枝柯蒿鎔花爛
熳美錦千兩敷亭皋晴溝漲春綠周遭俯視紅影移
漁舟山前邂逅武陵客水際身疑歸秦人逃攀條弄芳

畏曉曉已見黍雪盤中三仙人愛吝令虎守百年終屬樵蘇手我來此果復易於蟲來食根那得久瑤池結絕誰見有更值花時且追酒君能酩酊招隨否

老人行

老人低心逐年少年少還爲老人調兩家挾詐自相欺四海傷真誰復誚飜手作雲覆手雨當面論心背面笑古來人事已如此今日何須論久要

倉頡

倉頡造書不詰自明於乎多言秪誤後生

臨川先生文集卷第三十六

臨川先生文集卷第三十七

集句

歌曲

南鄉子二首

訴衷情五首

望江南

胡笳十八拍十八首

中郎有女能傳業顏色如花命如葉命如葉薄將奈何一生抱恨常咨嗟良人持戟明光裏所慕靈妃媲蕭史空房寂寞施繐帷棄我不待白頭時

二

天不仁兮降亂離嗟余去此其從誰自胡之反持干戈翠蕤雲旓相蕩摩流星白羽腰間插疊鼓遥翻瀚海波一門骨肉散百草安得無淚如黄河

三

身執略兮入西關，關山阻脩兮行路難，水頭宿兮草頭坐，在野只教心膽破，更鞴彫鞍教走馬，玉骨瘦來無一把，幾迴抛鞚抱鞍橋，往往驚墮馬蹄下

四

漢家公主出和親，御厨絡繹送八珍，明妃初嫁與胡時，一生衣服盡隨身，眼長看地不稱意，同是天涯淪落人，我今一食日還併，短衣數挽不掩脛，乃知貧賤别更苦，安得康强保天性

五

十三學得琵琶成，繡幕重重卷畫屏，一見郎來雙眼明，勸我酤酒花前傾，齊言此夕樂未央，豈知此聲能斷腸，如今正南看北斗，言語傳情不如手，低眉信手

續續彈彈看飛鴻勸胡酒

六

青天漫漫覆長路一紙短書無寄處月下長吟久不歸當時還見雁南飛彎弓射飛無遠近青冢路邊南雁盡兩處音塵從此絕唯向東西望明月

七

明明漢月空相識道路只今多擁隔去住彼此無消息時獨看雲淚橫聽對狼喜怒難姑息自倚紅顏能騎射千言萬語無人會漫倚文章真末策

八

死生難有却回身不忍重看舊寫真暮去朝來顏色改四時天氣揔愁人東風漫漫吹桃李盡日獨行春

色裏自經喪亂少睡眠鶯飛燕語長悄然

九

柳絮已將春去遠攀條弄芳畏晼晚憂患衆兮歡樂
鮮一去可憐終不返日夕思歸不得歸山川滿目淚
沾衣華圭苑裏西風起歎息人間萬事非

十

寒聲一夜傳刁斗雲雪埋山蒼兕吼詩成吟詠轉淒
涼不如獨坐空搔首漫漫胡天叫不聞胡人高鼻動
成羣寒盡春生洛陽殿回首何時復來見

十一

曉來幽獨恐傷神唯見沙蓬水柳春破除萬事無過
酒虜酒千盃不醉人含情欲說更無語一生長恨奈

何許饑對酪肉兮不能餐強來前帳聽歌舞

十二

歸來展轉到五更起看北斗天未明秦人家一作築城備胡處擾擾唯有牛羊聲萬里飛蓬驟天過風吹漠地衣裳破欲往城南望城北三步回頭五步坐

十三

自斷此生休問天生得胡兒擬棄捐一始扶牀一初兩兒[illegible]

十四

鞠之育之不羞恥恩情亦[illegible]日其小子天寒日暮山谷

裏腸斷非關隴（音壠）頭水兒呼母兮啼失聲依然離別難

爲情灑血仰頭兮訴蒼蒼知我如此兮不如無生

十五

當時悔來歸又恨洛陽宮殿焚燒盡紛紛黎庶逐黄巾心折此時無一寸慟哭秋原何處村千家今有百家存爭持酒食來相饋舊事無人可共論

十六

此身飲罷無歸處心懷百憂復千慮天翻地覆誰得知魏公垂淚嫁文姬天涯憔悴身託命於新人念我出腹子使我歎恨勞精神新人新人聽我語我所思兮在何所母子分離兮意難任死生不相知兮何處尋

十七

燕山雪花大如席與兒洗面作光澤恍然天地半夜白閨中秖是空相憶點注桃花舒小紅與兒洗面作華容欲問平安無使來桃花依舊笑春風

十八

春風似舊花仍笑人生豈得長年少我與兒兮各一方憔悴看成兩鬢霜如今豈無騕褭與驊騮安得送我置汝傍胡塵暗天道路長遂令再往之計墮眇芒胡笳本出自胡中此曲哀怨何時終笳一會兮琴一拍此心炯炯君應識

虞美人

虞美人態濃意遠淑且真同輦隨君侍君側六宮粉

黛無顏色楚歌四面起形勢逐蒼黄夜聞馬嘶曉無迹蛾眉蕭颯如秋霜漢家離宫三十六緩歌慢舞凝絲竹人間舉眼盡堪悲獨在陰崖結茅屋美人爲黄土草木皆含愁紅房紫莟處處有聽曲低昂如有求青天漫漫覆長路今人犁田昔人墓纍兮纍兮奈若何不見玉顏空死處

甘露歌

折得一枝香在手人間應未有疑是經春雪未消今日是何朝盡日含毫難比興都無色可並萬里晴天何處來真是屑瓊瑰天寒日暮山谷裏的皪愁成水地上漸多枝上稀唯有故人知

桂枝香 歌曲

登臨送目正故國晚秋天氣初肅千里澄江似練翠峯如簇歸帆去棹殘陽裏背西風酒旗斜矗綵舟雲淡星河鷺起畫圖難足　念往昔繁華競逐歎門外楼頭悲恨相續千古憑高對此謾嗟榮辱六朝舊事隨流水但寒煙芳草凝綠至今商女時時猶歌後庭遺曲

菩薩蠻

數家茅屋閑臨水單衫短帽垂楊裏今日是何朝看予度石橋　梢梢新月偃午醉醒來晚何物最關情黄鸝一兩聲

漁家傲二首

燈火已收正月半山南山北花撩亂聞說洊亭新水

漫騎款段穿雲入鳥尋遊伴　却拂僧牀褰素幔　千巖萬壑春風暖　播弄松聲悲急筦吹夢斷西看牕日猶嫌短

二

平岸小橋千嶂抱柔藍一水縈花草茅屋數間窻窈窕塵不到時時自有春風掃　午枕覺來聞語鳥欹眠似聽朝雞早忽憶故人今總老貪夢好茫然忘却邯鄲道

清平樂

雲垂平野掩映竹籬茅舍閴寂幽居實瀟灑是處綠嬌紅冶　丈夫運用堂堂且莫五角六張若有一卮芳酒逍遙自在無妨

浣溪沙

百畝中庭半是苔門前白道水縈迴愛閑能有幾人來　小院回廊春寂寂山桃溪杏兩三栽爲誰零落爲誰開

浪淘沙令

伊呂兩衰翁歷遍窮通一爲釣叟一耕傭若使當時身不遇老了英雄　湯武偶相逢風虎雲龍興王秖在笑談中直至如今千載後誰與爭功

南鄉中二首

嗟見世間人但有纖毫即是塵不住舊時無相見沉淪秖爲從來認識神　作麽有蹤親我自降魔轉法輪不是攝心除妄想求真幻化空身即法身

二

自古帝王州鬱鬱葱葱佳氣浮四百年來成一夢堪愁晉代衣冠成古丘 繞水恣行遊上盡層城更上樓往事悠悠君莫問回頭檻外長江空自流

訴衷情五首 和俞秀老鶴詞

常時黃色見眉間松桂我同攀每言天上辛苦不肯餌金丹 憐水靜愛雲閑便忘還高歌一曲巖谷迤邐宛似商山

二

練巾藜杖白雲間有興即躋攀追思往昔如夢華轂也曾丹 塵自擾性長閑更無還達如周召窮似丘軻祇箇山山

三

茫然不肯住林間有處卽追尋將他死語圖度怎得離真丹　漿水價匹如歸也須還何如直截踢倒軍持贏取潙山

四

營巢燕子逞翱翔微去一在雕梁碧雲舉翮千里甚奈有鸞鳥皇　臨濟處德山行果承當自時降花一切天魔掃地焚香

五

莫言普化秖顛狂眞解作摩梁驀然打箇觔斗直跳過羲皇　臨濟處德山行果承當將他建立認作心[illegible]也是尋香

望江南　歸依三寶讚

歸依衆梵行四威儀願我遍遊諸佛土十方賢聖不相離永滅世間癡

歸依法法法不思議願我六根常寂靜心如寶月映琉璃了法更無疑

歸依佛彈指越三祇願我速登無上覺還如佛坐道場時能智又能悲

三界裏有取總災危普願衆生同我願能於空有善思惟三寶共住持

臨川先生文集卷第三十七

臨川先生文集卷第三十八

梵天畫讚

維摩像讚

空覺義示周彥眞

潭州新學詩并序

治平元年　天章閣待制興國吳公治潭州之明年正月改築廟學于城東南越五月告成孔子用幣潭人曰公爲善政以德我又不勸我而爲此學以嘉我士子誰能詩乎以誦我公於無窮皆辭不敢乃使來請

詩曰

有嘉新學潭守所作守者誰歟仲庶氏吳振養矜寡衣之襄襦黔首鼓歌吏靜不求乃相廟序生師所廬上漏旁穿燥濕不除曰嘻遷哉迫阨卑汚當其壞時

適可以謀營地慮工伐楩柟櫧撤故就新爲此渠渠潭人來止相語而喜我知視成無豫經始公升在堂從者如木公曰誨汝潭之士子古之讀書凡以爲己躬行孝悌由義而仕神聽汝助況於閭里無實而孝非聖自是雖大得意吾猶汝恥士下其手公言無亢請詩我歌以遠公休

新田詩 并序

唐治四縣田之入於草莽者十九民如寄客雖簡其賦緩其徭而不可以必留尚書比部郎中趙君尚寬之來問數於民而知其故乃委推官張君恂以兵士興大渠之廢者一大陂之廢者四諸小渠陂教民自爲者數十一年流民作而相告以歸二年而淮之南

湖之北櫟囊耜以率其妻子者冀其來如雨三年而唐之土不可賤取昔之菽粟者多化而爲稌環唐皆水矣唐獨得歲焉船漕車輓負擔出于四境一日之間不可爲數唐之私廩固有餘循吏之無稱於世久矣予聞趙君如此故爲作詩詩曰

離離新田其下流水孰知其初灌莽千里其南背江其北逾淮父抱子扶十百其來其來僕僕鍰我新屋趙侯劬之作者不飢歲仍大熟飽及雞鶩僦船輿車四鄙出穀今游者處昔止者流維昔牧我不如今侯侯來適野不有觀者稅于水濱問我鰥寡侯其歸矣三歲于茲誰能止侯我往求之

獵較詩 井序

獵較刺時也昔孔子仕於魯魯人獵較孔子亦獵較或問乎孟軻曰孔子之仕非事道歟曰事道也事道奚獵較也曰孔子先簿正祭器不以四方之食供簿正不獵較則若無以祭然蓋孔子所以小同於俗猶有義也義固在於可爲之域而後之人習於隨者一不權義以之可否汙身聚道豫然以和衆自得甚者傷人倫敗風俗至於無號則諉曰孔子亦嘗獵較矣悲夫作是詩以刺焉

獵較獵較誰禽我有國人之惏君子所醜獵較獵較祭占其祥國人之序君子何傷

雲之祁祁　蒼董傳

雲之祁祁或雨于淵菑之魃魃或槁于田雲之祁祁

或爾于野有槁于田豈不自我甾會其隮萁在西郊匪我爲之我歌且謀蔚兮其復南山之側我歌且謠維以育德

龍賦

龍之爲物能合能散能潛能見能弱能強能微能章惟不可見所以莫知其鄉惟不可畜所以異於牛羊變而不可測動而不可馴則常出乎害人而未始出乎害人夫此所以爲仁爲仁無止則常至乎喪己而未始至乎喪己夫此所以爲智止則身安曰惟知幾動則物利曰惟知時然則龍終不可見乎曰與爲類者常見之

歷山賦 并序

餘杭縣人有與季父爭田于縣于州于轉運使不直提點刑獄令余來直之將歸閔然望歷山而賦之歷山在縣西上虞縣界中或曰舜所耕云

歷山之峩峩兮予汝耕之孰汝彊之此詎予私云然兮誰汝使子人之子兮余師歷山之峩峩兮則維其常人之子兮云曷而亡云曷而亡兮我之思今孰繼兮我之悲嗚呼已矣兮來者爲誰

思歸賦

蹇吾南兮安之莽吾兮覲之恩朝吾舟兮水渡暮吾馬兮山阿亡濟兮維夷夫孰驅兮亡巇風脩脩兮來吾目翳翳兮溟濛之雨萬物紛披莽闒索兮歲逶迤其今暮吾感不知夫塗兮徘徊彷徨以反顧盍歸兮盍

去兮獨何爲乎此旅

釋謀賦

雲冥冥兮蔽日風浩浩兮吹沙出予馳兮不得遡獨處兮咨嗟嗟天地兮無窮暑與寒兮相容以短褐兮憂親孰知予兮孔棘維抱關兮擊柝乃予仕兮所冝禄可辭兮尚冒養孰割兮方虧豈吾事兮固拙寧我辰兮獨悖信物默兮有制尚可倖兮内外

明堂樂章二首

歆安之曲

穆穆在堂肅肅在庭於顯辟公來相思成神旣歆止有闈惟馨錫我休嘉燕及群生

皇帝還大次憩安之曲

有奕明堂萬方時會宗予聖考作帝之配樂罰虞典
禮從周制蠲事既成於皇來塈

景靈宮修蓋　英宗皇帝神御殿上梁文

見郎偉天都左界帝室中經誕惟僊聖之祠夙有神
靈之宅嗣開宏緒追奉睟容方將廣舜孝於無窮豈
特尚漢儀之有舊　先皇帝道該五泰德貫二儀文
摛雲漢之章武布風霆之號華夏歸仁而氐屬夔
馳義以駿奔清蹕肅傳靈輿忽往超然姑射山無一
物之疵遡矣壽丘臺有萬人之畏已葬鼎湖之弓劍
將游高廟之衣冠　今皇帝孝秦神明恩涵動植慕
禹之服期成萬世之功見堯於羹未改三年之政乃
眷熏修之吉壤載營館御之新宮考協前彝述追先

[illegible]寢門可象於平晝　俯旁開輦路故存
尋譯遴官師肅給斤築隆施揆吉日以庀徒舉修梁
而考室敢申善頌以相歡謠
兒郎偉拋梁東　聖主迎陽坐禁中　明似九天昇曉
日恩如萬萬國轉春風
兒郎偉拋梁西瀚海兵銷太白低王母玉環方自獻
大宛金馬不須齎
兒郎偉拋梁南丙地星高每歲占千障藏烽開嶺徼
萬艘輸賮引江潭
兒郎偉拋梁北邊城自此無鳴鏑即看呼韓渭上朝
休誇竇憲燕然勒
兒郎偉拋梁上彷彿神遊今可想風馬雲車世世來

金輿玉筭年年享
兒郎偉拋梁下萬靈贊祉扶宗社天垂嘉種已豐年
地産珍符方極化
伏願上梁之後聖躬樂豫寶命增長松茂獻兩宮之
壽椒繁占六寢之祥宗室蕃維之彦朝廷表幹之良
家傳慶譽代襲龍光有一心而顯相保饋祀之無疆
皇帝萬歲

蔣山鍾銘

於皇正覺訓用音聞肆作大鍾以警沉昏

明州新刻漏銘

汲子王公始治于明丁亥孟冬漏具成追謂屬人
嗟汝子諮自古在昔挈壺有職匪器則弊人亡鼓息

其政謂何弗棘弗遲君子小人興息維時東方來明自公召之彼寧不勤得罪于時厥荒懈廢乃政之疵嗚呼有州謹哉維兹兹惟其中俾我後思

伍子胥廟銘

予觀子胥出死亡逋竄之中以客寄之一身卒以說吳折不測之楚仇執耻雪名震天下豈不壯哉及其危疑之際能自慷慨不顧萬死畢諫於所事此其志與夫自恕以偷一時之利者異也孔子論古之士大夫若管夷吾臧武仲之屬苟志於善而有補於當世者咸不廢也然則子胥之義又曷可少耶康定二年予過所謂胥山者周行廟庭嘆吳亡千有餘年事之興壞廢革者不可勝數獨子胥之祠不徙不絶何其

盛也豈獨神之事吳之所興蓋亦子胥之節有以動
後世而愛尤在於吳也後九年樂安蔣公爲杭使其
州人力而新之余與爲銘也

烈烈子胥發節窮逋遂爲冊臣奮不圖軀諫合謀行
隆隆之吳歐廢不遂邑都俄墟以智死昏忠則有餘
胥山之顛殿屋渠渠千載之祠如祠之初孰作新之
民勸而趨維忠肆懷維孝肆孚我銘祠庭示後不誣

璨公信心銘

泂彼有流載浮載沈爲可以濟一壺千金法譬則水
窮之彌深璨公所傳等觀初心

蔣山覺海元公眞讚

賢哉人也行厲而容寂知言而能默譽榮弗喜辱毀

弗戚弗矜弗克人自稱德有緇有白自南自北弗句弗迹弗抗弗抑弗觀汝華惟食已寔孰其嗣之我有遺則

梵天畫讚

梵天尚實厥乘孔雀雞知時語鈴戒泚濁皜身黄衣於淨無著乃持赤幡歸趣正覺

維摩像讚

是身是像無有二相三世諸佛亦如是像若取具實還成虛妄應持香花如是供養

空覺義示周彥眞

覺不徧空而迷故曰覺迷空不徧覺而頑故曰空頑空本無頑以色故頑覺本無迷以見故迷

臨川先生文集卷第三十八

臨川先生文集卷第三十九

書疏

上仁宗皇帝言事書

上時政疏

進戒疏

上仁宗皇帝言事書

臣愚不肖蒙恩備使一路今又蒙恩召還闕廷有所任屬而當以使事歸報　陛下不自知其無以稱職而敢緣使事之所及冒言天下之事伏惟　陛下詳思而擇其中幸甚臣竊觀　陛下有恭儉之德有聰明睿智之才夙興夜寐無一日之懈聲色狗馬觀游玩好之事無纖介之蔽而仁民愛物之意孚於天下而又公選天下

之所願以爲輔相者屬之以事而不貳於讒邪傾巧之臣此雖二帝三王之用心不過如此而已宜其家給人足天下大治而效不至於此顧内則不能無以社稷爲憂外則不能無懼於夷狄天下之財力日以困窮而風俗日以衰壞四方有志之士諰諰然常恐天下之久不安此其故何也患在不知法度故也今朝廷法嚴令具無所不有而臣以謂無法度者何哉方今之法度多不合乎先王之政故也孟子曰有仁心仁聞而澤不加於百姓者爲政不法於先王之道故也以孟子之說觀方今之失正在於此而已夫以今之世去先王之世遠所遭之變所遇之勢不一而欲一二修先王之政雖甚愚者猶知其難也然臣以謂今之失患在不法先王之政

者以謂當法其意而已夫二帝三王相去蓋千有餘載
一治一亂其盛衰之時具矣其所遭之變所遇之勢亦
各不同其施設之方亦皆殊而其爲天下國家之意本
末先後未嘗不同也臣故曰當法其意而已法其意則
吾所改易更革不至乎傾駭天下之耳目囂天下之口
而固已合乎先王之政矣雖然以方今之勢揆之
陛下雖欲改易更革天下之事合於先王之意其勢必
不能也　陛下有恭儉之德有聰明睿智之才其仁民
愛物之意誠加之意則何爲而不成何欲而不得然而
臣顧以謂　陛下雖欲改易更革天下之事合於先王
之意其勢必不能者何也以方今天下之人才不足故
也臣嘗試竊觀天下在位之人未有乏於此時者也夫

人才之於上則有沈廢伏匿在下而不爲當時所知者矣臣又求之於閭巷草野之間而亦未見其多焉豈非陶冶而成之者非其道而然乎臣以謂方今在位之人才不足者以臣使事之所及則可知矣今以一路數千里之間能推行朝廷之法令知其所緩急而一切能使民以修其職事者甚少而不才苟簡貪鄙之人至不可勝數其能講先王之意以合當時之變者蓋闔郡之間往往而絕也朝廷每一令下其意雖善在位者猶不能推行使膏澤加於民而吏輒緣之爲姦以擾百姓臣故曰在位之人才不足而草野閭巷之間亦未見其多也

夫人才不足則　陛下雖欲改易更革天下之事以合先王之意大臣雖有欲能當　陛下之意而領此者九

州之大四海之遠孰能稱　陛下之指以一二推行此而人人蒙其施者乎臣故曰其勢必未能也孟子曰徒法不能以自行非此之謂乎然則方今之急在於人才而已誠能使天下之才衆多然後在位之才可以擇其人而取足焉在位者得其才矣然後稍視時勢之可否而因人情之患苦變更天下之弊法以趨先王之意甚易也今之天下亦先王之天下先王之時人才嘗衆矣何至於今而獨不足乎故曰陶冶而成之者非其道故也商之時天下嘗大亂矣在位貪毒禍敗皆非其人及文王之起而天下之才嘗少矣當是時文王能陶冶天下之士而使之皆有士君子之才然後隨其才之所有而官使之詩曰豈弟君子遐不作人此之謂也及其

成也微賤兔罝之人猶莫不好德兔罝之詩是也又況於在位之人乎夫文王惟能如此故以征則服以守則治詩曰奉璋峨峨髦士攸宜又曰周王于邁六師及之言文王所用文武各得其才而無廢事也及至夷厲之亂天下之才又嘗少矣至宣王之起所與圖天下之事者仲山甫而已故詩人歎之曰德輶如毛維仲山甫舉之愛莫助之蓋閔人士之少而山甫之無助也宣王能用仲山甫推其類以新美天下之士而後人才復衆於是內脩政事外討不庭而復有文武之境土故詩人美之曰薄言采芑于彼新田于此菑畝言宣王能新美天下之士使之有可用之才如農夫新美其田而使之有可采之芑也由此觀之人之才未嘗不自人主陶冶而

成之者也所謂陶冶而成之者何也亦教之養之取之任之有其道而已所謂教之之道何也古者天子諸侯自國至於鄉黨皆有學博置教導之官而嚴其選朝廷禮樂刑政之事皆在於學士所觀而習者皆先王之法言德行治天下之意其材亦可以為天下國家之用苟不可以為天下國家之用則不教也苟可以為天下國家之用者則無不在於學此教之之道也所謂養之之道何也饒之以財約之以禮裁之以法也何謂饒之以財人之情不足於財則貪鄙苟得無所不至先王知其如此故其制祿自庶人之在官者其祿已足以代其耕矣由此等而上之每有加焉使其足以養廉耻而離於貪鄙之行猶以為未也又推其祿以及其子孫謂之世

禄使其生也既於父子兄弟妻子之養婚姻朋友之接皆無憾矣其死也又於子孫無不足之憂焉何謂約之以禮人情足於財而無禮以節之則又放辟邪侈無所不至先王知其如此故為之制度婚喪祭養燕享之事服食器用之物皆以命數為之節而齊之以律度量衡之法其命可以為之而財不足以具則弗具也其財可以具而命不得為之者不使有銖兩分寸之加焉何謂裁之以法先王於天下之士教之以道藝矣不帥教則待之以屏棄遠方終身不齒之法約之以禮矣不循禮則待之以流殺之法王制曰變衣服者其君流酒誥曰厥或誥曰群飲汝勿佚盡執拘以歸于周予其殺夫群飲變衣服小罪也流殺大刑也加小罪以大刑先王所

以忍而不疑者以爲不如是不足以一天下之俗而成
吾治夫約之以禮裁之以法乎天下所以服從無抵冒者
又非獨其禁嚴而治察之所能致也蓋亦以吾至誠懇
惻之心力行而爲之倡凡在左右通貴之人皆順上之
欲而服行之有一不帥者法之加必自此始夫上以至
誠行之而貴者知避上之所惡矣則天下之不罰而止
者　矣故曰此養之之道也所謂取之之道者何也先
王之取人也必於鄉黨必於庠序使衆人推其所謂賢
能書之以告于上而察之誠賢能也然後隨其德之大
小才之高下而官使之所謂察之者非專用耳目之聰
明而聽私於一人之口也欲審知其德問以行欲審知
其才問以言得其言行則試之以事所謂察之者試之

以事是也雖堯之用舜亦不過如此而已又況其下乎若夫九州之大四海之遠萬官億醜之賤所須士大夫之才則衆矣有天下者又不可以一二自察之也又不可以偏屬於一人而使之於一日二日之間考試其行能而進退之也蓋吾已能察其才行之大者以爲大官矣因使之取其類以持久試之而考其能者以告于上而後以爵命祿秩予之而已此取之之道也所謂任之之道者何也人之才德高下厚薄不同其所任有宜有不宜先王知其如此故知農者以爲后稷知工者以爲共工其德厚而才高者以爲之長德薄而才下者以爲之佐屬又以久於其職則上狃習而知其事下服馴而安其教賢者則其功可以至

於成不肖者則其罪可以至於著故久其任而待之以考績之法夫如此故智能才力之士則得盡其智以赴功而不患其事之不終其功之不就也偷惰苟且之人雖欲取容於一時而顧僇辱在其後安敢不勉乎若夫無能之人固知辭避而去矣居職任事之日久不勝任之罪不可以幸而免故也彼且不敢冒而知辭避矣尚何有比周讒諂爭進之人乎取之既已詳使之既已當處之既已久至其任之也又專焉而不一二以法束縛之而使之得行其意堯舜之所以理百官而熙衆工者以此而已書曰三載考績三考黜陟幽明此之謂也然堯舜之時其所黜者則聞之矣蓋四凶是也其所陟者則皋陶稷契皆終身一

官而不徙蓋其所謂陟者特加之爵命祿賜而已耳此任之之道也夫教之養之取之任之之道如此而當時人君又能與其大臣悉其耳目心力至誠惻怛思念而行之此其人臣之所以無疑而於天下國家之事無所欲爲而不得也方今州縣雖有學取牆壁具而已非有教導之官長育人才之事也唯太學有教導之官而亦未嘗嚴其選朝廷禮樂刑政之事未嘗在於學學者亦漠然自以禮樂刑政爲有司之事而非已所當知也學者之所教講說章句而已講說章句固非古者教人之道也近歲乃始教之以課試之文章夫課試之文章非博誦強學窮日之力則不能及其能工也大則不足以用天下國家小則不足

以為天下國家之用故雖白首於庠序窮日之力以帥上之教及使之從政則茫然不知其方者皆是也蓋今之教者非特不能成人之才而已又從而困苦毀壞之使不得成才者何也夫人之才成於專而毀於雜故先王之處民才處工於官府處農於畎畝處商賈於肆而處士於庠序使各專其業而不見異物懼異物之足以害其業也所謂士者又非特使之不得見異物而已一示之以先王之道而百家諸子之異說皆屏之而莫敢習者焉今士之所宜學者天下國家之用也今悉使置之不教而教之以課試之文章使其耗精疲神窮日之力以從事於此及其任之以官也則又悉使置之而責之以天下國家之事夫

古之人以朝夕專其業於天下國家之事而猶才有能有不能今乃移其精神奪其日力以朝夕從事於無補之學及其任之以用然後卒然責之以為天下國家之用宜其才之足以有為者少矣臣故曰非特不能成人之才又從而困苦毁壞之使不得成才也又有甚害者先王之時士之所學者文武之道也士之才有可以為公卿大夫有可以為士其才之大小宜不宜則有矣至於武事則隨其才之大小未有不學者也故其大者居則為六官之卿出則為六軍之將也其次則比閭族黨之師亦皆卒兩師旅之帥也故邊疆宿衛皆得士大夫為之而小人不得奸其任今之學者以為文武異事吾知治文事而已至於邊

彊宿衛之任則推而屬之於卒伍往往天下姦悍無賴之人苟其才行足自託於鄉里者亦未有肯去親戚而從召募者也邊彊宿衛此乃天下之重任而人主之所嘗慎重者也故古者教士以射御爲急其他技能則視其人才之所宜而後教之其才之所不能則不彊也至於射則爲男子之事人之生有疾則已苟無疾未有去射而不學者也在庠序之間固當從事於射也有賓客之事則以射有祭祀之事則以射別士之行同能偶則以射於禮樂之事未嘗不寓以射而射亦未嘗不在於禮樂祭祀之間也易曰弦矢之利以威天下先王豈以射爲可以習揖讓之儀而已乎固以爲射者武事之尤大而威天下守國家

之具也居則以是習禮樂出則以是從戰伐士既朝夕從事於此而能者衆則邊疆宿衛之任皆可以擇而取也夫士嘗學先王之道其行義嘗見推於鄉黨矣然後因其才而託之以邊疆宿衛之事此古之人君所以推干戈以屬之人而無內外之虞也今乃以夫天下之重任　人主所當至慎之選推而屬之姦悍無賴才行不足自託於鄉里之人此方今所以諰諰然常抱邊疆之憂而虞宿衛之不足恃以爲安也今孰不知邊疆宿衛之士不足恃以爲安哉顧以爲天下學士以執兵爲恥而亦未有能騎射行陣之事者也則非召募之卒伍孰能任其事者乎夫不嚴其教高其選則士之以執兵爲恥而未若有能騎射行

陣之事固其理也凡此皆教之非其道故也方今制禄大抵皆薄自非朝廷侍從之列食口稍衆未有不兼農商之利而能充其養者也其下州縣之吏一月所得多者錢八九千少者四五千以守選待除守闕通之蓋六七年而後得三年之禄計一月所得乃實不能四五千少者乃實不能及三四千而已雖廝養之給不窘於此矣而其養生喪死婚姻葬送之事皆當於此夫出中人之上者雖窮而不失爲君子出中人之下者雖泰而不失爲小人唯中人不然窮則爲小人泰則爲君子計天下之出中人之上下者千百而無十一窮而爲小人泰而爲君子者則天下皆是也先王以爲衆不可以力勝也故制行不以己而以

中人爲制所以因其欲而利道之以爲中人之所能守則其志可以行乎天下而推之后世以令人之制禄而欲士之無毀廉耻蓋中人之所不能也故今官大者往往交賂遺營貲産以負貪汙之毀官小者販鬻乞丐無所不爲夫士已嘗毀廉耻以負累於世矣則其偷惰取容之意起而矜奮自强之心息則職業安得而不施治道何從而興乎又況委法受賂侵牟百姓者往往而是也此所謂不能饒之以財也婚喪奉養服食器用之物皆無制度以爲之節而天下以奢爲榮以儉爲耻苟其財之可以具則無所爲而不得有司既不禁而人又以此爲榮苟其財不足而不能自稱於流俗則其婚喪之際往往得罪於族人婚

姻而人亦以爲恥矣故富者貪而不知止貧者則强勉其不足以追之此士之所以重困而廉恥之心毁也凡此所謂不能約之以禮也方今　陛下躬行儉約以率天下此左右通貴之臣所親見然而其閨門之内奢靡無節犯上之所惡以傷天下之敎者有已甚者矣未聞朝廷有所放絀以示天下昔周之人拘羣飲而被之以殺刑者以爲酒之末流生害有至於死者衆矣故重禁其禍之所自生重禁禍之所自生故其施刑極省而人之抵於禍敗者少矣今朝廷之法所尤重者獨貪吏耳重禁貪吏而輕奢靡之法此所謂禁其末而弛其本然而世之識者以爲方今官冗而縣官財用已不足以供之其亦蔽於理矣今之入

官誠冗矣然而前世置員盖甚少而賦禄又如此之薄則財用之所不足盖亦有説矣吏禄豈足計哉臣於財利固未嘗學然竊觀前世治財之大略矣盖因天下之力以生天下之財取天下之財以供天下之費自古治世未嘗以不足為天下之公患也患在治財無其道耳今天下不見兵革之具而元元安土樂業人致已力以生天下之財然而公私常以困窮為患者殆以理財未得其道而有司不能度世之宜而通其變耳誠能理財以其道而通其變臣雖愚固知增吏禄不足以傷經費也方今法嚴令具所以羅天下之士可謂密矣然而亦嘗教之以道藝而有不帥教之刑以待之乎亦嘗約之以制度而有不循理之

刑以待之乎亦嘗任之以職事而有不任事之刑以待之乎夫不先教之以道藝誠不可以誅其不帥教不先約之以制度誠不可以誅其不循理不先任之以職事誠不可以誅其不任事此三者先王之法所尤急也今皆不可得誅而薄物細故非害治之急者為之法禁月異而歲不同為吏者至於不可勝記又況能一二避之而無犯者乎此法令所以玩而不行小人有幸而免者君子有不幸而及者焉此所謂不能裁之以刑也凡此皆治之非其道也方今取士强記博誦而畧通於文辭謂之茂才異等賢良方正茂才異等賢良方正者公卿之選也記不必强誦不必博畧通於文辭而又嘗學詩賦則謂之進士進士之

高著亦公卿之選也夫此二科所得之技能不足以爲公卿亦待論而後可知而世之議者乃以爲吾常以此取天下之士而才之可以爲公卿者常出於此不必法古之取人而後得士也其亦蔽於理矣先王之時盡所以取人之道猶懼賢者之難進而不肖者之雜於其間也今悉廢先王所以取士之道而毆天下之才士悉使爲賢良進士則士之才可以爲公卿者固宜爲賢良進士而賢良進士亦固宜有時而得才之可以爲公卿者也然而不肖者苟能雕蟲篆刻之學以此進至乎公卿才之可以爲公卿者困於無補之學而以此絀死於巖野蓋十八九矣夫古之人有天下者其所以慎擇者公卿而已公卿既得其人因

使推其類以聚於朝廷則百司庶物無不得其人也今使不肖之人幸而至乎公卿因得推其類聚之朝廷此朝廷所以多不肖之人而雖有賢智往往困於無助不得行其意也且公卿之不肖旣推其類以聚於朝廷朝廷之不肖又推其類以備四方之任使四方之任使者又各推其不肖以布於州郡縣百司罪舉官之科豈足恃哉適足以爲不肖者之資而已其次九經五經學究明法之科朝廷固已嘗患其無用於世而稍責之以大義矣然大義之所得未有以賢於故也今朝廷又開明經之選以進經術之士然明經之所取亦記誦而略通於文辭者則得之矣彼通先王之意而可以施於天下國家之用者顧未必

得與於此選也其次則恩澤子弟庠序不教之以道藝官司不考問其才能父兄不保任其行義而朝廷輒以官予之而任之以事武王數紂之罪則曰官人以世夫官人以世而不計其才行此乃紂之所以亂亡之道而治古之所無也又其次曰流外朝廷固已擠之於廉恥之外而限其進取之路矣顧屬之以州縣之事使之臨士民之上豈所謂以賢治不肖者乎以至使事之所及一路數千里之間州縣之吏出於流外者往往而有可屬任以事者殆無二三而當防閑其姦者皆是也蓋古者有賢不肖之分而無流品之別故孔子之聖而嘗爲季氏吏蓋雖爲吏而亦不害其爲公卿及後世有流品之別則凡在流外者其

所成立固嘗自置於廉恥之外而無高人之意矣夫以近世風俗之流靡自雖士大夫之才勢足以進取而朝廷嘗獎之以禮義者晚節末路往往怵而爲姦況又其素所成立無高人之意而朝廷固已擯之於廉恥之外限其進取者乎其臨人親職放僻邪侈匿其理也至於邊疆宿衛之選則臣固已言其失矣凡此皆取之非其道也方今取之既不以其道至於任之又不問其德之所宜而問其出身之後先不論其才之稱否而論其歷任之多少以文學進者且使之治財已使之治財矣又轉而使之典獄已使之典獄矣又轉而使之治禮是則一人之身而責之以百官之所能備宜其人才之難爲也夫責人以其所難爲

則人之能爲者少矣人之能爲者少則相率而不爲
故使之典禮未嘗以不知禮爲憂以今之典禮者未
嘗學禮故也使之典獄未嘗以不知獄爲恥以今之
典獄者未嘗學獄故也天下之人亦已漸漬於失教
被服於成俗見朝廷有所任使非其資序則相議而
誚之至於任使之不當其才未嘗有非之者也且在
位者數徙則不得久於其官故上不能狃習而知其
事下不肯服馴而安其教賢者則其功不可以及於
成不肖者則其罪不可以至於著若夫迎新將故之
勞緣絕簿書之弊固其害之小者不足悉數也設官
大抵皆當久於其任而至於所部者遠所任者重則
尤宜久於其官而後可以責其有爲而方今尤不得

久於其官往往數日輒遷之矣取之既已不詳使之既已不當處之既已不久至於任之則又不專而又一二以法束縛之不得行其意臣故知當今在位多非其人稍假借之權而不一二以法束縛之則放恣而無不爲雖然在位非其人而恃法以爲治自古及今未有能治者也即使在位皆得其人矣而一二以法束縛之不使之得行其意亦自古及今未有能治者也夫取之既已不詳使之既已不當處之既已不久任之又不專而一二之以法束縛之故雖賢者在位能者在職與不肖而無能者殆無以異夫如此故朝廷明知其賢能足以任事苟非其資序則不以任事而輒進之雖進之士猶不服也明知其無能而不

肖苟非有罪爲在事者所劾不敢以其不勝任而輒退之雖退之士猶不服也彼誠不肖無能然而士不服者何也以所謂賢能者任其事與不肖而無能者亦無以異故也臣前以謂不能任人以職事而無不任事之刑以待之者蓋謂此也夫教之養之取之任之有一非其道則足以敗天下之人才又況兼此四者而有之則在位不才苟簡貪鄙之人至於不可勝數而草野閭巷之間亦少可任之才固不足怪詩曰國雖靡止或聖或否民雖靡膴或哲或謀或肅或艾如彼泉流無淪胥以敗此之謂也夫在位之人才不足矣而閭巷草野之間亦少可用之才則豈特行先王之政而不得也社稷之託封疆之守陛下其能

又以天幸爲常而無一旦之憂乎若漢之張角三十六萬同日而起所在郡國莫能發其謀唐之黄巢横行天下而所至將吏無敢與之抗者漢唐之所以亡禍自此始唐既亡矣陵夷以至五代而武夫用事賢者伏匿消沮而不見在位無復有知君臣之義上下之禮者也當是之時變置社稷蓋甚於弈棊之易而元元肝腦塗地幸而不轉死於溝壑者無幾耳夫人才不足其患蓋如此而方今公卿大夫莫肯爲

陛下長慮後顧爲宗廟萬世計臣竊惑之昔晉武帝趣過目前而不爲子孫長遠之謀當時在位亦皆偷合苟容而風俗蕩然棄禮義損法制上下同失莫以爲非有識固知其將必亂矣而其後果海内大擾中

國列於夷狄者二百餘年伏惟　三廟祖宗神靈所以付屬　陛下固將爲萬世血食而大庇元元於無窮也臣願　陛下鑒漢唐五代之所以亂亡懲晉武苟且因循之禍明詔大臣思所以陶成天下之才慮之以謀計之以數爲之以漸期爲合於當世之變而無負於先王之意則天下之人才不勝用矣人才不勝用則　陛下何求而不得何欲而不成哉夫慮之以謀計之以數爲之以漸則成天下之才甚易也臣始讀孟子見孟子言王政之易行心則以爲誠然及見與慎子論齊魯之地以爲先王之制國大抵不過百里者以爲今有王者起則凡諸侯之地或千里或五百里皆將損之至於數十百里而後止於是疑五

子雖賢其仁智是非　天下亦安能毋刼之以兵革而使數百千里之强國一旦皆損其地之十八九比於先王之諸侯至其後觀漢武帝用主父偃之策令諸侯王地悉得推恩封其子弟而漢親臨定其號名輙別屬漢於是諸侯王之子弟各有分土而勢强地大者卒以分析弱小然後知慮之以謀計之以數爲之以漸則大者固可使小强者固可使弱而不至乎傾駭變亂敗傷之釁孟子之言不爲過又況今欲改易更革其勢非爲孟子所爲之難也臣故曰慮之以謀計之以數爲之以漸則其爲甚易也然先王之爲天下不患人之不爲而患人之不能不患人之不能而患已之不勉何謂不患人之不爲而患人之不能

人之情所願得者善行矣名尊爵厚利也而先王能
操之以臨天下之士天下之士有能遵之以治者則
悉以其所願得者以與之士不能則已矣茍能則孰
肯舍其所願得而不自勉以爲才故曰不患人之不
爲患人之不能何謂不患人之不能而患己之不勉
先王之法所以待人者盡矣自非下愚不可移之才
未有不能赴者也然而不謀之以至誠惻怛之心力
行而先之未有能以至誠惻怛之心力行而應之者
也故曰不患人之不能而患己之不勉　陛下誠有
意乎成天下之才則臣願　陛下勉之而已臣又觀
朝廷異時欲有所施爲變革其始計利害未嘗熟也
顧有一流俗僥倖之人不悅而非之則遂止而不敢

夫法度立則人無獨蒙其幸者故先王之政雖足以利天下而當其承弊壞之後僥倖之時其創法之制未嘗不艱難也以其創法立制而天下僥倖之人亦順說以趨之無有齟齬則先王之法至今存而不廢矣惟其創法立制之艱難而僥倖之人不肯順悅而趨之故古之人欲有所爲未嘗不先之以征誅而後得其意詩曰是伐是肆是絕是忽四方以無拂此言文王先征誅而後得意於天下也夫先王欲立法度以變衰壞之俗而成人之才雖有征誅之難猶忍而爲之以爲不若是不可以有爲也及至孔子以匹夫遊諸侯所至則使其君臣捐所習逆所順強所劣憧憧如也卒困於排逐然孔子亦終不爲之變以爲不

如是不可以有爲此其所守蓋與文王同意夫在上之聖人莫如文王在下之聖人莫如孔子而欲有所施爲變革則其事蓋如此矣今有天下之勢居先王之位刱立法制非有征誅之難也雖有僥倖之人不悅而非之固不勝天下順悅之人衆也然而一有流俗僥倖不悅之言則遂止而不敢爲者惑也　陛下誠有意乎成天下之才則臣願斷之而已夫慮之以謀計之以數爲之以漸而又勉之以成斷之以果然而猶不能成天下之才則以臣所聞蓋未有也然臣之所稱流俗之所不講而今之議者以謂迂闊而熟爛者也竊觀近世士大夫所欲悉心力耳目以補助朝廷者有矣彼其意非一切利害則以爲當世所

能行者士大夫既以此希世而朝廷既取於天下之
士亦不過如此至於大倫大法禮義之際先王之所
力學而守者蓋不及也一有及此則群聚而笑之以
爲迂闊今朝廷悉心於一切之利害有司法令於刀
筆之間非一日也然其效可觀矣則夫所謂迂闊而
熟爛者惟　陛下亦可以少留神而察之矣昔唐太
宗正觀之初人人異論如封德彝之徒皆以爲非雜
用秦漢之政不足以爲天下能思先王之事開太宗
者魏文正公一人爾其所施設雖未能盡當先王之
意抑其大略可謂合矣故能以數年之間而天下幾
致刑措中國安寧蠻夷順服自三王以來未有如此
盛時也唐太宗之初天下之俗猶今之世也魏文正

公之言固當時所謂迂闊而熟爛者也然其效如此賈誼曰今或言德教之不如法令胡不引商周秦漢以觀之然則唐太宗之事亦足以觀矣臣幸以職事歸報 陛下不自知其駑下無以稱職而敢及國家之大體者竊以臣蒙 陛下任使而當歸報竊謂在位之人才不足而無以稱朝廷任使之意而朝廷所以任使天下之士者或非其理而士不得盡其才此亦臣使事之所及而 陛下之所宜先聞者也釋此一言而毛舉利害之一二以汙 陛下之聰明而終無補於世則非臣所以事 陛下惓惓之義也伏惟陛下詳思而擇其中天下幸甚

上時政疏

年月日具位臣某昧死再拜上疏　尊號皇帝陛下

臣竊觀自古人主享國日久無至誠惻怛憂天下之心雖無暴政重刑加於百姓而天下未嘗不亂自秦已下享國日久者有晉之武帝梁之武帝唐之明皇此三帝者皆聰明智畧有功之主也享國日久內外無患因循苟且無至誠惻怛憂天下之心趨過目前而不爲久遠之計自以禍災可以無及其身往往身遇災禍而悔無所及雖或僅得身免而宗廟固已毀辱而妻子固以困窮天下之民固以膏血塗草野而生者不能自脫於困餓劫束之患矣夫爲人子孫使其宗廟毀辱爲人父母使其比屋死亡此豈仁孝之主所宜忍者乎然而晉梁唐之三帝以晏然致此者

自以爲其禍災可以不至於此而不自知忽然已至也蓋夫天下至大器也非大明法度不足以維持非衆建賢才不足以保守苟無至誠惻怛憂天下之心則不能詢考賢才講求法度賢才不用法度不修偷假歲月則幸或可以無他曠日持久則未嘗不終於大亂伏惟　皇帝陛下有恭儉之德有聰明睿智之才有仁民愛物之意然享國日久矣此誠當惻怛憂天下而以晉梁唐三帝爲戒之時以臣所見方今朝廷之位未可謂能得賢才政事所施未可謂能合法度官亂於上民貧於下風俗日以薄才力日以困窮而陛下高居深拱未嘗有詢考講求之意此臣所以竊爲　陛下計而不能無慨然者也夫因循苟且

逸豫而無爲可以徼倖一時而不可以　曠日持久晉梁
唐三帝者不知慮此故災禍變生於一時則雖欲
復詢考講求以自救而已無所及矣以古準今則天
下安危治亂尚可以有爲有爲之時莫急於今日過
今日則臣恐亦有無所及之悔矣然則以至誠詢考
而衆建賢才以至誠講求而大明法度　陛下今日
其可以不汲汲乎書曰若藥不瞑眩厥疾弗瘳臣願
陛下以終身之狼疾爲憂而不以一日之瞑眩爲苦
臣既蒙　陛下擢使備從官朝廷治亂安危臣實
預其榮辱此臣所以不敢避進越之罪而忘盡規之
義伏惟　陛下深思臣言以自警戒則天下幸甚

進戒疏

熙寧二年五月十一日朝散大夫右諫議大夫參知
政事護軍賜紫　再拜上[illegible]皇帝
陛下臣竊以爲　陛下既紛亮陰考之於經則群臣
進戒之特而臣待罪近司職當先事有言者也竊聞
孔子論爲邦先放鄭聲而後曰遠佞人仲虺稱湯之
德先不邇聲色不殖貨利而後曰用人惟己蓋以謂
不淫耳目於聲色玩好之物然後能精於用志能精
於用志然後能明於見理能明於見理然後能知人
能知人然後佞人可得而遠忠臣良士與有道之君
子類進於時有以自竭則法度之行風俗之成甚易
也若夫人主雖有過人之材而不能早自戒於耳目
之欲至於過差以亂其心之所思則用志不精用志

不精則見理不明見理不明則邪説詖行必窺間乘殆而作則其至於危亂也豈難哉伏惟陛下即位以來未有聲色玩好之過聞於外然孔子聖人之盛尚自以爲七十而后敢縱心所欲也今陛下以鼎盛之春秋而享天下之大奉所以惑於耳目者爲不少矣則臣之所豫慮而陛下之所深戒宜在於此天之生聖人之材甚吝而人之值聖人之時甚難天既以聖人之材付陛下則人亦將望聖人之澤於此時伏惟陛下自愛以成德而自强以赴功使後世不失聖人之名而天下皆蒙陛下之澤則豈非可願之事哉臣愚不勝惓惓唯陛下忠其狂妄而幸賜省察

臨川先生文集卷三十九

臨川先生文集卷第四十

奏狀

勑舉兵官奏有人堪充狀

舉渭州兵馬都監蓋傳等充邊上任使狀

舉古渭寨都監段充充兵官任使狀

乞免就試狀

准中書劄子奉聖旨依前降指揮發來赴闕就試者伏念臣祖母年老先臣未葬弟妹當嫁家貧口衆雖住京師比嘗以此自陳乞不就試慢廢朝命尚宜有罪幸蒙寬赦即賜聽許不圖遜事之臣更以臣為恬退今臣無葬嫁奉養之急而逡巡辭避不敢當清要之選雖曰恬退可也今特以營私家之急擇利害而行謂之恬退非臣本意兼臣罷縣守闕及今二年有餘老幼未嘗寧宅乃欲就任即令赴闕實於私計

有妨伏望聖慈察臣本意亦是嘗私特寢召試指揮且令終滿外任一面發赴本任去訖

辭集賢校理狀門

右臣今月二十二日准中書差人賫到敕牒一道除臣集賢校理聞命震怖不知所以伏念臣頃者再蒙聖恩召試臣以先臣未葬二妹當嫁家貧口衆難住京師乞且終滿外任比蒙矜允獲畢所圖而門衰祚薄祖母二兄一嫂相繼喪亡奉養昏嫁葬送之窘比於向時爲甚所以今玆纔至闕下即乞除一在外差遣不願就試以臣疵賤謬蒙拔擢至於館閣之選豈非素願所榮然而不願就試一以舊制入館則當供職一年臣方甚貧勢不可處此臣所以不敢避干紊

朝廷之罪而苟欲就其營養之私不圖朝廷不加考試有此除授臣若避犯命之罰受而不能自列則是臣前所乞爲以私養要君而誤　陛下以無名加寵也又聞朝廷特與推恩不候一年即與在外差遣且一年供職乃是朝廷舊制臣以何名敢當此恩而累朝廷隳廢久行公共之法又見新制近臣薦擧官吏非條詔指揮不得用例施行令出已來未能十日今臣有此除授乃因近臣薦擧不加考試又非條詔指揮臣雖不肖獨何敢冒過分之寵而以身爲廢法之首乎伏望　聖慈察臣本意從臣私欲追還所授特與除一在外合入差遣則使公義不虧於上私行不失於下臣不任激切祈恩待報之至所有敕牒臣不

敢受謹具狀奏聞

二

右臣三月二十二日准中書差人賫到敕牒一道除臣集賢校理臣以分不當得已具狀陳列乞追還所授今月五日又准中書差人賫到敕牒令臣受職不得辭免臣以微賤誤蒙采拔非臣隕首足以報稱然分有所不敢受名有所不敢居寧干以恩上得罪終不敢冒恩苟止何則臣以擇利辭試而朝廷因與免試推恩是臣以辭試上要朝廷而朝廷果以恩澤副之也不獨傷臣私義固以上累國體此臣所以惓惓至於再三而終不敢止且勸沮之方失不在大如臣心實擇利而迹有辭讓之嫌以故朝廷特有優假臣恐

進趨之士有以窺度聖世將或立小異以近名託虛
名以邀利浸成弊俗非復法令所能禁止此亦朝廷
所宜慎惜不當遂已成之命而難於追改也竊見近
臣比有辭讓官職皆義所當得而特以禮辭讓朝廷
固宜必使受之而不聽如臣卑賤今所陳列直以分
不當得非敢以爲讓也伏望 聖慈聽臣所守特與
追還所授臣區區之誠期於得請而後敢已所有敕
牒臣不敢受

三

右臣三月二十二日准中書差人齎到敕牒一道除
臣集賢校理臣以分不當得已再具狀奏聞乞追還
所授今月九日又准中書差人齎到敕牒令臣不得

辭免是臣區區之意終未蒙朝廷自察臣於他官苟可以得則或悉力以求之唯恐利之不多而勢之不便非能有所辭讓也至於私養之不給則苟求冒取亦無所不至今朝廷特除以爲校理則再三干紊朝廷終不敢受者誠以要君爲上之所非大故寧以他得罪而於此不敢順命苟止也所謂要君者臣前狀已言之矣所謂罔上者朝廷除校理必先考試今獨推恩異於尋常朝廷不以臣爲小有異能則必以臣爲小有異行臣無其實而敢冒此恩此乃所謂罔上也且臣蒙恩與試久矣臣非敢終辭也特以勢未便爾若朝廷且從臣欲使臣他日之力足以供職京師而無乏養之憂則臣自當援恩求試豈敢上煩朝廷敦

迫何必遽加特恩使朝廷爲苟與而臣爲苟得者乎
臣聞之古人曰明主可以理奪又曰匹夫不可奪志
臣敢守此語以至於再三伏乞 聖慈特賜矜允煩
冒天威臣無任祈恩待報惶恐迫切之至

四

右臣蒙恩除集賢校理以分不當得已累曾具狀奏
聞乞追還所授今月二十四日准中書劄子奉
聖旨更不許辭讓臣以小官非敢以禮爲讓也直以
分不當得理當自言蓋聞當得而讓則上有所不得
聽不當得而授則下有所不敢承不聽不爲迫下不
承不爲慢上以其義也臣誠不肖然區區之私具狀
四奏者竊以爲匹夫之志有近於義是以仰迫恩威

至於再三終不敢受伏望 聖慈俯察臣愚特與追還所授臣無任

辭同修起居注狀七

臣蒙恩差臣同修起居注者 聖恩深厚非臣隕首所能報稱然臣去年始蒙恩特除直集賢院當是時黽勉不敢久違恩指至今就職纔及數月又蒙恩有此除授臣竊觀朝廷用人皆以資序臣入館最爲日淺而材何以異人終不敢貪冒寵榮以干朝廷公論伏望 聖慈察臣誠心非敢飾讓特賜追還所授

二

臣昨進狀乞追還所授同修起居注敕准中書劄子奉 聖旨不許辭讓便令受敕供職伏念臣前奏所

陳實繫朝廷用人之體今特於臣私義有所不安伏
望 聖慈檢會臣前奏特賜追還所授

三

臣昨進狀乞追還所授同修起居注敕准中書劄子
奉 聖旨不許辭讓使令受敕供職跡遠小臣上煩
朝廷褒獎如此而區區所陳終不敢止者誠以謂進
在臣先而才行當蒙選擢則與之宜有先後臣入館
資序最為在後而獨先被選竊以為非朝廷用人之
體此臣所以不敢也念臣異時得以敘進臣雖不肖
豈敢復辭且臣已緣辭避職事而不為朝廷所察今
若又迫於褒諭黽勉供職則是臣每飾辭讓之虛文
以冒黷朝廷人雖不以為言臣亦何顏以立於世蓋

以臣事君苟心知其甚不可則寧得罪而有不從況
臣幸在聖人至仁隆寬盡下之時謹分守以辭其所
不當得之寵榮必無方命之罰則朝廷之命雖欲必
行而不改臣之愚心亦將固守而不移伏望　聖慈
察臣如此早賜追還所授

四

臣累進狀乞免同修起居注又准中書劄子奉
聖旨不許辭讓便令受勅供職卑賤之臣屢煩
聖恩敦喻誠惶誠恐不知所措然臣聞人無信不立
臣事君以忠忠者不飾行以徼榮信者不食言以從
利臣固嘗曰朝廷之命雖欲必行而不改臣之愚心
亦將固守而不移若臣既有此言而終於詐不得已

以讓食寵授則是臣飾行食言而實無自守之義非所以稱朝廷獎遇之意而明區區避讓之本心寧以違命受譴終不敢身爲浮僞之首以傷聖時忠實之化伏望 聖慈早賜追還所授

五

臣進狀乞免同修起居注准中書劄子奉 聖旨依累降指揮更不得辭讓便令受敕供職 聖恩所以加臣者如此非臣謟肯隕首所能報稱然臣愚不肖不知朝廷必欲度越衆人而加臣以此者何也爲其賢於人也固有廉讓忠信之實也度越衆人而貪其所不當得非所以爲廉讓知其不當得而辭於上以爲可以違之命雖欲從而不使臣之君心亦將固守

而不稽然終於託不得已以私其寵利非所以爲忠
信無廉讓無忠信然而朝廷必欲度越衆人而加之
以其所不當得之職事臣恐執政大臣必受比周朋
黨之嫌　陛下必獲不察蔽欺之謗臣亦不得自託
於忠廉之行而居下姦利之人窺覦朝廷之間爭飾僞
讓以徼一時之幸而有傷忠厚之俗其事如此在朝
廷不可以不深思而聽臣之辭臣亦不可以不固守
而違朝廷之命誠願　陛下日月之明察臣今日之
請辭窮理極非如向時避讓職事猶在可冒之地雖
由此得罪必不敢以身爲亂俗之首伏乞斷自
聖心無牽於左右大臣之過論特賜追還所授

臣累進狀乞免同修起居注奉聖旨不許進狀辭讓者聖恩深厚一至于此臣誠惶誠恐震怖不知所出竊觀朝廷近日辭讓職事未嘗有蒙聽許者而臣又嘗辭讓職事而不爲朝廷聽許矣今復守辭讓之說以請於朝廷固宜聖恩不即聽許然臣已習見朝廷未嘗許人辭讓職事而猶惓惓自陳所守不避僞讓之嫌誠以螻蟻微識自誓終不敢受冀蒙天聰終初省察而已今若迫於恩指遂叨寵利則人雖不以爲言臣實亦無顏以處使臣負僞讓之謗則朝廷豈免濫恩之譏臣雖不肖於義實不敢安此且方今之所患而務絕者正方在於冒進取而不在於辭讓方在於欺罔而不在於忠信臣若託一不得已終叨寵利不

顧其已出之言則是去辭讓之名而引進取毀忠信而爲姦罔朝廷本欲拔取人才而所得者乃有去辭讓毀忠信之嫌恐非所以示天下而厲士大夫之操也此臣所以不敢避方命之罰而守其區區之説誠不敢以身累國非特欲全其私義故而已也伏望　聖慈即賜聽許令朝廷不失所授之宜臣亦不失所守之信

七

臣昨進狀乞免同修起居注准中書劄子奉　聖旨朝廷已行擢用係累降指揮不得違避者孤賤之臣行能淺薄當朝廷清明收用賢俊之時幸得著位外庭豈非榮顯況又蒙拔擢備任清要丁寧奬勵使必就官此雖隕首刳心自知無以報稱然臣所以不敢

受命而猶守其區區之説者誠以資在臣前尚有未
蒙選者臣若苟見寵祿利之可得而忘避讓之義苟知
避讓而不能固其説以守非朝廷所以拔擢臣之意又
非臣所以報稱朝廷之心且詔已行之命以伸自守
之志者朝廷之令名食言喪志以順命爲悦饕寵利
者臣之醜行今朝廷重得令名而使臣輕爲醜行此
臣之所不論也臣幸蒙任使備官三司列職儒館若
朝廷以爲可任異時以次升擢於分不爲進越則臣
雖不肖其亦何説之敢辭誠望聖慈哀臣懇迫撿
會臣前後所奏察其理有可言特賜追還所授

再辭同修起居注狀五

右臣今月二十六日准勑差臣同修起居注伏念臣

行能無異衆人入館最爲日淺向叨選擢嘗已固辭幸蒙　聖恩方賜聽許今同館之士才能資序出臣右者尚多而又蒙誤恩有此除授在臣理分固不敢當兼臣久住京師親老口衆而自春至今疾病荐仍醫藥百端未得平愈近已進狀乞一知州軍差遣伏望　聖慈察臣誠懇特賜追還所授除一知州軍差遣使臣無進越冒榮之罪而得紓私養之急所有同修起居注敕牒臣不敢受謹具狀奏聞伏候敕旨

二

右臣進狀乞免同修起居注準中書劄子奉　聖旨不許辭讓便令受敕臣愚不肖幸當朝廷拔擢督責之時獨蒙不次之選豈不榮哉然臣入館最爲日淺

而行能無異衆人故不敢度越衆人以饕食寵利向時
守此說以辭朝廷之命至於八九而　聖恩不以臣
言爲不信幸賜聽許今纔數月同館之士資序在臣
右而行能足充此選者尚多遽蒙　聖恩有此除授
令臣今而可受則向之辭命至於八九者果何心也
昔鄭以伯石爲卿則辭太史退則又使之命已命已
則又辭焉三辭而後受策於是子產始惡其爲人夫
子產所以惡之者不以其飾辭讓而無忠實之志乎
臣之蒙恩雖出於無求然始則託辭讓之名以煩恩
朝廷終則徼一日之利以忘前言之信推事考情亦
何以異於伯石臣誠固陋終不敢奸子產之所惡以
上昭　聖時任人之失且朝廷必以臣粗習文藝而

忠信可使則臣固嘗曰異時循次選用則臣不敢辭

伏望 聖恩察臣誠懇特賜追還所授除臣一知州

軍差遣使臣得遂前言之信而又有以紓親養之急

臣不任祈恩待報之至

三

右臣近進狀乞免同修起居注准中書劄子奉

聖旨令依前後指揮不許辭免便令受敕者 聖恩

加臣無窮臣愚固守無已臣誠惶恐震怖不知所爲

然臣義有所不敢爲故不敢冒恩而苟止伏念臣以

資序在臣右而行能宜蒙此選者尚多故嘗自列至

於八九幸蒙 聖恩聽察而所除始祖無擇一人若

臣今遂冒居則是謂在臣右者已無可選臣以應舉

入仕慶曆遷官本圖官達非敢苟爲高抗至於恩諭
理分度越衆人官謗所歸臣亦不敢苟得以忘前言
之信兼臣自春至今疾病相仍加以氣衰舊學荒廢
親老口衆久住京師近嘗進狀乞一闕慢州軍差遣
伏見近例見任修起居注以便親求罷出補外官嘗
蒙朝廷聽許蓋當聖時務以仁恕優容臣下則以便
親而求外補朝廷之所宜從伏望　聖慈哀臣懇追
特賜追還所授除臣一知州軍差遣以便　私養且令
臣無進越冒榮之罪所有同修起居注敕牒臣不敢
受臣不任祈恩待報激切之至

四

右臣近進狀乞免同修起居注准中書劄子奉

聖旨令依累降指揮便受敕更不得辭免者臣之懇懇已具前奏螻蟻微誠未能上動 聖聽臣誠惶怖不知所爲然臣愚不肖以謂朝廷革因循之弊以不次官人當得異能之士然後允衆人之望而因循之弊可以遂除臣治身則行能不備居官則職業無稱雖知好學而所得未可以施於實用故嚮蒙選擢即自以行能無異衆人而不敢度越衆人受職幸蒙聽許纔及數月即欲度越衆人言行本末不相顧如此豈稱朝廷選擢之意雖令言者不以是爲臣罪臣實無顏以處伏望 聖慈察臣累奏情理備盡特賜追還所授臣不任 祈恩待報激切之至

右臣近進狀乞免同修起居注准中書劄子奉
聖旨依前降指揮便受敕供職臣之區區辭說已窮
然不敢避適慢之罪而苟止者非特欲守前言之信
亦不敢上累朝廷蓋臣有冒榮失守之罪則朝廷亦
有選授失人之謗因啓天下好利之士僞讓以要君
則甚傷聖時風俗此臣之所大懼也若　聖恩幸聽
臣言使臣得安理分則臣爲不失所守臣能不失所
守則朝廷不失所選矣朝廷不失所選而又隆寬廣
裕以曲盡臣志謂宜無傷而適足以感厲天下之士
且朝廷以臣粗涉藝文忠信可使不復責其行能之
備必欲擢置從官則臣固嘗曰臣已備官三司列職
儒館若終免於罪戾則循用次受選自不爲遲當朝廷

清明拔用賢儁有志之士孰不幸顧寵榮如臣之愚豈獨異於衆人誠以不敢度越衆人故嘗自列至於八九朝廷隆寬盡下已嘗幸聽臣言曾未數月臣即不復自顧前言之信若令言者謂臣要君以爲臣誠無辭可以自明伏望 聖慈察臣所守如此臣誓堅死節上報 聖知臣不任祈恩待報之至

辭赴闕狀三 治平二年七月二十七日

右臣准中書劄子伏奉 聖恩以臣喪服既除特授故官召令赴闕罪逆餘生尚蒙齒録非臣隕首所能報稱理當即目奔走就途而臣抱病日久未任跋涉見服藥調理乞候稍瘳即時赴闕謹具狀奏聞

二

右臣伏准中書劄子奉　聖旨令體認朝廷累降指揮疾速發來赴闕臣愚無狀屢蒙　聖恩逮及自非抱疢不任職事豈敢故爲逋慢臣近已奏陳乞一分司官於江寧府居住伏望　聖慈特賜矜許所冀便於將理終獲有瘳則臣雖自知無補於　聖時猶當乞備官使仰副朝廷眷録之意

三

右臣伏准中書劄子奉　聖旨合依累降指揮發來赴闕螻蟻微誠不能感動至煩朝廷恩旨屢降臣實惶怖不知所爲伏念臣本以孤生實無才用誤蒙
仁宗拔擢備數從官當　大行皇帝亮陰之際始以親喪解職久尸榮禄無補聖時今　陛下以仁孝之

資續承聖緒臣於私養既無所及唯當追　先帝之
遇致身於　陛下之時若自度力用堪任職事何敢
逋慢朝廷詐乞至於經涉歲時緣臣自春以來抱疾
有加心力稍有所營即所苦滋劇所以昧冒奏陳乞
且分司冀稍可支持即乞復備官使天聽高邈未
蒙矜允雖欲扶伏奔走闕廷而力與願違不能自強
伏望　聖慈察臣懇迫令撿會臣累奏特賜指揮臣
無任瞻天屏營激切之至

辭知江寧府狀

右臣今月初九日進奏院遞到勑下蒙　恩差知江
寧軍府事犬馬之疾自隔清光天地之恩曲垂眷恤
以臣丘墓所在就付兵民之權非臣肝膽塗地所能

報稱萬一然臣所抱疾病迄今無損若輒冒恩黽勉典領當路大藩恐力用無以上副朝廷寄任伏望陛下察臣如此儻以臣遠侍 先帝未許分司則乞除臣一留臺宮觀差遣冀使將理終獲有瘳誓當捐軀少報 聖德所有敕牒臣未敢祗受已送江寧府收管謹具狀奏聞

舉陳樞充錢穀職司狀

前件官明敏方直有政事之材臣奉使江東時樞爲旌德縣令聽訟鞫獄尤爲精明隨所施設皆有方略

舉錢公輔自代狀

伏覩尚書兵部員外郎知制誥錢公輔忠信篤實嘗於文學職事所及不爲苟且以臣鄙薄實爲不如真

之禁林必有補助今舉自代

舉呂公著自代狀

具某官呂公著沖深而能謀寛博而有制其器可以大受而退然似不能言故衆人知之有所不盡如蒙選用得試其才必有績効不孤聖世臣實不如今舉自代

舉謝卿材充升擢任使狀

前件官公廉自守曉達民事嘗知撫州臨川縣縣人至今稱説以爲良吏督率百姓修復陂防所溉頃畝甚多水旱皆蒙其利若朝廷興修功利或選人才典領劇郡皆可任使

舉屯田員外郎劉彝狀

屯田員外郎温州通判劉彝聰明敏達有濟務之材
堪充升擢繁難任使

勑舉兵官未有人堪充狀

具位臣某准今年六月二十三日宣令臣同罪保舉大使臣堪充主兵官二員限一月内具姓名聞奏即不得舉見任兩府親戚并已係路分都監及知軍州已上人數右具如前伏緣臣所職不係路分都監及知州軍大使臣即不見有堪充主兵官者謹具狀奏聞

伏候 勑旨

舉滑州兵馬都監蓋傳等充邊上任使狀

具位臣某准宣同罪保舉不拘路分有武勇謀畧三班使臣二員不得舉見任兩府親戚者謹具如前

臣伏覩東頭供奉官權渭州兵馬都監兼在城巡檢蓋傳有智略能訓門治軍旅東頭供奉官江寧府龍安鎮巡檢王崇稷有武勇能擒捕盜賊臣今保舉堪充邊上任使如蒙朝廷擢用後犯正入己贓不如舉狀臣甘當同罪其人並不是臣親戚亦無親戚見任兩府謹具狀奏聞伏候勅旨

舉古渭寨都監段充充兵官任使狀

具位臣某准宣節文同罪保舉大使臣堪充主兵官二員姓名聞奏即不得舉見任兩府親戚并已係路分都監及知州軍已上人數者右謹具如前臣伏覩內殿崇班閤門祗候秦州古渭寨都監段充武勇才略可用嘗以戰鬬有功堪充主兵官任使如蒙朝廷

擢用後不如所奏及犯正入己贓臣甘當同罪其人與臣不是親戚亦無親戚見任兩府不係路分都監及知州軍巳上人資叙所准宣命令舉兩人今且保舉到叚充一員尚闕一員見訪求別狀舉次謹具狀奏聞伏候　勑旨

臨川先生文集卷第四十

（宋）王安石 撰

宋本臨川先生文集

第五册

國家圖書館出版社

第五册目録

臨川先生文集卷第五十

一

臨川先生文集卷第四十一

劄子

擬上殿劄子

臣蒙恩奉使歸報　陛下敢因邊事之所及冒言天下之事伏惟　陛下詳思而擇其中天下幸甚臣竊

見　陛下有恭儉之德有聰明睿智之才有仁民愛物之意顧內不能無以社稷爲憂外則不能無患於夷狄天下之才力日以窮困而風俗日以衰壞四方有智之士愢愢然常恐天下之不久安此其故何也患在無法度故也今朝廷法嚴令具無所不有而臣以謂無法度者方今之法度多不合於先王之法度故也孟子曰有仁心仁聞而人不被其澤者爲政不法先王之道故也非此之謂乎以今之時方先王之時遠矣所遭之時所遇之變不同而欲一二修先王之政雖甚愚者猶知其難也而臣以謂當今之失患在不法先王之政者以謂當法其意而已夫五帝三王相去蓋千有餘歲一治一亂盛衰之時具矣其所

遭之變所遇之勢不同而其施設之方亦皆殊而其為
國家之意本末先後未嘗不同也臣故曰當法其意
而已法其意則吾所改易更革不至乎傾駭天下之
耳目囂天下之口而固已合乎先王之政矣雖然以
方今之勢揆之 陛下雖欲改易更革天下之事合
於先王之意其勢未必能也 陛下有恭儉之德有
聰明睿知之才有仁民愛物之意則何為而不成何
欲而不得而臣固以謂雖欲改易更革天下之事合
於先王之意其勢未必能者何也方今天下之吏才
少故也朝廷之人才固嘗簡在 陛下之聰明以臣
使事之所及則一路數千里之間能推行朝廷之法
知其所緩急而一切能備其職事者甚少而不才苟

簡貪鄙之人至不可勝數其能講先王之意以合當
世之變者蓋闔郡之間往往而絕也夫人才不足則
陛下雖欲改易更革天下之事以合先王之意大臣
雖有能當　陛下之意而領此者九州之大四海之
遠萬官之衆孰能一二推行之使人人蒙其施者乎
臣故曰其勢未必能也然則方今之急在乎人才而
已今之天下亦先王之天下先王之時人材嘗衆矣
蓋其所以陶冶而成之者有道所謂陶冶以成之者
詩書傳記之所載其大略可見矣　陛下嘗試詳延
大臣左右及天下智能才識之士使其論先王所以
成天下之才者其設施之方如何今之所以異於先
王而人才不足者其故安在其欲變而通之以合於

先王之意而成天下之才宜何施爲而可　陛下固講其言之近於理者使之相與上下反覆爲論焉因取其宜於時者施焉則人才宜衆矣夫成人之才甚不難人所願得者尊爵厚祿而所榮者善行所恥者惡名也今操利勢以臨天下之士勸之以其所榮而予之以其所願則孰肯背而不爲者特患不能爾而吾所以責之者又中人之所能爲則不能者又少矣夫成人之才甚不難而自古往往不能成人之才何也以　人主之才不足故也蓋　人主無恭儉之德無聰明睿智之才無仁民愛物之意則嬖倖諂諛姦罔蔽欺殘賊放恣之人皆得志於時而推其類以亂天下雖有良法不能成天下之才矣今　陛下有恭

儉之德有聰明睿智之才有仁民愛物之意而又因
天下之所願以爲輔相者公聽並觀以進退天下之
士則所以成天下之才特患無良法而　陛下推至
誠惻怛之心以行之則臣雖愚固知人之才不難成
也人才既衆則　陛下何爲而不成何欲而不得夫
然後改易更革天下之事以合乎先王之意甚易也
陛下不能如此苟於積敝之末流因不足任之才而
修不足爲之法臣恐在事者日以勞而士民愈以窮
困汙濫而於天下國家愈其無補也臣幸以使事歸
報徒舉利害之一二而無補於世非臣之所以事
陛下惓惓之義也輒不自知其駑下而敢言國家之
大體伏惟　陛下詳擇其中天下幸甚也

上五事劄子

陛下即位五年更張改造者數千百事而爲書具爲法立而爲利者何其多也就其多而求其法最大其効最晚其議論最多者五事也一曰和戎二曰青苗三曰免役四曰保甲五曰市易今青唐洮河幅員三千餘里舉戎羌之衆二十萬獻其地因爲熟户則和戎之策已効矣昔之貧者舉息之於豪民今之貧者舉息之於官官薄其息而民救其乏則青苗之令已行矣惟免役也保甲也市易也此三者有大利害焉得其人而行之則爲大利非其人而行之則爲大害緩而圖之則爲大利急而成之則爲大害傳曰事不師古以克永世匪説攸聞若三法者可謂師古矣然

而知古之道然後能行古之法此臣所謂大利害者也蓋免役之法出於周官所謂府史胥徒王制所謂庶人在官者也然而九州之民貧富不均風俗不齊版籍之高下不足據今一旦變之則使之家至戶到均平如一舉天下之役人人用募釋天下之農歸於畎畝苟不得其人而行則五等必不平而募役必不均矣保甲之法起於三代丘甲管仲用之齊子產用之鄭商君用之秦仲長統言之漢而非今日之立異也然而天下之人鳧居鴈聚散而之四方而無禁也者數千百年矣今一旦變之使行什伍相維鄰里相屬察姦而顯諸仁宿兵而藏諸用苟不得其人而行之則搔之以追呼駭之以調發而民心搖矣市易之

法起於周之司市漢之平準今以百萬緡之錢權物價之輕重以通商而貰之令民以歲入數萬緡息然甚知天下之貨賄未甚行竊恐希功幸賞之人速求成效於年歲之間則吾法隳矣臣故曰三法者得其人緩而謀之則爲大利非其人急而成之則爲大害故免役之法成則農時不奪而民力均矣保甲之法成則寇亂息而威勢彊矣市易之法成則貨賄通流而國用饒矣

議入廟劄子

臣今月曾公亮傳　聖旨以臣寮上言郊祀不當入廟令臣詳議臣愚以爲制天下之事當令本末終始相稱今既奉　先帝遺詔外行以日易月之禮又諸

所以崇事　祖宗皆循本朝制度獨於入廟則欲變
先帝故事而遠從三代之禮臣恐於事之本末終始
不爲相稱必欲盡除近世之制度一以三代爲法則
今　陛下尚在諒陰之中非可以制禮之時且言者
以爲喪三年不祭於廟禮也而今乃欲令公卿代告
此何禮也臣竊以爲今之禮不合於三代者多矣言
者不以爲非而專疑不當入廟者蓋於所習見則安
於所罕見則怪恐不足留　聖聽也臣學術淺陋謬
蒙訪逮敢不盡愚慮取　進止

言尊號劄子 庚戌六月七日

臣伏以　陛下緝熙光明如日之方升布利施澤如
川之方至號名於實豈能有所增加輒復卷卷妄有

陳請徙以　祖宗故事適在此時臣子之心懷不能
已　陛下受而不拒足以俯順人心臣獨不能無疑
者　陛下以西垂之勞方以過爲在己遽膺徽册似
或未安臣等以歸美爲忠　陛下以撝謙爲德布之
海内誰曰不然伏惟　聖心更賜詳酌

論罷春燕劄子

臣竊以邊夷外畔士卒内潰吏民騷動死傷接踵恐
非燕而用樂之時且此月休假已多又加兩日即恐
急奏或致留滯臣愚謂宜罷燕以副　聖心仁惻且
又不妨應接機速公事如蒙省察乞賜中旨施行

論館職劄子

臣伏見今館職一除方至十人此本所以儲公卿之材

也然　陛下試求以爲講官則必不知其誰可試求以爲諫官則必不知其誰可試求以爲監司則必不知其誰可此患在於不親考試以實故也孟子曰國人皆曰賢然後察之見賢焉然後用之今所除館職將一二大臣以爲賢而已非國人皆曰賢國人皆曰賢尚未可信用必躬察見其可賢而後用況於一二大臣以爲賢而已何可遽信而用也臣願　陛下察舉衆人所謂材良而行美可以爲公卿者召令三館祇候雖已帶館職亦可令兼祇候事有當論議者召至中書或召至禁中令具條奏是非利害及所當施設之方及察其才可以備任使者有四方之事則令往相[illegible]又或令各陳其所言是非利害其所

言是非利害雖不盡中義理可施用然其於相視問察能詳盡而不爲蔽欺者即皆可以備任使之材也其有經術者又令講説如此至於數四則材否略見然後罷其否者而召其材者更親訪問以事訪問以事非一事而後可以知其人之實也必至於朞年所訪一二十事則其人之賢不肖審矣然後隨其材之所宜任使其尤材良行美可與謀者雖常令備訪問可也此與用一二大臣薦舉不考試以實而加以職固萬萬不侔然此説在他時或難行今　陛下有堯舜之明洞見天下之理臣度無實之人不能蔽也則推行此事甚易既因考試可以出材實又因訪問可以知事情所謂敷納以言明試以功用人惟己闕四

門明四目達四聰者蓋如此而已以令在位之人上下壅隔之時恐行此不宜在衆事之後也然巧言令色孔壬之人能伺人主意所在而爲傾邪者此堯舜之所畏而孔子之所欲遠也如此人當知而遠之德不得親近然如此人亦有數 陛下博訪於忠臣良士知其人 如此則遠而弗見誤而見之以 陛下之仁聖以道揆之以人參之亦必知其如此知其如此則宜有所懲如此則巧言令色孔壬之徒消而正論不蔽於上今欲廣聞見而使巧言令色孔壬之徒得志乃所以自蔽畏巧言令色孔壬之徒爲害而一切疏遠羣臣亦所以自蔽蓋 人主之患在不窮理不窮理則不足以知言不知言則不足以知人不知人

則不能官人不能官人則治道何從而興乎　陛下
堯舜之主也其所明見秦漢以來欲治之主未有能
彷佛者固非羣臣所能窺望然自堯舜文武皆好問
以窮理擇人而官之以自助其意以爲王者之職在
於論道而不在於任事在於擇人而官之而不在於
自用願　陛下以堯舜文武爲法則聖人之功必見
於天下至於有司叢脞之務恐不足以棄日力勞
聖慮也以方今所急爲在如此敢不盡愚臣愚才薄
然蒙拔擢使豫聞天下之事　聖旨宣諭富弼等欲
於講筵召對輔臣討論時事顧如臣者材薄不足以
望　陛下之清光然　陛下及此言也實天下幸甚
自備位政府每得進見所論皆有司叢脞之事至於

大體粗有所及則迫於日晷已復旅退而方今之事非博論詳説令所改更施設本末先後小大詳略之方已熟於　聖心然後以次奉行則治道終無由興起然則如臣者非蒙　陛下賜之從容則所懷何能自竭蓋自古大有爲之君未有不始於憂勤而終於逸樂今　陛下仁聖之質秦漢以來人主未有企及者也於天下事又非不憂勤然所操或非其要所施或未得其方則恐未能終於逸樂無爲而治也則於博論詳説豈宜緩然　陛下欲賜之從容使兩府並進則論議者衆而不一有所懷者或不得自竭謂宜使中書密院迭進則人各得盡其所懷而　陛下聽覽亦不至於煩　陛下即以臣言爲可乞明喻大臣

使各舉所知無限人數皆實封以聞然後 陛下推
擇召置以爲三館祗候其不足取者旋即罷去則所
置雖多亦無所害也

二

臣伏見某人云云皆衆人所謂材良行美宜蒙
陛下訪問任使者凡此九人臣或熟聞而未識或熟
識而未敢任或敢任其可以爲卿臣雖未識
人之所謂賢臣不敢蔽也臣雖敢任其可以爲公卿
然 陛下不親見其可賢亦難遽信而用若 陛下
以臣前所論奏爲合於義理即乞悉置此九人者以
爲三館祗候親考試其材行若不可用旋即罷去若
其可用然後留備訪問任使如此則所置雖多未有

濫得官職者然此但臣一人所聞所知恐執政大臣各有所聞所知　陛下若令各舉所聞所知而如此考試庶幾人材無所遺逸經曰舉逸民天下之民歸心焉善人君子者天下之民心所願舉欲其延問視其所在而從之者也　陛下自即位以来以在事之人或乏材能故所援用者多士之有小材而無行義者此等人得志則風俗壞風俗壞則朝夕左右者皆懷利以事　陛下而不足以質朝廷之是非使於四方者皆懷利以事　陛下而不可以知天下之利害其弊已効見於前矣恐不宜不察也欲救此弊　親近忠良而已伏惟　陛下仁聖已深察此理臣愚猶欲及此者忠臣惓惓之義也

本朝百年無事劄子

臣前蒙 陛下問及本朝所以享國百年天下無事之故臣以淺陋誤承 聖問迫於日晷不敢久留語不及悉遂辭而退竊惟念 聖問及此天下之福而臣遂無一言之獻非近臣所以事君之義故敢昧冒而粗有所陳伏惟 太祖躬上智獨見之明而周知人物之情僞指揮付託必盡其材變置施設必當其務故能駕馭將帥訓齊士卒外以扞夷狄内以平中國於是除苛賦止虐刑廢强横之藩鎮誅貪殘之官吏躬以簡儉爲天下先其於出政發令之間一以安利元元爲事 太宗承之以聰武 真宗守之以謙仁以至 仁宗 英宗無有逸德此所以享國百年

而天下無事也 仁宗在位歷年最久臣於時實備
從官施爲本末臣所親見嘗試爲 陛下陳其一二
而 陛下詳擇其可亦足以申鑒於方今伏惟
仁宗之爲君也仰畏天俯畏人寬仁恭儉出於自然
而忠恕誠慤終始如一未嘗妄興一役未嘗妄殺一
人斷獄務在生之而特惡吏之殘擾寧屈己棄財於
夷狄而終不忍加兵刑平而公賞重而信納用諫官
御史公聽並觀而不蔽於偏至之讒因任衆人耳目
拔舉疏遠而隨之以相坐之法蓋監司之吏以至州
縣無敢暴虐殘酷擅有調發以傷百姓自夏人順服
蠻夷遂無大變邊人父子夫婦得免於兵死而中國
之人安逸蕃息以至今日者未嘗妄興一役未嘗妄

殺一人斷獄務存生之而此苛惡吏之殘擾寧屈己意財於夷狄而不忍加兵之〻效也大臣貴戚左右近習莫敢強橫犯法其自重慎或甚於閭巷之人此刑平而公之効也募天下驍雄橫猾以為兵幾至百萬非有良將以御之而謀變者輒敗聚天下財物雖有文籍委之府史非有能吏以鉤考而斷盜者輒發凶年饑歲流者塡道死者相枕而寇攘者輒得此賞重而信之効也大臣貴戚左右近習莫能大擅威福廣私貨賂一有姦慝隨輒上聞貪邪橫猾雖間或見用未嘗得久此納用諫官御史公聽並觀而不蔽於偏至之讒之効也自縣令京官以至監司臺閣陞擢之任雖不皆得人然一時之所謂才士亦罕蔽塞而不見

收舉者此因任衆人之耳目拔舉疎遠而隨之以相坐之法之効也升遐之日天下號慟如喪考妣此寬仁恭儉出於自然忠恕誠慤終始如一之効也然本朝累世因循末俗之弊而無親友群臣之議人君朝夕與處不過宦官女子出而視事又不過有司之細故未嘗如古大有爲之君與學士大夫討論先王之法以措之天下也一切因任自然之理勢而精神之運有所不加名實之間有所不察君子非不見貴然小人亦得厠其間正論非不見容然邪說亦有時而用以詩賦記誦求天下之士而無學校養成之法以科名資歷叙朝廷之位而無官司課試之方監司無檢察之人守將非選擇之吏轉徙之亟既難於考績

而游談之衆因得以亂眞交私養望者多得顯官獨立營職者或見排沮故上下偷惰取容而已雖有能者在職亦無以異於庸人農民壞於繇役而未嘗特見救恤又不爲之設官以修其水土之利兵士雜於疲老而未嘗申敕訓練又不爲之擇將而久其疆場之權宿衛則聚卒伍無賴之人而未有以變五代姑息羈縻之俗宗室則無敎訓選擧之實而未有以合先王親疏隆殺之宜其於理財大抵無法故雖儉約而民不富雖憂勤而國不强賴非夷狄昌熾之時又無堯湯水旱之變故天下無事過於百年雖曰人事亦天助也蓋　累聖相繼仰畏天俯畏人寬仁恭儉忠恕誠慤此其所以獲天助也伏惟　陛下躬上聖

之質承無窮之緒知天助之不可常恃知人事之不可怠終則大有爲之時正在今日臣不敢輒廢將明之義而苟逃諱忌之誅伏惟　陛下幸赦而留神則天下之福也取　進止

臨川先生文集卷第四十一

臨川先生文集卷第四十二

劄子

議皇地示神州地示燎燔劄子

進鄭侯道亭劄子

相度牧馬所舉薛向劄子

臣等竊覩自古國馬盛衰皆以所任得人失人而已汧渭之間未嘗無牧而非子獨能蕃息於周河隴之間未嘗無牧而張萬歲獨能蕃息於唐此前世得人之明效也待得人而不久其官久其官而不使得專其事使得專其事而不臨之以賞罰亦不可以成功今臣等相度陝西一路買馬監牧利害大綱已具奏聞伏見權陝西轉運副使薛向精力強果達於政事河北便糴陝西搉鹽皆有已試之效今來相度陝西馬事尤為詳悉臣等前奏已乞就委薛向提舉陝西

買馬及監牧公事今欲乞降指揮許令久任緣今來
馬價多出於觧池鹽利三司所支䌷絹等又許令
於陝西轉運司兌換見錢今薛向既掌觧鹽又領陝
西財賦則通融變轉於事爲便兼臣等訪問得薛向
陝西係官空地可以興置監牧處甚多若將來稍成
次第即可以漸興置蓋得西戎之馬牧之於西方不
失其土性一利也因未嘗耕墾之地無傷於民二利
也因向之材而就今經始三利也又河北有河防塘
泊之患而土多爲鹵不毛戎馬所屯地利不足諸監
牧多在此路所占草地多是肥饒而馬又不堪未嘗
大段孳息若陝西興置監牧漸成次第罷其一北諸監
有可存者悉以陝西良馬易其惡種有河甘大者悉以

肥饒之地賦民於地不足而馬所不宜之費以肥饒之地賦民而收其課租以助戎馬之費於地有餘而馬所宜之處以未嘗耕墾之地牧馬而無傷於民比又利之六者也如允臣等所奏即乞薛向所志舉官負及論改舊弊朝廷一切應副成功則無愛賞敗事則無憚罰如此則臣等保任薛向必能上副朝廷改法之意如將來敗事臣等各甘同罪 進止

論許舉留守令劄子

臣伏奉今月二十九日中書降到 勅語諸州知州知軍知縣縣令內有清白不擾而政迹尤異實惠及民者如係三周年或三十箇月替到任已及成資際二周年替到任已及一年已上其知州軍縣令本路安

撫轉運使副判官提點刑獄知州知縣縣令即更與本處
知州軍通判並連署同罪保舉再任仍須於奏狀內
將本官到任以來政迹可紀實狀 一條列奏委中
書門下更加察訪如不是妄舉即進呈取旨當議量
所述政迹及合入資序推恩許令再任令臣撰勑辭
者臣竊以謂朝廷欲使守令之宜民者久於其官誠
亦方今政務之先急然 勑意有於方今事變尚未
合者今審官除知州軍皆待二一年八月闕知縣縣令
亦大抵待闕一年以上今若以係三年及三十月替
者須候成資方得舉留再任及朝廷報許即其人
係三十月替者已及替期係年替者亦已去替期
不遠待闕之人亦已赴任雖赴任亦多已待闕一

年方復使之還就審官别去 差遣即於人情有所未
安兼朝廷欲使守令久於其 官爲其自知勢可以久
則畧於有爲而又上下相安 莫有苟且之意則必俟
成資然後許之再任孰若一 年以上即皆許之舉留
如此則已除待闕之人免往返之勞而被留之守
令又早自知其當久而於興利除害敢有所爲所有
勑詞臣雖已具草如以臣[illegible]爲允只乞於所降 勑
語内除去如係三周年或二十箇月替到任已及成
資係二周年替二十二字取 進止

乞朝陵劄子

臣嘗 仁宗皇帝 英宗 皇帝遷坐之時方以遭喪
疾病在外今蒙召還復備 從官出入見朝廷將命官朝

拜諸陵臣欲備使盡得少紓螻蟻區區感慕之情伏望 聖慈特賜矜許取 進止

乞免修實録劄子

臣准閤門報勅差臣與吳充同修 英宗皇帝實録竊緣臣於吳充爲正親家慮有共事之嫌今來實録院止闕呂公著一人臣於討論綴緝不如吳充精密若止差吳充一人以代公著自足辦事伏望 聖恩詳酌指揮所有勅牒臣不敢受取 進止

乞改科條制劄子

伏以古之取士皆本於學校故道德一於上而習俗成於下其人材皆足以有爲於世自先王之澤竭教養之法無所本士雖有美材而無學校師友以成就

之議者之所患也今欲追復古制以革其弊則患於無漸宜先除去聲病對偶之文使學者得以專意經義以俟朝廷興建學校然後講求三代所以教育選舉之法施於天下庶幾可復古矣所對明經科欲行廢罷并諸科元額内解明經人數添解進士及更俟一次科場不許新應諸科人投下文字漸令改習進士仍於京東陝西河東河北京西五路先置學官使之教導於南省所添進士奏名仍具別作一項止取上件京東等五路應舉人并府監諸路曾應諸科改應進士人數所貴合格者多可以誘進諸科嚮習進士科業如允所奏乞降 勅命施行

廟議劄子

准中書門下奏准治平四年閏三月八日勑遷
僖祖廟主藏之夾室臣等聞萬物本乎天人本乎祖
故先王廟祀之制有疏而無絕有遠而無遺商周之
主斷自稷契以下者非絕嚳以上遺之以其自有本
統承之故也若夫尊卑之位先後之序則子孫雖齊
聖有功不得以加其祖考天下萬世之通道也竊以
本朝自　僖祖以上世次不可得而知則　僖祖有
廟與稷契疑無以異今毀其廟而藏其主夾室替祖
考之尊而下附於子孫殆非所以順祖宗孝心事亡
如事存之義求之前載雖或有然考合於經乃無成
憲因情制禮實在聖時伏惟　皇帝陛下仁孝聰明
紹天稽古動容周旋惟道之從宗祀重事所宜博考

乞以臣等所奏付之兩制詳議而擇取其當

議服劄子

先王制服也順性命之理而爲之節恩之深淺義之遠近禮之所與奪刑之所生殺皆於此乎權之傳曰三年之喪未有知其所從來者也蓋朞年及緦麻緣是以爲衰而其輕重遲速之制非得與時變易唯貴之於賤或降或絕或否蓋在先王之時諸侯大夫各君其父兄欲尊尊之義有所伸則宜親親之恩有所屈此其所以降絕之意也自封建之法廢諸侯大夫降絕之禮無所復施士大夫無宗其適孫傳重之屬不可純用周制臣愚以謂方今惟諸侯大夫降絕之禮可廢而適子死非傳爵者無衆子乃可於適孫承

重自餘喪服當用周制而已何則先王制服三年之喪以爲差非得與時變易故也然自秦漢以來言禮者或失經旨而歷代承用傳守至今與夫近世改制亦皆有說非以義折衷則不明故臣於所欲定則爲議以辯之末學寡陋獨用已見決千歲以來之所惑恐不能盡伏乞以付學士大夫博議令臣得與反復

議南郊三聖並侑劄子

臣等聞推尊尊以享帝義之至推親親以享親仁之極尊尊不可以瀆故郊無二主親親不可以僭故廟止其先今三后並配欲以致孝也而適所以瀆乎享帝後宮有廟欲以廣恩也而適所以僭乎享親推存事亡則非所以寧親也臣等今詳議欲乞各如禮官所

議

議郊祀壇制劄子

先王所以交於神明壇坎牲幣器服時日形色度數莫不依其象類易曰一陰一陽之謂道乾陽物也坤陰物也冬日至祀天於地上之圜丘所謂爲高必因丘陵而因天事天也夏日至祭地於澤中之方丘所謂爲下必因川澤而因地事地也蓋陽以圜爲形其性動陰以方爲體其性靜天陽而動故祀於地上之圜丘而禮神以蒼璧璧亦圜也地陰而靜故祭於澤中之方丘而禮神以黃琮琮亦方也合祀天地爲圜壇而於國陽之地上豈聖人以類求神之意哉熙寧郊儀祭皇地示壇八角祭神州地示壇廣四十八步

高五尺今則變方爲圜壇神州築方壇而復無坎皆不應禮伏請皇地示神州地示爲方壇壇之外爲坎庶協古制

議郊廟太牢劄子

謹按禮記王制祭宗廟之牛角握周禮小司徒凡小祭祀奉牛牲入古者諸侯五廟礿祠烝嘗每廟一太牢大夫三廟有天子之大夫故曰大夫用索牛謂之索者求得而用之但不在滌而已諸侯之祫祭用太牢吉祭則少牢自諸侯與天子之大夫時祭用牲如此然則天子之祭用牛者可知矣唐郊祀并宗廟社稷等祭悉用大牢其後稍易舊制九廟時享有攝事共用一犢二國朝開寶初冬至親郊詔有司宗廟共

用犢一郊壇用犢三又詔其常祀惟　昊天上帝用
犢自餘大祀悉以羊豕代之嘉祐中　仁宗親祫即
每室用太牢自餘三年親祀八室共用一犢有司攝
事惟以羊豕記曰先王之制禮也不可多也不可寡
也唯其稱也是故君子大牢而祭謂之禮曰君子謂
大夫以上也夫以天下奉其祖禰而廟享牲牢用過
乎儉不可謂稱今三年親祠而八室共用一犢及祫
享盛祭有司攝事而少牢則非稱欲乞三年親祠并
食饗有司攝事伏請太廟每室並用太牢一貼黃竊
恐朝廷以牛數多或乞時饗且仍舊制右奉　聖旨
唯親祠并祫享每至用太牢

議皇地祇神州地祇不合燎燔事劄子

伏爲北郊所祭皇地示幷神州地示秪合坎瘞自來
卻如祭天升煙之義別建一壇燔祝版臣昨累次具
狀奏聞乞行改正雖蒙 聖旨下有司詳定又緣所
定壇壝儀注條件不少考求典故未能遽革伏覩今
月二十一日神州地示亦依襲故常泥飾壇燎依舊
行事臣昨亦備述自古以來祭祀皆爲瘞坎蓋取就
下求陰之義及考先儒所祭地示即無槱燎之文伏
覩國朝祀儀所載祀辭亦曰瘞儀卻行燔燎之禮顯
是從來差錯恐瀆干神欲乞不候議定諸壇壝等制
度先次考正令來瘞埋之義更不於壇上燔燎祝版
以別天神地示之異上副 陛下修誠致孝肅恭祠
享之意奏聞候 勅旨狀前批送太常禮院本所謹

案古者祀天神燔柴登煙祭皇地示埋瘞蓋燔柴則升煙于上瘞埋則達氣于下求神必以其類故也王涇唐郊祀録凡祭祀地示則爲瘞埳於神壇之壬地方深取足容物祭訖置牲幣祝饌於其中而埋之熙寧祀儀皇地示神州地示皆爲燎壇方一丈高一丈有三尺開上南出方六尺在壇南二十步丙地祭大社大稷又設燎柴於西神門外道北以地示而同之天神之祀殊悖於禮所有今來王某起請實合禮制伏請自今祭皇地示神州地示太社太稷其祝版與牲幣饌物並瘞於埳更不設燎所有皇地示神州地示燎壇並乞除去

進鄭侯遺事劄子

臣前日伏奉　聖旨許進鄭俠遺事今繕録已具然無別本參校恐不能無脫誤竊以宇文黑獺之中材遇傾側窮困之時而輔之以區區之蘇綽然其爲法尚有可取伏惟　陛下天縱上智卓然之材全有百年無事萬里之中國欲捌業垂統追堯舜三代在明道制衆運之而已如李泌所稱豈足道哉顧求多聞以考古今得失之數則此書亦或可備省覽謹隨劄子上進

臨川先生文集卷第四十二

臨川先生文集卷第四十三

劄子

辭男雱說書劄子

臣今日伏奉　聖旨除男雱太子中允崇政殿說書臣雖已奏論非宜尚未蒙恩開允事有關於國體豈敢冒昧不言臣竊觀　陛下即位已來慎惜名器一介之任必欲因能講藝之臣尤爲遴選如雱學問荒淺加以未更事任試之筦庫尚懼不勝論經之地實非所據　陛下必欲誤加奬擢實恐上累知人任使之明伏乞　聖慈察臣懇款追還成命以合衆論之公取　進止

辭男雱授龍圖劄子三

臣伏承　聖恩以修撰經義罷局除臣男雱龍圖閣直學士臣雖已懇辭未蒙昭察伏念臣男雱誤蒙

陛下知奬特以粗知承學比奉　聖旨撰進經義

畀遂自太子中允崇政殿説書擢授右正言充

天章閣待制兼侍講當是時所叨恩命已駭衆人觀

在臣父子已所難安伏蒙　宣諭令臣更勿辭免

臣亦以謂　聖恩録進書微効遂不敢辭自爾以來

雱以疾病隨臣不復與聞經義職事今兹罷局在雱

更無尺寸可紀之勞不知何名更受褒賞非特於臣

父子私義所不敢安竊恐朝廷賞罰之公如此極爲

有累伏望　聖慈察臣懇悃追寢誤恩非特臣父子

曲蒙保全亦免衆人於聖政有譏議

二

臣伏奉　詔書以臣乞免臣男雱恩命未賜允俞臣

之懇款已備前陳螻蟻微誠未能昭徹然國家之賞
典務在報功施之非宜實累國體非特在臣父子私
義所不敢安伏惟大明無所不燭察臣非敢妄干
聖聽早賜追寢誤恩謹再具劄子陳免以聞

三

臣近累具劄子辭免臣男雱恩命伏蒙　聖慈特降
詔書不允者臣之懇誠已具前奏　聖恩深厚未即
矜從在臣區區實不寧處如臣叨昧尚所難勝況又
賤息何名享此賞而無勸累國實多伏望　聖慈察
臣父子皆荷　陛下全度之至恩所以上報生當
首死當結草而已謹三具劄子陳免以聞

進字說劄子

臣在　先帝朝嘗得許慎說文古字妄嘗覃思究釋其
意冀因自竭得見崖略並蒙視天終以罔然念非所
能因畫而止頃蒙　聖問俯及退復黽勉討論頼恩
寬養外假歲月而桑榆憊眊久不見功甘師顏至奉
被訓敕許錄臣愚妄謂然者繕寫投進伏惟大明旁
燭無疆豈臣熒爝所敢銜冒承命追逼置懟無所如
蒙垂收得御宴閒千百有一儻符神指愚所逮及繼
今復上干洊宸扆臣無任

乞改三經義誤字劄子二道 元豐三年八月二十八日

奉　聖旨宜令國子監依所奏照會改正

臣頃奉　敕提舉修撰經義而臣聞識不該思索不
精校視不審無以稱　陛下發揮道術啓訓天下後

世之意上孤眷屬沒有餘責幸蒙大恩休息田里坐竊榮祿免於事累因得以疾病之間考正誤失謹錄如右伏望清燕之間垂賜省觀儻合聖心謂當刊華即乞付外施行臣干冒天威無任云云取進止

尚書義

皐陶謨揆見其惡當作揆其見惡

益稷故懋懋使之化當作則懋使之化

微子純而不雜故謂之犧犧當作牷全而無傷故謂之牷牷當作犧

洪範有器也然後有法此書所以謂之範者以五行為宗故也五行猶未離于形而器出焉者也擴而大謂之弘積而大謂之丕合而大謂之洪此書言合

五行以成天下之大法故謂之洪範也已上七十
一字今欲删去
又去陶復陶穴尚矣後世易之棟宇而其官猶曰司
空因其故不忘始也已上二十六字今亦欲删去
周官唐虞稽古字上漏曰字

周禮義

小宰其財用上其字當作共
大府受藏之府則若職內掌邦之賦入是也受用之
府則若職歲掌邦之賦出是也已上三十字今欲
删去
黨正歲屬其民者四四當作五
誦訓以詔王觀事當去王字

典瑞手足腹背手當作首
冢人山林之尸則以山虞已上八字今欲删去
御僕掌萬民之復復當作逆
大馭有軓也軓當作軌
大行人三公八命出封加一命則謂之上公已上十
四字今欲删去

詩義

北風北以言其威雨雪以言其虐凉者氣也喈者聲
也雱盖言聚霏盖言散氣之所被者近聲之所加
者遠聚則一方而已散則無所不加此言其爲威
虐後甚於前也已上六十三字今欲删去改云北
風之寒也而以爲凉北風之厲也而以爲喈此以

言其爲盛與雨雪之散也而以爲雩雨雪之集也而
以爲霏此以言其爲虐
君子偕老玼兮玼兮其之翟也者服之盛也服之盛
字下今欲添質宜之三字又云瑳兮瑳兮其之展
也蒙彼縐絺是紲袢也者亦服之盛也亦服之盛
字上欲減亦字服之盛字下欲添文宜之三字
定之方中說于桑田者者當作則
干旄州里之士所建今欲改爲鄉黨之官所建
有女同車公子五争當作爭
駟鐵駟馬既閑駟當作四
墓門食椹而甘椹當作葚
七月去其女桑而猗之然後柔桑可得而求也已上

十六字今欲刪去改云承其女桑而猗之然後遠
揚可得而伐也
又蠶月者非一月故不指言某月也下乃云蠶女事
也故稱月焉
又云猗薪之也言猗女桑則遠揚可知矣言伐遠揚
則女桑可知矣皆伐而猗之也已上三十字今欲
刪去
車攻言其連絡布散衆多若奕棋然已上十二字今
欲刪去
小旻發言盈廷廷當作庭
桑扈受福不郍郍當作那
生民麻麥幪幪麦當作麥

公劉篤之字从竹从馬馬行地無疆以竹策之則力
行而有所至篤之爲言力行而有所至也巳上三
十四字今欲删去
卷阿藹藹然盛多然當作其又云故次以旣醉太平
也多太平二字今合删去
召旻旻閔非所以爲哲字上漏明字今合添
時邁政之所加孰敢不動懼今欲改云政之所加孰
敢不震動疊息
那磬管將將管當作筦

二

臣近具劄子奏乞改正經義尚有七月詩剝棗者剝
其皮而進之養老故也十三字謂亦合删去如合聖

心亦乞付外施行取　進止

論改詩義劄子

臣子雱奉　聖旨撰進經義臣以當備　聖覽故一二經臣手乃敢奏御及設官置局有所改定臣以文辭義理當與人共以故不敢專守己見爲是既承詔頒行學者頗謂所改未安竊惟　陛下欲以經術造成人材而職業其事在臣所見小有未盡義難自默所有經置局改定諸篇謹依　聖旨具録新舊本　進呈內雖舊本今亦小有删改處并略具所以删復之意如合　聖旨即乞封降檢討呂升卿所解詩義依舊本頒行小有删改即依　聖旨指揮取　進止

答手詔言改經義事劄子九月十一日

臣伏奉手詔依違之罪臣愚所不敢逃然 陛下既推恩惠卿等而除其所解臣愚不敢安此若以其釋説有甚乖誤者責臣更加刪定臣敢不祗承聖訓取進止

改撰詩義序劄子

臣伏奉手詔以臣所進三經義序有過情之言宜速刪去臣雖嘗數奏以為文字所宜又奉 聖訓再三但令序述解經之意不雖過有稱道伏惟 皇帝陛下盛德至善孚於四海非臣筆墨所能加損然因事宣著人臣之職也誠以言之不足為懼不以近於媚諛為嫌而上聖所懷深仁謙損臣敢不奉承 詔旨庶以仰稱堯禹不爭不伐之心所解撰到詩義并前

進書周禮義序謹隨劄子投進昧冒天明臣無任

乞以所居園屋為僧寺并乞賜額劄子

臣幸遭興運超拔等夷知獎眷憐逮兼父子戴天覆地感涕難勝顧迫衰殘糜捐何補不勝螻蟻微願以臣今所居江寧府上元縣園屋為僧寺一所永遠祝延 聖壽如蒙矜許特賜名額庶昭希曠榮與一時仰憑威神誓報無已

乞將田割入蔣山常住劄子

臣父子遭值 聖恩所謂千載一時臣榮祿既不及於養親雱又不幸嗣息未立奄先朝露臣相次用所得祿賜及蒙恩賜雱銀置到江寧府上元縣荒熟田元契共納苗三百四十二石七斗七升八合簽一萬

七千七百七十二頃小麥三十三石五斗二升柴三百二十束鈔二十四貫一百六十二文今見託蔣山太平興國寺收歲課爲臣父　母及雱營葬功德欲望聖慈特許施充本常住令永遠追薦昧日月天威無任祈恩祈昇營之至取　進止

謝宣醫劄子

食浮擬臭自取危疾敢籲　天聽上煩睿慈惻不圖聞徹特冐慈憐亟遣内臣挾醫馳降臣背有宿餘毒即得既承敷貼平完尚以風氣冐悶言語蹇澀又賴杜壬診療尋皆痊愈臣追於衰暮自分捐没　聖時朽骸再生實叨殊賜戴天履地感涕難言臣無路望闕庭不任屛營汎瀾激切之至

臨川先生文集卷第四十三

臨川先生文集卷第四十四

劄子

宣諭蘇子元劄子

乞解機務劄子

臣以羈旅之孤蒙恩收録待罪東府於今四年方陛下有所變更之初内外小大紛然臣實任其罪戾非賴至明辨察臣宜誅斥久矣在臣所當圖報豈敢復有二心徒以今年以來疾病浸加不任繁劇比嘗粗陳懇款未蒙 陛下矜從故復黽勉至今而所苦日甚一日方 陛下勵精衆治事事皆欲盡理之時乃以昏疲久尸宰事雖 聖恩善貸而罪負日滋至於不可復容則終上累 陛下知人之明特害臣私義而已臣所以昧冒有今日之乞也伏蒙 宣諭未賜哀矜彷徨屏營不知所措然臣所乞固已深思熟

計而後敢言與其廢職而至誅則寧違命而獲譴且大臣出入以均勞逸乃是祖宗成憲蓋國論所屬愆惡所歸自昔以擅其事鮮有不遭罪黜然則祖宗所以處大臣不爲無意也臣備位亦已久矣幸蒙全度偶免譴何實望 陛下深念祖宗所以處大臣之宜使臣獲粗安便異時復賜驅策臣愚不敢辭

二

臣某螻蟻微誠屢煩天聽每蒙訓荅未賜矜從惶怖征營不知所措臣今日奏對近於日旰不敢久留以勤聖體所以依違遂退即非敢食其言以道事君誠爲臣之素守苟可强勉而免違忤之罪臣亦何敢必其初心實以疾病浸加恐隳 陛下所付職事上累

陛下知人之哲下違臣不能則止之義此所以彷徨迫切而不能自止也且臣所乞特蒙暫均勞逸非敢遂即田里之安竊謂　聖恩不難賜許謹具劄子陳乞伏望　聖慈特垂開允

三

臣今日得望　陛下清光伏蒙敦喻獎激可謂備厚矣臣雖愚戇豈敢忘　陛下至恩盛德然臣之懇款亦已具陳實望　陛下照察哀憐使臣得休養其疲昏以免曠職之負而不累　陛下知人之明也臣干忤天威無任惶怖之至

四

臣今日伏蒙　陛下令呂惠卿宣道　聖旨又令馮

宗道隨賜手詔趣令復位眷顧之厚非臣殺身所能
上報然臣不才無補時事肝鬲懇懇已具面陳君臣
之義實均父子苟尚可以黽勉豈敢輕爲去就誠以
義不獲已須至昧冒天威　陛下至仁常恐一物失
所況臣特蒙獎擢久備驅策夙夜之勞簡在聖心豈
容不思所以全安之而令終於顛躓也伏望哀憐匹
夫之志有不可奪早賜處分臣無任瞻　天祈恩激
切之至取進止

五

臣伏蒙　聖恩特降中使傳宣封還所上表不允所
乞臣誠惶誠感不知所措竊念臣蒙　陛下恩德至
深至厚方　陛下旰食焦思之時豈宜自求安佚實

以疾疢所嬰曠廢職事若不早避賢路必且仰誤任使懇懇所懇具如前奏伏惟　陛下天地父母曲賜矜憐察臣于祈出於甚不得已臣生當隕首死當結草謹再具劄子陳乞臣無任惶怖懇迫祈恩之至

六

臣伏奉　聖恩特降中使令臣入見供職臣之懇誠略已昧冒　天聽高邈未蒙垂惻輒復陳叙仰冀哀憐伏念臣孤遠疵賤衆之所棄　陛下收召拔擢排天下異議而付之以事于八年於此矣方　陛下興事造功之初群臣未喻　聖志臣當是時志存將順而不知高明彊禦之爲可畏也然　聖慮遠大非愚所及任事以來乖失多矣區區夙夜之勞曾未足以酬

萬一之至恩今乃以久擅寵利羣疑並興衆怨總集
罪惡之釁將無以免而去又被之疾疢使其意氣昏
惰而體力衰疲雖欲彊勉以從事須臾勢所不能然
後敢干天威乞解機務竊以謂 陛下天地父母宜
垂矜憐論其無功則雖可誅閔其有志則或宜宥終
始全度使無後艱而未蒙 天慈顧哀猶欲彊以重
任使臣黽勉尚能有補 聖時則雖滅身毀宗無所
避憚顧念終無來效而方以危辱上累朝廷此臣所
以不敢也 陛下明並日月何所不燭願賜容光之
地稍委照焉則知臣之惓惓非敢苟忤恩指也臣乞
且於東府聽候朝旨伏望 陛下垂恩早賜裁處臣
不任昧死干祈激切之至

謝手詔慰撫劄子

臣昨日伏奉手詔所以慰撫備厚非臣疵賤之所宜蒙伏讀不任感激屏營之至今日呂惠卿至臣第具宣　聖旨臣雖糜軀隕首豈能上酬獎遇臣自江南召還獲侍清光竊觀天錫　陛下聰明睿智誠不難興堯舜之治故不量才力之分時事之宜敢以不肖之身任天下怨誹欲以奉承　聖志自與聞政事以來遂及期年未能有所施爲而內外交御名合爲沮議專欲誣民以惑　聖聽流俗波蕩一至如此　陛下又若不能無惑恐臣區區終不足以勝而又妨衆邪之路則或誣罔出於不意有甚於今日以累　陛下知人任使之明故因疵疾輒求自放　陛下不以臣

狂猥賜之罪戾而屈 至尊之意反復誨喻臣豈敢
尚有固志以煩督責只候開假即入謝區區所懷冀
得面奏臣無任感天荷聖激切屛營之至謹具劄子
奏知

謝手詔訓諭劄子

臣以不才久曠高位昧冒求解屢煩 聖聽曲蒙矜
允實荷至恩繼奉手詔俯垂訓喻非臣隕首所能報
稱伏惟 陛下躬堯舜盛德舉千載一隆之政以福
休斯民萬邦黎獻所願致死況臣踈遠疵賤首蒙察
舉 陛下任之至重而眷之至優一旦遠離誠非獲
已苟異時 陛下未賜棄絶而臣犬馬之力尚足以
效則豈宜背負恩德長自絶於聖時哉臣瞻天荷聖

無任激切之至

荅手詔封還乞罷政事表劄子

臣今日具表乞罷政事方屏營俟命而呂惠卿至臣第傳 聖旨趣臣視事續又奉手詔還臣所奏喻以天下之事盡力固可成就以卿所學不宜中輟俛聽伏讀不勝螻蟻區區感慨惻怛之至臣蒙拔擢備數大臣 陛下所以視遇不爲不厚矣豈敢輕爲去就誠以 陛下初訪臣以事臣即以變風俗立法度爲先今待罪期年而法度未能一有所立風俗未能一有所變朝廷內外詖行邪說乃更多於鄉時此臣不能啓迪聖心以信所言之明效也雖無疾疢尚當自劾以避賢路況又昏眩難以看讀文字即於職事當

有廢失雖貪　陛下仁聖卓然之資冀憑日月末光粗有所成而自計知此豈容偷假名位坐棄時日以負所學上孤　陛下責任之意伏望　陛下哀憐矜察許臣所乞毋令臣得要君之嫌重爲流俗小人所毀臣不勝祈天俟聖激切之至取進止

荅手詔令就職劄子

臣累奏乞解機務歸田里伏奉手詔令臣無復有請祗服　聖訓使宜就職然臣所以致身許國正欲行事君之義而已若致身於辱殆之地以累　陛下知人之明而令天下後世譏議及國則非臣所學事君之義也昔仲山父既明且哲以保其身故宣王有任賢使能中興之功臣既不自知又昧於知人信已妄

行以至今日免於大戮實 陛下天地父母之賜也若猶冒恩不即自馳終恐傷 陛下保全臣子之仁是以不敢伏望 陛下哀臣懇至特賜矜許臣無任瞻天祈恩激切之至取進止

答手詔留居京師劄子

臣伏奉手詔欲留臣京師以爲論道官宜體朕意速具承命奏來臣才能淺薄誤蒙 陛下拔擢歷職既久無以報稱加以精力衰耗而咎釁日積是以冒昧乞解重任幸蒙 聖恩已賜矜允而繼蒙恩遣呂惠卿傳 聖旨欲臣且留京師以備顧問臣竊伏惟念父子向知遇誠不忍離左右既又熟計論道之官固非所宜且以置之閑地似爲可處 陛下付託既已

得人推誠委任足以助成　聖治臣義難以更留京師以速官謗若　陛下付臣便郡臣不敢不勉至於異時或賜驅策即臣已嘗面奏所不敢辭伏望
聖心特賜矜察臣無任感天荷聖激切征營之至伏
取進止

辭僕射劄子

臣伏奉制恩以提舉修撰經義了畢特授臣尚書左僕射兼門下侍郎加食邑實封承命惶怖已曾面辭
宣喻稠疊未垂聽允伏念臣特蒙　陛下知遇任使實以稍知經術叨塵非一每愧無功更以訓釋微勞過受褒遷殊禮格之公論孰以為宜況在私誠尤難安此伏望　陛下俯照悃愊特賜哀憐追還誤恩以

保危拙謹具劄子陳免以聞

二

臣近具劄子辭免恩命伏蒙　聖慈特降詔書不允者區區所陳備出肝膈重煩睿劄以懼以慙伏念臣蒙恩自外召還復得與聞政事智衰耄及筋力弗支仰惟駿德之日躋深懼薄材之難副雖未敢以妨賢自弛顧豈宜以非分妄遷賞浮於勞實累國體豈惟私義所不敢安伏望　聖慈深以保全臣子為念早罷追還成命以允中外論議之公謹再具劄子陳免以聞

三

臣近累具劄子辭免恩命伏蒙　聖慈特降詔書不

先哲之奮訓下爲之豈宜適慢顧惟懇款實有可矜于忤
天威良非獲已伏念臣出於孤遠遭值聖時弱力而
重任薄功而厚享夙興夜寐深懼顛隮豈敢非分更
叨殊獎且方　陛下發明經術啓迪人材而臣偶以
乏人遂當器使遺經殘缺既不易知聖學高明又難
仰副雖已強顏應詔實恐難以須行豈意天度包荒
藏疾襃崇獎勵在所難勝隆儒尚學誠　陛下盛德
量能知分亦臣之私義伏望　聖慈俯照誠悃以其
終難昧冒早賜追寢誤恩謹三具劄子陳免以聞

乞宫觀劄子

臣某頃被召還復汙宰司行以亢滿易虧恭稟以衰疾
多廢幸蒙恩釋重寄尚兼將相之官自惟憂傷病疾

之餘復當辭劇就閒之日過叨榮禄非分所宜黽勉
方州亦將不逮故因賜對輒預奏陳俟到江寧須至
上煩聖慮乞以本官外除一宫觀差遣於江寧養疾
過蒙眷獎喻以毋然非臣糜殞所能仰稱而臣自離
闕庭所苦日侵目眩頭昏背寒膈壅加之喘逆稍勞
輒劇若非蒙恩許免藩任且令休養即恐寖復無期
輒敢昧冒天威具陳前日悃愊伏望　陛下特垂睿
聽俯亮愚誠早賜矜從使得寧濟即異時稍堪驅策
誓復罄竭疲駑臣無任

二

臣某近輸悃愊仰丐恩憐干犯天威方懷憂畏伏蒙
聖慈特遣使人賫賜詔勑諭以至意撫存顧念逮及

存沒之荷恩德無以勝任瞻望闕庭唯知感涕然臣之懇懇實有可言伏念臣抱疾以來衰疲浸劇若黽勉從事必不能上副憂勤而應接之勞適足以自妨休養又此閑祿厚非分所宜聖心雖示優容臣終難於叨昧伏望 陛下俯垂燭察早賜矜從他日苟獲夷瘳餘年敢辭驅策臣無任

三

臣某比因馮宗道還闕已具輸區區螻蟻之情繼蒙撫存曲賜訓諭臣誠惶誠感已具表稱謝以聞竊惟天慈終始眷憐故欲賦以厚祿示以優禮不然一州之守豈憂付屬之人臣憂患餘生加之疾病喘焉朝夕難冀久存 陛下所以愛臣何啻天地父母令臣

多尸廪賜重貽亢滿之殃豈若賜以安閑使有寧處之福伏望深垂簡照早賜矜從他日旅力復可驅馳敢不致死以圖報效臣無任

四

臣某備位七年初無分毫績効以病自列獲解繁機而誤恩曲加寵禄并過豈臣庸朽所可堪任況自涉春以來衆病並作氣滿力憊殆不可支其勢如此以尸厚禄則有食浮之憂以任州事則有官曠之責計臣之分無一可爲故願乞其不肖之身休養歲月而璽書繼至訓勑加嚴雖　陛下示眷奬之意始終不俞而臣竊自度量終難黽勉以稱萬一徬徨踧踖不知所言輒瀆冒　天威期於得請而後已伏望

陛下深垂簡照早賜矜從他日若獲寧瘳顧雖晚節
末路尚知禆報惟所驅策豈敢辭免除已具表謹具
劄子陳乞臣無任

五

臣某近四上表乞以本官外除一宫觀差遣伏蒙
聖慈特降詔書不允所乞仍斷來章螻蟻之微頻煩
寵諭臣之懇誠已具累表愚衷激切終冀矜從伏念
臣荷國厚恩未報萬一若非疾苦不能任事豈敢數
違訓勑以自取逋慢之誅但以病勢日增雖外視形
色若無甚苦而神耗于中力憊于外一有動作即不
可支思慮恍然事多遺忘以此居官豈能塞責且一
方之任非獨簿書獄訟在所省察至於禦戒盜賊輯

安兵民責在守臣事實至重此豈精神衰耗體力疲憊之人所可堪任伏望　陛下加惠留聽察其所請出於誠然早賜開允則非獨於臣私分得以自安亦於　陛下任使之際無曠官廢事之悔臣愚不勝至願謹復具劄子陳乞臣無任

求退劄子

臣伏奉手詔令臣二十三日入見臣明日當入見然臣之懇款具如前奏所陳匹夫之志有不可奪實望聖慈必賜矜從

已除觀使乞免使相劄子

臣某衰疾疲曳艱於自力干恩天聽至于三四遭優訓瀆罪當誅殛伏奉勑命就除觀使俯從燕安之請

欲猶假非分之名器鴻慈覆載之 啻天地感激涕
無言以諭然以將相之祿養疾以田里歷選近世勳
賢未有若斯比例臣愚無狀績効不昭欲以何名敢
此叨昧且臣蒙 陛下識拔序之羣臣之右當以粗
知分義爲異庸人今若以衰殘向盡之年貪非所據
豈不自隳素守而仰累 陛下知人之明伏望
聖慈察臣累奏許以本官充使於江寧府居住冀蒙
瘳復絲髮靡捐所有 勅命臣未敢祗受除已具表
謹復具陳乞以聞干忤天威臣無任

二

臣某伏奉 詔書不允所乞祗荷 聖訓丁寧備至非
臣庸朽所可堪稱伏自惟念臣以疾病不勝從事之

勞而欲自休養退歸田里乃分之宜尚恃眷憐私竊
自愬而求以本官食宮觀之祿于外於臣之義媿負
已多而　陛下乃欲使之兼將相之重而處於此雖
仰戴恩德爲至厚矣而臣歷選前代近至本朝所以
寵待勳舊之臣無有斯比況臣久尸重任績効不昭
豈可度越前人有此叨據是且上虧　陛下名器不
以假人之道下傷愚臣知止之義伏望特垂睿聽早
賜允從則非獨於臣私分得以自安亦於天下公論
爲協除已具表謹復具劄子陳乞以聞臣無任

三

臣冀近以懇誠上干天聽伏蒙　聖慈特降中使賫
賜詔書仍斷來章臣以朴愚冝適明命罪譴之及所

不敢辭而 陛下加惠寬矜慰喻備至仰荷天地厚
恩非臣殞越所能報稱然臣之懇懇亦累具聞分義
旣所難受臣亦何敢不自已竊惟人君之御臣以其任
隆而責重故委之高爵重祿而無媿此上下所以兩
得而能治安也今臣旣以疲疢退歸閭里尚恃
陛下眷存謂其嘗預政事有夙夜之微勤故敢求以
本官食宮觀之祿于外已於理分爲所非宜而
陛下乃踈誤恩使兼將相之重臣愚不肖病不任事
顧於 陛下勵精求治之時不能自力以裨補萬一
而坐尸名器如此其厚人臣之出力赴功方任隆責
重而有勳勞者 陛下將復何以處之此臣所以不
敢也臣若苟貪仰副訓勑而不知慮此則非獨於臣

私義無以自全亦於國家大體所損非細故復冒昧
期於得請而後已伏望 陛下始終念察早賜聽許
則非獨臣爲幸臣無任

四

臣某近再以懇誠上干睿聽逋慢明訓方虞譴謫伏
蒙天慈特差臣弟某賫賜詔書不允所乞傳諭德意
撫存備厚仰荷天地至恩捐軀隕首無以上報伏自
惟念臣以衰病無勞之身得請于外雖能爲上陳方
任一方之寄以忝將相尚爲非分況今蒙恩寬假得
就燕間豈可坐而尸此以養痾田里之中此臣所以
不敢忘止足之義而自取辱殆也所懷懇激已具累
奏雖 陛下申加獎勵恩德有隆而愚臣之竊自揣稱

終無可以叨昧之理伏望　陛下俯垂閔察早賜開
允則非獨臣爲幸甚除已具表謹復具劄子陳乞以
聞臣無任

宣諭蘇子元劄子

臣適已見蘇子元日六宣　聖旨然兵事貴速憂在失
時恐子元往不如期鄭行之疾亦恐子元道路偶或
有故稽留則無及事臣愚謂宜遞中賜郭逵等劄子
更錄付子元令申喩曲折

臨川先生文集卷第四十四

臨川先生文集卷第四十五

内制 冊文表本青詞

郊祀 昊天上帝 皇地祇 太祖皇帝冊

文三道

朝享 聖祖大帝 仁宗 英宗皇帝冊文

三道

皇后冊文

先天天貺降聖冬至節内中露香表四道

南郊青城 皇帝閤 太皇太后皇太后聖

體表

太皇太后皇太后回荅 皇帝閤聖體書

寒食節起居永定諸陵諸后陵表二道

中元節八月一日起居諸后永昭陵表二道

十月一日永昭陵奏告　仁宗皇帝表

十月一日起居永安諸陵諸后陵表二道

冬至節上諸陵諸后陵表二道

寒食節上南京鴻慶宫等處　太祖諸帝表

中元節起居諸帝神御殿諸陵表二道

十月一日起居揚州諸帝神御殿表

冬至節上南京鴻慶宫等諸帝表

先天節奏告　仁宗皇帝表

南郊下元節奏告　聖祖大帝表

南郊禮畢　皇帝謝内中功德表

南郊禮畢奏謝　英宗皇帝表

眞宗皇帝忌辰奏告永定陵景靈宮慈德殿

表

集禧觀開啓爲民祈福道場默表

鴻慶宮延祥觀崇先觀開啓　皇帝太皇太后皇太后本命道場青詞四道

靈釐內殿西太一宮龍圖閣開啓太皇太后皇太后生辰道場青詞四道

廣聖宮開啓　眞宗皇帝忌辰道場青詞

福寧殿罷散開啓三長月道場青詞五道

福寧殿開啓南郊道場青詞

郊祀　昊天上帝冊文

伏以眷命作邦百年於此蒙休承福外內用寧施及

沖人嗣膺曆服燎禋有典穪秩惟時

郊祀　皇地祇冊文

伏以大報于郊有典咸秩厥作成物配天同功合食
泰壇義存一體猥以沖眇紹休前人絜承昭事不敢
不察

郊祀配帝　太祖皇帝冊文

伏以命于帝廷肇造區夏掃除僭悖人以永寧陟配
天郊實存舊典靈承圭薦其敢忘初

朝享景靈宮　聖祖大帝冊文

伏以靈德在天實基皇命降依下土臨況後人方以
眇躬進承郊廟神遊所御獻享惟時庶幾顧歆永有
蒙賴

朝享 仁宗皇帝冊文

伏以體道邁德寵綏㠯民休嘉垂延燕及于後肆以寡昧獲承郊宮祼饋有儀敢忘用舊

朝享 英宗皇帝冊文

伏以靈德美行實兆初潛神民所歆曁貫命自至祗紹考服循而弗改用謚土宇以詒沖人登祔新宫歷茲嘉月燎禋有舊祼享惟時

皇后冊文

維熙寧二年歲次己酉四月丁酉朔二十六日壬戌皇帝若曰自昔有天下必擇建厥配以承宗廟以御家邦肆朕受命奉循前烈考慎典冊以祈協于神民咨爾向氏懿柔淑恭舊有顯聞肇功惟祖弼亮帝室

流德之澤覃延後嗣是產碩媛比賢姜任越朕初載
來嬪藩邸盥饋在中率禮無違以至嗣服祗承内事
齋明夙夜罔有曠失宜崇位號表正宮庭今遣攝太
尉推忠協謀同德佐理功臣樞密使光禄大夫檢校
太傅行尚書刑部侍郎上柱國東平郡開國公食邑
五千戸食實封一千戸呂公弼攝司徒朝散大夫右
諫議大夫參知政事護軍太原郡開國侯食邑一千
一百戸賜紫金魚袋　持節冊命爾為皇后夫惟
興王釐厥士女咸自内始達于四海朕克勤人用弗
急朕克儉人用弗奢朕克正人用無敢側頗僻爾勳
朕相乃濟登茲於戲匪初惟艱惟慎厥終爾忱念茲
朕以永享天禄爾亦豫有無疆之福豈不韙哉

先天節　皇帝謝内中露香表

伏以眇躬無似寶曆膺命之休鼇極有初敢慶靈承之舊冀家僊聖俯監齋精

天貺節　皇帝謝内中露香表

伏以靈命告休嘉名紀節用露熏之故事酬乾施之至恩仰賴監觀俯垂歆祐

降聖節　皇帝謝内中露香表

伏以昊天錫命寶佑永圖良月御時載臨嘉節率循故事升薦至誠仰冀靈明溥垂庇貺

冬至節　皇帝謝内中露香表

伏以四氣臨旋一陽來復仰瞻穹昊祗薦芬香所冀含生並蒙垂福

南郊青城　皇帝問　太皇太后皇太后

聖體表

臣名言自宫祖郊夙夜祗事方此寒冱關於定省伏

惟比日寢食宜加

太皇太后回荅　皇帝問聖體書

太皇太后致書于　皇帝奉祠郊宫爲國大事夙興

夜寐固已勤勞勉慎節宣以膺禧福

皇太后回荅太廟　皇帝問聖體書

太后致書于　皇帝躬率群臣肇見祖考孝思之至

何以自勝尚慎興居以保休福

寒食節起居永定陵宣祖諸陵等處表

伏以榆火戒時柏城在望薦豆籩之新物弗獲躬親

象几席之平居寶存御蠲烝有舊紵慕無窮

寒食節起居諸陵昭憲等諸后表

伏以桐華伊始火令載嚴獲嗣慶圖仰蒙慈芘追溯靈而莫逮歷時序以增思

中元節三陵起居諸后表

伏以素秋伊始華月既盈物御氣以裒傷心感時而悽愴伏惟尊謚皇后惠風無斁慈範有詒猥以眇沖仰承慶裕瞻幽靈之所宅結永慕之至懷

八月一日永昭陵旦表

伏以暑往御時宵中應律載班秋朔申薦廟嘗伏惟尊謚皇帝體道成乾施仁應物率土方涵於聖化實天遽愴於神遊追龍駕於空衢莫知所税瞻烏號之

新寵但有至懷

十月一日永昭陵奏告　仁宗皇帝旦表

伏以月乘該閡時御閉藏歲回薄以將更物盛多而可享恭惟　尊謚皇帝德符穹昊功濟黎元方求大隗之居遂兆成周之葬光靈在　感惻交懷

十月一日起居永安陵等處諸陵表

伏以日星隨旋歲月從邁物更收斂之候人積悽愴之懷恭惟　尊謚皇帝躬睿廣之材撫休明之運協九皇而高世追三后之在天方以眇躬嗣膺神器想威靈之如在感氣序以增欷

十月一日起居永安陵等處諸后陵表

伏以哀惆在疚未盡通喪經晦如流載更良月恭惟

尊謚皇后降鞶嬀汭播美河洲著懿範以如存流徽
音而可想遡陵永望感節深追

冬至節上諸陵表

伏以氣復黄宫晷移北陸物驗土灰之應官修雲物
之占恭惟 尊號皇帝睿慮應期休明作乂收功既
往番範方來感時序之變流想威靈而慘結

冬至節上諸皇后陵表

伏以四時交御一氣潛萌慶雖屬於履長悲豈忘於
追慕恭惟 尊謚皇后升麗尊極協成休明德範有
諭方美王雎之摯容衣不閟尚瞻褕翟之華永想光
靈詎勝摧感

寒食節上南京鴻慶宫等處 太祖諸帝

表

伏以火禁肇脩春祺溥被維是奉粢之禮適當濡露之時恭惟 尊謚皇帝德協上穹功施後裔儼神鄉而帝返歆聖像以如存緬慕威靈載懷感怵

中元節起居外州諸宮觀 諸帝神御殿表

伏以夷則御辰商聲甫協望舒戒節陰魄既盈伏惟尊號皇帝道邁往初恩浹品庶於屬車之所御有原廟之舊儀方此寂寥豈勝追遠

中元節起居諸陵表

伏以方秋厥初既月之望昊天始肅繁露未晞伏惟尊謚皇帝君普大猷受天明命躬有靈德燕及後昆

猥以眇躬紹膺慶緒
有初敢廢靈承之舊
十月一日起居揚州　諸帝神御殿表
伏以徂歲如流甫更良月遺衣所御實有經祠方屬
投艱仰承錫羨瞻威靈而如在歷時序以增思
冬至節上南京鴻慶宮等　諸帝表
伏以子位杓回黃宮氣應既兆天正之始方扶陽律
之微恭惟　尊號皇帝禮道邁仁膺時建極豫游所
次館御如存撫時序之變更仰威神而感惻
先天節奏告　仁宗皇帝表
伏以金氣御時商聲應律仰閱火流之遠俯沾露降
之淒伏惟　仁宗皇帝功協聖謨道侔乾則垂至仁

而丕冒慶實無窮感素節以深追悲何有極
南郊下元節更不於景靈宮朝拜奏告
聖祖大帝表
伏以帝繫所元僊遊如在載更令節當款殊庭以卜
禋祠將陳裸獻惟祭儀之難瀆冀神監之具昭
南郊禮畢　皇帝謝內中功德表
伏以蠲烝廟祧潔告郊畤實蒙庇貺以獲顧歆惟錫
福之無窮曷歸誠之有已
南郊禮畢福寧殿奏謝　英宗皇帝表
伏以膺命紹休諏時協吉告潔粢於廟室奠嘉玉於
郊丘雖祇奉聖謨獲無疆之慶賴一而深追神眷重罔
極之哀摧

真宗皇帝忌辰奏告永定陵景靈宮慈德殿表

伏以慶靈回薄永芘後昆時序徂遷奄更諱日嚴神在望感怵兼懷

集禧觀開啓爲民祈福祈晴道場默表

伏以雨淫爲菑民用愁墊式陳淨供以致誠祈冀格靈明遂蒙開霽惟潔粢之無害仰休饗之有依

南京鴻慶宮開啓　皇帝本命道場青詞

伏以寶命有訟以自求而致福至神無體隨所感而應誠祗奉靈科寶存故事冀蒙垂福俯暨含生

延祥觀開啓　太皇太后本命道場青詞二道

伏以寶曆有詒眇躬實嗣獲承慈範仰荷神休方元
命之在辰按舊儀而庀事庶蒙慶祐永錫壽祺
二
伏以聖功輔世已大濟於艱虞神道示人用寵綏於
祉福敢因穀旦祗奉靈科冀大錫於壽祺得求孚於
慈範
崇先觀奉元殿開啓　皇太后本命靈寶
道場青詞
伏以克紹慶基實蒙慈訓造茲元命若昔宗祈冀靈
鑒之俯昭垂壽祺之永錫
靈籥內殿開啓　太皇太后生辰道場青
詞

伏以壇席盛陳科儀肅設眷言慈廕祝此誕辰永綏
壽考之祺上賴神靈之祐

靈鰲內殿開啓　皇太后生辰道場青詞

伏以集黃冠之勝衆仰紫極之眞游按用科儀營祈
祉福仰求聰鑒俯應誠心

西太一宮開啓　皇太后生辰道場青詞

伏以眞聖在天式序照臨之位眇沖嗣歷永惟顧復
之恩敢因誕彌之辰祇薦熏修之事仰祈眷祐俯察
傾輸推純嘏以及親與群生而均貺

龍圖閣開啓　皇太后生辰道場青詞

伏以妙善可依每俯從於誠悃至恩難報唯仰祝於
壽祺祇奉靈科隆施淨供上賴監歆之力永綏顧復

之慈

廣聖宮開啓　眞宗皇帝忌辰道場青詞

伏以深追諱日祇奉靈科仰求神福之繁率用邦儀之舊永惟道廕昭此誠祈

福寧殿罷散三長月祝　聖壽道場青詞

伏以順長贏之嘉月按齋祓之靈科庶用熏修溥膺眷祐精衷以薦釐事既成仰賴聖眞俯昭誠悃

福寧殿開啓三長月道場青詞

伏以降年有永實繇陰騭之功嗣歷無疆必謹靈承之志飭時典故若昔科儀仰賴監觀俯垂庇貺

福寧殿罷散三長月道場青詞

伏以監觀在上禳祝有儀祇率舊章仰祈洪施茂惟

休福俯逮烝黎

福寧殿開啓三長月道場青詞

伏以皐月紀時凱風應律虔齋精而上禱冀眞聖之
俯臨永賴監觀曾垂庇祐敢忘寅畏仰荅顧歆

福寧殿罷散三長月道場青詞

伏以協用靈科宗祈永命惟神心之降格獲靈事之
告成冀與群元並膺遐福

福寧殿開啓南郊道場青詞

伏以欽柴宗祈爲國大事前期齋禱舊典有稽仰冀
靈明俯垂眷祐

臨川先生文集卷第四十五

臨川先生文集卷第四十六

内制　青詞　齋詞　祝文　齋文

景靈宮三殿開啓中元節道場青詞

景靈宮保寧閣下元節道場青詞

寧聖殿開啓為民祈福年交道場青詞三道

洪福殿開啓謝雨道場青詞

在京諸宮觀景靈宮等處祈雪謝晴青詞二道

坊州秋祭　聖祖大帝青詞

滄瀛州地震設醮青詞二道

北定州地震開啓祭禱道場青詞

集禧崇先觀開啓祝　聖壽金籙道場齋詞

二道

延福宮開啓　皇太后　皇后生辰道場密

詞二道

金明池開啓謝雨道場密詞

開先殿奏告　太祖皇帝孝明皇后祝文

應天禪院奏告　太祖　太宗　真宗皇帝

御容祝文

永隆殿奏告　太宗皇帝　元德皇后祝文

太廟奉慈諸廟奏告南郊等處祝文

諸皇后陵奏告謝南郊禮畢祝文

英德殿奉安　英宗皇帝御容祝文

延昌殿權奉安　英宗皇帝神御祝文

五臺開啓南郊禮畢道場疏文
性智殿開啓　太皇　太后生辰道場齋文
十月一日資薦　仁宗皇帝道場齋文
福寧殿資薦　英宗皇帝道場齋文二道
廣愛殿資薦　章惠皇后忌辰道場齋文
延昌殿奉安　英宗皇帝御容道場齋文
温成皇后陵獻殿内開啓冬節道場齋文
金明池上開啓祈雨謝雨道場齋文二道
龍圖天章寶文閣接續開啓祈雪道場齋文
泗州塔謝晴齋文
後苑天王殿拆修了畢齋文
景靈宫三殿看經堂開啓上元節道場青

詞

伏以三元令節羞事有經祗薦潔誠宗祈祉福仰冀
庭覬覃及庶黎

景靈宮保寧閣下元節道場青詞

伏以殊廷外建嘉節俯臨夙設靈壇蠲烝禋祀冀蒙
真聖垂祐群黎

醴泉觀寧聖殿開啓爲民祈福保夏道場

青詞

伏以聖真丕冒品庶具依當蕃啓之盛時用熏修之
故事仰祈聰直俯鑒齋精溥垂庇祐之仁申錫壽康
之福

醴泉觀寧聖殿開啓年交道場青詞

伏以像圖夙設壇席載嚴當此歲陰之交率時儀禮
之舊仰惟庇貺俯逮黎元

集禧觀洪福殿開啓謝雨道場青詞

伏以旱暵成災懼物生之疵癘祓齋以禱荷神睠之
顧綏載闢靈場式陳昭報尚冀涵濡之施以終庇祐
之仁

在京諸宮觀景靈宮等處祈雪青詞

伏以華歲幾終同雲未兆物將疵癘咎在眇沖敢罄
齋精上求嘉應兾蒙貺施孚佑含生

謝晴青詞

伏以密雲作雨暘不時若蒙神賜祐蓄滲用除奔走
虔齋以謝靈貺祀儀有秩秩不敢怠忘

坊州秋祭　聖祖大帝青詞

伏以祠城在望御館如存敢因揫斂之辰祗用吉蠲之薦冀蒙垂祐俯賜降歆

滄瀛州地震設醮青詞

伏以地德安靜震非其常陰陽厥愆以告咎罰禬禳有典仰賴監歆所冀其方隅具膺庇貺

二

伏以自河以北坤載不寧敷置淨筵以祈後福仰惟皇覺敷佑群生監此齋精俯垂庇貺

北嶽廟爲定州地震開啓祭禱道場青詞

恭以地職持載靜惟其常今茲震搖以警不德涉河而北又用驚騷惟嶽有神庇綏厥壤祓除祠館按用

祈儀請命上靈冀蒙孚佑敢忘負畏以荅眷歆

集禧觀開啓保夏祝　聖壽金籙道場齋

詞

伏以時在炎蒸物方蕃祉即祠庭之精閟竭清道之嚴祇仰冀監觀俯垂庇祐且綏福履卑弭疾殃覃及群黎永膺戩穀

崇先觀開啓保夏祝　聖壽金籙道場

詞

伏以眷祐無疆熏脩有舊當朱明之紀候祈蒼昊之垂仁申錫休嘉外覃品庶敢怠靈承之志永膺丕冒之恩

延福宮開啓　皇后生辰道場齋詞

伏以統洽后宮協承先廟誕辰備及整齋事有常惟萬
德之博臨冀百祥之永錫

延福宮開啓 皇太后生辰道場齋詞

伏以協承寶命恩維拊育之深俯應君親情法有總持
之妙齋場夙設慶事備終敢祈西竺之威神永佑東
朝之福履

金明池開啓謝雨道場齋詞

伏以蕃啓在時蘊隆爲虐磬齋精而上禱蒙膏潤之
旁流祇報靈休式陳淨供尚祈終賜無使後艱

興國寺開先殿奏告 太祖皇帝 孝明
皇后祝文

伏以像設有嚴神游所御瞻衣冠而如在懼風雨之

弗除它事將興涓辰旣吉永賴靈明之鑒俯昭怵惕
之懷
西京應天禪院奏告　太祖　太宗
眞宗皇帝御容祝文告遷奉安還本殿之日
伏以殊庭有仙館御如存吉日旣蠲繕修惟謹式厚
嘉薦以妥明靈
啓聖院永隆殿奏告　太宗皇帝　元德
皇后祝文
伏以威神所感營繕有期考禮舊章宜時絜告茂惟
靈德俯鑒至懷
太廟八室奉慈諸廟奏告南郊等處祝文
伏以三歲一郊實昭大報前期絜告國有故常仰冀

靈明俯垂鑒祐

諸皇后陵奏告謝南郊禮畢祝文

伏以禋饗郊宮國之重事唯蒙慈庇以獲休成篾祀有經敢忘用舊

景靈宮英德殿奉安　英宗皇帝御容祝文

伏以先聖舊祠祖宗所御嗣興寶御名追奉靈游諏日既嘉具儀以妥祖惟在上永保厥寧

天章閣延昌殿權奉安　英宗皇帝御容祝文

伏以祖名山於洛宅既兆寢園倣原廟於漢儀將遷館御潔除秘宇嚴奉睟容冀靈躔之少安副衷情之

罔極

西京應天禪院圻修　太祖神御殿祭告

祝文

厥刹有嚴威神所御將改新於寶貫御名永欽奉於睟容

仰冀靈明俯垂鑒祐

景靈宫修蓋　英宗皇帝神御殿上梁祭

告太歲已下諸神祝文

伏以欽奉僊遊肇營寶貫御名舉脩梁而揆日具籩饎以

寧神祓此後艱仰繄大祐

慈孝寺崇真彰德殿額為經霖雨垂脊隳落

奏告祝文

伏以雨淫告沴垣屋或壞惟神所御有圮弗支諏周

靈辰以新厥名命蠲爲祗薦於禮有常

太廟后廟奉慈廟雅飾告祝文

伏以三歲一郊祖宗成法靈明所御繪飾有時方此僝工禮當潔告

西太一宫立秋祝文

伏以候火既流占灰甫應眞游所御靈時具存率循舊章肇作薦常事仰祈錫福大芘含生

中太一宫立冬祝文

伏以館御國郊庭眡天物祠宫奠祝在禮有初涓選吉時作薦常事敢祈孚祐施及群黎

九宫貴神祝文

伏以卜用靈辰躬修禋享清壇所兆潔告有常

景靈宮星域已具官祝文

伏以宗祈陽郊祗見神祖蕆茲淨域夙賴眞靈祗率舊章式陳嘉薦

天地社稷宮觀等處祈晴青詞祝文

積陰爲沴淫雨弗止蕩汰漂墊將爲民菑懼德不類以干咎罰是用齋祓宗祈明靈冀蒙垂矜遂獲開霽休嘉之錫實被含生

五嶽四瀆諸廟祈晴祝文

淫雨弗止將爲民菑懼德不孚以罹咎罰是用奔走禱于明神惟神監觀惠以時暘非民獨蒙嘉福神亦永有休享

定州北嶽爲地震祭禱祝文

伏以自河以北陽出鎮陰人用丕寧咎由菲德永惟
聰直庇祐一方祗飭使人齋精以禱尚冀歆鑒無有
後艱

文德殿告遷　御容祝文

伏以綅冠即事喪紀有終黼座厥神裒懷靡極度新
宮而館御諏吉日以徂遷式冀靈明永歆豐潔

南郊青城綵内畢功大殿上開啓保安祝
壽諷孔雀明王經齋文

伏以祀兆方嚴齋場夙設寳延淨衆開誦梵文既蒙
大施之仁助錫丕平之福

南郊青城綵内畢功大殿上開啓保安祝
壽諷法華經齋文

伏以惟宫既具皇邸將臨發誦秘文施其景福仰惟
覺慈之覆俯綏禋享之成
五臺開啓南郊禮畢道場齋文
伏以靈承在上懼休命之難 大報于郊惟靈儀之
獲 祗循故事恪報厥成仰賴顧歆終垂庇貺
内中延福宫性智殿開啓 太皇太后生
辰道場齋文
伏以大陰協兆良月御時猥以眇躬獲承慈範敢因
穀旦祗集勝緣實賴尊慈具綏景福
十月一日永昭陵下宫開啓資薦 仁宗
皇帝道場齋文
伏以大明光藏上智之所發揮妙摠持門群靈之所

歸賴歲陰逝矣陵闕超然憑淨衆以有祈冀眞遊之無礙

福寧殿開啓資薦　英宗皇帝道場齋文

伏以憑几之言未遠滌場之候更新摧慕安窮攀號靡及旁招淨衆歸誠甘露之門仰祝靈游取證法雲之地

中元節福寧殿水陸道場資薦　英宗皇帝道場齋文

伏以正等上緣含生永賴薦龍施之淨供助宿植於神游仰冀靈明俯昭哀懇

萬壽觀廣愛殿資薦　章惠皇太后忌辰道場齋文

伏以諱日俯臨祠庭外閟遴柬黃冠之衆宗祈紫極

之神接用前科追營後福庶超升之莫禦繄庇貺之

有加

天章閣延昌殿開啓權奉安　英宗皇帝

御容道場齋文

伏以翠華所御玉色如存將改涖於清閒少即安於

秘道亭招淨衆仰助勝緣憑妙覺之摠持冀皇靈之

升濟

溫成皇后陵獻殿內開啓冬節道場齋文

伏以光靈所宅崇奉有儀因令節以熏修冀貝乘

祈助仰希錫福俯逮含生

金明池上一日兩啓祈雨粉壇一晝道　齋文

伏以肅設祠壇宗祈解澤膏潤之祥保甫兆炎之懼

更深實侍靈明覃矜穗盛蕪遂令沾足用格豐穰

金明池上開啓謝雨道場齋文

伏以常暘告罰將害粢盛夙設靈場載祈膏澤神休

既洛昭報有儀尚惟孚佑之仁終保嘉生之享

龍圖天章寶文閣接續開啓祈雪道場齋文

伏以歲序就窮尚愆嘉雪能仁應世閔此含生冀佑

上靈錫之休證式陳淨供以告齋誠

泗州普謝晴齋文

天菑于民淫雨不止祓除齋戒並走以祈寶蒙等慈

俯應誠悃永惟庇貺其敢弭志

後苑天王殿垪修了畢齋文

伏以擬宸居之奧密飭祆像之嚴威繕治告功祓齋祈福庶憑至善永保多盤

臨川先生文集卷第四十六

臨川先生文集卷第四十七

內制 詔書

勑牓交趾

提轉考課勑詞

韓琦加恩制

李璋加恩制

皇伯祖承亮加恩制

李日尊加恩制

馮翊郡君連氏等賀南郊禮畢表

德妃苗氏上賀南郊禮畢表

賜梁適張昇特赴闕南郊陪位詔

賜允梁適陳乞不赴南郊陪位詔

賜允張昇不赴南郊陪位詔
賜王拱辰乞南郊赴闕不允詔
賜允韓琦乞相州詔三道
賜韓琦依所乞詔
賜韓琦乞相州不允詔三道
賜韓琦乞致仕不允詔
賜韓琦湯藥詔
賜富弼乞判汝州詔
賜富弼上表乞致仕不允詔
賜允富弼乞假養疾詔
賜允富弼乞赴汝州避災養疾詔
賜富弼赴闕詔二道

賜富弼赴闕并茶藥詔
賜富弼辭免南郊禮畢支賜詔
賜宰臣曾公亮已下辭南郊賜賚不允詔
賜陳升之辭免恩命不允詔
賜陳升之赴闕朝見茶藥詔
賜歐陽脩上表乞致仕不允詔三道
賜歐陽脩辭知青州不允詔二道
賜答曾公亮詔
賜張方平免特支請俸詔
賜邵亢乞郡詔
賜皇伯從式乞免新命不允詔
賜蔡挺茶藥詔

賜蔡挺獎諭詔

賜高賦獎諭詔

勑牓交趾

勑交州管内溪峒軍民官吏等眷惟安南世受王爵撫納之厚實自 先朝含容厥愆以至今日而乃攻犯城邑殺傷吏民干國之紀刑茲無赦致天之討師則有名已差吏部員外郎充天章閣待制趙禼充安南道行營馬步軍都總管經略安撫招討使兼廣南安撫使昭宣使嘉州防禦使入内内侍省都押班李憲充副使龍衛四廂都總管指揮使忠州刺史燕達充副都總管順時興師水陸兼進天示助順已兆布新之祥人知侮亡咸懷敵愾之氣然王師所至弗迓

克奔咨爾士庶久淪塗炭姦兇諭王内附率衆自歸爵祿賞賜當倍常科舊惡宿負一皆原滌乾德幼稚政非已出造廷之日待遇如初朕言不渝衆聽無惑比聞編户極困誅求已戒使人具宣恩旨暴征橫賦到即蠲除眞我一方永爲樂土

提轉考課勑詞

先王考績之次序雖見於經而其詳不傳於後世朕若稽古以修衆功而諸路刺舉之官未有以考其賢否比勑有司詳議厥制條奏來上詢謀悉同其使布宣以勵能者而擇左右可信之良使典治之古人有言徒善不足以爲政徒法不能以自行今朕有念功

樂善之志焉而又繼之黜陟幽明之法以待天下之

大吏矣然非夫任事之臣躬率以正而考慎其實與士大夫宣力于外者皆安於禮義而不以便文徼幸爲姦則朕之志豈能獨信於天下而法亦何恃以行哉咨爾在位其各悉力一心務祗新書以稱朕至誠惻怛之意

韓琦加恩制

門下朕祗率舊章肇稱吉禮對越天地具獲靈明之歆相維公御並膺休顯之賜其孚大號以寵元勳推誠保德崇仁守正協恭賛治亮節翊戴功臣淮南節度揚州管内觀察處置營田等使開府儀同三司守司徒檢校太師兼侍中行揚州大都督府長史上柱國魏國公食邑一萬三千七百戸食實封五千戸韓

琦躬受偉材出倍熙運佀小茲天子進無浮實之名正
是國人退有顧言之行器閒朝廷之兩社採方域之萬
邦辰猷具臧器寶貝加重山十爵機軸之要外即蕃屏之
安衡統紘縱備三公服飾師之盛纛兜戟蠢縣兼大將威
儀之多序績既崇修六謙滿謹協成宗祈之禮與有顯助
之勞肆行本封申加美稱於戲恩典徽數所以旌帝
臣明德茂功所以獎王室往惟勵翼服此褒嘉可特
授依前守司徒檢校太師兼侍中行揚州大都督府
長史魏國公充淮南節度揚州管內觀察處置營田
等使加食邑七百户食實封四百户仍賜推誠保德
崇仁守正協恭賛治亮節佐運翊戴功臣散官勳如
故主者施行

李璋加恩制

門下朕若昔大猷紹天明命必有獻享之禮作民恭
先必有褒嘉之恩自國貴始翊衛功臣奉寧軍節度
鄭州管内觀察處置河堤等使光禄大夫檢校司空
使持節鄭州諸軍事鄭州刺史兼御史大夫上柱國
平原郡開國公食邑四千三百户食實封一千户李
璋世載忠善躬服儉勤以后家之洪支爲帝室之隆
棟入總營衛則兵師無譁出乘藩維則吏屬不怠近
付京都之籥外更方鎮之旄貢職惟修祀儀復考進
加功號申衍邑封以疇脤采之勤其協勸勞之典於
戲貴富有危溢之可戒禄位匪後驕之與期圖惟慶
譽之終尚協龍光之施可特授依前檢校司空使持

節鄭州諸軍事鄭州刺史兼御史大夫充奉寧軍節
度鄭州管內觀察處置等使加食邑七百户仍賜翊
衛忠果功臣散官勳封如故主者施行

皇伯祖威德軍節度使榮國公承亮加

恩制

門下朕祼獻廟室燎禋郊丘內蒙祖考之居歆外獲
神祇之顧饗嘉我近屬與有陪輔之勞揚於大庭使
膺褒顯之福具官某德蕃自表爵齒兼尊魁然肅艾
之朴尚矣神靈之胄世承厥慶有跗萼之芬華朝賴
以寧若翰蕃之嚴密乃相肆祀實綏思成進加真食
之封申錫詔功之號於戲孝恭可以儀宗室信厚可
以化邦人匪時親賢孰朕承翼其往有寵擬尚協榮懷

可

李日尊加恩制

門下朕紹膺駿命籍用上儀祗事郊宫並受三神之福推恩方夏外交四表之歡告于有司錫是在服推誠保節同德守正順化翊戴功臣靜海軍節度觀察處置等使同中書門下平章事李日尊躬懷德善世濟忠勤奠茲南邦居有扞城之效衛我中國使無疆埸之虞賜之大將之旗胙之眞王之爵往踐厥位知欣戴於寵章來獻其琛用協成於熙事陪敦采邑褒進文階載加眞食之封式元懋功之典於戲人之所勛惟怙冒於王靈國以永世益觀循守於侯度率時新命保乃舊邦可

馮翊郡君連氏等賀　皇帝南郊禮畢表

伏以廟饎蠲丞郊柴昭報仰格神靈之饗俯均夷夏之歡中賀伏惟　皇帝陛下道協欽明德兼神武攬御今之皇纂考嚴上之帝儀裒咸盛容茂實存乎六世恩典徽數賚并及於萬方妾備數先朝叨榮中禁親逢累洽竊用交欣妾無任

德妃苗氏上賀　皇帝南郊禮畢表

伏以靈承廟祏祗載郊丘既來萬國之歡遂格三靈之祐中賀恭惟　皇帝陛下徇齊成性睿廣膺期神罔時恫方紹休於大業聖爲能饗乃獲考於上儀妾逮侍先朝親逢盛事觀聽有煒欣賴實多妾無任

賜太子太傅致仕梁適太子太師致仕張

昇特赴闕南郊陪位詔

朕肇稱圭幣祇見郊宮嘉得萬國之歡心以承配天之大事永念元老著勳　先朝當與辟公序于祠位冀能顯相綏我休成可發來赴闕南郊陪位故茲詔示想宜知悉

賜允太子太傅致仕梁適陳乞不赴南郊陪位詔

敕梁適省所上表遞到詔書一道令臣赴闕陪位者臣以久病不獲奔走前去事具悉朕肅將圭幣祇見郊丘嘉與舊臣協承熙事乃聞疢疾旅力尚愆優老寵賢義誠難彊

賜允太子太師致仕張昇不赴南郊陪位

詔

勑張昇郊丘大事群辟且來舊老元勳所宜顯相乃以疾告惻於朕心尚愼興居以膺康福

賜宣徽北院使判大名府王拱辰乞南郊赴闕不允詔

勑拱辰朕嗣命典神肇稱吉禮稽循故事不敢怠忘卿既率貢職以來助祭又求入覲陪侍郊宮緬彼都畿方須鎭撫永惟重寄難徇至懷

賜允守司徒兼檢校太師兼侍中韓琦乞相州詔

勑韓琦卿以公師之官將相之位統臨四路屏扞一方寄重任隆群臣莫比雖罹疢疾冀即有瘳而章書

頻煩來以病告宗工元老視遇有加恩禮之間然何敢薄重違懇惻姑即便安

賜守司徒兼檢校太師兼侍中判永興軍韓琦再乞相州詔

卿當國家之多難任社稷之至憂實能忠勤以濟勳績方均逸豫適此外虞煩我元功良非得已亦惟體國義不辭勞今雖尚謀經武之時非有蒐兵伐罪之事坐臨諸帥固可優游何必舊邦乃能休養勉綏居息以副倚毗

賜守司徒檢校太師兼侍中韓琦詔

便道之鎮朝廷故常來朝京師朕意所欲使事曲折既當聞知忠言嘉謨又所飢渴雖云勤勤可不勉哉

賜韓琦依所乞詔

勑韓琦奏乞由河陰本路赴相州安泊胥內行李訖徑乘遞馬赴闕朝見奏事訖還赴本任稍從私便事具悉舊德元功久於方面嘉言讜論所欲亟聞其來造朝然後之鎮義當黽勉無或告勞

賜守司徒檢校太師兼侍中判永興軍韓琦乞相州舊任不允詔三道

勑韓琦卿明德茂勳具書帝籍相考所付以屏毗朕躬比辭國均已會邊隙故煩元老屬此憂勤今羌雖來柔疆事多弛經營料治攺命爲難莫府坐籌制其大略雖聞稍憊冀可少安義有固然朕言無戲

敕韓琦羌夷變態未易究知邊塞繕完所宜申飭以
卿望實分朕顧憂當并群策以有爲遂措一方於無
事乃來告疾冀得燕閒主爾忘身忠賢之義勉膺重
寄務體至懷

三

敕韓琦卿茂德儁功朝廷所賴方解政幾之劇重分
彊事之憂種落綏和酋渠嚮順永惟邊鎮猶恃老成
所須經武之遠謀及此暇時而備豫當思體國無却
告勞

賜守司徒檢校太師兼侍中判永興軍韓
琦乞致仕不允詔

敕韓琦朕初嗣位不敢暇逸惟畏天命亦惟閔民蠢

茲一方尚戒羌戎制變備豫扞菑禦侮庶幾元老克協朕心若其憚勤誰與謀此勉祗厥服用副至懷

賜判永興軍韓琦湯藥詔

敕韓琦任隆三事寄重一方比聞經制之勞或爽節宣之序特馳使傳往喻朕懷宜有分須以資衛養

賜允觀文殿學士尚書左僕射新除集禧觀使富弼辭免乞判汝州詔

卿翊朕祖考功施于時德善在躬終始如一祠庭置使實近闕門邦有大疑庶幾求助忠賢體國義乃可留而引喻再三便於出守重違懇惻姑即所安故茲詔示想宜知悉

賜判汝州富弼乞致仕不允詔

勑富弼卿忠純亮直爲國元老朕所恃賴急於典刑優游小邦足以養疾兾綏福履復來副詢謀何必言歸以孤眷矚

賜判汝州富弼乞假養疾詔

眷我元老數更悲傷比飭使人往宣至意乃覩來辭未即康寧姑順誠懷勉綏吉禄

賜判汝州富弼乞赴安州避災養疾詔

比飭使人具宣至意就令賜告兾遂寧瘳卿嚴祗朕命不敢遑息顧念吏卒閔其滯留觸熱載馳用忘勤勸恭以事上卿實有之仁及賤微又能如此忠誠所惻豈獨朕心從容小邦姑以養福勉綏吉禄毋恤後艱故茲詔示想宜知悉

賜判汝州富弼赴闕詔二道

勑富弼卿中解政機外分符守久於窮僻衛養或愆優游京師可以治疾謂當趣駕以副虛懷

二

勑富弼久解政機荐分符守元功茂德朕所注心渴聞嘉猷以輔不逮

賜富弼赴闕并茶藥詔

勑富弼適自州藩來還朝位眷馳驅之良苦懼衛養之或愆當有寵頒以昭勤佇

賜判汝州富弼辭免南郊禮畢支賜詔

勑富弼省所奏免南郊支賜受釐于神賚及蠻貊卿勳德兼茂中外具瞻恩典所加當先羣辟區區一賜

何足以辭當體眷懷共膺既施

賜宰相曾公亮已下辭南郊賜賚不允詔

勑公亮等朕初嗣服於祖宗之制未有所改也卿等選於黎獻位冠百工或受或辭人用觀政朝廷予奪所以馭臣貴賤有差勢如堂陛惟先王之制國用視時民數之多寡方今生齒既蕃而賦入又爲不少理財之義殆有可思此之不圖而姑務自損祇傷國體未協朕心方與勳賢慮其大者區區一賜何足以言

賜觀文殿學士新除刑部尚書知大名府陳升之辭免 恩命不允詔

勑升之設部置守綏御一方付得其材乃能往乂卿嘉謀美績簡在朕心選於群臣用有畀屬申明紀律

臨制畫幾中外殘更效皆已試勉祇厥服於義爲宜

賜觀文殿學士刑部尚書知大名府陳升之赴闕朝見茶藥詔

敕升之往司宮鑰來次郊闉炎歊之序未徂跋涉之勤已至當馳榮賜以示眷懷

賜觀文殿學士刑部尚書知亳州歐陽脩上表奏乞致仕不允詔

敕脩屢疏名臣與國同體禮當得謝朕尚難之况年非告老之時而勳在受遺之籍不留屏輔人謂斯何姑體至懷少安厥位

賜知亳州歐陽脩陳乞致仕第二表不允詔

勑脩禦勳德之舊簡在帝心從容一州足以休養而抗奏至於四五必以田里為歸豈朕視遇故老有不足於禮乎何其求去之果也欲諭至意莫知所言惟能勉留實副勤佇

賜知亳州歐陽脩第三表并劄子陳乞致仕不允詔

勑脩省所三上表并劄子奏乞致仕事具悉卿翊戴三朝清明諒直有言有績著在朕心重違勤求外寄藩屏弼之雋老不以遐遺還所冀輸誠常存帝室而納祿與義至于再三雖潔身之風可激貪冒顧許國之義未協忠嘉姑體眷懷勉膺圖任所請宜不允

賜觀文殿學士兵部尚書歐陽脩辭知青

州不允詔二道

勑脩海岱名都太公舊履鎮撫一路朕難其材卿實元勳以忠許國謂當亟往卧以治之冀能優游寧此東土

二

勑脩卿純誠直諒中外所知辭禄就閒志非有激進官治劇義乃無嫌矧兹東州可以居息方之守亳勞逸殆均朕命惟行謂當遄往

賜荅曾公亮詔

眚裁變異以戒人君推之股肱朕所不取元勳舊德實賴交脩讜告之來必緣象類明喻朕志使當天心庶幾君臣並受遐福不務出此而果於辭權是惟保

身豈曰謀國

賜張方平免特支請俸詔

敕方平省所奏劄子陳免特支請俸事具悉卿躬爾乂之材豫辯章之論致身無貳雖非謀國之時班禄有差是乃養賢之意抗言來諗引義甚明重鐫素懷姑循近制

賜樞密副使右諫議大夫邵亢乞郡詔

敕邵亢卿先帝所命以翊朕躬升執事樞方觀勳效遽欲辭位殆非所宜衛養少愆何憂不已勉共厥服思協服心

賜皇伯新除彰化軍節度觀察留後安定郡王從式乞免新命不允詔

勑從式卿躬儒乂之材出神明之胄選於宗室則屬
近而行尊聞在朝廷又年高而德卲膺茲褒顯人以
為宜勉服官封永綏吉禄

賜涇原路經略使蔡挺茶藥詔

卿方用時材出分帥路適茲寒苦良已勤勞特推撫
賜之恩以示睠懷之意

賜天章閣待制知渭州蔡挺獎諭詔

封疆之寄責在將帥厥有績效不忘于心卿久以才
稱外分方任乘機踐事能兆厥謀板築告功于疆就
幕保彼居圍可無後憂尙言若茲朕所嘉歎

賜知唐州光禄卿高賦獎諭詔

召杜南陽世稱循吏其亡久矣朕尙思之卿招懷飢

流毄闢荒梗繕脩陂堨績効具昭前人之良何以逮
此闕奏歎羡不忘于心

臨川先生文集卷第四十七

臨川先生文集卷第四十八

内制　詔書　批荅　口宣

賜齊恢奬諭詔二道

賜勑奬諭審刑院詳讞官大理寺詳斷官等二道

賜勑奬諭蔡冠卿

賜燕度待罪

賜外任臣寮進奉功德疏

賜特放韓贄待罪詔

賜特放傅卞待罪詔

賜荅德妃苗氏賀南郊禮畢詔

賜荅修儀楊氏等賀南郊禮畢詔

賜大遼賀正旦使副茶藥詔二道
賜大遼皇太后賀正旦使副茶藥詔二道
皇帝問候大遼皇帝皇太后書二道
賜南平王李日尊加恩告勑書
賜溪洞田元宗等進奉勑書
賜占城楊卜尸利律陁般摩提婆勑書
批荅文武百寮曾公亮已下上尊號不允
二道
批荅曾公亮文彦博等賀壽星見二道
批荅富弼
批荅不允皇伯祖承亮辭免恩命四道
批荅韓絳邵亢陳升之等辭免恩命仍斷

表章二道

宣答文武百寮稱賀宣德門肆赦南郊禮畢

三道

賜皇伯祖王元弼生日口宣

賜皇伯祖承亮加恩口宣

賜皇弟歧王顥生日禮物口宣

賜皇弟高密郡王生日禮物口宣

賜韓琦加恩口宣

賜韓琦生日禮物口宣

賜文彦博生日禮物口宣

賜呂公弼生日禮物口宣

賜富弼赴闕茶藥并賜詔口宣二道

賜陳升之赴闕朝見并賜茶藥口宣

賜富弼加恩口宣

撫問韓琦口宣

撫問陳升之兼賜夏藥口宣

撫問鄜延路延州沿邊臣寮口宣二道

撫問河北西路臣寮兼賜夏藥口宣

撫問并代州路臣寮并將校口宣

撫問高陽關路諸軍口宣

撫問送伴大遼賀正旦人使副口宣

撫問白溝驛賜北朝人使御筵口宣

賜大遼國人使已下生餼口宣

賜大遼國人使瀛州御筵口宣

賜大遼國人使就驛賜酒果口宣

北京賜大遼賀正旦人使御筵口宣

雄州賜大遼人使御筵兼撫問口宣

就驛賜大遼人使酒果口宣

賜眞定府路臣寮等初冬衣襖口宣

賜召馮京入院口宣

賜召滕甫入院口宣

賜天章閣待制知審刑院齊恢獎諭詔

勑齊恢省所奏據大理寺白奏司狀四月一日已前下寺公案並已斷絕無見在事具悉卿以才被選典領祥刑敏罷讞疑遂無留獄囹空之隆朕庶幾焉閱奏歎嘉不忘乃績

又賜知審刑院齊恢獎諭詔

勑齊恢犴獄之留易以為戒卿躬有美行服在近班與兹祥刑致用明慎濟之敏給廷讞用空吏稱厥官朕心所喜

賜勑獎諭審刑院詳議官大理寺詳斷官等

勑趙文昌等省知審刑院齊恢奏據大理寺日奏司狀四月一日已前下寺公案並已斷絕無見在事朕初嗣服德化未孚永念元元多罹犴獄汝等並膺選擢任在讞疑能勵厥官以無留事覽奏歎尚不忘于懷

又賜獎諭審刑院詳議官大理寺詳斷官

等

勑趙文昌等四方罪獄常患稽留豈惟呼嗟或以瘐死汝等能勤且敏論讞用畢閱奏念勞朕心以喜

賜勑奬諭權大理寺少卿蔡冠卿

勑蔡冠卿省知審刑院齊恢奏據大理寺日奏司狀四月一日已前下寺公案並已斷絕無見在天下之獄決於大理汝能審克丕蔽厥成來讞之疑遂無留者惟明以敏朕實汝嘉

賜特放諫議大夫知潭州燕度待罪詔

卿受命方隅助宣德化姦凶弗率乃觸大誅引慝自歸謂當譴黜萬方有罪責在朕躬雖爾長民豈專任此

賜外任臣寮進奉功德疏

卿方以時材外分邦寄備修禧事來會誕辰廣伽梵之勝緣協華封之善意載惟勤至良用歎嘉

賜特放知成德軍韓贄待罪詔

夫婦相殘政之大恥引愆自劾於義爲宜蒸德化之美厥成在久任斯責者豈特長然

賜特放懷州傳卞待罪詔

敕傳卞先王教民長幼有序厥或不率歸之義刑卿受任方州罪人既得閔斯弗迪引責在躬美俗之成蓋非朝夕一夫抵冒未足以言

賜荅德妃苗氏賀南郊禮畢詔

敕德妃苗氏列職內宮逮承先帝祀儀獲考慶慰惟

均比覽奏陳具昭誠意

賜荅修儀楊氏等馮翊郡君連氏等賀南郊禮畢詔

勑修儀楊氏舊繇德選列職禁闈蠶事之成實均慶賴摛文贊喜良慰朕心

賜大遼賀正旦人使茶藥詔

勑卿以膚使之才將善鄰之禮川塗悠遠風氣亙寒永念馳驅當加勞賜

賜大遼賀正旦副使茶藥詔

勑卿夙駕使車遠將信幣方茲寒凜固已勤勞宜申諭於至懷仍就加於寵錫

賜大遼皇太后賀正旦人使茶藥詔

勑卿奉將書幣爰涉川途方茲冱寒久於勤勩宜加
勞賜以示眷存

賜大遼皇太后賀正旦副使茶藥詔

勑卿將幣造朝方申舊好建擅取道適會祁寒永惟
跋涉之勞當有匪頒之寵

皇帝問候大遼皇帝書

嘉生備含華歲幾終惟系講於鄰懽想具膺於時福
彌加葆衛永御吉康

皇帝賀大遼皇太后生辰書

玉燭告和方御閟藏之候椒庭集慶載臨誕毓之辰
具飭使車肅將禮幣式脩舊好申祝永年

賜南平王李日尊加恩告勑書

敕南平王呂尊朕躬執圭幣禮成郊丘無有遠邇並
膺休福卿鎮撫南服功昭于時乃眷忠勤尚加褒顯
永肩臣節茂對寵章

賜溪洞知薛州田元宗等進奉助南郊并

賀冬賀正敕書

敕田元宗附綏種落葆衛疆陲能來獻琛以賛禋事
忠勤之意良有可嘉

賜占城蕃王楊卜尸利律陁般摩提婆敕

書

敕卿世荷百祿躬有一邦雖道阻荒遐而志存欽順
具書遣使航海獻琛載念忠勤豈忘歎尚因加褒賜
式示眷懷

批荅文武百寮曾公亮已下上　尊號第

一表不允

朕以薄德嗣膺基緒繼天理物常懼弗任方賴交修
以熙衆治群公卿士外暨庶黎欲舉鴻名措之眇質
臣民歸美爲義則多揣實揆時朕猶不取

批荅文武百寮曾公亮已下上　尊號第

一表不允

王者奉元以先後天時憲道以始終人事以大制禮
作樂以武戢兵豐財以成萬物之性爲仁以得四海
之心爲孝惟聖時克朕無能焉被之此名祇有懃德
紹家多難創鉅未夷備章而郊欲止不敢因自尊顯
良非本懷

批荅宰臣呂公亮已下賀壽星見

省表具之乾象粲然官占以告壽祺之應於傳有稽卿等寅亮帝工阜成邦采摘文告慶歸福朕躬書瑞史篇已循故事星隆懿德尚賴交修

批荅樞密使文彥博等賀壽星見

省表具之穹旻見象以告壽昌嘉與兆民並膺茲福卿等進聯德選登翊事樞數奏兆祥請書史策忠嘉之意朕所不忘

批荅富弼

卿有憂國愛君之心而忠以忘乎己有經邦信時之業而用未究其能夫蓄久而積博者施之無窮慮深而計熟則謀無不獲此朕所以有望於卿也矧卿正

直不回姦邪素忌小人所異君子所同是以在外十年而左右之譽弗及處躬一德而搢紳之望愈隆朕詢度于心外詢于衆自謂有得卿其何辭

批荅不允皇伯祖威德軍節度使榮國公承亮辭免　恩命第一表

卿將予祠事既獲休成膺國寵章所宜祗受苟爲謙避未協眷懷

批荅不允承亮辭免　恩命第二表仍斷來章

卿位亶朝廷望隆宗室駿奔郊廟助朕休成受錫爲宜可無確避

批荅不允承亮辭免

省表具之受釐于神人與有慶矧惟近屬德齒兼尊膺此褒嘉於事爲稱往其祗命以副眷懷

批荅不允李晃辭免

省表具之古者賑膰之福與同姓共之矧茲大賚外及蠻貊爲吾近屬相協休成恩典所加豈容固避

批荅樞密副使韓絳邵亢知樞密院事陳升之等辭免恩命仍斷來章

省表具之祭有惠術賚及庶黎矧吾政事之臣當在褒揚之首膺斯恩典於體爲宜毋或終辭以勤訓告

批荅韓絳邵亢陳升之等辭恩命不允仍斷來章

卿等位爲臣宗躬相祠事膺斯褒顯於體爲宜往服

寵章可無謙避

宣荅文武百寮稱賀宣德門肆赦

有制朕升煙泰畤登就吉儀駐蹕端門布宣惠澤臣鄰協豫黎庶交欣賴天之休與卿等内外同慶

宣荅文武百寮稱賀南郊禮畢

有制朕祼獻清廟燎禋泰壇協相祀儀旣嘉勤績旅陳賀禮彌見歡誠賴天之休與卿等内外同慶

宣荅樞密使以下賀南郊禮畢

有制朕親稱幣玉祇見郊宫能底熙成實繇顯相群靈率籲黎獻交欣朕賴天之休與卿等内外同慶

賜皇伯祖東平郡王允弼生日口宣

有勑御齒尊德茂屬近位崇惟時獻歲之期實兆元

精之慶當加好賜以助燕私

賜皇伯祖威德軍節度使榮國公承亮加

恩口宣

有勑朕躬率百辟褒封萬靈乃眷親賢實陪大事當

楙寵嘉之數以昭褒錫之恩

賜皇弟岐王顥生日禮物口宣

有勑卿地親魯衛德茂間平方誕彌之嘉辰有匪頒

之故事當馳膺使往喻隆恩

賜皇弟高密郡王　生日禮物口宣

有勑卿德名方邵爵寵兼崇誕彌之辰甫當穀旦匪

頒之禮式示至恩

賜淮南節度使守司徒兼侍中判相州韓

琦加恩口宣

有勅卿位高朝廷德茂百辟相予纘事厥有成勞膺
國寵章是爲常典

賜判求與軍韓琦生日禮物口宣

有勅卿位重将旄望隆宰府方楙蕃官之績載臨誕
鋶之辰當有匪頒以昭眷遇

賜樞密使西川節度使守司空兼侍中文
彦博士生日差內臣賜羊酒米麵等口宣

有勅卿明謨經國碩望冠朝方茲誕育之辰宜有燕
私之禮當加賜賚以示眷懷

賜文彦博士生日差男押賜生日禮口宣

有勅卿才隆國棟位極臣宗惟時盈月之良實兆元

精之慶載臨穀旦當致異恩

賜樞密使呂公弼生日禮物口宣

有勑卿爲皇世臣掌國幾命門弧吉慶是謂嘉時臺餽致恩式昭厚遇

賜觀文殿大學士尚書左僕射富弼赴闕茶藥口宣

有勑卿以辭劇位外寄方州惟召節之既嚴想朝趍之甚遄宜須珎劑以諭至懷

賜觀文殿大學士尚書左僕射富弼湯藥并賜詔口宣

有勑卿屏翰元功台衡舊德數更悲釁有惻朕心因諭至懷宜頒珎劑

賜觀文殿學士刑部尚書知大名府陳升之赴闕朝見幷賜茶藥口宣

有勑卿擁節過都皈闕請覲方玆炎溽固已勤勞當有匪頒以資輔養

賜觀文殿大學士尚書左僕射判汝州宣徽加恩口宣

有勑卿望隆時棟德茂臣宗方玆釐事之成爰有命書之賜往膺褒顯當體眷懷

撫問判永興軍韓琦口宣

有勑卿內辭鼎軸出撫方藩載惟莅事之勤宜饗壽神之福特申勞問以示眷懷

撫問觀文殿學士陳升之兼賜夏藥口宣

有勑卿久參台路方部將符輯瑞之來虛懷以竚宜

加勞賜式示眷存

撫問鄜延路臣寮口宣

有勑卿等並膺廷選外寄邊虞未念撫循備更勞勩

方茲妍暖宜各寧安

撫問延州沿邊臣寮口宣

有勑卿等並因材選外寄邊虞方屆盛秋想膺多福

特申撫喻當體顧懷

撫問河北西路臣寮兼賜夏藥口宣

有勑卿等時方鬱烝氣或疵癘未惟黎獻方寄外虞

當有分頒以助調養

撫問并代州路臣寮并將校口宣

有勑卿等方以材能外分寄屬當此冱寒之極永惟
勞勤之多當飭使人往宣朕意

撫問高陽關路俵散諸軍特支銀鞋錢并
傳宣撫問臣寮口宣

有勑卿等各以選掄外膺寄屬比更時序邈在邊防
永懷扞禦之勞當致拊循之意

撫問送伴大遼賀正旦人使副沿路相逢
賀大遼皇太后皇帝生辰使副口宣

有勑卿等抗旌出聘將命還朝方春尚寒涉道良苦
當加撫勞以示眷懷

撫問雄州白溝驛賜北朝賀正旦人使御
筵口宣

有勑卿等祗膺朝選□鄰歡擁節在疆方豫
之禮馳軒喻指始推行役之恩

賜大遼國賀正旦人使已下生餼口宣

有勑卿等奉將鄰聘來會歲元永懷跋涉之勞宜有
餼牽之禮式昭勤遇當體誠懷

賜大遼國賀正旦人使却迴瀛州御筵口
宣

有勑卿等奉將書幣既獲驩成跋涉川途固更勤勤
宜頒燕衎以示眷懷

賜大遼國賀正旦人使見訖就驛賜酒果
口宣

有勑卿等奉將鄰聘夙㩦使軺既造見於闕庭方即

安於舍館宜加好賜以致誠懷

北京賜大遼賀正旦人使却迴御筵口宣

有勑卿等奉幣造朝抗旜歸國緬懷使節方次都畿特示燕私以將勤遇

雄州賜大遼賀同天節人使却迴御筵兼撫問口宣

有勑卿等抗旜歸國總轡在疆方玆炎歊亦旣勤劬詵頒燕衎式示眷懷

就驛賜大遼賀同天節人使却迴朝辭訖酒果口宣

有勑卿等奉將聘禮來會誕期惟鄰好之踐脩嘉使客之飭備當申頒賚以開燕私

賜眞定府路臣賓等初冬衣襖口宣

有勑卿等水澤將堅風飆載厲永懷黎獻方寄外憂當飭使軺就頒襚服

賜召學士馮京入院口宣

有勑卿文備國華學該世務祥琴既御吉服以朝宣復禁塗往供辭職

賜召滕甫入院口宣

有勑卿夙稱才敏久擅文華當解風憲之嚴以豫論思之密

臨川先生文集卷第四十八

臨川先生文集卷第四十九

外制

召試三道

節度使加宣徽使制

翰林學士除三司使制

誡勵諸道轉運使經畫財利寬恤民力制

皇姪（英宗舊名）可起復舊官知宗正寺制

皇姪知宗正寺（英宗舊名）可岳州刺史充本州團練使制

司馬光知制誥制

司馬光改天章閣待制制

馮京權知開封府制

范鎮加修撰制
趙抃兼侍御史知雜事制
韓縝改殿中侍御史制
沈立李大臨朱壽隆可三司戸部度支鹽鐵
判官制三道
李壽朋陸經張洞開封府推官制三道
王陶皇子伴讀制
施昌言知渭州沈遘知杭州李兊知鄧州制
三道
李柬之判西京留守司御史臺制
王綽知徐州鞠真卿知壽州何郯知永興軍
潘夙知桂州制四道

余靖司馬光張瓌加恩制三道

賈黯蔡襄王珪范鎮馮京余靖李柬之轉官

加勳邑食邑制七道

呂公弼工部侍郎制

司馬光禮部郎中制

周沆右諫議大夫制

沈遘起居舍人制

掌禹錫趙良規並秘書監制

王綽秘書少監制

李丕緒少府監制

宋任呂公孺馬從先解賓王並太常少卿制

三道

召試三道

節度使加宣徽使制

門下推轂授師擁旄秉塞擅生殺之柄于外繫安危之體于中厥有顯庸宜膺寵數誕揚孚號明示庶工具官某學足以通大方謀足以斷衆事有經天之業有扞城之材比以明揚屢更煩使遂躋膴仕良副訏謨維塞路之衝藩實兵防之重寄職爾鎮撫紓予顧憂蓋爵賞之加不遺於近小豈藩維之任顧可以弭忘用是疇其屢寒之勞寵以宣猷之號繫人謀之衆允匪朕志之私夫任重者其憂不可以不深位高者其責不可以不厚號名之美禮秩之崇非以朝假寵以賣榮蓋將論功而取稱副夫守國之圖謀王之輔

聯輔相之籍於殿中居士民之瞻於天下其恩秪慎
以副褒優可

翰林學士除三司使制

勑三司使天下之盛選也自尚書六官名存實去而
三司之職事所總居多則非夫仁明肅艾足以輔世
濟物者奚宜任此哉具官某有疏通之才有直亮之
操閎言崇議足以經綸王家高文典策足以鼓動當
世遂以人望揚于禁林若夫施政之後先生財之本
末蓋嘗深思而熟講彌見而洽聞則居天下之盛選
主朝廷之大計詢考在位孰如汝宜夫聚天下之衆
者莫如財理天下之財者莫如法守天下之法者莫
如吏維予任汝其聽勿疑法之不善者汝得以議而

更吏之不良者沒得以察而去則夫調度之不特費
出之無常邦用之不給元元困於征求而愁怨於下
者直汝之恥也六行已有恥而後可以爲士朕吾左
右信任詢謀所同而觀聽之所在者乎往祗厥官其
士以寵利而爲士恥可

誡勸諸道轉運使經畫財利寬恤民力制

夫閔仁百姓[illegible]無奪其時無侵其財無耗其力使其
無憾於衣食之[illegible]有以養生喪死此禮義廉恥之所興
而二帝三王之[illegible]敕百工諸侯之所先後世不可以忽
者也朕夙興夜寐聽治不怠囿游宮室之觀無所增
飾而躬以[illegible][illegible]天下之[illegible]然而不忍人之政考諸
先王未有[illegible][illegible]也凶年饑歲民之父子夫婦[illegible]

不得保其家室而放乎溝壑意者吏或不良不知所以賑救省憂之方而使之至此耶今吾别諸道置使者使得察吏之良否而視民之疾苦輒具以言而任事者或不惟朕志之所急而以侵牟之爲故甚非所以遣使者慰安元元之意也夫轉輸天下之財以給有司之費皆有常數而無横求誠能御輕重斂散之權而禁因緣之姦則何患乎經入之不足彼前世良吏能紓其民而官事亦不耗廢者豈有他哉亦在乎勉之而已若乃操聚斂之羸以爲功而不知百姓與足之義非惟逆於朕志而有司考績之法亦將不汝容焉朕言維服其聽毋怠可

皇姪右衛大將軍岳州團練使英宗舊名可起

復舊官泰州防禦使知宗正寺制

勑先王糾合宗族而分職以治之所以嚴宗廟也宗廟嚴則禮俗成而天下治其事豈可以輕哉今朕選於近屬以修宗正之官亦先王治親之意也以爾具官某惠仁孝恭忠信純篤故遷厥位以稱禦侮之實而使任事焉夫士之欲施於政未有不學而能者學所以修身也身修則無不治矣朕言非迂服爾往懋哉

可

皇姪右衛大將軍泰州防禦使知宗正寺

勑孝子之思慕無窮而送終有既者先之禮也具官某[illegible]真[illegible]華非良[illegible][illegible]去[illegible][illegible][illegible]三[illegible][illegible]於此矣其

還位號復序內朝朕命維新往欽無斁可

起居舍人直祕閣同修起居注司馬光知

制誥制

勑先王誥命之文何其雅馴而與美雖出命非有司
之事而討論潤色蓋有助焉以爾具官某操行修潔
博知經術庶乎能以所學施於訓辭俾掌賛書往諧
朕志可

起居舍人直祕閣同修起居注司馬光改

天章閣待制制

勑揚雄曰周之士也貴秦之士也賤周之士也肆秦
之士也拘蓋先王以禮讓爲國士之有爲有守得伸
其志而在上不敢以勢加焉朕率是道以君多士以

爾具官某文學行治有稱于時故明試以言使司告
命而乃固執辭讓至于八九改序厥職以伸爾志是
亦高選往其懋哉可

翰林侍讀學士右正言馮京改翰林學士
知制誥權知開封府制

勑學士職親地顯而開封典治京師非夫忠厚仁恕
而有文學政事之能孰可以任此具官某造行直方
受材博敏踐更中外休顯有稱論思蘂林尹正畿甸
詢謀惟允其往懋哉可

范鎮加修撰制

勑昔周人藏上古之書以爲大訓而孔子春秋天子
之事也蓋夫討論一代之善惡而撰次以法度之文

章非夫通儒碩才有識足以知先王不欺足以信後
世則孰能託尚書春秋之義勒成大典而稱吾屬任
之指乎以爾具官某有該通之材有純潔之操辯論
深博溢於文辭論思禁林時議惟允則夫褒善惡見
聞之實斷是非去取之疑人之所難宜以命爾爾其
精思孰考自勉以古之良史毋襲近世比事屬辭之
失使來者無所考稽可

右司諫趙抃禮部員外郎兼侍御史知雜
事制

勑某朕置御史以爲耳目非吏事久而能自稱職則
不以知雜事也以爾嘗任言責有獻有爲行義之修
士人所譽故遷郎位使在此官悉其識心迪上視聽

義之與比時乃顯哉可

屯田員外郎韓縝改殿中侍御史制

勑某朕使學士五人舉二人以爲御史又於二人擇取一人而以汝爲之汝名臣之子世載學問愷悌忠信學知大方無蔽于憸人無撓于大吏無迪上以非先王之典而同乎流俗時汝稱職往其勉哉可

兵部郎中沈立可依前官充三司戶部判

官制

勑某擅一道之財而開闔斂散之以給縣官之費而又察舉吏士之賢不肖閭民之疾苦與夫入仕三司而四方之言利者必稽焉其職事之責等爾汝以才能屢試而行義加修使于東南歲月久矣還譚掌計

之治所以慰將命之勞以惟爾博學多聞固嘗知夫百
姓與足之義古人有言曰尊其所聞則高明行其所
知則光大矣可不勉哉可

度支員外郎充祕閣校理李大臨三司度
支判官制

勑某天下之食貨皆領以於三司故朕常難於置使而
又考慎其屬以稱之爾以文學爲官而政事嘗有所
試清明敏達可使治煩往踐厥官其知所守矣可

金部郎中朱壽隆三司鹽鐵判官制

勑某取於山海之無窮以助縣官之不給所以開闔
斂散之不可以無術也非夫廉辨敏明之吏孰能任
此者乎爾緫行美材久於煩使往共厥服維是勉哉

可

度支員外郎李壽朋開封府推官制

勑某朕布大慶於天下惟士之有能有爲而不獲盡著豈一日而忘哉爾以政事之材而濟之文學無所避憚以修嚴官隸于吏議失職久矣尹正畿甸四方所瞻姑往佐之以永民譽可

殿中丞充集賢校理陸經開封府推官制

勑某天下無事休養生息百年於此而京師之人衆矣獨開封以一尹治之故朕常慎擇材士以爲之佐庶幾乎其不勞而治也爾材茂實美久於湮阨而智能彌　行矣加脩姑使治煩往其自勉可

太常博士充秘閣校理[illegible]洞開封府推官

勑某開封任重事叢以需祥才士以爲之往爾以文
章學問列職校讎出試一州風績彌 膺此選往
其勉哉可

左司諫王陶門皇子伴讀制

勑某自天子至於士未有不待學而成者今朕欲進
諸子於學求可與居者得而大臣以爾爲言爾久在諫
工有聞於世兹惟慎[illegible]選可不勉哉可

樞密直學士施昌言知渭州制

勑夫出河祕文中嚴於禁閣臨渭分閫外肅於戎亭
進陪侍從之聯往膺經略之寄兹爲異數授受惟艱
具官施某才劭兼人聞望映世早攄素蘊寖階清塗

南構計庭裨贊之功可紀西廂樞府論思之効尤彰洎出總於藩條且屢制於邊瑣事經畢舉政績用成宜易餘杭之符就撫氐羌之塞爾其坐護諸將善固吾圉而今而後無西顧之憂者繫爾之力可不勉哉

可

知制誥沈遘知杭州制

勑東南奧區杭越重鎮眷惟師帥之選屬于侍從之良宜有褒優式示毗倚具官某風姿爽拔器宇閎深早登高妙之科亟躋通顯之列校文東觀典學擅宰多聞演誥西垣英辭鼓舞群動比抗章而請郡朝詞膳以奉親曾未暮年已聞報政乃就更於淮海庶幾便於庭闈載念錢塘之郡今方虛銅虎之守宜其爲

之命仍選應宿之資服我新恩　龍爾故里與夫引會稽之綾又相萬也爾惟懋哉可

龍圖閣直學士知河陽李兌給事中依前龍圖閣直學士知鄧州制

勑鄧於京西爲一都會提兵以守常擇大吏且有加命寵榮其行具官某寬和静深方厚篤實嘗由御史遂爲諫官延閣侍從之班方維帥守之任焯有績效見於事爲序于東省之華寄以南陽之重按撫吏士治軍牧民敷宣詔條鎮靖風俗繄汝能力往其勉哉可

龍圖閣直學士李柬之刑部侍郎充集賢院學士判西京留守司御史臺制

勑古之仕者難進易退陵夷至於後世而禮義廉耻

幾乎息恬於勢利者鮮矣而苟得躁進者不乏於朝
教之未孚朕甚患之顧吾左右親近之臣行義合於
古之仕者宜從其志使在位之貪者有愧而慕焉具
官某名臣之子能自修敕出備藩維之任入爲侍從
之官而乃力辭顯榮退就閑職别都執憲地清務簡
特峻秋官之秩仍遷夔正之班吾惟爾嘉其往居息
可

知雜王某吏部郎中直龍圖閣知徐州制

勑某知雜御史於朝廷之士爲高選非精明彊直不
能稱其任也爾更踐多矣有聞於時故從遠方召置
此位乃以病告至于再三出臨大州進直嚴閣又增
郎位以寵爾行其亦勉哉往共厥服可

集賢校理鞠眞卿可光禄寺丞依舊充集賢校理知壽州制

勑某付之千里之地能禁暴去悍拊循鰥寡使良民有以休息而吏不敢爲侵寬豈非所謂能者哉若爾之材歷選于朝而又試于外固時之所謂能者朕所加省而不忘今夫壽劇郡也故徙汝以治之而稽汝歲功當得遷位丞于光禄其往勉哉可

何郯知永興軍制

勑朕初即位慎考俊乂之臣付之方鎮具官某廉清質直敦大詳敏藝文之學于政事之材左右具宜以有聲績作國西屏雍維大都鎮撫一方是成是賴序遷職位往牧其人其勵猷爲以膺任屬可

潘夙轉官知桂州制

勑某桂於西南爲一都會蠻夷荒忽鎭撫有宜故於用人常愼其選爾清明敏達寬博惠和吏事有功簡在朝論遷序即位往其勉哉可

尚書左丞余靖制

勑朕有大賚雖疏逖微細必加焉況於位序高任屬重寵章徽數其可略乎具官某政事之材藝文之學踐更中外光顯有聲濟登大官出鎭撫荒服能率厥職祖時倅成衎食序勳往其祗服可

天章閣待制司馬光制

勑陟降左右司朕躬之闕者王親篤信之臣也邦有大賚其可以後而忘乎具官某政事藝文操行之

美有聞於世嘗在朕心相時明禮放事惟謹進階序
爵其往懋哉可

尚書戶部郎中知制誥張瓌制

勑朕宗祀　先帝以配昊天而均福釐於在位疏遠
微賤無遺者矣又況於侍從之臣乎具官某德厚資
深志方行潔安於義命為世寶臣考慎樂禮相時大
事進階序爵其往懋哉可

翰林學士知制誥賈黯轉官加勳邑制

勑朕初即位奉行　先帝故事不敢有廢也具官某
剛毅篤實閎深博敏　先帝所遺以論思左右者也
其遷厥位加賜恩典其往欽哉可

翰林學士知制誥權三司使蔡襄轉官加

食邑制

勑朕祗若先帝之初大賚以勞天下職親地禁之臣皆先帝所遺以助朕者也其可以後而忘哉具官某率德秉義以綏寵禄主國大計功昭于時班命有章往欽無斁可

翰林學士兼侍讀學士知制誥充史館修撰王珪轉官加食邑制

先帝投天下之艱以屬朕身永惟所與濟此者豈非左右之良哉具官某秉哲迪義士民所望論思潤色有補於時大賚之恩外通四海况於親近豈可以忘往服寵章愈其慎㳟可

翰林學士知制誥充史館修撰范鎮轉官

加勳邑制

勑朕雖哀恫永惟付託之重不敢忘

先帝寵綏海內褒厚羣臣之意具官某敦大閎博清明敏達職親地密爲國信臣遷序位等申之恩典惟慎厥服往膺顯榮可

翰林學士知制誥權知開封府爲京轉官加勳邑制

先帝以盛德成功克終天祿眇然在疚永念嗣訓非左右之良孰與濟此哉具官某秉哲蹈義士民所望尹正京邑善聲流聞邦有大賚當由貴始往膺榮祿無替厥修可

集賢院學士余靖轉官加勳邑制

先帝君臨天下餘四十年功德之所及博矣非文武之士協力中外何以致此哉在後之侗纂修成法敢忘大賚以勞衆工具官某敦大閎深清明敏達蕃屏帝室歷功茂焉恩典寵章往其欽服可

集賢院學士李衷之轉官加勳邑制

先帝棄天下不及班命以勞羣臣朕繼大統某承厥志具官某廉靜忠恕濟以詳敏能紹世美爲時名臣膺服寵章往其思勵可

龍圖閣直學士給事中呂公弼改工部侍郎制

勑襃德序功制爲祿位 先帝所以熙庶政也朕雖在疚所不敢忘具官某保身慎行舊有榮聞陟降左

右[illegible]爲並[illegible]惠綏西南風靖九縣多寇之虞其往欽

哉可

待制司馬光禮部郎中制

勑左右侍從之臣皆先帝所遺以助興政理者也有勞可錄朕敢忘哉具官某行義信於朝廷文學稱於天下比更任使會課當遷進位二等以嘉爾績爾方以經術入侍而又兼諫爭之官往其思致厥身使朕之聰明無所不通爾亦維有無窮之聞可

周流右諫議大夫制

勑堯舜黜陟幽明之法其詳不見於經蓋其考績之次序必始於朝廷之貴者朕率是道進退百官故於邇臣無有私德以爾具官某忠厚謹潔惠和寬博嘗

被方維之重任乆參侍從之要官內外之勞皆宜有賞而以稱士失實控于吏議爲郎武部七歲于玆著論積功進位西省夫職在盡規之地官又以諫爲稱維是將明往其思勉可

右正言知制誥知越州沈遘起居舍人制

勑列名侍從分職方維厥有庸勳朕其甄序具官某端良是以有守精敏是以有謀爲時贊臣典掌明命出撫州部治聲流聞內外之勞進遷惟允序官二等以懋厥勤是謂寵榮往其祗服可

孚禹錫趙良規並祕書監制

勑祕書圖籍藝文之府而置監在光祿衛尉諸卿之右其材實德望當有以稱之以爾具官某等歷官玆

多服采帷　序于御位簡在朝廷宣布詔條討論典
故久於任使亦各有勞宜推增秩之恩以信懋功之
法往從官次無或不祗可

王綽秘書少監制

勑朕初嗣位六賜天下文武在位各以序遷具官某
出入踐更名聞休顯奉常之副用勞厥勤乃辭官榮
以避親諱綏予孝子改貳秘書往服寵章靖共無斁
可

光祿少卿李丕緒少府監制

勑少府古官於朝廷之位尊顯矣具官某行義祗飭
材能敏達外更器使績用每成有司以聞又當增位
往膺秩物無怠厥修可

司封郎中宋任太常少卿制

勑立以序遷至於卿位亦榮矣非才智有以任事行義有以保身豈能致此具官某中外踐更久於郎選明習衆事見稱於時往即厥官勉之無斁可

江南西路轉運使吕公孺太常少卿制

勑某太常兼夔與伯夷之事非夫執實德望有以過人孰宜爲之貳也爾名臣之子以才見稱出入踐更休有風績序遷厥位其往欽承可

職方郎中通判太原府馬從先太常少卿制

勑某太常禮秩異於諸卿非文學入官則不得爲其貳也以爾行治之美才能之敏踐更多矣皆有可稱

會課于朝躋登此位往求自稱惟旣厥心可

解賓王太常少卿制

敕某今之太常兼虁與伯夷之官非夫寅恭清明博習於禮樂則孰能爲之貳也今朕考行序勞而以爾爲貳於太常維爾嘗以材稱而屢更任使雖身在外而名位亦云顯矣所以稱此者可無勉哉可

臨川先生文集卷第四十九

外制

胡況周燮都官宋孝孫比部郎中制三道

錢韙比部王繹工部郎中制二道

李章周延儁竇緬卜紳朱從道晁仲綽鄭隨

並屯田郎中制七道

杜訢屯田員外郎制

薛仲孺虞部郎中制

楚建中邢夢臣王异張師顔晏成裕並司封

員外郎制五道

蔡抗度支員外郎制

蘇寀王益柔並兵部員外郎制二道

錢公輔祠部員外郎朱延世虞部鄭伸駕部

員外郎制三道

許遵陳汝義章俞韓繹劉牧王易知並職方

員外郎制六道

謝景初何世昌陳安道鼂仲約唐諲林大年

並都官員外郎制六道

胥元衡李處厚並屯田員外郎制三道

呂元規可駕部員外郎制

吴充劉敞轉官制二道

劉覺等轉員外

王伯恭王允李正臣劉叔寶轉官制四道

三司鹽鐵副使陳述古衛尉少卿制

勑某考課黜陟之法雖踈逖未嘗不信又況於近而顯者乎具官某以才自奮能世其家出入踐更休有

風績列卿之貳其往勉哉可

郭永可光禄少卿制

勑某外廷之位能至於九列者少矣具官某踐更衆職功著自昭年除歲遷以致卿位進寵一等往承惟休可

林億司封郎中制

勑某朕有官禄慶賞以序功而其施始於朝廷之近爾以藝文被選而多所踐更通籍禁中庄官闕下序遷郎位既極左曹往即寵榮愈其勵勉可

薛求司勲郎中制

勑某朕布大號在廷文武之士皆得進官一等而伐閲當遷者又各得以序遷爾中外踐更以才自顯膺

此恩與往其勵哉可

權提點成都府路刑獄齊恢度支郎中制

勑某朝廷選實才臣以使諸路而究庶獄之不辜厥有膚勳朕當甄序爾才能行義士論所稱會課有司實應遷法往膺休顯其愈懋哉可

淮南轉運副使張景憲金部郎中制

勑某入佐三司出使諸路皆朝士大夫之高選有勞當錄其可忘哉爾行義之修才能之卲見稱當世簡在朝廷會課進官往其欽服可

三司鹽鐵副使陳述古朝奉大夫司封郎中三司度支副使趙抃戶部員外郎加上輕車都尉權三司戶部副使張燾朝散大

夫刑部郎中制

勑某人等朕初嗣位奉行　先帝故事不敢有廢也具官某等行義稱於世才能見於朝佐國大計爲功多矣序遷位等其往欽哉可

朱處約祠部郎中制

勑某爾嘗爲御史持論不阿出守方州稍遷使序功增秩邦法有常往懋厥修以須進選可

孫抗孫琳祠部郎中制

勑某人等都水之官廢久矣朕修之而用爾爲丞爲維才能懋建厥事有司論課當以時遷進序名極衆數可

提點福建路諸州刑獄公事王陶祠

勑某朕選置廉吏者清明于諸路所以待之非輕也爾戢爰衆然之才美有稱備在遠方能修其職進遷位等往愈懋哉可

權提點廣南西路刑獄杜千能祠部郎中

制

勑某朕初即位羣臣朝者皆增位一等有功當遷又皆得以序進爾材諝行治見稱於衆奉使于外治聲流聞會課進官往其祇服可

三司户部副使張燾兵部郎中制

勑某考績三歲進官一等 先帝所以勵羣臣也具官某秉哲迪義有聲于時能勵厥修以宜官政序功

厥位其往欽承可

苗振職方郎中制

勑某尚書郎中序列五品其於朝廷之位亦已顯矣爾用選擢嘗更任使積功以次得在此位所居三歲宜進一官至今而後得遷乃以爾嘗有謫朕於黜陟豈苟然哉自爾取之而已往思自勉以稱褒升可

王舉元刑部郎中制

勑某薦非其人而與其罰古之道也爾以才實外更任使風績之郡舉非人不稱而任舉有失法當坐免雖更赦令猶褫一官以懲上報之謬而塞人言之衆聽踐厥服往其勉哉可

侍御史知雜事判都水監王綽刑部郎中

制

勑某御史皆吾耳目之官而折百工以法刑之中者世考其功狀在法當遷則吾豈可以忘哉以爾具官某忠厚諒直有稱於世踐更衆職皆以能聞故寘之臺中位次執法名實之善允于人言姑疇積功序進一等位亦顯矣往其勉哉可

胡況都官郎中制

勑某爾以才行自昭于時外分將符內序郎位致勤厥職三歲于茲稽狀有司法當增位進遷一等直往懋哉可

周燮都官郎中制

勑某褒善錄勤邦有常法爾以才能行義登顯朝廷

序正郎位三年於此矣進遷一等以懋厥勤勵治我民乃其能稱可

宋孝孫比部郎中制

勑某襃功録善邦法有常爾共厥官服采惟謹久於郎選會課當遷僉其勉哉以稱新命可

監在京都麴院錢暄比部郎中制

勑某古者官有職而命有數非有職不足以序群才非有數不足以差衆功今官有品猶古之命數也命之數自一推而上之至于九官之品自九推而上之至於一大略蓋無以異而其詳如此不同唯其欲得賢者之在位則古今一也爾以才能行治進序於朝年除歲授既得列於五品久於其職事法又當遷其亦

可謂寵榮光顯矣其思自勉以稱吾欲得賢者在位之意哉可

三司户部判官充祕閣校理王繹工部郎中制

勑某三司理財之吏與館閣校文之官皆朝廷雋乂之選也其於進秩有異數焉爾以藝文世家而祗慎謹飭久在此位有勞當遷序于名曹其往思稱可

李章屯田郎中制

勑某褒善録勤朝廷之政爾才能行治比見推稱會考績之法當增位序進遷一等其往懋哉可

周延雋屯田郎中制

勑某郎中五品而司田以待藝文之士爾大臣之子

強學贍辭出典一州序功當進往祇厥位其克懋哉
可

職方員外郎竇綱可屯田郎中制

勑某漢明不以郎官假貴戚以出宰百里爲不可以非其人今之郎選其重非漢比也而郎中序于五品其授豈可以輕哉爾以文藝起家以吏能從政序遷此位嘉寵爾勞往服訓辭勉求報稱可

職方員外郎卜伸可屯田郎中制

勑某郎中序列三等其品皆爲第五非積功久次則不得至焉爾以文藝入官而濟之謹潔久於任使當得進遷兹維爾階其往祇服可

職方員外郎宋從道可屯田郎中制

敕某尚書郎選於今爲重而郎中列于五品爾精敏強果號爲才臣積功累勤以致此位往共厥服其愈懋哉可

晁仲綽鄭[illegible]迪可屯田郎中制

敕某郎中序列五品非久於任使有勞而無罰則罕得至焉爾以文藝起家以才能爲吏稱功累善當得進遷往其懋哉思稱新命可

太常博士權御史臺推官杜訢可屯田員外郎制

敕某尚書郎位吾所以重也爾名臣之子行義修飭才能有譽而職事無過宜審官稽狀當以序遷新命維休往其祇服可

駕部貟外郎臣薛仲孺可虞部郎中制

勑某郎中五品於朝廷又爲顯位爾悉心爲吏才敏見稱嘗所踐更咸有功是取進遷惟允其往懋哉可

提刑楚建中可司封貟外郎制

勑某朕置使者以察天下之獄其選擇甚難而視遇之甚厚序功緑善其一門忘乎爾行治才能有聲於世服官惟稱會課當遷以懋爾勞往其祗訓可

侍御史邢恭安臣可司封貟外郎制

勑某侍御史於御史之選爲高而尚書郎以司封爲前列爾才能行義嘗見推稱於有言職爲一臺高選任貴未久序勞當遷往副司封愈懋其自勉可

部貟外郎充祕閣校理王一巳升可司封貟

外郎制

勑某爾以藝文高第進仕朝之廉靖謹良有稱於世校文祕閣典事方州甄序歲勞進遷惟允往共厥服其愈懋哉可

權梓州路提刑都官員外郎張師顏可司封員外郎制

勑某爾修潔精敏達於從政昔更任使皆以才稱故以一路之庶獄寄之督察方行就事會課當遷往懋厥修以求稱職可

度支員外郎充崇文院檢討晏成裕可司封員外郎制

勑某爾以文藝之學在討論之官丞于太常典掌禮

樂有勞可録其以序遷於世家爾爲能保往思淑慎無廢厥勤可

祠部員外郎充祕閣校理蔡抗可度支員外郎制

勑某序功録最邦法有常惟敏厥脩乃能自稱爾以挍鍊之選受吾藩屏之寄抗能行治見譽於時而會課有司番遷厥位官無虛授往可勉哉可

權利州路轉運使度支員外郎蘇寀可兵部員外郎制

勑某朕欲明清于吏民而擇使以治之非特使之轉貨財以贍有司而已也爾彊敏謹潔達於從政往充其選克有成勞序進一官僉曰乃服可

三司鹽鐵判官度支員外郎集賢校理王益柔可兵部員外郎制

勑某任賢使能而繼之以黜陟先王之所以治未有改此者也爾惟賢故序于校讎之職爾惟能故列于會計之官稽狀有司法當增位其遷一等以懋爾勞可

太常博士充集賢校理同脩起居注判三司度支句院錢公輔可祠部員外郎制

勑某序功黜陟邦法有常爾文章博美行義純絜施於政事又以材稱會課進遷蓋維常法往祗厥位其亦懋哉可

國子博士朱延世可虞部員外郎制

勑某尚書虞部掌天下之山澤而脩其時禁郎官職事雖廢而官名猶貴於時非歷試而有勞即不得以在此位若爾之潔廉畏慎蓋知所以自保矣其愈懋哉可

比部員外郎鄭伸可駕部員外郎制

勑某爾勤敏謹潔以脩厥官會課有司當得遷位司與之副其往懋哉可

都官員外郎許遵可職方員外郎制

勑某爾進以藝文而兼通律令之學故於為吏常以才稱第課有司當得進位祇予新命厥往懋哉可

都官員外郎林汝義可職方員外郎制

勑某審官之法吏有勞而無罪至於三歲則遷位一

等亦所以勸也爾以學政事有稱於世久更任使會課當遷往服寵章愈其思勵可

都官員外郎章俞可職方員外郎制

勑某爾以藝文之學政事之材所更滋多皆有善最三載考績法當進遷往踐厥官愈其思勉可

韓繹可職方員外郎制

勑某三歲一遷審官馭吏之常法也然非智謀忠力能舉其職事者亦何以稱此哉爾纘德善之慶而以藝文自奮施於吏政強敏有聲膺此寵榮其知勉矣可

都官員外郎劉牧可職方員外郎制

勑某朕置使者以察諸路而選才士以佐之爾行義

智能比見稱述往其職事會課當遷懋勉厥勤以稱

官使可

都官員外郎王易知可職方員外郎制

勑某爾父於試用常以才稱出守一州可有爲矣而

有司會錄當得進官往既厥心以祗予訓可

屯田員外郎謝景初可都官員外郎制

勑某周官司士三歲則稽士任進其爵禄而方今審

官之法用焉爾名臣之子操行修潔文學政事有稱

於時審官序勞當以時進往踐爾位厥維懋哉可

屯田員外郎何世昌可都官員外郎制

勑某尚書之實多廢矣而郎位尚爲朝廷所重爾藝

文操行政事之材𢪛本進遷以至於此出位州治論

率憲條攺序中行往其祗服可

屯田員外郎陳安道可都官員外郎制

勑某士夫奉法循理以共厥服至於三歲而無咎罰其可無進遷之法以慰勉之哉爾藝文起家而行義脩飭比更器使實以才稱往服寵章愈其思勉可

屯田員外郎晁仲約可都官員外郎制

勑某褒善録勤朝廷之政爾清明敏達士類所稱典治一州風政彌劭有司序績當得進遷往服寵章愈其思勉可

屯田員外郎唐諲可都官員外郎制

勑某爾藝文行治進有可稱爲郎尚書三年於此矣職事之最法當進遷愈其懋功以對新命可

屯田員外郎林大年可都官員外郎制

敕某士之有爲者豈必慶賞而後勸哉然黜陟者勵世之通法而爲天下者所不能廢也爾被文蓄德從政有聲會課當遷序官一列往其勵勉膺此寵榮可

太常博士胥元衡可屯田員外郎制

敕某仕於朝廷者有勞而無罪至於三歲則遷位一等所以明有勸也爾名臣之世行義脩飭以才自奮從政有稱往服寵章愈其思勉可

太常博士李處厚可屯田員外郎制

敕某爾政事之材藝文之學潔身慎行皆以有稱試諸利權是亦煩使序功錄最當得進遷列職南宮往其祗服可

比部員外郎呂元規可駕部員外郎制

勑其褒善録勤邦有常法爾護軍羅將邊漕悉心營職才諝見稱會課序遷往其祗服可

吳充轉官制

勑其士之好德樂善而無　則爵賞有不足以勸焉而爵賞固不廢乎無求之　爾文章行義政事之實士友之所服朝廷之所稱　方試爾于外以觀爾爲而審官上爾歲月之勞法當遷位一等此雖不足以爲爾勸而天下至公之法不可以廢者也往其懋承之哉可

劉敞轉官制

勑其褒善録最朝廷至公　吾邇臣　法當陟具官

某文章博美政事詳敏通道德之意躬仁義之行久於侍從實允詢謀以方維又能鎮撫甄序乃進遷厥官朕命惟休服可

劉覺等轉員外郎制

勑某官所以制祿位之事所以敘才分之宜視職之廢舉與行之失得而其官此吾爲天下立法以廢置賞誅之大體也持其行而無失修其職而無廢三年於此矣不可以徒置也宜有賞焉序進一官往欽乃服可

王伯恭轉官制

勑某方今仕於朝廷者率三歲而一遷論者患其不足以勸功然日月久矣能祗慎不怠免於罪悔則亦

宜有以襃嘉此朕所以使爾得遷之意也士之爲義蓋有常心何必利焉然後知勸可

王允轉官制

勑某爾能誦先王之言以得禄位施於有政又以中稱丞于殿中歲月久矣博士之選儒者所宜以爲爾官其往祗載可

李正臣轉官制

勑某書曰欽哉欽哉惟刑之恤哉此吾所以建審刑之職而擇取智能之士以爲詳議之官爾以藝文起家又能明習法令靖共厥位有伐當遷姑使序于太常而仍其覆讞之事往爲審克以稱欽恤之意可

劉叔寶轉官制

勑某士之修身愼行宣力四方豈皆以取爵禄之報哉蓋其志有以謂義當如此然而爵禄必稽行治勞烈而加焉今吾序進爾官以有積功之實義不可以無報也在爾自爲則欲知夫義當如此而無志乎寵利然後可以事君往其勉哉尚有終譽可

臨川先生文集卷第五十

（宋）王安石 撰

宋本臨川先生文集

第六册

國家圖書館出版社

第六册目録

臨川先生文集卷第五十二……三七

臨川先生文集卷第五十三……七一

臨川先生文集卷第五十四……一〇一

臨川先生文集卷第五十五……一三五

臨川先生文集卷第五十六……一七一

臨川先生文集卷第五十七……一九三

臨川先生文集卷第五十八……二一五

臨川先生文集卷第五十九……二三三

臨川先生文集卷第六十……二五九

一

臨川先生文集卷第五十一

外制

周革等轉官任迴等加勲制二道

張慎修徐師回等改官制二道

磨勘轉官制二道

明堂宗室加恩制

皇姪孫世永改隴州防禦使皇姪從古登州防禦使皇姪曾孫令磋右千牛衛大將

軍制三道

鄭穆錢衮周豫楊南仲姚原道晏崇讓劉温

並太常博士制七道

柴餘慶國子博士制

邵亢太常丞制

蔡説晁仲熙王元甫並殿中丞制三道

高應之國子博士張俅太常丞范褒胡掖殿

中丞制二道

王介毛霑許懋傅顏陳舜俞句士良並祕書

丞制五道

商傅張璘王岣王佺並光禄寺丞制四道

郎几孫琪衛尉寺丞張次元並大理評事制

二道

柴元謹陳巨卿並衛尉寺丞孫琬大理寺丞

制二道

張服尹忠恕張慎言孫昱薛昌朔雷宋臣太

中舍劉郎且殿中丞制二道

方頻高安世張漩傳充黄汾王塾並太子中

舍制三道

王中等太子中允雷宋臣太子洗馬制二道

熊本高旦孫思恭並著作佐郎制三道

王廣廉孫覺姚闢游烈張公庠高膺敏崇大

年潘及甫阮逸並著作佐郎馬好賢大

理寺丞制八道

劉仲章施遜周同吳安操高定林宗言徐

李文卿陳仲成張譚鄭民表韓燁吳大

元劉公臣白贄錢藻段叔獻于觀馮宗

辛景賢朱東之並大理寺丞制十八道

陳確大理寺檢法官制

魏綱石祖良蘇軾何景先何景元張瑨並大理評事制五道

許將簽書昭慶軍節度判官廳公事制

樞密院編修同華轄官制

勑某語曰前事不忘後事之師也今吾樞密之府自祖宗以至於今不啻百年捍患持危應變之大計與夫將相論議之臣密謀要策有補於出者皆具在此而文書貿亂淆雜而無紀亦何以待後事乎故擇能臣使序次焉而爾以才稱實當其任今遷爾位唯是勉哉可

屯田員外郎任迥等加勲制

勑某等朕獲休享于神而嘉與爾等並由材選列在郎位相時釐事能勵厥勤甄序有差往其祗服可

張愼修等攺官制

勑某等士之選於吏部者多矣以貌以言而取吾皆不足以得之此吾所以推耳目之任而付之刺舉之臣使各察其所部而以賢才告上今爾等從政于外而爲刺舉者所稱故吾召見于庭而秩以省寺之官往其勉思所以事君無使稱爾者受不任之咎可

徐師回等攺官制

勑某等詩曰不解于位民之攸塈蓋吏能夙夜不懈於其職事以無過失然後民得以服勤而有勸功樂

業之意吾所以制爲禄位以待天下之吏以時論其
功狀而進退之凡以爲民也爾等並列於朝而久於
其職序遷爾位惟是勉哉可

磨勘轉官制二道

勑某等有司考爾等之伐閲而揚爾等於朝廷朕親
覽焉皆應遷法夫命官賦禄之事朕非輕之也維以
章有德序有功名在審官則三歲而一遷亦維以閲
夫職事之勞而勉之盡力爾等勿謂名器之可計日
以自取也而無報上之意焉可

二

勑某虞以九載黜陟庶官周以三歲誅賞羣吏其爲
法異而勸沮之意同爾之歴官功實應遷法序進厥位

維以勸能書不云乎德懋懋官功懋懋賞爾則善建
朕何愛焉可

明堂宗室加恩制

勑某朕既肆祀於明堂而大賚以布神之福爾列名屬籍序位內朝肅雝在庭克相禮事以差受寵其往懋哉可

皇姪孫左屯衛大將軍登州防禦使世永改隴州防禦使制

勑朕永惟 太祖皇帝德加於後世博矣而諸孫爵位莫有顯者甚非所以惇叙九族承宗廟之意也具官某躬率德義克承厥休方將營衛之屯而領兵防之任其正使號稱朕志焉可

皇姪右衛大將軍蘄州防禦使從古登州
防禦使制
勑朕選於近屬以治親親唯賢與能宜在此位具官
某躬率德善自昭于時以選擇事久勤不懈其遷使
號而正其職服之名焉往踐寵榮愈思慎慼可
皇姪曾孫太子右內率府率令磋右千牛
衛將軍制
勑某治天下自人道始而以治親爲先務爾序于屬
籍率履不違遷率東宮十年於此矣進踐祿次往其
欽承可
鄭穆太常博士制
勑某士之著籍審官者雖在疏逖猶三歲而一遷又

況以才被選有職事於禁門之內者哉嘉爾言行發
聞于世膺此恩典往其欽承可

錢袞太常博士制

敕某太常古宗伯之官而博士掌其據法增損因革
皆合於事久而不失先王之禮意然後可以爲能其
任固已重矣今雖職廢而非文學出仕則不得以名
官爾以叙進而膺此選其尚能勉以求稱哉可

集賢校理[illegible]豫太常博士餘如故制

敕某籍於審官之士雖身在外有司會其伐閱歲滿
輒遷況於以才進選而列職祕近者哉爾維畯良膺
此恩典往其祗勵以服寵榮可

楊南仲太常博士制

勑某爾文學藝能見稱於世服官惟謹克以有勞丞于太常是謂華選遷秩博士往其欽哉可

姚原道太常博士制

勑某爾以藝文出仕而才謂見稱備任遠方有勞當録博士之選往其欽哉可

晏崇讓太常博士制

勑某爾名臣之子行義修飭能以藝文自奮而於職事有勞序遷厥官其往祗服可

劉温太常博士制

勑某爾丞祕書三年矣故稽爾功狀秩于太常爾行義才能有稱於世無曰官小往其欽哉可

柴餘慶國子博士制

勑某爾於爲吏才敏見稱會課有司當得遷位博士之選往其勉哉可

邵亢太常丞制

勑某古者尚賢而輕爵好藝而賤禄所以士樂盡其行而爲時用也爾列于東宫之職重三年於此矣群牧之任開封之選皆能稱職遂佐三司其序爾功進官一等若爾之藝文政事豈有愛於爵禄乎哉往懋厥修以需其後可

蔡詵殿中丞制

勑某宗祀之成慶覃疏逖爾久於常選丁此殊恩甄序有榮往其祗服可

晁仲熙殿中丞制

勑某爾以謹潔能不失其世守故積功久次致位於
朝往佐一州又應遷法愈其懋勉以稱褒嘉可

王元甫殿中丞制

勑某吏之有籍於審官者三歲一遷所以勸勞也爾
以才備任積課應條往服命書愈其思勉可

高應之國子博士張依太常丞范褒殿中
丞制

勑某等爾等親吾民于外而吾使有司會課于中皆
能有勞以應遷法夫上之爵賞無私德惟以治人臣
能率職以治人則可謂能報上矣各踐爾位惟時勉
哉可

胡[illegible]殿中丞制

勅某汝官在東宮而得入內於朝廷之位者司[illegible]

[illegible]府遷夫祿所以等功位所以序德朕所以命汝者

尊加厚矣汝所以報稱者亦可以勉哉可

王介祕書丞制

勅某朕設科以來異能之士而親發策問之爾言之

間而學問多中乎義理其選厥位以嘉爾之能言

士無不能有不爲爾若爾之修潔有志而濟之以[illegible]

敏之才惟所施焉將無不至況於一官之小豈以[illegible]

稱爲患也哉可

毛麃祕書丞制

勅某古人有言曰無常產而有常心者唯士爲能若

所謂士者不以無常產而變易其心又奚食於[illegible]

[illegible]兼而[illegible]以言語[illegible]

[illegible]舍[illegible]書承制

瑞[illegible]之人自[illegible]言而由[illegible]一以至於此其知之矣可不[illegible]

時賞行治不言以謙其位則孰以為非苟得也[illegible]

時會[illegible]於[illegible]之人三歲而序一官在位之所[illegible]

時[illegible]雖任職于外而功罪之[illegible]言之[illegible]

許[illegible]盡[illegible]書承制

志之位亦加[illegible]矣所以為士者可不勉哉可

[illegible]而無罪三至於此矣其[illegible]遷以信大公之[illegible]

也爾以進士起而序於王言之列[illegible]是一己之[illegible]

而後勤[illegible]士之有功則[illegible]加[illegible]天下大公之[illegible]

年存遷一等以待有司之常法爾豈所以待異材之
士哉往其勉之以俟時用可

句士良秘書丞制

勑某爾佐著作于秘書三年矣審官稽狀當進一官
惟爾以文藝起家而以吏能爲邑往欽新命其克勉
哉可

國子監直講甯傳光祿寺丞制

勑某爾讀群經而能通知其義故選於衆以教國子
有司稽任當以勞遷往服爾官愈其思懋可

張璘光祿寺丞制

勑某爾父爲吾執政之官而爾能夙夜祇飭以修其
職事可謂能世其家矣今有司會課而吾以爾[illegible]

光禄往思勵勉以承燕譽之終哉可

王峋光禄寺丞制

勑某詩曰維其有之是以似之以爲賢者之後功臣之世非有以存之則無以似續其前人也爾以蔭藉入官而能舉其職以應有司之遷法可謂之似續其前人矣丞于光禄其往勉哉可

王佺光禄寺丞制

勑某爾大臣之家賢者之後能自策勵不隳其官序勞當遷往踐厥位無忝爾祖乃惟續哉

奏舉人前陝州節推郎凡衞尉寺丞制

勑某選於吏部者多矣非使在位者舉其類則善人豈能自進乎爾能勵厥官以多薦者丞于衞尉其思

祗修可

孫琪衛尉寺丞張次元大理評事制

勑某等杵槐於一邑知效於一官至于三年而無職事之負焉不可以無報也序進一等往其懋哉可

柴元謹衛尉寺丞制

勑某商之有征久矣所以銷沮游末而勸之力本非特收其贏財佐公上之急而已也爾勤其事以有累日之功序進一官以從大雅無德不報之義爾維世族尚克勉哉可

奏舉人前梓州鄭縣主簿陳巨卿衛尉寺丞奏舉人前權復州軍事推官孫琥大理寺丞制

勑某選於吏部者多矣非使在位者舉其類則善人豈能自進乎爾能勸厥官以多薦者承于卿寺其愈祗修可

張服尹忠恕張慎言孫昱太子中舍制

勑某周官三歲則大計羣吏之治而誅賞之故朕脩憲以爲考績之法夫吏者三歲能率職礪行而無罪悔是宜有賞序官一等以慰爾勞維爾良能宜加報稱可

薛昌弼雷宋臣太子中舍劉師旦殿中丞制

勑某審官考課之法成於　先帝之時朕維奉循以貴名器無有親䟽遠近使有司一是以待之

勞序遷一等勉共爾位率去忘私庶乎能稱爵賞之公而終無尤於職事可

方蘋高安世張湜傳充並太子中舍制

勑某等吾於爵禄甚慎閔仁百姓甚篤爾等或專一縣或佐一軍而皆列於鄉丞之籍蓋甞有所試矣今有司序功當得遷位吾雖甚慎爵禄而於爾等無所愛焉其勉思拊循百姓以稱吾閔仁甚篤之意可

黄汾太子中舍制

勑某吾權天下之才而立民長伯萬家之縣又有戎馬之任焉其稱甚難而爾能其事有勞遷秩毋廢爾成可

王塾太子中舍制

勑某爾丞于理亦既三年有職事之勞無行義之過使遷厥位著籍外廷夫與於燕而坐於朝報禮亦云異矣往祇乃服其可不思可

奏舉人前永興軍節度掌書記王申等太子中允制

勑某等皆以藝文起家而久於常選才能行義數見推稱揚于朝廷各命以位往共厥服可不勉哉可

雷宋臣太子洗馬制

勑某周人事神以諱而不諱嫌名持循至今遂著為律爾以難避之諱而辭當拜之官自言冒榮有所不忍其更位號以慰孝思慎爾百爲勉求稱此可

熊本著作佐郎制

勑某吾歲取吏部之選者以爲寘監省寺之官掌[illegible]

書乎百人論者患其多焉詩不云乎濟濟多士文[illegible]以寧有天下者豈以士多爲患哉顧其所取何如爾汝藝文政事皆見稱述往踐禄次盖將有補於時使人視吾所取而不以爲多在汝勉之而已可

高旦著作佐郎制

勑某唐虞以三考黜陟幽明而其所命或終身於一職然則其所謂陟者蓋爵服之加而已今之增位猶古之加爵服也以爾久於職事而功用應於有司之法故使增位以報焉雖考績之歲月與黜陟之方古今不同而吾所以褒勵庶工非與唐虞異意爾其毋怠思稱厥官可

國子監直講孫恩恭著作佐郎制

勑某爾才能行義有超卓之譽於時故遷於衆以教國子而又寵以校讎之官有司稽勞當得遷位列職東觀往其懋哉可

奏舉人前祁州深澤縣令王廣廉著作佐郎制

勑某爾用舉者爲縣又能修其職事而舉者衆多升序厰官屬之東觀夫士之有能有爲也豈必戒敕而後勉哉爾以才稱其知自勸矣可

奏舉人編校昭文館書籍孫覺著作佐郎制

先帝置校讎之官所取皆天下望士爾惇行力學爲

時俊傑治民有紀稱者衆多會課進遷往共厥服可

奏舉人姚闢著作佐郎制

勑其秘書省有著作之官所以待藝文之士爾瞻辭博學而爲吏有聲甄績序材以登茲選往共職服其亦勉哉可

奏舉人游烈等著作佐郎制

勑其等皆以藝文起家而久於常選中能行義數見推稱揚于朝廷各命以位往共厥服可不勉哉可

奏舉人張公庠著作佐郎制

勑某爾嘗爲令而能以材諝爲在勢所稱寘諸京官以懋乃績往踐祿次愈其勉哉可

高膚敏崇大年並著作佐郎制

勑某爾等皆以才能序于莫府舉其職事稱者衆多會課超遷往其祗服可

潘及甫著作佐郎制

勑某等選於吏部久矣皆能以才自奮爲在位者所稱稽狀有司列官省寺往須器使無替厥修可

奏舉人阮邈著作佐郎馬好賢大理寺丞

制

勑某等省寺之有丞郎其名位高下不同而於今皆爲遴選爾等從事于外以能見稱有司書勞朕所親覽各踐厥位往惟愼哉可

直講劉仲章大理寺丞制

勑某爾方以經術教國子而有司會課當得進遷爾

以通經發聞于世允蹈所學尚何訓哉可

施遜大理寺丞制

勑某三歲一遷朝廷之法爾共其職事在法當遷徐懋厥修以祇朕訓可

奏舉人周同大理寺丞制

勑某爾能勤厥官以有舉者有司條奏在法宜遷使得傳籍於審官以爲大理之屬當知夫名器之不可以徒得也往思懋勉以稱之可

吳安操大理寺丞制

勑某爾名臣之家能自修飭考論功最當得進遷往服官成勿墮所守可

高定大理寺丞制

勑某朕布功賞之信苟有功可以中率則無擇小大遠邇而加焉今有司條奏爾勞在法當賞往丞于理其懋厥官可

林宗言大理寺丞制

勑某有司言爾當遷而朕視功狀如有司之言故使遷爾位一等吾嘗詔有司以時視士大夫功狀而敘進之毋使自言欲夫在位知有禮讓而不以官爲利也爾知之矣可不勉哉可

徐縝大理寺丞制

勑某爾出於世祿之家而服勤憲章之事行不愆於法才不曠其官遷以報功往其懋哉可

李寺卿大理寺丞制

勑某吏之近民者莫如令故倍非其禍也繇非多也而
吾不輕以與人爾得爲之以有稱者往施於政又以
才稱寘諸京官以待任使恩永終譽厥惟勉哉可

奏舉人陳仲成大理寺丞制

勑某歙之爲州也窮於山谷之間吏常患乎州窮而
剌舉者有所不知爾勤其官而稱者甚衆可謂能矣
其進以爲京官往懋乃成以終有譽可

張諲大理寺丞制

勑某古之爵賞與士共之雖有衆譽而功實不副焉
亦不可以幸而得也此吾所以閲稱舉之衆而又稽
歷試之勞然後命爾以丞于大理也夫吉吏部之選
而有録於審官能祗慎不懈以免於文吏之議則雖

高位尚可以循而至可不勉哉可

鄭民表韓燁大理寺丞制

勑某爾服勞州縣才諝見稱甄序厥功使丞于理往祗伻命惟旣爾心可

吳太元大理寺丞制

勑某審官之法三歲一遷爾嘗有罪故使序于大理四年而後遷以爲承賞誅黜陟吾無私焉皆爾自取也施於有政可不勉哉可

奏舉人劉公臣自贄並大理寺丞制

勑某等今吾大吏舉非其人有坐序廢其於舉人官顧不愼哉然而坐序廢者時時有之此始求舉者不其始終以負之爾令爾等皆以與舉故吾命以[illegible]

勉思一其始終以無負於舉者可

國子監直講編校集賢院書籍錢藻大理寺丞制

勑某朕設科以招方正之士而爾應其求置高以獵儁乂之材而爾充其選有司會課當得進官若爾之諒直多聞方且善其行以爲時用往祇厥位可不勉哉可

段叔獻大理寺丞制

勑某以爾典京師之獄滿歲於此矣而未嘗有失丕于卿位以懋爾勞維朕哀矜庶獄之有不幸爾所知也守爾常操尚無誤哉可

奏舉人于觀大理寺丞制

勅某方今漕輓之鹽以食東南而收其息以佐有
司之急倉庾之官一失職而至於耗惡則足以匱國
而傷民故穪舉能吏而旌之亦賞所以勸也爾從某
事能有成勞丞于理官往践無懈可

馮翊卒景賢大理寺丞制

先帝使大吏推舉當選之士以補省寺之屬爾能收聞
其職事而舉者衆多率由舊章命爾以佐往祇厥服
以穪數升可

試大理司直兼監察御史朱秉之大理寺
丞制

勅某爾以幹　謹絜能舉其職事而屢為在位者所
稱薦序功法當有賞理官之屬其往懋哉可

陳確大理寺攝法官制

勑某朕制中典以刑四方非惟不失天下之姦惟以使人無犯有司而已今明試爾才之可使而後以為屬於理官爾其知恤庶獄之不辜而求所以出之以稱朕哀矜元元之意可

魏絪大理評事制

勑某爾備屬奉常亦已久矣序進厥等以旌有勞夫三歲一遷雖厚祿可以馴而致欲為善者亦如此矣能積智累勤而不已則亦何所不至乎在爾勉之以求為可進也可

石祖良大理評事制

勑某士之有籍於審官者皆三歲而一遷今爾歲滿

故吾進爾位加爾禄夫禄以等功而不以志位以序德而不以勞爾世厥家其知勉矣可

應才識兼茂明於體用科守河南府福昌縣主簿蘇軾大理評事制

勅某爾方尚少已能博考群書而深言當世之務才能之異志力之强亦足以觀矣其使序于大理吾將試爾從政之才夫士之强學贍辭必知要然後不違於道擇爾所聞而守之以要則將無施而不稱矣可不勉哉可

何景先何景元並大理評事制

勅某春秋之義以貴治賤以賢治不肖今天下民之衆賢者不爲不多爾得列于京官其賢於人宜如

何也今爾累□之課又當[illegible]其位亦士一不賤矣
爲賢也亦可以勉哉可

張璯大理評事制

敕某吾推恩大臣之子爾得列於祠官能任事而有
勞其以備士官之屬爾父起於閭巷以能大其家室
者豈一日之力哉爾能積勤累善法象而不違則豈
特有慶于而宗又將有賞于而國可

前鄉貢進士許將大理評事簽書昭廣
節度判官廳公事制

先帝親策進士於廷而以爾爲第一爾於藝文可謂
能矣所以施於政者朕將有所試而觀焉夫士之遇
時不患無位患所以立往其勵勉以副朕求可

臨川先生文集卷第五十一

臨川先生文集卷第五十二

外制

孫實大理評事制

韓鐸王任徐瑗王夢易並充節推知縣制三道

廖君玉陳周翰並奉禮郎制二道

李允恭可太常寺太樂耿允恭包文顯可並太常寺太樂署副正制

英宗即位覃恩轉官龍圖閣學士至龍圖閣直學士制

發運轉運提刑判官等制

御監館職京官館職制二道

分司致仕正郎以下京官等制
諸司使副至崇班內常侍帶遥郡不帶遥郡
制
皇兄叔弟姪大將軍以下制二道
覃恩杜皇后賀皇后尹皇后孫姪等轉官制
中書提點堂後官制
李端御等舊官服闋制
張德温任迥宋輔國等舊官服闋制三道
劉辯孫公亮王忠臣張諷舊官服闋制三道
瓦居中張誂張扶李安期張德淳舊官服闋
制四道
馬文德康鑄舊官服闋制二道

皇姪右監門衛大將軍仲警服闋舊官制

韓琦奏親姪女婿祈祜秘校親姪女之子曹復户曹制二道

胡宿奏親兄亶守秘校制

司馬光親兄之子宏蔡抗男潜並試將作監主簿制二道

龐籍遺表男元英屯田元常大理寺丞孫保孫寅孫外孫陳仲師將作監主簿制四道

田況遺表男守秘校至安太常寺太祝制

吳育遺表孫男儼俅並守將作監主簿制

宋祁遺表男俊國廣國守秘書省正字孫松

年延年頤年並將作監主簿制二道

崔嵲遺表親孫男俞范師道遺表第三男岊

文張方遺表親男平易並守將作監主

簿制三道

呂師簡遺表次男昌宗張鑄遺表親次孫彩

試將作監主簿余良孺遺表曾孫渙張

温之孫基張元遺表孫在至斐並將作

監主簿制五道

魏琰男太廟齋郎紓張應符男造徐仲容男

公輔李卓男元之並試將作監主簿制

四道

諸州軍并轉運提刑弟姪男恩澤等並試監

溥制
王孝叔通判春州兼知本州制
李執中可察推制
吕開依前充鎮南軍節度推官制
富翱葛顗趙君序商景甫並縣令制四道
李壽朋李昌言並録事參軍制二道
賈逵充侍衛親軍步軍副指揮使制
錢晦霸州防禦使李端愨眉州防禦使周翰
嘉州團　使制三道
程榮充御前忠佐馬軍副都軍頭制
轉貟制
落權團練刺史制

劉永年知代州制

趙滋依前充侍衛親軍步軍都虞候制

孫寔大理評　制

敕具官某爾名臣之子能飭身慎行强學自奮而有司會課當以序遷其進一等以爲士官之屬往共爾職其尤懋哉可

韓鐸試大理評事充天平軍節度推官知遂州遂寧縣制

敕具官某爾用薦者爲令又以脩治見稱試職士官序于某府字人之任其愈懋哉可

王任試大理評事充節推知縣制

敕具官某爾任舉者爲令而能修其職以見推稱命爾以

為幕府之官而又試以字人之事夫南面而聽百里
豈輕也哉維能強恕以求仁然後副吾置吏為民之
意可

徐瑗試大理評事充保信軍節推知梓州
射洪縣制

敕某有百里之地而人民社稷之事繫焉其任豈可
以輕哉爾嘗試矣見謂辨治故又任爾以吾所重而
寵以幕府之官往其勉哉無慢予訓可

王夢易試大理評事充永興軍節推知遂
州青石縣事制

敕某朕嘗命汝以幕府之官使長百里之民而汝以
喪自解今除之矣其就故官有社與民往其思勉可

縣尉廖君玉太常寺奉禮郎制

勑其爾職在追胥有功中率故褒序爾使得列于太常之屬朝廷慶賞之信如此爾其可不勉哉可

陳周翰太常寺奉禮郎制

勑其爾久於職事能以有勞命課于朝當得遷叙奉常之屬其往欽哉可

太常寺太樂署副樂正李允恭可太常寺

太樂署太樂正太常寺攝樂正耿允恭包

文顗可並太常寺太樂署副樂正制

勑其等太常上其屬有闕而以爾等聞惟爾等皆善於修聲而任職久矣其遷副正以為署長而使攝正署副正往勵厥官無敢豫怠可

英宗即位覃恩轉官龍圖閣學士至龍圖閣直學士制

勑永惟左右有能有爲之臣皆　先帝遺朕以熙衆功者也方惟大賚以勞天下其可以忘而不及哉具官某惠和敦大明允忠篤列職近侍實爲名臣褒序有加往欽乃服可

發運轉運提刑判官等制

先帝享國四十餘年內外晏然克終天祿豈非獻臣才士佽助之力哉不及班命以勞功而朕承厥志爾奉將使指久以才稱膺此寵章往其思勸可

御監館職制

勑朕初即位奉行　先帝故事以勞天下其施及於

疏遠而可以忘於近者哉具官某序于書林伐閲多
矣率德迪義有稱于時膺踐寵榮往其思毖可

京官館職制

先帝纂天下朕初即位纂修故事以勞羣臣爾等序
于書林皆以才選褒進有與往其欽承可

分司致仕三省郎以下京官等制

勑某等朕初嗣位敷納勤庶工非特勞在事之勤亦以
禮天下之賢者爾等以才出仕登序王官或就里居
或分留務往膺寵數咸懋厥修可

諸司使副至三班内常侍帶遥郡不帶遥

郊制

勑某等朕初即位率循先帝故事大賚四海阻深

幽遯無所不及矣又況朝廷之近臣豈可以忘哉爾等能以忠力靖共職事進位一等往其欽承可

皇兄叔大將軍以下制

先帝顧哀宗親德念至深厚矣在後之侗其可以忘哉具官某躬執義行居于屬籍承休席寵亦既顯融褒進有章往欽無斁可

皇弟姪大將軍以下制

勅某朕大賜於天下雖疏以遠無遺者矣又況於宗室之近哉爾序官內朝克有善問繩繩之慶協於聲詩褒命有加往其祗服可

覃恩昭憲杜皇后孝惠賀皇后淑德尹皇后孫姪并轉官制

勑某等于大祭于上廟祧而哀夫先后之家寖替而不
章乃詔有司博求其世爾等名在戚里序于王朝各
因其官增位一等冀以上稱神靈之意豈特慰子追
遠之心可

中書提點堂後官制

勑某等朕大賚于天下有政有事者皆得以序遷爾
等各以選掄備官孳旅增位一等往其欽哉可

李端御並守舊官服闋制

勑某孝子之悲哀思慕其親豈有窮哉然喪以三年
而止者聖人之政也爾以喪致事日月既除其就故
官以聽新命夫人之行莫大於孝而孝亦在乎事君
能致其身而不隳於義以辱其名然後可以為孝子

此宜爾之所知也其勉之哉可

前太常寺太祝張德温舊官服闋制

勑某喪三年亦已久矣而人子之志無窮故欲爲不善則思貽父母惡名而終於不果不如是則不足以爲人子復爾祿次維時勉哉終於立身可謂孝矣可

前屯田員外郎任逈舊官服闋制

勑某汝有列於朝廷而以憂去位人子之事親終矣則君臣之義其可以忘乎夫移於君而忠移於官而治然後可以爲孝往共爾服惟是勉哉可

前太常寺奉禮郎宋輔國等並舊官服闋制

勑某爾以親喪去位日月既除其來造朝復就官次

終身之孝可不勉哉可

前大理寺丞劉彝前衛尉寺丞孫公亮並

舊官服闋制

敕某爾服縗去位幡然變當除三年之喪亦已久矣君臣之義其可廢乎亟趣還于朝使即舊秩勉思移孝之事以就顯親之名可

前大理寺丞王忠臣舊官服闋制

敕某御史言爾以喪去釋位日月當除故吾下命書予御史以俟爾之來自今爾雖舊官吾命維新其加勉求合於以孝事君之義可

前太子中舍張諷舊官服闋制

敕某喪三年天下之達禮也爾能率禮以至終喪長

求道朝復爾祿次事君之義爾實知之無違厥初是謂能孝可

前職方員外郎充居中舊官服闋制

勑某尚書郎位三等而爾方以勞序于前列乃以憂去三年于家今既禫除其還祿次維爾才美有稱於時移孝事君當知勉矣可

前太常博士張詵舊官服闋制

勑某爾去位里居三年於此既除喪矣其就故官忠以事君是爲孝子爾惟知義可不勉哉可

前將作監主簿張扶舊官服闋制

勑某爾遭齊斬之重而去位釋祥禫之服而還朝班吾命書授爾祿次孝子之事終於立身施于有官可

以勉矣可

前駕部員外郎李安期前殿中丞張德滋

並舊官服闋制

勑某禮有三年之喪者無貳事也知喪而已矣先王以爲不如是不足以盡人心此吾所以歸爾于家而不敢勞以事今日月除矣故吾班命書于御史而召爾以來往踐故官勉思終孝可

前內殿崇班馬文德舊官服闋制

勑某爾執親之喪三年於此矣其班新命以復故官維孝有終爾宜思勉可

供備庫副使康疇舊官服闋制

勑某三年之喪苴麻哭泣之哀一也而亦有權制以

趣時此吾獨使武吏之有籍於樞密者得終喪于家
之意也爾能率禮令服既除其就故官以承新命可
皇姪右監門衛大將軍仲營服闋復舊官制
勅某送終者人子之大事也爾以喪釋位亦既三年
能以禮自致而不犯詩人素冠之義於爲人子亦可
謂孝矣還就祿次帥初無違可
同中書門下平章事韓琦奏親姪孫恬守
祕校同中書門下平章事曾公亮親男孝
純將作監主簿姪孫諶試祕校樞密使張
昪奏親孫男戒守祕校參知政事歐陽脩
奏男辯太常寺太祝參知政事趙槩奏孫
男亢緒太常寺太祝樞密副使吳奎奏長

男璟守太常寺太祝次男環試秘校制

勑某朕受純嘏於神靈而布之在位其官顯者得任其子弟以及孫曾爾生大臣之家是爲賢者之類往保祿秩可無慎哉可

同中書門下平章事韓琦奏親姪安之子曹僾真定府戶曹制

勑某維名與器朕未嘗輒以假人爾緣大臣祖祀之恩遂階一命之寵出而從仕可不勉哉可

樞密副使胡宿奏親兄宣守秘校制

勑某宗祀之恩仕之顯者皆得官其親族爾躬孝善行而有弟爲吾政事之臣往服寵榮益修無斁可

天章閣待制司馬光親兄之子宏試將作

監生薄

先帝有大慶推恩耆舊臣子弟而爾有叔父實爲近臣往即厥官無墮世禄可

廣南東路轉運使祕閣校理蔡抗男潛譔將作監主簿制

勑某將漕遠方者皆得官其子弟爾父以才自奮有顯於時往懋厥修以綏世禄可

故贈司空兼侍中龐籍遺表男太常博士元英可屯田員外郎制

勑某等爾考有庸先朝致位將相歸安第室而以壽終爾等服采于時實能嗣訓並膺恩典其往勉哉可

龐籍遺表男內殿崇班元常大理寺丞制

勑某士之文武異用久矣爾世以儒學顯而有官籍於內朝從爾父之遺言而以丞于大理往惟嗣訓乃克保家可

龐籍遺表孫保孫寅孫並將作監主簿制

勑某爾祖嘗爲將相佐佑帝室朕哀其亡也故序爾於工官夫大臣之家能久而不失其世者鮮矣往承厥慶可不勉哉可

龐籍外孫陳仲師試將作監主簿制

勑某朕命爾以試工官之屬者特以爾之外祖常爲將相於先朝而已然士之由保任而後能自奮以至休顯者多矣往踐爾次可無勉哉可

太子少傅致仕田況遺表男守祕校王安

太常寺太祝制

勑某儁哲之輔有勞於時福禄旣成而爾嗣厥後於

其將死以爾爲言曆此寵章宜知勉矣可

故資政殿大學士知河南府吴育遺表孫

男儼併並守將作監主簿制

勑某等朕所以顧恤大臣之家而序録其子孫者嘗

有愛焉況如爾祖賢明諒直有補於世朕常思而不

忘者乎其各加爾一命以爲王官之屬詩曰夙興夜

寐無忝爾所生往其勉哉可以爲孝矣可

翰林學士承旨宋祁遺表男俊國廣國守

祕書省正字令持服

勑某等爾考承密命于翰林而不幸至於大故眷懷
舊德甄序爾官往其有成祗服予采可
宋祁遺表孫松年延年頤年並守將作監
主簿制
勑某等貴臣之世賢者之後朕所不能忘也故爾等
皆在沖幼而列于工官並所以佑序爾家亦云至矣
爾所以保其禄位可不勉哉可
刑部侍郎致仕崔嶧遺表親孫男俞將
作監主簿制
勑某爾祖嘗服高位考終于家以爾爲言朕其甄序
工官之屬往矣懋哉可
户部郎中直龍圖閣知明州范師道遺表

第三男世文守將作監主簿制

勑某爾父嘗以才選列官于朝出臨一州奄至大故錫爾一命爾其勉哉可

光禄卿直龍圖閣張旨遺表親男平易守將作監主簿制

勑某朕惟爾父致位九卿服勞于官爲日久矣故命爾以工官之屬以稱其將死之言爾其思爾父之顧厥家與朕心之哀爾父夙興夜寐無或弗欽可

光禄少卿知單州吕師簡遺表次男昌宗試將作監主簿制

勑某爾父且死而爲爾求官故以爾試于工官之屬夫推恩既往覃及子孫吾所以待人臣者有常法矣

修教自奮而以保祿位者爾所以為人子也可不勉哉可

故光祿卿致仕張璹遺表親太孫彭試將作監主簿制

勑某爾祖以九卿歸第而遺奏以爾為言顧哀舊臣而官使其子孫此先王使仕者世祿之意而吾之所不忘也其使試于工官之屬以稱爾祖之志焉詩曰無念爾祖聿修厥德爾方就學可不勉哉可

司農卿致仕余良孺遺表曾孫溴試將作監主簿制

勑某爾之曾祖仕至二九卿退處于家考終厥命推恩及爾以試工官往惟欽獻為且膺器使可

故光祿卿致仕張温之孫𡾰試將作監主

簿制

敕某爾祖嘗爲侍從之臣而有公忠之節今其亡矣

秩爾以官能善似之乃其無悔可

客省使眉州防禦使張亢遺表孫在之𡾰

並將作監主簿制

敕某爾祖起於文吏而能以才武致力於封疆扞患

之功書在王府今其亡矣故各命爾一官往懋爾成

毋忘爾祖之勤於國可

司農卿致仕魏琰男太廟齋郎紓守將作

監主簿制

敕某爾世載榮祿而父以九卿去位推恩改命序位

工官維恪愼可以保家往其勉矣可

虞部員外郎致仕張應符男遺試將作監主簿制

勑某少盡其力至於老則養之不可以不終使之免農而爲士則禄之不可以不世此先王不忍人之政而吾未能遠也今爾父去位而命爾一官使得世其禄以終爾父之養焉此亦庶幾有合乎先王之政爾惟忠惟孝尚稱吾命爾之意哉可

職方員外郎致仕徐仲容男公輔試將作監主簿制

勑某爾父辭禄而爲爾請命于朝傳曰君子之善善也長故善善及子孫此吾所以命爾以一官之意也經曰

乃事親孝故忠可移於君居家理故治可移於官爾其念之以自勉哉可

虞部員外郎致仕李卓男元之試將作監主簿制

諸州軍并轉運提刑弟姪男恩澤等並試監簿制

勑具爾父積勤序于郎位老而致事録爾一官恩世家往其無怠可

勑某朕始嗣位推恩宇內爾執方貢以來造朝加賜一官往惟祇服可

王孝叔充春州軍事推官通判春州兼知本州制

勅某南方荒遠之州吏多憚往而爾請行焉故優爾祿賜而以勸賞隨其後往其勉矣思乂我民可

縣尉李執中可察推制

勅某先王之政荒則緩刑至於彊不忌死而傷吾良民則去之亦不可以不急此朕所以嚴追胥之令信購賞之科不以歲凶多暴之時而爲之廢格爾能除盜實舉其官遷以懋功往祇乃服可

呂開權淄州軍事推官依前充鎮南軍節度推官制

勅某爾有除盜之功故賞以一邑而序言于大府辭而有請以便爾私吾用不違往其祗服可

蘇州長洲縣尉富鼎潤州丹徒縣令制

勑某朕布爵賞之令以待吏之有勞爾能舉其官以除盜賊遷以爲令使之牧民又將試爾爲政之才非特示朕報功之信可

晉州襄陵縣尉葛頤　單州武成縣令制

勑某爾職在追胥而能上功中率畀之一縣以懋爾能夫爲令之所事則不特追胥而已必也使人無盜是乃能稱其官可

杭州於潛縣令趙君序　虢州玉成縣令制

勑某予嘉爾之有功於追胥也故畀爾邑於東南又從爾父之請焉而移爾於虢吾於用賞而顧恤爾私亦云備矣則爾之施於有政可不勉哉可

信州鈆山縣尉齊景甫　杭州餘杭縣令制

勑某爾追胥有功遷令一邑百里之人視爾以爲休
戚矣施於政事可不勉哉可

單州成武縣令李壽江陰軍錄事參軍制

勑某爾修其官能中賞率有司會課予懋爾功愈其
勉哉以涖厥事可

潞州屯留縣尉李昌言徐州錄事參軍制

勑某爾能捕盜當得賞官遷督一州之郵往其思稱
厥職可

殿前都虞候利州觀察使賈逵依前官充
侍衛親軍步軍副指揮使制

勑朕有貔虎熊羆之士以衛中國而制四夷考求其
人以副統督具官某久更任使才武有稱扞城之勞

宿衛之最簡于　先帝以暨朕躬恩懋厥修往膺休
顯可

衛州防禦使錢晦霸州防禦使制

勑朕初即位奉行　先帝故事以勞天下雖踈且遠
無遺矣又況於朝廷之顯者哉具官某忠勞弈世簡
在帝室能勵厥德自昭于時膺此寵章愈思其勉可

東上閤門使陵州團練使李端懿眉州防
禦使制

勑朕初嗣位奉行故事以勞天下具官某清明敏達
和順祗修奉侍　先帝陟降左右厥勳茂矣其可忘
哉膺服寵榮往欽乃服可

捧日左廂都指揮使嘉州團練使周翰制

先帝棄天下朕初嗣位永惟武力忠勞之士爲國禦侮其功多矣豈可以忘哉具官某部督有方踐修無過衛之最簡于朝廷膺此寵章愈其奮勵可

天武左第三軍都指揮使封州刺史程榮可蒙州刺史充御前忠佐馬步軍副都軍頭制

勑某等熊羆之士爲國爪牙均其逸勤率用成法爾等忠勞之實簡在朝廷遷序有差往惟欽服可

轉員制

先帝遺朕熊羆之士以蕃帝室所使統督豈可以非其人哉爾等以扞城之材共禁衛之服忠勞武力皆有可稱各以序遷往欽無斁可

澤權團練刺史制

勅某等忠勞之士武力之臣翼衛帝室其功多矣會
序厥位以均逸勤爾等部督有方戢修無過宜共圖寵
刺邊進有差往膺寵榮懋建勳績可

單州團練使劉永年可齊州防禦使知代
州制

勅代地邊要吾所重常擇將以守之以爾具官某武
力智謀濟以馴謹踐吏中外皆有可稱故進使號往
共厥服禦侮之實爾其勉哉可

捧日天武四廂都指揮使端州防禦使趙
滋可依前充侍衛親軍步軍都虞候制

勅營衛之士皆天下武力之高選也所使虞虞軍中

之事者豈可以非其人哉具官某等造行端註良致位

休顯績勳勞之實簡在朕心各以序遷往惟祗服可

臨川先生文集卷第五十二

外制

李端慤東上閤門使制

石遇賓犇卿四廂都指揮使制二道

甘昭吉入内副都知制

宋有志東染院副使制

李用和六宅副使制

宋良王嵩禮賓副使制二道

李景賢穆遂石用𠈌文思副使制三道

夏偉内園副使制

譚德潤楊宗禮張繼渥朱漸王欽李惟正並供備庫副使制五道

崇班胡珙等改官制
軍員等換諸司使副承制崇班制
王保常蘄宗丞内殿承制制二道
狄詢内殿崇班依前職制
楊元張建中内殿崇班制二道
慕恩比作坊使制
陳奇孫奐太子中允致仕制二道
樞密副使吴奎父太常丞致仕制
李壽父文俊守祕書省校書郎致仕制
崔嶧刑部侍郎致仕制
周濤太常太祝梁名御光禄寺丞致仕制
郝中和國子博士致仕制

商瓌趙元言張𢷬董安　龍興鄭昱太子中舍
致仕制六道
馬房衛尉寺丞袁仲友太子洗馬東野璀太
子中舍致仕制三道
王正臣孫儉守秘書省校書郎致仕制二道
李琳國子監丞郭震太子中允致仕制二道
李日新左清道率府副率王餘慶率府副率
致仕制二道
段獻右清道率府副率劉友俊右清道率府
率致仕陳惟信左驍衛將軍袁政李周
道並左監門衛將軍致仕制三道
馮維禹施章于太子中舍趙伯世左清道率

府率朱涇等太子洗馬李昌言許州司
馬致仕制四道

皇太后三代制九道

皇后三代制十道

李端懿東上閤門使制

勑閤門置使官盛地親非有嘉績令名不能勝其任也具官某於朝廷有詳練之實於戚里有茂勉之聲非專爲恩以致此位積功久次當得右遷其愈勵哉往其欽服可

石遇四廂都指揮使制

勑虎賁之士周公以爲人主所當知恤者也又況所使將此哉具官某比以材選服勞于邊折衝禦侮嘗

有所試矣遷運使號付之部督往其欽慎以報寵榮可

寶舜卿四廂都指揮使制

勑國家置帥兵以爲衛所選皆天下之材付之部督未甞輕其授也具官某踐更邊要忠力有聞選將營屯衆論惟允序遷厥位其往欽哉可

甘昭吉入内副都知制

勑古者王之正内必有任職之臣予若稽古而思得吉士以充其選以爾服勤左右多歷歲年有專良之稱無側媚之毀其使序于正内以充廷論之公焉爾其審門闈謹房闥入宣宮令出賛朝事悉心夙夜一以忠信則維予爾嘉爾亦永綏于寵禄可

入内内侍省内東頭供奉官宋有志東染

院副使制

勑某爾久於內侍承事有勞自求外遷以便醫藥超升位等往服恩榮可

李用和六宅副使制

勑爾忠力武敏有稱于時出將一州亦能用治西南之屏總制戎兵比難其人以爾攝事夫以才得選而久於險遠之勞不先有賞以加焉何以勸夫能者哉遷位等茲實異恩往祗官成無廢吾事可

內殿承制閤門祗候宋良禮賓副使制

勑某爾與制一軍有民有社論功考最當得序遷惟爾以才嘗更選擢往欽新命其愈懋哉可

內殿承制閤門祗候王嵩禮賓副使制

勑某爾以才智勳效自昭于時董督儆循實任邊垂序勞當進以介諸司朕命維休往其欽服可

西京左藏庫副使李景賢文思副使制

勑某戎馬之寄常難其選爾以才謂久於任使一州之政比有可稱超進位等往膺寄屬勉思報稱無或不祗可

西京左藏庫副使穆遂文思副使制

勑某爾儆循蠻方爲日久矣更書且下而使者乞留超進厥官以共舊服往惟勵勉膺此寵榮可

西京左藏庫副使石用休文思副使制

勑某爾以才選比吏任使有司會課當得進官往服訓辭無瘝乃事可

西染院副使兼閤門通事舍人夏偉内園
副使依舊閤門通事舍人制
勑某贊受事之職吾以武吏爲之而甚難其選爾
能祗飭以稱厥官會課有司序遷位等往祗休寵可
內殿承制譚德潤供備庫副使制
勑某朕永惟陵寢之嚴而選使以護之爾往任事靖
共厥職有勞可録其以序遷祗服寵章勉求稱位可
內殿承制楊宗禮供備庫副使制
勑某監一路之軍而按其人又典一州之政非才
能行治有紀于時孰可以稱此哉爾久于煩使能勤
厥事故遷爾位以介諸司而使往焉其慎以防患而
敏於趨功以稱推擇之意可

樞密院副承旨張繼渥供備庫副使制

爾典掌機要服勞歲久以疾自上求爲外官遷介

諸司往膺器使可

內殿承制朱漸供備庫副使制

勑某賦祿序官邦有常法爾勤厥服會課當遷維

與名職思其稱乃其無斁可不勉哉可

承制王欽李惟正並供備庫副使制

勑某等嘉我未老而經營四方詩人之所謂賢勞也

可無報稱哉以爾欽戍于南方之窮而任監護之官

以爾惟正屯于西路之要而服追胥之事其役遠其

責重而能祗慎所職以有累日之勞其各遷位介于

內朝之使以爲報稱夫有功而見知則說矣此人之

情也以所願乎上施乎下則士孰不樂爲爾用哉其
亦勉之而已可

崇班胡珙等改官制

勅某等功懋懋賞先王之所以厲天下而成衆治也
今吾使某監兵馬于外而使某與治狩于中皆積日
月以其功其各賜官一等以稱吾懋賞之意可

軍首等換諸司使副承制崇班制

勅某等褒嘉忠勞被以祿秩　先帝有成法朕不敢
違爾等序列禁中有宿衛之最外遷厥位以慰乃勤
進服寵榮往圖勳效可

王保當內殿承制制

勅某朕布大號於天下文武在位皆升一等序賞

遷者又皆得以時遷爾服采禁中積功有賞曆此休
寵往惟勉哉可
靳宗丞內殿承制制
勑某承制之官本朝所置非積善累勤之武吏則不得在此位焉爾服采有庸校年當進其往祗踐以稱
寵榮可
閤門祗候狄詢內殿崇班依前職制
勑某爾名臣之子任事邊陲積歲有勞序官一等往其淑慎思世厥家可
楊元內殿崇班制
勑某爾爲廷臣奔走厥職有勞可錄序進厥官惟忠與勤所以報稱往踐祿次可無勉哉可

張建中內殿崇班制

勑某爾總戎馬地瀕不毛爲之三年能固吾圉邊徼

一等往其懋哉可

慶州蕭遠寨蕃官都巡檢崇儀使慕恩比

作坊使制

勑某爾武力智謀有稱種落徼循扞禦勳効焯然莫

府條陳允於衆論超遷使號往愈懋哉可

陳奇太子中允致仕制

勑士之疲癃老耄以至失職而不能自止者蓋有之

矣爾年尚強而疾不至乎癈官刺舉之官未嘗以爾

爲言而能自列致其職事可謂行已有恥而無負於

周任之言寵爾以東宮之官其勉終行義歸教鄉閭

之子弟以所聞而求自比於古之仕焉而已者可

孫奭太子中允致仕制

勑某太夫七十而致仕其禮見於經而於今爲成法爾以經術起家爲吏既聞夫古之禮又見夫今之法矣年至而求止可謂行其所知宜列序於朝廷使歸榮其邑里夫惟爾之筋力不足以有爲也故可無職事之責焉若夫德義則爾尚可以勉之吾亦不以爾老而無責也可

樞密副使吳奎父太常丞致仕制

勑某德善之賚子孫與焉況於其親宜有崇獎具官某克生賢子教以義方協于詢謀掌國機密超遷厥位以佐共工往服寵章就安榮養可

江陰軍録事參軍李燾父文俊守祕書省校書郎致仕制

勑某先王之政未有遺年者也故朕因宗祀之慶而有爵命之施焉爾躬率義方又能教子享其禄養以至耄期膺此寵榮往綏壽善可

工部侍郎充集賢院學士崔嶧刑部侍郎致仕制

勑仕焉而告老者自一命以上必有以慰其歸況吾邇臣恩紀所厚宜增位序以示襃優以爾具官比以明揚文於煩使入參侍從出備藩維踐更滋多寄屬惟允引年辭位得禮之宜進貳秋卿以營居息古之老者非茍自佚其身唯慎行祗法以助成王德爾所

知也往其懋哉可

前著作佐郎周濤太常太祝梁御名光祿寺

丞致仕制

勑某爾嘗辭祿而在位以爾爲材官諸京官使長一

邑果能有績以見推稱將疇爾勞遽以疾告夫學士

大夫之去位豈苟自佚而無爲古之仕焉而已者爾

蓋聞其風矣丞于卿位維是懋哉可

殿中丞致仕郝中和國子博士致仕制

勑某爾謹廉爲吏得列朝廷不隳厥官以至告老宜

有褒進用爲歸榮序于成均往服無斁可

前荆門軍當陽縣令商瑗太子中舍致仕

制

勑某爾從仕久矣而不失廉稱方踐老境乃能知止東宮之秩歸服厥榮可

夔州録事參軍趙九言太子中舍致仕制

勑某爾以學入官老而能止踐更多矣不失廉稱著籍東宮以為爾寵可

鼎州録事參軍張御名太子中舍致仕制

勑某爾方仕于州縣而寵爾以東宮之官有列于庭亦云顯矣用嘉知止歸矣勉哉可

前江寧府觀察推官試大理評事董安太子中舍致仕制

勑某[illegible]入官稱譽者衆方圖乃績遽欲歸休進秩東宮以嘉知止可

舒州録事參軍龍輿大子中舍致仕制

勑某爾仕焉欲致其官故吾寵以東宫之秋歸安田里是亦顯其慎厥修以終燕譽可

復州録事參軍鄭旦大子中舍致仕制

勑某爾居官無疵而以病告知止不殆是維可嘉東宫之官其往祗服可

前南儀州推官試大理評事馬

丞致仕制

勑某京官吾所重也選於吏部者非有也異之績與治行爲衆所稱則莫能得之爾旅力既愆而能自止承于衛尉其往欽哉可

前知連州連山縣袁仲友大子洗馬致仕

制

勑某爾以經術中科久於銓集老而能已義有可嘉列職東宮以榮歸息惟慎所止克完厥終可

縣令東野瓘大子中舍致仕制

勑某仕者七十而致事禮也爾年未至而願歸田里比夫旅力已愆而不知止者豈不賢哉進位于朝錫從居息可

主簿王正臣守秘

勑某爾仕焉而欲去其位故吾寵以宮署之官夫還州之官而就里居之佚無賦徭之役而重禄之加惟慎厥終乃其不愧可

主簿孫橚秘書省秘書　致仕制

勑某爾以貲爲吏請老于朝列職秘書以爲爾寵歸

安田里惟愼厥終可

主簿李琳國子監丞致仕制

勑某仕者七十而告老古之道也爾能率禮朕用褒

嘉往即新恩勿忘初服可

縣令郭震太子中允致仕制

勑某爾進士起家而久於州縣之職春秋未艾自請

罷休列職東宮以榮歸息知止不殆愈其懋哉可

李日新左清道率府副率致仕制

勑某爾考授命於戎行而爾得列於仕籍老而知止

褒序厥官歸休之榮往服無斁可

右侍禁王餘慶率府副率致仕制

勑某爾能知止義有可嘉以東宮率府之官爲爾居
皇之寵是亦榮矣往其勉哉可

右侍禁段獻右清道率府副率西頭供奉
官劉文俊右清道率府率並致仕制

勑某爾久於官使請老于朝宜有進遷以爲光寵歸
安爾止惟慎厥終可

文思副使陳惟信左驍衛將軍致仕制 一

勑某旅力已愆而不能自止者有矣爾能告老於義
無慙遷將衛兵往綏榮祿可

內殿崇班致政李周道並左監門衛將軍
致仕制

勑某爾服勞以久矣奉上畢無過能自知止義有可嘉登

進厥官以歸門衛歸安榮祿尚克勉哉可

西京左藏庫副使馮維馬文思副使前行漢陽軍録事參軍兼司法事施章于太子中舍致仕制

勑具仕焉而已者考其行治能以縈白自終宜有襃寵以慰其意爾嘗學禮得仕州縣老而知止可謂有終遷位于朝往欽無斁可

東頭供奉官趙伯世左清道率府率致仕制

勑具老聃有言曰知止不殆爾服勤于官久矣而能以疾辭位無負於老聃之言故吾命以東宮衛府之官以嘉爾之有勞而知止往哉君息思慎厥終可

主簿朱涇等太子洗馬致仕制

勑某等爾等晚而出仕皆以龐稱老矣告休是能知止其各還秩以爲歸榮可

李昌言許州司馬致仕制

勑某掌書以贊討官之治久矣致其職事宜有養焉司馬于州往欽無斁可

皇太后三代制九道

曾祖

勑位尊者享大德盛者流遠追崇之禮於國有初

皇太后曾祖某體仁蹈義不躬榮禄慶衍厥後克大顯諱乃生碩女坤育天下命書爵號申寵諸幽尚其靈明嘉此休寵可

曾祖母

敕朕雖煢然在疚而不敢忘顧復之恩肆有命圭以
上稱追遠顯親之志　皇太后曾祖母柔惠安婉來
宜大家垂休後昆作合　先帝追崇爵號其尚知榮

可

祖

敕惠術尚均而自親貴始古今一體也其可以忘哉
皇太后祖某明德大功簡于帝室配食宗廟生終哀
榮慶流于孫母育四海追褒有典庶或知歆可

祖母

敕邦有太賓夫人待於下流豈外戚之尊所當褒而
可以忘哉　皇太后祖母高氏承慶淑人來嬪巨室

蓄德之厚垂休無窮協兆浲山丗滋以大追錫爵命

冀能歆此嘉誥可

祖母

勅佐佑　先帝顧復朕躬追誦寒泉之詩永惟欲報

之義盍當有爵命以上副顯親之心　皇太后祖母劉

氏柔良靚専被服華問寵禄光大集于後昆啓佑積

人比賢文母追襃大國其尚知榮可

祖母

先帝襃厚母黨致仁盡孝朕雖在疚而奉承故事不

敢愆忘　皇太后祖母劉氏內順外嚴無玷無不淑德

祚流衍遠而彌與追命有章尚慰窀穸可

祖母

勑朕以薦德奉承大統永惟 先帝故事不敢有忘
皇太后祖母高氏溫柔覲潔有婦之道相勗君子卓
爲臣宗垂延後昆福祿滋大膺此休命尚知榮歆可

父

先帝奄忽弃捐萬邦不及推恩以勞幽顯予末小子
敢忘遺訓 皇太后父某循德秉義聞于當世發祥
流祉燕及後人篤生聖女母育天下褒封有數尚慰
于幽可

母

勑朕眇然之躬當奉祀以承宗廟大賚及於幽顯
矣永惟母黨之重可以後而忘哉 皇太后母志順
德嚴克配君子光大之福集于聖女有輔佐之功於

先帝而施及在後之侗命書追崇尚慰營魄可

皇后三代制十道

曾祖瓊夏皇任忠武軍節度使贈侍中累

贈尚書令兼中書令追封韓國公贈太

師

勑后率六宫以教天下之婦順其位尊如此則所以

褒崇其祖考禮不可以無稱也　皇后曾祖某忠勞

武力為國虎臣慶集後昆比隆任姒追加位號以顯

厥魂尚其有知膺此休寵可

曾祖母潘原縣太君追封滕國太夫人

勑朕初即位褒厚異姓率由　先帝敬事不敢有忘

皇后曾祖母李氏秉惠静嘉能循法度來嬪巨室休

有淑聲慶流厥孫正位宮壼肆封名國其尚知榮可

曾祖母隴西郡夫人李氏追封韓國太

夫人

勑朕奉循先帝故事以勞天下阻澤疏逖皆有以

加之矣又況於外戚之貴哉 皇后曾祖母李氏嬪

于高門率德唯謹詒慶厥後是生碩人非協厥祥發

繼育極追褒有禮其尚知榮可

祖繼勳遵雄軍節度使累贈太師中書

令可特贈兼尚書令

勑尚書錄天下之政而令一品也人臣位號於是爲

盛 皇后祖某忠勞奕世能壯厥猶爲國扞城有兪

休顯娥華之慶乃集後昆膺此追榮尚知嘉享可

祖母會稽縣君康氏追封祁國太夫人

勑朕承　先帝聖緒大賚及於幽顯蹤逖以賤者加之矣貴而戚者其可忘哉　皇后祖母康氏騆行婉容協于嬀德慶垂厥後坤育萬方追命有邦尚榮寵窆可

祖母太原郡太夫人郭氏追封郇國太夫人

勑夫治內政修陰教以助朕調一天下者所以褒崇其世可不厚哉　皇后祖母郭氏率德秉義協于君子關雎之詠傳祉厥孫申錫賚書啓封名國尚其寵淑嘉此追榮可

祖母金城縣太君王氏追封成國太夫

人

勑傳稱德厚者其流澤廣故今追命之數視其子孫位號之卑尊矧夫後世登儀尊極則致隆其封爵豈不宜哉 皇后祖母王氏來嬪大家率循德禮有開後嗣協慶塗娀申錫名邦尚榮幽穸可

父遵甫皇任北作坊使特贈檢校太傅保信軍節度使

勑春秋書季姜之歸而傳有褒紀之義崇寵異姓其所從來久矣 皇后父某奉世之慶列官于朝雖德義有稱而不終榮禄祚流後世正位内宮追命有加以慰窀穸可

母鍾鹿郡君曹氏特追封沂國太夫人

勑國有大賓凡在廷之士皆得追褒其父母而況於
吳楚之貴哉　皇后母曹氏曾王于名王歸得言士摹
禮諧義有稱闡門迎渭之祥實開厥後膺此恩典尚
知欽哉可

母樂壽縣君李氏進封均國夫人

勑人主之所以風天下者豈非外戚之助哉故夫封
邑封衆寵之禮其所從來久矣今嘗言以此也　皇后母
李氏躬以德義嫓于令人能大厥宗來比隆任姒錫之
象服非以名邦往即寵榮勉繼壽言　可

臨川先生文集卷第五十三

臨川先生文集卷第五十四

外制

宰相富弼三代制六道

參知政事歐陽脩三代制六道

樞密使張昪封贈三代制八道

樞密副使胡宿封贈三代制六道

樞密副使吳奎封贈制二道

皇故第十三女追封楚國公主制

故充媛董氏贈婉儀制

吳奎亡妻趙氏胡宿亡妻吳氏追封信都蘭陵郡夫人制二道

故董淑妃養女御侍張氏安福縣君李氏仁

和縣君依舊御侍制二道

蕭宮並薛氏張氏並司言制

淑妃董氏親表父右侍禁為內殿崇班制

德妃沈氏姪孫獻卿並試大理評事制

苗賢妃親姊苗氏男張士遜並將作監主簿
制

令喜妻故母錢氏可追封仁和縣君制

從信故所生母許氏追封平原縣太君制

蘇唐卿母孫氏萬年縣君制

祁元振亡母丁氏追封昭德縣太君制

歐陽脩妻薛氏樂壽縣君文彥博妻安福縣君制
二道

宗厚親孫女永寧縣君制

龍翁追表長女安康郡君第五女德安縣君

第七女壽安縣君制三道

允初長女嘉興郡君制

宗誼第十八女永嘉縣君制

克洵第二女華北特封縣君制

世永第三女金城縣君制

仲勳新婦陳氏封邑制

皇兄承簡追封安定郡王皇弟承裕追封樂

平郡公皇姪孫世芬追封廣平侯制三

道

孝誌父贈司空兼侍中制

王凱贈節度使制

馬從先父震贈尚書工部侍郎句諶父希仲

贈工部尚書制二道

何若谷亡兄若沖追贈試大理評事制

盧昭序贈正刺史制

宋士堯等贈官制

宰相富弼三代制六道

曾祖

勑大臣有慶於國則爵命上施其考祖所以章賢德

廣褒勸也具官某曾祖某躬執義善發身揚名詒于

曾孫集有福禄登踐樞極卓爲臣宗申命有加尚榮

幽窔可

曾祖母

勅宗工之選所以寵雋良大國之封所以褒賢淑具官某曾祖母某氏順足以有相嚴足以有臨來嬪名家詒祿厥後爲國元老儀刑萬方開琥全齊旣光大矣徙之北國其愈知榮可

祖

勅列爵五等莫尊於公必有盛德之士然後可以膺此號具官某祖某秉哲迪義不躬顯榮祚流聞孫爲世碩輔追褒之禮旣極寵崇序爵啓封尚其嘉享可

祖母

勅天子之宰朕所恃以綱紀四方者也爵命加其祖妣豈不宜哉具官某祖母某氏蓄德在躬以成家室

發祥于後以遺子孫申錫有邦蓋惟舊典魏大名也以是追封豈特爲寵寥之榮亦所以佑其後世可

父

勅士以有子爲榮子以顯親爲孝宗公元老世侍以寧嘗有追崇之恩稱其致孝之意具官某父某惠和敦大明允忠篤位不偉德乃生碩人寅亮 先帝寵綏四海方興就事佐佑朕躬申命有章襄榮幽顯可

亡母

勅朕初纂服登用舊臣寵厚其親率循故事具官某母某氏顯相吉士篤生碩人壽善康寧考終福祿追榮新寵申命大邦尚其淑靈膺此休寵可

參知政事歐陽脩母三代制六道

曾祖榭贈太子少傅可贈太子太保
勅君子善善之義下及子孫況推而上之至其祖考
所以褒美崇寵豈顧可以不稱哉先王宗廟之制
視其爵位之高下以為世數之遠近而本朝追命之
禮[illegible]從其子孫名數之卑尊則其曾祖其猶于立
國躬有善行者積之慶施于曾孫為時宗臣名重天
下圖任以登于右府處以寵秩及其前人東宮之孤位
已顯矣進秩一品尚其直哉可
曾祖母追封延安郡太夫人劉氏可追
封縈國太夫人
勅尊之欲其貴親之欲其富豈特人主有是心哉推
是心以施於人比人主所以與天下同憂樂之意也

禄有厚薄故禮有隆殺位有高下故施有遠近古之
道也其可忘哉具官某曾祖母某氏含德在躬作嬪
令族積善之慶覃其後昆惟時聞孫實朕良弼登與
政事人無間言其跡大邦之封以報流澤之施寵靈
之極尚克享哉可

祖贈某官

勑朕惟有天下者得推其祖考上配于天蓋孝子慈
孫所以極其尊崇之意推是心以及夫在位則其寵
禄之厚者豈不欲以及其所謂尊親者哉此朕所以
褒寵大臣之先以尊爵貴官而有至乎三世者也具
官某祖某積德累善施于後嗣爲予輔弼始大厥家
東宮之孤既以命汝增崇一品尚克享哉可

祖母

勑朕踈郡縣以君諸臣之母欲以慰慈孫孝子之心至於政事之臣則封國及其王母所以望其功著厚矣則慰其心者顧可以薄哉具官某祖母某氏來嬪名家克配君子積善之福覃于其孫左右朕躬豫圖政事嘉而有後錫以大邦維靈在幽尚克膺此可

父

勑大臣得爵命其先人至乎公師非古也然禮者人情而已矣當於人情而義足以勸士則何必古之有哉具官某父某蓄其德著不顯於世克生賢佐爲朕股肱東宮一品人臣高位追以命汝厎嘉有子尚其享此以稱饋祀之盛哉可

母

勑古者子爲諸侯大夫而父爲士則其祭以諸侯大夫之禮朕以謂得享其禮而位號不稱則不足以盡孝子之心故今有例於朝廷皆得追崇其考妣又況於爲吾左右輔弼之臣哉具官某母某氏婦順母嚴稱於天下能教其子爲時名臣恊于詢謀進斷國論雖祿養不及而饋享有加啓封大邦於禮爲稱尚其幽穸知享此榮可

樞密使張昪封贈三代制 八道

曾祖某贈某官

勑傳曰學士大夫則知尊祖矣若夫流澤之推於後世者博矣則其崇報亦當有以稱焉此予所以陞寵

大臣而追命之禮有至於三世也具官某曾祖某以
武力克選以忠勞倫使積善之施覃及後昆爲時老
成宰制密命帝傳之位厥惟尊榮今予爾嘉舉以追
錫尚其幽穸知享此哉可

曾祖母贈某國太夫人

勅祖考之富且貴則其澤流於子孫而諸婦與榮子
孫有爵祿之寵則其尊歸於祖考而饋祀之盛亦及
子其母古之道也後世因焉今朕尊禮大臣而爵命
上施其三世於經未嘗有也而豈害於先王制禮之
意哉具官某曾祖母某氏嬪於令人躬有馴德積善
之施久而愈彰至於曾孫克協朕心爲世元老執邦
之樞福祿之來實維爾慶改封大國以寵淑靈尚其

有知享此休命可

祖

勑爲吾政事之臣所以崇寵之者備矣於其尊大前人之志亦宜有以稱爲具官某祖某積行在躬潛而不耀畜其善慶以賴後昆厥有聞孫爲朕良弼典司機要海内所瞻追命之榮至於帝傅進登師位以極襃嘉尚其冥靈膺此休顯可

祖母

勑義莫大於尊祖仁莫高於顯親今吾追命大臣之考妣以及其祖者豈有它哉允以稱其尊祖顯親之心而已其德愽者其施遠其位盛者其報豐具官某祖母某氏嚴柔静恭克相宗事佑啟後世爲時元臣

執國之柄以佐吾治其施可謂遠矣其報可以薄哉
改錫大邦以爲爾寵賁于窀穸尚克知榮可
父惠贈太師可贈中書令餘如故
勑朕有高爵厚祿以禮天下之士而與之共政又本
其流澤之所自而追命以尊官豈特崇寵大臣亦所
以勉人親之教子具官某父某潛德晦行榮于立國
積仁之慶實在其子終有成德爲吾宗工踐更二府
執國機要追褒之命豈爾太師其遷令于中書以極
褒崇之數尚其窀穸享此休榮可
嫡母追封德國太夫人劉氏可追封許
國太夫人
勑先王制禮及後世而彌文顧所以順理而即人情

古今一也夫福祿之盛流澤尚及乎子孫則名數之
崇追命當加其考妣具官某嫡母某氏柔良之行溫
惠之德輔相君子克成厥家以有賢息亹子機密及
親之寵厥有舊章顯爾位號旣榮極矣其班新命寵
以大邦賁于無窮尚克嘉享可

所生母追封慶國太夫人王氏可追封

蜀國太夫人

勑傳稱春秋之義母以子貴說者或非焉而人子之
愛其親豈有窮哉已則富貴而親不與焉固人情之
甚可哀者也當有追崇之禮稱其思慕之心具官某
所生母某氏溫柔惠和得娘君子克生賢佐爲朕寶
臣允于庶言秉國之要追榮之典旣啓爾邦其改新

封以鴻後慶尚其冥漠享此恩榮可

亡妻田氏可追封京兆郡夫人彭城縣

君劉氏可追封彭城郡夫人

勑臣之德善勲勞稱其位而有施於國君之爵祿慶賞疇其功而有報於家股肱之良參決政事施於國者其責厚矣報於家者亦宜稱焉以爾具官某妻某氏溫柔靜嘉甞配君子遭會不淑不終顯榮某言于朝爲爾請命考諸恩典厥有故常乃䟽大郡之封錫以小君之號所以崇貴窀穸而副吾大臣追往未舊之心尚其有知享此休寵可

樞密副使胡宿封贈三代制六道

曾祖

先帝褒厚羣臣德施及乎窀穸朕奉承遺訓不敢以
哀恫之故廢具官某曾祖某蓄德深博乂而彌畐尊
有偉人出其後世佐佑　先帝以暨朕躬追命于幽
尚嘉營魄可

曾祖母

勑大臣有賞於國則爵命上施乎三世　先帝所以
褒功德也朕敢忘哉具官某曾祖母某氏齊嚴靚享
柔嫕安婉集有祉福施于孫曾爲時宗工德望休顯
膺此追命尚其知榮可

祖

勑詩曰不愆不忘率由舊章朕遵　先帝之法以勞
賜大臣及其父母不敢　以哀恫之故廢具官某祖某

將舉令德以成厥家有錫而賢勤國樂善用[illegible]
尚能嘉歟可

祖母

勅朕初即位遵 先帝故事大賚于四海而大臣之
祖妣與焉具官某祖母某氏以順爲令妻以賢爲賢
母集有識毅以詔厥孫爲時宗臣世祿濮上大追錫休
命尚其知榮可

父

先帝有事國朕初即位凡在廷者皆得均命顯其寵
所以稱 先帝顧哀群臣之意具官某父其言其行爲顯
善義以成福祿業及厥後爲時吉工追錫之榮尚光大
令之寵嘉有數其尚知歟可

母

先帝有大賚必及羣臣之父母朕初嗣位不敢有廢

也具官某母某氏以順爲婦而能正以嚴爲母而能

慈肆有福祿集其後世從封大國以顯厥魂可

振寧副使呉奎封贈制二道

父

勅朕初即位班爵命以寵諸臣之父母蓋惟　先帝

故事不敢愆忘具官某父某德善之修有聞于世義

方之教能大厥家序位朝廷旣隆顯矣褒遷有典其

往欽哉可

母

勅永惟政事之臣天下國家所恃以安且治者也所

戚褒厚及其父母豈可忘也或具官某母某氏劇德淑

行來寧臣室母有賢子爲時宗工班命于朝旣躋皋

郡徙封之寵其往欽承可

皇故第十三女追封楚國公主制

勑先王制禮有卑尊疏戚之宜惟至親得以致悼痛

之恩唯至貴得以極褒崇之意皇故第十三女方在

襁褓尚其有成位號未正奄與物化蓋王姬之車服

下后一等而不視其夫情文之隆於是爲稱則雖夫

闕其可弭忘追命啓封胙之全楚以終天性之愛且

慰幽窔之靈焉可

故充媛董氏贈婉儀制

勑雞鳴思賢妃而關雎樂得淑女未懷邦媛內助宮

闈懿範厥終當加位號故充媛董氏有德謙之美無險謁之私進登嬪婦之官率循保阿之訓奄忽至於大故茲用愴于朕心恩典寵章以賁幽窔尚其弗泯知享此榮可

樞密副使吳奎亡妻趙氏追封信都郡夫人制

勑追遠念舊而不忘者行之厚而大臣有求於此朕豈可以忘哉具官某亡妻某氏柔嘉在躬作配君子不克偕老茲惟永懷能辭生者之恩以丐追封之寵胙以名郡尚其知榮可

樞密副使胡宿亡妻崇仁縣君吳氏追封蘭陵郡夫人制

勑婦人能相其君子終以休顯而不與享其福祿豈非人情之所愍惻哉具官某妻某氏躬率德善嬪于大家纘夫之榮肇啓爵邑方吾良弼登執事樞嗟爾淑人既營封壤賜之名郡追賁諸幽尚其雖没而有知亦以慰夫生者可

故董淑妃養女御侍張氏安福縣君依舊

御侍制

勑某氏爾爲妃所鞠而序于女御之數啓邑賜號以旌逮下之恩往服命書勉循陰教可

故董淑妃養女御侍李氏仁和縣君依舊

御侍制

勑某氏爾以徽柔備數女御賜封大邑用示褒嘉往

服寵榮愈懋其淑慎可

聽宣蔣氏張氏並司言制

勑某後宮之職各有等差必來淑女以贊內治爾惠和安婉服采維勤遷序厥官往欽休命可

淑妃董氏遺表父右侍禁安內殿崇班制

勑某卿大夫之終于位者朕所以顧恤其家未嘗不備也永惟良淑有助宮闈序位既崇則推恩宜厚閱其遺表爲爾求遷超進厥官往求自稱可

德妃沈氏姪孫獻卿可試大理評事制

勑朕於后妃之家不欲以恩撓法法之所當者義亦無所愛焉爾方眇然未克有知而以外戚之恩得試理卿之屬特乃邦制不爲爾私勉哉有成以待官使

可

沂國公主趙氏奏苗賢妃親姊永安縣君

苗氏男張士端試將作監主簿制

勑其朕布大慶而士緣外内族親之故以得官者衆

矣雖進非用德然能致其材以保禄位則亦足以自

昭于時爾與此榮當知懋勉可

右監門衛大將軍令褱故母錢氏可追封

仁和縣君制

先帝以孝治天下故因宗祀大慶施及諸臣之父母

具官某母錢氏躬率德善來宜宗室雖不終榮禄而

有子克家追錫寵章庶能嘉享可

大將軍從信故所生母許氏追封平原縣

太君制

勑許氏朕於在廷之臣皆有以褒厚其親也況於近屬恩禮所先者乎爾順善和恭甚宜家室克生宗子實胙大邦當號爾封遂褒榮養進君一邑以慰孝心尚惟淑靈知享此寵可

大理寺丞蘇唐卿母孫氏萬年縣君制

勑孫氏朕既肆祀於明堂而錫命以褒諸臣之母尚惟高年及養而禮秩有所不加故推異恩以慰其意爾年耄矣而有子列于王官其疏爵邑之榮以厚閨門之慶可

試監簿祁元振亡母丁氏追封昭德縣太君制

勑某母丁氏爾嬪于　卿不預寵封之慶沒有良
乃蒙增秩之褒顧移　榮追慰𩔖復俾疏大邑以蕆
孝思可

叅知政事　陽修女樂壽縣君制

勑歐陽氏汝父爲吾　事之臣而緣國大賚丐恩及
汝賜之封邑亦有故　祗戒勿違以承兹寵可

同中書門下平章事文彥博女大理評事

龐元直　特封安福縣君制

勑文氏爾父爲時　老而爾母當得褒封辭其寵章
爲爾求邑爾承德義之慶而嬪宗公之家膺兹顯榮
可謂稱矣可

同中書門下平章事宋庠　親孫女特封永

寧縣君制

勑寗氏朕有大封之慶而爾毋與焉辭其寵章爲爾請邑爾惟名族率禮有常象服之宜是亦榮矣可

故贈司空兼侍中龐籍遺表長女南安縣君冀州支使陳琪妻安康郡君制

勑龐氏封爵吾所重也爾考嘗爲將相而其沒也以爾爲言加錫郡封蓋非常典爾維令淑往服寵榮可

第五女大理評事趙彥君妻德安縣君制

勑龐氏爾考嘗輔佐 先帝而有勞於國今其不幸爲爾請封夫以女子受爵於朝而不繫其夫其亦榮矣往惟順淑以服不榮可

第七女受安縣君制

勑龐氏女子從人者也故封爵　其夫子而已矣爾
父嘗勤勞於國而爲　先帝大　其薨殂爲爾請
邑考於恩典厥亦有初往服寵榮勉之無斁可
節度使允初長女殿　鑄妻特封嘉興
郡君制
勑趙氏朕於宗室親疎有秘也今爾既成婦矣而宗
正爲爾請封爾維懿恭循禮無失以君大郡可謂顯
榮其往懋哉爾宜欽服可
宗説第十八女右班殿直楚奎妻永泰縣
君制
勑趙氏朕初即位敷錫庶邦爾躬行柔嘉實維宗女
賜封大邑往服厥榮可

右屯衛大將軍茂州刺史克洵第二女右
班殿直宋玘妻等並特封縣君制
勑趙氏凡內女之嫁者爵邑不繫其夫所以廣親親
也爾嬪于世族率禮有常錫命啓封是爲恩典思稱
厥服愈其懋哉
右屯衛大將軍登州防禦使邢國公世永
第三女左班殿直徐鎮妻特封金城縣君
制
先帝褒厚宗室女子之嫁者爵命有不繫其夫朕初
即位不敢忘也具官某女某人妻趙氏夙承禮教率
用祇德歸于世族婦順有稱錫以縣封往膺休寵可
右監門衛大將軍仲勸新婦陳氏封邑制

先帝布大慶於天下朕初即位永惟嗣訓不敢有忘
具官某妻陳氏順善和嫕嬪于宗室賜命大邑示均
神鑾率禮勿違以稱休顯可

皇兄故保康軍節度觀察留後承簡贈彰
化軍節度使追封安定郡王制

勑樂其生而哀其死欲其富貴之無窮仁人於親戚
莫不然而王者得盡其褒崇之意具官某於宗室為
近屬於朝廷為大官有溫恭恪慎之稱無驕慢逸欲
之過不幸至於寖寥用震悼于朕心義兼親賢恩禮
當稱今夫建牙樹纛節制一軍而封爵至於稱王人
臣之極也朕其追命以賜焉尚其有知享此休顯可

皇弟故右屯衛大將軍霸州防禦使承俊

贈崇信軍節度觀察留後追封樂平郡公

制

勑詩曰死喪之威兄弟孔懷以天下之貴富而得盡其親親之禮則榮名尊爵豈宜有愛於此哉具官某馴德謹行稱于宗室奄終厥命實悼朕心寵之以留後之官褒之以郡公之號尚其幽窔克享茲榮可

皇姪孫世芬贈洺州防禦使追封廣平侯

制

勑置使以扞防爲職建邦以察候爲名非親且賢何以堪此以爾具官某序于近屬舊有令名未加襃崇遂至窀窆其追賜命以慰厥靈尚克有知享茲休顯可

供備庫副使李誂父皇任鎮潼軍節度觀
察留後贈感德軍節度使兼侍中端懿贈
司空兼侍中制
勑某朕有釐事於上神而幽顯並蒙其福具官某父
某續承德義被服文儒出入踐更有榮爵禄能以才
業自昭于時壽善不兼慶流厥子追崇位號尚克知
歆可
武勝軍節度觀察留後王凱贈節度使制
勑將帥之臣出乘疆場而有執敵捍患之材入總營
屯而有折衝銷萌之用則序功録德當從厚終以爾
具官某戰技之多守衛之最有賞於國有稱於時而
能悉心夙夜祗慎職不幸至於大故朕用臨弔而

悼焉其追如一命使得建節樹纛稱其祿葬之禮沒
而有知也尚能享吾休顯之報哉可

太常少卿權判大僕寺馬從先父震贈右
領軍衛大將軍特贈尚書工部侍郎制

勑朕獲執圭幣以承 上帝蒸及 聖考者豈非士
大夫之助哉肆有大賚以稱其念親之志具官某父
某資兼文武而用不極其材能以義方自勗成厥子服
在卿位相茲休成追命有加尚知榮享可

屯田員外郎句譓父希仲已贈吏部侍郎
贈金紫光祿大夫工部尚書制

勑士以功善有慶而欲移之親苟無害於義則其可
以不從乎具官某嘗以才名序于卿位慶集厥子有

勞當遷頗推恩典以賁幽窆膺此顯服尚知榮亨可

都官員外郎何若谷亡兄若沖追贈試大

理評事制

勑某爾躬率善行而不克自昭于時有弟在廷法當

增位固辭恩典冀得追榮隱錫一官尚其能享可

故崇儀使康州刺史內侍押班盧昭序贈

正刺史制

勑某所居之地禁所事之職親恩禮所加亦宜異數今

爾以忠力備任宮闈歷年滋多率履惟謹今其亡矣

追惻厥勤考於故常當得褒序遷正位號尚能知榮

可

故內殿承制宋士堯等贈官制

敕某等蠢兹蠻方犯我邊吏爾等以身死職朕用哀

祠夫見危授命士之美行褒善録功國之令典故吾

有以愍錫而慰爾等窀穸之靈没而有知其尚能享

可

臨川先生文集卷第五十四

臨川先生文集卷第五十一　五

外制

彭汝礪特授秘書省校書郎制

鄭珏瀛州司户參軍制

劉元規通利軍司法顧立守漢陽軍司理李伯英永州錄事參軍制三道

張宗臣亳州司法韓伯莊海州東海縣尉葉主簿王祁青州益都縣主簿黄昌言光守常州宜興縣主簿李賁濰州北海縣主簿制五道

皇姪宗懿改鄂州防禦使邢王孫宗望舒州防禦使餘如故制二道

呂溱吏部郎中、畫圖司封員外郎陳昭素都官員外郎制三道

陳憲臣孫夷甫屯田員外郎安保衡都官員外郎制三道

王起太常博士沈扶國子博士制二道

王拱己太常博士沈士龍祕書丞制二道

任慶之大理寺丞趙僅改大理寺丞制二道

劉起西京左藏庫副使郭慶基將作監主簿制二道

張及孫復舊官制

徐并奉禮郎周延年光禄寺丞制二道

李璋安州管内觀察使制

蕭注奉寧軍節度副使不簽書本州公事制

蕭注責授團練副使制

張師正落刺史依舊儀鸞使制

宋安道落巴州刺史制

宋安道責授衛州團練副使不簽書本州公事制

王用内殿承制劉舜臣禮賓副使制二道

崔懷忠内殿承制胡柬之守祕校制二道

張慶隨右賛善大夫餘如故制

彭士方容州别駕張銑守荆南府叅軍制二道

周丈亭密州司馬制

余靖蔡襄奏醫人王沂李端試四門助教制二道

程戡胡宿范鎮奏醫人房用和夏日宣王獻臣四門助教制三道

歐陽脩趙槩奏醫人夏日華武世安試國子四門助教制二道

馬懷德遺表㒷試將作監主簿制

何郯奏謝愈試四門助教制

仇鼎充翰林醫官副使制

周元亨成都府溫江縣主簿陳旦利州司户

參軍依前充職制二道

魏昭永恩州録事楊忠信興元府司理柴慶道

特授將仕郎制二道

袁士宗守蓬州蓬山縣簿衛進之青州司户叅軍張歸一李以並開州開江縣主簿制三道

王亨鄭州司馬莊詡青州壽光縣尉制二道

魏貫充中書守闕主事張世良中書録事制

李懷曦秦宗古遂州司户叅軍制

周成務金吾衛長史制

呂昭序常州宜興縣尉袁舜卿濰州北海縣尉邊士寧青州益都縣尉制三道

郭餘慶應州金城縣主簿張文仲蓬山縣主簿依前充職制二道

曾公亮奏句當人趙化基制

青州奏張贇獨孤用和年一百一歲並本州

助教制

安化中下州北遐鎮蠻人一百一十人並錄

酒監武制

壽州税户李仲章李仲淵本州助教制

宿州市户朱億弟傑本州助教制

空名助教并試監簿制

建州敦遣進士彭彝特授將仕郎祕書省

校書郎制

勑某朕惟衆科不足以盡天下之士故因赦令而委

諸路以特招爾以守節見稱而論議亦嘗試矣賜之

一命使力行者有勸焉往其增修以稱茲舉可

新授齊州章丘縣尉鄭珪瀛州司户參軍

制

勑某爾嘗爲大臣所稱當得遷序自求一椽往事上州其慎猷爲以膺器使可

御前五經及第劉元規通利軍司法參軍

制

勑某朕雖趣時爲法而其義亦考於經爾以經術決科而試於法吏勉思所誦尚有合哉可

勑賜同進士出身顧立守漢陽軍司理參軍

制

勑某爾經明行潔特見推揚考覈以言有足稱者試

諸獄掾其往懋哉可

高州茂名縣尉兼主簿李伯英、永州錄事

參軍兼司戶參軍制

勑某小人當平歲爲盜爾職當捕而能得之甄敘厥

勤國有常法往就祿次勉圖後功可

御前尚書學究及第宋張宗呂亳州司法參

軍制

勑某爾少而知學能以決科今也成人遂從官政往

共厥事可不勉哉可

御前三禮及第韓伯莊　海州東海縣尉兼

主簿制

勑某爾幼而知學能以決科今也　人往其從政有

臣有守惟懼廢初可

敕賜同進士出身王祁試秘校守青州益都縣主簿制

敕某累行於鄉里孝言於朝廷而試之以事此自古所以能得士也今汝言行皆見稱引其使佐于大邑以觀汝政之材無曰民官賤亦可以有爲也可

太廟齋郎董昌言充常州宜興縣主簿制

敕某爾考以使事沒身於遠朝廷故爾得序於官司在歲一官其思所以保祿位而無忝前人義方之訓可

李資濰州北海縣主簿制

敕某爾父以身死制而亦爾以一命之榮今又以一國毋有言而使得仕于大邑能以忠順保其祿位而守

其祭祀者士之孝也往其祇服可不勉哉可

皇姪信州團練使宗懿改郢州防禦使制

勑原罪告振滯淹朝廷之慶施及乎遠者久又况於宗室之近哉具官某於服屬爲親於爵列爲書遣行不能無情以自困於煩言肆祀之恩與人更始滌其前咎寵以故官往思自修保此榮祿可

邢王孫右武衛大將軍道州團練使宗望舒州防禦使餘如故制

勑朝廷爵賞與士共之親愛之欲其富貴亦先王之道也具官某序于近戚服在顯官嘗坐小何自令久次能禱前咎歷年茲多往以序遷勉綏寵祿可

未復並曹官人兵部員外郎知池州呂溱吏

六部郎中制

勑某朕初即位原各嘗擬廢淹爾爲　先帝近臣以才敏諒直稱天下嘗坐吏議久於左遷稍復故官往其祗訓可

追官人前司封員外郎蕭國司封員外郎制

勑某宗祀之慶外覃四海況於嘗任事之臣哉爾備使南方實以才選控于吏議用失厥官錫命示恩往其祗服可

追官人前都官員外郎陳昭素都官員外郎制

勑某爾嘗吏任使而以才稱於世陷于吏議失職久

矣再更赦令稍復故官夫士有智能固不可以一眚
而終廢惟慎厥後以須選求可
陳憲臣屯田員外郎制
勑某爾嘗坐法用失厥官宗祀之成推恩博矣復爾
禄次往其欽哉可
孫夷甫屯田員外郎制
勑某爾嘗坐譴何再更赦宥能自勸勵以補厥愆序
進一官往其祗服可
安保衡都官員外郎制
先帝有事明堂而大賚于四海爾嘗在郎選困於一
眚屬此慶施序遷厥官往其慎哉以服休命可
朱復舊官人殿中丞王趙太常博士制

敕某爾挂文吏之議以失職久矣朕方推慶賜以發
天下疏逖幽贱並膺厥賜矧爾智謀績用爲世所稱
而特困於一眚之細哉其還故官以勸能者可

追官勒停人國子博士沈扶國子博士制

敕某士之可用者朕不以一眚而忘之也又况於以
才任使而特以薦士爲累哉爾行義智能有聞于家
久於使事績效可稱任非其人以坐廢斥宗祈之慶
覃及萬方甄序厥官往惟祗服可

追官人前太常博士王拱己太常博士制

敕某爾以舉非其人而久坐斥廢宗祈之慶賚及羣
方復爾故官往其祗服可

追官人著作佐郎沈士龍祕書丞制

敕某嘗棄其官守而坐廢于家今宗祀之恩使之免
者多復用矣况如爾之得罪特以有志於善乎其就
故官以須器使可

朝奉郎守將作監丞朱復舊官人檢校水部員外郎懷州團練

副使任慶之大理寺丞制

敕某爾嘗譴何比更赦宥序進厥位往其慎哉可

朝奉郎守將作監丞朱復舊官人光禄寺丞趙瑾改大理寺丞

制

敕某爾造行不謹陷于法理比更赦宥復序故官諆
惟厥終無重前悔可

特勒停人前西京左藏庫副使劉起西京

左藏庫副使制

勑某宗祈之慶覃及萬方爾嘗以才選典領煩事不知淑慎以祗歇懲恩復故官往其祗訓可

特勒停人試將作監主簿郭慶基將作監主簿制

勑某宗社之恩外覃四海爾嘗坐法用廢于家復即故官其知慎矣可

特勒停人前守將作監主簿張及孫復舊官制

勑某爾嘗坐事免既更赦令其班新命使就故官惟慎以遠罪而斂於赴功則足以補前負矣可

追官人徐弁太常寺奉禮郎制

勑某朕初即位布大號於天下爾比以罪負久於廢

斥既更赦宥當序一官夫士之嘗有譴尤而後以才
復爲世用者衆矣往其淑慎以待異恩可
特勒停人光禄寺丞周延年光禄寺丞制
勑某爾坐廢于家爲日久矣宗祈之慶復就故官往
慎厥脩以須器使可
建州管内觀察使李璿安州管内觀察
制
勑鸞事既成慶流宇内篇于朕志當有異恩具官某
以元舅之家膺下嫁之選飭身礪行休顯有稱嘗坐
譴何外匜藩屛付之旟節使得造朝往服寵榮愈其
慎悉可
檢校水部貟外郎充秦州團練副使不簽

書本州公事藺洼依前檢校水部員外郎

充奉寧軍節度副使不簽書本州公事制

勑某朕初即位肆大眚以勞天下爾嘗爲邊將以罪失職稍遷位號徙置大邦夫士之有能固不以瑕疊而終廢往其修省以服異恩可

藺洼責授團練副使制

勑某爾以州縣尺寸之功未閱數朞而官顯祿厚遂專一州之寄當思勠力以稱所待遇乃公爲姦汙不忌邊禁以至擅發丁壯采金蠻境侵騷邊人廢業失職無鈎考之檢有盜攘之嫌朕惟遠方羈縻之義不欲重爲煩擾故寧失爾罪惡而不卒究竄副于團練之軍寘諸安閑之地其思自訟以服寬宥之恩焉可

儀鸞使英州刺史張簡正落刺史依舊儀鸞使制

勑某人道貴謙而以巽爲利者武人之正也朕以爾材謂爲能治邊故超進使號又擇令名之州使爾刺焉而共其舊服當知竭力報稱所蒙而乃觖望鄙爭果於慢上自干邦法以致人言稍[illegible]隳前恩尚附輕典往其修省思補厥愆可

皇城使巴州刺史宋安[illegible]退落巴州刺史制

勑某等班祿所以勸能制罰所以[illegible]愆事爾等執技備官久矣一有所試而其效皆無可[illegible]旦竊位素餐之罪法不可以無懲也稍從降絀示有[illegible]刑往其深省厥愆以稱食功之意可

皇城使宋安道責授檢校水部員外郎充
衛州團練副使不簽書本州公事制

勅某爾等以醫入侍　先帝疾殆至於弗瘳而皆莫能知居其官而不能與食焉而怠其事皆法刑之所當施深惟　先帝之仁故不忍加誅而宥爾等于外顧省厥罪往其戒哉可

追官人文思副使王用內殿承制制

勅某爾嘗犯禮以失厥官宗祀既成均休宥罪序于廷內其往慎哉可

未復舊官人劉舜臣禮賓副使制

勅某爾嘗為州坐法以免既更新令未即故官寵以命書介于諸使惟慎厥後以稱恩榮可

追官人前供備庫副使崔懷忠內殿承制

制

勑某朕閲士大夫或以一眚之故棄而不録故當因赦令使得復序厥官爾久以才能外更任使雖嘗廢免有足哀矜列職內朝往其祗服可

特勤傳人守祕校胡秉之守祕校制

勑某爾嘗坐小何既更大慶往就禄次以須器使朕於用士固不以一眚而廢材惟敏厥修以永終譽可

堂後官大理寺丞張慶隨右贊善大夫餘如故制

勑某爾職爲宰屬名在理官祗延至于三歲進官一等有籍於朝往其懋哉是亦榮矣可

石班殿直彭士方容州別駕制

勑某爾爲小吏自致廷臣能稱厥修至于告老列職州佐以爲歸榮可

攝荆南文學張銃守荆南府參軍制

勑某等異時設科以待武力智謀之士而爾等實應令焉嘗攝一官既更新令稍即序録其往勉旃可

單州文學周大亨密州司馬制

勑某爾不勉厥修以取罪廢既更赦令復齒官聯善補悔尤尚有終譽可

廣南東路經略安撫使余靖奏高郵軍醫博王沂試國子四門助教不理選限制

勑某爾以方伎有聲淮南今方維按撫之臣以爾自

隨而請加一命爾宜知夫名之不欲以假人也而能
慎行以稱焉可

蔡襄奏醫人李端試國子四門助教不理
選限制

勑某爾從事於醫久矣而吾左右親信之臣稱爾之
行能請一命焉厥有故常以爲爾寵其思淑慎以稱
褒嘉可

程戡奏延州醫助教房用和國子四門助
教不理選限制

勑某延州鎮撫一方而將吏皆吾扞城之用爾共醫
事莫府所稱甄序以官往祗厥服可

胡宿奏醫人夏日宣試國子四門助教不

程選限制

勅某夫論思獻納之臣實吾耳目腹心之賴而爾能
執技語護其家請命于朝以爲爾寵吾其錫爾往矣
勉哉可

范鎮奏成都府醫人王獻臣試國子四門
助教不理選限制

勅某爾有郡人爲吾近侍稱爾嘗學尤良於醫亭試
一官往其祇服可

歐陽脩奏醫人夏日華試國子四門助教
不理選限制

勅某天下安危治亂其責在乎政事之臣責之如此
其案則選之豈可以不厚故其有家於上吾皆聽許

而不違令脩以爾能醫而爲之請命吾其加錫以示
不違於大臣爾往懋哉當知夫名不可假可
趙槩奏醫人武世安試國子四門助教不
理選限制
勑某古者聖人爲醫藥以濟民命而又建官制祿考
其所治之全失而上下其秩勸焉其於愛人也深矣爾
能執技以濟衆而見稱於大臣使試一官以爲爾勸
其思勉勵以稱褒舉可
贈安遠軍節度使馬懷德遣表門客吳旻
試將作監主簿不理選限制
勑某懷德嘗將衛兵而某卒也永言其客觀爾所主
以知爾材往試一官勉思自稱可

河東都轉運使龍圖閣直學士何郯奏梓州醫博士謝愈試國子四門助教不理選限制

勑某爾以方技自名爲適臣所薦偁其於行藝必有可稱俾試一官以爲爾寵可

殿中省尚藥奉御直醫官院仇鼎充翰林醫官副使制

勑某古者視疾醫之全失而上下其食所以明沮勸也爾以技事上久而有勞遷之序厥官往欽無數可

學士院孔目官梓州司户參軍周元亨可成都府温江縣主簿制

勑某爾服采禁林有勞可録亦祈之慶外序一官往

慎典刑保兹禄仕可

昭文　正名守當官陳旦利州司户参軍

依前充職制

勑某朕初即位大賚四海爾務于書林文矣序言■

掾往慎厥修可

朝堂知班引賛官遊擊將軍守右金吾■

長史魏昭永恩州録事参軍制

勑某宗祀之成並蒙褆福爾復貢朝事青年於此矣

出長州掾往其勉哉可

朝堂正名知班驅使　昌陽忠信吳安期何

惟慶並特授將仕郎制

某爾等駿奔于朝以給使令　勤厥■美及再朝

甄序一官往共舊服可

都省正名驅使官袁士宗守蓬州蓬山縣主簿依前充職制

勑某爾以勤服采積有歲年外序一官往共初服守爾禄次厥惟慎哉可

中書守當官鄆州司户參軍衛進之青州司户參軍制

勑某爾給事相府服勤歲久因時慶賜求得外遷往掾大州勉其厥服可

朝堂知班驅使官張歸一李汝並開州開江縣主簿依前充職制

勑某等爾駿奔走以給朝廷之事久矣有勞可録序

以一官往懋敭勤乃其無罰可
三司開折司守關前行滑州別駕王亨鄭
州司馬制
勑某爾實學書以仁計官之治老而知止予念爾勞
司馬于州往惟祗服可
學士院勸留官遂州司户參軍莊詡青州
壽光縣服制
勑某宗祈成禮覃澤萬方駿奔之吏遷有常法序爾
一尉往其勉哉可
中書録事守成都府別駕魏貫游擊將軍
充中書守闕主事中書守闕録事守大名
府別駕張世長中書録事制

勑某等隷名中書能自祗欽今吏員有闕故遷以補
之往懋厥勤無瘝于職可
客省承受李懷讜奉宗古遂州司户參軍
制
勑某宗祀之恩覃於小吏爾服勤久矣宜序一官往
勵厥修以共舊服可
沿堂五院副行首左千牛衛長史周成務
金吾衛長史制
勑某等役于宰屬積歲有勞升秩衛官序遷職服往
共厥事惟既乃心可
沿堂五院正名驅使官鄭州司户參軍吕
照序常州宜興縣尉制

勑某爾以州掾之名而役于宰屬豫蒙慶施當得外
遷往惟廉清可以保禄可

秘閣選滿楷書充編修院權書庫官袁舜
卿濰州北海縣尉制

勑某掌書賛事積歲有勞甄序一官往其祇服可

尚書都省額外正名年滿令安邊士寧青
州益都縣尉制

勑某爾以書賛治積歲有勞請命于朝序官一尉往
共敢職無敢弗祇可

太常寺太樂署院官郭餘慶應州金城縣
主簿制

勑某爾隸于太常久矣吏員有闕當得進遷命以一

官往其祗服可
石衛司正名孔目官張文仲蓬州蓬山縣
主簿依前充職制
勑某祗載厥職於今十年稽狀有司序于官簿往共
舊服無棄前勞可
吏部侍郎平章事曾公亮奏句當人趙化
基制
勑某朕布神之惠而陪隷與焉爾服厥勤受茲甄
名者先王所慎以與人者也往思淑慎以稱之可
青州奏壽光縣豐城村張贇獨孤用和各
年一百一歲並本州助教制
勑某人壽至於百年則閱天下之故多矣寵以官號

使助守令敎馴百姓豈不宜哉爾實應書往其欽服

可

安化中下州北遐鎮蠻人一百一十人蟲

銀酒監武制

勑某聲教所覃爾惟祗服克有名位犖于種落又[illegible]

方物來效厥勤其錫異恩以嘉能享可

壽州税户李仲宣李仲淵本州助教制

勑某淮人阻飢朕欲賙饑爾能輸米來助有司賞以

一官往其祗服可

宿州臨渙縣柳子鎮市户進納斛斗人朱

億弟傑本州助教制

勑某賙恤阻飢朝廷之政爾能輸積以助有司[illegible]賜

一官往其祗服可

空名助教并試監簿制

敕某河水衍溢且爲民菑爾能輸薪以佐有司之急

加爾以試官之賞其思慎行以稱焉可

臨川先生文集卷第五十五

臨川先生文集卷第五十六

表

百寮賀復熙河路表

賜玉帶謝表

詔進所著文字謝表

進熙寧編勑表

賜元豐勑令格式表

賜弟安國及第謝表

除弟安國館職謝表

除雱中允崇政殿說書謝表

除雱正言待制謝表

進字說表

進洪範表

進修南郊勑式表

除知制誥謝表

知制誥知江寧府謝上表

除翰林學士謝表

賜衣帶等謝表

勑設謝表

百寮賀復熙河路表

臣某等言中賀覩修復熙河洮泯疊宕等州幅員二千餘里斬獲不順蕃部一萬九千餘人招撫大小蕃族三十餘萬各降附者奉自張天兵開斥王土旌旗所指燕及氐羌棲橹相望誕彌河隴中賀竊以三年鬼方

之伐高宗所以濟時六月玁狁之征宣王所以復古
政由人舉道與世升伏惟 皇帝陛下溫恭而文睿
知以武講周唐之百度技方虎於一言我陵我阿既
飭鷹揚之旅實墉實壑遂平烏竄之戎用夏變夷以
令準古是基新命厥邁往圖臣等均被明恩具膺榮
祿接千歲之統適遭會於斯時上萬年之觴敢愆忘
於故事臣無任

賜玉帶謝表

臣某言伏蒙 聖恩以收復熙河洮岷疊宕等州特
加褒諭親解玉帶賜臣者尸臣列侍方臨極辨之朝
暬御占傳獨拜非常之賜寵綏稠至懇避弗俞焜燿
有加凌兢無措 中謝 竊以洮河之業兆自聖謨方虎

之材進非師錫片言投匭遂察見其有孚衆詆盈庭
豫照知其無旹以至綏兵筭食蒐卒第功能畢協於
始謀實仰歸於獨斷如臣蕞爾何力有焉伏惟
皇帝陛下善貸且成勞謙不伐弛曠瘝之大責録將
明之小忠揚于廣除委以珍御瑟彼英瑶之質煥乎
華衮之言臨授用光顧榮踰於古昔退藏惟謹銘鏤
及於雲來施更厚於解衣報敢忘於結草臣無任

詔進所著文字謝表

雲漢之光俯加賁冒膚劘之賤仰誤詢求中謝 臣聞
百王之道雖殊其要不過於稽古六藝之文蓋載所
傳猶足以範民唯其測之無彌深故或習矣而不察
紹明精義允屬昌時伏惟 皇帝陛下育舜之文明

有湯之勇智以身爲度動皆應於乾行肆筆成書言必稽於聖作欲推闡先王之大道以新美天下之英材宜得醇儒使陪休運臣初非秀穎衆謂迂愚徒以弱齡粗知強學服膺前載但傳糟粕之餘追首大方豈逮室家之好過叨睿奬使緝舊聞永惟少作可弃之浮辭豈能上副旁搜之至意伏望　皇帝陛下矜其聞道之晚假以歷時之淹使更討論粗如成就然後上塵於聰覽且復取決於聖裁庶收寸長稍副時用臣無任

進熙寧編勅表

臣某等言竊以觀天下之至動而御其時輔萬物之自然而節其性匿而不可不爲者事麤而不可不陳

者去厥惟無弊乃以不膠故造象於正月之始和政
禮以五載之巡狩一代之典成於緝熙百世可知在
所加損方裁成輔相之休運宜修飾潤色之難能顧
匪其人與於此選 中謝 蓋聞道有升降政有弛張緩
急詳略度宜而已使民不倦惟聖為能伏惟 皇帝
陛下天德地業體堯蹈禹永念憲禁之舊或失防範
之中選建有官付之論定具愁淺學莫副詳延屢彌
歲年僅就篇帙刪除煩複蒐補闕遺於趣時因民則
粗採抗敝之實以方古垂後則或俟新美之才冒昧
大威姑塞明詔

賜元豐勑令格式表

臣某言伏蒙 聖慈特賜臣元豐勑令格式一部計

四十篆者新厥品彙著之方冊雖孤眷寄尚冒分頒

中謝 竊以后辟之所訓栽臣工之所承守歷觀既往

或仍踳駮之餘緒正厥遺實於何緝熙之久恭惟

皇帝陛下操天縱之智御物昌之時拗法於群幾之

先收功於異論之後慮無愆素舉必要終然趨變以

制宜或非初令則取新而垂一裕宜有成書神機俯授

於有官聖制遂攄於無極部居彪列科指昈分雲漢

之回甚昭日月之照方久臣進陪國論退即里居在

旨討論嘗負曠瘝之責於今尊閣更知被受之榮臣

無任

賜弟安國及第謝表

臣某言伏蒙 聖恩召試臣弟安國賜進士及第注

初等職官者僞文之求外覃草野龍光之施首逮門
庭中謝竊以躬國論聽斷之煩而察知孤遠之行略
門資貢舉之法而拔取希淹之才山林之所誦說而
難遺閭巷之所驚嗟而罕見伏惟 皇帝陛下協德
穹旻比明羲昊博臨四方洞照萬物如臣同産爲世
畸人少遭閔凶自奮[illegible]善雖強學力行粗有時名而
少偶寡徒幾絕榮望[illegible]期聖聽俯及幽潛遂使窮遠
坐階華寵變以詔書[illegible]試藝賜之科第而命官祿不
逮親既永乖於養志[illegible]非爲己當共誓於捐軀臣無
任

除弟安國職謝表

臣某言伏蒙 聖恩 臣弟安國充崇文院校書者

書林置職方儲高位之材詔拔雅恩遂假私門之寵
任於疵賤實以兢慚中謝伏念臣初起孤生非謀膴
仕參近侍特荷先朝屬憂患之相仍分湮淪而自
不敢圖收召俯暨幽潛服在臣鄰驟冠論思之列恩
加子弟具膺褒賞之延有昧冒於殊私或超踰於常
法惟數奇之同産嘗久困於稠人第冊西垣比前叨
於睿獎校文東觀更曲被於明揚此蓋伏遇　皇帝
陛下與善無方使能以類欲阜成於大治務博取於
衆材遂忘形迹之嫌以溥寵光之施褒宗既亢唯知
上報之難小己易盈彌懼先顛之疾臣無任

除雱中允崇政殿說書謝表

臣某言伏蒙　聖恩授臣男雱守太子中允充崇政

殿說書尋具劄子辭免蒙降詔書不允者恩曠加於
私室多所超踰事或累於公朝誠難昧冒仰煩睿訓
曲喻至懷永惟眷獎之殊實重兢慙之至中謝伏念
臣首叨召節得侍辭林隨被賚書使陪經幄稍更歲
月莫補涓埃竊觀上知日之日躔內訟淺聞而知困況
如賊息厥有童心尚迷鑽仰之方豈稱招延之禮恕
已量主非敢以私而自嫌為官擇人顧雖或命而宜
跤輒布可辭之義上干難犯之威伏蒙 皇帝陛下
屈體優容垂精寵荅謂大人照臨之道廣當養以蒙
意小夫誦說之智專遽忘其賤褒稱備享訓飭加嚴
揣實未安寄顔有恧重念自古君臣之相與未有如
臣父子之所遭蓋當用儒之時尤難講藝之職與謨

方御實參備於討論語言未終已繼叨於獎擢獲世官於閭巷嗣家學於朝廷自非忘軀何以報國知人而官以哲慨已誤於明揚委質而敎之忠誓永有於素守臣無任

除雱正言待制謝表

臣某言伏奉　聖恩除臣男雱右正言天章閣待制兼侍講特降中使宣諭令便受告勑不須辭免者孚號明恩實由中出美官要職弗以次加知榮耀之及私顧僭差而累國雲天在望冰炭交懷中謝臣出於羈窮好是拙直道常違俗宜蜀狗之致妖才不逮人何雚蠋之能化　皇帝陛下收之末路付以繁機距洎天之衆讒責經世之來效施及賤息度越彌人延

登朝行使嗣講業方仰陪於滕席俄中廢於哥瘍雖
進趨之禮久妨而問勞之恩彌至莫知報稱但負兢
懸豈意眷憐更加超擢待制之爲職以陪侍禁嚴正
言之爲官以諫救遺失承金華之舊學覩玉色於燕
朝併叨殊私甚駭羣聽此蓋伏遇　皇帝陛下攬取
同智無小大之遺搜揚衆材無久近之間苟或不肖
槩嘗有聞必垂甄收以示勸獎四方之訓于我無競
維人多士之生斯時不顯亦世永惟遭值孰與等夷
君臣以事道相求是惟希世父子以傳經見用鮮或
同時雖愧皐陶濟美之材敢忘抓室敎忠之義臣無
任

臣某言竊以書用於世久矣先王立學以敎之設官以達之置使以喻之禁誅亂名豈苟然哉凡以同道德之歸一名法之守而已道衰以隱官失學廢循而發之實在聖時豈臣愚憧敢逮斯事中謝蓋聞物生而有情情發而爲聲聲以類合皆足相知人聲爲言述以爲字字雖人之所制本實出於自然鳳鳥有文河圖有畫非人爲也人則效此故上下內外初終前後中偏左右自然之位也衡衺曲直耦重交析反缺倒仄自然之形也發斂呼吸抑揚合散虛實清濁自然之聲也可視而知可聽而思自然之義也以義自然故僊聖所宅雖殊方域言音乖離點畫不同譯而通之其義一也道有升降文物隨之時變事異書名

或改原出要歸亦無二焉乃若知之所不能與思之所不能至則雖非即此而可證亦非舍此而能學蓋唯天下之至神爲能究此伏惟 皇帝陛下體元用妙該極象數稽古剏法紹天覺民乃惟兹學隕缺弗嗣因任衆智微明顯隱蓋將以祈合乎 神指者布之海内衆妙所寄窮之實難而臣頃御 燕閑親承訓敎抱病負憂久無所成雖嘗有獻大懼冒瀆退復自力用忘疾憊咨諏討論博盡所疑冀或涓塵有助深崇謹勤成字説二十四卷隨表上進以聞臣某誠惶誠懼頓首頓首謹言

進洪範表

臣某言臣聞天下之物小大有彝後先有倫叙者天

之道敘之者人之道天命聖人以叙之而聖人必考
古成己然後以所嘗學措之事業爲天下利苟非其
時道不虛行中謝 伏惟 皇帝陛下德義之高術智
之明足以黜天下之嵬瑣而興其豪傑以圖堯禹太
平之治而朝廷未化海内未服綱紀憲令尚或紛如
意者殆當考箕子之所述以深發獨智趣時應物故
也臣嘗以蕪廢腐餘之學得備論思勸講之官擢與
大政又彌寒暑者勲績不效俛仰甚慚謹取舊所著洪
範傳刪潤繕寫輒以草芥之微求裕天地臣無任

進修南郊勑式表

郊丘車重筆削才難猥以微能叨承遴選中謝 蓋聞
孝以配天爲大聖以饗帝爲能越我百年之休明因

時五代之流弊前期戒具人輒爲之騷然臨祭視成
事或幾乎率爾蓋已行之品式曾莫紀於官司故國
家講燎禋之上儀而臣等承撰次之明詔迨茲彌歲
僅乃終篇循因用於故常特刪除其紛宂恭惟
皇帝陛下體聖神之資志文武之功嘉與俊髦靈承
穹昊物方亨茂以薦信而無愧人且昭明知因循之
爲恥固將制禮作樂以復周唐之舊豈終循謟習傳
而守秦漢之餘則前書也譬大輅之椎輪與明堂之
營窟推本知變實有考於將來隨時施宜亦不爲乎
無補臣無任

除知制誥謝表

臣某言今月初一日伏蒙 聖恩賜臣誥勑除臣知

制誥者高華之選欲報當艱固陋之身以榮爲懼中謝
竊以自昔招智能之士因使爲侍從之官豈特韜其
虛名謂能華國蓋將收其實用相與致君制號令文
章之爲難而討論潤色之所寄苟失職不稱則爲竊
起羞伏惟　皇帝陛下躬上聖之姿撫久安之運趣
時有救弊之急守器有持盈之難當得俊良使陪遺
忘則與司明命出入禁門一有瘝官尤爲累上臣羈
單賤士樸鄙常人仕初有志於養親學遂不專於爲
己比更煩使稍竊謬恩内懷尸禄之慙仰負食功之
意又蒙擇擢以致超踰蓋君之視臣不使同犬馬之
賤則下之報上亦欲致岡陵之崇況臣少習藝文粗
知名教遭逢一旦度越衆人唯當盡節於明時豈敢

尚懷於私計臣無任

知制誥知江寧府謝上表

稽違詔令經涉歲時 先帝登遐既不獲奔馳道路

陛下即位又未嘗瞻望闕廷所慁後至之刑誅敢冀

甄收加於官使雖知寵勉尚懼顛隮 中謝 蓋聞因任以

責群材庶省以通衆志厥或抱能而可用則雖負疾

而見容如臣者遠侍先朝叨官外制惓惓許國雖有

愚忠汲汲隨人但尸榮祿銜哀去位嬰疾彌年望絕

寵光分投冗散伏遇 皇帝陛下紹膺尊極俯燭幽

微延之以三節之嚴付之以十城之重比緣禋祀特

有褒封申命曲加因郵併賜唯是土風之美素無行

獄之煩又寄託於丘墳粗諳知其閭里念雖閑閒殆

弗廢於承流以比造朝或未妨於養疾矧恩勤之已迫且遜避之不容敢不少嘗體力之所任祗奉詔條而爲治冀逃大戾仰稱殊私臣無任

除翰林學士謝表

臣聞人臣之事主患在不知學術而居寵有昧冒之心人主之畜臣患在不察名實而聽言無惻怛之意此有天下國家者所以難於任使而有道德者亦所以難於進取也學士職親地要而以討論諷議爲官非夫遠足以知先王近足以見當世忠厚篤實廉恥之操足以咨諏而不疑草創潤色文章之才足以付託而無負則在此位爲無以稱如臣不肖涉道未優初無犖犖過人之才徒有區區自守之善以至將順

建明之大體則或踈闊淺陋而不知加以憂傷疾病久棄筆硯辭命之習蕪廢積年黽勉一州已爲忝冒禁林之選豈所堪任伏惟　皇帝陛下躬聖德承聖緒於群臣賢不肖已知考愼而於言也又能虛已以聽之故聰明睿知神武之實已見於行事日月未久而天下翹首企踵以望唐虞成周之太平臣於此時實被收召所以許國義當如何敢不磨礪淬濯已衰之心紬繹溫尋久廢之學上以備顧問之所及下以供職司之所守臣無任

賜衣帶等謝表

出大庭之顯服束以精鏐引內廄之名駒傳之錯鏤隆恩所逮朽質知榮中謝竊念臣弱力淺聞久憂積

陝中與從官之選外分守藩之權僅免譴何更蒙收召論恩澤色曾莫効於纖埃衣被服乗乃荊叨於異數此蓋伏遇 皇帝陛下醞於慶賞詳在招延固示眷懷使知奮勵誓竭愚忠之報冀無虛授之嫌臣無任

敕設謝表

職與論思恩加豪飫禮時有舊寵實難當 中謝 伏念臣本乏才稱中緣疾廢適從孤遠獲侍清光已汙禁林之廬重叨太官之賜蓋飲食有文王之雅賓踏受勳顧來歸無吉甫之勞徒多燕喜敢忘自竭豈穩所蒙臣無任

臨川先生文集卷第五十六

臨川先生文集卷第五十七

表

辭免參知政事表

除參知政事謝表

辭免平章事監修國史表二道

除平章事監修國史謝表

還入東府賜　御筵謝表

觀文殿學士知江寧府謝上表

辭免除平章事昭文館大學士表二道

除平章事昭文館大學士謝表

辭免左僕射表二道

除左僕射謝表

辭免使相判江寧府表二道

除集禧觀使乞免使相表

進聖節功德疏右語四

辭免參知政事表

臣某言伏奉制命特授臣右諫議大夫參知政事餘如故者才薄望輕恩隆責重敢緣聰聽冒進悃辭中謝竊以建用宗工興圖大政以人賢否爲世盛衰矧休運之有開須俊乂而爲輔豈容虛受以誤明揚如臣者學未優知方尤晚 先朝備位每懷竊食之慙故里服喪重罹采薪之疾 皇帝陛下紹膺皇統俯卹孤忠付之方面之權還之禁林之地固已人言之可畏豈云國論之敢知忽此寵靈滋懷媿恐伏望

皇帝陛下考慎所與燭知不能許還謬恩以允公議
庶少安於鄙分無甚累於聖時臣無任
除參知政事謝表
承弼之任賢智所難顧惟鈌然何以堪此仰膺成命
弗獲固辭中謝竊以古先哲王考慎厥輔皆有一德
用成衆功伏惟 皇帝陛下含獨見之明踐乂安之
運甫終諒闇將大施為宜得偉人與圖庶政如臣者
徒以承學粗知義方本無它長可備官使退安私室
自絶榮塗既負采薪之憂因逃竊位之責大明繼燭
正路宏開付以蕃宣還之侍從清閒之宴或賜開延
淺陋所聞每蒙知奬以為奉令承教庶幾無咎至於
當軸處中良非所稱寵光曲被震媿交懐此蓋伏遇

皇帝陛下德懋旁求志存遠畧隆寬盡下故忠良有以輸心公聽並觀故讒慝不能肆志翊睿謀之天縱方聖治之日齎恩稱所蒙敢忘自竭遠猷經國雖或競於前修直道事君期不隳於素守臣無任

辭免平章事監修國史表

材薄位高恩隆責重輒敷悃款仰瀆睿明中謝臣聞大有爲之君必考慎厥相趣舍施設相與如一乃能協濟功治永綏黎元伏惟唐虞三代之迹滅熄久矣天錫

皇帝陛下以上聖之才修身齊家外正天下典謨所紀風雅所歌以今揆古未有懋德宜求碩輔朝夕左右牽勵衆志輔成太平如臣區區孤陋淺拙知學以爲己而昧於趣時聞以道事君而謬於合衆

臨闡大政已積疵瑕伏望　皇帝陛下量能賦任使
無譴尤追還誤恩以協公議臣無任

二

臣某言臣近上表辭免恩命伏蒙　聖慈特降批答
不允者天地之施厚矣不貲螻蟻之情微而未達重
煩獎訓彌集震兢中謝臣聞論德序官明主所以御
世度能就位忠臣所以事君臣偶以薄材過私榮祿
雖以捐軀而自誓顧於議上而多慙竊觀聖制之所
以褒揚終非朽質之所能副稱叨任過稍歷歲時
必欲詭責其後勳謂宜考覈於已事令內或怵奇家
之俗無喻德宣譽之忠外或肩苛簡之風有犯令陵
政之悖百姓以安平無事之時而未免流離餓莩四

夷以衰弱僅存之勢而猶能跋扈飛揚 皇帝陛下以聖人之高材有天下之利勢憂勤已積功化未昭此亦由臣陳力就列以來不能助國立經陳紀之故方謀自弛以謝素餐豈意誤恩更加崇秩誠憂官謗能上累於明時所望天慈遂敕還於新命庶以通賢者之路且又協衆人之言臣無任

除平章事監修國史謝表

臣某言伏奉 恩命特授金紫光祿大夫行尚書禮部侍郎同中書門下平章事監修國史上柱國進封開國公加食邑一千戶實封四百戶仍賜推忠協謀佐理功臣尋具表陳免蒙批荅不允仍斷來章者揚于大廷寵以高位歸之翼戴之重誘之宰制之平聖

心方慎於旁求小己知難於上稱　　臣聞人君代天而理物人臣資父以事君然而君臣之大義有方非若父子之至恩無間須倡而後和則誠意每患於難通不入而後量則忠力或嫌於自獻唯成湯之聽伊尹與傅說之遇高宗皆以疏遠而相求何其親厚之獨至蓋所趣非由於二道故所爲若出於一身夫豈干越夷貉之異心是謂元首股肱之同體臣既以此獲展事君之義兩君亦以此得成理物之功苟非其人孰與於此臣受材單寡逢運休明初沾獵於藝文稍扳緣於祿仕曩塵近侍積媿空餐一隔於庭闈分長依於丘壠俄值纂承之慶繼叨收召之榮責以論經尚少知於訓詁使之與政曾莫助於猷爲

矧以拙直而見知遂爲姦回之所忌伏遇　皇帝陛下納之以天地之量照之以日月之明數加奬勵之恩每辨讒誣之巧重遭卜相申救備官終遜避之無繇更兢懃於非據伏惟　皇帝陛下樂古訓之獲而忘其勢惡邪辭之害而斷以心勿貳於任賢務本以除惡使萬邦有共惟帝臣之志萬姓有一哉王心之言則進無求名之私退有補過之善臣之願也天實臨之臣無任

遷入東府賜　御筵謝表

伏奉差中使傳宣今月七日辰時三刻遷入新府幷借宮軍就賜御筵者恩厚不貲誠優賢之務鍾頑冥無似欲報國而知難中謝臣等過以凡林並膺殊選

又壅賢路上孤聖時伏惟　皇帝陛下謀德在睿求
仁以恕謂大臣方宣勞於王室則上主當加恤其私
家發使禁闈之中視圖魏闕之下取朴置梟一皆斷
於睿謀成事告功初不煩於宰旅重紆衡蓋周視庭
除申以中人喻之良月使及日辰之吉即于堂寢之
安輕車府之傍牽載其帑重移饔官之身割脩以鼓
歌歡更逮於邇臣寵已加於小己陰陽或謬未知燮
理之方風雨其除徒賴帡幪之賜臣無任

觀文殿學士知江寧府謝上表

臣某言伏奉　制命授臣觀文殿學士吏部尚書知
江寧軍府事臣已於六月十五日到任訖乂妨賢路
上負聖時苟逃放殛之刑更濫褒揚之典逸其犬馬

臣某言爲君所難尤慎厥與命相不善將壞于成功

辭免除平章事昭文館大學士表

方來臣無任

經體贊元廢任莫追於既往承流宣化收功尚冀於

誠閱其籲天之至懇撓黜幽之常法示從欲之至仁

懼伏蒙　陛下志存善貸爲在曲成記其事國之微

衆罪戾積於歲月之多雖恃含垢之寬終懷覆餗之

大明既升豈宜爝火之弗熄加以精力耗於事爲之

之日齊顧卑凡而坐困秋水方至因知海若之難窮

命之安敢望功名之會值遭興運摠領繁機惟睿廣

中謝　臣操行不足以悅衆學術不足以趣時獨知義

將盡之力寵以丘墓所寄之邦仰荷恩私皆踰分願

當責實之時敢替知銓鄭之義中謝 臣知不足以及遠學不足以窮深比誤國恩嘗尸宰事初無溥効稱萬一之褒揚止有多言煩再三之辨釋終逃譴負實賴儀全恭惟 皇帝陛下若古以堯之欽明御令以禹之勤儉矜修積美山無一簣之虧因任致隆臺有九層之累小大祇若邇遐允懷奮而不蓄雖或許其纖事灌以既雨豈不昧於知時況惟疲曳之餘過重休明之累且用人而過矣固不免於敗材苟改命而當焉亦何嫌於反汗敢期 聖哲俯亮愚忠

二

臣某言臣近上表辭免恩命伏蒙 聖慈特降批答不允者愚誠盡布所冀矜從聖志未移申加獎訓輙

守可辭之義更干難犯之威中謝臣聞冢宰之於周
則曰統百官而均四海丞相之於漢亦以附百姓而
撫四夷位尊則自古以然材薄則其何能稱臣之所
守未有以過人臣之所知又不足盡物姑使承流宣
化託備蕃維或令補闕拾遺追參侍從尚能罄竭小
補緒餘若乃秉操鈞衡承輔樞極仰陪休運俯稱具
瞻事已試而可知力弗能而當止苟不量鼎實之所
任必且致棟橈於斯時伏望 皇帝陛下隨其器能
付以職事圖惟大任改命上材則熒爝末光不獲干
時之咎櫰楹近用亦忝御名厦之功

除平章事昭文館大學士謝表 二一

臣某言伏奉 制命特授臣同中書門下平章事昭

文館大學士　譯經潤文使，加食邑一千戶食實封
四百戶，仍改賜推忠協謀同德佐理功臣，尋具表陳
免，蒙降批荅不允，仍斷來章者。承流宣化，方虞失職
之誅；經體贊元，更惧選賢之舉。中謝 臣竊惟人物之
會通，當宴實以君臣之遇合。至難自匪同聲氣之求
孰能借功名之享。伏惟 皇帝陛下天縱大聖，人與
成能，乘百年久安之機，飭千歲積壞之蠱。士誠服矣
而持祿養交之習未殄；民允懷矣，而樂事勸功之志
未純。近或長阨，而仁義之澤未流；遠或虛憍，而道德
之威未立。宜選於衆，畢格于皇天之衬；使暨乃僚，續
迪我高后之事。冀勝所任，以濟斯時。而臣蚤見知於
隱約之中，又獨立於傾搖之上。勳庸弗效，恩禮更加

託備外藩俯鄰耆歲遂叨詔獎還冠宰司自視羈單所懷蹇淺方古耕築則有其陋爲世聘求則無其賢然以殘老之軀而遭難值之運苟貪歲月趣就消埃且上之施旣光則下之報宜厚與之戮力仰承睿知之臨罔不同心俯賴忠良之協誓殫疏拙圖稱休明臣無任

辭左僕射表

臣某言近累具劄子辭免恩命伏蒙 聖慈特賜詔書不允者賞典越踰訓辭稠疊渙汗所被是爲至榮朽材難勝更以多懼輒輸危悃敢冒威尊 中謝 竊以左相位崇東臺地要雖置貧而久曠蓋授任之常難臣晚值 聖時久妨賢路奉上務成命蚊力困於負山

敦釋微言蠡管窺於測海方緯何之爲長豈寵獎之
敢圖忽此兼叨奧無前比深惟淺薄仰累休明伏望
聖慈俯昭愚款斷從公論追寢誤恩豈惟私義之獲
安實亦物情之歸允臣無任

二

臣某言近具表辭免恩命伏蒙　聖慈特降批荅不
允者恩言抑至鄙守難移敢冒德威更陳私義中謝
竊以高秩厚禮以疇莫盛之勳勞綿力薄材豈稱非
常之爵寵人之所畏物有固然臣識行見知而涉世
多爲衆毀論材受任而居官無以自昭顧惟屈首受
書幾至殘生傷性逮承　聖問乃知北海之難窮比
釋微言更悟南箕之無實疏榮特異揣分非宜苟叨

昧以自安懼譴尤之隨至伏望　皇帝陛下俯矜危拙曲賜全安不以反汗之小嫌爲能累國則是捐軀之大節實在報君臣無任

除左僕射謝表

臣某言伏奉　制命特授臣尚書左僕射兼門下侍郎同中書門下平章事昭文館大學士兼譯經潤文使加食邑一千户食實封四百户臣累具辭免伏蒙聖慈特降批荅不允仍斷來章者貳令中臺兼官左省惟時遴選蓋嘗久曠而弗除忽此叨居顧豈微勞之可稱陪敦厥邑數告于廷是皆至榮難以虛辱中謝竊以經術造士實始盛王之時僞說誣民是爲衰世之俗蓋上無躬教立道之明衎則下有私學亂治之

蕪泯然孔氏以羈臣而興未喪之文，以游士而
承既没之聖異端雖作精義尚存逮更煨燼之災遂
失源流之正章句之文勝質傳注之悼溺心此深辭
誠行之所由昌而妙道至言之所爲隱篤生　上主
純佑下民成能協乎人謀將聖出乎天縱作於心而
害事放斥幾殫通於道以治官延登既爽尚欋膠庠
之黎獻未昭典籍之群疑乃集師儒具論科指緝書
來上褒典俯加臣趣操弗高知識尤淺少嘗勤苦但
爲裘氏之吟晩更耄衰豈免輪人之譏初備使令之
乏即知稱愜之難敢意誤恩獨當殊奬此蓋伏遇
皇帝陛下以化民成俗爲事故急在誨人以尊德樂
道爲懷苞易於縻爵因忘固陋特假龍光祇服訓辭

深惟報禮雖無博學對揚稽古之鴻名庶以雅言助
廣右文之美化臣無任

辭免使相判江寧府表

臣某言伏奉　制命特授檢校太傅依前尚書左僕
射同中書門下平章事使持節都督洪州諸軍事充
鎮南節度管內觀察處置使判江寧府加食邑一千
戶食實封四百戶仍改賜推誠保德崇仁翊戴功臣
者恩典有加事勞弗稱陳力況難於黽勉輸情終冀
於矜哀中謝伏念臣晚出窮鄉首陪興運恕心量己
雖知容膝之易安營職趣時更似絕筋而彊力既及
耄衰而成疾重遭憂釁以傷生姑欲補完唯當休愒
若任州藩之寄仍兼將相之崇是爲擇地以自營非

復顧天之素志伏望 皇帝陛下追還渙號俯徇愚
衷許守本官退依先壟儻憐積歲忝大議於廣朝或
賜誤恩食舊勞於外觀尚緊眷褒非敢干祈臣無任

二

臣某言近具表辭免恩命伏蒙 聖慈批荅不允者
寵私未愁更加褒勉之恩分義所存敢冒叨貪之恥
中謝 伏念臣江湖一介特荷 聖知帷幄七年再陪國
論久居亢滿所以深懼災危積致衰疲所以懇辭機
要若猶尸將相之厚禄且復殿方面之大邦則是於
惡盈之時欲富而弗止以宣力之地養痾而自營
聖慈雖或優容官謗何由解免伏望 皇帝陛下俯
垂念聽特賜矜從使盛世無虛授之嫌孤臣有少安

之幸臣無任

除集禧觀使乞免使相表

臣某言近具表乞以本官充使伏蒙 聖慈特降詔書不允者愚誠屢黷方負憂兢聖聽未移更加獎勵顧仰關於國體敢終冒於天威 中謝 伏念臣頃汙近司久虛大受晚罹疾疢自當辭禄而退居尚侍眷憐故敢祈恩而家食將相之爲重寄朝野之所具瞻若免於事任之勞而尸此名器之寵在昔之茂勲明德尚莫敢居如臣之綿力薄材豈宜非據伏望 皇帝陛下俯矜危懇追寢誤恩豈惟私義之所安是固物情之衆允臣無任

進聖節功德疏右語四

臣竊以紹皇策以降神一齡眞臉歸寶坊示獻信萬
壽惟功引荷者之祥臻與龠龍藏之蠲至依願三儀陟
拾十少證知宗譜有善之祥永御綏疆之曆臣無任

二

臣竊以星工懸誕賀貞沙駟至於吾壽時望明之靈鼓諒誠
於妙道行原備膺多福大庭呼上人永信國之安物
無疵壽之哲天技鬮兆神疆具休臣無任

三

臣竊以誕降聖神道天人之壽命度析柏福爲臣子
之三情伏源萬寶佰日三靈協應永錫無疆之寶曆
丕承末史之圖休臣無任

四

臣伏以握符踐運與時物以偕昌歸德謝生一在情文
而莫罄敢憑慈祐申祝壽祺伏願　皇帝陛下箕比
天崇業與地富常御華胥之至樂永錫皇極於黎元
臣無任

臨川先生文集卷第七十七

臨川先生文集卷第五十八

表

封舒國公謝表

除依前左僕射觀文殿大學士集禧觀使謝表

表

朱炎傳　聖旨令視府事謝表

孝弟安上傳旨令授勑命不須辭免謝表

孫珪傳宣許罷節鉞謝表

封荆國公謝表

賀貴妃進位表

賀生皇子表六道

賀魏國大長公主禮成表

賀冀國大長公主出降表

賀魯國大長公主出降表

賀康復表

賀南郊禮畢肆赦表二道

賀明堂禮畢肆赦表

封舒國公謝表

臣某言伏奉制命特授開府儀同三司封舒國公者發號端門外覃慶賜疏恩列辟俯逮空飡舞手均懽撫心獨幸 中謝 伏念臣久孤眷遇當即譴訶曠歲竊天尚辭榮而未獲新恩賜國仍席寵以有加唯兹邦土之名乃昔宦遊之壤久陶聖化非復魯僖之所懲積習仁風乃嘗宰邑之見愛爲私所被朽質更榮此

蓋　皇帝陛下道冒群方彌天之所覆恩涵庶品并物之所包以舊章事備於郊宮而惠澤均於海宇故雖幽屏弗以遐遺顧冒昧之不貲豈糜捐之可報臣無任

除依前左僕射觀文殿大學士集禧觀使謝表

臣某言伏奉制命除授依前行尚書左僕射充觀文殿大學士集禧觀使者屢黷天威坐彌年所曲從危懇仰荷至慈中謝伏念臣學止求心行多違俗少隨官牒徒有志於養親晚誤聖知欲忘身而許國疲甿久瘝於宰事閔凶適在於私門中解繁機特上煩於矜惻外分憂寄復難強於支持方累鴻私更尸殊寵

兢兢惡於非據輒冒昧以終辭伏蒙　陛下示以優容優垂訓獎赦其逋慢終賜矜全猶加祕殿之隆名俯慰窮閻之衰疾地崇祿厚尚非空食之所宜歲晚力衰雖欲捐軀而曷報臣無任

朱炎傳　聖旨令視府事謝表

臣其言三月二日提舉江南路太常丞朱炎傳　聖旨令臣便視府事者使指遄臻訓詞俯逮敢圖衰疾尚誤眷存中謝伏念臣無荷搜揚久孤何屬有能必獻未嘗擇事而辭難無力可陳乃始籲天而求佚然方焦思有爲之日以此懷恩未報之身苟營燕安豈曠懲悸伏蒙　陛下仁惟求舊義不忘遐乃因乘軺將命之臣更諭推轂授方之意並蹈覆無用誠拂忍於

弃捐朽株匪材尚奚勝於器使永惟獎勵徒誓糜捐

臣無任

差弟安上傳旨令授敕命不須辭免謝表

臣某言伏蒙 聖恩差弟安上提點江南東路刑獄以臣衰疾就令照管仍傳 聖旨令臣便授敕命更不須辭免者江海衰殘雲天悠遠恩言狎至感涕交流中謝 伏念臣積荷知憐初無報稱豈圖賤貧上簡 聖心數遣中人開因外使喻以眷懷之至意慰其憂苦之餘生惠焉既久而彌加告矣雖頑而未捨乃至召見同產馳賜十行之書使營私門就捐一路之寄訪逮纖悉矜及隱微追千載之遭逢殆無前比顧百身之糜殞安可仰酬唯當祇聖訓之鴻私豈敢固愚

衷之小諒重念無傷於國體乃爲不負於天慈欲以
里居之安而尸官廩之厚固已犯明義而累食功之
實況復干隆名而長昧利之風至於詞窮雖兢懃於
屢黷可以理奪終冀幸於矜從臣無任

孫珪傳宣許罷節鉞謝表

臣某言二月二十二日江東轉運使孫珪到府伏奉
聖慈宣諭以臣誠請甚確志不可奪故罷節鉞春時
更宜慎愛者囊封屢黷特荷矜從使傳載馳重煩慰
撫中謝伏念臣久尸名寵莫報恩私既逃不職之誅
更竊無功之祿閑門養疾曾未憖於朝榮擊壤歌時
顧難忘於聖力伏蒙 皇帝陛下義惟求舊仁不弃
遐故雖簪屨之遺尚蒙簡記曾是筋骸之束敢愛士

捐臣無任

封荆國公謝表

臣某言伏奉勑命授臣特進荆國公加食邑四百戶食實封一百戶勳如故者宮庭嘉享推惠衛以及人田里空餐濫宸恩而累國 中謝 伏念臣苦窳賤質卷曲散材遭值休辰登備貴器有未償之厚責無可錄之微勞敢冀瘝身尚叨徽數此蓋 皇帝陛下備成熙事咨四表之歡心董正治官建一代之明制因令疲苶與被光榮雖自誓於靡捐顧何醻於責懤臣無任

賀貴妃進位表

祲盛之禮發於宮闈驩康之聲播於寰海 中謝 恭惟

皇帝陛下放古之憲刑家以身乃資婦德之良俾貳坤儀之政蓋關雎之求淑女以無險詖私謁之心雞鳴之得賢妃則有警戒相成之道於以求助不專爲恩臣生逢明時竊觀盛事祝聖人之多子輙慕堯封思令德以式歌豈憖周雅臣無任

賀生皇子表六道

臣某言都進奏院狀報誕生 皇子者宮闈嗣慶豪海交欣凡遠戴天惟均擊壤中賀臣聞螽斯之言衆子是爲王者之時華封之祝多男亦曰聖人之事恭惟 皇帝陛下紹祖休顯憲天昭明致文武之憂勤成堯舜之仁孝宅師無競崇簞之寢既安傳類有祥弓韣之祠屢應詒謀方永錫羨用光臣託備蕃維叨

邦睿奬不顯亦世家實與於衆懷於萬斯年心敢忘
於慶賴臣無任

二

臣某言伏覩進奏院狀報誕生 皇子者嘉慶係傳
歡欣揔集中賀 臣歷觀古昔誕受福祥厥配天所以
夂長乃有子至於千億伏惟 皇帝陛下梟鷖之雅
媚于神祇茱莒之風燕及黎庶弓韣嗣燕禖之報旒
旟仍羆夢之祥無疆惟休永保桑苞之固有室大競
方觀椒實之蕃臣嘗汙近司夂尸榮禄特荷殊憐之
至豈勝竊喜之情臣無任

三

臣某言伏覩都進奏院狀報誕生 皇子者皇運郅

隆天枝彌茂照臨所暨鼓舞攸均 中賀 臣聞史紀文
慶之延豈惟十子詩歌姒徽之繼爰至百男肇敬于
修乃繁厥祉恭惟 皇帝陛下道冒區宇德冠往初
品庶蒙休既饗和平之樂神靈錫羨果膺蕃衍之祥
臣嘗忝近司備叨殊獎以宿痾而自困欲旅進以無
階臣無任

四

臣某言伏覩都進奏院狀報七月四日誕生 皇子
者慶兆六宮欣交九服照臨所暨鼓舞惟均 中賀 竊
以夢寢告祥實帝臨之鞏事土牛祠錫羨乃神保於昌
時伏惟 皇帝陛下追放堯勳嗣承儀象鴻名敷播
已協九皇之高純嘏垂延方西千千子之衆維祺有俶

俾熾無疆臣夙冒恩憐久尸榮禄適此驩嘉之會恭
然趣造之難臣無任

五

臣某言伏覩都進奏院狀報誕生　皇子者元精孚
祐[illegible]種挺生慶係集於宫庭歡外交於寰宇中賀竊
以熊羆見夢種稑獻祥厥撫會昌之期乃膺錫羡之
福恭惟　皇帝陛下德高振古仁浹含生故神明之
胄浸蕃而福履之將未艾臣久尸多禄特荷異恩顧
衰疢之滋多望清光而獨遠臣無任

六

臣某言伏覩都進奏院狀報誕生　皇子者燕禖饗
德方儲錫羡之祥羆夢生賢克協會昌之運輿在照

臨之廣敷同[illegible]之源切以思齊神罔時恫假樂民
之攸塈天所[illegible]佑厥惟太姒之多男國之榮懷亦曰
成王之衆子恭惟 皇帝陛下令德光乎洛誦康功
茂乎岐昌鴻休無疆景命有僕蓋茅苴之薄言采采
衆皆先成則螽斯之宜爾振振宗強孰禦臣久叨眷
遇適阻進趨親值本支百世之盛時敢忘壽考萬年
之善祝

賀魏國大長公主禮成表 并同編 妃進封

臣某言伏以 明告治庭寵頒恩册家邦之慶海宇以
欣中賀恭惟 皇帝陛下荷天閎休若古丕式自[illegible]
[illegible]而尊祀儀極靈承而朝娣親而先姑特加徽數改錫
[illegible]壤增褒所生大號已乎無言惟允臣久尸榮禄[illegible]竊

□成儀□傳雖卑於九賓率舞尚同於百獸臣無任

賀冀國大長公主出降表

慶事備成恩紀隆洽有榮夷夏之□厥孚邦國之休

中謝 蓋聞勿恤於有家以祉而歸吉禮儀卒獲風化

所原不有存躬之清明其能由內而成熾恭惟

皇帝陛下道光覆照教始親成篤念祖之至情致先

始之美義庶言無間徽典有加臣叨昧殊憐褒遐遠

屏親値榮懷之日用忘呼舞之勞臣無任

賀魯國大長公主出降表

臣某言伏覩進奏院報魯國大長公主出降者占龍

聘夢祥實發於先朝奠鴈告期禮甫成於外館 中賀

臣聞親成經五禮之始睦嬪貫六行之中嘉與物昌

慶惟時賴恭惟　皇帝陛下齊家而國治睦族而民
雍恩隆天屬之尊禮重王姬之降愼所選尚燕及文
毋之慈厚於送歸追成穆考之孝臣叨陪興運獲覩
盛儀雖句臚中絶於九賓然呼舞外均於百辟臣無
任

賀康復表

臣某言天佑俊德永錫康寧三靈一心所共欣慶竊
竊以執契䟦運寶命在躬無疆惟休何恙不已伏惟
皇帝陛下堯仁舜孝克假彰聞惠于神民循道不越
雖勤勞庶愼衛養小愆而福履綏將旋日底豫平格
獲祐效驗甚明而臣義疾所嬰久違宸宇聞傳踊躍
倍百群黎臣無任

賀南郊禮畢大赦表二道

臣某言伏覩十一月二十五日南郊禮畢大赦天下者精意上昭神靈底豫茂恩旁暢夷夏接和 中賀 臣聞道以饗帝爲難禮以配天爲至有秩斯祜唯四表之歡心胡臭亶時匪九州之美味自古在昔若聖與仁厥遭昌辰乃覩熙事恭惟 皇帝陛下邁種三德敷奏九功率籲奉璋之衆髦肇稱奠璧之新禮廟遵致孝郊血告幽誠既格於穹旻福遂均於品庶振憂矜寡原宥眚裁第五玉以褒封善人是富發三錢而屢賜賤者不虛天其居歆人以呼舞臣忝叨寵渥親值休成雖無與於駿奔實不勝於竊抃臣無任

二

臣某言伏覩今月初五日南郊禮畢大赦天下者精明條達神睠顧而依憑膏澤川流人歡呼而蹈厲 中謝 臣聞語孝之至莫大於配天議禮而輕不足以享帝能舉春事實歸聖時恭惟 皇帝陛下鴻化已昭康年屢應奔走籩豆有董正之治官潔豐粢盛有底慎之財賦禮成穀旦恩浹縣區雖洛誦之休明尚難譬稱豈見寬之淺吶能盡揄揚臣夙荷慈憐方嬰衰瘵望九賓之紳笏獨遠句傳押百獸於山林猶知率舞臣無任

賀明堂禮畢肆赦表

臣某言伏覩今月二十二日明堂禮畢大赦天下者蒐講上儀神天底豫敷施大號累百八交欣 中賀 蓋聞

聖以孝爲稱雖孝以嚴父爲至罔有右烈考成委政而

弗專漢記諸 神武稱道而無責我惟 皇帝陛下道

包衆甫運會之平巍巍成功堯之所謂大業業數孝

舜文所由昌海選休辰肇稱嘉饗吉禮既至而正惟

已獨萬壽攸酢而福與衆均臣久冒眷憐方嬰疾疾

裹承寡遇且乃獨後於百工蹌舞笙鏞竊自同於鳥獸

臣無任

臨川先生文集卷第五十八

臨川先生文集卷第五十九

表

賜衣服銀絹等謝表

中使宣醫謝表

差張謂醫男雱謝表

賜曆日謝表二道

賀冬表八道

臣某言伏以庶彚潜萌上儀亞歲室告氣行之協臺占瑞至之嘉恭惟　皇帝陛下考數復以大中顧朋來之衆俊剛健之德與陽皆亨壽昌之期如日方永臣叨榮近列攖疾殊方覬趨獨後於在庭爵躍實深於存闕臣無任

二

臣某言伏以寶曆無疆嘉時有敘物潜萌而赤氣顯

動於黃宮 中賀 恭惟 皇帝陛下道協乾行德孚
陽感體一元而獨復毓萬寶以皆昌永御丕平備膺
純嘏臣[illegible]嬰衰疾久隔清光迹雖屏於丘園志不忘
於宸宇臣無任

三

臣某言伏以萬寶潛萌應黃宮之協氣百工胥慶亞
正歲之上儀 中賀 恭惟 皇帝陛下體御至神詡揚
獨智武烈丕承乎前載堯明光被乎多方茂對斯時
備膺諸福臣比緣衰疾獨遠清光雖存闕之不忘尚
造庭之未獲臣無任

四

臣某言伏以氣復黃宮茂對物滋之始晷移北陸寅

寳曰至之長 中賀 恭惟　皇帝陛下道與時行化循
天運嗣無疆而履位建有極以宜民肅臨陽長之期
大襲福綏之慶臣恩容居里病阻造庭雖薦壽以無
階顧馳心而罔已臣無任

五

臣某言伏以陰借物極陽與朋來推歷玩占乃見潛
萌之信體元御辨以知敦復之中 中賀 恭惟　皇帝
陛下舜孝禹功文謨武烈茂對時之福蝦靈承旅以
壽康臣久冒朝榮外叨方任弗與稱觴之末豈勝存
闕之深臣無任

六

臣某言伏以候始三微氣萌黃鍾謹觀臺之占瑞亟

…以陽復…恭惟　皇帝陛下祇適燕謀靈承
休運先一陽而獨復斂諸福以朋來臣屬此養痾茉
然在遠傾心舜日欣賓景之晙長仰首堯天祝壽祺
而等久臣無任

七

臣某言伏以運與陽升晷偕日至儀亞三朝之會氣
先五刻之占中賀恭惟　皇帝陛下茂對斯時備膺
諸福御至和之玉燭撫大順於璿璣臣竊望清光獨
嬰衰疾徒有懷於率舞乃弗預於稱觴臣無任

八

臣某言伏以一陽氣復萬寶明生天效五雲之祥律
應三統之首茲爲大慶允屬　熙朝中賀恭惟　皇帝

陛下道泰儀軒德深堯禹文物聲明之昭爛神祇祖考之安寧適丁至治之期矧乃履長之序萬靈賁祉四海交歡而臣身處江湖地遥宸極瞻天日之表阻獻於壽觴望雲龍之庭徒傾於驩頌臣無任

賀正表五道

臣某言伏以漢儀高會方登四海之圖周曆俯須乃憲百官之象中賀 恭惟 皇帝陛下含德淵懿撫辰林嘉乘始射之雲龍所更者化存胥敖於蓬艾各遂其生暹與日升道侔乾始臣尚依枌社獨隔楓宸緬瞻朝著之班竊慕封人之祝臣無任

二

獻歲初吉端月始和萬寶取新之 元九儀告慶之會

中賀 恭惟 皇帝陛下體神踏智抱一建中允迪謩

勳永膺孚祐德日新而有叙福時萬以無疆臣特荷

寵光久嬰衰疾雲天在望惟緬想於句傳麋鹿與遊

豈暫忘於率舞臣無任

三

寶曆無疆嘉生有俶厥初獻歲之吉乃始端月之和

中賀 恭惟 皇帝陛下常德日新景福時萬體泰元

而難老閱衆甫以皆昌臣久負異恩尚嬰衰疾瞻雲

紛郁想朝路以載欣謁日舒長輿疇人而胥樂臣無

任

四

寶曆無疆嘉生有俶門憲始和之象庭充元會之儀

中賀伏惟 皇帝陛下膺保永圖綏將純嘏撫五辰而致順毓萬物以昌臣久負異恩尚嬰衰疾瞻雲煥爛欣逢舜旦之華擊壤消搖樂得夏時之正臣無任

五

馭正夏時更端周曆體一元而敷惠適與春浮斂諸福以代新方侔川至中賀恭惟 皇帝陛下誕昭明德祗燕孫謀齊七政以當天順五辰而凝績用求協氣以阜嘉生閱千古之上儀肆三朝之盛會仰同星拱諫百辟以在庭追效嵩呼祝萬年而薦壽臣桑榆晚景麋鹿並遊誰莫與於臚傳退但知於率舞臣無任

辭免南郊陪位表

伏奉詔書令發來赴闕南郊陪位者萬國駿奔煒上儀之殊觀一夫幽屏叨明命之特招 中謝 伏念臣竊祿已多冒恩最渥自致惓惓之義實有素情再瞻穆穆之容豈非榮願而茶然暮景攖以沉痾伏畎畝以負茲於今未已侍壇壝而踐一旦用此爲妨臣無任

辭免明堂陪位表

臣某言伏奉詔書令發來赴闕明堂陪位者合宮丕享 字駿奔冒被優詔之加使陪顯相之末 中謝 伏念臣投身荒遠上負眷憐企踵禁嚴久勞監寐況宗祈之盛禮辱號召之明恩當即辦嚴豈容辭疾而沉冥浸劇匪勉實難心若子牟雖每存於魏闕身如楊

僕乃自外於漢關臣無任

詔免南郊陪位謝表

臣某言近具表爲疾病乞免赴關南郊陪位伏蒙

聖慈特賜詔書許免者螻蟻惓惓上干旒扆雲天顥顥下賁丘園中謝臣備悉矣微生頺然暮齒冒恩鼎食非堅臥以爲高承命旌招宜駿奔而反後顧緣衰疾致隔清光伏蒙皇帝陛下特赦尤違曲垂念聽蔀昏難望尚延舜日之華蕪翳易遺更獲堯雲之潤臣無任

詔免明堂陪位謝表

臣某言近具表爲疾病乞免赴關明堂陪位伏蒙

聖慈特賜臣詔書許免者自駿奔茀獲内懷逋慢之誅

寵荅曰俞上荷眷憐之至 中謝 伏念臣久違祕近遠
迫衰殘長負異恩固難逃於幽黜敢圖釐事乃復與
於詳延輒冒布陳重煩矜允鴻私所被藏一札以知
榮旅力已愆殞百身而何及臣無任

加食邑謝表二道

臣某言伏奉誥命加食邑四百戶實封一百戶者顯
相郊宮固宜寵奬曠居田里乃濫褒嘉 中謝 伏念臣
尚負宿痾久尸榮祿無可論之薄效有未報之隆恩
方國明禋庶工祗載奉璋執豆旅幣獻琛具輸奔走
之勞獨抱滯留之歎豈圖蹤迹亦冒龍光此蓋
皇帝陛下荷休駿厖斂福敷錫故雖幽屛弗以遐遺
身每被於慈憐心敢勞於勤策臣無任

解澤旁流明綸俯被永惟叨昧深以兢榮中謝竊以
特郊丘之承所以尊上帝疇官邑之賜所以富善人
盛福靡單至恩惟稱臣久塵要近上累昭明方主斡
之親祠以銅符而外守逮均休慶例獲褒賚之加此蓋伏
遇
皇帝陛下以平施於萬方無遐遺之一物猥蒙
圖任之舊特荷獎知之深祇服訓辭敢忘報禮臣無
任

二

賜生日禮物謝表二道

璽書加獎臺饋示優屈使者之光華發里門之榮耀
中謝竊念臣才非秀穎勢又羈單方少也臣父教臣
以爲臣之方及長也臣母勉臣以許國之節叨踰至

此稱效缺然慈訓久孤每　劬勞之日
憖明盛之朝此蓋伏遇　皇帝陛下智臨方來
臣庶嘉以物多而備禮使知意厚而盡心敢不自
斷斷之能庶以少申惓惓之義臣無任

二

慰藉溢言匪須異數荷恩勤之及此思報稱以芒然
中謝　伏念臣謬簡神心叨陪大政以久孤之樸學賞
難遇之盛時雖罄愚忠何裨聖治門弧可想方永念
於劬勞臺餽有加更上煩於寵奬此蓋伏遇　皇帝
陛下施仁品物致禮臣鄰將備責於安危故俯同於
憂樂所願輸勞而後食敢知得賜之爲榮矧生巳之
至恩巳云不報獨事君之大義庶或無憖臣無任

三

臣某言伏蒙　聖慈以臣生日特降詔書賜臣羊酒
米麵者書名閭史適在斯辰拜使家庭猥叨異數中謝
伏念臣才非經國幸實遭時徒塵宰席之延初乏辰
猶之告敢圖恩獎俯逮燕私此蓋伏遇　皇帝陛下
寵厚近班率循前憲因令疵賤獲被龍光敢忘夙夜
之勤以稱乾坤之施臣無任

四

臣某言伏蒙　聖慈特差臣男太子中允雱押賜臣
生日禮物衣一對衣著一百匹金花銀器一百兩馬
二匹金鍍銀鞍轡一副者劬勞之感方愴於私懷
之加更慙於異數中謝伏念臣早塵禄仕多歷

年初無横草之勞但有敗林之愧進膺重任久曠階
恩敢圖誕毓之辰更冒匪頒之澤此盖伏遇　皇帝
陛下惇修故事優眷近司屈聖制以褒嘉示殊私於
錫予永惟叨昧彌積震驚撫己寘怍亮難酬於盛德
惟時忠慎竊自誓於愚誠臣無任

五

臣某言伏蒙　聖慈特差入内内侍省内東頭供奉
官馮宗道傳　宣撫問及就府賜臣生日禮物金花
銀器一百兩衣著一百匹衣一對金鍍銀鞍轡一則
并纓複馬二匹湯藥一銀合御封全者微勞不效僅
逃三興之科厚禮有加尚躐九儀之等中謝臣外叨
寄屬仰誤眷憐已隳熙考翼之基重負母慈之教迫劬

勞於脫節方不自勝惟蓄庶之舊恩終無以稱伏蒙
皇帝陛下更馳膚使曲喻至懷騑駿靈珍琛奇組麗
崑下流之敢及皆前比之所無金厄淑旂多錫誠榮
於既往鉛刀駑馬強扶難冀於將來雖天地弗責其
謝生顧臣子敢忘於致死臣無任

給蔡卞假傳宣撫問謝表

伏蒙
聖恩以臣疾病特給蔡卞假將臣女子省侍
今卞傳宣撫問諭以調養者飭醫遣使已叨訓勉於
緹身輟侍予寧重累顧哀於慈子數言狎至感涕交
流臣趣尚鈌如遭逢榮甚竊食浮而廢任特負知憐
昧禄殖以挻灾終貽罪疾伏遇
皇帝陛下地容天
幬雲蔭露濡呴吹脫出於更生揩括申加於瀕死譬

□造化難紀叙於曲成雖摩揣敢稱論而上報臣

無任

甘師顏傳宣撫問并賜藥謝表

臣某言虞膺使寵辭載華原之臨遷寶奩珍劑加賁丘園臣

甲謝 伏念臣少出衡茅晚竝帷幄德輶寄重才淺知

澤但念里居長負丘山之責不敢期宸眷尚留晉覆之

矜此蓋伏遇 皇帝陛下仁幬無疆海函不棄戴難

忘之盛德豈特銘肌撫易盡之餘生唯當結草臣無

任

李舜舉賜詔書藥物謝表

臣某言輟宮闈親近之臣臨照湖海寬閑之野授之藥

物撫以訓辭尸厚祿而無狀功謂當誅絕揣大恩而一不

報彌所競慙臣 中謝 伏念臣羈單自甘淪[illegible]晚由
朴學上誤聖知智曾昧於尸而身患每懷於詐國讒誣
甚巧切憂解免之難危拙更又安特荷眷憐之至況遠
迹久孤之地實邇言易聞之時而離明照晰於隱微
辭澤頻繁於疎遠此蓋伏遇皇帝陛下以上仁含
宏以大智容愚弗使南荒久徂俾修鐵揚之狀更令北户
垂蒙臨照之光恭然垂盡之病軀沱若橫流之感涕
惟困窮無理猶致命於一餐顧冒昧不貲敢忘懷於
九死臣無任

中使撫問謝表

臣某言孤臣發臾自阻進趨上主慈憐猶亦撫諭 中謝
伏念臣曉陰休運遂荷異恩續草無功每恨棄軀之

晚負薪有疾仍懃制祿之優豈謂 陛下所揔萬機

不忘一物迺因輶軒之出俯逮踦屨之遺仰荷眷私

唯知感涕臣無任

二

臣某言去國彌年屢煩慰恤乗軺便道復賜撫存 中謝

伏念臣冒恩殊深奉事多廢久素餐而無責方宿疢

之有加弗以遐遺實仰恩於眷遇莫知上報徒永誓

於糜捐臣無任

賜湯藥謝表

臣某言隆恩博施旁以遐遺弱力薄才豈能仰稱 中謝

臣久孤重任上誤聖知特荷眷憐備昭誠悃付以便

安之郡休其疲曳之軀跋涉之路未窮問勞之恩先

至璽書甚厚藥物兼珍此蓋伏遇　皇帝陛下丕冒
海隅寵綏臣庶眷僾之[illegible]售不忍於棄忘雲天之高每
存於庇幬永惟報効徒[illegible]訔靡捐臣無任

中使傳宣撫問并賜湯藥及撫慰安國弟

亡謝表

臣某言使蕃由澤雖遠不忘晚晚餘年懼終莫報伏
念臣辭恩機要藏疾里閭既疲瘵之未衰顧憂傷之
重至仰煩眷獎特示閔憐中飭使軺備宣恩厚寵須
藥物深念衰殘此蓋伏遇　皇帝陛下日月照臨乾
坤覆燾俯矜舊物曲軫睿慈始終顧遇之私人知無
替存沒榮懷之感情[illegible]難勝臣無任

李友諒傳宣撫問及賜湯藥謝表

臣某言伏奉　聖慈特差李友詢扶護亡男雱棺柩
到府并撫問者孤臣特荷慈憐未獲捐軀報德賤息
比叨寵奬復以遺骨累恩臣中謝伏念臣釁積自躬
凶流及嗣因仍積歲藏厝不時敢謂私憂上貽聖慮
伏蒙　皇帝陛下飭遣親使護致旅棺使亡子之魂
即安於窀穸天性之愛得盡於莫年申之訓辭撫以
藥物眷被終始施兼存亡銘骨不足以叙欲報之心
瀝肝不足以繼感泣之血獨恨既愆之力莫知自効
之方臣無任

賜衣服銀絹等謝表

臣某言今月十一日准都進奏院遞到詔書并別録
賜臣衣服金帶魚袋銀器絹銀鞍轡馬者慰藉溢言

上享寵眷匪須異數特荷慈憐臣曉以薄材嘗陪輿
輦華原之簪未墜每辱矜收橋山之劒初遺獨悲淪
沮伏蒙
皇帝陛下勤追考翼厚勉臣中遽被寵光
申加蕃庶雖負薪之未力難效驅馳願結草之殘魂
猶知報稱臣無任

中使宣醫謝表

臣某言乘衰攖厲敢意澆聞軫舊垂矜曲加寵數即
馳近御兼飭太醫錫以寶奩寶之珍劑劊殘再肉顛
自更蘇沓被慈憐不勝負荷臣叨恩鋟報昧祿取災
果崇降以疾殃至上煩於愍惻此蓋伏遇　皇帝陛
下履籥念厚軒幄眷深天弗籲而亦臨雲甫瞻而既
翦哀命云祭又感劇孤臣論可報之涓埃難知稱効願

未塡之溝壑徒誓糜捐撫浄沈淵抑心躑躅臣無任

差張謂醫男雱謝表

臣某言伏蒙　聖慈特差中使傳宣撫問并賜臣男雱湯藥押沖穆處士張謂至本府醫治者最爾餘生備叨眷撫恭然賤息更荷哀憐 中謝 臣初乏將明之材適遭開泰之運父子並蒙寵獎臣鄰莫與等夷去闕以來歷時未久問勞狎至憂軫俯加以察父之鴻私施具臣之晩節但慙疲曳莫副馳驅冀憑天地之恩得全駒犢之命永依蒭蕘共誓糜捐臣無任

賜曆日謝表

臣伏以太史序年將謹人正之授遠臣尸祿乃叨天指之加臣 中謝 竊以欽若昊穹靈承黎庶正時所以

作事治曆所以明時恭惟　皇帝陛下道邁古初德
綏方夏治教之象上協於天心正朔所加外通乎海
表敢圖幽屛亦誤寵頒徒尊閣以知榮曷糜捐之可
報臣無任

二

臣伏以清臺課曆肇明一歲之宜列郡仰成欽布四
時之事闕文切抃拜賜爲榮恭惟　皇帝陛下躬包
曆數政順璣衡齊日月之照臨體乾坤之闔闢考觀
新度遠存堯象之明推步大端猶得夏時之正盡俯
仰察觀之理槩裁成輔相之宜歲事備存詔文偕下
先天誕告闇無杪忽之差率土逢占驗若節符之合
臣敢不恭承　旨順考時行贊聖神化育之功邀天

人和同之効奉而行之則不戾於陰陽推以治人庶
克躋於富壽臣無任

臨川先生文集卷第五十九

臨川先生文集卷第六十

表

兩府待罪表

請　皇帝御正殿復常膳表二道

乞罷政事表一十三道

手詔令視事表

添差男雱勾當江寧府糧料院謝表

詔以所居園屋為僧寺及賜寺額謝表

依所乞私田充蔣山太平興國寺常住謝表

辭免司空表二道

乞致仕表

兩府待罪表

臣某等伏覩內降德音以陝西河東兩路外勤師旅
內耗黎元引咎推恩者罪已以興方懋日新之德經
邦弗效敢辭天討之刑中謝臣等昔以凡材過叨重
任內不能定國家之論以協士民外不能成疆場之
謀以綏夷狄用開邊隙重使人勞至深惻於聖懷實
大愆於榮祿瘝官若此即罪爲宜唯並寘於嚴科乃
允符於公論臣等無任

請皇帝御正殿復常膳表二道

臣等言奉聖旨以祈雨未應避正殿減常膳者陽
春生物偶需澤之稍愆睿意恤民還側身而自抑德
已脩於銷變數或係於非常當復彝儀用安群下中謝
恭惟皇帝陛下天仁博施神智曲成躬忘旰食之

勞坐講日新之政四時協序萬物致和適當化養之
辰宜得涵濡之澤少遂常候深軫清衷退師氏之正
朝約大官之盛饌仰窺謙德忘在閔民然而邇虞來
朝當即法宮之位誕辰入慶合陳燕娛之珍事有所
先禮難偏廢伏願仰回淵聽俯狥輿情夙御九筵之
居並舉千閣之具上以全於國體下以副於臣誠臣
無任

二

臣某等言近上表請　御正殿復常膳蒙降批答不
允者時澤偶愆屢勤齋禱　聖衷愈勵由蓋焦勞將
損巳以召休因退次而聚食列陳剡奏尚闕嗣音在
臣列之靡遑伏帝閽而再扣中謝恭惟　皇帝陛下

體居離正德稟乾剛期揉俗以致康嘗納隍而興念七載于此繼獲豐穰一春而来或罹愆亢皇慈深軫群祀徧脩恐徃幵乖則親憲其囚懼黼黻美則躬變其服仍損內饔之舉無虛正宁之朝然而禮貴從宜事難泥古而況甫臨誕節交舉慶儀有列辟拜萬年之觴有殊俗脩兩朝之好苟戲彝制難副群情少屈淵衷特從誠懇天臨廣廈日御常珎親事法宮廓宣於政治惟辟玉食貽示於等威仰以慰兩宮之慈俯以安群下之望臣等無任

乞罷政事表三道

臣某言竊以使陪國論惟亮天工必用強明乃能協濟豈容昏昝可以叨居進冒聰明罄陳危悃中謝伏

念臣遠侍　先帝列宮外朝晚以喪歸因爲病廢伏
遇　皇帝陛下召還辭禁擢豫經筵收於衆惡之中
誣以萬機之事御名讒誣而並至輒賜辨明推孤拙以
直前每蒙開納　陛下所以遇臣者可謂厚矣臣之
所以報國者終於缺然豈理勢之獨難抑才能之素
薄方懼過尤之積乃罹疢疾之加比欲外乞州藩莫
以就營醫藥重念釆薪之弗給尚何守土之敢謀轉
緣不能者止之言庶免貪以敗官之悔伏望　皇帝
陛下曲垂仁惻俯記愚忠賜以分司一官許於江寧
居止則天地之德實有施於餘年犬馬之勤莫或輸
於異日臣無任

二

臣某言近具表乞罷政事分司伏奉 手詔封還不
允所乞者私懷懇至已具布聞 聖訓丁寧未蒙開
納敢冒崇高之聽再輸悃愊之情 中謝 臣聞任賢之
方要其有用陳力之義止於不能苟弗集於事功且
重罹於疚瘵豈容叨據以累明揚伏念臣猥以孤生
親逢盛世昧於量己志欲裨於休明失在浩書事浸
成於迂闊每煩衆論上凟聖聰久知素願之難諧纔
以積痾而自困辭而去位庶逃竊食之誅勉以就工
重荷包荒之德雖貪順命終懼妨功伏望 皇帝陛
下闊度并容大明俯燭特垂矜允俾遂退藏如此則
孤進之身獲全生於末路具瞻之地得改命於時材
臣 無任

三

臣某言近再具表乞罷政事伏奉批荅不允者封奏上昭未能感徹訓辭下逮更誤褒嘉中謝臣聞恕以及物者君之仁量而受事者臣之義蓋世之道有升而有降故士之行或肆而或拘遭聖治之尚容萁私誠之獲遂伏念臣自蒙任使已歷歲時雖或售於小忠曾莫裨於大政迨茲攖疢乃始告勞姑以免邦憲之詰誅何足汙上恩之奬勵使人狎至詔指屢頒秖荷顧憐重懷感悖非不願粗施其樸學庶幾以仰副於鴻私顧惟剛德之浸昇方奮睿謀而獨斷辨忠賢之可任既示弗疑察姦罔之爲朋將知所畏人宜盡力朝豈乏材寧容昏憊之餘尚冒寵靈之厚伏望

皇帝陛下聰明俯燭覆燾曲容矜念筋力之既衰照其懇誠之實
司之職屢俯從特輟鼎軸之任允調請歸己事之燕樂釋責
報國豈虛餘生之未泯尚擇捐軀臣無任

乞出表二道

臣某言竊以丞相之職天子是毗方當國政之憂勤
豈以衰病而昧冒輒輸情素仰丐恩憐中謝臣頃歲
竊私謂尸祿素甚允仁天覆幸甚甚識之兼包過重日寬
□卑凡而自愧尚荷華吉圖故談之恩歸身其易留西府衛
乎而處劇要又知衰敗籌錢穀繁劇任之以抗休推
皇帝陛下明燭隱微察心懇惻聞其真誠輒收還上宰之印章
賜以餘年歸處先臣之丘壠全生豈圖報擇以詠餘容之
德兼當措華以副全生之恩臣無任

二

臣某言今月十一日輒輸情素仰丐恩憐實以抱疢之深難於竊位之久過蒙敦遣未賜矜從事有迫於懇誠理必祈於哀惻 中謝 臣信書自守與俗多違審容膝之易安因忘擇地知戴盆之難望遂廢占天豈圖憂患之餘更值清明之始寒之之日長而暴之之日短植之之人寡而拔之之人多尚誤聖知驟妨賢路摩頂放踵雖願效於微勞以蚊負山顧難勝於重任矧復瞀昏而囑事若猶冒昧以尸官是乃明憲之所不容豈特煩言之爲可畏伏惟 皇帝陛下天地覆載日月照臨賜以曲成容其少惕區區旅力或未憖於餘年斷斷小能冀尚施於異日臣無任

乞退表四

臣忠於爲國故進而能致其身君恕以及人故病則閔勞以事此今昔共由之通義實上下相與之至情敢觸冒昧之誅冀蒙哀矜之聽中謝臣受材鄙劣遭運休明陳愚或會於聖心承乏遂尸於宰事謀謨淺拙讜不見其有成操行陵夷又或幾於無恥久宜辭位尚敢貪恩豈圖養拙以乖方重以瞀昏而廢務粗嘗陳列未獲矜從黽勉以來浸淫遂劇大懼典司之曠上煩程督之嚴伏惟 陛下詢事考言循名責實或輟夜分之寐常臨日昃之朝萬方黎獻之多略皆砥礪三事大夫之守豈可瘝官仰冀高明俯昭悃愊念其服勞之久愍其攖瘵之深及未干鈇鉞之時令

遂解機衡之任豈特心安於私義茲惟畢協於師虞

臣無任

二

臣昨具表乞解機政伏奉 手詔未賜俞允者明主訓辭之寵宜即奉承匹夫志守之愚敢覬矜允中謝竊以品制百爲摠裁萬務任怨蓋難於持久服勞安可以獨賢所以中外迭居是爲祖宗故事況於疲曳加以耄昏若由昧冒而無懃其必顛隮而不救臣過叨睿獎備進近司當循名責實之時故任怨特多於前輩兼綱令改制之事故服勞尤在於一身雖蒙全度之恩僅免譴訶之域其於多故實以難支矧疾疢之交攻且事爲之浸廢伏望 陛下昭其悃愊假以

優游使得休養於衰瘦以示保全於孤拙臣無任

三

臣某言近具表乞解機務伏奉　手詔未賜俞允者
聖恩所及有隆天重地之施私義未安有深淵薄冰
之懼中謝竊惟成湯高宗之世有若伊尹傅說之臣
其道則格于帝而無疑其政則加乎民而有變后惟
時人相亦有終迨乎中世之陵夷非復古人之髣髴
忠或不足以取信而事事至於自明義或不足以勝
姦而人人與之爲敵以此秉權而久處孰能持祿以
少安此臣之慮危於居寵之時而昧死有均勞之乞
況於抱病浸以瘝官伏惟陛下道與日躋德侔乾
覆哀一夫之失所樂萬物之皆昌矧夫眷遇之優既

已勤劬之久宜蒙養貸使[illegible]便曲全覬其衰賤之身假
以安閑之地則敝車無用猶可具於勞薪棄席未忘
或再施於華幄日無任

四

臣某言伏奉　聖旨令臣入見甚中書供職者蠖蟻
微誠屢瀆省覽天地大德未賜矜從中謝　臣聞周之
士也貴秦之士也賤周之士也肆秦之士也拘其從
之爲貴其拘之爲賤賤故尚勢利而忘善惡貴故尊
行義而矜廉恥士知尊行義而矜廉恥宗廟社稷之
安而天下之治也伏惟　陛下言必稽堯舜動必憲
文武故視遇天下之士欲其貴不欲其賤欲其肆不
欲其拘且以羇孤旁無攸助一言寤意特見甄收適

遵欲治之盛時實預扶長之大義事或乖於衆口而
陛下力賜辯明言有逆於聖心而 陛下常垂聽納
此臣所以履艱虞而不忌服勤苦而不辭雖百度搶
攘未就平成之叙然四年黽勉非無夙夜之勞今特
以心氣之衰疲身力之昏耗哀祈外補冀幸小休而
乾剛確然莫可回奪則是親遁周家之志厚獨私秦
士之賤拘事與願違能無竊歎盖當情懇豈免上煩
實望 聖慈俯昭愚款外賜優閑之地少安疾疢之
身須其有瘳乃責外効臣生當捐軀以報德死當結
草以酬恩

乞宮觀表四道

臣某言疏榮特畀敢忘圖報之忠陳力難[illegible]當布可

辭之義中謝 伏念臣晩陪興運久汗近司顓愚弗逮於清光衰疾更成於瘵曠苟免大訶之責乃叨異數之加授以戎旃班之宰席松楸舊國實使鎭臨蒲柳殘年足爲榮耀顧在宣化承流之地方當循名責實之時疲曳艱支顛隮可畏仰祈睿眷俯徇懇衷并解將相之官外除宫觀之任許依田里瞻守丘墳儻憑休養之私終獲衰殘之福敢忘策勵復誓糜捐臣無任

二

臣某言近具表乞以本官外除一宫觀差遣伏蒙聖慈特降中使賜臣詔書不允者天地至恩實知難報螻蟻微息尚竊有懷冒瀆威嚴更輸危悃伏念臣

遭逢異甚稱効蔑如若旅力之可陳豈餘生之足惜
顧以憂傷而至弊重爲疢疾之所攖倫假便州必負
曠瘝之責過尸厚祿更懷叨昧之慙伏望　陛下本
末燭知始終護念俯徇顓天之懇俾無累國之尤尚
冀寧瘳誓終糜殞臣無任

三

臣某言軺傳俯臨璽書狎至仰荷眷存之厚第懷感
悸之深任有不勝勉非所及輒輸危懇再冒天威伏
念臣久誤至恩難圖報稱適尸榮祿易取災危力憊
矣而弗支氣喘焉而將躓恐闔掃軌斯爲待盡之時
莫府建旄豈曰養痾之地所以懼曠瘝之責敢辭逋慢
之誅伏望　陛下照以末光　遂其微請使壇陛之爲

無眩視之悲濠梁之魚有從容之樂庶蒙痊復更誓
糜捐臣無任

四

臣某言筋骸衰苶僅有餘生肝膈精微簡在聖聽豈
圖寵獎未賜矜從輒冒威尊更輸情素中謝伏念臣
久妨機要初乏涓埃苟免庶尤實荷恩私之至敢緣
多疾更尸名器之崇比辱使軺係宣詔旨深惟策勵
仰稱龍光而況病瘵有加療治無損辭榮家食乃爲
理分之宜干澤自營尚恃眷憐之舊伏惟皇帝陛
下衡聽萬事器使衆材念其黽勉之終難假以便安
而少愒庶亨體力圖報毫分臣無任

手詔令視事謝表

臣甚言伏蒙宣示言者所奏輒具劄子乞博延公議改用賢人伏奉詔獎勵令視事如故者謗議升聞已賴舜聰之豁達懇誠上訴更煩周誥之丁寧竊以作威者主之權待察者臣之禮蓋雖蒙非常之厚遇亦將避可畏之煩言臣志尚非高才能無異舊惟所學之迂闊難以趨時因欲自屏於寬閑庶幾求志惟聖人之時不可失而君子之義必有行故當 陛下即政之初輒慕昔賢際可之仕越從鄉郡歸直禁林或因勸講而賜留或以論思而請對愚忠偶合即知素願之獲申睿聖日躋更懼淺聞之難副重叨殊獎忝秉洪鈞所宜引分以固辭乃敢冒恩而輕就實恃明主知臣之有素故以孤身許國而無疑人習玩於久

妄吏循緣於積弊歉言不忌敢行無慝論善俗之方
始欲徐徐而變革忠愛日之我又將汲汲於施爲以
物役已則神志有交戰之勞以道徇衆則事功無必
成之望恐上辜於眷屬誠竊幸於退藏猶貪仰附於
末光亦冀粗成於薄効比聞獨斷謂合僉言俚輸承
命之忠遂觸招權之毀因請避衆賢之路庶以厭异
議之人伏蒙　皇帝陛下敦大兼容清明旁燭賜之
神翰諭以至懷君臣之時嘗千載而難值天地之造
豈一身之可酬敢不自忘形迹之嫌庶協神明之運
臣無任

添差男旁句當江寧府糧料院謝表

臣某言近輒冒昧陳乞男旁句當江寧府糧料院

次伏蒙特恩添差者去寄卧家猶尸厚禄祈學及闘
更荷殊私 中謝 伏念臣汗馬之勞初無可紀甑簀之
愛乃敢有言顔雖腆以知慙心固甘於獲譴豈謂
陛下矜軒幄之舊録簪屨之微不特出於上恩俾遂
叨於世禄繄曲成之造化弗以遐遺徒共誓於糜捐
安能仰稱臣無任

詔以所居園屋爲僧寺及賜寺額謝表

臣某言臣基迹叢祠冀鴻造於萬壽錫名扁榜竊榮過
於一時臣生乏寸長世叨殊奬賤息奄先於犬馬頹
齡俯迫於桑榆獨念親逢莫有涓埃之補報永惟宏
願豈忘香火之因緣伏蒙 皇帝陛下俯徇祈誠特
加美稱所懼封人之祝終以堯辭乃廑長者之園遂

許仰憑護念誓畢熏脩臣

依所乞私田充蔣山太平興國寺常住

表

臣某言緣恩睠冒方虞恩上之誅加意畀矜遂竊終

天之幸伏念臣少嘗陻阨晩悞褒崇榮祿雖多不逮

養親之日餘年向盡更爲哭子之人追營香火之緣

仰賴金繒之賜尚復祈恩而不已乃將徼福於無窮

伏蒙陛下眷遇一於初終愛恤兼夫存沒特撓常

法俯成私求雖老矣無能莫稱漏泉之施若死而未

泯豈忘結草之酬臣無任

辭免司空表二道

臣某言今月十一日三班差使崔波齎到奉宣詔旨

及齎賜制誥一道除授臣司空依前觀文殿大學士集禧觀使加食邑四百戶食實封一百戶餘如故者使軺馳授祇忝明恩家巷臥居敢叨虛獎（中謝）竊以事官之所命異於時制之令除名稱三公班序一品逢辰特奉稱位實難臣晚玷誤恩嘗尸劇任曾無尺寸粗報眷憐獨有丘山莫知負戴荒遠攖痾之久休明嗣服之初繇力薄材適甘於屏弃高秩厚禮更冒於褒崇惟寵與名恐身累國仰祈還令追寢賚書庶以衰殘獲所安之終吉亦令蹇淺免非據於具瞻臣無任

二

臣某言近具表乞追寢恩命伏蒙　聖慈特降詔書

不允者隆施所逮懇辭弗俞輒冒天威更輸微款
臣事勞無紀操行不脩居竊萬鍾初未知於辭富坐
彌九載方有俟於黜幽豈圖邦命之新尚眷求人之
舊寵靈覃被危厲增加位高疾顛力少任重實前修
之切戒敢小醜之冒膺仰冀睿明顧憐衰朽改茲非
服免貽官謗之憂宥以罔功使獲里居之佚臣無任

乞致仕表（此表不曾奏發甍後撿見遺藁）

臣某言瘝以曠官嘗恃食功之舊老而辭祿敢忘知
止之廉輒冒天威具輸微款伏念臣小聞寡識薄力
淺材信獨善以一心昧自營之百慮久辜視遇特幸
遭逢昔也壯時尚無可紀今而耄矣豈有能爲敢望
睿明許之致仕實矜危朽賜以全生庶以衰殘豫佚

太平之樂亦令遲暮免離大耋之嗟

臨川先生文集卷第六十

（宋）王安石　撰

宋本臨川先生文集

第七册

國家圖書館出版社

第七册目録

臨川先生文集卷第六十一

表

賀冊　仁宗　英宗徽號禮成表

賀景靈宫奉安　列聖御容表

賀　哲宗皇帝登極表

賀升祔禮成表

英宗山陵禮畢慰　皇帝表

又慰　太皇大后表

又慰　皇太后表

英宗祔廟禮畢慰　皇帝表

又慰　太皇太后表

又慰　皇太后表

慈聖光獻皇后昇遐慰　皇帝表
慈聖光獻皇后啓殯及復土返虞慰　皇帝
表二道
慈聖光獻皇后神主祔廟慰　皇帝表
慈聖光獻皇后朞祥除慰　皇帝表
正旦奉慰表
魯國大長公主薨慰表
八皇子薨慰　皇帝表
八皇子葬慰　皇帝表
謝宰相笏記
謝翰林學士笏記
知常州謝上表

南郊進奉表

代鄆州韓資政謝上表

代王魯公乞致仕表三道

代人賀壽星表

代人明州謝上表

代王魯公德用乞罷樞密使表三道

賀冊　仁宗　英宗徽號禮成表

臣某言伏覩進奏院狀報冊告　仁宗皇帝　英宗皇帝徽號禮成者肇稱縟禮追薦鴻名揚二聖之閎休風四海以純孝惠心昭假釐事備成臣中謝恭惟仁祖以堯之巍巍丕冒區夏　英考以舜之業業祗承廟祧紹隆德至於難名崇報義存於無已　皇帝

陛下仰稽前憲俯采庶言命冊使而致嚴告匱主而
歸美神靈率籲其啓後於無疆品庶交欣以奉先而
不匱臣備叨殊眷獲睹上儀顧久負於沉痾乃獨妨
於旅進

賀景靈宮奉安　列聖御容表

臣某言新一代之上儀極二端之美報經始有俶實
自睿謀歡成無疆乃惟衆志臣中謝竊以閟宮鬼享
周特禋於姜嫄原廟神游漢獨隆於高帝遠或遺祖
近止及親恭惟　皇帝陛下服畢而即功食菲以致
孝嚴祖宗之衆像依仙釋而異宮館御因時初豈忘
於苟簡修除備物乃有待於緝熙宸宇䆒嚴扁榜崇
麗禖獻式序妥侑維時藐然往初孰此倫擬臣久尸

榮祿尚負宿痾聞釐事之既成與群情而偕樂臣無
任

賀　哲宗皇帝登極表

臣某言伏覩赦書　皇帝陛下今月五日登寶位者
郊廟神靈永有宗依華夏蠻夷永有歸賴 中謝 恭惟
皇帝陛下光御歷服大承統緒以聖繼聖純祐無疆
臣遭遇先朝久叨榮祿不獲奔走瞻望清光臣無任

賀升祔禮成表

臣某言伏覩進奏院狀報七月十二日升祔禮成者
涓選休辰肇稱吉禮神靈底豫品庶交欣 中謝 竊以
登儷紫庭歸配清廟於稽在昔有舉維時恭惟
皇帝陛下德茂承祧志深念祖倣唐文而制作致舜

孝於烝嘗釐事既成歡心溥協臣尚攖衰疾久隔清
光陪九賓之臚傳獨無厚幸偕四方而來賀徒有微
誠臣無任

英宗山陵禮畢慰　皇帝表

臣某言須百祀之材已襄葬故設九虞之主方考祔
儀伏惟　皇帝陛下德懋欽明道隆勤孝雖送終之
禮已備而追遠之念甫深惟順變以抑哀實含生之
至願臣限分鎮守阻豫班朝臣無任

慰　太皇太后表

臣某言宮車云返陵邑既營凡在照臨豈勝攀慕伏
惟　太皇太后道侔坤育仁出天成永懷愛孝之隆
尤積悲恫之感稍舒慈念寬慰輿情臣叨備從官限

分符守徒有攀號之至痛初無辦護之微勞臣無任
慰　皇太后表
臣某言威靈有集方祔於廟祧感慕無窮外覃於蠻貊伏惟　太后比賢任姒纘慶塗莘祗協孫謀克襄大事地非蒼梧之遠勢有霸陵之安唯割至哀尚膺遐福臣備官有守奔問無階臣無任
英宗祔廟禮畢慰　皇帝表
臣某言七月而葬既充奉於寢園萬世不祧遂崇成於廟室凡居覆燾同盡攀號伏惟　皇帝陛下膺保聖神踐行仁孝纏哀罔極率禮無違仙遊既集於宗祊聖念彌勤於翼室仰祈順變俯賜含生臣符守所攖班朝莫豫臣無任

慰　太皇太后表

臣某言感靈來返祠廟有嚴序陳昭穆之倫定列祖宗之次哀號罔極遐邇所同伏惟　太皇太后功佐帝圖德齊坤載永惟孝愛尤積悲懷冀紓天性之慈以永母儀之福臣無任

慰　皇太后表

臣某言宗祏告成皇靈來燕凡居覆露同盡哀罹伏惟　太后協慶塗山比賢太姒方正坤儀之位上同乾施之仁虞祔奄終攀號靡極冀哀恫之有節膺福履之無疆臣限守州符阻趨天陛臣無任

慈聖光獻皇后昇遐慰　皇帝表

臣某言伏以上天降禍　太皇太后奄棄大養伏惟

皇帝陛下攀號感慕聖情難居臣限以衰疾在遠不
獲奔赴闕庭臣無任

慈聖光獻皇后啓殯及復土返虞慰

皇帝表

臣某言伏以日月徂遷伏承 太皇太后諏辰協吉
肇啓殯宮聖情攀號何以勝處恭惟 皇帝陛下聖
孝發中天報備至感歎摧咽遐邇一情臣無任

二

臣某言伏承 太皇太后神宮復土奄及返虞聖心
傷摧何以勝處恭惟 上太皇太后天助懿德以扶昌
運輔佐保祐功施三朝號自褒揖宮闈爰及襄事
陛下亨惘夙夜發於至情追奉致隆有溢常禮顯情

報德內外畢盡孝治所被人用感歎臣伏限在遠無
緣奔走瞻望闕庭臣無任

慈聖光獻皇后神主祔廟慰　皇帝表

臣某言伏承　慈聖光獻皇后神主祔廟既克禮成
伏惟　皇帝陛下聖孝終始哀慕難勝日月徂遷禮
有順變伏望少抑至情以幸天下臣無任

慈聖光獻皇后朞祥除慰　皇帝表

臣某言伏以日月流邁　太皇太后捐棄大養奄及
朞祥仰惟　聖孝攀慕無極伏望深加裁抑以幸萬
方臣限以衰疾無緣奔詣闕庭臣無任

正旦奉慰表

臣某言伏以日晷流邁歲曆肇新　太皇太后棄捐

宫闈奄歷晴序伏惟 皇帝陛下聖孝天至感慕
勝臣以衰疾無緣奔走瞻望闕庭臣無任

魯國大長公主薨慰表

臣某言伏覩進奏官狀報魯國大長公主薨背伏惟
聖情痛悼臣以衰疾無緣奔走伏望以理寬釋俯慰
群情臣瞻望闕庭無任

八皇子薨慰 皇帝表

臣某言伏覩進奏院報八皇子薨背伏惟 聖情悲
悼難任敢乞抑割天慈以幸禹邦臣瞻望闕庭無任

八皇子葬慰 皇帝表

臣某言伏聞郢王葬事有日靈輴即路伏惟 聖情
悲悼難勝敢乞割抑天慈以幸天下臣瞻望闕庭無

任

謝宰相笏記

祗荷寵靈載懷感懼竊念臣心雖慕古才不逮時誤
蒙記憐特賜收用伏惟　皇帝陛下紹膺天統遵養
聖功旁招儁良横及疎賤舊豈曾叠遇仰稱寵光臣無
任

謝翰林學士笏記

含哀去國扶憊造朝黼坐禁嚴許之燕見玉堂闕畢
賜以叨居申飭使人就傳德意事雖有故寵實非常
莫知報稱之謂何徒荷眷求之如此臣無任

常州謝上表

臣某言以貧擇祿以病辭政以督責之朝皆在譴

何之域中謝伏念臣比在羣牧常求外官蒙恩朝廷改職纖縣未識賢勞之力已纏悸眩之痾區區本懷懇懇自訴遂蒙優詔特與便州維臣之愚所學非敏受祿則辭貧而取富當官則讓劇而求閒使有以臨知罪其極此蓋伏遇 皇帝陛下明照萬物寬惠四方在宥而不探其可誅因能而不責其所乏顧雖無用於當世嘗以有聞於先臣思報所蒙敢忘盡瘁然而州郡撫循之勢患在數更官司考課之方要諸久任惟此弊邑比多凶年歲行兩周守叓八易當郡人煩勞之後以臣身疲病之餘自非少假以歲時將必上孤於器使所祈降鑒姑使息肩則斷斷一臣不獨免於大戾元元萬室儻有望於小休臣瞻天禱聖無

任

南郊進奉表 江寧

臣某言伏以郊兆宗祈臣工顯相慶九畿之藩屛備萬物之貢輸前件物掌於邦財歛自民職容竊覿燎禋之盛式修幣獻之常臣無任

代鄆州韓資政謝上表

臣某言祕殿升華名城借重寵靈溢分媿懼交懷謝竊念臣世系單平天姿滯固親逢文雅之會首玷秀廉之科黽勉在公優游過紀祓被蒙眷與度越等夷省寺備官禁庭充衛分無可采懼抵冒於憲章寸有所長使裨叅於治政朴忠自信智慮罕通未盡將明之才已干訶譴之典至寬之度橫貸其愆褫夫左右之

聯寄以東南之屛敗財傷錦宜有衆多之譏增秩賜
金本非平素之望敢圖 上聖復眷孤臣就徙通班
改司善部惟汶陽之奥壤乃魯服之大邦豈緊薄材
稱是煩使此蓋 皇帝陛下遇臣之造於遠不忘燭
物之明雖微必逮追惟疇曩之舊特借叢雲之休切
自揣循將安報稱敢不激昂志尚陳悉政經宣布詔
條之寬綏安風俗之厚庶幾一得少補萬分臣無任

代王魯公乞致仕表 德用

臣某言臣聞下之所以忠於上力已竭則不敢療厭
官君之所以愛其臣年已至則不思勞以事敢緣茲
義冒盡所言 中謝 伏念臣以斗筲之材加犬馬之齒
比嘗得謝誤復見收血氣既衰日月逾邁固已積妨

賢者之路豈獨多曠朝廷之儀伏望　聖慈許令致
仕則賴天之力使終晚節之優游訖臣之身得免大
誅之饋耗臣無任

二

臣嘗言愚臣之在暮年禮當求去　聖主之於舊物
恩不忍捐顧在禮之可言敢緣恩而苟止中謝伏念
臣起身疵賤逢世休嘉年除歲遷遂塵於非望夙興
夜寐常媿於無勞惟是寵榮殊非所欲矧知固陋豈
敢爲高徒以歲路之向窮不勝人言之甚衆爭前而
冒寵則辱之在後也或多蓋衆以擅榮則患之及身
也常酷是亦有傷於國體豈惟無補於臣身此臣所
以迫切於歸誠而　禮於受命也況　陛下接三后

之烈享百年之平勢盈則非易以持法久則當通其變此誠致慎於安危之際而責難於將相之時雖臣旅力之方剛亦宜知止豈此餘生之無幾尚可妨賢

伏望 天慈俯循人欲上以終愛人之德下以免累國之誅則膂力既愆雖負捐軀之素志餘忠未訖猶知請祝於明時干冒宸嚴臣無任

三

臣某言竊以將相之權臣之所貪得君親之命臣之所憚違懇懇至於辭説之窮區區亦惟義理之迫中謝

伏念臣典司機密陪輔清光年之侵尋職以曠廢假息幸蒙於寬政引身輒匄於餘年豈期愚衷未動聖察令臣股肱便敏足以趨賔贊之儀耳目精明足以

副謀讜之託雖知當退猶願自強奈何獨以罷癃之軀而欲久私要劇之地自計且知其不可人言孰以爲當然伏望　聖慈哀憐悃愊無空敦獎使得罷休臣無任

代人賀壽星表

臣某言上靈儲祉南極效祥凡在觀瞻實增慶抃伏以　皇帝陛下紹休　三聖博愛萬方唯乾則之棐常宜星文之厎應臣叨塵要近親會休嘉豫聞太史之占敢後封人之祝臣無任

代人上明州到任表

臣某言奉勑差知明州已於某月到任訖夷越故區東南窮處施澤之下歡然有生庇身於茲坐以無事

中謝臣受材素薄推數頗奇居有朴忠之心進無通
顯之路晚塵郎位頗切郡章歸待罪於省中退得藩
於海上自初受命以至造官歷年兩周取道萬里備
更艱阨職臣之分使然卒就宴安賴上之恩抵此餘
年且索旅力已愆尚何施爲可以報稱於苟利國家
之事靡所不思及未塡溝壑之時庶幾無愧臣無任

代王魯公德用乞罷樞密使表

臣聞周任有言曰陳力就列不能者止自惟賤官之
守猶或不敢冒居況於任重責大安危所繫豈其癃
昏憊耄可以久饕敢緣前言上冒聖聽伏念臣以疵
賤之身遭逢　陛下拔擢兼官將相典領機密內之
無陪輔將明之効外之無折衝禦侮之勞是　陛下

所以寵臣者不可勝此言而臣之所以報　陛下者未嘗能稱況今犬馬之齒七十有七不能者止宜在此畸顴貪戀聖世未敢乞身田里長違　陛下左右惟機務之衆非臣疲曳所能勉強伏望　陛下憫臣無狀賜罷樞密院職事毋使久塞賢者之路臣不任祈恩待命激切之至

二

臣比以殘餘之生久壅賢路願還要職退就散地天聽高遠未蒙照省惓惓之私竊不自寧敢緣厚恩求少愚聲臣聞量臣以授官者君之所以仁於下也已以從事者臣之所以忠於上也今臣罷老雖近在臣身謀之有所不給況於官隆事劇所揔不一以臣

審已誠不宜久玷權寵長負　陛下任使之意伏惟
陛下量臣之聰明不足以遠事量臣之強力不足以
副禮聽臣所丐毋令四方有議　陛下信任之失而
臣亦賴　陛下之賜免於官謗臣無任

三

惓惓之私至于再三上恩聖德而終未蒙省察獎飭
過渥非臣所堪區區之愚豈敢苟止伏念臣以顓蒙
遭遇拔擢人臣貴寵少在臣右而勞烈行治無稱於
時機密之地安危所繫雖臣方壯固懼不稱況於殘
年餘日豈宜尚汚印轂為朝廷羞方今明明在上濟
濟多士足以典司樞要補敝救失稱　陛下任使副
元元之望者甚衆　陛下雖欲苟私愚臣臣雖欲自

侍左右稱所以幸臣之意豈惟公論於臣有所不容
誠恐覆餗以虧　陛下知人之明而令賢能宜在高
位者久踦於聖世則裒身毀宗不足以塞責矣伏惟
陛下哀臣懇迫聽臣所丐以終　陛下眷寵老臣之
賜臣無任

臨川先生文集卷第六十一

臨川先生文集卷第六十二

論議

郊宗議

荅聖問賡歌事

看詳雜議

詳定十二事議

郊宗議（狀奉聖問撰議繳進）

問郊祀后稷以配天宗祀文王於明堂以配上帝二者皆配天也或於郊之圜丘或於國之明堂或以冬之日至或以季秋之月或以祖或以禰或曰配天或曰配上帝其義何也對曰天道升降於四時其降也與人道交其升也與人道辨冬曰上天與人道辨之

時也先王於是乎以天道事之秋則猶未辨乎人也
先王於是乎以人道事之以天道事之則宜遠人宜
以自然故於郊於圓丘以人道事之則宜近人宜以
人爲故於國於明堂始而生之者天道也成而終之
者人道也冬之日至始而生之之時也季秋之月成
而終之之時也故以天道事之則以冬之日至以人
道事之則以季秋之月遠而尊者天道也邇而親者
人道也祖遠而尊故以天道事之則配以祖禰邇而
親故以人道事之則配以禰郊天祀之大者也徧於
天之群神故曰以配天明堂則弗徧也故曰以配上
帝而已夫天與人異道也天神以人事之何也曰所
謂天者果異於人耶所謂人者果異於天耶故先王

之於人鬼也或以天道事之蕭合稷黍臭陽達於牆屋者以天道事之也嗚呼天人之不相異非知神之所爲其孰能與於此此禮也尚矣孔子何以獨稱周公曰嚴父配天者以得天爲盛天自民視聽者也所謂得天得民而已矣自生民以來能繼父之志能述父之事而得四海之驩心以事其父未能盛於周公者也

荅聖問賡歌事

臣聞叙有典秩有禮命有德討有罪皆天命也人君能勑正則治不能勑正則亂所以勑正之不可以無其爲一也然爲於可爲之時則治爲於不可爲之時則亂故人君不可以不知時時有難易事有大細爲難

當於其易爲大當於其細幾者事細而易爲之時也故人君不可以不知幾帝庸作歌曰勑天之命惟時惟幾此之謂也人君雖知此然賢臣不心悦而服從則不能興事造業而熙百工乃歌曰股肱喜哉元首起哉百工熙哉此之謂也夫欲股肱之喜蓋有其道是蓋人君率其臣作而興事在明乎善而已明乎善在所爲法以示人者當所爲法以示人者當乃股肱之所以喜也股肱喜而事功成事功成而能屢省以不怠廢此又股肱之所以喜也爲是者在乎欽而已矣皐陶拜手稽首颺言曰念哉率作興事慎乃憲欽哉屢省乃成欽哉此之謂也蓋憲者爲法以示人之謂也所爲法以示人者當率法慎爲能然歟慎而不明乎

善亦何能濟故人君者以明乎善為難苟明乎善矣
則人臣孰敢為不善人臣無敢為不善事其有不治
者乎乃賡載歌曰元首明哉股肱良哉庶事康哉此
之謂也人君不務近其人論先王之道以自明而苟
欲以耳目所見聞總天下萬事而斷之以私智則人
臣皆將歸事於其君而不任其責淫辭邪說並至而
人君聽斷不知所出此事之所墮也又歌曰元首叢
脞哉股肱惰哉萬事墮哉此之謂也然則人君欲股
肱良而庶事康不在乎他在明乎善而已明乎善不
可以責諸人也伏惟天錫　陛下以堯舜之材自秦
漢以來欲治之主固未有能髣髴者然百工未熙庶
事未康者殆所謂近其人論先王之道以自明者尚

有所缺而非可以他求也臣昨日蒙德音喻及尚書
賡歌之事而愚憧倉卒言不及究故敢復具所聞以
獻伏惟 聖心加察幸甚

看詳雜議

臣今月二日至中書曾公亮傳 聖旨以雜議一卷
付臣看詳臣謹具條奏如後

議曰官有定員則進趣雖多不能為濫宜定臺省
監寺之員須有闕然後用

臣某曰今之臺省監寺之官雖名曰職事官而實非
前代之所謂職事官而與前代刺史等所帶檢校官
無以異前代檢校官之類亦不能定員待有闕然後
除前代所謂職事官即今所謂差遣是也今之[illegible]遣

國邑有定員須有闕然後用人矣若欲令今所謂職
事官亦有定員則令職事官以差遣員數校之幾至
兩倍而有功有考當陟者又未有以禦之欲有定員
所謂可言而不可行者也

議曰內外之官正其名稱出則正刺史縣令之名
入則還臺省之名

臣某曰前代有勳官有散官有檢校官有職事官勳
官散官當其有罪則皆得議請減而應免官則又可
以當官而檢校官與令行守之官無異故朝廷與奪
皆足以爲人榮辱利害今散官勳官檢校官既不足
以爲人榮辱利害爲人榮辱利害者唯有職事官與
差遣而已今若令內外官正其名稱出則正刺史縣

今之名入則還臺省之名則是丞郎知州謂之刺史
京朝官知州亦謂之刺史不知職事官之貴賤何以
別乎又其祿秩位次不知當復如何若同之則理不
可行若不同則與未名之時又何以異臣以爲今州
郡長吏謂之知州非不正名所領職事官乃與前代
刺史等帶檢校官無異何傷於正名而欲改之乎且
漢以丞相吏刺察州郡謂之刺史今欲名州郡長吏
爲刺史則何得謂之正名

議曰罷官而止俸

臣某曰文王治岐仕者世祿武王克商庶士倍祿蓋
人主於士大夫能饒之以財然後可責之以廉恥方
今士大夫所以鮮廉寡恥其原亦多出於祿賜不足

又以官多員少之故大抵罷官數年而後復得一官
若罷官而止俸恐士大夫愈困窮而無廉恥士大夫
無廉恥最人主所當畏且邦財費省之大原乃不在
此議者但知引據唐事乃不知唐時官人俸厚故罷
爲前資未至困乏今官人俸薄則與唐時事不得同
且不吝於與人以官而欲吝於與官以祿非計之得
也

議曰以釐務實日併爲三年以叙磨勘之法以符
考績之義

臣某曰今欲以釐務實日併爲三年以叙磨勘之法
竊以爲不釐務者非人情之所欲也釐務者非人情
之所苦也今等之無功而釐務則計日得遷等之無

罪而不釐務則不得計日而遷恐未足以符考績之
義而適足以致不均之怨也且黜陟之法務在沮勸
罪功不知立法如此有何沮勸

議曰置兵部審官院

臣某曰崇班以上置兵部審官院此恐可議而行然
崇班以上差遣盡付之兵部則不可行當約文武之
法相度所任輕重緩急有付之審官者有屬之樞密
者至於磨勘則官視卿監以下皆付之兵部審官可
也

議曰置兵部流内銓以代三班及置南曹

臣某曰三班院無以異於兵部流内銓何必以代三
班乎今三班自無關事而又增置南曹則非省官之

意

議曰廢江淮荊浙發運使

臣某曰江淮荊浙發運使嘗廢矣未幾復置者以不可廢故也蓋發運使廢則其本司職事必令淮南轉運使領之淮南轉運所總州軍已多地里已遠而發運司據六路之會以應接轉輸及他制置事亦不少但以淮南轉運使領發運則發運一司事多壅廢此蓋其所以廢而復置也臣比見許元爲發運使時諸路有歲歉米貴則令輸錢以當年額而爲之就米賤路分糴之以足年額諸路年額既易辦而發運司所收錢米常以有餘或以其餘借助諸路闕乏其所制置利便多如此類要在揀擇能吏以爲發運而已廢之

不爲便也

議曰廢都水監

臣竊見都水監亦恐不可廢今議者以謂此三司判
官主領之時事目頗簡自廢罷天下之役其半在於
河渠隄埽故欲廢之此臣之所未喻也朝廷以爲天
下水利領於三司則三司事叢不得專意而河渠隄
埽之類有當經治而力不暇給故別置都水監此所
謂修廢官也官廢則事叢事叢則雖煩何傷財費則
利興利興則雖費何害所謂罷天下之役其半在於
河渠隄埽者以爲不當役而役之乎以爲當役而役
之乎以爲不當役而役之則但當察官吏之不才而
不當廢監以爲當役而役之則役雖多是乃因置監

故吏得修其職而無廢事也何可以廢監乎且今水
土之利患在置官不多而不患其究也

議曰合三部句院

臣某曰三部句院臣未知其詳然恐由近歲三司帳
籍鉤考之法大壞而不舉故三司句院有事簡處若
不然則此三部句院理不可合

議曰提舉百司不當用内制但用如張師顔者

臣某曰提舉百司多用内制而今患其與三司並行
指揮庫務異同難稟臣以爲唯權均體敵乃可以相
檢制事有異同則理有枉直近在闕門之外則非理
皆得上聞庫務官司亦何嫌於難稟今若只用如張
師顔者一人與三司表裏綱紀細務則恐與三司權

不均體不斂雖足以綱紀細務而三司措置自司失理莫能與之抗議令使內制一人總其權以斂三司又使如張師顏者一人躬親點檢細事小既足以究察諸司姦弊大又足以檢制三司如此處置未爲失也若以爲費而當省則提舉百司於內制但爲兼職廢之何所省乎

議曰廢宮觀使副都監

臣某曰宮觀置使提舉都監誠爲冗散然今所置但爲兼職其有特置則朝廷禮當尊寵而不以職事責之者也廢與置其爲利害亦不多若議冗費則宮觀之類自有可議非但置使提舉都監爲可省也

議曰外則幷郡縣

臣某曰中國受命至今百餘年無大兵革生齒之衆
蓋自秦漢以來莫及臣所見東南州縣大抵患在户
口衆而官少不足以治之臣嘗奉使河北疑其所置
州縣太多如雄莫二州相去纔二十餘里閒如此者
甚衆其民徭役固多財力彫弊恐亦因此然臣不深
知其利害不敢有言
議曰詔執事之臣下逮有司俾行審官銓選之職
稍稍寬假使時有簡拔
臣某曰今朝廷使監司守倅及知雜以上各以所知
同罪薦舉人材然尚患其所舉不如舉狀今若令有
司行審官銓選之職時有簡拔臣恐以一二人之耳
目不足以盡天下之材而所簡拔不足以塞士大夫

之非議又其所任或不免交私則於時政徒有所損而已

議曰擇判司簿尉三考四考有兩紙三紙舉狀者引對給筆札條爲治目不拘文辭咸以事對命官考驗有理趣者除縣令三考績效有聞委提刑轉運上其實狀除京官并入兩任知縣如政績顯白與減一任通判便除知州

臣某曰議者以爲近世縣令最卑有出身三考無出身四考不問其人材如何但非贓犯則以次而授焉甚非重民安本之誼臣以爲今有出身三考無出身四考皆有三人舉主乃得爲縣令非不問其人材如何而特以次授也蓋近歲朝廷舉令之法最善故近

歲縣令亦稍勝於往時但朝廷誘養之道未純督察之方未盡大抵人才難得非特縣令之人今議者欲擇判司簿尉三考四考有兩紙三紙舉狀者引對欲除以爲令則與舉令之法無甚異也若欲以筆札條對求治民之材臣恐不必得治材之實但得能文辭談説者爾又以爲績效有聞則提刑轉運上其實狀即除京官若令提刑轉運舉者至於五人而後與轉京官則得轉京官者少若但要提刑轉運舉狀不必五人而後轉則如此選擢之人何以知其賢於舉令而遽優異之如此又以爲兩任知縣政績顯白與減一任通判便除知州不知政績如何而可以謂之顯白若有殊尤可賞則朝廷自當選擢及有升任指揮

若不足以致選擢及升任指揮則其政績不爲甚異
政績無甚異而更不用關陞之法便減一任通判與
除知州臣恐入知州者愈冗而所除又未必賢
右臣所聞淺陋不足以知治體謹具條奏并元降
雜議封上取　進止

詳定十二事議

起居舍人司馬光起請舊官九品之外別分職任差
遣爲十二等以進退群臣十二等之制宰相第一兩
府第二兩制以上第三三司副使知雜御史第四三
司判官轉運使第五提點刑獄第六知州第七通判
第八知縣第九幕職第十令錄第十一判司簿尉第
十二其餘文武職任差遣並以此比類爲十二等若

上等有闕則於次之中擇才以補之奉　聖旨兩制
詳定聞奏王珪等詳定司馬光起請難盡施行外致
治之要在任官之久欲乞知州令滿三年爲一任通
判人緣審官院見今員多闕少候將來差遣得行亦
别取指揮知縣人令後初入者並滿六周年方入通
判仍乞下審官詳定條約聞奏者臣愚以謂司馬光
十二等之説王珪等既以爲難行而珪等所議知州
三年爲一任知縣六年方入通判亦無補於官人失
得之數朝廷必欲大修法度甄序人材則以至誠惻
怛求治之心博延天下論議之士而與之反復必有
至當之論可施於當世凡區區變更而終無補於事
實者臣愚竊恐皆不足爲

臨川先生文集卷第六十二

臨川先生文集卷第六十三

論議

易泛論

卦名解

河圖洛書義

諫官論

伯夷

易泛論

柔巽隱伏制得其道則易制者魚也民之象也小人女子之象也貪暴而止乎高者隼也貪竊而動乎陰者鼠也狐疑也不果也牛順而强也羊很也羊前其剛以觸者也鮒物之在下江汀而微者也鳥飛而止則

困者也雉文明見乎外者也豹文之蔚然者也虎文之炳然者也虎豹剛健君子大人之象也虎之搏物擬而後動動而有獲者也鶴潔白以遠舉鳴之以時而遠聞者也鴻進退以時而有序者也禽飲井之無擇者也豶豕之牙能畜其剛而不可犯者也豕汗穢也豚豕之微者也龜有靈德潛見以時而不志於養者也龜人之所恃以知吉凶者也龍天類也能見能躍能飛能雲雨而變化不測人不可係而服者也馬地類也能行而係乎人其爲物有常者也鬼物之無形者也几尊物也所馮以爲安者也牀安上以止者也車載其上以行者也輪有運動之材而非車之全也可以爲車之一器者也輿有承載之材而亦非車

之全者也輻車輿所以行者也缶圓虛以容而應者也矢直而利乎行者也弧攻遠之器也鼎成物之器也鉉所舉鼎而行之者也鼎耳虛中以受鉉者也瓶井之上水者也甕井水之已出乎上而受之者也筐女所以承實者也匕鬯所以事宗廟社稷之器也樽酒簋貳祭之約也貳簋享之約也幽而能正時者斗也暮夜者陰盛之時也日中者豐之時也日昃者過中當退之時也晝日者明進已盛而未至乎中之時也日中則照天下矣日以明進至晝日其極盛也甲仁屬也庚義屬也月幾望陰盛而不亢也雲陰上也雨陰陽應也霜陰剛之微也堅冰陰剛而疑陽也膏陽之澤也血陰之傷也汗出而不反也膚柔物之爲

間而易侵者也趾在下而行者也拇在下之微而無
能爲者也腹容物者也頄上體之見乎外而無能爲
者也臀下體之無能爲者也身躬己也頂首之上者
也面見乎外者也心體之主也限上下之所同也夤
上體之接乎限者也須柔而附剛者也陽物之飾也
背體之不接乎物而止者也尾後也首先也上也足
下也角剛之上窮者也肱上體之隨而附者也股下
體之隨而附者也腓趾之上股之下而體之隨而附
者也垂其翼下也耳所聽也東北止以近險也西南
順以遠險也西南衆也南明也西南坤之地也東北
違坤之所也西陰所也東陽所也左下也右上也載
者載上也負後也負者下道也乘者上道也載鬼以

鬼爲在上也負塗以塗爲在後也往從之也往之外
也往之上也來之已也來之内也渝變其德也億安
也居不行也安以靜居也逐從求之也血去不來也
出自穴出不去也復反而得其所也反自外來而復
也見見彼也處不行也征進也盤淵聖御名動未進也枕
止而安之也動方征也起方往也遇逢而見之也躋
升也孕女之得其配也以有爲而未功也字育女之
功也田與事之大者也弋與事之小者也飛宜下不
宜上者也且方然也或疑辭也方也後也乃徐也方
此爻之時未可以然也要其終則然也田平夷著見
之地也非龍之所宜宅也大川險也沙近險而無難
也泥則近險而有難也沛澤之困乎水者也穴陰之

宅也在穴動物在陰之小者也淵龍之宅也在天則

龍有爲之地陸高平也陵陸之大也塗污也井泥濁

也谷下也井谷旁出而下流也巍巍乘剛也石堅而

不動者也金剛而趣變者也玉温潤粹美剛而不可

變者也干鴻之在下而不失其宜者也鴻所宜居者

也桷木之在上者也株木不能庇蔭其下者也磐進

於干而不失其安者也甘物之所美也苦物之所惡

也黄地色也玄天色也黄中之見乎色者也白成色

之主也白未受飾乎物者也朱紱天子飾下者也赤

紱人臣飾下者也泣血陰之憂也涕憂之見乎容貌

者也號嗟憂之見乎音聲者也號甚乎嗟者也藩内

外之隔也廬人所庇也升虚邑小而易之也升階平

易以有序以漸升而得位也伐邑者小之也伐國大事也伐邑小事也城地道上承而外扞也復于隍則不上承不外扞矣墉扞外以保內也自下之高者也二簋陰象也門陰象也戶陽象也易曰猶未離其類也故稱血焉易象之大槩見於乾坤之說推而長之則凡易之象可不疑矣棟室壁之所恃也野空曠也同人于野無適莫也龍戰于野無君臣也邑有事之地也趣時而爲之者也郊遠乎有事之地次師旅之安舍也巷出門庭而未易道也自牖自幽以即明也婚媾內外之合也鄰比己者也妻配也王母幽以遠也以父爲陽以母爲幽也以母爲近則王母爲遠也妣以順配祖者也臣以順承君者也考父之有成德

之稱也長子一也弟子不一也僕卑以順也童未有與也婦一乎順者也妾配之不正者也士未成夫之辭也女未成婦之辭也娣女歸而不得正配者也衣上飾也袽所以窒隙也裳下之飾也鞶帶在下體之上而以柔爲飾也袂體乎衣者也囊所以畜物也茀所以蔽車也履踐下而承上也履上道也載下道也不可甚乎不利也可其爲利僅也有凶不必凶而凶在其中也有厲不必厲而厲在其中也有悔不必悔而悔在其中也

卦名解

剛柔始交而難生動乎險中故曰雲雷屯屯已大亨則雷雨之動滿盈而爲解故曰雷雨作解動而免乎

險解山下有險非險在止也可往而止焉以蒙者也
故爲蒙蹇則險在前者也險在前則不可以往故爲
蹇彖曰見險而能止知矣哉知者 反乎蒙者也需亦
險在前也其不爲乾健之而進也非若艮之止也非坎
之所能陷也待時而進之故爲需柔得位而上下應
之小者之畜也小者畜則其畜亦小矣故爲小畜以
小而畜大非柔之中也柔得位而不中不中而上下
應之小畜之道也能止健大者之畜也大者畜則其
畜亦大矣故爲大畜四陽過二陰而陽得中故爲大
過大過者大者過也大者過則亦事之大過越也四
陰過二陽而陰得中故爲小過小過者小者過也小
者過則亦事之小過越者耳大有能有大者也大者

應之也柔得尊位大有〻者也同人同乎人者也柔得位得中而應乎乾者也〻巽而麗乎内故爲家人上而麗乎外故爲旅少男長女必惑山下有風必撓蠱者撓惑之名也爲天下之蠱〻者事也故爲蠱少女少男男下女上故爲咸咸者〻交感之名也長男長女男上女下故爲恒姤陰遇陽〻故爲姤陽終決陰故爲夬柔履剛故爲履履禮也禮〻否以柔履剛者也剛應順而以動故爲豫上下交故〻爲泰〻不交故爲否以剛中爲主而下順從故爲比順〻而止故爲謙動而説故爲隨火者在上故爲觀大者壯故爲大壯剛浸長以臨一柔故爲臨臨者大臨小之故曰臨者〻大也柔来文剛分剛上而文〻柔故爲賁柔變剛爲剝〻剝者消爛之名

也剝窮上而剛反故曰復。復者反而得其所之名也

天下雷行物應之故爲無妄。雷之感物物之所以應

無妄者也剛退故爲遯明入地中故爲明夷明者傷

於暗之名也文王與紂當其象矣以爻考之自三以

下周象也自四以上殷象也一明出地上晉臣進之象

卦也明出地上則方晝而未至乎中中則照天下之盛

則進之盛而不亢乎王者也損上益下主於自損者

也故爲益損下益上主於自益者也故爲損乾道成

男坤道成女凡女卦皆受損者也凡男卦皆受益者之

也損上益下損下益上此之謂也巽乎水而上水故

爲井以木巽火故爲鼎明以動故爲豐豐者光明盛

大之卦也剛上下而實在其間頤中有物之象也噬

中有物必噬嗑則合矣故爲噬嗑噬嗑者有閒而通之之卦也上險下說說以行險故爲節柔在內而剛得中說而巽故爲中孚柔亦在內可謂對矣中孚者至誠之卦也无妄則不妄而已一陽陷於二陰故爲坎坎者陷也內明水象也一陰麗於二陽故爲離離麗也外明火象也水之爲物陷者也火之爲物麗者也推此則震巽艮兌可以類知之也上火下澤睽睽者不合之名也二女之卦也火在水上未濟未濟者有濟之道也男女之卦也水上火下男女相逮之卦也故爲既濟澤上火下二女不相得之卦也故爲革不相得而相違革之所以生也以衆行險故爲師上剛高下險險而健故爲訟上動以下止止而不[illegible]故爲

止而動頤之道也上說而下順故爲萃上巽而下險險而巽故爲渙渙者離散之名也巽而免乎險則不蹇不困下雖險上巽而不健則不訟故爲渙而已困則剛見揜者也在難中者也不可以不動矣蹇則難在前者也不可以往而已故彖曰利西南也順而巽其進也孰禦焉故爲升止而巽有止之道故爲漸歸妹者歸妹之卦也妹少女也少女爲主於內故曰歸妹歸妹女歸之以其時也故曰動而說所以爲歸妹也陽在下則動而進故爲震進在陰上已得其所則止故爲艮內柔伏故爲巽外柔見故爲兌此其文皆在繫辭或彖繫並不言以其所言反求其所不言則知其所以然也

河圖洛書義

孔子曰河出圖洛出書聖人則之圖必出於河而洛不謂之圖書必出於洛而河不謂之書者我知之矣圖以示天道書以示人道故也蓋通於天者河而圖者以象言也成象之謂天故使龍負之而其出在於河龍善變而尚象者天道也中於地者洛而書者以法言也效法之謂人故使龜負之而其出在於洛龜善占而尚占者人道也此天地自然之意而聖人於易所以則之者也

諫官論

以賢治不肖以貴治賤古之道也所謂貴者何也公卿大夫是也所謂賤者何也士庶人是也同是人也

或爲公卿或爲士何也爲其不能公卿也故使之爲士爲其賢於士也故使之爲公卿此所謂以賢治不肖以貴治賤也今之諫官者　天子之所謂士也其貴則　天子之三公也惟三公於安危治亂存亡之故無所不任其責至於一官之廢一事之不得無所不當言故其位在卿大夫之上所以貴之也其道德必稱其位所謂以賢也至士則不然修一官而百官之廢不可以預也守一事而百事之失可以毋言也稱其德副其材而命之以位也循其名傃其分以事其上而不敢過也此君臣之分也上下之道也今命之以士而責之以三公士之位而受三公之責非古之道也孔子曰必也正名乎正名也者所以正分也

然且爲之非所謂正名也身不能正名而可以正天下之名者未之有也蚳鼃爲士師孟子曰似也爲其可以言也蚳鼃諫於王而不用致爲臣而去孟子曰有言責者不得其言則去有官守者不得其職則去然則有官守者莫不有言責有言責者莫不有官守士師之諫於王是也其諫也蓋以其官而已矣是古之道也古者官師相規工執藝事以諫其或不能諫謂之不恭則有常刑蓋自公卿至於百工各以其職諫則君孰與爲不善自公卿至於百工皆失其職以阿上之所好則諫官者乃天子之所謂士耳吾未見其能爲也待之以輕而要之以重非所以使臣之道也其待己也輕而取之重任焉非所以事君之道也不

得已若唐之太宗庶乎其或可也雖然有道而知命
者果以爲可乎未之能處也唐太宗之時所謂諫官
者與丞弼俱進於前故一言之謬一事之失可救之
於將然不使其命已布於天下然後從而爭之也君
不失其所以爲君臣不失其所以爲臣其亦庶乎其
近古也今也上之所欲爲丞弼所以言於上皆不得
而知也及其命之已出然後從而爭之上聽之而改
則是士制命而君聽也不聽而遂行則是臣不得其
言而君恥過也臣不得其言士制命而君聽二者
上下所以相悖而否亂之勢也然且爲之其亦不知
其道矣及其諄諄而不用然後知道之不行其亦辨
之晚矣或曰周官之師氏保氏司徒之屬而大夫之

秩也曰嘗聞周公爲師而召公爲保矣周官則未之
學也

伯夷

事有出於千世之前聖賢辯之甚詳而明然後世不
深考之因以偏見獨識遂以爲說既失其本而學士
大夫共守之不爲變者蓋有之矣伯夷是已夫伯夷
古之論有孔子孟子焉以孔孟之可信而又辯之反
復不一是愈益可信也孔子曰不念舊惡求仁而得
仁餓于首陽之下逸民也孟子曰伯夷非其君不事
不立惡人之朝避紂居北海之濱目不視惡色不事
不肖百世之師也故孔孟皆以伯夷遭紂之惡不念
以怨不忍事之以求其仁餓而避不自降辱以待天

下之清而號爲聖人耳然則司馬遷以爲武王伐紂
伯夷叩馬而諫天下宗周而恥之義不食周粟而爲
采薇之歌韓子因之亦爲之頌以爲微二子亂臣賊
子接迹於後世是大不然也夫商衰而紂以不仁殘
天下天下孰不病紂而尤者伯夷也嘗與太公聞西
伯善養老則往歸焉當是之時欲夷紂者二人之心
豈有異邪及武王一奮太公相之遂出元元於塗炭
之中伯夷乃不與何哉蓋二老所謂天下之大老行
年八十餘而春秋固已高矣自海濱而趨文王之都
計亦數千里之遠文王之興以至武王之世歲亦不
下十數豈伯夷欲歸西伯而志不遂乃死於北海邪
抑來而死於道路邪抑其至文王之都而不足以及

武王之世而死邪如是而言伯夷其亦理有不容者也且武王倡大義於天下太公相而成之而獨以爲非豈伯夷乎天下之道二仁與不仁也紂之爲君不仁也武王之爲君仁也伯夷固不事不仁之紂以待仁而後出武王之仁焉又不事之則伯夷何處乎余故曰聖賢辯之甚明而後世偏見獨識者之失其本也嗚呼使伯夷之不死以及武王之時其烈豈獨太公哉

臨川先生文集卷第六十三

臨川先生文集卷第六十四

論議

三聖人

周公

子貢

揚孟

材論

命解

對疑

三聖人

孟子曰可欲之謂善有諸己之謂信充實之謂美充實而有光輝之謂大大而化之之謂聖聖之爲名道

之極德之至也非禮勿動非禮勿言非禮勿視非禮勿聽此大賢者之事也賢者之事如此則可謂備矣而猶未足以鑽聖人之堅仰聖人之高以聖人觀之猶太山之於岡陵河海之於陂澤然則聖人之事可知其大矣易曰與天地合其德與日月合其明與鬼神合其吉凶此蓋聖人之事也德苟不足以合於天地明苟不足以合於日月吉凶苟不足以合於鬼神則非所謂聖人矣孟子論伯夷伊尹柳下惠皆曰聖人也而又曰伯夷隘柳下惠不恭隘與不恭君子不由也夫動言視聽苟有不合於禮者則不足以爲大賢人而聖人之名非大賢人之所得擬也豈隘與不恭者所得僭哉蓋聞聖人之言行不苟而已將以爲

天下法也昔者伊尹制其行於天下曰何事非君何使非民治亦進亂亦進而後世之士多不能求伊尹之心者由是多進而寡退苟得而害義此其流風末俗之弊也聖人患其弊於是伯夷出而矯之制其行於天下曰治則進亂則退非其君不事非其民不使而後世之士多不能求伯夷之心者由是多退而寡進過廉而復刻此其流風末世之弊也聖人又患其弊於是柳下惠出而矯之制其行於天下曰不羞汙君不辭小官遺逸而不怨阨窮而不憫而後世之士多不能求柳下惠之心者由是多汙而寡潔惡異而尚同此其流風末世之弊也此三人者因時之偏而救之非天下之中道也故久必弊至孔子之時三聖

人之弊各極於天下矣故孔子集其行而制成法於天下曰可以速則速可以久則久可以仕則仕可以處則處然後聖人之道大具而無一偏之弊矣其所以大具而無弊者豈孔子一人之力哉四人者相爲終始也故伯夷不清不足以救伊尹之弊柳下惠不和不足以救伯夷之弊聖人之所以能大過人者蓋能以身救弊於天下耳如皆欲爲孔子之行而忘天下之弊則惡在其爲聖人哉是故使三人者當孔子之時則皆足以爲孔子也然其所以爲之清爲之任爲之和者時耳豈滯於此一端而已乎苟在於一端而已則不足以爲賢人也豈孟子所謂聖人哉孟子之所謂隘與不恭君子不由者亦言其時爾且夏之

道豈不美哉而鄙人以爲野鄙之道豈不美哉而周人以爲鬼所謂隘與不恭者何以異於是乎當孟子之時有教孟子枉一八直尋者有教孟子權以援天下者蓋其俗有似於伊尹之弊時也是以孟子論是三人者必先伯夷亦所以矯天下之弊耳故曰聖人之言行豈苟而已將以爲天下法也

周公

甚哉荀卿之好妄也載周公之言曰吾所執贄而見者十人還贄而相見者三十人貌執者百有餘人欲言而請畢事者千有餘人是誠周公之所爲則何周公之小也夫聖人爲政於天下也初若無爲於天下而天下卒以無所不治者其法誠修也故三代之制立

庠於黨立序於遂立學於國而盡其道以爲養賢教
士之法是士之賢雖未及用而固無不見尊養者矣
此則周公待士之道也誠若荀卿之言則春申孟嘗
之行亂世之事也豈足爲周公乎且聖世之事各有
其業講道習藝患日之不足豈暇遊公卿之門哉彼
遊公卿之門求公卿之禮者皆戰國之奸民而毛遂
侯嬴之徒也荀卿生於亂世不能考論先王之法著
之天下而惑於亂世之俗遂以爲聖世之事亦若是
而已亦已過也且周公之所禮者大賢與則周公豈
唯執贄見之而已固當薦之天子而共天位也如其
不賢不足與共天位則周公如何其與之爲禮也子
產聽鄭國之政以其乘輿濟人於溱洧孟子曰惠而

不知爲政蓋君子之爲政立善法於天下則天下治立善法於一國則一國治如其不能立法而欲人人悅之則日亦不足矣使一周公知爲政則宜立學校之法於天下矣不知立學校而徒能勞身以待天下之士則不唯力有所不足而勢亦有所不得也或曰仰祿之士猶可驕正身之士不可驕也夫君子之不驕雖闇室不敢自慢豈爲其人之仰祿而可以驕乎嗚呼所謂君子者貴其能不易乎世也荀卿生於亂世而遂以亂世之事量聖人後世之士尊荀卿以爲大儒而繼孟子者吾不信矣

子貢

予讀史所載子貢事疑傳之者妄不然子貢安得爲

儒哉夫所謂儒者用於君則憂君之憂食於民則患民之患在下而不用則修身而已當堯之時天下之民患於洚水堯以爲憂故禹於九年之間三過其門而不一省其子也回之生天下之民患有甚於洚水天下之君憂有甚於堯然回以禹之賢而獨樂陋巷之間曾不以天下憂患介其意也夫二人者豈不同道哉所遇之時則異矣蓋生於禹之時而由回之行則是楊朱也生於回之時而由禹之行則是墨翟也故曰賢者用於君則以君之憂爲憂食於民則以民之患爲患在下而不用於君則修其身而已何憂患之與哉夫所謂憂君之憂患民之患者亦以義也苟[illegible]而能釋君之憂除民之患賢者亦不爲矣安記

曰齊伐魯孔子聞之曰魯墳墓之國國危如此二三子何爲莫出子貢因行說齊以伐吳說吳以救魯復說越復說晉五國由是交兵或強或破或亂或霸卒以存魯觀其言迹其事儀秦軫代無以異也嗟乎孔子曰己所不欲勿施於人已以墳墓之國而欲全之則齊吳之人豈無是心哉奈何使之亂歟吾所以知傳者之妄一也於史考之當是時孔子子貢爲匹夫非有卿相之位萬鍾之禄也何以憂患爲哉然則異於顔回之道矣吾所以知其傳者之妄二也墳墓之國雖君子之所重然豈有憂患而謀爲不義哉借使有憂患爲謀之義則豈可以變詐之說亡人之國而求自存哉吾所以知其傳者之妄三也子貢之行雖

不能盡當於道然孔子之賢弟子也固不宜至於此
矧曰孔子使之也太史公曰學者多稱七十子之徒
譽者或過其實毀者或損其真子貢雖好辯詎至於
此邪亦所謂毀損其真者哉

揚孟

賢之所以賢不肖之所以不肖莫非性也賢而尊榮
壽考不肖而戹窮死喪莫非命也論者曰人之性善
不肖之所以不肖者豈性也哉此學乎孟子之言性
而不知孟子之指也又曰人爲不爲命也不肖而戹
窮死喪豈命也哉此學乎揚子之言命而不知揚子
之指也孟子之言性曰性善揚子之言性曰善惡混
孟子之言命曰莫非命也揚子之言命曰人爲不爲

命也孟揚之道未嘗不同二子之說非有異也此所
子所謂言豈一端而已各有所當者也孟子之所
性者正性也揚子之所謂性者兼性之不正者言之
也揚子之所謂命者正命也孟子之所謂命者兼命
之不正者言之也夫人之生莫不有羞惡之性有人
於此羞善行之不修惡善名之不立盡力乎善以充
其羞惡之性則其爲賢也孰禦哉此得乎性之正者
而孟子之所謂性也有人於此羞利之不厚惡利之
不多盡力乎利以充羞惡之性則其爲不肖也孰禦
哉此得乎性之不正而揚子之兼所謂性者也有人
於此才可以賤而賤罪可以死而死是人之所自爲
也此得乎命之不正者而孟子之所兼謂命者也有

人於此才可以貴而賤德可以生而死是非人之所
爲也此得乎命之正者而揚子之所謂命也今夫嗇
利之不厚惡利之不多盡力乎利而至乎不肖則揚
子豈以謂人之性而不以罪其人哉亦必惡其失性
之正也才可以賤而賤罪可以死而死則孟子豈以
謂人之命而不以罪其人哉亦必惡其失命之正也
孟子曰口之於味也目之於色也耳之於聲也鼻之
於臭也四支之於安逸也性也有命焉君子不謂性
也仁之於父子也義之於君臣也禮之於賓主也知
之於賢者也聖人之於天道也命也有性焉君子不
謂命也然則孟揚之說果何異乎今學者是孟子則
非揚子是揚子則非孟子蓋知讀其文而不知求其

指耳而曰我知性命之理諄哉

材論

天下之患不患材之不衆患上之人不欲其衆不患士之不欲爲患上之人不使其爲也夫材之用國之棟梁也得之則安以榮失之則亡以辱然上之人不欲其衆不使其爲者何也是有三蔽焉其尤蔽者以爲吾之位可以去辱絶危終身無天下之患材之得失無補於治亂之數故偃然肆吾之志而卒入於敗亂危辱此一蔽也又或以謂吾之爵禄貴富足以誘天下之士榮辱憂戚在我吾可以坐驕天下之士將無不趨我者則亦卒入於敗亂危辱而已此亦一蔽也又或不求所以養育取用之道而諰諰然以爲天

下實無材則亦卒入於敗亂危辱而已此亦一蔽也
此三蔽者其爲患則同然而用心非不善而猶可以
論其失者獨以天下爲無材者耳蓋其心非不欲用
天下之材特未知其故也且人之有材能者其形何
以異於人哉惟其遇事而事治畫策而利害得治國
而國安利此其所以異於人也上之人苟不能精察
之審用之則雖抱皐夔稷契之智且不能自異於衆
況其下者乎世之蔽者方曰人之有異能於其身猶
錐之在囊其末立見故未有有其實而不可見者也
此徒有見於錐之在囊而固未覩夫馬之在廄也駑
驥雜處飲水食芻嘶鳴蹄齧求其所以異者蔑矣及
其引重車取夷路不屢策不煩御一頓其轡而千里

已至矣當是之時使駑馬並驅則雖傾輪絕勒敗筋傷骨不舍晝夜而追之遼乎其不可以及也夫然後騏驥騕褭與駑駘判矣古之人君知其如此故不以天下爲無材盡其道以求而試之之道在當其所能而已夫南越之脩簳簇以百鍊之精金羽以秋鶚之勁翮加強弩之上而彍之千步之外雖有犀兕之捍無不立穿而死者此天下之利器而決勝覿武之所寶也然用以敲扑則無以異於朽槁之挺是知雖得天下之瑰材桀智而用之不得其方亦若此矣古之人君知其如此於是銖量其能而審處之使大者小者長者短者彊者弱者無不適其任者焉如是則士之愚蒙鄙陋者皆能奮其所知以效小事況其

賢能智力卓犖者乎嗚呼後之在位者蓋未嘗求其說而試之以實也而坐曰天下果無材亦未之思而已矣或曰古之人於材有以教育成就之而子獨言其求而用之者何也曰天下法度未立之後必先索天下之材而用之如能用天下之材則能復先王之法度能復先王之法度則天下之小事無不如先王時矣況教育成就人材之大者乎此吾所以獨言求而用之之道也噫今天下蓋嘗患無材吾聞之六國合從而辯說之材出劉項並世而籌畫戰鬭之徒起唐太宗欲治而謨謀諫諍之佐來此數輩者方此數君未出之時蓋未嘗有也人君苟欲之斯至矣天下之廣人物之衆而曰果無材可用者吾不信也

命解

先王之俗壞天下相率而爲利則強者得行無道弱者不得行道貴者得行無禮賤者不得行禮孔子脩身絜行言必由繩墨陳蔡大夫惡其議已率衆而圍之此乃所謂不得行道也公行有子之喪右師往弔入門有進而與右師言者有出位而與右師言者孟子不與右師言右師不說孟子曰我欲爲禮也方是時不獨右師不說凡與右師言者蓋皆不說也此乃所謂不得行禮也然孔子不以弱而離道孟子不以賤而失禮故立乎千世之上而爲學者師右師陳蔡之大夫卒亦不得傷焉以其有命也今不知命之人剛則不以道御之而曰有命焉彼安能困我由此則

死乎巖牆之下者猶正命也柔則不以禮節之而曰不出懼及禍焉由此則是貧賤可以智去也夫柔而不以禮節之剛而不以道御之其難免一也故易㳡之初六與上九同悲夫離道以合世去禮以從俗苟命之窮矣孰能恃此以免者乎

對疑

己亥勅書自今內殿崇班以上大喪致其事供奉官以下則勿致如其故於是有疑者以爲供奉官以下亦士大夫也而朝廷獨遇之如此竊而問曰今子以謂如何嘗竊原朝廷之意以對曰先王之制喪禮不飲酒不食肉不御於內以致其哀戚者所謂禮之實而其行之在我者也不論其人之貴賤不禄其世之

可否而使之同者也然而有疾則雖賤者亦使之飲
酒而食肉此所謂以權制者也或不言而事行或言
而後事行或身執事而後行者所謂禮之文而其行
之在物者也論其人之貴賤視其世之可否而爲之
節者也視其世之可否而爲之節故金革之事則雖
貴者亦有時乎而無辟此所謂以權制者也今欲使
三班趨走給使之吏大喪則皆無以身執事而從古
者卿士大夫之禮此匪盛世之所宜急而先王以孝
理天下之意然而事又有先於此者古之時卿大夫
之喪所以聽身不執事者爲其可以不身執事也其
可以不身執事者何也古之人君於其卿士大夫之
喪所以存問養恤者蓋不詘於其在事之時其有大

喪而得不以身執事者以其臣屬足使而祿賜足以
事養故也今三班趨走給使之吏其素所以富養之
非備厚也一日使去位而治喪則朝廷視遇與庶人
之在野者無以異庶人之在野者所以葬祭其先人
畜養其妻子有常產矣三班趨走給使之吏去位而
治喪則其使令非有臣屬事養非有祿賜一日無常
產則其窮乃有欲比於庶人而不得者若用事者不
爲之憂此而曰汝必無以身執事則亦有餓而死者
耳然而世之議者方曰今之小吏去位而治喪者衆
矣吾未見有餓而死者夫今之去位而治喪者自非
多積餘藏有以活身則孰能無以身執事者乎今欲
使之去位而治喪故欲使其致喪之實而無以身執

事也苟不能使之無以身執事而徒使之去位則豈盛世之所急而先王以孝理天下之意也愚故曰事又有先於此者謂所以存問恤養士大夫如古之時者今之所先也夫明吾政以贍天下之財而存問恤養士大夫如古之時此吾之所易爲也仰無以葬祭其先人俯無以畜養其妻子然且去位而治喪無以身執事以致古者士大夫之禮此人所難行也捨吾之所易爲而忽不講曰是皆先王之事非吾今日之所能爲也操人之所難行而誅之不釋曰古之士大夫皆然爾奚事而不爲朝廷或者以爲此非先王以禮制喪內恕及人之道故止而不爲雖然愚亦有疑焉欲內恕以及人而不爲吾之所易爲者何也

臨川先生文集卷第六十四

臨川先生文集卷第六十五

論 識

洪範傳

易象論

洪範傳

五行天所以命萬物者也故初一曰五行五事人所以繼天道而成性者也故次二曰敬用五事五事人君所以脩其心治其身者也脩其心治其身而後可以爲政於天下故次三曰農用八政爲政必協之歲月日星辰曆數之紀故次四曰協用五紀既協之歲月日星辰曆數之紀當立之以天下之中故次五曰建用皇極中者所以立本而未足以趣時趣時則中

不中無常也唯所施之宜而已矣故次六曰乂用三德有皇極以立本有三德以趣時而人君之能事具矣雖然天下之故猶不能無疑也疑則如之何謀之人以盡其智謀之鬼神以盡其神而不專用已也故次七曰明用稽疑雖不專用已而參之於人物鬼神然而反身不誠不善則明不足以盡人物幽不足以盡鬼神則其在我者不可以不思在我者其得失微而難知莫若質諸天物之顯而易見且可以爲戒也故次八曰念用庶證自五事至於庶證各得其序則五福之所集自五事至於庶證各失其序則六極之所集故次九曰嚮用五福威用六極嚮者何君子所以直内也言五事之本在人心而已農者何厚也言

君子之道施於有政取諸此以厚彼而已有本以保
常而後可立也故皇極皆建有變以趣時而後可治
也故三德曰乂嚮者福爲而欲其至也威者畏而欲其
亡也五行一曰水二曰火三曰木四曰金五曰土何
也五行也者成變化而行鬼神往來乎天地之閒而
不窮者也是故謂之行天一生水其於物爲精精者
一之所生也地二生火其於物爲神神者有精而後
從之者也天三生木其於物爲魂魂從神者也地四
生金其於物爲魄魄者有魂而後從之者也天五生
土其於物爲意精神魂魄具而後有意自天一至於
天五五行之生數也以奇生者成而耦以耦生者成
而奇其成之者皆五五者天數之中也蓋中者所以

成物也道立於兩成於三變於五而天地之數具其爲十也耦之而已蓋五行之爲物其時其位其材其氣其性其形其事其情其色其聲其臭其味皆各有耦推而散之無所不通一柔一剛一晦一明故有正有邪有美有惡有醜有好有凶有吉性命之理道德之意皆在是矣耦之中又有耦焉而萬物之變遂至於無窮其相生也所以相繼也其相克也所以相治也語器也以相治故序六府以相克語時也以相繼故序盛德所在以相生洪範語道與命故其序與語器與時者異也道者萬物莫不由之者也命者萬物莫不聽之者也器者道之散時者命之運由於道聽於命而不知者百姓也由於道聽於命而知之者君

子也道萬物而無所由命萬物而無所聽唯天下之
至神爲能與於此夫火之於水妻道也其於土母道
也故神從志 無志則從意志致一之謂精唯天下之
至精爲能合天下之至神精與神一而不離則變化
之所爲在我而已是故能道萬物而無所由命萬物
而無所聽也 水曰潤下火曰炎上木曰曲直金曰從
革土爰稼穡 同也北方陰極而生寒寒生水南方陽
極而生熱熱生火故水潤而火炎水下而火上東方
陽動以散而生風風生木木者陽中也故能變能變
故曲直西方陰止以收而生燥燥生金金者陰中也
故能化能化故從革中央陰陽交而生濕濕生土土
者陰陽沖氣之所生也故發之而爲稼斂之而爲穡

曰者所以命其性也爰者言於之稼穡而已潤者性也
炎者氣也上下者位也曲直者形也從革者材也稼
穡者人事也冬物之性復復者性之所故於水言其
性夏物之氣交交者氣之時故於火言其氣陽極上
陰極下而後各得其位故於水火言其位春物之形
著故於木言其形秋物之材成故於金言其材中央
人之位也故於土言人事水言潤則火熯土溽木敷
金斂皆可知也火言炎則水洌土烝木溫金凊皆可
知也水言下火言上則木左金右土中央皆可知也
推類而反之則曰後曰前曰西曰東曰北曰南皆可
知也木言曲直則土圓金方火銳水平皆可知也金
言從革則木變土化水因火革皆可知也土言稼穡

則水之井洫火之爨冶木金土爲械器皆可知也所
謂木變者何灼之而爲火爛之而爲土此之謂變所
謂土化者何能熯能潤能敷能斂此之謂化所謂水
因者何因甘而甘因苦而苦因蒼而蒼因白而白此
之謂因所謂火革者何革生以爲熟革柔以爲剛革
剛以爲柔此之謂革金亦能化而命之曰從革者何
可以圜可以平可以銳可以曲直然非火革之則不
能自化也是故命之曰從革也夫金陰精之純也是
其所以不能自化也蓋天地之用五行也水施之火
化之木生之金成之土和之施生以柔化成以剛故
木撓而水弱金堅而火悍悍堅而濟以和萬物之所
以成也奈何終於撓弱而欲以收成物之功哉潤下

作鹹炎上作苦曲直作酸從革作辛稼穡作甘何也寒生水水生鹹故潤下作鹹熱生火火生苦故炎上作苦風生木木生酸故曲直作酸燥生金金生辛故從革作辛濕生土土生甘故稼穡作甘生物者氣也成之者味也以奇生則成而耦以耦生則成而奇寒之氣堅故其味可用以耎熱之氣耎故其味可用以堅風之氣散故其味可用以收燥之氣收故其味可用以散土者沖氣之所生也沖氣則無所不和故其味可用以緩而已氣堅則壯故苦可以養氣脉耎則和故鹹可以養脉骨收則強故酸可以養骨筋散則不攣故辛可以養筋肉緩則不壅故甘可以養肉堅之而後可以耎收之而後可以散欲緩則用甘不欲

則弗用也古之善攻生治疾者必先適乎此不適乎此
而能已人之疾者蓋寡矣五事一曰貌二曰言三曰
視四曰聽五曰思貌曰恭言曰從視曰明聽曰聰思
曰睿恭作肅從作乂明作哲聰作謀睿作聖何也恭
則貌欽故作肅從則言順故作乂明則善視故作哲
聰則善聽故作謀睿則思無所不通故作聖五事以
思爲主而貌最其所後也而其次之如此何也此言
修身之序也恭其貌順其言然後可以學而至於哲
既哲矣然後能聽而成其謀能謀矣然後可以思而
至於聖思者事之所終而所成始也思所以作聖
也既聖矣則雖無思也無爲也寂然不動感而遂通
天下之故可也八政一曰食二曰貨三曰祀四曰司

空五曰司徒六曰司寇七曰賓八曰師何也食貨人之所以相生養也故一曰食二曰貨有相生養之道則不可不致孝於鬼神而著不忘其所自故三曰祀有所以相生養之道而知不忘其所自然後能保其居故四曰司空司空所以居民民保其居然後可教故五曰司徒司徒所以教民教之不率然後俟之以刑戮故六曰司寇自食貨至于司寇而治內者具矣故七曰賓八曰師賓所以接外治師所以接外亂也自食貨至於賓師莫不有官以治之而獨曰司空司徒司寇者言官則以知物之有官言物則以知官之有物也五紀一曰歲二曰月三曰日四曰星辰五曰曆數何也王省惟歲卿士惟月師尹惟日上者之星

辰下考之曆數然後歲月日時不失其政故一曰歲
二曰月三曰日四曰星辰五曰曆數曆者數也數者
一二三四是也五紀之所以成終而所成始也非特曆
而已先王之舉事也莫不有時其制物也莫不有數
有時故莫敢廢有數故莫敢踰蓋堯舜所以同律度
量衡協時月正日而天下治者取諸此而已皇極皇
建其有極斂時五福用敷錫厥庶民何也皇君也極
中也言君建其有中則萬物得其所故能集五福以
敷錫其庶民也惟時厥庶民于汝極錫汝保極何也
言庶民以君爲中君保中則民與之也凡厥庶民無
有淫朋人無有比德惟皇作極何也言君中則民人
中也庶民無淫朋人無比德者惟君爲中而已蓋君

有過行偏政則庶民有淫朋人有比德矣凡厥庶民有猷有爲有守汝則念之不協于極不罹于咎皇則受之而康而色曰予攸好德汝則錫之福時人斯其惟皇之極何也言民之有猷有爲有守汝則念其所猷所爲所守之當否所猷所爲所守不協于極亦不罹于咎君則容受之而康汝顏色以誘之不協于極不罹于咎雖未可以錫之福然亦可教者也故當受之而不當譴怒也詩曰載色載笑匪怒伊教康而色之謂也其曰我所好者德則是協于極則非但康汝顏色以受之又當錫之福以勸焉如此則人惟君之中矣不言攸好德則錫之福而言曰予攸好德則錫之福何也謂之皇極則不爲已甚也攸好德然後錫

之福則獲福者寡矣是爲已甚而非所以勸也曰予攸好德則錫之福則是苟華以從吾之攸好者書不深探其心而皆錫之福也此之謂皇極之道也無虐煢獨而畏高明何也言苟曰好德則雖煢獨必進寵之而不虐苟曰不好德則雖高明必罪廢之而不畏也蓋煢獨也者衆之所違而虐之者也高明也者衆之所比而畏之者也人君蔽於衆而不知自用其福威則不期虐煢獨而煢獨實見虐矣不期畏高明而高明實見畏矣煢獨見虐而莫勸其作德則爲善者不長高明見畏而莫懲其作僞則爲惡者不消善不長惡不消人人離德作僞則大亂之道也然則虐煢獨而寬朋黨之多畏高明而忽卑晦之賤最人君

之大戒也人之有能有爲使羞其行而邦其昌何也言有能者使在職而羞其材有爲者使在位而羞其德則邦昌也人君孰不欲有能者羞其材有爲者羞其德然曠千數百年而未有一人致此盖聰不明而無以通天下之志誠不至而無以同天下之德則智以難知而爲愚者所詘賢以寡助而爲不肖者所困雖欲羞其行不可得也通天下之志在窮理同天下之德在盡性窮理矣故知所謂咎而弗受知所謂德而錫之福盡性矣故能不虐煢獨以爲仁不畏高明以爲義如是則愚者可誘而爲智也雖不可誘而爲智必不使之詘智者矣不肖者可革而爲賢也雖不可革而爲賢必不使之困賢者矣夫然後有能有爲者

得羞其行而邦賴之以昌也凡厥正人既富方穀汝弗能使有好于而家時人斯其辜何也言凡正人之道既富之然後善雖然徒富之亦不能善也必先治其家使人有好於汝家然後人從汝而善也汝弗能使有好於汝家則人無所視効而放僻邪侈亦無不爲也蓋人君能自治然後可以治人能治人然後人爲之用人爲之用然後可以爲政於天下爲政於天下者在乎富之善之而善之必自吾家人始所謂自治者惟皇作極是也所謂治人者弗協于極弗罹于咎皇則受之而康而色曰予攸好德汝則錫之福無虐煢獨而畏高明是也所謂人爲之用者有能有爲使羞其行而邦其昌是也所謂爲政於天下者凡厥

正人是也既曰能治人則人固已善矣又曰富之然
後善何也所謂治人者教化以善之也所謂富之然
後善者政以善之也徒教化不能使人善故繼之曰
凡厥正人既富方穀徒政亦不能使人善故卒之曰
汝弗能使有好于而家時人斯其辜也于其無好德
汝雖錫之福其作汝用咎何也既言治家不善不足
以正人也又言用人不善不足以正身言崇長不好
德之人而錫之福亦用然作汝而已矣無偏無陂遵
王之義無有作好遵王之道無有作惡遵王之路無
偏無黨王道蕩蕩無黨無偏王道平平無反無側王
道正直會其有極歸其有極曰皇極之敷言是彝是
訓于帝其訓何也言君以虛其心平其意唯義所

在以會歸其有中者其說以爲人君以中道布言是
以爲彝是以爲訓者于天其訓而已夫天之爲物也
可謂無作好無作惡無偏無黨無反無側會其有極
歸其有極矣蕩蕩者言乎其大平平者言乎其治大
而治終於正直而王道成矣無偏者言乎其所居無
黨者言乎其所與以所居者無偏故能所與者無黨
故曰無偏無黨以所與者無黨故能所居者無偏故
曰無黨無偏偏不已乃至於側陂不已乃至於反始
曰無偏無陂者率義以治心不可以有偏陂也卒曰
無反無側者及其成德也以中庸應物則要之使無
反側而已路大道也正直中德也始曰義中曰道曰
路卒曰正直尊德性而道問學致廣大而盡精微極

高明而道中庸之謂也孔子以爲示之以好惡而民
知禁今曰無有作好無有作惡何也好惡者性也天
命之謂性作者人爲也人爲則與性反矣書曰天命
有德五服五章哉天討有罪五刑五用哉命有德討
有罪皆天也則好惡者豈可以人爲哉所謂示之以
好惡者性而已矣凡厥庶民極之敷言是訓是行以
近天子之光曰天子作民父母以爲天下王何也言
凡厥庶民以中道布言是訓是行以近天子之光者
其說以爲天子作民父母以爲天下王當順而比之
以承其所爲而不可逆蓋君能順天而效之則民亦
順君而效之也二帝三王之誥命未嘗不稱天者所
謂上帝其訓也此人之所以從其上也及至後世矯

誣上天以布命于下而欲人之弗叛也不亦難乎三德一曰正直二曰剛克三曰柔克何也直而不正者有矣以正正直乃所謂正也曲而不直者有矣以直正曲乃所謂直也正直也者變通以趣時而未離剛柔之中者也剛克也者剛勝柔者也柔克也者柔勝剛者也平康正直彊弗友剛克爕友柔克何也爕者和孰上之所爲者也友者右助上之所爲者也彊者弗柔從上之所爲者也弗友者弗右助上之所爲者也君君臣臣適各當分所謂正直也若承之者所謂柔克也若威之者所謂剛克也蓋先王用此三德於一嚬一笑未嘗或失況以大施於慶賞刑威之際哉故能爲之其未有也治之其未亂也沈潛剛克高明

柔克何也言人君之用剛克也沈潛之於內其用柔
克也發見之於外其用柔克也抗之以高明其用剛
克也養之以卑晦沈潛之於內所以制姦慝發見之
於外所以昭忠善抗之以高明則雖柔過而不廢養
之以卑晦則雖剛過而不折易曰道有變動故曰爻
爻有等故曰物物相雜故曰文文不當故吉凶生焉
吉凶之生豈在夫大哉蓋或一嚬一笑之間而已洪
範之言三德與舜典皋陶謨所序不同何也舜典所
序以教冑子而皋陶謨所序以知人臣故皆先柔而
後剛洪範所序則人君也故獨先剛而後柔至於正
直則舜典洪範皆在剛柔之先而皋陶謨乃獨在剛
柔之中者歟然言皆以正直爲先至於序德之

品則正直者中德也固宜在柔剛之中也惟辟作福惟辟作威惟辟玉食臣無有作福作威玉食臣之有作福作威玉食其害於而家凶於而國人用側頗僻民用僭忒何也執常以事君者臣道也執權以御臣者君道也三德者君道也作福柔克之事也作威剛克之事也以其俟於神天也是故謂之福作福以懷之作福以威之言作福則知威之為禍言作威則知福之為懷也皇極者君與臣民共由之者也三德者君之所獨任而臣民不得僭焉者也有其權必有禮以章其別故惟辟玉食也禮所以定其位權所以固其政下僭禮則上失位下侵權則上失政上失位則亦失政矣上失位失政人所以亂也故臣之有作福

作威玉食其害于而家凶于而國人用側頗僻民用
僭忒也側頗僻者臣有作福作威之効也僭忒者臣
有玉食之効也民側頗僻也易而其僭忒也難民僭
忒則人可知也人側頗僻則民可知也其曰庶民有
滛朋人有比德亦若此而已矣於滛朋曰庶民於僭
忒曰民而已何也僭忒者民或有爲而非衆之所能
也天子皇王辟皆君也或曰天子或曰皇或曰王或
曰辟何也皇極于帝其訓者所以繼天而順之故稱
天子建有極者道故稱皇好惡者德故稱王福威者
政故稱辟道所以成德德所以立政故言政於三德
而稱辟也建有極者道故稱皇則其曰天子作民父
毋以爲天下王何也吾所建者道而民所知者德而

已矣七稽疑擇建立卜筮人乃命卜筮曰雨曰霽曰蒙曰驛曰克曰貞曰悔凡七卜五占用二衍忒何也言有所擇有所建則立卜筮人卜筮凡七而其爲卜者五則其爲筮者二可知也先卜而後筮則筮之爲正悔亦可知也衍者吉之謂也忒者凶之謂也吉言衍則凶之爲耗可知也凶言忒則吉之爲當亦可知也此言之法也盖自始造書則固如此矣福之所以爲福者於文從畐畐則衍之謂也禍所以爲禍者於文從咼咼則忒之謂也盖忒也當也言乎其位衍也耗也言乎其數夫物有吉凶以其位與數而已六五得位矣其爲九四所難者數不足故也九四得數矣其爲六五所制者位不當故也數衍而位當者吉數

耗而位忒者凶此天地之道陰陽之義君子小人之
所以相爲消長中國夷狄之所以相爲强弱易曰人
謀鬼謀百姓與能蓋聖人君子以察存亡以御治亂
必先通乎此不通乎此而爲百姓之所與者蓋寡矣
立時人作卜筮三人占則從二人之言何也卜筮者
質諸鬼神其從與違爲難知故其占也從衆而已也
汝則有大疑謀及乃心謀及卿士謀及庶民謀及卜
筮何也言人君有大疑則當謀之於己己不足以決
然後謀之於卿士又不足以決然後謀之於庶民又
不足以決然後謀之於鬼神鬼神尤人君之所欽也
然而謀之反在乎卿士庶民之後者吾之所疑而謀
者人事也必先盡之人然後及鬼神爲固其理也聖

人以鬼神爲難知而卜筮如此其可信者易曰成天下之亹亹者莫大乎蓍龜唯其誠之不至而已矣用其至誠則鬼神其有不應而龜筮其有不告乎汝則從龜從筮從卿士從庶民從是之謂大同身其康彊子孫其逢吉何也將有作也心從之而人神之所弗異則有餘慶矣故謂之大同而子孫其逢吉也汝則從龜從筮從卿士逆庶民逆吉卿士從龜從筮從汝則逆庶民逆吉庶民從龜從筮從汝則逆卿士逆吉何也吾之所謀者疑也可以作可以無作然後謂之疑疑而從者衆則作而吉也汝則從龜從筮逆卿士逆庶民逆作内吉作外凶何也尊者從卑者逆故逆者雖衆以作内猶言也龜筮共違于人用靜吉用作

凶何也所以謀之心謀之人者盡矣然猶不免於疑
則謀及於龜筮故龜筮之所共違不可以有作也庶
徵曰雨曰暘曰燠曰寒曰風曰時者何也曰雨曰暘
曰燠曰寒曰風者自肅時雨若以下是也曰時者自
王省惟歲以下是也五者自來備各以其敘庶草蕃廡
何也陰陽和則萬物盡其性極其材言庶草者以爲
物之尤微而莫其是養又不知自是養也而猶蕃廡則萬物
得其性皆可知也一極備凶一極無凶何也雨極備
則爲常雨暘極備則爲常暘風極備則爲常風燠極
無則爲常寒寒極無則爲常燠此饑饉疾癘之所由
作也故曰凶曰休徵曰肅時雨若曰乂時暘若曰晢
時燠若曰謀時寒若曰聖時風若曰咎徵曰狂恒雨

若曰僭恒暘若曰豫恒燠若曰急恒寒若曰蒙恒風若何也言人君之有五事猶天之有五物也天之有五物一極備凶一極無亦凶其施之卜大緩急無當其所以成物者要之適而已人之有五事一極備凶一極無亦凶施之小大緩急亦無常其所以成民者亦要之適而已故雨暘燠寒風者五事之證也降而萬物悅者肅也故若時雨然升而萬物理者乂也故若時暘然哲者陽也故若時燠然謀者陰也故若時寒然睿其思心無所不通以濟四事之善者聖也故若時風然狂則蕩故常雨若僭則亢故常暘若豫則解緩故常燠若急則縮栗故常寒若冥其思心無所不入以濟四事之惡者蒙故常風若也孔子曰見賢

思齊見不賢而內自省也君子之於人也固常思齊
其賢而以其不肖爲戒況天者固人君之所當法象
也則質諸彼以驗此固其宜也然則世之言災異者
非乎曰人君固輔相天地以理萬物者也天地萬物
不得其常則恐懼脩省固亦其宜也今或以爲天有
是變必由我有是罪以致之或以爲災異自天事耳
何豫於我我知脩人事而已蓋由前之說則蔽而葸
由後之說則固而怠不蔽不葸不固不怠者亦以天
變爲己懼不曰天之有某變必以我爲某事而至也
亦以天下之正理考吾之失而已矣此亦念用庶證
之意也王省惟歲卿士惟月師尹惟日何也言自王
至于師尹猶歲月日三者相繫屬也歲月日有常而

不可變所總大者不可以侵小所治少者不可以僭
多自王至于師尹三者亦相繫屬有常而不可變所
總大者亦不可以侵小所治少者亦不可以僭多故
歲月日者王及卿士師尹之證也歲月日時無易百
穀用成乂用明俊民用章家用平康日月歲時既易
百穀用不成乂用昏不明俊民用微家用不寧何也
既以歲月日三者之時爲王及卿士師尹之證也而
王及卿士師尹之職亦皆協之歲月日時之紀焉故
歲有會月有要日有成大者省其大而略小者治其
小而詳其小大詳略得其序則功用興而分職治矣
故百穀用成乂用明俊民用章家用平康小大詳略
失其序則功用無所程分職無所考故百穀用不成

乂用昏不明俊民用微家用不寧也庶民惟星星有好風星有好雨何也言星之好不一猶庶民之欲不同星之好不一待月而後得其所好而月不能違也庶民之欲不同待卿士而后得其所欲而卿士亦不能違也故星者庶民之證也日月之行則有冬有夏何也言歲之所以爲歲以日月之有行而歲無爲也猶王之所以爲王亦以卿士師尹之有行而王無爲也春秋者陰陽之中冬夏者陰陽之正陰陽各致其正而後歲成有冬有夏者言歲之成也月之從星則以風雨何也言月之好惡不自用而從星則風雨作而歲功成猶卿士之好惡不自用而從民則治教興令行而王事立矣書曰天聽自我民聽天視自我

視夫民者天之所不能違也而況於王乎況於卿士
乎五福一曰壽二曰富三曰康寧四曰攸好德五曰
考終命何也人之始生也莫不有壽之道焉得其常
性則壽矣故一曰壽少長而有爲也莫不有富之道
焉得其常產則富矣故二曰富得其常性又得其常
產而繼之以毋擾則康寧矣故三曰康寧也夫人君
使人得其常性又得其常產而繼之以毋擾則人好
德矣故四曰攸好德好德則能以令終故五曰考終
命六極一曰凶短折二曰疾三曰憂四曰貧五曰惡
六曰弱何也不考終命謂之凶蚤死謂之短中絕謂
之折禍莫大於凶短折疾次之憂次之貧又次之故
一曰凶短折二曰疾三曰憂四曰貧凶者考終命之

反也短折者壽之反也疾憂者康寧之反也貧者富
之反也此四極者使人畏而欲其亡故先言人之所
尤畏者而以猶愈者次之夫君人者使人失其常性
又失其常產而繼之以擾則人不好德矣故五曰惡
六曰弱惡者小人之剛也弱者小人之柔也九疇曰
初曰次而五行五事八政五紀三德五福六極特以
一二數之何也九疇以五行爲初而水之於五行貌
之於五事食之於八政歲之於五紀正直之於三德
壽凶短折之於五福六極不可以爲初故也或曰箕
子之所次自五行至於庶證而今獨曰自五事至于
庶證各得其序則五福之所集自五事至于庶證各
失其序則六極之所集何也曰人君之於五行也以

五事脩其性以八政用其材以五紀協其數以皇極
建其常以三德治其變以稽疑考其難知以庶證證
其失得自五事至于庶證各得其序則五行固已得
其序矣或曰世之不好德而能以令終與好德而不
得其死者衆矣今曰好德則能以令終何也曰孔子
以爲人之生也直罔之生也幸而免君子之於吉凶
禍福道其常而已幸而免與不幸而及焉蓋不道也
或曰孔子以爲富與貴人之所欲貧與賤人之所惡
而福極不言貴賤何也曰五福者自天子至于庶人
皆可使慕而欲其至六極者自天子至於庶人皆可
使畏而欲其亡若夫貴賤則有常分矣使自公侯至
於庶人皆慕貴欲其至而不欲賤之在已則陵犯甚

奢之行曰亢而上下之交其命矣詩曰[illegible]征也
[illegible]與[illegible]其命不[illegible]王者之世使[illegible]者之安其[illegible]
此夫豈使知[illegible]之爲可[illegible]而欲其至[illegible]之爲可畏而
欲其亡乎

易彖象論解

君子之道莫大於自強不息故於乾也君子以自強不
息自強不息然後厚德載物故於坤也君子以厚德載
物自強積德以有載也惟能經綸故於屯也君子以經
綸經綸者君子有事之時故於蒙也君子以果行育
德果行育德則無事矣故於需也君子以飲食宴樂
飲食宴樂所以待人而與之從事者也故於訟也君
子以作事謀始作事謀始則無訟爲物主故於師也君

子以容民畜衆建萬國親諸侯民畜衆之大者故於比也先王以建萬國親諸侯諸侯親則無所用武故於小畜也君子以懿文德德以禮爲體故於履也君子以辨上下定民志禮也者四時之會通以財成輔相天地者也故於泰也后以財成天地之道輔相天地之宜以左右民物不能終泰故於否也君子以儉德避難不可榮以禄泰則通否則辨故於同人也君子以類族辨物族各有其類物各有其辨則君子小人見矣故於大有君子以遏惡揚善順天休命雖遏惡也不可以爲偏亢故於謙也君子以裒多益寡稱物平施順天休命而以謙平施則人樂之故於豫也先王以作樂崇德殷薦之上帝以配祖考樂成而

息故於隨也君子以嚮晦入宴息物不可終息故於蠱也君子以振民育德振民育德莫大乎教思無窮容保民無疆故於臨也君子以教思無窮容保民無疆教思無窮容保民無疆莫大乎省方觀民設教故於觀也先王以省方觀民設教教至矣則明罰勑法繼之故於噬嗑也先王以明罰勑法明罰勑法者所以待之而非敢於折獄故於賁也君子以明庶政無敢折獄無敢折獄者將以厚下也故於剝也上以厚下安宅厚下者將使人無失其性命之情也欲不失其性命之情則亦不違其性命之理而已故於復也先王以至日閉關商旅不行后不省方者所以應天知應時然後知對時育物故於無妄也先王以茂對

育萬物對時育物者非稽古畜德之主則不能故於大畜也君子以多識前言往行以畜其德畜德莫大乎養故於頤也君子以愼言語節飲食知自養然後出處皆有以大過人故於大過也君子以獨立不懼遯世無悶出則欲獨立不懼處則欲遯世無悶則德不可無習故於坎也君子以常德行習教事德行不失其事教事不廢其習然後可以繼明照四方故於離也大人以繼明照于四方所謂明者非恃其所明則資諸人而已故於咸也君子以虛受人惟以虛受人而有節於内故於恒也君子以立不易方所以有時而遠小人故於遯也君子以遠小人不惡而嚴所謂嚴者亦禮而已矣故於大壯也君子以非禮勿履非禮

勿履德之所以昭也故於晋也君子以自昭明德明著自明非所以莅衆故於明夷也君子以莅衆用晦而明知自明又知所以莅衆則言有物而行有常故於家人也君子以言有物而行有常言有物行有常則知所同知所異於睽也君子以同而異同同能有容異故能有辯反身脩德言有辯也故於蹇也君子以反身脩德赦過宥罪言有容也故於解也君子以赦過宥罪能反身脩德赦過宥罪則其欲也懲而窒矣故於損也君子以懲忿窒慾能懲忿窒慾然後見善遷有過改故於益也君子以見善則遷有過則改以居則脩德以動則有功功不可以擅德不可以居也故於夬也君子以施祿及下居德則忌能施祿及下居

德則忌則衆之所聽也故於姤也后以施命誥四方衆之所聽不可不戒故於萃也君子以除戎器戒不虞不虞知戒矣德之所以積也故於升也君子以順德積小以高大積小以致高大而至於命則志遂矣故於困也君子以致命遂志至於命則所以成己也而後可以成民教故於井也君子以勞民勸相勞民勸相莫大乎來變故於革也君子以治歷明時能治歷明時然後能正位凝命故於鼎也君子以正位凝命正位凝命不可恃故於震也君子以恐懼脩省脩省之道在於正己而已故於艮也君子以思不出其位能正己則賢德可居俗可善故於漸也君子以居賢德善俗俗善矣其終不能無變變則敝矣故於歸妹也君子

以永終知敝知敝則所以待人者盡矣故於豐也君
子以折獄致刑折獄以刑君子所以明慎之時也故
於旅也君子以明慎用刑而不留獄不留獄則治道
終矣終則有始故於巽也君子以申命行事申命行
事不可以無學故於兑也君子以朋友講習所講習者
仁義而已故於涣也先王以饗帝立廟饗帝立廟則
仁之至義之盡矣其推行之也度數不可以無制德
行不可以無議故於節也君子以制數度議德行制
數度議德行則欲急已以緩人故於中孚也君子以
議獄緩死急已以緩人者依於仁而已故於小過也
君子以行過乎恭喪過乎哀用過乎儉依於仁則無
患矣故於既濟也君子以思患而豫防之物不窮也

故於未濟之君子以慎辨物居方辨物居方者物之終始也

臨川先生文集卷第六十五

臨川先生文集卷第六十六

論議

周南詩次解

王者之治始之於家家之序本於夫婦夫婦正者在求有德之淑女為后妃以配君子也故始之以關睢夫淑女所以有德者其在家本於女工之事也故

次以葛覃有女功之本而后妃之職盡矣則當輔佐
君子求賢審官求賢審官者非所能專有志而已故
次之以卷耳有求賢審官之志以助治其外則於其
內治也其能有嫉妬而不逮下乎故次之樛木無嫉
妬而逮下則子孫衆多故次之以螽斯子孫衆多由
其不妬忌則致國之婦人亦化其上則男女正婚姻
時國無鰥民也故次之以桃夭國無鰥民然後好德
賢人衆多故次之以兔罝好德賢人衆多是以室家
和平而婦人樂有子則后妃之美具矣故次之以芣
苢后妃至於國之婦人樂有子者由文王之化行使
南國江漢之人無思犯禮此德之廣也故次之以漢
廣德之所及者廣則化行乎汝墳之國能使婦人閔

其君子而勉之以正故次之以汝墳婦人能勉君子以正則天下無犯非禮雖衰世公子皆能信厚此關雎之應也故次之以麟之趾焉

禮論

嗚呼荀卿之不知禮也其言曰聖人化性而起僞吾是以知其不知禮也知禮者貴乎知禮之意而荀卿盛稱其法度節奏之美至於言化則以爲僞也亦烏知禮之意哉故禮始於天而成於人知天而不知人則野知人而不知天則僞聖人惡其野而疾其僞以是禮興焉今荀卿以謂聖人之化性爲起僞則是不知天之過也然彼亦有見而云爾凡爲禮者必詘其放傲之心逆其嗜欲之性莫不欲逸而爲尊者勞莫

不欲得而爲長者讓擎跽曲拳以見其恭夫民之於此豈皆有樂之之心哉患上之惡己而隨之以刑也故荀卿以爲特劫之法度之威而爲之於外爾此亦不思之過也夫斲木而爲之器服馬而爲之駕此非生而能者也故必削之以斧斤直之以繩墨圓之以規而方之以矩束聯膠漆之而後器適於用焉前之以銜勒之制後之以鞭策之威馳驟舒疾無得自放而一聽於人而後馬適於駕焉由是觀之莫不劫之於外而服之以力者也然聖人捨木而不爲器捨馬而不爲駕者固亦因其天資之材也今人生而有嚴父愛母之心聖人因其性之欲而爲之制焉故其制雖有以強人而乃以順其性之欲也聖人苟不爲之

禮則天下蓋將有慢其父而疾其母者矣此亦可謂失其性也得性者以爲僞則失其性者乃可以爲眞乎此荀卿之所以爲不思也夫狙猿之形非不若人也欲繩之以尊卑而節之以揖讓則彼有趨於深山大麓而走耳雖畏之以威而馴之以化其可服邪以謂天性無是而可以化之使僞耶則狙猿亦可使爲禮矣故曰禮始於天而成於人天則無是而人欲爲之者舉天下之物吾蓋未之見也

禮樂論

氣之所稟命者心也視之能必見聽之能必聞行之能必至思之能必得是誠之所至也不聽而聰不視而明不思而得不行而至是性之所固有而神之所

自生也盡心盡誠者之所至也故誠之所以能不測者性也賢者盡誠以立性者也聖人盡性以至誠者也神生於性性生於誠誠生於心心生於氣氣生於形形者有生之本故養生在於保形充形在於育氣

氣在於寧心寧心在於致誠養誠在於盡性不盡性不足以養生能盡性者至誠者也能至誠者寧心者也能寧心者養氣者也能養氣者保形者也能保形者養生者也不養生不足以盡性也生與性之相因循志之與氣相爲表裏也生渾則蔽性性渾則蔽生猶志一則動氣氣一則動志也先王知其然是故體天下之性而爲之禮和天下之性而爲之樂禮者天下之中經樂者天下之中和禮樂者先王所以養人

之神正人氣而歸正性也是故大禮之極簡而無文大樂之極易而希聲簡易者先王建禮樂之本意也世之所重聖人之所輕世之所樂聖人之所悲非聖人之情與世人相反聖人內求世人外求內求者樂得其性外求者樂得其欲欲易發而性難知此情性之所以正反也衣食所以養人之形氣禮樂所以養人之性也禮反其所自始樂反其所自生吾於禮樂見聖人所貴其生者至矣世俗之言曰養生非君子之事是未知先王建禮樂之意也養生以爲仁保氣以爲義去情却欲以盡天下之性修神致明以趨聖人之域聖人之言莫大顏淵之問非禮勿視非禮勿聽非禮勿言非禮勿動則仁之道亦不遠也耳非取

人而後聽目非取人而後視口非取諸人而後言也
身非取諸人而後動也其守至約其取至近有心有
形者皆有之也然而顏子且猶病之何也蓋人之道
莫大於此非禮勿聽非謂掩耳而避之天下之物不
足以干吾之聰也非禮勿視非謂掩目而避之天下
之物不足以亂吾之明也非禮勿言非謂止口而無
言也天下之物不足以易吾之辭也非禮勿動非謂
止其躬而不動天下之物不足以干吾之氣也天下
之物豈特形骸自爲哉其所由來蓋微矣不聽之時
有先聽焉不視之時有先明焉不言之時有先言焉
不動之時有先動焉聖人之門惟顏子可以當斯語
矣是故非耳以爲聰而不知所以聰者不足以盡天

下之聽非目以爲明而不[illegible]所以明者不足以盡天
下之視聰明者耳目之所能爲而所以聰明者非耳
目之所能爲也是故待鍾鼓而後樂者非深於樂者
也待玉帛而後恭者非深於禮者也蕢桴土鼓而樂
之道備矣燔黍捭豚汙尊杯飲禮既備矣然大裘無
文大輅無飾聖人獨以其事之所貴者何也所以明
禮樂之本也故曰禮之近人情非其至者也曾子謂
孟敬子君子之所貴乎道者三動容貌斯遠暴慢矣
正顏色斯近信矣出辭氣斯遠鄙倍矣籩豆之事則
有司存觀此言也曾子而不知道也則可使曾子而
爲知道則道不違乎言貌辭氣之間何待於外哉是
故古之人目擊而道已存不言而意已傳不賞而人

自勸不罰而人自畏莫不由此也是故先王之道可
以傳諸言効諸行者皆其法度刑政而非神明之用
也易曰神而明之存乎其人默而成之不言而信存
乎德行去情却欲而神明生矣修神致明而物自成
矣是故君子之道鮮矣齊明其心清明其德則天地
之間所有之物皆自至矣君子之守至約而其至也
廣其取至近而其應也遠易曰擬之而後言議之而
後動擬議以成其變化變化之應天人之極致也是
以書言天人之道莫大於洪範洪範之言天人之道
莫大於貌言視聽思大哉聖人獨見之理傳心之言
乎儲精晦息而通神明君子之所不至者三不失色
於人不失口於人不失足於人不失色者容貌精也

不失口者語默精也不失足者行止精也君子之道
也語其大則天地不足容也語其小則不見秋毫之
末語其強則天下莫能敵也語其約則不能致傳記
聖人之遺言曰大禮與天地同節大樂與天地同和
蓋言性也大禮性之中大樂性之和中和之情通乎
神明故聖人儲精九重儀鳳凰修五事而關陰陽是
天地位而三光明四時行而萬物和詩曰鶴鳴於九
皐聲聞于天故孟子曰我善養吾浩然之氣充塞乎
天地之間揚子曰貌言視聽思性所有潛天而天潛
地而地也嗚呼禮樂之意不傳久矣天下之言養生
修性者歸於浮屠老子而已浮屠老子之說行而天
下爲禮樂者獨以順流俗而已夫使天下之人驅禮

樂之文以順流俗爲事欲成治其國家者此梁晉之
君所以取敗之禍也然而世非知之也者何耶特禮
樂之意大而難知老子之言近而易輕聖人之道得
諸己從容人事之間而不離其類焉浮屠直空虛窮
苦絕山林之間然後足以善其身而已由是觀之聖
人之與釋老其遠近難易可知也是故賞與古人同
而勸不同罰與古人同而威不同仁與古人同而愛
不同智與古人同而識不同言與古人同而信不同
同者道也不同者心也易曰苟非其人道不虛行昔
宓子賤爲單父宰而單父之人化焉今王公大人有
堯舜伊尹之勢而無子賤一邑之功者得非學術素
淺而道未明歟夫天下之人非不勇爲聖人之道爲

聖人之道者將務速售諸人以為進取之階今夫進
取之道譬諸鈎索物耳幸而多得其數則行為王公
大人若不幸而少得其數則裂逢掖之衣為商賈矣
由是觀之王公大人同商賈之得志者也此之謂學術
淺而道不明由此觀之得志而居人之上復治聖人
之道而不捨焉幾人矣內而好愛之容盡其欲外有
便嬖之諛驕其志向之所能者日已忘矣今之所好者
日已至矣孔子曰有顏回者好學不遷怒不貳過又
曰吾見其進未見其止也夫顏子之所學者非世人
之所學不遷怒者求諸己不貳過者見不善之端而
止之也世之人所謂退顏子之所謂進也人之所謂
益顏子之所謂損也易曰損先難而後獲顏子之謂

也耳損於聲目損於色口損於言身損於動非先難
歟及其至也耳無不聞目無不見言無不信動無不
服非後得歟是故君子之學始如愚人焉如童蒙焉
及其至也天地不足大人物不足多鬼神不足爲隱
諸子之支離不足惑也是故天之高也日月星辰陰
陽之氣可端策而數也地至大也山川丘陵萬物之
形人之常產可指籍而定也是故星曆之數天地之
法人物之所皆前世致精好學聖人者之所建也後
世之人守其成法而安能知其始焉傳曰百工之事
皆聖人作此之謂也故古之人言道者莫先於天地
言天地者莫先乎身言身者莫先乎性言性者莫先
乎精精者天之所以高地之所以厚聖人所以配之

故御人莫不盡能而造父獨得之非車馬不同造父
精之也射人莫不盡能而羿獨得之非弓矢之不同
羿精之也今之人與古之人一也然而用之則二也
造父用之以爲御羿用之以爲射盜蹠用之以爲賊

大人論

孟子曰充實而有光輝之謂大大而化之之謂聖聖而不可知之之謂神夫此三者皆聖人之名而所以稱之之不同者所指異也由其道而言謂之神由其德而言謂之聖由其事業而言謂之大人古之聖人其道未嘗不入於神而其所稱止乎聖人者以其道存乎虛無寂寞不可見之間苟存乎人則所謂德也是以人之道雖神而不得以神自名名乎其德而已

夫神雖至矣不聖則不顯聖雖顯矣不大則不形故
曰此三者皆聖人之名而所以稱之之不同者所指
異也易曰蓍之德圓而神卦之德方以智夫易之爲
書聖人之道於是乎盡矣而蓍稱卦以智不稱以神者
以其存乎爻也存乎爻則道之用見於器而剛柔有
所定之矣剛柔有所定之則非其所謂化也且易之
道於乾爲至而乾之盛莫盛於二五而二五之辭皆
稱利見大人言二爻之相求也夫二爻之道豈不至
於神矣乎而止稱大人者則所謂見於器而剛柔有
所定爾蓋剛柔有所定則聖人之事業也稱其事業
以大人則其道之爲神德之爲聖可知也孔子曰顯
諸仁藏諸用鼓萬物而不與聖人同憂盛德大業至

矣哉此言神之所爲也神之所爲雖至而無所見於天下仁而後著用而後功聖人以此洗心退藏於密及其仁濟萬物而不窮用通萬世而不倦也則所謂聖矣故神之所爲當在於盛德大業德則所謂聖業則所謂大也世蓋有自爲之道而未嘗知此者以爲德業之卑不足以爲道道之至在於神耳於是棄德業而不爲夫爲君子者皆棄德業而不爲則萬物何以得其生乎故孔子稱神而卒之以德業之至以明其不可棄蓋神之用在乎德業之間則德業之至可知矣故曰神非聖則不顯聖非大則不形此天地之全古人之大體也

致一論

萬物莫不有至理焉能精其理則聖人也精其理之道在乎致其一而已致其一則天下之物可以不思而得也易曰一致而百慮言百慮之歸乎一也苟能致一以精天下之理則可以入神矣既入於神則道之至也夫如是則無思無爲寂然不動之時也雖然天下之事固有可思可爲者則豈可以不通其故哉此聖人之所以又貴乎能致用者也致用之效始見乎安身蓋天下之物莫親乎吾之身能利其用以安吾之身則無所往而不濟也無所往而不濟則德其有不崇哉故易曰精義入神以致用利用安身以崇德此道之序也孔子既已語道之序矣患乎學者之未明也於是又取於交以喻焉非其所困而困非其

撟而撟不恥不仁不畏不義以小善為無益以小
惡為無傷凡此皆非所以安身崇德也苟欲安其身
崇其德莫若藏器於身待時而後動也故君子舉是
兩端以明夫安身崇德之道蓋身之安不安德之崇
不崇莫不由此兩端而已矣既安德既崇則可以致
用於天下之時也致用於天下者莫善乎治不忘亂
安不忘危莫不善乎德薄而位尊智小而謀大孔子
之舉此兩端又以明夫致用之道也蓋用有利不利
者亦莫不由此兩端而已矣身安德崇而又能致用
於天下則其事業可謂備也事業備而神有未窮者
則又當學以窮神焉能窮神則知微知彰知柔知剛
夫於微彰剛柔之際皆有以知之則道何以復加哉

聖人之道至於是而已也且以顏子之賢而未足以及之則豈非道之至乎聖人之學至於此則其視天下之理皆致乎一矣天下之理皆致乎一則莫能以惑其心也故孔子取損之辭以明致一之道曰三人行則損一人一人行則得其友也夫危以動懼以語者豈有他哉不能致一以精天下之理故也故孔子舉益之辭以戒曰立心勿恒凶勿恒者蓋不一也嗚呼語道之序則先精義而後崇德及喻人以脩之之道則先崇德而後精義蓋道之序則自精而至粗學之之道則自粗而至精此不易之理也夫不能精天下之義則不能入神矣不能入神則天下之義亦不可得而精也猶之人身之以崇德也身不安則不能

崇德矣不能崇德則身豈能安乎凡此宜若一而
兩言之者語其序而已也

九卦論

處困之道君子之所難也非夫智足以窮理仁足以盡性內有以固其德而外有以應其變者其孰能無患哉古之人有極天下之困而其心能不累其行能不移患至而不傷其身事起而不疑其變者蓋有以處之也處之之道聖人嘗言之矣易曰履以和行謙以制禮復以自知恒以一德損以遠害益以興利困以寡怨井以辯義巽以行權此其處之之道也夫君子之學至於是則備矣宜其通於天下也然而猶困焉者非吾行之過也時有利不利也蓋古之所謂困

者非謂夫其行自困者謂夫行足以逼而困於命者耳蓋於此九卦者智有所不能明仁有所不能守則其困也非所謂困而其處困也陋矣夫惟深於此九者而能果以行之者則其通也宜而其困也有以處之惟其學之之素也且君子之行大矣而待禮以和仁義爲之内而和之以禮則行之成也而禮之實存乎謙謙者禮之所自起禮者行之所自成也故君子不可以不知履欲知履不可以不知謙夫禮雖發乎其心而其文著乎外者也君子知禮而已則溺乎其文而失乎其實忘性命之本而莫能自復矣故禮之弊必復乎本而後可以無患故君子不可以不知復雖復乎其本而不能常其德以自固則有時而失之

矣故君子不可以不知恒雖能久其德而天下事物
之變相代乎吾之前如吾知恒而已則吾之行有時
而不可通矣是必度其變而時有損益而後可故君
子不可以不知損益夫學如此其至德如此其備則
宜乎其通也然而猶困焉者則向所謂困於命者也
困於命則動而見病之時也則其事物之變尤衆而
吾之所以處之者尤難矣然則其行尤貴於達事之
宜而適時之變也故辯義行權然後能以窮通而井
者所以辯義巽者所以行權也故君子之學至乎井
巽而大備而後足以自通乎困之時孔子曰作易者
其有憂患乎謂其言之足以自通乎困之時也嗚呼
後世之人一困於時則憂思其心而失其故行然卒

至於不能自存也是豈有他哉不知夫九者之義故
也

臨川先生文集卷第六十六

臨川先生文集卷第六十七

論議

九變而賞罰可言

夫子賢於堯舜

三不欺

非禮之禮

王霸

性情

勇惠

仁智

中述

行述

九變而賞罰可言

萬物待是而後存者天也莫不由是而之焉者道也道之在我者德也以德愛者仁也愛而宜者義也仁有先後義有上下謂之分先不擅後下不侵上謂之守形者物此者也名者命此者也所謂物此者何也貴賤親疏所以表飾之其物不同者是也所謂命此者何也貴賤親疏所以稱號之其命不同者是也物此者貴賤各有容矣命此者親疏各有號矣因親疏貴賤任之以其所宜爲此之謂因任因任之以其所宜爲矣放而不察乎則又將大弛必原其情必省其事此之謂原省原省明而後可以辨是非是非明而後可以施賞罰故莊周曰先明天而道德次之道德

已明而仁義次之仁義已明而分守次之分守已明
而形名次之形名已明而因任次之因任已明而原
省次之原省已明而是非次之是非已明而賞罰次
之是說雖微莊周古之人孰不然古之言道德所自
出而屬之天者未之有也堯者聖人之盛也孔子稱
之曰惟天惟大惟堯則之此之謂明天聰明文思安
安此之謂明道德允恭克讓此之謂明仁義次九族
列百姓序萬邦此之謂明分守修五禮同律度量衡
以一天下此之謂明形名棄后稷契司徒皋陶士垂
共工此之謂明因任三載考績五載一巡狩此之謂
明原省命舜曰乃言底可績謂禹曰萬世永賴時乃
功蠢茲有苗昏迷不恭此之謂明是非皋陶方祇厥

敘方施象刑惟明此之謂明賞罰至後世則不然仰
而視之曰彼蒼蒼而大者何也其去吾不知其幾千
萬里是豈能知我何哉吾爲吾之所爲而已安取彼
於是遂棄道德離仁義略分守慢形名忽因任而忘
原省直信吾之是非而加人以其賞罰於是天下始
大亂而寡弱者號無告聖人不作諸子者伺其閒而
出於是言道德者至於窈冥而不可考以至世之有
爲者皆不足以爲言形名者守物誦數罷苦以至於
老而疑道德彼皆忘其智力之不贍魁然自以爲聖
人者此矣悲夫莊周曰五變而形名可舉九變而賞
罰可言語道而非其序安取道言乎其言之也莊周
古之荒唐人也其於道也蕩而不盡善聖人者與之

遇必有以約之約之而不能聽殆將擯四海之外而不使之疑中國雖然其言之若此者聖人亦不能廢

夫子賢於堯舜

宰我曰以予觀於夫子賢於堯舜遠矣而世之解者必曰是爲門人之私言而非天下公共之論也而孟子亦曰生民以來未有如夫子是豈亦門人之私言而非天下公共之論哉爲是言者蓋亦未之思也夫所謂聖賢之言者無一辭之苟其發也必有指焉其指也學者之所不可不思也夫聖者至乎道德之妙而後世莫之增焉者之稱也苟有能加焉者則豈聖也哉然孟子宰我之所以爲是說者蓋亦言其時而已也昔者道發乎伏羲而成乎堯舜繼而大之於禹

湯文武此數人者皆居天子之位而使天下之道寖
明寖備者也而又有在下而繼之者焉伊尹伯夷柳
下惠孔子是也夫伏羲既發之也而其法未成至於
堯而後成焉堯雖能成聖人之法未若孔子之備也
夫以聖人之盛用一人之知足以備天下之法而必
待至於孔子者何哉蓋聖人之心不求有爲於天下
待天下之變至焉然後吾因其變而制之法耳至孔
子之時天下之變備矣故聖人之法亦自是而後備
也易曰通其變使民不倦此之謂也故其所以能備
者豈特孔子一人之力哉蓋所謂聖人者莫不有
力也孟子曰孔子集大成者蓋言集諸聖人之事而
大成萬世之法耳此其所以賢於堯舜也

三不欺

昔論曰君任德則下不忍欺君任察則下不能欺君任刑則下不敢欺而遂以德察刑爲次蓋未之盡也此三人者之爲政皆足以有取於聖人矣然未聞聖人爲政之道也夫未聞聖人爲政之道而足以有取於聖人者蓋人得其一端耳且子賤之政使人不忍欺古者任德之君宜莫如堯也然則驩兜猶或以類舉於前則德之使人不欺豈可獨任也哉子產之政使人不能欺夫君子可欺以其方故使畜魚而校人烹之然則察之使人不欺豈可獨任也哉西門豹之政使人不敢欺夫不及於德而任刑以治是孔子所謂民免而無恥者也然則刑之使人不欺豈

可獨任也哉故曰此三人者皆未聞聖人爲政之道也
然聖人之道有出此三者乎亦兼用之而已昔者堯
舜之時比屋之民皆足以封則民可謂不忍欺矣驩
兜以丹朱稱於前曰嚚訟可乎則民可謂不能欺矣
四罪而天下咸服則民可謂不敢欺矣故任德則有
不可化者任察則有不可周者任刑則有不可服者
然則子賤之政無以正暴惡子產之政無以周隱微
西門豹之政無以漸柔良然而三人者能以治者蓋
足以治小具而高亂世耳使遭堯舜之時所大治者
則豈足用哉蓋聖人之政仁足以使民不忍欺智足
以使民不能欺政足以使民不敢欺然後天下無或
欺之者矣或曰刑亦足任以治乎曰所任者蓋亦非

專用之而足以治也豹治十二渠以利民至乎漢吏不能廢民以爲西門君所爲不從吏以廢也則豹之德亦足以感於民心矣然則尚刑故曰任刑焉耳使無以懷之而惟刑之見則民豈得或不能欺之哉

非禮之禮

古之人以是爲禮而吾今必由之是未必合於古之禮也古之人以是爲義而吾今必由之是未必合於古之義也夫天下之事其爲變豈一乎哉固有迹同而實異者矣今之人認認然求合於其迹而不知權時之變是則所同者古人之迹而所異者其實也事同於古人之迹而異於其實則其爲天下之害莫大矣此聖人所以貴乎權時之變者也孟子曰非禮之

禮非義之義大人不爲蓋所謂迹同而實異者也夫
君之可愛而臣之不可以犯上蓋夫莫大之義而萬
世不可以易者也桀紂爲不善而湯武放弑之而天
下不以爲不義也蓋知向所謂義者義之常而湯武
之事有所變而吾欲守其故其爲蔽一而其爲天下
之患同矣使湯武暗於君臣之常義而不達於時事
之權變則豈所謂湯武哉聖人之制禮也非不欲儉
以爲儉者非天下之欲也故制於奢儉之中焉蓋禮
之奢爲衆人之欲而聖人之意未嘗不欲儉也孔子
曰麻冕禮也今也純儉吾從衆然天下不以爲非禮
也蓋知向之所謂禮者禮之常而孔子之事爲禮之
權也且奢者爲衆人之所欲而制令衆人能儉則聖

人之所欲而禮之所宜也然則可以無從乎使孔子藏於制禮之文而不達於制禮之意則豈所謂孔子哉故曰非禮之禮非義之義大人不爲釋者曰非禮之禮若娶妻而朝暮拜之者是也非義之義若藉交以報仇是也夫娶妻而朝暮拜之藉交以報仇中人之所不爲者豈待大人而後能不爲乎嗚呼蓋亦失孟子之意矣

王霸

仁義禮信天下之達道而王霸之所同也夫王之與霸其所以用者則同而其所以名者則異何也蓋其心異而已矣其心異則其事異其事異則其功異其功異則其名不得不異也王者之道其心非有求於

天下也所以爲仁義禮信者以爲吾所當爲而已矣
以仁義禮信修其身而後之政則天下莫不化之也
是故王者之治知爲之於此不知求之於彼而彼固
已化矣霸者之道則不然其心未嘗仁也而患天下
惡其不仁於是示之以仁其心未嘗義也而患天下
惡其不義於是示之以義其於禮信亦若是而已矣
是故霸者之心爲利而假王者之道以示其所欲其
有爲也唯恐民之不見而天下之不聞也故曰其心
異也齊(淵聖御名)公劫於曹沬之刃而許歸其地夫欲歸
其地者非吾之心也許之者免死而已由王者之道
則勿歸焉可也而(淵聖御名)公必歸之地一百文公伐原約
三日而退三日而原不降由王者之道則雖待其[illegible]

焉可也而文公必退其師蓋必其信示於民者也凡所爲仁義禮信亦無以異於此矣故曰其事異也王者之大若天地然天地無所勞於萬物而萬物各得其性萬物雖得其性而莫知其爲天地之功也王者無所勞於天下而天下各得其治雖得其治然而莫知其爲王者之德也霸者之道則不然若世之惠人耳寒而與之衣飢而與之食民雖知吾之惠而吾之惠亦不能及夫廣也故曰其功異也夫王霸之道則異矣其用至誠以求其利而天下與之故王者之道雖不求利之所歸霸者之道不主於利然不假王者之事以接天下則天下孰與之哉

性情

性情一也世有論者曰性善情惡是徒識性情之名而不知性情之實也喜怒哀樂好惡欲未發於外而存於心性也喜怒哀樂好惡欲發於外而見於行情也性者情之本情者性之用故吾曰性情一也彼曰性善無它是嘗讀孟子之書而未嘗求孟子之意耳彼曰情惡無它是有見於天下之以此七者而入於惡而不知七者之出於性耳故此七者人生而有之接於物而後動焉動而當於理則聖也賢也不當於理則小人也彼徒有見於情之發於外者爲外物之所累而遂入於惡也因曰情惡也害性者情也是曾不察於情之發於外而爲外物之所感而遂入於善者乎蓋君子養性之善故情亦善小人養性之惡故

情亦惡故君子之所以爲君子莫非情也小人之所以爲小人莫非情也彼論之失者以其求性於君子求情於小人耳自其所謂情者莫非喜怒哀樂好惡欲也舜之聖也象喜亦喜使舜當喜而不喜則豈足以爲舜乎文王之聖也王赫斯怒當怒而不怒則豈足以爲文王乎舉此二者而明之則其餘可知矣如其廢情則性雖善何以自明哉誠如今論者之說無情者善則是若木石者尚矣是以知性情之相須猶弓矢之相待而用若夫善惡則猶中與不中也曰然則性有惡乎曰孟子曰養其大體爲大人養其小體爲小人揚子曰人之性善惡混是知性可以爲惡也

世之論者曰惠者輕與勇者輕死臨財而不訾臨難而不避者聖人之所取而君子之行也吾曰不然惠者重與勇者重死臨財而不訾臨難而不避者聖人之所疾而小人之行也故所謂君子之行者有二焉其未發也慎而已矣其既發也義而已矣慎則待義而後決義則待宜而後動蓋不苟而已也易曰吉凶悔吝生乎動言動者賢不肖之所以分不可以苟爾是以君子之動苟得已則斯靜矣故於義有可以不與不死之道而必與必死者雖衆人之所謂難能而君子未必善也於義有可與可死之道而不與不死者雖衆人之所謂易出而君子未必非也是故尚難而賤易者小人之行也無難無易而惟義之是者君

子之行也傳曰義者天下之制也制行而不以義雖
出乎聖人所不能亦歸於小人而已矣季路之爲人
可謂賢也而孔子曰由也好勇過我無所取材夫孔
子之行惟義之是而子路過之是過於義也爲行而
過於義宜乎孔子之無取於其材也勇過於義孔子
不取則惠之過於義亦可知矣孟子曰可以與可以
無與與傷惠可以死可以無死死傷勇蓋君子之動
必於義無所疑而後發苟有疑焉斯無動也語曰多
見闕殆愼行其餘則寡悔言君子之行當愼處於義
爾而世有言孟子者曰孟子之文傳之者有所誤也
孟子之意當曰無與傷惠無死傷勇嗚呼蓋亦弗思
而已矣

仁智

仁者聖之次也智者仁之次也未有仁而不智者也未有智而不仁者也然則何智仁之别哉以其所以得仁者異也仁吾所有也臨行而不思臨言而不擇發之於事而無不當於仁也此仁者之事也仁吾所未有也吾能知其為仁也臨行而思臨言而擇發之於事而無一不當於仁也此智者之事也其所以得仁則異矣及其為仁則一也孔子曰仁者静智者動何也曰譬今有二賈也一則既富矣一則知富之術而未富也既富者雖焚舟折車無事於賈可也知富之術而未富者則不得無事也此仁智之所以異其動静也吾之仁足以上格乎天下淡乎草木旁溢乎四夷而

吾之用不匱也然則吾何求哉此仁者之所以能靜也吾之知欲以上格乎天下浹乎草木旁溢乎四夷而吾之用有時而匱也然則吾可以無求乎此智者之所以必動也故曰仁者樂山智者樂水山者靜而利物者也水者動而利物者也其動靜則異其利物則同矣曰仁者壽智者樂然則仁者不樂智者不壽乎曰智者非不壽不若仁者之壽也仁者非不樂樂不足以盡仁者之盛也能盡仁之道則聖人矣然不曰仁而目之以聖者言其化也蓋能盡仁道則能化矣如不能化吾未見其能盡仁道也顏回次孔子者也而孔子稱之曰三月不違仁而已然則能盡仁道者非若孔子者誰乎

中述

君子所求於人者薄而辨是與非也無所苟孔子罪宰予曰於予與何誅罪冉有曰小子鳴鼓而攻之可也二子得罪於聖人若當絕也及爲科以列其門弟子取者不過數人於宰予有辭命之善則取之於由求有政事之善則取之不以不善而廢其善孔子豈阿其所好哉所求於人者薄也管仲功施天下孔子小之門弟子三千人孔子獨稱顏回爲好學問其餘則未爲好學者閔損原憲曾子之徒不與焉冉求宰我之得罪又如此孔子豈不樂道人之善哉辨是與非無所苟也所求於人者薄所以取人者厚蓋辨是與非者無所苟所以明聖人之道加於宰予冉求二子

之不得列其善則士之難全者衆矣惡足以取人善乎如管仲無所取則從政者若是而止矣十子之徒皆稱好學則好學者若是而止矣惡足以明聖人之道乎取人如此則吾之自取者重而人之所慕者易明道如此則吾之與人其所由可知已故薄於責人而非匿其過一不苟於論人所以求其全聖人之道本乎中而已春秋之旨豈易於是哉

行述

古之人僕僕然勞其身以求行道於世而曰吾以學孔子者惑矣孔子之始也食於魯魯亂而適齊齊大夫欲害己則反而食乎魯魯受女樂不朝者三日義不可以留也則烏乎之曰甚矣衛靈公之無道也其

遇賢者庶乎其猶有禮耳於是之衛衛靈公不可與處也於是不暇擇而之曹以適于宋鄭陳蔡衛楚之郊其志猶去衛而之曹也老矣遂歸于魯以卒孔子之行如此烏在其求行道也夫天子諸侯不以身先於賢人其不足與有爲明也孔子而不知其何以爲孔子也曰沽之哉沽之哉我待價者也僕僕然勞其身以求行道於世是沽也子路曰君子之仕行其義也道之不行已知之矣蓋孔子之心云耳然則孔子無意於世之人乎曰道之將興歟命也道之將廢歟命也苟命矣則世之人何

臨川先生文集卷第六十八

論議

蘷說

鯀說

季子

荀卿

楊墨

老子

莊周二

原性

性說

對難

夔說

舜命其臣而教戒之未有不讓者焉至於夔則獨無所讓而又稱其樂之和美者何也夫禹稷益伯夷龍皆新命者也故疇於衆臣而後命之而皆有讓矣棄契皋陶夔當是時蓋已爲是官因命是五人者而敎戒之焉耳故獨無所讓也孔氏曰禹垂益伯夷夔龍皆新命者蓋失之矣聖人之聰明雖大過於人然未嘗自用聰明也故舜之命此九人者未嘗不咨而後命焉則何獨於夔而不然乎使夔爲新命者則何稱其樂之和美也使夔之受命之日已稱其樂之和美則賢人之舉措亦少輕矣孔氏之說蓋惑於命汝典樂之語爾夫汝作司徒汝作士之文豈異於命汝典

樂之語乎且所以知其非新命者蓋舜不疇而命之而無所讓也舜之命夔也亦無所疇夔之受命也亦無所讓則何以知其爲新命乎夫擊石拊石而百獸率舞非夔之所能爲也爲之者衆臣也非衆臣之所能爲也爲之者舜也將有治於天下則可以無相乎故命禹以宅百揆也民窘於衣食而欲其化而入於善豈可得哉故次命棄以爲稷也民既富而可以教矣則豈可以無教哉故次命契以爲司徒也既教之則民不能無不帥教者民有不帥教則豈可以無刑乎故次命皐陶以爲士也此皆治人之所先急者備矣則可以治末之時也工者治人之末者也故次命垂以爲共工也於是治人之事具則宜及於鳥獸草

木也故次命益以爲虞也夫其所以治至於鳥獸草
木則天下之功至矣治天下之功至則可以制禮之
時也故次命伯夷以爲典禮也夫治至於鳥獸草木
而人有禮以節文之則政道成矣可以作樂以樂其
成也故次命夔以爲典樂也借使禹不能揔百揆稷
不能富萬民契不能教皋陶不能士垂不能共工伯
夷不能典禮然則天下亂矣天下亂而夔欲擊石拊
石百獸率舞其可得乎故曰爲之者衆臣也使舜不
能用是衆臣則是衆臣亦不能成其功矣故曰非衆
臣之所能爲也爲之者舜也夫夔之所以稱其樂之
和美者豈以爲伐耶蓋以美舜也孔子之所謂將順
其美者其夔哉

鯀說

堯咨孰能治水四岳皆對曰鯀然則在廷之臣可台水者惟鯀耳水之患不可留而俟人鯀雖方命圮族而其才則群臣皆莫及然則舍鯀而孰使哉當此之時禹蓋尚少而舜猶伏於下而未見乎上也夫舜禹之聖也而堯之聖也知群臣之仁賢也其求治水之急世而相遇之難如此後之不遇者亦可以無憾矣

季子

先王酌乎人情之中以制喪禮使哀有餘者俯而就之哀不足者企而及之哀不足者非聖人之所甚善也善之者善其能勉於禮而已延陵季子其長子死旣封而號者三遂行孔子曰延陵季子之於禮其合

矣乎夫長子之喪聖人爲制之三年之服蓋以謂父子
之親而長子者爲親之後人情之所至重也今季子
三號遂行則於先王之禮亦爲不及矣今論者曰當是
之時季子聘於齊將君之命若夫季子之心則以謂
不可以私義而緩君命有勢不得以兩全者則當忍
哀以徇於尊者之事矣今將命而聘既聘而返遂少
緩而盡哭之哀則於事君之義豈爲不足而害於使
事哉君臣父子之義勢足以兩全而不爲之盡禮也
則亦薄於骨肉之親而不用先王之禮爾其言曰骨
肉歸復于土命也若魂氣則無所不之矣夫骨肉之
復于土魂氣之無不之是人情之所哀者矣君子無
所不言命至於喪則有性焉獨不可以謂命也昔莊

周喪其妻鼓盆而歌東門吳喪其子比於未有此棄人齊物之道吾儒之罪人也觀季子之說蓋亦周吳之徒矣父子之親仁義之所由始而長子者繼祖考之重故喪之三年所以重祖考也今季子不爲之盡禮則近於棄仁義薄祖考矣孔子曰喪事不敢不勉也又曰臨喪不哀吾何以觀之哉臨人之喪而不哀孔子猶以爲不足觀也況禮之喪三年者乎然則此言宜非取之矣蓋記其葬深不至於泉斂以時服既葬而封廣輪揜坎其高可隱孔子之稱之蓋稱其葬之合於禮爾獨稱葬之合於禮則哀之不足可知也衛有送葬者夫子觀之曰善哉此可以爲法矣若此則夫子之所美也聖人之言辭隱而義顯豈徒然哉

學者之所不可不思也

荀卿

荀卿載孔子之言曰由智者若何仁者若何子路曰智者使人知己仁者使人愛己子曰可謂士矣子曰賜智者若何仁者若何子貢曰智者知人仁者愛人子曰可謂士君子矣子曰回智者若何仁者若何顔淵曰智者知己仁者愛己子曰可謂明君子矣是誠孔子之言歟吾知其非也夫能近見而後能遠察能利狹而後能澤廣明天下之理也故古之欲知人者必先求知己欲愛人者必先求愛己此亦理之所必然而君子之所不能易者也請以事之近而天下之所共知者諭之今有人於此不能見太山於咫尺之

内若則雖天下之至愚知其不能察秋毫於百步之外也蓋不能見於近則不能察於遠明矣而荀卿以謂知己者賢於知人者是猶能察秋毫於百步之外者爲不若見太山於咫尺之内者之明也今有人於此食不足以厭其腹衣不足以周其體者則雖天下之至愚知其不能以贍足鄉黨也蓋不能利於狹則不能澤於廣明矣而荀卿以謂愛己者賢於愛人者是猶以贍足鄉黨爲不若食足以厭腹衣足以周體者之富也由是言之荀卿之言其不察理已甚矣故知己者智之端也可推以知人也愛己者仁之端也可推以愛人也夫能盡智仁之道然後能使人知己愛己是故能使人知己愛己者未有不能知人愛人

者也能知人愛人者未有不能知己愛己者也今荀卿之言一切反之吾是以知其非孔子之言而爲荀卿之妄矣楊子曰自愛仁之至也蓋言能自愛之道則足以愛人耳非謂不能愛人而能愛己者也噫古之人愛人不能愛己者有之矣然非吾所謂愛人而墨翟之道也若夫能知人而不能知己者亦非吾所謂知人矣

楊墨

楊墨之道得聖人之一而廢其百是也聖人之道兼楊墨而無可無不可者是也墨子之道摩頂放踵以利天下而楊子之道利天下拔一毛而不爲也夫禹之於天下九年之間三過其門呱呱之泣而不

一省其子此亦可謂爲人矣顔回之於身簞食瓢飲以獨樂於陋巷之間視天下之亂若無見者此亦可謂爲己矣楊墨之道獨以爲人爲己得罪於聖人者何哉此蓋所謂得聖人之一而廢其百者也是故由楊子之道則不義由墨子之道則不仁於仁義之道無所遺而用之不失其所者其唯聖人之徒歟二子之失於仁義而不見天地之全則同矣及其所以得罪則又有可論者也楊子之所執者爲己爲己學者之本也墨子之所學者爲人爲人學者之末也是以學者之事必先爲己其爲己有餘而天下之勢可以爲人矣則不可以不爲人故學者之學也始不在於爲人而卒所以能爲人也今夫始學之時其道未足

以爲己而其志己在於爲人也則亦可謂謬用其心矣謬用其心者雖有志於爲人其能乎哉由是言之楊子之道雖不足以爲人固知爲己矣墨子之志雖在於爲人吾知其不能也嗚呼楊子知爲己之爲務而不能達於大禹之道也則亦可謂惑矣墨子者廢人物親疎之别而方以天下爲己任是其所欲以利人者適所以爲天下害患也豈不過甚哉故楊子近於儒而墨子遠於道其異於聖人則同而其得罪則宜有間也

老子

道有本有末本者萬物之所以生也末者萬物之所以成也本者出之自然故不假乎人之力而萬物以

生也末者涉乎形器故待人力而後萬物以成也夫
其不假人之力而萬物以生則是聖人可以無言也
無爲也至乎有待於人力而萬物以成則是聖人之
所以不能無言也無爲也故昔聖人之在上而以萬
物爲己任者必制四術焉四術者禮樂刑政是也所
以成萬物者也故聖人唯務修其成萬物者不言其
生萬物者蓋生者尸之於自然非人力之所得與矣
老子者獨不然以爲涉乎形器者皆不足言也不足
爲也故抵去禮樂刑政而唯道之稱焉是不察於理
而務高之過矣夫道之自然者又何預乎唯其涉乎
形器是以必待於人之言也人之爲也其書曰三十
輻共一轂當其無有車之用夫轂輻之用固在於車

之無用然工之琢削未嘗及於無者蓋無出於自然
之力可以無與也今之治車者知治其轂輻而未嘗
及於無也然而車以成者蓋轂輻具則無必爲用矣
如其知無爲用而不治轂輻則爲車之術固已疏矣
今知無之爲車用無之爲天下用然不知所以爲用
也故無之所以爲用者以有轂輻也無之所以爲天
下用者以有禮樂刑政也如其廢轂輻於車廢禮樂
刑政於天下而坐求其無之爲用也則亦近於愚矣

莊周上

世之論莊子者不一而學儒者曰莊子之書務詆孔
子以信其邪說要焚其書廢其徒而後可其曲直固
不足論也學儒者之言如此而好莊子之道者曰莊

子之德不以萬物干其慮而能信其道者也彼非不知仁義也以爲仁義小而不足行已彼非不知禮樂也以爲禮樂薄而不足化天下故老子曰道失後德德失後仁仁失後義義失後禮是知莊子非不達於仁義禮樂之意也彼以爲仁義禮樂者道之末也故薄之云耳夫儒者之言善也然未嘗求莊子之意也好莊子之言者固知讀莊子之書也然亦未嘗求莊子之意也昔先王之澤至莊子之時竭矣天下之俗譎詐大作質朴並散雖世之學士大夫未有知貴己賤物之道者也於是棄絕乎禮義之緒奪攘乎利害之際趨利而不以爲辱殞身而不以爲怨漸漬陷溺以至乎不可救已莊子病之思其說以矯天下之弊

而歸之於正也其心過慮以爲仁義禮樂皆不足以正之故同是非齊彼我一利害則以足乎心爲得此其所以矯天下之弊者也既以其說矯弊矣又懼來世之遂實吾說而不見天地之純古人之大體也於是又傷其心於卒篇以自解故其篇曰詩以道志書以道事禮以道行樂以道和易以道陰陽春秋以道名分由此而觀之莊子豈不知聖人者哉又曰譬如耳目鼻口皆有所明不能相通猶百家衆技皆有所長時有所用用是以明聖人之道其全在彼而不在此而亦自列其書於宋鈃慎到墨翟老聃之徒俱爲不該不徧一曲之士蓋欲明吾之言有爲而作非大道之全云耳然則莊子豈非有意於天下之弊而存

聖人之道乎伯夷之清柳下惠之和皆有矯於天下者也莊子用其心亦二聖人之徒矣然而莊子之言不得不為邪說比者蓋其矯之過矣夫矯枉者欲其直也矯之過則歸於枉矣莊子亦曰墨子之心則是也墨子之行則非也推莊子之心以求其行則獨何異於墨子哉後之讀莊子者善其為書之心非其為書之說則可謂善讀矣此亦莊子之所願於後世之讀其書者也今之讀者挾莊以謾吾儒曰莊子之道大哉非儒之所能及知也不知求其異而以異於儒者為貴悲夫

莊周下

學者詆周非堯舜孔子余觀其書特有所寓而言耳

孟子曰說詩者不以文害辭不以辭害意以意逆志是為得之讀其文而不以意原之此為周者之所以詆也周曰上必無為而用天下下必有為而為天下用又自以為處昏相亂相之間故窮而無所見其材孰謂周之言皆不可措乎君臣父子之間而遭世遇主終不可使有為也及其引太廟犧以辭楚之聘使彼蓋危言以懼衰世之常人耳夫以周之才豈迷出處之方而專畏犧者哉蓋孔子所謂隱居放言者周殆其人也然周之說其於道既反之宜其得罪於聖人之徒也夫中人之所及者聖人詳說而謹行之說之不詳行之不謹則天下弊中人之所不及者聖人蔵乎其心而言之略不略而詳則天下惑且夫諄諄

而後喻譊譊而後服者豈所謂可以語上者哉惜乎闢之能言而不通乎此也

原性

或曰孟荀揚韓四子者皆古之有道仁人而性者有生之大本也以古之有道仁人而言有生之大本其爲言也宜無惑何其說之相戾也吾願聞子之所安曰吾所安者孔子之言而已夫太極者五行之所由生而五行非太極也性者五常之太極也而五常不可以謂之性此吾所以異於韓子且韓子以仁義禮智信五者謂之性而曰天下之性惡焉而已矣五者之謂性而惡焉者豈五者之謂哉孟子言人之性善荀子言人之性惡夫太極生五行然後利害生焉而

太極不可以利害言也性生乎情有情然後善惡形焉而性不可以善惡言也此吾所以異於二子孟子以惻隱之心人皆有之因以謂人之性無不仁就所謂性者如其說必也怨毒忿戾之心人皆無之然後可以言人之性無不善而人果皆無之乎孟子以惻隱之心爲性者以其在內也夫惻隱之心與怨毒忿戾之心其有感於外而後出乎中者有不同乎荀子曰其爲善者僞也就所謂性者如其說必也惻隱之心人皆無之然後可以言善者僞也爲人果皆無之乎荀子曰陶人化土而爲埴埴豈土之性也哉夫陶人不以木爲埴者惟土有埴之性焉烏在其爲僞也且諸子之所言皆吾所謂情也習也非性也揚子之

言爲似矣猶[illegible]乎以習而言性也古者有不謂喜
怒愛惡欲情者乎喜怒愛惡欲而善然後從而命之
曰仁也義也喜怒愛惡欲而不善然後從而命之曰
不仁也不義也故曰有情然後善惡形焉然則善惡
者情之成名而已矣孔子曰性相近也習相遠也吾之
言如此然則上智與下愚不移有說乎曰此之謂智
愚吾所云者性與善惡也惡者之於善也爲之則是
愚者之於智也或不可強而有也伏羲作易而後世
聖人之言也非天下之至精至神其孰能與於此孔
子作春秋則游夏不能措一辭蓋伏羲之智非至精
至神不能與惟孔子之智雖游夏不可強而能也況
所謂下愚者哉其不移明矣或曰四子之云爾其皆

有意於敎乎曰是說也吾不知也聖人之敎正名而
已

性說

孔子曰性相近也習相遠也吾是以與孔子也韓子之言性也吾不有取焉然則孔子所謂中人以上可以語上中人以下不可以語上惟上智與下愚不移何說也曰習於善而已矣所謂上智者習於惡而已矣所謂下愚者一習於善一習於惡所謂中人者上智也下愚也中人也其卒也命之而已矣有人於此未始爲不善也謂之上智可也其卒也去而爲不善然後謂之中人可也有人於此未始爲善也謂之下愚可也其卒也去而爲善然後謂之中人可也惟其

不移然後謂之上智惟其不移然後謂之下愚皆於
其卒也命之夫非生而不可移也且韓子之言弗顧
矣曰性之品三而其所以爲性五夫仁義禮智信孰
而可謂不善也又曰上焉者之於五主於一而行之
四下焉者之於五反於一而悖於四是其於性也不
一失焉而後謂之上焉者不一得焉而後謂之下焉
者是果性善而不善者習也然則堯之朱舜之均瞽
瞍之舜鯀之禹后稷越椒叔魚之事後所引者皆不
可信邪曰堯之朱舜之均固吾所謂習於惡而已者
瞽瞍之舜鯀之禹固吾所謂習於善而已者后稷之
詩以異云而吾之所論者常也詩之言至以爲人子
而無父人子而無父猶可以推其質常乎夫言性亦

常而已矣無以爲常乎則狂者蹈火而入河亦可以爲
性也越椒叔魚之事徒聞之左丘明丘明固不可信
也以言取人孔子失之宰我以貌失之子羽此兩人
者其成人也孔子朝夕與之居以言貌取之而失彼
其始生也婦人者以聲與貌定而卒得之婦人者獨
有過孔子者邪

對難

子爲揚孟論以辨言性命者之失而有難予者曰子
之言性則誠然矣至於言命則予以爲未也今有人
於此其才當處於天下之至賤而反處於天下之至
貴其行當得天下之大禍而反得天下之大福其才
當覩於天下之至貴而反處於天下之至賤其行當

得天下之至福而反得天下之至禍此則悖於人之所取而非人力之所及者矣於是君子曰爲之者天也所謂命者蓋以謂命之於天云耳昔舜之王天下也進九官誅四凶成王之王天下也尊二伯誅二叔若九官之進者以其皆聖賢也四凶之誅者以其皆不肖也二伯之尊者亦以其皆聖賢也二叔之誅者亦以其皆不肖也是則人之所爲矣使舜爲不明進四凶而誅九官成王爲不明尊二叔而誅二伯則所謂非人力之所及而天之所命者也彼人之所爲可雖以爲之命哉曰聖賢之所以尊進命也不肖之所以誅命也昔孔子懷九官二伯之德困於亂世賤身於干戈者屢矣遑遑於天下之諸侯求有所用而卒

死於旅人也然則九官二伯雖曰聖賢其尊進者亦
命也盜跖之罪浮於四凶二叔竟以壽死然則四凶
二叔雖曰不肖其誅者亦命也是以聖人不言命教
人以盡乎人事而已嗚呼又豈唯貴賤禍福哉凡人
之聖賢不肖莫非命矣曰貴賤禍福皆自外至者子
以謂聖賢之貴而福不肖之賤而禍皆有命則吾既
聞之矣若夫聖賢不肖之所以爲聖賢不肖則在我
者也何以謂之命哉曰是誠君子志也古之好學者
之言未有不若此者也然孟子曰仁之於父子也義
之於君臣也禮之於賓主也知之於賢者也聖人之
於天道也命也有性焉君子不謂命也由此而言之
則聖賢之所以爲聖賢君子雖不謂之命而孟子固

曰命也已不肖之所以爲不肖何以異於此哉

臨川先生文集卷第六十八

臨川先生文集卷第六十九

論議一

禄隱

孔子叙逸民先伯夷、叔齊而後柳下惠曰不降其志不辱其身伯夷叔齊、也柳下惠降志辱身矣孟子叙三聖人者亦以伯夷居伊尹之前而揚子亦曰孔子高餓顯下禄隱夫聖人之所言高者是所取於人而所行於己者也所言下者是所非於人而所棄於己者也然而孔孟生於可避之世而未嘗避也蓋其不合則去則可謂不降其志不辱其身矣至於揚子則吾竊有疑焉爾當王莽之亂雖鄉里自喜者知遠其辱而揚子親屈其體爲其左右之臣豈君子固多能言而不能行乎抑亦有以處之非必出於此言乎曰聖賢之言行有所同而有所不必同不可以一端求

也同者道也不同者迹也知所同而不知所不同
君子也夫君子豈固欲以爲此不同哉蓋時不同則言
行不得無不同唯其不同是所以同也如時不同而
固欲爲之同則是所同者迹也所不同者道也迹同
於聖人而道不同則其爲小人也孰禦哉世之士不
知道之不可一迹也久矣聖賢之宗於道猶水之宗
於海也水之流一曲焉一直焉未嘗同也至其宗於
海則同矣聖賢之言行一伸焉一屈焉未嘗同也至
其宗於道則同矣故水因地而曲直故能宗於海聖
賢因時而屈伸故能宗於道孟子曰伯夷柳下惠聖
人也百世之師也如其高餓顯下禄隱而必其出於
所高則柳下惠安擬伯夷哉揚子曰塗雖曲而通諸

夏則由諸川雖曲而通諸海則由諸蓋言事雖曲而通諸道則亦君子所當同也由是而言之餓顯之高禄隱之下皆迹矣豈足以求聖賢哉唯其能無係累於迹是以大過於人也如聖賢之道皆出於一而無權時之變則又何聖賢之足稱乎聖者知權之大者也賢者知權之小者也昔紂之時微子去之箕子爲之奴比干諫而死此三人者道同也而其去就若此者蓋亦所謂迹不必同矣且易曰或出或處或默或語言君子之無可無不可也使揚子寧不至于耽禄於弊時哉蓋於時爲不可去必去則揚子之所知亦已小矣

太古之人不與禽獸朋也幾何聖人惡之也制作焉以別之下而戾於後世侈裒衣壯宮室隆耳目之觀以嚚天下君臣父子兄弟夫婦皆不得其所當然仁義不足澤其性禮樂不足錮其情刑政不足網其惡蕩然復與禽獸朋矣聖人不作昧者不識所以化之之術顧引而歸之太古太古之道果何行之萬世聖人惡用制作於其間必制作於其間爲太古之不可行也顧欲引而歸之是去禽獸而之禽獸奚補於化哉吾以爲識治亂者當言所以化之之術曰歸之太古非愚則誣

原教

善教者藏其用民化上而不知所以教之之源不善

敎者及此民知所以敎之之源而不誠化上之意善敎者之爲敎也致吾義忠而天下之君臣義且忠矣致吾孝慈而天下之父子孝且慈矣致吾恩於兄弟而天下之兄弟相爲恩矣致吾禮於夫婦而天下之夫婦相爲禮矣天下之君君臣臣父父子子兄兄弟弟夫夫婦婦皆吾敎也民則曰我何賴於彼哉此謂化上而不知所以敎之之源也不善敎者之爲敎也不此之務而暴爲之制煩爲之防勅勅於法令誥戒之間藏於府憲於市屬民於鄙野必曰臣而臣君而君子而子父而父兄弟者無失其爲兄弟也夫婦者無失其爲夫婦也率是也有賞不然則罪鄉閭之師族黨之長疏者時讀密者日告若是其悉矣顧不有

成之者也所謂陶冶而成之者何也亦教之養之取之任之有其道而已所謂教之之道何也古者天子諸侯自國至於鄉黨皆有學博置教導之官而嚴其選朝廷禮樂刑政之事皆在於學士所觀而習者皆先王之法言德行治天下之意其技亦可以為天下國家之用苟不可以為天下國家之用則不教也苟可以為天下國家之用者則無不在於學此教之之道也所謂養之之道何也饒之以財約之以禮裁之以法也何謂饒之以財人之情不足於財則貪鄙苟得無所不至先王知其如此故其制祿自庶人之在官者其祿已足以代其耕矣由此等而上之每有加焉使其足以養廉恥而離於貪鄙之行猶以為未也又推其祿以及其子孫謂之世

祿使其生也既於父子兄弟妻子之養昏姻明友之接皆無憾矣其死也又於子孫無不足之憂焉何謂約之以禮人情足於財而無禮以節之則又放僻邪侈無所不至先王知其如此故為之制度婚喪祭養燕享之事服食器用之物皆以命數為之節而齊之以律度量衡之法其命可以為之而財不足以具則弗非也其財可以具而命不得為之者不使有銖兩分寸之加焉何謂裁之以法先王於天下之士教之以道藝矣不師教而待之以屏棄遠方終身不齒之法約之以禮也不循禮則待之以流殺之法王制曰變衣服者其君流酒誥曰厥或誥曰群飲汝勿佚盡執拘以歸于周予其殺夫群飲變衣服小罪也流殺大刑也加小罪以大刑先王所

得曰非其財且不可性失復得曰非其性可乎

進說

古之時士之在下者無求乎上上之人曰汲汲惟恐一士之失也古者士之進有以德有以　有以言有以曲藝今徒不然自茂才等而下之至于明法其進退之皆有法度古之所謂德者才者無以爲也古之所謂言者又未必應今之法度也誠有豪傑不世出之士不自進乎此上之人弗舉也誠進乎此而不應今之法度有司弗取也夫自進乎此皆所謂枉己者也孟子曰未有枉己能正人者也然而今之士不自進乎此者未見也豈皆不如古之士自重以有恥乎古者并天下之地而授之氓士之未命也則授一廛

而爲養其父母妻子裕如也自家達有塾有序有庠有學觀游止處師師友友弦歌堯舜之道自樂也磨礱鐫切沉浸灌養行完而才備則曰上之人其舍我哉上之人其亦莫之能舍也今也地不井國不學黨不庠遂不序家不塾士之未命也則或無以養父母妻子無以處行完而才備上之人亦莫之舉也士安得而不自進嗚呼使今之士不若古非人則然勢也勢之異聖賢之所以不得同也孟子不見王公而孔子爲季氏吏夫不以勢乎哉士之進退不惟其德與才而惟今之法度而有司之好惡未必今之法度也是上之進不惟今之法度而幾在有司之好惡耳今之有司非昔之有司也後之有司又非今之有司也

有司之好惡豈常哉是士之進退一聽卒無所必而已矣噫以言取人未之失也取焉而又不得其所謂言是失之失也況又重以有司好惡之不可常哉古之道其卒不可以見乎士也有得已之勢其得不已乎得已而不已未見其爲有道也楊叔明之兄弟以父任皆京官其勢非吾所謂無以處無以裕父母妻子而有不得已焉者也自枉而爲進士而又枉於有司而又若不釋然二君固常自任以道而且朋友我矣懼其猶未寤也爲進說與之

取材

夫工人之爲業也必先淬礪其器用掄度其材幹然後致力寡而用功得矣聖人之於國也必先遴柬其

賢能練覈其名實然後任使逸而事以濟矣故取人
之道世之急務也自古守文之君孰不有意於是哉
然其間得人者有之失士者不能無焉稱職者有之
謬舉者不能無焉必欲得人稱職不失士不謬舉宜
如漢左雄所議諸生試家法文吏課牋奏爲得矣所
謂文吏者不徒苟尚文辭而已必也通古今習禮法
天文人事政教更張然後以施之職事則以詳平政體
有大議論使以古今參之是也所謂諸生者不獨取
訓習句讀而已必也習典禮明制度臣主威儀時政
沿襲然後施之職事則以緣飾治道有大議論則以
經術斷之是也以今準古今之進士古之文吏也今
之經學古之儒生也然其策進士則但以章句聲病

苟尚文辭類皆小能者爲之策經學者徒以記問爲能不責大義類皆蒙鄙者能之使通才之人或見賛於時髙世之士或見排於俗故屬文者至相戒曰涉獵可爲也誣豔可尚也於政事何爲哉守經者曰傳寫可爲也誦習可勤也於義理何取哉故其父兄勗其子弟師長勗其門人相爲浮豔之作以追時好而取世資也何哉其取舍好尚如此所習不得不然也若此之類而當擢之職位歷之仕塗一旦國家有大議論立辟雍明堂損益禮制更著律令決讞疑獄彼惡能以詳平政體緣飾治道以古今參之以經術斷之哉是必唯唯而已文中子曰文乎文乎苟作云乎哉必也貫乎道學乎學乎博誦云乎哉必也濟乎義

故才之不可苟取也久矣必若差别類能宜少倣漢之牋奏家法之義策進士者若曰邦家之大計何先治人之要務何急政教之利害何大安邊之計策何出使之以時務之所宜言之不直以章句聲病累其心策經學者宜曰禮樂之損益何宜天地之變化何如禮器之制度何尚各傳經義以對不獨以記問傳寫爲能然後署之甲乙以升黜之庶其取舍之鑑灼于目前是豈惡有用而事無用辟逸而就勞哉故學者不習無用之言則業專而脩矣一心治道則習貫而入矣若此之類施之朝廷用之牧民何嚮而不利哉其他限年之議亦無取矣

興賢

國以任賢使能而興棄賢專己而衰此二者必然之勢古今之通義流俗所共知耳何治安之世有之而能興昏亂之世雖有之亦不興蓋用之與不用之謂矣有賢而用國之福也有之而不用猶無有也商之興也有仲虺伊尹其衰也亦有三仁周之興也同心者十人其衰也亦有祭公謀父內史過兩漢之興也有蕭曹寇鄧之徒其衰也亦有王嘉傅喜陳蕃李固之衆魏晉而下至於李唐不可徧舉然其間興衰之世亦皆同也由此觀之有賢而用之者國之福也有之而不用猶無有也可不慎歟今猶古也今之天下亦古之天下今之士民亦古之士民古雖擾攘之際猶有賢能若是之衆況今太寧豈曰無之在君上用

之而已博詢衆庶則才能者進矣不有忌諱則讜直之路開矣不邇小人則讒諛者自遠矣不拘文牽俗則守職者辨治矣不責人以細過則能吏之志得以盡其効矣苟行此道則何慮不跨兩漢軼三代然後踐五帝三皇之塗哉

委任

人主以委任爲難人臣以塞責爲重任之重而責之重可也任之輕而責之重不可也愚無他識請以漢之事明之高祖之任人也可以任則任可以止則止至於一人之身才有長短取其長則不問其短情有忠僞信其忠則不疑其僞其意曰我以其人長於某事而任之在它事雖短何害焉我以其人忠於我心

而任之在它人雖僞何害焉故蕭何刀筆之吏也委
之關中無復西顧之憂陳平亡命之虜也出捐四萬
餘金不問出入韓信輕猾之徒也與之百萬之衆而
不疑是三子者豈素著忠名哉蓋高祖推己之心而
實於其心則它人不能離閒而事以濟矣後世循高
祖則鮮有敗事不循則失故孝文雖愛鄧通猶逞申
屠之志孝武不疑金霍終定天下大策當是時守文
之盛者二君而已元成之後則不然雖有何武王嘉
師丹之賢而奪於外戚賢官之寵牽於帷嬙近習之
制是以王道寖微而不免負謗於天下也中興之後
唯世祖能馭大臣以寇鄧耿賈之徒爲任職所以威
名不減於高祖至於爲子孫慮則不然反以元成之

後三公之任多奪於外戚瞽宦帷嬙近習之人而致敗由是置三公之任而事歸臺閣以虛尊加之而已然而臺閣之臣位卑事冗無所統一而奪於衆多之口此其爲奪於外戚瞽宦帷嬙近習者愈矣至於治有不進水旱不時災異或起則曰三公不能燮理陰陽而策免之甚者至於誅死豈不痛哉沖質之後淵聖御名靈之間因循以爲故事雖有李固陳蕃之賢皆挫於閹寺之手其餘則希世用事全軀而已何政治之能立哉此所謂任輕責重之弊也噫常人之性有能有不能有忠有不忠知其能則任之重可也謂其忠則委之誠可也委之誠者人亦輸其誠任之重者人亦荷其重使上下之誠相照恩結於其心是豈禽息

鳥視而不知荷恩盡力哉故曰不疑於物物亦誠焉且蘇秦不信天下爲燕尾生此一蘇秦傾側數國之間於秦獨以然者誠燕君厚之之謂也故人主以狗豢畜人者人亦狗豢其行以國士待人者人亦國士自奮故曰常人之性有能有不能有忠有不忠顧人君待之之意何如耳

知人

貪人廉淫人潔佞人直非終然也規有濟焉爾王莽拜侯讓印不受假僭皇命得璽而喜以廉濟貪者也晉王廣求爲冢嗣管絃遏密塵埃被之陪扆未幾而聲色喪邦以潔濟淫者也鄭注開陳治道激昂顏辭君民翕然倚以致平卒用姦敗以直濟佞者也於戲

知人則哲惟帝其難之古今一也

風俗

夫天之所愛育者民也民之所係仰者君也聖人上承天之意下爲民之主其要在安利之而安利之要不在於它在乎正風俗而已故風俗之變遷染民志關之盛衰不可不慎也君子制俗以儉其弊爲奢奢而不制弊將若之何夫如是則有殫極財力僭瀆擬倫以追時好者矣且天地之生財也有時人之爲力也有限而日夜之費無窮以有時之財有限之力以給無窮之費若不爲制所謂積之涓涓而洩之浩浩如之何使斯民不貧且濫也　國家奄有諸夏四聖繼統制度以定矣紀綱以緝矣賦斂不傷於民矣徭

役以均矣升平之運未有盛於今矣固當家給人足無一夫不獲其所矣然而窶人之子短褐未盡完趨末之民巧僞未盡抑其故何也殆風俗有所未盡淳歟且聖人之化自近及遠由內及外是以京師者風俗之樞機也四方之所面內而依倣也加之士民富庶財物畢會難以儉率易以奢變至於發一端作一事衣冠車馬之奇器物服玩之具旦更奇制夕染諸夏工者矜能於無用商者通貨於難得歲加一歲巧眩之性不可窮好尚之勢多所易故物有未弊而見毀於人人有循舊而見嗤於俗富者競以自勝貧者恥其不若且曰彼人也我人也彼爲奉養若此之麗而我反不及由是轉相慕効務盡鮮明使愚下之人

有逞一時之嗜欲破終身之貲産而不自知也且山
林不能給野火江海不能實漏卮淳朴之風散則貪
饕之行成貪饕之行成則上下之力匱如此則人無
行士無廉聲尚陵逼者爲時宜守檢押者爲鄙野
義之民少兼并之家多富者財至滿布州域貧者
窮不免於溝壑夫人之爲性心充體逸則樂生心
體勞則思死若是之俗何法令之能避哉故刑罰
所以不措者此也且壞崖破岩之水原自消消干雲
日之木起於青蔥禁微則易救末者難所宜略依
古之王制命市納賈以觀好惡有作奇技淫巧以疑
衆者糾罰之下至物器饌具爲之品制以節之工商
逐末者重租税以困辱之民見末業之無用而又爲

絆罰困厲不得不趨田畝田畝闢則民無饑矣以此
顯示衆庶未有輦轂之内治而天下不治矣

閔習

父母死則燔而捐之水中其不可明也禁使葬之其無不可亦明也然而吏相與非之乎上民相與怪之乎下蓋其習之久也則至於戕賊父母而無以爲不可顧曰禁之不可也嗚呼吾是以見先王之道難行也先王之道不講乎天下而不勝乎小人之説非一日之積也而小人之説其爲不可不皆若戕賊父母之易明也先王之道不皆若禁使葬之之易行也嗚呼吾是以見先王之道難行也正觀之行其庶矣惜乎其臣有罪焉作閔習

臨川先生文集卷第六十九

臨川先生文集卷第七十

論議

復讎解

推命對

使醫

泝説

雜著

論茶法

茶商十二説

制置三司條例

相鶴經

策問十一

復讎解

或問復讎對曰非治世之道也明天子在上自方伯諸侯以至于有司各修其職其能殺不辜者少矣不幸而有焉則其子弟以告于有司有司不能聽以告于其君其君不能聽以告于方伯方伯不能聽以告于天子則天子誅其不能聽者而爲之施刑於其讎亂世則天子諸侯方伯皆不可以告故書說紂曰凡有辜罪乃罔恒獲小民方興相爲敵讎蓋讎之所以興以上之不可告辜罪之不而獲也方是時有父兄之讎而輒殺之者君子權其勢恕其情而與之可也故復讎之義見於春秋傳見於禮記爲亂世之爲子弟者言之也春秋傳以爲父受誅子復讎不可也此

[illegible]又以爲父不受誅
不敢以身之私[illegible] [illegible]之義廢不可絕之恩
子復讎可也此言一[illegible]以言 子士殺之無罪疑此非
也周官之說曰凡復[illegible] 者以天下之亂而士之
周公之法也凡所以[illegible] 殺人之罪以施行而使
不能聽也有士矣不[illegible] 聽其 取於士而祿之也古之
爲人之子弟者讎之[illegible]則何 懼其末也曰與其殺不
於殺人其聽之可謂[illegible]矣猶
辜寧失不經今書于士則殺之無罪則所謂復讎者
果所謂可讎者乎庸詎知其不獨有可言者乎詎當
聽其罪矣則不殺於士師而使讎者殺之何也故疑
此非周公之法也或曰世亂而有復讎之禁則寧殺
身以復讎乎將無復讎而以存人之祀乎曰可以復

讎而不復非孝也復讎而殄祀亦非孝也以讎未復之恥居之終身焉蓋可也讎之不復者天也不忘復讎者己也克己以畏天心不忘其親不亦可矣

推命對

吳里處士有善推命知貴賤禍福者或俾予問之予辭焉他日復以請予對曰夫貴若賤天所爲也賢不肖吾所爲也吾所爲者吾能自知之天所爲者吾獨懵乎哉吾賢歟可以位公卿歟則萬鍾之祿固有焉不幸而貧且賤則時也吾不賢歟不可以位公卿歟則簞食豆羹無歉焉若幸而富且貴則咎也此吾知之無疑奚率於彼者哉且禍與福君子置諸外焉君子居必仁行必義反仁義而福君子不有也由仁義

而禍君子不屑也是故文王拘羑里孔子畏於匡彼
聖人之智豈不能脫禍患哉蓋道之存焉耳曰子以
爲貴若賤天所爲也然世賢而賤不肖而貴者亦天
所爲歟曰非也人不能合於天耳夫天之生斯人也
使賢者治不賢故賢者宜貴不賢者宜賤天之道也
擇而行之者人之謂也天人之道合則賢者貴不肖
者賤天人之道悖則賢者賤而不肖者貴也天人之
道悖合相半則賢不肖或貴或賤堯舜之世元凱用
而四凶殛是天人之道合也桀紂之世飛廉進而三
仁退是天人之道悖也漢魏而下賢不肖或貴或賤
是天人之道悖合相半也蓋天之命一而人之時不
能率合焉故君子脩身以俟命守道以任時貴賤禍

福之來不能沮也子不力於仁義以信其中而屑屑焉甘意於誕謾虛怪之説不已溺哉

使醫

一人疾焉而醫者十並使之歟曰使其尤良者一人焉爾烏知其尤良而使之曰衆人之所謂尤良者而隱之以吾心其可也夫能不相逮不相爲謀又相忌也況愚智之相百者乎人之愚不能者常多而智能者常少醫者十愚不能者烏知其不九邪並使之智能者何用愚不能者何所不用一日而病且亡誰者任其咎邪故予曰使其尤良者一人焉爾使其尤良者有道藥云則藥食云則食坐云則坐作云則作夫然故醫也得肆其術而無憾焉不幸而病且亡則少

矣藥云則食坐云則作曰姑如吾所安焉爾若人也何必醫如吾所安焉可也凡疾而從醫之道皆然而腹心爲甚有腹心之疾者得吾說而思之其庶矣

汴說

古者卜筮有常官所諏有常事若考步人生辰星宿所爻皆相人儀狀色理逆斥人禍福考信於聖人無有也不知從何許人傳宗其說者澶漫四出抵今爲尤蕃舉天下而籍之以是自名者蓋數萬不啻而汴不與焉舉汴而籍之蓋亦以萬計予嘗睎汴之術士喜挾奇而以動人者大祀宮廬服輿食飲之華封君不如也其出也或召焉問之某人也朝貴人也其歸也或賜焉問之某人也朝貴人也坐其廬旁歷其人

之往來肩相切踵相籍窮一朝暮則已錯不可計竊異之且竊歎曰吾儕治先聖人之言而修其術張之能爲天子營太平斂之猶足以禔身正家顧未嘗有公卿徽官若是其即之勤也或曰子知乎渴者期於漿疾者期於醫治然也子誠能爲天子營太平禔身正家彼所存勢與位爾勢不盈位不充則熱中熱中則惑勢盈位充矣則病失之病失之則憂惑且憂則思決以彼爲能決子亦能乎不能則無異其即彼跡此也因嘻不復異久之補吏淮南省親江南有金華山人者率然相過自言能逆斥禍福噫今之世子之術奚適而不遇哉因以汴説諗之

議茶法

國家罷榷茶之法而使民得自販於方今實爲便於
古義實爲宜而有非之者蓋聚斂之臣將盡財利於
毫末之間而不知與之爲取之過也夫茶之爲民用
等於米鹽不可一日以無而今官場所出皆麤惡
不可食故民之所食大率皆私販者夫奪民之所甘
而使不得食則嚴刑峻法有不能止者故鞭扑流徙
之罪未常少弛而私販私市者亦未嘗絕於道路也
既罷榷之之法則凡此之爲患皆可以無矣然則雖
盡充歲入之利亦爲國者之所當務也況關市之入
自足侔昔日之利乎昔桑洪羊興榷酤之議當時以
爲財用待此而給萬世不可易者然至霍光不學無
術之人 遂能屈其論而罷其法蓋義之勝利久矣今

朝廷之治方欲劃百代之弊而復堯舜之功而其爲法度乃欲出於霍光之所羞爲者則可乎以今之勢雖未能盡罷摧貨而能緩其一亦所以示上之人恤民之深而興治之漸也彼區區聚斂之臣務以求利爲功而不知與之爲取上之人亦當斷以義豈可以人人合其私說然後行哉揚雄曰爲人父而摧其子縱利如子何以雄之聰明其講天下之利害宜可信然則今雖國用甚不足亦不可以復易已行之法矣是以國家之勢苟修其法度以使本盛而末衰則天下之財不勝用庸詎而必區區於此哉

茶商十二說

臣竊以須仰巨商有十二之損爲害甚廣請試陳之

須仰巨商巨商數少相次十既易邀賊遂緊故有場饒
明減鬧減累累不已歲數〻百萬是饒減之損一也又
既仰巨商巨商稀少積壓等候陳損既多或棄或焚
或充雜用此稅既陷正稅又饒是陷稅之損二也又
既仰巨商饒豐價薄園民困耗逋欠歲程至如右橋
一場祖額一百七萬而近歲買納才得十萬而虧及
累年便乞減額是退額之損三也又既仰巨商須憑
力禁是以捕捉之旅所在屯布掩緝之衆彌占川落
官員請俸卒旅衣糧擾民費財摠計不細是力禁之
損四也又既仰巨商須置權務諸郡津置或數千里
所載綱運率自省破船材兵費風波盜竊每歲之計
不爲不甚是遠萃之損五也又既仰巨商必先多備

茶體輕怯難掌易損架閣利燥封角利密而官數浩
瀚堆積敖稟風枯雨濕氣味失奪俟售待給已反陳
損是堆積之損六也又失物分輕則得衆得衆則易
竭今仰巨商本不及數千緡則不能行是分重而不
得衆也故難竭而成積滯分重之損七也又凡貨利
已則精心精心則貨善貨善則易售今仰巨商非已
甚衆始從小户次輸主人方納官場復支商旅是以
小户偷竊主人殽雜姦吏容庇皆以非已而致貨不
善也是非已之損八也又既仰巨商遂爲二等新好
者支筭商旅伍陳者留賣南中食用不堪遂皆私易
故一縣大率每歲以茶被刑者往往百數是煩刑之
損九也又既仰巨商茶多積壞壞不堪者貝遂轉蠹敗

俵給戶民悉不堪食虛納所直諸郡甚多是剗本之損十也又巨商悉係通商南方盡從官賣官賣既不堪食多配寺院茶坊茶多弃損錢實虛斂是削民之損十一也既仰巨商貨終難盡諸般折給從是生焉雖依元價折錢變賣雜收什一請實虛損官亦虛損是刻士之損十二也其爲害廣也如此不可不去也

乞制置三司條例

竊觀先王之法自畿之內賦入精粗以百里爲之差而畿外邦國各以所有爲貢又爲經用通財之法以懋遷之其治市之貨財則亡者使有害者使除市之不售貨之滯於民用則吏爲斂之以待不時而買者凡此非專利也蓋聚天下之人不可以無財理天下

之財不可以無義夫以義理天下之財則轉輸之勞
逸不可以不均用度之多寡不可以不通貨賄之有
無不可以不制而輕重斂散之權不可以無術今天
下財用窘急無餘典領之官拘於弊法内外不以相
知盈虛不以相補諸路上供歲有定額豐年便道可
以多致而不敢不贏年儉物貴難於供備而不敢不
足遠方有倍蓰之輸中都有半價之鬻三司發運使
按簿書促期會而已無所可否增損於其間至遇軍
國郊祀之大費則遣使劉刷殆無餘藏諸司財用事
往往爲伏匿不敢實言以備緩急又憂年計之不足
則多爲支移折變以取之民納租稅數至或倍其本
數而朝廷所用之物多求於不產責於非時富商大

費因時乘公私之急以擅輕重斂散之權臣等以謂發運使揔六路之賦入而其職以制置茶鹽礬稅爲事軍儲國用多所仰給宜假以錢貨繼其用之不給使周知六路財賦之有無而移用之凡糴買稅斂上供之物皆得徙貴就賤用近易遠令在京庫藏年支見在之定數所當供辦者得以從便變賣以待上令稍收輕重斂散之權歸之公上而制其有無以便轉輸省勞費去重斂寬農民庶幾國用可足民財不匱矣所有本司合置官屬許令辟舉及有合行事件令依條例以聞奏下制置司參議施行

相鶴經

鶴者陽鳥也而遊於陰因金氣依火精以自養金數

九火數七六十三年小變百六十年大變千六百年
形定生三年頂赤七年飛薄雲漢又七年夜十二時
鳴六十年大毛落茸毛生乃潔白如雪泥水不能汙
百六年雌雄相視而孕一千六百年飲而不食胎化
產爲仙人之騏驥也夫聲聞於天故頂赤食於水故
喙長輕於前故毛豐而肉踈脩頸以納新故天壽不
可量所以體無青黃二色土木之氣內養故不表於
外也是以行必依洲渚止不集林木蓋羽族之清崇
也其相曰隆鼻短喙則少瞑露睛赤白則視遠長頸
踈身則能鳴鳳翼雀尾則善飛龜背鼈腹會舞高脛
促節足力其文李浮丘伯授王子晉又崔文子學道
於子晉得其文藏嵩高山石室淮南公采藥得之遂傳

於近代熙寧十年正月一日臨川王某降

策問

問堯舉鯀於書詳矣堯知其不可然且試之邪抑不知之也不知非所以爲聖也知其不可然且試之則九載之民其爲病也亦久矣幸而群臣遂舉舜禹不幸復稱鯀此亦將以九載試之邪以堯之大聖知鯀之大惡其知之也足以自信不疑矣何牽於群臣也必曰吾唯群臣之聽不自任也聖人之心急於救民其趣舍顧是否何如豈固然邪必以爲後世法得無明推之主牽制以召敗者邪或曰堯知水之數故先之以鯀或曰久民病以大禹功是皆不然堯必不以民病私禹禹必不以利民病而大已功以民病私其

臣利民病以爲己功烏在其爲堯禹也又以爲泥於數其探聖人滋淺矣且謂之有數繇何異其殛死也聖人之所以然愚不能釋吾子無隱焉耳

二

問臯陶曰在知人在安民大哉古之君臣相戒如此夫雖有知人之明而無安民之惠心未可與爲治也有安民之惠心而無知人之明則不能任人雖欲安民亦有所不能焉然而天子之尊也四海之富也自公至于士凡幾位自正至于旅凡幾職所謂知人者其必有術可以二三子而不知乎

一

問聖人治世有本末其施之也有先後今天下困散

不草其爲日也久矣治教政令未嘗放聖人之意而爲之也失其本求之末當後者反先之天下靡靡然入於亂者凡以此夫治天下不以聖人所以治其本不治也則爲士而不聞聖人之所以治非所以爲士也願二三子盡道聖人所以治之本末與其所先後以聞於有司

四

問記曰追王太王王季文王不以卑臨尊也夏商受命固有祖考矣無追王之事耶

五

問聖人之爲道也人情而已矣考之以事而不合隱之以義而不通非道也洪範之陳五事合於事而通

於義者也如其休咎之効則子疑焉人君承天以從事天不得其所當然則戒吾所以承之之事可也必如傳云人君行然天則順之以然其固然邪僭常暘若狂常雨若使狂且僭則天如何其順之也堯湯水旱奚尤以取之邪意者微言深法非淺者之所能造敢以質於二三子

六

問述詩書傳記百家之文二帝三王之所以基太平而澤後世必曰禮樂去若政與刑乃其助爾禮節之樂和之人已大治之後其所謂助者幾不用矣下三王而王者亦有議禮樂之情者乎其所謂禮樂如何也儒衣冠而言制作者文采聲音云而已其基太平而

澤後世儻在此邪宋之爲宋久矣禮樂不接於民之耳目何也抑猶未可以制作邪董仲舒王吉以爲王者未制作用先王之禮樂宜於世者如欲用先王之禮樂則何者宜於世耶

七

問舜命九官三后在焉呂刑所謂三后恤功于民乃堯命之何也曰伯夷降典折民惟刑禹平水土主名山川稷降播種農殖嘉穀以功次之禹也稷也伯夷也其可也以事次之民之災也富之也教之也其可也今考其文辭未有次焉何也曰士制百姓于刑之中以敎祗德降典也則以民云制于刑之中則以百姓云何也

八

問夏之法至商而更之商之法至周而更之皆因世就民而爲之節然其所以法意不相師乎

九

問易曰黃帝堯舜垂衣裳而天下治蓋取諸乾坤說者曰垂衣裳以辨貴賤乾坤尊卑之義也夫垂衣裳以辨貴賤自何世始始於黃帝獨曰黃帝可也於堯舜曰堯曰舜可也兼三世而言之吾疑焉二三子姑爲之辭

十

問詩論商之所以王本之契論周本之后稷夫成湯文武之仁聖而以當桀紂之天下此夏商所以破滅

而商周得之也彼千歲之稷契何功焉其本之也不有說耶

十一

問挂兵於夷狄以弊百姓畋游倡樂賞賜無節而臺榭陂池宮室之觀侈此國之所以貧今皆無此而有司之所講常出於權利然亦不足於財信任親戚後宮之家尊顯公卿大臣之世布衣巖穴之秀蔽鄣而不得仕此官之所以曠今皆無此而所使在位皆公天下之選也然亦不足於士異時嘗多兵矣而不以兵多故費財今民之壯者多去而爲兵而租賦盡於糧餉然亦不足於兵異時嘗多馬矣而不以馬多故費土今內則空可耕之地以爲牧蓋鉅萬頃外則棄

錢幣以取之四夷然亦不足於馬此其故何也

臨川先生文集卷第七十

(宋)王安石　撰

宋本臨川先生文集

第一〇册

國家圖書館出版社

第十册目録

臨川先生文集卷第九十七 …… 一一四九

臨川先生文集卷第九十八 …… 一一七三

臨川先生文集卷第九十九……二〇一

臨川先生文集卷第九十一

墓誌

太子太傅致仕田公墓誌銘

田氏故京兆人後遷信都晉亂公皇祖太傅入于契丹景德初契丹瀛州略得數百人以屬皇考太師太

師哀憐之悉縱去因自脱歸中國　天子以爲廷臣
積官至太子率府率以終爲人沉悍篤實不苟爲笑
語生八男子多知名而公爲長子公少卓犖有大志
好讀書書未嘗去手無所不讀蓋亦無所不記其爲
文章得紙筆立成而閎博辯麗稱天下初舉進士賜
同學究出身不就後數年遂中甲科補江寧府觀察
推官以母英國太夫人喪罷去除喪補楚州團練判
官用舉者監轉般倉遷秘書省著作佐郎又對賢良
方正策爲第一遷太常丞通判江寧府數上書言事
召還將以爲諫官方是時趙元昊反夏英公范文正
公經略陝西言臣等才力薄使事恐不能獨辦請得
辟募自佐以公爲其判官直集賢院參都總管軍事

自[illegible]真宗弭兵至是且四十年諸老將盡死爲吏者
不知兵法師數陷敗士民震恐二公隨事鎮撫其爲
世所善多公計策大將有欲悉數路兵出擊賊者朝
廷許之矣公極言其不可乃止又言所以治邊者十
四事多聽用還爲右正言判三司理欠憑由司權修
起居注遂知制誥判國子監於是陜西用兵亦已人
大困以公副今宰相樞密副使韓公宣撫自宣撫歸
判三班院而河北告兵食闕又以公往視而保州兵
士殺通判閉城爲亂又以公爲龍圖閣直學士知成
德軍眞定府定州安撫使往執殺之論功遷起居舍
人又移秦鳳路都總管經略安撫使知秦州遣太師
畏辭起復者久之　上使中貴人手敕趣公公不得

已則乞歸葬然後起既葬託邊事求見　上曰陛
下以孝治天下方邊鄙無事朝廷不爲無人而區區
犬馬之心尚不得自從臣即死知不瞑矣因泫然泣
數行下　上視其貌甚瘠又聞其言悲之乃聽終喪
蓋帥臣得終喪自公始服除以樞密直學士爲涇原
路兵馬都總管經略安撫使知渭州遂自尚書禮部
郎中遷右諫議大夫知成都府充蜀梓利夔路兵馬
鈐轄西南夷侵邊公嚴兵憚之而誘以恩信即皆稽
顙蜀自王均李順再亂遂號爲易動往者得便宜決
事而多擅殺以爲威至雖小罪猶并妻子遷出之蜀
流離顛頓有以故死者公拊循教誨兒女子畜其人
至有甚惡然後繩以法蜀人愛公以繼張忠定而謂

公所斷治爲未嘗有誤歲大凶寬賦減徭發廩以救之而無餓者事聞賜書獎諭遷給事中以守御史中丞充理檢使召焉未至以爲樞密直學士權三司使既而又以爲龍圖閣學士翰林學士又遷尚書禮部侍郎正其使號自景德會計至公始復鈎考財賦盡知其出入於是入多景德矣歲所出乃或多於入公以爲厚斂疾費如此不可以持久然欲有所掃除變更興起法度使百姓得　其蓄積而縣官亦以有餘在　上與執政所爲而主計者不能獨任也故爲皇祐會計録上之論其故冀以寤　上上固特公欲以爲大臣居頃之遂以爲樞密副使又以檢校大傅充樞密使公自常選數年遂任事於時及在樞密爲之

使又超其正天下皆以爲宜顧尚有恨公得之晚者
公行内修於諸弟尤篤爲人寛厚長者與人語欵欵
若恐不得當其意至其有所守人亦不能移也自江
寧歸宰相私使人招之公謝不往及爲諫官於小事
近功有所不言獨常從容爲　上言爲治大方而已
范文正公等皆士大夫所望以爲公卿而其位未副
公得間輒爲　上言之故文正公等未幾皆見用當
是時　上數以天下事責大臣慨然欲有所爲蓋其
志多自公發公所設施事趣可功期成因能任善不
必已出不爲獨行異言以峙聲名故功利之在人者
多而事迹可記者止於如此嘉祐三年十二月暴得
疾不能興　上聞悼駭敕中貴人太醫問視疾加損

輒以聞公即辭謝求去位奏至十四五猶不許而公
求之不已乃以爲尚書右丞觀文殿學士翰林侍讀
學士提舉景靈宮事而公求去位終不已於是遂以
太子少傅致仕致仕凡五年疾遂篤以八年二月乙
酉薨于第享年五十九號推誠保德功臣階特進勳
上柱國爵開國京兆郡公食邑三千五百户實封八
百户詔贈太子太傅而賻賜之甚厚公諱況字元均
皇曾祖諱祐贈太保皇祖諱行周贈太傅皇考諱延
昭贈太師妻富氏封永嘉郡夫人今宰相河南公之
女弟也無男子以弟之子至安爲主後女子一人尚
幼田氏自太師始占其家開封而葬陽翟故今以公
從太師葬陽翟之三封鄉西吴里於是公弟右贊善

大夫洵來曰卜葬公利四月甲午請所以誌其壙者
蓋公自佐江寧以至守蜀在所輒興學數親臨之以
進諸生某少也與公弟游而公所進以爲可教者也
知公爲審銘曰
田室於姜卒如龜祥後其孫子聽不世史於宋繼顯
自公攸始奮其華蕤配實之美乃發帝業潔容卓煒
乃興佐時宰飪調酾文馴武克内外匽施亦有厚社
孰無衆毁公獨使彼若烝豫已維昔皇考歎於活人
傳祉在公不集其身公又多譽公宜難老胡此殆疾
不終壽考掩詩於幽爲告永久

給事中贈尚書工部侍郎孔公墓誌銘

宋故朝請大夫給事中知鄆州軍州事兼管内河提

勸農同群牧使上護軍魯郡開國侯食邑一千六百
户食實封二百户賜紫金魚袋孔公者尚書工部侍
郎贈尚書吏部侍郎諱勗之子兖州曲阜縣令襲封
文宣公贈兵部尚書諱仁玉之孫兖州泗水縣主簿
諱光嗣之曾孫而孔子之四十五世孫也其仕當
今天子天聖寶元之間以剛毅諒直名聞天下嘗知
諫院矣上書請　明肅太后歸政　天子而廷奏樞
密使曹利用尚御藥羅崇勳罪狀當是時崇勳操權
利與士大夫爲市而利用悍彊不遜内外憚之嘗爲
御史中丞矣皇后郭氏廢引諫官御史伏閤以争又
求見　上皆不許而固争之得罪然後已蓋公事君
之大節如此此其所以名聞天下而士大夫多以公

不終於大位爲天下惜者也公諱道輔字原魯初以
進士釋褐補寧州軍事推官年少耳然斷獄議事已
能使老吏憚驚遂遷大理寺丞知兖州仙源縣事又
有能名其後嘗直史館待制龍圖閣判三司理欠憑
由司登聞檢院吏部流內銓糾察在京刑獄知許徐
兖鄆泰五州留守南京而兖鄆御史中丞皆再至所
至官治數以爭職不阿或絀或遷而公持一節以終
身蓋未嘗自詘也其在兖州也近臣有獻詩百篇者
執政請除龍圖閣直學士　上曰是詩雖多不如孔
道輔一言乃以公爲龍圖閣直學士於是人度公爲
上所思且不久於外矣未幾果復召以爲中丞而宰
相使人說公稍折節以待遷公乃告以不能於是人

又度公且不得久居中而公果出　初開封府吏馮士
元坐獄語連大臣數人故移其獄御史御史劾士元
罪止於杖又多更赦公見　上上固怪士元以小吏
與大臣交私汙朝廷而所坐如此而執政又以謂公
爲大臣道地故出知鄆州公以寶元二年如鄆道得
疾以十二月壬申卒於滑州之韋城驛享年五十四
其後詔追復郭皇后位號而近臣有爲　上言公明
肅太后時事者　上亦記公平生所爲故特贈公尚
書工部侍郎公夫人金城郡君尚氏尚書都官員外
郎諱賓之女生二男子曰淘今爲尚書屯田員外郎
曰宗翰今爲太常博士皆有行治世其家累贈公金
紫光禄大夫尚書兵部侍郎而以嘉祐七年十月壬

官葬公孔子墓之西南百步公廉於財樂振施過故
人子恩厚尤篤而尤不好鬼神禨祥事在寧州道士
治眞武像有蛇穿其前數出近人人傳以爲神州將
欲視驗以聞故率其屬往拜之而蛇果出公即舉笏
擊蛇殺之自州將以下皆大驚已而又皆大服公由
此始知名然余觀公數處朝廷大議視禍福無所擇
其智勇有過人者勝一蛇之妖何足道哉世多以此
稱公者故余亦不得而略也銘曰
展也孔公維志之求行有險夷不改其輈權彊所忌
讒諂所讎考終厥位寵禄優優維皇好直是錫公休
序行納銘爲識諸幽

司封員外郎祕閣校理丁寳臣篆蓋

朝奉郎尚書司封員外郎充祕閣校理新差通判永州軍州兼管內勸農事上輕車都尉賜緋魚袋晉陵丁君卒王某曰噫吾僚也方吾少時輔我以仁義者乃發哭弔其孤祭焉而許以銘越三月君壻以狀至乃叙銘赴其葬叙曰君諱寶臣字元珍少與其兄宗臣皆以文行稱鄉里號爲二丁景祐中皆以進士起家君爲峽州軍事判官與廬陵歐陽公游相好也又爲淮南節度掌書記或誣富人以博州將貴人也猜而專吏莫敢議君獨力爭正其獄又爲杭州觀察判官用舉者兼州學教授又用舉者遷太子中允知越州剡縣蓋其始至流大姓一人而縣遂治卒除弊興利甚衆人至今言之於是再遷爲太常博士移知端

州儂智高反攻至其治所君出戰能有所擒斬然卒不勝乃與其州人皆去而避之坐免一官徙黃州會恩除太常丞監湖州酒又以大臣有解舉者還博士就差知越州諸暨縣其治諸暨如剡越人滋以君爲循吏也　英宗即位以尚書屯田員外郎編校祕閣書籍遂爲校理同知太常禮院君質直自守接上下以恕雖貧困未嘗言利於朋友故舊無所不盡故其不幸廢退則人莫不憐少進也則皆爲之喜居無何御史論君嘗廢矣不當復用遂出通判永州世皆以咎言者謂爲不宜夫毆未嘗教之卒臨不可守之城以戰虎狼百倍之賊議今之法則獨可守死爾論古之道則有不去以死者有去之以生吏方操法以責士

則君之流離窮困幾至老死尚以得罪於言者亦其理也君以治平三年待闕於常州於是再遷尚書司封員外郎以四年四月四日卒年五十八有文集四十卷明年二月二十九日葬于武進縣懷德北鄉郭莊之原君曾祖諱輝祖諱諒皆弗仕考諱東之贈尚書工部侍郎夫人饒氏封晉陵縣君前死子男偶太廟齋郎除齊爲進士其季曰恩兒尚幼女嫁祕書省著作佐郎集賢校理同縣胡宗愈其季未嫁嫁胡氏者亦已死矣銘曰

文於辭爲達行於德爲充道於古爲可命於今爲窮嗚呼已矣卜此新宮

王平甫墓誌

君臨川王氏諱安國字平甫贈太師中書令諱明之
曾孫贈太師中書令兼尚書令諱用之之孫贈太師
中書令兼尚書令康國公諱益之子自丱角未嘗從
人受學操筆爲戲文皆成理年十二出其所爲銘詩
賦論數十篇觀者驚焉自是遂以文學爲一時賢士
大夫譽歎蓋於書無所不該於詞無所不工然數舉
進士不售舉茂材異等有司考其所獻序言第一又
以母喪不試君孝友養母盡力喪三年常在墓側出
血和墨書佛經甚衆州上其行義不報　今上即位
近臣共薦君材行卓越宜特見招選爲繕書其序言
以獻大臣亦多稱之手詔褒異召試賜進士及第除
武昌軍節度推官教授西京國子未幾校書崇文院

特攺著作郎秘閣校理士皆以謂君且顯矣然卒不
偶官止於大理寺丞年止於四十七八月十七日不
起越元豐三年四月二十七日葬江寧府鍾山母楚
國太夫人墓左百有十六步有文集六十卷妻曾氏
子旊斿女婿葉濤處者四女壽有學行知名旊斿亦
皆嶷嶷有立君祉所施庶在於此

建安章君墓誌銘

君諱友直姓章氏少則卓越自放不羈不肯求選舉
然有高節大度過人之材其族人郇公爲宰相欲奏
而官之非其好不就也自江淮之上嶺海之間以至
京師無不遊將相大人豪傑之士以至閭巷庸人小
子皆與之交際未嘗有所忤亦莫不得其懽心卒然

以是非利害加之而莫能見其喜慍視其心若不知富貴貧賤之可以擇而取也頽然而已矣昔列禦寇莊周當文武末世哀天下之士沈於得喪陷于毀譽離性命之情而自託於人爲以爭須臾之欲故其所稱述多所謂天之君子若君者似之矣君讀書通大指尤善於相人然諱其術不多爲人道之知音樂書畫奕棋皆以知名於一時皇祐中近臣言君文章善篆有 旨召試君辭焉於是大學篆石經又言君善篆與李斯陽氷相上下又召君君即往經成除試將作監主簿不就也嘉[illegible]七年十一月甲子以疾卒于京師年五十七娶辛氏生二男存儒爲進士五女子其長嫁長州晉陵縣主簿侍其璹已卒又娶其中女

次適歙州祈門縣令黃元二人來嫁君家建安者五世矣其先則豫章人也君曾祖考諱某仕江南李氏爲建州軍事推官祖考諱某皇著作佐郎贈工部尚書考諱某京兆府節度判官君以某年某月某甲子葬潤州丹陽縣金山之東園銘曰

弗績弗彫弗跂以爲高俯以狎於野仰以游於朝中則有實視銘其昭

王補之墓誌銘

君南城人王氏諱無咎字補之嘉祐二年進士也初補江都縣尉丁父憂服除調衛眞縣主簿皆弃去會縣令以與予共學久之無以衣食其妻子乃去補南康縣主簿會予召至京師因留教授上方興學校以

經術造士予言君可教國子命且下而君死君所在學者歸焉賢士大夫皆慕與之游然君寡合常閉門治書唯與予言莫逆當熙寧初所謂質直好義不爲利疚於回而學不厭者予獨知君而已君之死年四十有六實熙寧二年閏十一月丁巳至四年二月壬申妻曾氏子絪緼始克葬君南城縣禮敎鄉長養里

銘曰

安時所難學以爲己於呼鮮哉可謂君子

尚書祠部員外郎祕閣校理張君墓誌銘

滁全椒張君諱瓌字君玉其先有司泗州法者諱翺於君爲曾祖嘗曰吾施德於人多矣後當有顯者尚書刑部侍郎參知政事諱洎者於君爲祖有二子生

君著長子諱安期官終國子博士君以進士甲科守祕書省校書郎簽書平江軍節度判官廳公事故事得獻書求試君無所獻知建昌軍南豐縣通判鄂州又將通判梓州而有以君爲言者乃召試以爲祕閣校理於是自校書五遷爲尚書祠部員外郎年五十五以嘉祐五年四月壬申卒京師夫人蓬萊縣君王氏生三男子伯孫仲孫世孫三女子其一嫁試將作監主簿蘇泌其次尚幼治平二年九月甲申葬君金椒善政鄉脩仁里於是伯孫主邵武軍光澤縣簿君與余善其能貧而不爲利余所畏其於故事蓋無所問而不知其好書天性也往往日旰竈薪不屬而闔門讀書自若又能爲吏當官有所守疑疑必得其意

然乎居爰言徐視易狎若無能者銘曰

有幽滁山滁水兩間槃礴演迤乃多君子我儀其畜

以慱厥聞我肖其滁以清厥身書此哀石永詒崖濆

臨川先生文集卷第九十一

臨川先生文集卷第九十二

墓誌

戶部郎中贈諫議大夫曾公墓誌銘

公諱致堯字正臣其先封鄫鄫亡去邑爲氏王莽亂鄫鄉侯據棄侯之豫章家之蓋豫章之南昌後分爲

南豐故今爲南豐人司徒爲宣州刺史再世生仁旺贈尚書水部員外郎公考也李氏有江南撫州上公進士第一不就太平興國八年乃舉進士中第選主符離簿歲餘授興元府司録道遷大理評事遷光禄寺丞監越州酒召見拜著作佐郎知淮陽軍將行天子惜留之直史館賜緋魚袋使自汴至建安軍行漕詔曰凡三司州郡事有不中理者即驗之最鈎得匿貨以五百萬計除祕書丞兩浙轉運副使改正使始諫議大夫知蘇州魏庠侍御史知越州王柄不譬於政而喜怒縱入庠介舊恩以進柄喜持上公到劾之以聞上驚曰皆某乃敢治魏庠克畏也克畏可畏也語轉而然庠柄皆被繳錫允恭督揚子運數言事多

可人厭苦之公每得詔曰使在外便以文全己非吾心也輒不果行允恭告 上上使問公公以所守言上縣此薄允恭不聽言苛稅一百三十餘條罷之移知壽州壽俗挾貲自豪陳氏范氏名天下聞公至皆迎自戢公亦盡歲無所罰既代空一城人遮行至夜乃從二卒騎出城去郡轉太常博士主客員外郎章聖嗣位常親決細務公言之又言民憊甚宜弛利禁是時羌數犯塞大臣議弃銀夏以解之公奏曰羌虛款屬我我分地王之非計也令羌席此劫它種以自助不過二三年患必復起矣宜擇人行塞下先調兵食待其變而已不報二年羌果反圍靈州議臣請去靈州勿事公議曰羌所以易拒者以靈州綴其後

也判三司鹽鐵句院　天子欲以爲知制誥召試矣大臣或忌之遷戶部員外郎京西轉運使請限公卿大夫子官京師陳彭年議遣使行諸部藏吏負下其事京西公曰彭年議無賢愚一切置不用邪抑擇愚而廢之邪擇愚而廢之人材其可以蚤暮驗邪　上令趣追使還數論事　上感之還公既而王均誅命公撫蜀所創更百餘事李繼遷再圍清遠靈武以丞相齊賢爲邠寧環慶涇原儀渭經略使丞相引公爲判官公奏記曰兵數十萬王超既以都部署爲之主丞相徒領一二朝士往臨之超肯用吾進退乎吾能以謀付與超而有不能自將乎不幷將而無補也超能薄此重事願更審計丞相及公以爲言　眞宗西即經

略使追兵皆以時赴公曰賊在空虛無人之處爭奔
而後追兵如後何遂辭行上怒未有所發會召賜金
紫公曰丞相敏中以非功德進官臣論其不可甫爾
臣受命事未有效不敢以冒賜固辭上怒此貶公為
黃州團練副使既而繼果敗清遠靈武踵亡會南郊
恩復官知泰州丁母夫人陳氏憂外除授吏部員外
郎知泉州公常謂選舉舊制非是請得論改之陳省
華子堯咨受請殿上為姦以第昇舉人敗省華堯咨
有邪巧材朝廷皆患惡而方幸無敢斥之者公入十
餘疏辯之移知蘇州至五日移知揚州揚州守職田
歲常得千斛然遣吏督貧民耕民苦之公不使耕
天子方崇符瑞興昭應諸宮且出幸祠公疏言昔周

成王既卜世三十卜年七百然觀於周禮其經緯國
體人事微細無不具則知王者受命必脩人事以稱
天所以命之之意不舉　之天以怠人事也終曰
陛下始即位以爵祿得君子近年以來以爵祿畜姦
賊大臣愈不懌移知鄂州封泰山恩遷禮部郎中始
辭揚州受漆支差多一月公尋自言患公者因復絀
公監江寧鹽酒西祀恩遷戶部郎中以祥符五年五
月丁亥疾不起年六十六階至朝請郎勳至騎都尉
遺戒曰毋陷於俗媚佛夷鬼以汙我家人行之所著
仙鳧羽翼三十卷廣中台志八十卷清邊前要五十
卷西陲要紀十卷為臣要紀三卷直言集五卷文集
十卷傳於世尤長於歌詩去以其年十一月歸葬南

豐之東園水澮墓天聖元年改葬龍池鄉之源頭始
公娶黃氏生子男三人易占嘗爲太常博士以能文
稱公以博士故贈至右諫議大夫公歿八年而博士
子鞏生生三十五年鞏以博士命次公生平事使來
曰爲我誌而銘之某視公猶大父也其少也則得公
之詳如其孫之去始公自任以當世之重也雖人望
公則亦然及遭　太宗自謂志可行卒之閉於姧邪
彼誠有命焉悲夫亦正之難合也雖其難合其可少
枉乎雖其少枉合乎未可必也彼誠有命焉雖然其
難合也祇所以見正也孔子曰所謂大臣者以道事
君不可則止於戲公之節非庶幾所謂大臣者歟銘
曰

既墓而祀乃升宅原誰來求銘公子與孫公初泊終惟義之事維才之序而薄于施乃其後人有克厥家天啓予公非在茲邪

京東提點刑獄陸君墓誌銘

提點京東諸州軍刑獄公事兼本路勸農事朝奉郎尚書司封員外郎充集賢校理上輕車都尉賜緋魚袋借紫陸君諱廣字彥博其先吳郡人也至君之高祖始遷福州之候官以避唐末之亂曾祖諱景遷仕吳越爲驍騎上將官檢校太傅祖諱崇泉以威武軍觀察推官從其王歸京師官至殿中丞歷知瀘道潮貴四州以卒考諱中和不仕以君故贈官至尚書職方員外郎君以天聖二年進士起至皇祐四年某月

以使走齊州某甲子卒於鄆之平陰君子長倩等以
嘉祐四年某月某甲子葬君杭州之錢塘某所之原
而書君繫世官職行能勞烈卒葬之地一時以來求
誌墓銘曰
於惟陸氏吳郡其始福之侯官近自唐徙君曾大考
太傅將軍實仕吳越爲皇陪臣太傅有子始來皇朝
丞于殿中歷將四州卒葬侯官實生處士贈官職方
君實其子維君諱廣彥博其字文辭甲科四府從事
起家邵武再選徐州遂監稅酒蒲歲陳留許昌之挹
寧海之從乃令烏程乃丞開封始佐著作去爲尉氏
詠歌仁明無有壯穉移印大邑告毋高年免蜀就養
税商于泉又移導江斗穀千錢君命振之以我公田

盜屠民家尉以因來因言實盜君曰釋之尉方力爭衆亦莫寤後得眞盜果如君慮離堆之江豪右擅焉君修堰渠始謚其專灌田爲頃萬有七千鐫約示後後無凶年鄭文肅公來治杭劾君以通判往從其辟州人僦屋吏代之輸君爲刑法遂無逋租中書選君御史推直有言朝廷令以爲勅冬狩于郊大講戎兵作箴以獻逆戒荒萌召眞集賢以爲校理當時名氏簡在　天子出知婺州惡吏先鉏募能拯溺民以不漁婺之明年改命治泉泉人習君謡語讙然爲橋南江濟者免覆罝廩州學士懷我育有告衆叛當君燕時命捕立得坐人不知蘇飢息窮去害除弊使臣以聞寺政尤異智高蠶邊吏不時搏君書驛上占焯有方

略歸佐三司廷論南師帝曰可哉汝言予施河京以
東再執刑柄諏囚于齊至鄆而病棄世平陰壽五十
三有子四人扶喪而南長倩惟伯仲惟長緒長恕惟
叔季惟長愈倩掾秀州無有辭章緒由君恩郊社齋
郎又女六人皆出陳氏維陳淑慎善相君子四男有
立女亦有歸受封長安即養無違爰以嘉祐六年正
月歸君錢塘范村之穴惟君靜深不苟笑嘻隆親篤
友過物愛慈讀書慨然慕古奇偉顧謂諸子仕嘗如
此官上外郎尚書司封又不得年以既厥庸有文藏
家從毌之詒於君所得可以此窺有幽新窆掩石在
下攈君初終以告來者

廣西轉運使屯田員外郎蘇君墓誌銘

慶曆五年河北都轉運使龍圖閣直學士信都歐陽脩以言事切直爲權貴人所怒因其孤甥女子有獄誣以姦利事天子使三司戶部判官太常博士武功蘇君與中貴人雜治當是時權貴人連內外諸怨惡脩者爲惡言欲傾脩銳甚天下洶洶必脩不能自脫蘇君卒白上曰脩無罪言者誣之耳於是權貴人大怨誣君以不直絀使爲殿中丞泰州監稅然天子遂寤言者不得意而脩等皆無恙蘇君以此名聞天下嗟乎以忠爲不忠而誅不當於有罪人主之大戒然古之陷此者紀隨屬以有左右之讒而無如蘇君之救是以卒至於敗亡而不寤然則蘇君一動其功於天下豈小也哉蘇君既出遂權貴人更用事凡五年

之閒再赦而西右六從事下西南北水陸奔走輒萬里其
心恬然無有顧心悔過事強果未嘗少屈蓋孔子所謂
剛者殆蘇君乎蘇君之仁與智又有足稱者嘗通判
陝府當葛懷敏之敗邊告急樞密使使取道路戍還
之卒再戍儀渭於是延州還者千人至陝聞再戍大
恐即謹聚謀為變吏白閉城城中無一人敢出君徐
以一騎出卒閒諭慰止之而以便宜還使者戍卒喜
曰微蘇君吾不得生陝人亦曰微蘇君吾其掠死矣
有令刺陝西之民以為兵敢亡者死既而亡者得有
司治之以死君輒縱去而言上曰令民以死者為事
不集也事集矣亡者猶不赦恐其衆相率而為盜惟
朝廷幸哀憐悉民使得自反 天子以君言為然而

三十州之亡者皆不死其後知坊州州税賦之無歸者里正代爲之輸歲幣大家數十君悉鉤治使歸其主坊人不憂爲里正自蘇君始也蘇君諱安世字夢得其先武功人後徙蜀蜀亡歸家于京師今開封人也曾大考諱進之率府副率大考諱繼殷直考諱咸熙贈都官郎中君以進士起家三十二年其卒年五十九爲廣西轉運使而官止於尚書屯田員外郎者以君十五年不求磨勘也君娶南陽郭氏又娶清河張氏爲清河縣君子台文永州推官祥文太廟齋郎炳文試將作監主簿彦文未仕女子二人適進士會稽江綜單州魚臺縣尉江山趙揚三人尚幼君既卒之三年嘉祐二年十月庚午葬于蘇君揚州之江都縣

興寧鄉馬坊村而太常博士知常州軍州事臨川王
某爲銘曰
皇有四極周綏以福使維蘇君奠我南服亢亢蘇君
不圜其方不晦其明君子之剛其枉在人我得吾直
誰懟誰偪祇天之役日月有丘其下冥冥昭君無窮
甚之銘

太子中舍沈君墓誌銘

沈氏世家吳興其後有居陵者仕吳越王卒官明州家
之五世而生公公諱[illegible]字子達以五舉進士得同學
究出身再補尉有能名用舉者遷衛尉寺丞知湖之
歸安縣移知邵武之歸化又有能名遷太子中舍通
判蘇州其以能聞愈甚公好剛遇事果急不顧計爲

通判日與守爭可否不為之小歷重犯轉運使使守相與害公入之法除名　天子薄其罪免所居官而已公歸怡怡閭爲五字詩自戲娛無躁戚言卒于家年七十三慶曆六年七月也子男一人起女三人起好學通政事能守節法為進士與其同時得科名者也公之坐獄為判官滁門立弃官從公世以為孝將以某年某月葬公某處以夫人柳氏祔先三月來求銘與銘曰

生也不得其須而死死也何有有嘉者子嗚呼已矣夫

秘書丞張君墓誌銘

君諱某字某其先成都之新繁人曾祖諱某不仕祖

諱某太宗時以高貲從内地除三班奉職非其好也即辭去不仕始家眞州之揚子而葬焉皇考諱某起進士終登州軍事判官贈太常博士生三子而君長子也君寛和厚重友愛諸弟甚篤待朋友以信而樂弃財物以寛人之急年七歲日誦書數百言操筆爲篇章立就及壯舉進士開封第一遂以釋褐爲宜州寧國縣主簿會南陵無令州以君行令事有能名用舉者令潁州之沈丘縣轉著作佐郎知江寧府上元縣事又皆有能名移知英州遷祕書丞以嘉祐二年十二月某甲子卒于州寢是時君年四十七天子官其一子師輌太廟齋郎君之疾病也州人相與爲君奔走請命至有欲以身代者蓋其得人心如此

夫人河南縣君丹陽吳氏生三男子長即師軻次某次某皆尚幼五女皆未嫁某年某月某甲子葬君某州之某縣某鄉所之原余與君相好又同年進士也故與爲銘曰

嗚呼張公兮譁矣其光其先蜀產兮後葬于揚視瞻先人兮兆此新塋深泉高壤兮萬世之藏

司封郎中張君墓誌銘

君張氏諱式字景則其先建州浦城人後徙建安蓋弗仕者三世諱漢夫者曾祖也諱讜者祖也諱希顏者父也父以君貴乃贈尚書職方員外郎有氣節知君可教乃付家事長子而縱君遊學及長文辭行義爲鄉里所推天禧二年舉進士爲主福州閩縣簿又

主南劒將樂簿有銀冶坐歲課不足繫者常數百人君籍其人使富貧財力相兼課遂有羨無繫者歸以勞除開封府祥符縣尉趙稹將并州辟軍事判官稹所爲有不可於衆徐啓諭弗許稹以故聽而君亦以此稱長者未幾遭母夫人喪服除改祕書省著作佐郎知福州古田縣耕籍田恩遷大常博士知開封府咸平縣呂許公罷宰相以許州觀察判官辟從之又通判饒州獄有十數年不决者君一言而决會擇河北吏御史中丞舉君得洺州賜緋魚又以選知虔州虔於東南州爲最劇君能鎮撫之以無事三司市紬絹十餘萬非經數君拒弗市民以君爲有賜也又知濠壽二州人縊其妻而以自殺告獄既具詰立服舉

州讙以爲明居頃召爲開封府推官坐栲掠囚死出知岳州皇祐二年九月六日卒享年六十二官至尚書祠部郎中君廉靜好書長於政事所居官舉既去而人思見時事有不便往往能極言之無所忌趙元昊反時誘人出財助軍誘多得賞於是吏或劫富人出財君疏罷之爲開封推官時宫中以私財爲佛寺置田又疏以爲亂法後遂以君言而止既老矣終不肯治田宅所得祿以置書曰吾子業此足以自活不然雖田宅何足妻姓徐濮陽縣君子六人悉志思愖愻憙忞以君故得太廟齋郎與愖同時中進士第女三人皆已嫁某年月某日葬君某鄉某里銘曰

張祖留侯世窮以幽君始士服起家以學發於州縣

洽見稱擧有言朝廷弊事用除維清厥誨尚後弗渝

葛興祖墓誌銘

許州長社縣主簿葛君諱良嗣字興祖其先處州之麗水人而興祖之父徙居明州之鄞興祖葬其父潤州之丹徒故今又爲丹徒人矣曾大父諱遇不仕大父諱旴贈尚書都官郎中父諱源以尚書度支郎中終　仁宗時度支君三子當天聖景祐之間以文有聲赫然進士中先人嘗受其摯闕之終篇而屢歎葛氏之多子也既而三子者伯仲皆蚤死獨其季在即興祖興祖博知多能數擧進士角出其上而刻勵修潔篤於親友慨然欲有所爲以效於世者也年四十餘始以進士出仕州縣餘十年而卒窮於無所遇以

死嗟乎命不可控引而才之難恃以自見葢久矣然興祖於仕未嘗苟聞人疾苦欲去之如在己其臨視雖細故人不以屬耳目者必皆致其心論者多怪之曰興祖且老矣弊於州縣而服勤如此余曰是乃吾所欲於興祖夫大仕之則奮小仕之則怠忽以不治非知德者也興祖聞之以余之言爲然興祖娶胡氏又娶鄭氏其卒年五十三實治平二年三月辛巳其葬以胡氏祔在丹徒之長樂鄉顯楊村即其年十一月某甲子也興祖三男子蘩蘊皆有文學蘩許州臨潁縣主簿蘊鄧州穰縣主簿蘋尚幼也四女子皆未嫁云銘曰

蹇於仕以爲人尤不懃施以年孰主孰謀無大憾於

德又將何求

晦川先生文集卷第九十二

臨川先生文集卷第九十三

墓誌

公諱易占字不疑姓曾氏建昌南豐人其世出有公
之考贈諫議大夫致堯之碑大夫當　太宗　真宗
世爲名臣公少以蔭補太廟齋郎爲撫州宜黃臨川
二縣尉舉三司法中進士第改鎮東節度推官還改
武勝節度掌書記崇州軍事判官皆不往用舉者監
真州裝卸米倉遷太子中允太常丞博士知泰州之
如臯信州之玉山二縣知信州錢仙芝者有化丐於
玉山公不與即誣公吏治之得所以誣公者仙芝則
請出御史當是時仙芝蓋有所挾故雖坐誣公抵罪
而公亦卒失博士歸不仕者十二年復如京師至南
京遂病卒娶周氏吴氏最後朱氏封崇安縣君子男
六人畢鞏牟宰布肇女九人公以端拱己丑生卒時

慶曆中人也後其之二年而塟其墓在南豐之先塋始公以文章有名及試於事又愈以有名臨川之治能不以威而使惡人之豪帥其黨數百人皆不復為惡在越州其守之合者倚公以治其不合者有所不可公輕正之莊獻太后用道士言作乾明觀匠數百人作數歲不成公語道士田吾為汝成之為之捐其費太半役未幾而罷如皋歲大饑固請於州而越海以糴所活數萬人明年稍已熟州欲收租賦如常公獨不肯聽歲盡而泰之縣民有復亡者獨如皋為完既又作孔子廟諷縣人興于學玉山之政既除其大惡而至於橋梁廨驛無所不治盖公之已試於事者能如此既仕不合即自放為文章十餘萬言而時議

十卷尤行于世時議者懲已事憂來者不以一身之
窮而遺天下之憂以為其志不見於事則欲發之於
文其文不施於世則欲以傳於後後世有行吾言者
而吾豈窮也哉蓋公之所為作之意也寶元中李元
昊反契丹亦以兵近邊陽為欲棄約者　天子獨憂
之詔天下有能言者皆勿諱於是言者翕然論兵以
進公獨以謂天下之安危顧吾自治不耳吾已自治
夷狄無可憂者不自治憂將在於近而夷狄豈足道
哉即上書言數事以為事不爾後當如此既而皆如
其云公之遭誣人以為冤退而貧人爲之憂也而公
所為十餘萬言皆天下事古今之所以存亡治亂至
其冤且困未嘗一以為言公沒而其家得其遺跡曰

劉向有言讒邪之所以並進者由上多疑心用賢人
而行善政如或譖之則賢人捨而善政還此可謂明
白之論切於今者夫夷狄動於外百姓窮於下臣以
謂尚未足憂也臣之所謂可憂者特在分諸臣之忠
邪而已其大略如此而其詳有人之難言者蓋公既
病而爲之未及上而終云嗚呼其尤可以見公之志
也夫諫者貴言人之難言而傳者則有所不得言讀
其略不失其詳後世其有不明者乎公之事親心意
幾微輒逆得之好學不怠而不以求聞於世所見士
大夫之喪葬二人逆一人之柩以歸又字其孤又一
人者宰相舅嘗爲贊善大夫死三十年猶殯殯壞公
爲增修又與宰相書責使葬之此公之行也蓋公之

試於事者小而不盡其材而行之所加又近唯其文可以見公之所存而名後世故公之故人子王某與其尤可以銘後世者而爲銘曰

夫辨邪正之實去萬事之例而歸宰相之責合兵爲農以立天下之本設學校獎名節以材天下之士正名分定考課通財弊以成制度之法古之所以治者不皆出於此乎而時議之言如此讀其書以求其志嗚呼公之志何如也

内翰沈公墓誌銘

公姓沈氏諱遘字文通世爲杭州錢塘人曾祖諱某皇贈兵部尚書祖諱某皇贈吏部尚書父扶今爲尚書金部員外郎公初以祖廕補郊社齋郎舉進士於

試中爲第一大臣以已仕者例不得爲第一故以爲
第二除大理評事通判江寧府當是時公年二十人
吏少公而公所爲卓越已足以動人然世多未知公
果可以有爲也祀明堂恩遷祕書省著作佐郎歲滿
召歸除太常丞集賢校理判登聞鼓院吏部南曹權
三司度支判官又判都理欠憑由司於是校理八年
矣平居閉門雖執政非公事不輒見也故雖執政初
亦莫知其爲材居久之乃始以同修起居注召試知
制誥及爲制誥遂以文學稱天下金部君坐免歸求
知越州又移知杭州鉏治姦蠹所禁無不改崇奬賢
知得其歡心兩州人皆畫像祠之　英宗即位召還
句當三班院兼提舉兵吏司封官告院兼判集賢院

延見勞問甚悉居一月權發遣開封府事公初至開封指以相告曰此杭州沈公也及攝事人吏皆畏服既而以知審官院遂以龍圖閣直學士權知開封府公旦晝視事日中則廷無留人出謝諸客從容笑語客皆怪公獨有餘日而畿內翕然稱治人人如公坐視其左右於是名實暴燿振發及賢臨一時自 天子大臣皆論以爲國之器而閭巷之士奔走談說讙呼鼓舞以不及爲恐會毋夫人疾病請東南一州視疾 英宗曰學士豈可以去朝廷也明日除翰林學士知制誥充群牧使兼權判吏部流內銓判尚書禮部公雖去開封然皆以爲朝夕且大用矣而遭毋夫人喪以去 英宗聞公去尤悼惜時遣使者追賜黃金而

以金部君知蘇州公居喪以孝哀毁食如禮以某年某
月得疾杭州之墓次某日至蘇州而以某日卒年四
十有三三男子六女中男恭嗣後公六日卒隆羅起
嗣與六女皆尚幼夫人陸氏封安定郡君公官右諫
議大夫散官朝散大夫勳輕車都尉爵長安縣開國
伯食邑八百戶有文集十卷公平居不常視書而文
辭敏麗可喜強記精識長於議論世所謂老師宿學
無所不讀通於世務者皆莫能屈也與人甚簡而察
其能否賢不肖尤詳視遇之各盡其理爲政號爲嚴
明而時有所縱舍於善良貧弱撫恤之尤至在杭州
待使客多所闊略而州人之貧無以葬及女子失怙
恃而無以嫁者以公使錢葬嫁之凡數百人於其卒

知與不知皆爲之歎惜某年某月某日葬公杭州某鄉某里銘曰

沈公儀儀德義孔時升自東方其明孰夷視聽歡譽無我敢疵正晝而隕嗚呼可悲序傳有史亦在銘詩

王深父墓誌銘

吾友深父書足以致其言言足以遂其志志欲以聖人之道爲己任蓋非至於命弗止也故不爲小廉曲謹以投衆人耳目而取舍進退去就必度於仁義世皆稱其學問文章行治然眞知其人者不多而多見謂迂闊不足趣時合變嗟乎是乃所以爲深父也令深父而有以合乎彼則必無以同乎此矣嘗獨以謂天之生夫人也殆將以壽考成其才使有待而後顯

以施澤於天下或有誘其言以明先王之道以覺後世
之民嗚呼孰以爲道不任於天德不酬於人而今死
矣甚哉聖人君子之難知也以孟軻之聖而弟子所
願止於管仲晏嬰況餘人乎至於揚雄尤當世之所
賤簡其爲門人者一侯芭而已芭稱雄書以爲勝周
易易不可勝也芭尚不爲知雄者而人皆曰古之人
生無所遇合至其沒久而後世莫不知若軻雄者其
沒皆過千歲讀其書知其意者甚少則後世所謂知
者未必眞也夫此兩人以老而終幸能著書書具在
然尚如此嗟乎深父其智雖能知軻其於爲雄雖幾
可以無悔然其志未就其書未具而既早死豈特無
所遇於今又將無所傳於後天之生夫人也而命之

如此蓋非余所能知也深父諱回本河南王氏其後自光州之固始遷福州之候官爲候官人者三世曾祖諱某某官祖諱某某官考諱某尚書兵部員外郎兵部葬潁州之汝陰故今爲汝陰人深父嘗以進士補亳州衛眞縣主簿歲餘自免去有勸之仕者輒辭以養母其卒以治平二年七月二十八日年四十三於是朝廷用薦者以爲某軍節度推官知陳州南頓縣事書下而深父死矣夫人曾氏先若干日卒子男一人某女二人皆尚幼諸弟以某年某月某日葬深父某縣某鄉某里以曾氏祔銘曰

嗚呼深父惟德之仔肩以迪祖武厥艱荒遐力必踐取莫吾知庸亦莫吾侮神則尚反歸形此土

叔父臨川王君墓誌銘

孔子論天子諸侯卿大夫士庶人之孝固有等矣至其以事親爲始而能竭吾才則自聖人至於士其可以無憾焉一也余叔父諱師錫字某少孤則致孝於其母憂悲愉樂不主己以其母而已學於他州凡被服食飲玩好之物苟可以悅吾母而力能有之者皆聚以歸雖甚勞窘終不廢豐其母以及其昆弟姑姊妹不敢愛其力之所能得約其身以及其妻子不敢歉其意之所欲爲其外行則自鄉黨鄰里及其嘗所與遊之人莫不得其歡心其不幸而蚤死也則莫不爲之悲傷歎息夫其所以事親能如此雖有不至其亦可以無憾矣自庠序聘舉之法壞而國論不及乎

閭門之隱士之務本者常詘於浮華淺薄之材故余叔父之卒年三十七數以進士試於有司而猶不得禄賜以寬一日之養焉而世之論士也以苟難爲賢而余叔父之孝又未有以過古之中制也以故世之稱其行者亦少焉蓋以叔父自爲則由外至者吾無意於其間可也自君子之在勢者觀之使爲善者不得職而無以成名則中材何以勉焉悲夫叔父娶朱氏子男一人某女子一人皆尚幼其葬也以至和四年祔于眞州某縣某鄉銅山之原皇考諫議公之兆爲銘銘曰

夭孰爲之窮孰爲之爲吾能爲已矣無悲

虞部郎中刁君墓誌銘

方氏於江南爲顯姓當李氏時君曾祖諱某甚貴寵嘗節度昭信軍卒葬昭信城南君王祖諱某亦嘗仕李氏歸朝廷以尚書兵部郎中直秘閣終　眞宗時其墓在江寧牛首之北後秘閣再世不大遂然多名人在世議中尚書屯田員外郎諱某者葬丹徒於君爲皇考故君爲丹徒人君諱某字某嘗舉進士不中遂用皇祖蔭仕州縣以尚書虞部郎中知廣德軍歸卒于京師年六十一後卒之若干日治平二年二月十五日葬丹徒樂亭村君敦厚謹飭治內外皆嚴以有恩所居官舉其治以此多薦者初娶孫氏後娶郭氏封金華縣君有六男子珉試將作監主簿璹守某縣令次玘瓌玗珣爲進士三女長嫁尚書屯田員外郎

翠昱餘未嫁銘曰

刁氏南祖奮功以武詒祿子孫有蔚有文君以祖芘厥艱初仕祗載不惰有榮于位祖相名原窴此新宮筮云終吉銘告無窮

王會之墓誌銘

君諱逢字會之姓王氏太平州當塗縣人也嘗舉進士不中去以所學教授於是蘇州上一人從轉運使乞君主其學學者常致數千百人君所獎養成就者多矣乃始以進士起家權南雄州軍事判官歸試判超等補袁州軍事判官留爲國子監直講兼隴西郡王宅教授李某行內修謹君蓋有力焉岐國公主既嫁爲君求遷有命矣君辭焉乃已君少以文學知名於

慶曆丁亥也後卒之二年而葬其墓在南豐之先塋
始公以文章有名及試於事文愈以有名臨川之治
能不以威而使惡人之豪帥其黨數百人皆不復爲
惡在越州其守之合者倚公以治其不合者有所不
可公輕正之莊獻太后用道士言作乾明觀匠數百
人作數歲不成公語道士曰吾爲汝成之爲之損真
費太半役未幾而罷如皐歲大饑固請於州而越海
以糴所活數萬人明年稍已熟州欲收租賦如常公
獨不肯聽歲盡而泰之縣民有復亡者獨如皐爲完
既又作孔子廟諷縣人與于學玉山之政既除其大
惡而至於橋梁廨驛無所不治蓋公之已試於事者
能如此既仕不合即自放爲文章十餘萬言而時識

十卷尤行於世時議者懲已事憂來者不以一身之
窮而遺天下之憂以爲其志不見於事則欲發之於
文其文不施於世則欲以傳於後後世有行吾言者
而吾豈窮也哉蓋公之所爲作之意也寶元中李元
昊反契丹亦以兵近邊陽爲欲棄約者 天子獨憂
之詔天下有能言者皆勿諱於是言者翕然論兵以
遶公獨以謂天下之安危顧吾自治不耳吾已自治
夷狄無可憂者不自治憂將在於近而夷狄豈足道
哉守上書言數事以爲事不爾後當如此既而皆事
其云公之遺諫人以爲寃退而貧人爲之憂也而公
所爲十餘萬言皆天下事古今之所以存亡治亂至
其寃且困未嘗一以爲言公沒而其家得其遺疏曰

擢守桂州經略南方號稱能臣已而有所牾以謫
郎中分司遂致仕君惇厚謹密事親左右不怠當官
廉實以敏以故多舉者銘曰
於嗟蕭君嘗此新卜何性之祥而命之不穀匪父匪
母匪子爲憂自其邑里皆歎以愀有銘嵌實藏在中
丘

大理寺丞楊君墓誌銘

君諱忱字明叔華陰楊氏子少卓犖以文章稱天下
治春秋不守先儒傳注資他經以佐其說其說超厲
章懿世儒莫能及也及其爲吏披姦發伏振擿利害
大人之以聲名權勢驕士者常逆爲君自詘蓋君意
以過人如此然峙其能奮其氣不治防畛以取通於

世故終於無所就以窮初君以父蔭守將作監主簿
數舉進士不中數上書言事其言有衆人所不敢言
者丁文簡公且死爲君求職君辭焉後用大臣薦召
試學士院又父之不就積官至朝奉郎行大理寺丞
通判河中府事飛騎尉而坐小法絀監蘄州酒稅未
赴而以嘉祐七年四月辛巳卒於河南享年三十九
屬言曰焚吾所爲書無留也以柩從先人葬八年四
月辛卯從其父葬河南府洛陽縣平樂鄉張封村君
曾祖諱津祖諱守慶坊州司馬贈尚書左丞父諱偕
翰林侍讀學士以尚書工部侍郎致仕特贈尚書兵
部侍郎娶丁氏清河縣君尚書右丞度之女男兩人
景略守太常寺太祝好書學能自立景彥早卒君有

文集十卷又別爲春秋正論十卷微言十卷通例二十卷銘曰

芒乎其孰始以有厥美昧乎其孰止以終於此納銘幽宮以慰其子

節度推官陳君墓誌銘

人之所難得乎天者聰明辨智敏給之材既得之矣能學問修爲以自稱而不弊於無窮之欲此亦天之所難得乎人者也天能以人之所難得者與人人欲以天之所難得者徇天而天不少假以年則其得有不暇乎修爲其爲有不至乎成就此孔子所以歎夫未見其止而惜之者也陳君諱之元字某年二十七爲武昌軍節度推官以卒自其爲兒童強記捷見能

不勞而趨其長者少長慨然慕古人所爲而又能學其文章既以進士起家則喜曰無事於詩賦矣以吾日力盡之於所好其庶乎吾可以成材於是悉稟其家書之官而晝夜讀以思思而不得則又從其朋友講解至於達而後已其材與志如此使天少假以年則其成就當如何哉然無幾何得疾病遂至於不起嗟乎此亦所謂未見其止而可惜者也君某州之某縣人曾祖曰某祖曰某考曰某以嘉祐某年某月某甲子其兄之方爲之卜某州某縣某所之原以葬而臨川王某爲銘曰

浮揚清明升氣之鄉沈翳濁愚降形之宅其升遠矣其孰能追其降在此有銘昭之

卷終

臨川先生文集卷第九十四

墓誌

尚書祠部郎中集賢殿修撰蕭君墓誌銘

區希範誅廣西困於兵詔以尚書屯田員外郎蕭君知桂州兼廣西都巡檢提舉兵甲溪峒事至則因其故俗治以寬大廣西遂安而君以材選爲荆湖南路提點刑獄未幾以君之信於南方也又以君爲廣西水陸計度轉運使方是時儂智高寇兵誘衆中國亡命陰以其衆窺邊境而邊吏士尚皆不籍君獨憂此以謂必爲南方之患乃選遣才辯吏說智高内屬上書言狀請因以一官撫之使抗交阯且可以紓患書下樞密樞密以智高故屬交阯納之生事以詔問君能保交阯不爭智高智高終無爲寇則具以聞君曰蠻夷視利則動必保其往非臣之所能顧今中國勢未可以有事於蠻夷則如智高者撫之而已且智高

文武強力非交趾所能爭而畜也就其能爭則其縱衷
方自相攻吾乃所以閒而無事爭議至五六而區窒
遂絀君言不報君又奏請擇將吏繕兵械修城郭以
待變亦至五六又皆不報而君以召歸智高果反邕
州殺其守將出入廣東西十有一州所至殘破吏士
多走死樞密乃更歸責於君以知吉州一時士大夫
紛紛欲爲君訟君遂絕已無所道世以此稱君長者
又因知君智謀果可以任邊事居頃之遂復以爲廣
東轉運使又以直昭文館知桂州當是時儂宗旦豪
兵智高故地無所屬邕州爲之警諸將皆議盡誅君
又獨持招降之議朝廷用君議宗旦遂釋兵服以爲西
頭供奉官而邊無事於是君積官至尚書刑部郎中

以集賢殿修撰再任會稽申紹泰反巡檢宋士堯鬥
死　仁宗使中貴人出視君坐士堯死降知江州而
提點刑獄因中貴人言君罪狀朝廷爲置獄而君所
坐止於贖金諸提點刑獄所言多無之然猶奪兩官
以免稍除監撫州鹽酒辭不往以分司南京就第諸
公多欲薦起之者君遂告老即以尚書祠部郎中致
仕君諱固字幹臣初以進士選桂陽監判官楚州團
練推官用舉者二十三人改大理寺丞知開封府陽
武永康軍青城兩縣通判虔州以方略擒盜賜書獎
諭移知江州所至皆有善狀推賢舉善束縛姦吏明
而不殘於財利尤能開闔斂散故在廣東收銅鹽課
皆倍前以十萬數治平三年年六十五以九月十七

日卒於家初娶隴西縣君李氏再娶彭城縣君劉氏子男二人洵袁州軍事推官前死洞試秘書省校書郎知鄂州嘉魚縣事女三人嫁江州湖口縣主簿何正臣冀州司户參軍歐陽成其季尚幼也孫男女十八人蕭氏故長沙人君曾祖諱處鈞當湖南馬氏時爲衡州司馬以馬氏方亂棄其官歸李氏江南不願仕有賜田百頃袁州之新喻新喻後屬臨江軍故今爲臨江新喻人祖諱紹考諱世則皆以儒學不仕而考以君故贈官至光禄卿君之疾革也出其奏議焚之其子孫所録傳尚二百餘篇蓋其言詳密多世務之要四年九月二十二日葬君新喻安和鄉長宣里佛子岡銘曰

司馬去荊望此南國君貢厥趾肅宗以殖致功蠻方
時告厥猶朝爲弗聞疆埸用憂受慝不讓退安一州
旣窮而通終以無偶銘詩幽宮傳載永久

贈光祿少卿趙君墓誌銘

儂智高反廣南攻破諸州州將之以義死者二人而
康州趙君余嘗知其爲賢者也君用叔祖蔭試將作
監主簿選許州陽翟縣主簿澶州司法參軍數以公
事抗轉運使連劾奏君而州將爲君訟於朝以故得
無坐用舉者爲溫州樂清縣令又用舉者就除寧海
軍節度推官知衢州江山縣斷治出己當於民心而
吏不能得民一錢棄物道上人無敢取者余嘗至衢
州而君之去江山蓋已久矣衢人尚思君之所爲而

稱說之不容口又用舉者改大理寺丞知徐州彭城縣祀明堂恩改太子右贊善大夫移知康州至二月而儂智高來攻君悉其卒一百以戰智高爲之少却至夜君顧夫人取州印佩之使負其子以匿曰明日賊必大至吾知不敵然不可以去汝留死無爲也明日戰不勝遂抗賊以死於是君年四十二兵馬監押馬貴者與卒三百人亦皆死而無一人亡者初君戰時馬貴惶擾至不能食飲君獨飽如平時至夜貴卧不能著寢君即大鼾比明而後寤夫死生之故亦大矣而君所以處之如此嗚呼其於義與命可謂能安之矣君死之後二日而州司理譚必始爲之棺斂又百日而君弟至遂護其喪歸葬至江山江山之人老

幼相携扶祭哭其迎君喪有數百里者而康州之人亦請於安撫使而爲君置屋以祠安撫使以君之事聞 天子贈君光祿少卿官其一子覲右侍禁官其弟子試將作監主簿又以其弟潤州録事參軍師陟爲大理寺丞簽書泰州軍事判官廳公事君諱師旦字潛叔其先單州之武成人曾祖諱晟贈太師祖諱和尚書比部郎中贈光祿少卿考諱應言太常博士贈尚書屯田郎中自君之祖始去武成而葬楚州之山陽故今爲山陽人而君弟以嘉祐五年正月十六日葬君山陽上鄉仁和之原於是夫人王氏亦卒矣遂舉其喪以祔銘曰

可以無禍有功於時玩君安榮不卹顛其爲誰其視死

高蹈不疑嗚呼康州銘以昭之

朝奉郎守國子博士知常州李公墓誌銘

公李氏諱餘慶字昌宗年四十四官止國子博士知常州以卒然公之威名氣畧聞天下自其卒至今久矣天下尚多談公之為有過於人者余嘗過常州州之長老道公卒時就葬於横山州人填道瞻送歎息為之出涕又為之畫像寘之浮屠以祭之於是又知公之有恵愛於常人也已而與公之子處厚遊則得公之所為甚具盖公之為政精明强果事至能立斷而得以姦宿惡輙取之不貸至其化服則撫循養息悉有其處所以威震遠近而蒙其德者亦思之無窮也當明肅太后時嘗欲用公矣公再工書論事其言

甚直以故不果用而出常州嗚呼公之自任豈止於
一州而已此有志者所以為之惜也始公以叔父任
府法曹叅軍遇事輙爭之留守者不能奪
薦公攺太常寺太祝知湖州歸安縣其後通判
秀州州近鹽公作華亭海鹽二監以業盜販之民歲
入緡錢八十萬又為石堤自平望至吴江五十里以
除水患人至今賴之其所至處利害多如此然非公
大志所欲以就名成功者故不悉著著其利於民尤
大而能以久者云公平生慷慨好議當世事其所趋
舍必欲如己意雖强有勢終不為撓甞考前世治亂
之迹與其君臣之間議論編為七十卷藏於家此蓋
其大志所存也公之先為開封之陳留人五代祖為

梁使閩因避地家於福之連江曾大父周不仕大父郁贈尚書虞部員外郎考慕坊秘書省著作佐郎贈尚書工部員外郎夫人龔氏永安縣君男五人處當忠武軍節度推官與誼誠皆已卒處厚大理寺丞與處道皆進士既葬之二十三年至和元年余銘墓曰公閩於家來自陳留維時方屯閉蓄函收其孰有源而父於幽自公之考乃施乃流其流至公孰敢泳游茫洋演迤小大畢浮曷蹇于行使止一州庶其渙發在後之修

左班殿直楊君墓誌銘

東鹿楊闢狀其先人曰君諱文詡字巨卿少孤鞠於世父世父戰契丹于常山君始十七能以兵入得甲

馬其後世父爲峽州麻谿寨主合州兵討蠻之叛者
君以二十五卒馳前與蠻三千遇蠻傳長君勇悉遁
走險其酋據險下射殺君卒幾盡君以兩矢自下顛
其酋而後世父軍亦至遂戮其衆以歸　天子嘗以世
父一官而以君屬三班爲殿侍君曾祖諱淵祖諱君
正父諱德成皆以經術教授鄉里遭五代變亂皆不
仕君亦少敏强記通五經刑名書數然負其材武思
一有所奮成功名以故爲武吏稍遷借職監睦州酒
由借職三遷爲左班殿直由睦州亦三遷爲邵州武
岡寨兵馬監押由武岡歸京師以慶曆七年二月二
十九日年七十三而卒初康定中將相欲五路兵攻
夏故相陳恭公爲陝西招討使欲君爲用知君者皆

曰君嘗有所試今其時也勉之矣君不應而辭以疾
顧說恭公曰吾士卒惰久矣而數敗以恐卒然毆之
以入不測戰又講勝悍強之賊愚不知計策見其危
而已恭公默然而其後兵果不得出自是君亦老矣
更讀書勸諸子以學無復言兵事方君少壯時喜兵
彎弓劒士莫敢伍然仁恕愛物遇人謙謹麻谿士卒
殺戮無所擇君爲救止全活甚衆其武岡以恩信得
諸蠻蠻有嵩高叙上下誠等州刺史至呼君爲父終君
去不爲侵竊君夫人杜氏生三男其長子早卒次閬
爲大理寺丞次閎三女子皆已嫁其長亦早卒夫人
少君十歲以嘉祐二年五月二十三日卒于駿臺而
壽與君皆七十三六月二日合葬于陳州宛丘縣友

于鄉彭陵原臨川王某曰士之以材稱於世而能以
義克者少矣子路學孔子者也然恃其勇以不得死
君以世其材至白首無所遇而恂恂自克以考厥終
克有名子戴其行治其可銘銘曰
擐堅撓強可扞四方視時弛張以不悖于常維士之
良

內殿崇班錢君墓碣

內殿崇班廣德軍兵馬都監錢君之墓在和州之歷
陽雞籠鄉永昌里初錢氏以布衣起王吳越當五代
時諸侯王僭悖獨嘗順事中國道閉無所出則間以
其方物取海上輸之 天子至 宋受命欲一天下
吳越王即帥其屬朝京師而盡獻其地 天子受其

地王之淮海而衰顧其子孫蓋至於今百年錢氏之
有籍於朝廷者殆不可勝數而以才稱於世嘗任事
者比比出焉君諱某字某右屯衛將軍諱某之子昭
化軍節度使諱某之孫吳越文穆王諱某之曾孫錢
氏以才稱於世者也其爲子弟也父昆稱良焉其爲
父兄又能教其子弟其爲吏又能修其職事而
天子嘗任之以爲材始以季父恩公蔭補三班借職
稍遷至內殿崇班知欽州州人甚愛之歸奏事殿中
稱旨遂遷內殿承制提點廣南西路刑獄在廣西四
年以功次遷供備庫副使刺舉當法賢士大夫多譽
之當是時儂智高爲姦數嫚邊吏邊吏莫能抗諸州
又皆無兵君即奏請戍兵以待變奏至五六而大臣

終不許即復上書求罷又不許而儂智高果反君坐謫三官監饒州酒居久之稍復遷至內殿崇班廣德軍兵馬都監至廣德之明年嘉祐二年君年七十一矣以三月某甲子卒昭化之治和州也凡十八年有惠愛於州人其卒子孫遂留以葬故君子淇沂洪溥奉君喪以某年某月某甲子歸葬於永昌先人之兆而淇沂以余曾從事於文辭自君之將葬至於今三年跋涉而從余以求銘數矣然不止而愈勤噫其若是余不可以無銘於是爲之敘次使歸而鑱諸墓

吳處士墓誌銘

君吳氏諱某字某其先建安大姓曾大父諱某建州長史大父諱某館驛巡官檢校尚書吏部員外郎皆

江南李氏所置也方李氏時吏部府君之父子同時
仕江南者以十數至君之考諱某始以汀州軍事推
官歸選於朝主鄭之新鄭簿君少孤事母夫人至孝
與其弟軻相愛春秋祭先人雖老矣眡牲省器皆不
以屬子孫俯仰齋慄如見其饗之者已祭未嘗不悲
哀也讀書取大指通而已或勸之謀利曰吾貧久矣
人以我爲憂而我以是爲樂不能改也有子三人甫
申舜皆不使事生產曰士而貧多於工商而富也三
人者皆以進士貢於鄉而申爲太平州軍事推官君
年七十八某年某月某日卒於太平之官舍甫等護
其柩歸葬於江州某縣某鄉某原某年某月日迎夫
人前君卒別葬實南陽葉氏始君所居毀於水乃奉

母夫人來客江州愛其山川而遂家之故其葬也以歸焉申之友南陽張頡論次君之事如此而申以告曰先人不幸力爲善而不獲顯於天下今其葬宜得銘使後世有見焉嗟乎予不及識君矣然予之故人多能言君之教諸子盡其道故卒皆有立而申之文行尤以知名於世方今士大夫之列於朝者　天子於其父母皆有以寵嘉之其官封之卑鉅視其子所以勸天下之爲父母而慰其子之心以君之善教而子之材宜及其身有高爵盛位之報焉其生也既不遇其没也孰知其人不卒享也哉是故不宜無銘也銘曰

士或爲仁稱止一鄉至其後與所聞遐充或業以勸

而傳之圯維是不朽實君有子

張君墓誌銘

君姓張氏諱彥博字文叔其先家齊州之禹城曾祖諱圯贈太子洗馬祖諱制又徙其家於蔡州贈尚書吏部侍郎父諱保雍仕至尚書刑部郎中兩浙轉運使君以廕爲太廟齋郎調武昌縣尉能禁抑淫祠役盡去境內再調撫州司法嘗攝令臨川始來强悍者一人痛治以威而皆喜以畏卻使者不急之須而使者不敢怒徙亳州酇縣令用薦者監蘄州石橋茶場鎖廳應進士舉中其科尋丁母憂服除調興化軍興化縣令僧有連結爲姦黨者久至三十餘年君悉捕以置於法而廢其寺古田縣有劇賊即遁去復調黄

州黄陂縣令稍葺堤防以利農告使者更益利之法自是役賴以均改袁州軍事判官以治平四年十月六日卒于官享年四十九君少力學問尤知史書不憚折節以交賢士大夫而喜趨人之急教兄之孤子至於登第撫三女悉得所歸而其仕也所爲又能不苟故前後多薦者初娶劉氏又娶方氏子二人曰仲偉曰次賢君昔去石橋遂留居於蘄故其葬也從劉氏於蘄之安仁鄉莫岕谷山蓋熙寧二年十月六日也君於文章尤喜作歌詩有集四十卷藏於家銘曰

恭惠敏明交悦以稱不遂其成恢曠坦易或援以累終以困躓惟人載德宜福多錫得壽亦嗇曷告其悲銘續風詩萬世之貽

尚書屯田員外郎仲君墓誌銘

君仲氏諱訥字樸翁其先廣濟軍定陶人曾祖諱環祖諱祚皆弗仕而至君父諱呯尹始仕至曹州觀察支使贈右贊善大夫君景祐元年進士起家莫州防禦推官年少初官然上下無敢易者時傳契丹且大擾邊朝廷使中貴人來問知州張崇俊未知所對公策契丹無他爲具奏論之崇俊喜曰朝廷必知非吾能爲此然亦當善我能聽用君也又權博州防禦判官以母夫人喪去去三年復權明州節度推官縣送海賊數十人獄具矣君獨疑而辨之數十人者皆得雪用舉者改大理寺丞知大名府清平邛州臨溪兩縣又通判解州於是三遷爲尚書屯田員外郎而以皇祐五

年十二月二十一日卒年五十五君厚重有大志不妄言笑喜讀書爲古文章晚而尤好爲詩詩尤稱於世所在有聲績然直道自信於權貴人不肯有所屈故好者少然亦多知其非常人也其在越蜀士多從之學當寶元康定間言者喜論兵其計不過攻守而已君獨推書所謂食哉唯時柔遠能邇惇德允元而難任人蠻夷率服爲禦戎議二篇嗟乎此流俗所羞以爲迂而弗言者也非明於先王之義則孰知夫中國安富尊強之盛必出於此君知此矣則其自信不亟宜以有所負而然惜乎其未試也君初娶王氏尚書駕部郎中蘭之女又娶李氏尚書虞部員外郎宗卿之女三男子伯壽爲太常博士次伯造伯同爲進

子三女二嫁吳汁[illegible]任虞并州交城縣尉崔綽興元府戶曹參軍任膺博士以熙寧元年十一日二十一日葬君於定陶之閔丘鄉而以余之聞君也來求銘銘曰

於戲樸翁天偶人觭翔其德音而躓於時

臨川吳子善墓誌銘

臨川吳氏有子興宗字子善年二十喪母而並其父以生事付之則先日出以作後日入以息日午矣家一人未飯其夫婦必尚空腹天寒矣家一人未纊其夫婦必尚單衣蓋如此者二十年而終三十年而已死兄嫁五妹辦數喪又以其筋力之餘及於鄉黨苟有故必我勞人佚先往後歸而尤篤於友愛見弟有過則

顏色愈溫須飲酒歡極之間乃微示以意既而即泣
下曰吾親屬我以汝吾所以不避艱險者爲汝而已
其弟終感悟悔改爲善士以文學名於世此待其弟
乃爾若於他人則絕口不涉其非然里中少年聞其
謦欬之音往往逃匿若匿不及則俛首恐愧而嘗有
所絓一至訟庭及着械同絓數十人亦爲之皆哭掌獄
者驚起白守守立免焉其見畏愛多此類甚謂其交
爲諸昆甚知其所爲故於其弟子經孝宗之求誌以
葬也爲道而不辭予嘗應進士舉後專於耕養遂
不復應其死以治平四年八月九日而十二月十二
日與其母黃氏共葬於靈源村父世塋之域中文讓偃
亦有行義用志而弗仕祖諱表微尚書屯田員外郎曾

祖諱英　中丞初娶□姓王氏一男良卿皆前卒再娶

揚氏生　适桂莞始九歲而四女幼者一歲云云

臨川先生文集卷第九十四

臨川先生文集卷第九十五

墓誌

比部員外郎陳君墓誌銘

陳晉公有子五人其一人今宰相是也公晉公之中

子而今宰相弟晉公諱某事始卒在史官公諱某字
某九歲用晉公恩守秘書省校書郎晉公薨恩改太
常寺奉禮郎服除久之會封禪恩改大理評事監鳳
翔府酒稅又會祀汾陰改衛尉寺丞歸以最升知邵
武之邵武縣獻文章得試學士院宰相言之議與科
名公固辭親在願得進官職也不願得科名從之通
判秀州改大理寺丞歸又獻文章表乞治劇郡得淮
陽軍改太子中舍　今上即位恩改殿中丞是歲賜
緋衣銀魚知臨江軍還得睦州薦者數人　天子以
公名屬審官又徙知滁州以齊國太夫人疾辭還改
虞部員外郎上便宜數事得引對因自贊　天子欲
稍進用之而遭齊國太夫人之喪以去居無何睦州

二十餘人不用□曰吾□甘□而爲是□不可
□卽以疾去去之八年無復言□
□曰仕不仕惟義也吾敢自必於其間耶起令
遂卒始公尚少以文稱於士友嘗度浙江有忘
白金百斤於舟公最後獨見之留三日得忘者歸之
而後去而不告以名佗日從者以爲言於是又稱其
□者令兩縣吏民皆曰賢令也既亡皆哀焉合葬于
□山者天水郡太君權氏善草隸書誦數經能略通
其說實唐貞孝公皐之十七世孫云子男四人向□
□爲進士充其業其季光祿君也女三人皆歸閩人
光祿君方潔勤審下賢好學人以爲君子之子焉自

晉之亂而戎夷盜賊穴有中國且亂且治至于今歲
千年士大夫之家流落顛頓不常其六世後雖有振起
者多不知其族之所出獨光祿君之家爲世其家而
能自道尤詳自大夫伯仲至公四世之告命皆具在
命其宗人之子某銘公之墓者光祿府君也銘曰
公先籍秦系相導大夫相孫維作守兄濮遂留家海
浦子紳孫韶公祖考于東四傳弗替厥耀藏仁厥家以
賚後後蕃而昌其必效令卿追公登科之兆

兵部員外郎馬君墓誌銘

馬君諱遵字仲塗世家饒州之樂平以舉進士自禮部
至於廷書其等皆第一守秘書省校書郎知洪州之
奉新縣移知康州當是時 天子以西戎置大臣欲有所

司語尤悲因掇其大槩而存之噫其亦可悲也夫

曰

於此有木焉一本而中分其材均樹之時又均或斷而焚或剖以爲犧尊誰令然耶其偶然耶吾又何嗟

贈尚書吏部侍郎向公墓誌銘

公向氏諱希仲字袞臣景德六年以開封浚儀進士起家歷選於吏部爲揚州江都主簿洪州新建縣尉權管句洪州奉新縣事開封府右軍巡判官其後除於審官爲監黄州岐亭鎮茶鹽酒税監虔州税知洪州分寧縣知容州句當在京左右廂店宅務知高郵軍知而安袁吉筠五州又其後除於中書爲知隨州遂以疾求分司西京而以皇祐三年四月丁亥卒

安州之傳舍享年七十一散官至朝奉郎職事官
至光祿卿勳至上柱國賜緋魚袋公通訓詁工篆隸
書能傳其父學又善為詩其在高郵歲大饑以便宜
救所活萬餘人在鄂州前吏以逃戶諸稅責鄰人
至或無桑矣而猶責其絲公歎曰 上恩及於無告
而州縣若此壅之何也即奏除之在吉州州素多事
公至則御之以簡姦吏惡民顧不得有為至相戒而
去公奉寡嫂畜孤兄子尤篤於恩禮自為郎中先任
其兄子次及諸從最後乃蔭公子兄外孫尹御名幼失
父母公收教之再舉進士禮部矣顧言以御名名聞御名
由此補郊社齋郎蓋其爲人敦厚長者詳於施人而
略於養已如此句氏其先京兆人 公曾祖諱同章始

遷成都之華陽祖諱令宣皇贈光禄寺丞父諱中正
爲孟氏武泰軍節度使掌書記　太宗時自潞州録事
參軍召拜著作佐郎直史館萁夜改直昭文在兩館
二十六年同館事多去爲將相而公脩職守道未嘗
爲之少屈以尚書屯田郎中卒於　真宗之初而葬
浚儀浚儀今祥符也故公卒以某年某月某甲子葬
公開封之開封縣保安鄉永寧村公元配清河張氏
繼配楚丘邊氏祥符劉氏劉氏封延安郡君三男子
諶尚書屯田員外郎詵早世請太廟室長女子九人
嫁尚書駕部員外郎王正已湖州德清縣令郭真卿
尚書虞部郎中楊定殿中丞劉稱滎州録事參軍張
道古起居舍人鍾鼎臣殿中丞杜師益泰寧軍節度

推官謝京登州司理參軍王昺及公之葬也以公子諶故張夫人追封仙遊縣太君邊夫人追封仙源縣太君劉夫人追封仁壽郡太君而公亦贈官至尚書吏部侍郎銘曰

句宗華陽世實京兆來家東都公考有廟温温句公有美有相不衒不求卒爲圭璋考翼在上公承在下爲此幽宫亦浚之野

山南東道節度推官贈尚書工部郎中傅公墓誌銘

公姓傅氏諱立字伯禮其先大名内黄人今鄆須城人也慶曆二年以五舉進士得同三禮出身主鄭州管城縣簿用舉者爲滑州靈河縣令遭母夫人喪喪

除以山南東道節度推官知磁州昭德縣事嘉祐四
年七月六日卒于官舍享年六十六公以文行有聲
州郷其志氣甚大既久困不遂因不復有仕意
之乃起佐管城所爲問義理如何不肯有所
妖人爲亂吏坐不察者衆州縣懲艾有以妖人
又致之刑辟或誣浮屠道人爲妖州捕之君
其無罪即釋之在昭德縣人治河隄摠役者
諸縣畏其糺劾莫敢校及詣公縣人公
縣人感悅不督而功自倍摠役者亦不敢
所而其施於政者多如此故其卒老稚相扶携
思慕久之不怠蓋公孝慈忠信剛毅有守遇事
可愧其仁心尤至既病亟呼其季子告曰吾嘗

曰於鄆數十口賴以活者三十年今田主往往而
汝兄仕於朝所不足者非財可以券還之於是長子
方官於莫州及歸遭喪終以田歸主如公戒公曾祖
諱凝贈尚書庫部員外郎祖諱世隆尚書戶部員外
郎知邛州父諱珏右班殿直凡三世皆以經學舉至
公始爲進士而公子亦皆爲進士曰堯俞尚書兵部
員外郎曰舜俞郊社齋郎曰君俞未仕餘四人皆早
死兵部君以才德爲世名人嘗爲諫官以言事不合
辭知雜御史不肯就以熙寧三年十月某日葬公於
孟州濟源縣清廉鄉義化里以夫人長壽縣太君王
氏祔於是公贈官至尚書工部郎中太君有賢行方
兵部除知雜御史也適北使未返而親故皆賀夫人

弗受治裝爲行及兵部歸而果辭不就以出世銘曰

惟傳厥先相武丁告功皇天八上比星以朔服仁世守經奮發華藻揚芬馨宜殖禧福禄引厥齡權藏況淹以灝瀁爾志弗獲終冥冥爰有美子集帝庭忠功孝名神所聽卜塋高原曰永寧

尚書度支員外郎郭公墓誌銘

公諱維字仲逸少好學有大志年二十五[illegible]爲泰州司理調泰眞二州判官以能聞監眞州之滙稅丁母憂服除改著作佐郎知南豐縣俗喜訟令始至豪猾輒籍名事入縣察令能否公至即得其姦窮而徙之由此無敢犯法改新都縣又以治稱既去民思之相與繪公像祠焉使者薦其材就知雅州王蒙正姻明肅

太后家侵民田幾至百家有訴者吏數辭無敢直其
事詔公治之其行也人爲公憚公至則拔根擿節不
漏毫末以田歸民蒙正坐除名旣歸 天子目之賜
之朱衣得尚書屯田員外郎知常州至州索宿姦數
人流之州以無事移提點淮南刑獄吏不治道聞公
至往往豫以事求解部中肅然遷度支以卒慶曆二
年正月也凡仕二十七年公剛毅能斷當事勇不自
他縣景德祥符之閒四海平治寬文法待吏而吏乃
相習爲遨嬉浮沉者或按一吏則交議群詆以爲暴
刻生事日浸月積而民敝於下矣至公始按吏而獨
急於權倖有大臣出揚不治曲以禮事公公奏斥不
報旣代猶斥之以是被按一無憾言以聲威聞而所

至即有惠愛其嘗醻游過常里中民有以褻語相罵者其長者怒曰爾欲忘郭屯田邪蓋公在常以此法其民時卒已九年矣猶不忘之惜乎朝廷方欲顯用而公已不幸其出於治者猶未足以盡其志故不悉書特掇其一二而存之此足以見公之志也祖某不仕父某贈殿中丞母劉氏仙源縣太君妻張氏南陽縣君子男三人先正烏江縣尉聰正舉進士祥正星子主簿女六人以某年月日葬公於某處公之里也將葬先正等以令司封員外郎趙誠書來乞銘先人爽公祥符八年以進士起而公子且與某遊有好也銘不敢讓銘曰

翼翼汾陽子儀始王德完道粹功蓋于唐宜享世澤

流如海長原原南寓孰嗣而昌公生而明剛簡自衜
挼身貧爵誼不辱進蘇窮斥姦惠立威振而年不長
志不時盡既奮既材天奚弗慭刻銘在幽來者之哉

贈尚書刑部侍郎王公墓誌銘

江陵縣有合葬龍山之西者爲宋龍川令贈尚書刑部侍郎王公之墓公之卒得年七十一其葬之歲在辛卯爲皇祐三年十二月甲申龍川其所卒也以刑部侍郎贈公者曰公之子光祿卿周公諱文亮字昭遠其先晉丞相導也丞相十有六世之孫倫爲唐正議大夫剌明州始去長安之萬年爲明之奉化人大夫之兄曰 生紳紳生韶韶生公四世咸爲縣令 已嘗試策入等爲 其屬州之

人王稷上書斥公族前數事服除猶坐是監虔州稅
明道元年恩改比部員外郎通判建州改駕部用舉
者從知吉州坐法免起爲比部監泗州糧料又坐法
免起爲虞部監饒州錢監復得比部歸羈居京師久
之乃出監江陰軍酒稅道疾病上書自言先臣忠得
幸先皇帝至大臣階先臣以得仕屢進所臨有家記
識方壯少時頗汲汲欲自奮收一日之效以卒事
陛下而孤行單立無黨友之助又薄命不幸數遭小
人以見困辱負先臣餘教辱　陛下器使之恩今老
矣今終無以報盛德深自媿恥夙夜憂畏以故得疾
病且死無田園以歸無强有力子弟以養唯男一人
世曰去年爲進士得嘉慶院解臣兄在中書奏不得

試禮部令曾爲遠官去臣方遠甚陛下憐之幸聽臣分司改世昌蘇常閒一官以卒養臣天地之賜也臣誠窮即不自言誰當爲臣言者書入亦竟卒於江寧得年若干時某年月也夫人某氏子男兩人世昌泉之晉江主簿次世長前死女兩人皆已嫁主簿將以某年月日葬公某處葬有日使來乞銘初公爲臨江軍先君爲之佐其後二十五年某得主簿於淮南而兄事之仍出有好義不可以辭無銘也公名臣子少壯得美仕間以文藝自進意自以爲且貴富世其家而遭平世無以文法持臣下故其能不得有所肆而卒以齟齬窮其感激怨懟往往見於文辭主簿離其藁爲二十卷讀之知其心之所存也而其求分

爲求才能之士以察諸路而君自大理寺丞除太子中允福建路轉運判官以憂不赴憂除知開封縣爲江淮荆湖兩浙制置發運判官於是君爲太常博士朝廷方尊寵其使事以監六路乃以君爲監察御史又以爲殿中侍御史遂爲副使已而還之臺以爲言事御史至則彈宰相之爲不法者宰相用此罷而君亦以此出知宣州至宣州一日移京東路轉運使又還臺爲右司諫知諫院又爲尚書禮部員外郎兼侍御史知雜事同判流内銓數言時政多聽用始君讀書即以文辭辯麗稱天下及出仕所至號爲辦治論議條暢人反覆之而不能窮平居頹然若與人無所諧及遇事有所建則必得其所守開封常以權豪請

託不可治客至有所請君輒善遇之無所拒客退視其事一斷以法居久之人知君之不可以私屬也縣遂無事及爲諫官御史又能如此於是士大夫歎曰馬君之智蓋能時其柔剛以有爲也嘉祐二年君以疾求罷職以出至五六乃以爲尚書吏部員外郎直龍圖閣猶一不許其出某月某甲子君卒年四十七天子以其子某官某爲某官又官其兄子若國某官夫人某縣君鄭氏以某年某月某甲子葬君信州之弋陽縣歸仁鄉裏沙之原君故與予善予嘗愛其智略以爲今士大夫多不能如惜其不得盡用亦其不幸早世不得終於貴富也然世方懲尚賢任智之弊而操成法以一天下之士則君雖壽考且終於貴富其

所畜亦豈能盡用哉嗚呼可悲也已既葬夫人與其家人謀而使持國來以請曰願有紀也使君爲死而不朽乃爲之論次而繫之以辭曰

歸以才能兮又予以時投之遠塗兮使驟而馳前無禦者兮後有推之忽税不駕兮其然奚爲哀哀縈嫠兮孰慰其思墓門有石兮書以余辭

泰州海陵縣主簿許君墓誌銘

君諱平字秉之姓許氏余嘗譜其世家所謂今泰州海陵縣主簿者也君既與兄元相友愛稱天下而自少卓犖不羈善辯說與其兄俱以智略爲當世大人所器寶元時朝廷開方略之選以招天下異能之士而陝西大帥范文正公鄭文肅公爭以君所爲書以

薦於是得召試爲太廟齋郎已而選泰州海陵縣主
簿貴人多薦君有大才可試以事不宜棄之州縣君
亦常慨然自許欲有所爲然終不得一用其智能以
卒噫其可哀也已士固有離世異俗獨行其意罵譏
笑侮困辱而不悔彼皆無衆人之求而有所待於後
世者也其齟齬固宜若夫智謀功名之士窺時俯仰
以赴勢物之會而輒不遇者乃亦不可勝數辯足以
移萬物而窮於用說之時謀足以奪三軍而辱於右
武之國此又何説哉嗟乎彼有所待而不悔者其知
之矣君年五十九以嘉祐某年某月某日葬眞州
之揚子縣甘露鄉某所之原夫人李氏子男瓌不仕
璋眞州司戶參軍琦太廟齋郎琳進士女子五人

嫁二人進士周奉先泰州泰興縣令陶舜元銘曰
有拔而起之莫擠而止之嗚呼許君而已於斯誰或
使之

漢陽軍漢川縣令陳君墓誌銘

陳君之墓在某州某縣某鄉某所之原以某年某月某甲子葬陳君者諱之祥字某家某州之某縣其業進士某中等以皇祐二年某官滁州全椒縣主簿漢陽軍漢川縣令其爲人强於學果於行能使爲之長者聽爲之民者思其卒年三十二有一男一女皆出夫人李氏其葬臨川王某爲之銘

芒乎既壯而能充忽乎奚去而誰從歸形幽陰兮窔土以爲宫聚封其上兮爲記無窮

臨川先生文集卷第九十五

臨川先生文集卷第九十六

墓誌

員外郎周君墓誌銘

郎中晁君墓誌銘

郎中葛公墓誌銘

亡兄王常甫墓誌銘

先生七歲好學毅然不苟戲笑讀書二十年當慶曆中　天子以書賜州縣大置學先生學完行高江淮閒州爭欲以爲師所留輒以詩書禮易春秋授弟子慕聞來者往往千餘里磨礲淬濯成就其器不可勝數而先生始以進士下科補宣州司戶至三月轉運使以監江寧府鹽院又三月卒又七月葬則卒之明年四月也實皇祐四年墓在先君東南五步先君姓王氏諱益官世行治既有銘先生其長子諱安仁字

帝甫年三十七生兩女嗚呼先生之道德蓄於身而施於家不博見於天下文章名於世特以應世之須爾大志所欲論著蓋未出也而世之工言能使不朽者又知先生莫能深嗚呼先生之所存其卒於無傳耶始先生常以爲功與名不足懷蓋亦有命焉君子之學盡其性而已然則先生之無傳蓋不憾也雖然先生孝友最隆妻百世之重而無所屬以傳有母有弟方壯而奪之使不得相處以久先生尚有知其無窮憂矣嗚呼以往而推存痛其有已耶痛其有已耶先生有文十五卷其弟既次以藏其家又次行治藏於墓嗚呼酷矣極矣銘止六矣其能使先生傳耶

主客郎中知興元王公墓誌銘

公王氏諱某字某其先著望太原而公之曾大考諱
某考諱某皆葬撫州之臨川縣公少力學以孝悌稱
於鄉里既壯起進士爲漢州軍事推官至則以材任
劇在上者交舉之遷大理寺丞知大名府大名縣就
除通判忻州又通判眞定府府帥王嗣宗恃氣侮折
其屬爲不法以故久之莫敢爲通判者公行嗣宗固
不憚稍侵公以氣公恬然不爲校也以禮示之而已
嗣宗詘服居十餘日公請視獄獄中繫者常數百人
嗣宗意愠輒久之不問吏人亦不敢言治公視獄所當
者數十人而已餘悉當縱無所坐於是嗣宗慙有司
如公指即日斷出之自是事無不聽公所欲爲公輒分
別可否而使其政皆由嗣宗以出雖府人或不知公

於嗣宗曰有助也一府遂治而士以此稱公爲長者始公中進士時同進有常陵公者嫉公先以被酒取公勑牒裂燒之公爲諱其事以失亡告有司而已及後陵公者爲屬吏公舉遷之或非公以德報怨公曰受詔舉京官彼今爲吾屬而任京官吾則舉之何報怨之謂哉且吾與彼乃未始有怨也蓋公之行己多如此居一歲移知保州又以舉者移知深州又以選移知齊州二州之人皆曰公愛我已而提點刑獄淮南兼勸農事公於爲獄務在寬民而以課田桑爲急按渠陂之故誘民作而修之利田至萬九千頃天子賜書獎諭後出氏名付大臣召用而當是時丁謂爲宰相先是謂以二人屬公善視之曰皆能吏也

至則皆有罪公發其狀以聞由此謂欲傷公不果而父之公所任吏亦有贓坐即絀公監池州順安鎮酒稅會　今上即位移滁州又移知興元府自丁謂得罪徙南方論者皆以公宜復用而公亦且得疾不起矣享年六十一官至尚書主客郎中明年天聖七年葬和州之歷陽縣後若干年公夫人張氏葬而公墓墊乃改卜合葬於眞州揚子縣萬寧鄉銅山之原公子六人於是存者二人曰某爲殿中丞曰某爲進士其四人皆已卒曰某開封士曹參軍曰某楚州寶應縣主簿曰某曰某爲進士而公以殿中君積贈官至右諫議大夫某某公兄孫也受命於叔父而爲銘銘而次公之行事不能詳者以不得事公而公之沒叔父

皆尚少故也嗚呼於公之行事雖不得其詳而其略
所聞如是蓋可以考公德矣銘曰
王亡晉封遠邇南土公始有廟妥其禰祖孰強而勝
孰忌以爭乎于恭寬在室而耳嶷嶷之節因時乃發
曰黜予咎匪佗伉予遏避善不名亦不隕聞寘銘新基
維以長存

胡君墓誌銘

王某之治鄞二月其故人胡舜元凶服立於門揖入
問焉故則喪其父矣天五月留而館意獨怪其來之早也
居數月語吾曰吾釋父之殯跋山浮江從子之兄
于海旁願有得也久矣不敢以言吾親之生我學於
四方不得所以養今已不幸卒也得子之兄誌而

銘之藏之墓中可以顯於今世以傳於後雖吾小人
與榮焉無悔□焉不知子之兄可不可吾弟以告予歎
曰審如是可以爲孝君子固成人之孝而吾與之又
舊其何顧而辭即取吾所素知者爲之誌而銘之誌
曰君諱某池之銅陵人生於丁丑興國之年世卒於
丁亥是爲慶曆七年子七人某以十月葬君於谷垂
山胡氏世大宗孝闔門數百人君有子舜元獨招里先
生教之爲士其六卒也族分而貴衰舜元爲善士銘曰
壽七十一不爲夭不多吾與之銘千古不磨

屯田員外郎邵君墓誌銘

邵公既國燕其子孫處者猶食其初邑至後世遂爲
邵氏今有田邵□陽者獨爲大家其所出往往稱天

下君丹陽人也諱某字某少敏爽皇考某欲大就之爲破貲聚留師賓以發其材及壯行内修不摽飭爲名而有譽於爲士者年四十始以進士出佐鎮東軍積功次入尚書爲屯田員外郎通判亳州遭母夫人某氏喪不行以卒君工爲詩歌喜飲酒與人交恬如也尤不好官爵至京師一不問權貴人所舍事有類君者自言得遷或勸君自言終不許然起家十九年更三縣以材奏君者甚衆卒之明年皇祐某年某月弟某葬君某所以夫人某氏祔子男兩人曰某曰某一女子尚幼銘曰

乘於朝葬於里厥嬪祔之祭則子以完歸親維有祉

馬漢臣墓誌銘

合淝人馬仲舒字漢臣其先茂陵人父皐爲江東撥發寘其家金陵漢臣因入學齒諸生爲人喜酒色其相語以褻私侈爲主父母不欲之又隆愛之不能逆其意以教也然漢臣亦踈金錢急人險難不自顧計於衆中尤慕近予予亦識其可教以禮法開之果大遂自挫刻務以入禮法從予學作進士既數月其章燦然充其科者也漢臣長予四年予兄弟視之漢臣視予則師弟子如也嘗助予叔父之喪若子姓然慶曆六年漢臣冠五年矣從予入京師待進士舉月病死死時予亦病其叔父在京師因得棺斂歸金陵殯之某年某月乃葬于某處孔子曰秀而不實者有矣夫漢臣幾是矣噫誌其墓云

贛縣主簿蕭君墓誌銘

君諱化基字子因實蕭氏其先有自長沙避地廬陵者曰霽方李氏有江南為洪之武寧令於君為曾大父其後再世曰煥曰良輔皆不仕至君之兄侍御史定基始以材起為名家而追贈其皇考尚書工部員外郎君於工部為少子少謹厚能自力業其世以善富既御史貴得任子弟君猶私其能不願治民然御史竟官君為明之奉化尉主簿於虔之贛縣監眞州酒恬慎祗修在勢者任之春秋六十二至和元年四月癸酉以官卒其子汝霖汝能汝為汝正護其柩歸以十一月壬午塟其縣之儒行鄉白沙原夫人楊氏前葬矣今不祔先人於御史以弟交君予文人行也

二父皆有子知名南方交於予以故請銘銘者所以
名前人而燕孝子之心也於是爲銘銘曰
韡矣蕭宗棼産之良繩繩主簿有善其鄉我脩不苟
寔可爲康圖銘壙石維後之藏

秘書丞謝師宰墓誌銘

君姓謝氏諱景平字師宰尚書兵部員外郎知制誥
陽夏公贈禮部尚書諱絳之子太子賓客陳留公贈
禮部尚書諱濤之孫泰寧君掌書記贈尚書吏部侍
郎諱崇禮之曾孫初以祖父廕試秘書省校書郎守
將作監主簿既而中進士第僉書崇信軍節度判官
廳公事監楚州西河轉般倉累官至秘書丞年三十
三以治平元年十二月庚申卒妻尹氏生男女四人

皆前死其兄以某年某月某日葬君鄧州穰縣五隴山南謝氏故家河南緱氏君六世祖注吳越故自陳留公以上三世葬杭之富陽至君始葬陽夏公於鄧爲穰人而今以君祔葬君於忿不忮於欲不求雖學之力亦其天性故其孝弟忠信寬柔遜讓莊靜謹潔稱於兒童以至壯長而成不充其志施不盡其材此學士大夫所以哀其死而多爲之出涕也然君文學政事言語已能自達於一時其於道德之意性命之理則求之而不至聞矣而不疑嗚呼可謂賢已銘曰

陽夏四子皆賢而材季也早死吾銘其埋今又銘叔嗚呼可哀古之死者以死爲息嗟叔方剛何愒之亟昭昭者逝嶷嶷者藏爲識在斯銘則不亡

尚書刑部郎中周公墓誌銘

周氏其先自華陰入蜀蜀孟氏時公之皇考諱敬述
以文章知名嘗至要官任事矣孟氏亡因不復仕而
天子召以爲壽州下蔡令由下蔡以爲太子中允知
江州賜紫衣金魚使撫初附之民其後爲祕書丞知
秦州以卒而得州之北原以葬有子四人其卒皆位
於朝而公第二公諱嘉正字幹之少與其昆弟俱以
進士甲科起家爲通州軍事推官其後通判廣州提
點福建刑獄知壽州爲三司鹽鐵判官故宰相丁謂
惡其材天子以爲河北轉運使而公不就已而謂
得罪公坐出知金州又知海州又知濠州而以工部
郎中分司南京歸治疾于海陵之第明道元年以恩

遷刑部二年年六十四以卒公寬厚而廉清而其才
尤長於政事自爲推官時已能有所建易爲士民所
記及奉使福建獄有冤輒辨有疑若可貸輒以聞所
活至數十人而其治大抵遇姦吏爲獨急子男五人
曰蒙先今爲武康軍節度推官監台州稅曰彦先爲
右侍禁知循州興寧縣曰茂先爲秦州司法參軍曰
行先爲山南東道節度推官知江■彭澤縣曰嗣先
爲進士女七人皆嫁爲士大夫妻嘉祐三年三月壬申
公子與孫葬公皇考秘書丞贈尚書工部侍郎之兆東
以安美縣君錢氏祔縣君賓左右公以有家着也銘曰
周遷于蜀爰自先人考有四子發于海濱公有令聞
貴維女子歸寬民人施刻在巳方飛方■方■于夫

既鎩以歸既隕于泉有高其後有[illegible]其前作爲銘詩
兆此新阡

右侍禁周君墓誌銘

君周氏諱彥先字師古曾大父諱瓌贈大理評事大
父諱述祕書丞贈尚書工部侍郎考諱嘉正尚書刑
部郎中君少以郎中君蔭補三班奉職監泗州浮譜
又監楚州船場爲揚泰州巡檢而近臣薦君閤門
候大臣曰周某可用矣然吾將試之邊乃
等七州軍沿邊巡檢邊人兩界上爲群盜
白安撫使務之契丹契丹悉補斬之自是
也已而君上書言漕事又言邊將使人耕邊以給公
使不即禁止往往能生事於是邊將大怒而君所部

卒有犯法者因詆君以不詰坐是監廣州清遠縣鹽場轉運使留君以監市舶它吏方習爲姦贓事而君獨不買舶中一物轉運使嘗數稱君以媿它吏而薦君以知循州之興寧縣至則招縣南三十里寧昌驛以爲治所而吏自此得不以瘴死然君既得疾於興寧矣遂卒卒時年四十二縣人以君爲能撫我思之也君先夫人盛氏尚書工部侍郎諱京之子後夫人王氏尚書主客郎中諱貫之之子皆有賢行五子濤洵洧渥澥皆爲進士二女子嫁如皋史堪德安鄭汾亦皆爲進士而濤今爲著作佐郎知汝州梁縣以嘉祐三年三月壬申葬君皇考郎中之兆次而以先夫人祔臨川王某爲銘曰

君弟吾嫂夫人吾姑君能有家不失疾徐治兵與民
威愛之孚銘昭子孫以告不誣

泰州司法參軍周君墓誌銘

君周氏諱蕆先字去華其先成都人至君大父諱述
爲祕書丞知泰州以卒始葬泰州之北原而子孫遂
爲州人不去父諱嘉正尚書刑部郎中君以父蔭爲
楚州司户參軍又爲泰州司法參軍皆有能名明道
二年五月刑部君終于第君思慕哭泣至其年十月
亦卒於是君年三十二夫人南陽張氏守其孤不嫁
其后孤渙以進士起家洪州南昌縣主簿二女子嫁
池州貴池縣尉宣城查埶進士建安吳觀而以嘉祐
三年三月壬申葬君北原之兆銘曰

緜緜之孤屬于單妻既請而[illegible]龥錫吉命曰維孝子從先人宅

尚書屯田員外郎周君墓誌銘

君周姓諱濤字幾道中慶曆六年進士甲科歷亳州觀察推官撫州軍事推官著作佐郎祕書丞太常博士尚書屯田員外郎知浚州梁杭州錢唐二縣內行敏能爲政壹自急飭視民疾如在己不肯釋事實爲名聲要利所在民愛譽甚於士大夫治平三年六月在京師授簽書梓州判官事七月十三日以官卒年四十有四曾祖諱述故鄆人皇祕書丞贈工部侍郎始占海陵以葬祖諱嘉正皇刑部郎中父諱彥先終右侍禁贈右監門衛將軍妻曰昭德縣君錢氏子男

五人穉種扶穆徐以其年十月十六日葬君揚州江都縣同軌南鄉東武里銘曰

於勢與聲蹟循弗爭無忘其生於善與恥操終如始有哀其死

虞部郎中晁君墓誌銘

尚書虞部郎中晁君諱仲參字孝先以治平四年五月九日卒於通判舒州事其子以熙寧二年正月二十九日卜濟州任城縣詠議鄉呂村之原以葬狀君之行來乞銘綴其語爲銘曰

晁望潁川衛有卿丙錯以術用作漢丞令魏晉南北史無傳人良正官唐仍不大振開封于家徙鉅野縣辟時難邑出宋而顯迥奮布衣太子太師宗愨秉政

父子一時三朝四世錫榮丘墓詮令中書爲君曾祖有子迪者刑部侍郎乃生宗簡世德孔揚使京東西郎于刑部君實其嗣少則多譽仲父保任主簿上虞宰墨薦政易君仕初從容調聯史莫玩法壘以廉終弱伸強懾按察擾獄夙如我謀君不爲奪械囚于州將范文正歎愛而謂畏宜繩私公勇勿畏君願持此畢身無尤薦監越酒旋宅父憂判官于滁擢丞大理汝州郟城來知縣事富姓賕吏寓田勢家役煩旦窘中户愁嗟君衰僞券應手即辨宁蠹噓枯俗戒以勸秦王諸孫上冢入郛卒榜驛隷君擒而誅將刻中人匿車夜遁移内侍省罪令即訊迄明年至徒御無譁能聲震越號稱其家易曹濟陰太子贊善督尉索

里閭宴衎馬入罷牧地租于民厨傳費劇輸之殆貧君曰閔哉責豈無豫操書鐫守多絀其數遷官博士去領開州大藥學校率衣冠游溫湯之鹽賈不酬課歲鐍五萬奏自君可氓疾不治謁巫代毉教以餌藥盡投詭祠失怙恃者予其娶嫁坐堂朝晡飲酒閒暇英宗纂極負外于虞比駕二部閱最而除令 天子恩始正郎位攝舒暮年條教逾肆殍來鄰邦縣使無僵扶携餽去又遺之種敦於除害未始愛力取擬陽河避羅刹石祈池口征合于銅陵官不失筭舟無危行人幸是爲曠數十載趨令驩呼無有稚支孤山馬當歲漂百航鑿秋口浦直走雷江脫險風濤幾五百里章隨驛聞就付其事六冬告役君夏而徂壽五十

五識者歎行齊公孫氏作配甚似封永康君[illegible]惟四子端仁端義端禮端智仁中進士常州司理義郊社郎餘則未仕五女四人歸爲士妻石端侯彥侯歸而婺范胡二壻絶粹僧孺幼處于家君孫有五男節衍鑀其二則女惟君平生外晦内明忤出不意黙無與爭禄睊族嫺恩稱䟽戚庖無朝炊笑語如昔晚尤靜曠病不告遺極談性命方絶之𦙍子丐埋辭衰麄夫汴掇其緒餘以貿幽竁

度支郎中葛公墓誌銘

葛公姓也源名也宗聖字也處州之麗水公所生也明州之鄞後所遷也貫曾大考也遇大考也畢累贈都官郎中考也進士公所起也洪州左司理參軍吉

州太和縣主簿江州德化縣令監興國茶場威武軍節度推官知廣州四會縣著作佐郎知開封府雍丘縣祕書丞知泉州同安縣太常博士通判建州屯田員外郎知慶成軍都官員外郎知南劍州司封員外郎祠部郎中江浙荆湖福建廣南提點銀銅坑冶錢度支郎中荆湖北提點刑獄此公之所閲官也州將之甥與異母兄毆人而甥殺之州將脅公曰兩人者皆吾甥而殺人者乃其兄也我知之彼大姓也無爲有司所誤不然此獄也將必覆公刻不爲變此公之爲司理參軍也州符徙吉水行令事他日令始至大猾吏輒誘民數百訟庭下設變詐以動令如此數日令厭事悉以事常在吏矣公至立訟者兩廡下取其

[illegible]

狀視有如吏所為者使自書所訴不能書者吏授之往往不能如狀窮輒曰我不知爲此乃某吏教我所爲也悉捕劾致之法訟以故少吏亦終不得其意毛民寡婦告其子以恩義說之不得即使人微捕得之與閒語者驗其對乃書寡婦告者也窮治具服爲私謀誣其子孫距州溪水惡而歲租幾千萬碩舟善敗民以輸爲愁公始議縣置倉以受輸則官漕之亦便州不聽公論之不已倉成至今賴其利此公之爲主簿也中貴人擊縣吏取所給過家以言府府不敢劾公曰中貴人何憚爲吾民而有陵之者吾亦恥之上書論其事中貴人坐絀此公之爲縣於雍丘也屬吏常有隙於公同進者因譏之公察其旨不聽以爲舉

首此公之爲州於南劒也鑄錢歲十六萬其所施置
後以爲法程此公之爲銀銅坑冶鑄錢也鄂州崇陽
大姓與人妻謀而殺其夫州受賕出之公使再劾劾
者又受賕獄如初而公終以爲不直其弟訴之轉運
使雖他在事者亦莫不以爲寃復置之獄卒得其姦
賕狀論如法此公之爲提點刑獄也甲子四百三十
五公所享年也至和元年六月乙未卒之年月日也
潤州之丹徒縣長樂鄉顯陽村公所葬也嘉祐元年
十月壬申葬之年月日也鄉邑孫氏令祔以葬者公
元配也萬年縣君范陽盧氏公繼配也良肱良佐良
嗣公子也妻太常博士黃知良曰金華縣君公女也
起進士爲越州餘姚縣尉主公之喪而請銘以葬者

良嗣也論次其所得於良嗣而為之銘者臨川王某
也銘曰
士窾以養交兮弛官之不忌維公之所至兮樂職嗜
事彼能顯聞兮公則不晰不銘示後兮孰勸為瘁

臨川先生文集卷第九十六

臨川先生文集卷第九十七

墓誌

王逢原墓誌銘

嗚呼道之不明邪豈特教之不至也士亦有罪焉嗚

呼道之不行邪豈特化之不至也士亦有罪焉蓋無常産而有常心者古之所謂士也士誠有常心以操聖人之說而力行之則道雖不明乎天下必明於己道雖不行於天下必行於妻子內有以明於己外有以行於妻子則其言行必不孤立於天下矣此孔子孟子伯夷柳下惠揚雄之徒所以有功於世也嗚呼以予之昏弱不肖固亦士之有罪者而得友焉余友字逢原諱令姓王氏廣陵人也始予愛其文章而得其所以言中予愛其節行而得其所以行卒予得其所以言浩浩乎其將沿而不窮也得其所以行超超乎其將追而不至也於是慨然歎以爲可以任世之重而有功於天下者將在於此余將友之而不得也

嗚呼今弃予而死矣悲夫達原左武衛大將軍諱奉璮之曾孫大理評事諱珙之孫一而鄭州管城縣主簿諱世倫之子五歲而孤二十八五月辛卒之九十三日嘉祐四年九月丙申葬于常州武進縣南鄉薛村之原夫人吳氏亦有賢行於是方娠也未知其子之男女銘曰

壽胡不多天實爾嗇曰天不相胡畀子爾德厚也培之嗇也推之樂以不罷不怨以疑嗚呼天民將在于茲

宋尚書司封郎中孫公墓誌銘

公諱錫字昌齡曾祖劍祖昜從父垂罃皆弗仕及公仕贈其父至尚書兵部侍郎公以天聖二年進士起家和州歷陽無為巢二縣主簿部使者及兩制以御

扎舉者十餘人改鎮江軍節度推官知杭州仁和縣
籍取兇惡戒以不改必窮極案治一而治其餘一以仁
恕故縣人畏愛之以兵部喪去三年乃用舉者以集
慶軍節度掌書記充國子監直講兼校定前後漢
書南北史脩集韻選蘇王宫伴讀並教導有法宗室召
燕飲未嘗往居頃之改著作佐郎當罷矣又留爲國
子監丞講讀七年乃用舉者召試集賢校理同知太
常禮院判吏部南曹登聞鼓院爲開封府推官賜緋
魚坐考鏁廳進士舉籍中有不中格者兩人降監和
州清酒務當是時龐宰相爲樞密使薦宜侍講禁中
方召而公以謫去久之會明堂恩召還同判尚書刑
部先時主者多持事往決於上書公獨視法如何不

往戎州人向吉等操兵質販恃其衆所過不輸物稅州縣捕逐皆散走成都鈐轄司奏請不以南郊赦除其罪從之逮捕親屬繫獄至更兩赦有詣闕訴者刑部詳覆官以爲特勑遇赦不原者雖數赦猶論如法公獨奏釋之凡釋百二十三人公之於議法多如此復爲開封府推官嘗隨尹奏事 仁宗問大辟幾何且以愼刑愛人爲戒公因奏開封法有重於編勑而當改者數事 仁宗皆以爲然它日問尹以公姓名稱之於是貴戚女使有奏讞上薄其罪付公監決曰此人平恕可任也道士趙清貺出入龐宰相家受賕御史以劾龐府治實清貺自爲龐不知也清貺坐杖配沙門島行兩日死御史又劾府希宰相指故杖清貺

殺之滅口　仁宗亦疑乃悉罷知府推判官而以公知太平州初清既事獨判官王礪劾決公不自辨也未幾　仁宗即寤罷者皆復而以公提點淮南路刑獄在淮南二年所活大辟十三人考課爲天下第一所舉多善士未嘗聽人請屬遷爲三司戶部判官求知宣州許之特詔秩祿視轉運使至則召五縣令約以州所下書有不便封還故縣得自爲政而州無事且滿州人詣轉運使提點刑獄乞留還又知舒州發常平廣惠倉以活陳許[illegible][illegible]流人及歸計口量遠近給食遣去去者率錢買香[illegible]設之府門以祝公至或感泣初提點刑獄恐聚流人[illegible]爲盗又惜常平廣惠倉數發止公不聽申以手書又一不聽佐屬皆爭曰不可公

行之自若比代去州人闔城門留之薄暮與爭門乃
得出遂以告老致仕於是官至尚書度支郎中散官
至朝奉郎勳至上柱國　今上即位遷司封賜金紫
以熙寧元年正月十二日卒年七十八孫氏世爲廣
陵富姓兵部兄弟五人其季婦有子寡欲分財以義
譬解不得乃悉推田宅與諸兄弟脫身攜公居建安
軍揚子故今爲眞州人諸兄弟後破產而兵部居揚
子又卒爲富姓爲公千里迎師立學舍市書至六七
千卷公感勵奮激誦習忘寢食年十九舉進士開封
第二坐同保匿服罷而再舉又第二當是時以文學
稱天下及仕號爲忠厚正直終身未嘗言利老而貧
不以爲悔鄉人尤歸其長者有文集二十卷初娶莊

氏早卒又娶裴氏刁氏刁氏封壽安縣君亦前死子湜澄泳揣淑湘早卒湊太廟齋郎後公數月死澄楚州寶應主簿洙秘書丞集賢校理漸太廟齋郎女十人一人嫁三人未嫁三人嫁而卒三人未嫁而卒九月十六日葬公揚子縣懷民鄉北原銘曰

於戲孫公有直其道爲之少時以濟壯老人信公行承邊薦保天順公德與公壽考維公有子喪事哀祗慰其考思用此銘詩

荆湖北路轉運判官尚書屯田郎中劉君墓誌銘 并序

治平元年五月六日荆湖北路轉運判官尚書屯田郎中劉君年五十四以官卒三年十月某日葬真

州揚子縣蜀岡而子洙以武寧章望之狀來求銘意余故人也爲序而銘焉序曰君諱牧字先之其先杭州臨安縣人君曾大父諱彥琛爲吳越王將有功刺衢州葬西安於是劉氏又爲西安人當 太宗時嘗求諸有功於吳越者録其後而君大父諱仁祚辭以疾及君父諱知禮又不仕而鄉人稱爲君子後以君故贈官至尚書職方郎中君少則明敏年十六求舉進士不中曰有司豈枉我哉乃多買書閉戶治之及再舉遂爲舉首起家饒州軍事推官與州將爭公事爲所擠幾不免及後將范文正公至君大喜曰此吾師也遂以爲師文正公亦數稱君勉以學君論議仁恕急人之窮於財物無所顧計凡以慕文正公故也

弋陽富人爲客所誣將抵死君得實以告文正公未甚信然以君故使吏雜治之居數日富人得不死文正公由此愈知君任以事歲終將舉京官君以讓其同官有親而老者文正公爲歎息許之曰吾不可以不成君之善及文正公安撫河東乃始舉君可治劇於是君爲兗州觀察推官又學春秋於孫復與之介爲友州旱蝗奏便宜十餘事其一事請通登萊鹽商至今以爲賴改大理寺丞知大名府館陶縣中貴人隨契丹使往來多擾縣君視遇有理人吏以無所苦先是多盜君用其黨推逐有發輒得後遂無爲盜者詔集強壯刺其手爲義勇多惶怖不知所爲欲走君諭以詔意爲言利害皆就刺欣然曰劉君不吾欺也

留守稱其能雖府事往往咨君計畫所舉者通判慶
信軍以親老不行通判建州當是時今河陽宰相富
公以樞密副使使河北奏君掌機宜文字保州兵士
爲亂富公請君撫視君自長垣乘驛至其城下以三
日會富公罷出君乃之建州方并蜀縣諸里均其徭
役人大喜而遭職方君喪以去通判青州又以母夫
人喪罷又通判廬州朝廷弛茶榷以君使江西議均
其税蓋期年而後反客曰平生聞君敏而敢爲今濡
滯若此何故也君笑曰是固君之所能易也而義則
不能且是役也朝廷豈以爲它亦曰愛人而已今不
深知其利害而苟簡以成之君雖以吾爲敏而人必
有不勝其弊者及奏事皆聽人畢便之除廣南西路

轉運判官於是修險阸募丁壯以減戍卒徙倉便輸考攝官功次絕其行賕居二年凡利害無所不興廢乃移荆湖北路至踰月卒家貧無以爲喪自棺斂諸物皆荆南上人爲具君娶江氏生五男二女男曰溱沂汶爲進士洙以君故試將作監主簿餘尚幼初君爲范富二公所知一時士大夫爭譽其才君亦慨然自以當得意已而屯邅流落抑沒於庸人之中幾老矣乃稍出爲世用若將有以爲也而旣死此愛君者所爲悵惜然士之赫赫爲世所願者可睹矣以君始終得喪相除亦何負彼之有哉銘曰

嗟乎劉君宜壽而顯何畜之久而施之淺雖或止之亦或使之唯其有命故止於斯

廣西轉運使李君墓誌銘 并序

君諱寬字伯強姓李氏其先隴西人後移光山至君六世祖又移建安今為南昌人者以君大皇考為鼻祖君皇考諱某以太子洗馬致仕終尚書虞部郎中其贈官至衛尉卿大皇考諱某以殿中丞致仕其贈官至吏部尚書曾大皇考諱某當五代之亂無爵祿以尚書故贈大理評事君始以世父蔭守將作監主簿監洪州鹽院用歲課倍得知袁州宜春縣改知福州福清縣當是時能聞朝廷矣就除通判桂州又通判江州二州皆治遂知吉州請於 天子立學以教學者常三百人施方略捕盜賊無衆寡遠近必得以至米鹽酒榷皆為除弊致利移衡州不赴改江州州

人曰是嘗溢我矣不待至而服未幾移潤州不赴改
信州又不赴改太平州轉運使言饒大劇州將不能
治而太平不足用君乃換饒州屬縣惡吏聞且至有
弃其官而去至則禁巫醫之罔民察蠱毒者遂以無
事安撫使言治行於江南爲第一毋夫人終去位三
年知虔州將行三司請君制置糧草河北一歲減緡
錢八十七萬由此提點江淛等路鑄錢坑冶以衛尉
老奏徙治所南昌從之移提點荆湖北刑獄辭不往
又請便官以養乃改江西居一月遭衛尉喪服除又
之尚不忍去墓所詔起君提點江東刑獄又移京
西除廣西轉運使自儂智高反宿軍邕州歲漕不足
乃多治船設賞罰而與軍食以有餘所部攝官以三

十四員爲額待攝官數十百人一員闕皆爭賕吏君第其課爲三等有闕以次補攝官不賕吏由此始二廣使者故不以春□吏出會有詔閱邊卒君即出道遇瘴歸卒年六十治平二年九月二十三日也初李氏旣居江南尚書未嘗致其事歸養其子侍郎以分司歸亦未老當侍郎之歸衛尉又以從其兄弗仕仍世德義爲南人所慕君旣生有美質而積習名教自爲兒童侍衛尉側不惰終日及壯砥礪以材能自顯其於吏治精壯果敏機張鍵閉姦一不可知目所指取必得其情狀故所在豪人猾吏重手累足以終君去不敢有所觸君視遇其屬士大夫賢者尤謹所拔舉過百人後多知名云夫人胡氏仁和縣君子男五人長

曰承勉宣州旌德縣令早卒次曰亞夫太廟齋郎曰
獻夫試將作監主簿曰渭夫試祕書省校書郎曰太
平奴方晬而夭女二人長適蘇州常熟縣主簿余公
弼次適大理寺丞田眞卿孫男三人君與弟尚書司
門郎中定相友愛尤篤遺奏以司門之子簡夫聞詔
除司門知太平州補簡夫郊社齋郎又詔君喪所過
州發卒護送以明年二月歸葬于洪州某月某日葬
新建縣桃花鄉曹山去先墓五里君所自爲壽藏也
君積散官至朝奉郎職事官至尚書金部郎中勳至
護軍賜服佩至三品銘曰

李姓章浦自君考祖弃闔徂遷望此荆楚君於治人
無有黨讎部我千里如農一丘薅蔬鉏櫌以殖善禾

均之利澤深溥平無稜乃登祿實尚饋春秋君能孝祀

君則多子有來無窮其視章水

國子博士致仕李君墓誌銘

朝奉郎國子博士致仕騎都尉賜緋魚袋廣陵李君

者諱問字某以數舉進士賜同學究出身嘗爲韶州

樂昌無爲軍廬江二縣主簿河中府臨晉縣令以昭

德軍節度推官知邢州平鄉縣以大理寺丞知蘇州

吳江衢州江山二縣又以太子中舍殿中丞監在京

箔場太平州蕪湖縣酒稅遂告老會 今上即位遷

博士至明年卒又明年十二月二十五日葬廣陵

某鄉某里君善爲詩當時名人柳開王禹偁稱之少

貧幾不自存有姊氏以田宅弗取也及爲吏所在推

誠愛人人至不忍有所負以累君去輒遮泣挽留及
老矣而彌貧然終不以貧故變節有所取年九十七精
悍如此及將卒尚讀書與家人笑語自若授其書若
將寐者遂卒卒時治平元年十一月十一日也李氏
故金陵人其後還高郵又還廣陵君曾祖諱某祖諱
某考諱某以君故贈殿中丞君娶開封浩氏有兩男
子察山南東道節度推官疊卒定集慶軍節度推官
一女嫁杭州新城縣令許仲茲制定有文行從余遊故
與爲銘銘曰
斬嚝平冢幽密工相方史諏日於惟君考此室猶其
永寧尚終吉
朝奉郎守殿中丞前知興元府成固縣楊

君墓誌銘

楊氏自太尉震守節於漢以死而將相名臣之族多出於華陰歷八九百年以至於今不絶爲士大夫家而尚能譜太尉之昭穆當五代之亂君曾祖諱某者仕吳越因相其王王遷國除於　太宗之時而國相之子孫歸仕於　天子又多賢顯尚書刑部郎中諱某者君皇祖也尚書司封郎中諱某者君皇考也揚氏之爲江都人者自君皇考始君諱某字公適幼詳敏知好文學故我叔祖興元府君嫁之以其子及長而仕號爲能吏所在官治多舉者自太廟齋郎更九官而以殿中丞知興元府成固縣事治平元年歸得疾於楚州二月二十一日卒年六十五夫人王氏即

興元府君尚書主客郎中諱某之女五男子湜洙治滌濤湜宿州符離縣尉餘皆進士洙治前死四女子其已嫁者二人太常少卿呂璹試將作監主簿孫綎者君壻也其一人未嫁而前死諸子孫以二年十一月四日葬君江都東興鄉之北原以某嘗得侍君而君知之於少時者也故屬以銘銘曰

赫赫太尉窮于季世葬華陰之楊終嬀而昌鄴徂遷亦祖其王王以家朝相隨內屬有子有姓尚多顯服君勤厥紹考終世祿書銘在京兆實初卜

都官郎中致仕周公墓誌銘

尚書都官郎中南康周公卒之明年皇祐五年葬某所子蘊詠使請銘次其語曰公諱某字某其先占蔡

之汝陽唐末遇亂於光勳遷江州之星子鎮太平興國中以鎮爲縣又以縣爲南康軍故今爲南康人焉曾大父某大父某當李氏時皆以學行爲處士家皇考某累贈尚書職方郎中始以進士起至尚書屯田郎中求監池之永豐監遂致仕已而　今天子大享明堂恩除都官于家以卒嘗令岳之伉江壽之霍丘池之建德邛之依政河南之洛陽凡五縣通判池州守二州曰蓬曰安其治之寬嚴視事劇易尤惠於沁蓬蓬人愛思至爲公畫像在洛陽明肅太后使中貴人用事者來留守傾身媚附之中人諷公請已獨拒之不往故相張士遜薦公說書國學且諭公見執政公固謝之其篤學果行蓋有世士大夫所難者卒時春秋

七十七戒喪葬無用浮屠說有文十卷世傳之先夫人王氏封仁壽縣君二子緼保信軍節度推官詠太廟齋郎銘曰

余聞異時官官之幸雖隆名尊爵有紀於時者往往爲之詘焉又覽古之士能無折身以市於貴勢蓋亦少也信公之所守則其賢遠矣我銘公藏不刻其他惟兹之存以勸毋邪

張常勝墓誌銘

君湖州烏程縣人姓張氏名文剛字常勝好學能文孝友順祥再舉進士不第年二十七熙寧五年九月九日卒以六年二月十日葬于鳳凰山曾祖任祖維贈刑部侍郎父先尚書都官郎中致任女三人君妻

予從父妹也故君從予學銘曰
才足以貴而莫之知善足以壽而止於斯嗚呼逝矣
兮銘以哀之

臨川先生文集卷第九十七

臨川先生文集卷第九十八

墓誌

南康矦仲行墓誌銘

華陰矦仲庬墓誌銘

祁國公宗述墓誌銘

將軍仲夏墓誌銘

大將軍世仍墓誌銘

尚書都官員外郎侍御史王公墓碣銘

慶曆五年　天子以尚書都官員外郎通判荆南府王公爲侍御史居一年以入三司爲户部判官又一年遷之爲言事御史頃之奏事殿中疾作歸翌日卒其家以不起聞　天子悼閔走中人賻之金帛又官其一子先是御史有物故者不賻由公故乃勑有司與賻著　天子之所以録其忠如此自公舉進士時

己能力學問[illegible]術游於江淮之南爲學者所
至爲許州法曹參[illegible]則其職與强貴人抗曲直獄
當死賴[illegible]活者至數人再主簿於杭之臨安開封
之扶溝遂遷開封府法曹參軍令皆不能出其治尹
第不敢侵其[illegible]而薦者以十數歲當遷府推官惡不
持其奏不肯書欲詘公請已公故不詘推官度
無可柰何乃卒任公遷秘書省著作佐郎已而
進秘書丞乃出知洪州分寧縣入爲審刑詳議
數以疑似辨上前輙釋[illegible]荊南能以義懼其守
不法事嘗上書論南方用師討猺蠻不如撫而降
之利先是公在京師　天子以災異詔百官言事公
所言有以儆世道者[illegible]御史府惡老者在事不能自

已以言趣之去位、、以謂於老者薄非所以廣仁孝於天下且養之非其道使至於無恥而專以法格之滋所以使人薄也乃推三代禮意爲養老頌以諷凡公之行已治民及所以論於上者皆出於寛厚誠恕而其言易直以明故其召而爲御史也未至而好公者已信其能稱職矣同時御史闕一事皆爭言塞職其已嘗言公未嘗繼以言曰可悟上意足矣然排黨幸爲獨切其言多同時御史所不能言者每奏上聞言人不能無過若以古繩墨治之世殆無全人爲國家用者要之忠信而已忠信雖有過尚足用也其大指所存如此嗚呼古所謂淑人君子者公於是可以當之矣公既行内修其大者爲世所稱至其施於小亦皆敏而盡力顧余不得盡載也然讀余之所載則亦槩足以知公矣公諱某字某其先爲漢鴈門太守者曰澤澤後十八世雄爲唐東都留守封望太原族墓在河南而世官學不絶爲閩姓至唐之將亡雄諸孫頵陵晏始自録其譜亡不知幾傳而至護始居福之候官曰本河南人雄之後也護生仲仲生廷簡當閩王審知時被署爲安遠使有勞烈於其國審知死遂置其官以老安遠二子其季居政聚邑里姚氏女生公自護四世至公始以文行發名追官皇考至祕書丞而以昭德縣太君封其母夫人曾氏贈尚書兵部侍郎會之女封金華縣君婦順母嚴公所以紀其家蓋有助焉生五男子回向固同冏皆爲士其文學

行義有過絕人者故人莫不知公後世之將大顯以
蕃而以公之仕不充其志爲無憾也公年六十三以
既卒之三年葬潁州之某鄉某原初公嘗過游潁之
樂故諸孤御其母家焉而以公於葬至是回之友臨
川王某追銘墓上實至和二年也銘曰
顯姓維王出不一宗公先河南實祖於雄來閩四世
乃挺以生其來則否其去而亨歸忠于君播惠在壯
配時前人駿發以升世不載德孰爲榮名謂公有後
其豈公御

孔處士墓誌銘

先生諱旼字寧極睦州桐廬縣尉諱詢之曾孫贈國
子博士諱延滔之孫尚書都官員外郎諱昭亮之子

自鄒官而上至孔子四十五世先生嘗欲舉進士已而悔曰吾豈有不得已於此耶遂居于汝州之龍興山而上葬其親於汝汝人爭訟之不可平者不聽有司而聽先生之一言不羞犯有司之刑而以不得於先生為恥慶曆七年詔求天下行義之士而守臣以先生應詔於是朝廷賜之米帛又敕州縣除其雜賦嘉祐三年近臣多言先生有道德可用而執政度以為不肯屈除守秘書省校書郎致仕四年近臣又多以為言乃召以為國子監直講先生辭乃除守光祿寺丞致仕五年大臣有請紀生為其屬縣者於是天子以知汝州龍興縣事先生又辭辭未聽而六月某日先生終於家年六十七大臣有為之請命者乃特

贈太常丞二至七年月日弟嶠葬先生於堯山鄉官之
兆而以夫人李氏祔李氏故大理評事昌符之女生
一女嫁爲士人妻而先物故先生事父母至孝居喪
如禮遇人恂恂雖僕奴不忍以辭氣加焉衣食與田
桑有餘輒以賙其鄉里貧而後不能償者未嘗問也
未嘗疑人人亦以故不忍欺之而世之傳先生者多
異學士大夫有知而能言者蓋先生孝弟忠信無求
于世足以使其鄉人畏服之如此而先生未嘗爲異
也先生博學尤喜易未嘗著書獨大衍一篇傳於世
考其行治非有得於內其孰能致此耶當漢之東徙
高守節之士而亦以故成俗故當世處士之聞獨多
於後世乃至於今知名爲賢而處者蓋亦無有幾人

豈世之所不尚遂湮沒而無聞抑士之趨操亦有待
於世耶若先生豈不爲有待於世而卓然自見於時
豈非所謂豪傑之士者哉其可銘也已銘曰
有入而不出以身易物有往而不反以私其佚嗚呼
先生好潔而無尤匪佚之爲私維志之求

右領軍衛將軍致仕王君墓誌銘

君王氏諱乙字次公其望在太原而實家大名之元
城不知其始所以徙曾祖諱安當周世宗時爲閤門
通事舍人祖諱廷溫開寶中泰寧軍節度副使考諱
奉諲右班殿直贈左武衛大將軍君嘗舉進士不中
因獻其所藏書祕閣而上書言先臣某逮　許王於
先皇帝有一日之幸臣實其子天子下其問驗以爲

三班借職累遷至內殿崇班閤門祗候淮南東路都巡檢使皇祐二年年七十三以右領軍衛將軍致仕卒於海州而以嘉祐二年葬眞州之揚子縣某鄉某原以後夫人劉氏祔於是先夫人林氏旣葬矣君强記博聞剛毅而聰明好讀書雖老矣讀書未嘗少止於窮人賤士苟義所在樂與之爲膠漆一欲以不直加我雖嚴貴人義終不爲受也數上書言事皆中世病而用事者多不聽聽者兩言耳又事之小者然當時蒙其利言楚州可去堰爲閘歲省卒二十一萬七千人錢一百三十萬米六萬八千石又言河陰可以茶鹽募入粟而漕之河北爲十說以排三司之難一司不能絀其一此當時世蒙其利者也　宋興百年大

定於　太宗至　眞宗內外富　矣內外自是遂務以無爲養息天下朝廷所尚賢良進士而將相大臣之世用君方慨然懷古人趨赴功業之意欲起貧賤不埶左右而以其辯智當人主衆圓獨方用非其時卒以不合嗚呼甚可悲也然天下不肖多畏惡君以其伉直而幸其齟齬不得意以老獨賢者哀之耳君子越石秦州觀察判官其次子仁傑爲進士女二人嫁進士林度陳州項城主簿宋造余嘗爲君僚而與其子越石同年進士也銘其葬曰

强能吾羸吾與之爲抗羸者惴惴吾與之爲讓卒羸于强以窒于行維其心之享以貫其聲也

朝奉郎尚書司封員外郎張君墓誌銘

朝奉郎尚書司封員外郎知安州軍州兼管内勸農事騎都尉賜緋魚袋借紫張君年五十六以皇祐二年十二月十一日卒以熙寧元年某月某日葬君諱徇字聖休餘杭人曾祖曰浩祖曰文寶弗任考曰延遇仕至左侍禁贈官至左驍騎將軍君少孤與其弟祇皆文行知名以布衣教授宗室後中進士第歷宣州宣城縣主簿撫州司法參軍用舉者遷大理寺丞知雅州名山洪州奉新兩縣監海州榷貨務通判池廣兩州乃自尚書屯田員外郎召拜殿中侍御史用磨勘遷侍御史劾奏殿前都指揮使郭承祐恃恩驕嫚論宦官雖高不當坐侍燕而[illegible]謁請求者又論不當禁諫官御史風聞言事　仁宗旨以爲然君之爲吏也

數決疑獄所至稱辨治及見言事又能舉其職方是時爲御史者拔舉多不次君素寬裕靜退恥以彈治人得用未幾即稱疾求出乃知安州州大治會卒人追喪車慟哭初驍騎府君監湖州兵遂葬卞山至是君從葬以夫人京兆縣君施氏祔施氏生一子雅恭爲進士一女適信州司理參軍王汶孫大正鈞今尚幼君事母孝友其弟甚篤於權埶財利能廉吏治尤可紀在廣州奏請城之未及築外郭而召後儂智高反州人賴君所築活以不卒功爲恨銘曰

有嘉張君質靜寬徐進非所好人用稱譽覗利在前蹲循弗趨退施一州用智之餘嘻其葬矣次有銘書

謝景回墓誌銘

君姓謝氏諱景回字師復以泰寧軍節度掌書記諱崇禮者爲曾大父以太子賓客陳留公諱濤者爲大父而兵部員外郎知制誥陽夏公諱絳者之少子也幼好學有大志聰明卓然不類童子年十九所爲文辭已可傳載於是得疾不可治以嘉祐四年十二月丙子棄世於漢東人莫不爲謝氏哀之諸兄以八年十月乙酉葬君鄧州穰縣五龍壟原之兆而臨川王某爲銘曰

攻乎其爲良法乎其爲精吾見其質吾聞其聲於戲毀之用不既於成哀以銘詩亦慰其兄

眞州司法參軍杜君墓誌銘

眞州司法京兆杜渙瀛叔年三十七以嘉祐四年四

月辛酉卒子男某尚穉自將以下合貲財以葬於北
城之野而留其孥以處杜氏世占永寧之博野父詢
嘗歷江寧府司録參軍遂葬家焉有子五人濟叔最
少寶慶曆六年進士臨川王某銘其葬焉銘曰
猗嗟杜氏博野之良有官于南遂宅以藏是生司法
以節自強傾而陽陽翼翼而才其生可懷死矣皆傷
江之北垣南墓在望奚葬不歸卜者曰祥後有子孫
既實而昌求藏厥初來考銘章

金溪吳君墓誌銘

君和易罕言外如其中言未嘗極人過失至論前世
善惡其國家存亡治亂成敗所繫甚可聽也嘗所讀
書甚衆尤好古而學其辭其辭又能盡其議論年十四

十三四以進士試於有司而卒困於無所就其葬也以皇祐六年某月日撫州之金溪縣歸德鄉石廪之原在其舍南五里當是時君母夫人既老而子世隆世範皆尚幼三女子其一卒其二未嫁云嗚呼以君之有與夫世之貴富而名聞天下者計焉其獨歉彼耶然而不得祿以行其意以祭以養以遺其子孫以卒此其士友之所以悲也夫學者將以盡其性盡性而命可知也知命矣於君之不得意其亦何悲耶銘曰

蕃君名字彥弼氏吳其先自姬出以儒起家世冕黻獨成之難幽以折厥[illegible]維甥訂君實

太常少卿分司南京沈公[illegible]銘

皇祐三年十一月庚申，太常少卿分司南京錢塘沈公卒。明年，子披、子括葬公錢塘龍居里先公尚書之兆。卜十月甲戌吉，與其宗謀銘，則書公官壽行世來以請予論次。其書曰：沈氏自沈子逞以身屬社稷，書於春秋，文學賢勞，功名不曠于史，而武康之族尤獨顯於天下。至公高祖，始徙去，自爲錢塘人。大王父某，嘗錢氏時，匿不仕。王父某官，咸平、端拱閒，至大理寺丞。父某，學行顯聞，早世無爵位，由長子同及公，贈兵部尚書。公諱周，字望之，少孤，與其兄相踵爲進士，起家掾漢陽，從事高郵，用舉者入大理爲丞，監蘇州酒，知簡之平泉縣，縣人銘其政於石。遂自封州守佐蘇州，由蘇州爲侍御史。有以丞相指謁公者，不爲聽。居頃之出刺潤州又刺泉州其爲治取簡易訟有可已者輒諭以義使歸思之獄以故少泉州舊多盜日暮市門盡閉禁民勿往來公至除其禁而盜亦以止佐開封訟數年不遣者以百數公斷治立盡嘗代其尹爭獄於上大臣爲公自絀三司使請鑄大錢下其書議議者無敢忤公爲其判官獨曰壞四錢爲之可以當十民盜變舊錢且盡鑄之爲誘民死耳不如無鑄議上如公言於是　天子以江東之按察爲已悉聞公寬厚即以爲使盡歲無所劾而部亦以治稱然公已老不樂事權自請得明州明年遂以分司歸第三月卒夫人許氏六安縣君兩男世其家一女子已嫁公廉靜寬愼貌和而內有守春秋七十四更十三官

而不一挂於法鄉黨習故舊聞其歸則喜喪哭之多哀而無一人恨望者銘曰

公生四方卒於故里先君之從祭則孫子有櫝有松有鬱其岡不陁不騫萬世之藏

吴錄事墓誌

君諱賁字成之世爲撫州金谿人曾祖某不仕祖德儁尚書屯田員外郎父敏尚書都官員外郎君以蔭入官任吉州太和袁州萍鄉縣主簿尉蘄州石橋茶場廬州司理亳壽州江寧府錄事參軍以某年月日卒于家享年若干君事親孝友于兄弟與厭侈父母兄弟寧窮困身妻子故其妻長子人不勝憂也義不忍貲親遺産悉推兄弟比没世妻子遵約鄉人賢以

爲彝君嘗議獄上官指數彝三君弗許彝三上官頗
歎許舉京官君弗謝乃終弗舉後他上官率以貲直
弗舉也二男子偉亨豪長有志行如君二女子歸晏脩
睦王令季有特操如令亨豪養寡姊妹嫁孤甥夫婦孳
孳鄉人又以爲彝卜以元豐八年某月日葬于唐州
桐栢縣淮源鄉實孝祔臨川王某誌

宋贈保慶軍節度觀察留後追封東陽郡
公宗辯墓誌銘

公諱宗辯字慎微祖諱元佐是爲魏恭憲王考諱允
升太師平陽郡王謚曰恭懿公平陽第十三子生數
歲而平陽薨事母孝友于兄弟好讀書不舍晝夜常
獻所爲文得試學士院兄弟四人皆中優等遷右衛

仁宗遇公甚寵嘗親書近親才賢好文博古八字賜之公既好書又嗜醫方所蓄方甚衆每躬自治藥以振人之疾其惻隱不倦蓋天性也以熙寧元年七月己卯終于睦親北宅享年四十六官至右衛大將軍金州防禦使爵天水郡開國公食邑三千户食實封五百户贈保寧軍節度觀察留後追封東陽郡公夫人李氏封德安郡君贈尚書中書令漢瓊之孫子男十五人仲富右内率府副率仲尋右羽林軍大將軍黎州團練使仲綰右武衛大將軍雅州刺史仲瑝右武衛大將軍彭州刺史仲縅右千牛衛將軍仲洂右監門率府率仲琨右内率府副率仲亶前公卒餘亦皆蚤死女子十九人嫁者四人未嫁而死者九人餘

尚幼也二年二月十七日葬河南永安縣銘曰
倚歟賢公蕃此皇國耀其藻章以賁明德能不外勤
維家之飭厥承詵詵饇我無射如何不怡遂永窀穸

贈虔州觀察使追封南康侯仲行墓誌銘

公諱仲行字德之故婺州觀察使諱宗迥之子贈節
度使同中書門下平章事蔡國公諱允言之孫
魏王諱元佐之曾孫母曰齊安郡君梁氏慶曆四
年賜名除太子右衛率府率右監門衛大將軍爵
天水郡開國侯食邑一千三百户年二十二以治平
四年八月二十九日卒贈虔州觀察使追封南
康侯夫人張氏封壽昌縣君子男士、仡早卒士泉右
監門率府率其季與女皆幼君仁而好學其卒也

宗室皆憐傷其葬也以熙寧二年二月十七日葬河
南府永安縣銘曰
爵之尊祿之殖維年之畢不配德

贈華州觀察使追封華陰侯仲庬墓誌銘

公諱仲庬字子厚濮國公宗樸之子濮安懿王諱允
讓之孫魯恭靖王諱元份之曾孫也母曰蕭國夫人
王氏以皇祐元年賜名除太子右內率府副率二年
改太子右監門率府率嘉祐五年改右千牛衛將軍
八年改右監門衛大將軍治平二年領嘉州刺史四
改右武衛大將軍領雅州團練使熙寧元年年二十
四以三月三日卒 上爲不視朝一日內出司賓祭
弔贈華州觀察使追封華陰侯公生而秀麗長而聰

敏於宗室爲好學上承下撫無不得意故其卒哭者皆爲盡哀妻馬氏封安平縣君女一人尚幼公以熙寧二年二月十七日葬河南府永安縣銘曰

維濮世封實承安懿公緒厥慶尚終有嗣奄其喪矣一女之存歸銘幽宮以慰公魂

贈奉寧軍節度使追封祁國公宗述墓誌銘

公諱宗述字子著韓恭懿王諱元偓之孫而東平郡王名允弼之子也以天聖元年生以景祐元年賜名除右侍禁歷太子右司禦率府右監門衛將軍左屯衛大將軍康州刺史隰州團練使濰州嘉州防禦使熙寧元年正月十八日以不起聞　上幸其第奠哭

之贈奉寧軍節度使追封祁國公越明年二月十七日葬河南永安縣公重厚寡笑言内行治未嘗有諭樂振施知音樂善射尤爲東平王所愛妻任氏樂安郡君子男七人仲璆仲俶仲誘仲砡仲醻仲琢早卒兩人未名而死銘曰

維德之嘉維能之多惟命之不遐宗室之差

右千牛衛將軍仲夔墓誌銘

君諱仲夔字彦之曾祖諱元佐是爲魏恭憲王祖諱允言贈安遠軍節度使同中書門下平章事封密國公父宗悅前左屯衛大將軍池州團練使祁國公君官至右千牛衛將軍坐法廢熙寧元年年二十二以五月二十五日卒至某年某月某日葬河南府永安

縣妻郭氏有六男子死者四人士盧今爲右監門率府率一人尚幼銘曰

託靈皇宗慶之多終以無祿傷如何棄此白日營山阿

贈右屯衛大將軍世仍墓誌銘

君諱世仍字季遷宣城郡公從審第十子宣城以越懿王諱德昭爲祖以安定郡公諱惟和爲考君母曰渤海郡夫人吳氏寶山南東道節度使元扆之孫娶潘氏鄭王美之孫也年二十二生二男子一女以熙寧元年八月二十三日卒於是官至右千牛衛將軍制以右屯衛大將軍告其第用二年二月十九日葬于河南府永安縣君操尚書能通章句遇人恭謹有

恩然喜飲酒以故得疾死銘曰

有昭其明有韡其榮維其弗馮以隕其生

臨川先生文集卷第九十八

臨川先生文集卷第九十九

墓誌

寧國縣太君樂氏墓誌銘

仙居縣太君魏氏墓誌銘

右武衛大將軍黎州刺史世岳故妻安喜縣

君李氏墓誌銘

仁壽縣君楊氏墓誌銘

仙源縣太君夏侯氏墓碣

仙源縣太君夏侯氏濟州鉅野人尚書駕部員外郎諱晟之子翰林侍讀學士尚書戶部侍郎譙公諱嶠之孫贈太子太師諱浦之曾孫尚書六部員外郎知制誥知鄧州軍州事陽夏公謝氏諱絳之夫人太常博士通判汾州軍州事景初之母年一十三卒後五年葬杭州之富陽於是時陽夏公爲太常丞祕閣校

理博士生五歲矣而其女兄一人亦幼又十五年康定二年博士舉夫人如鄧以合於陽夏公之墓而臨川王某書其碣曰

夫人以順爲婦而交族親以謹以嚴爲母而撫媵御以寬陽夏公之名天下莫不聞而曰吾不以家爲恤六年於此者夫人之相我也故於其卒聞者欲其有後而夫人之子果以才稱於世嗚呼陽夏公之事在太史雖無刻石吾知其不朽矣若夫夫人之善不有以表之隧上其能與公之烈相久而傳乎此博士所以屬予之意也予讀詩惟周士大夫侯公之妃修身飭行動止以禮能輔佐勸勉其君子而王道賴以成蓋其法度之教非一日而其習俗不得不然也及至

後世自當世所謂賢者於其家不能以獨化而夫人卓然如此惜乎其蚤世也顧其行治雖列之於風以爲後世觀豈愧也哉

揚州進士滿夫人楊氏墓誌銘

揚州進士滿涇之夫人楊氏者著作元賓之女也年六十有一以治平四年十月庚戌卒而以熙寧二年八月庚申葬其墓在江都縣馬坊里之南原有子七人建中居中執中存中方中閎中求中皆鄉學建中壽州壽春縣令執中潁州萬壽縣令居中舉進士女二人孫男女八人夫人性溫恭靜約事當意與否未嘗形於喜慍嘗止有吾母也故思其父愈久而猶悲以不逮吾姑也故事其舅愈勞不懈承其夫以順

勵其子以善而況接於族人也又能以惠振其貧以慈撫其賤以恕掩其過以篤悛其悍老矣歲時尚先諸婦以蒞祭祀蓋夫人之性行可稱者多至如此而其子又懇懇不已以求余銘故勉爲之銘曰

滿氏有家保族衍大夫人來嬪德協内外夫喜而謂偕我鮐背子祈以盡溫凊之愛奚命之畸使棄弗遠維前之祥德則弗諼惟後之祥有子孝賢銘慰諸幽亦賁新阡

曾公夫人萬年太君黄氏墓誌銘

夫人江寧黄氏兼侍御史知永安場諱某之子南豐曾氏贈尚書水部員外郎諱某之婦贈諫議大夫諱某之妻凡受縣君封者四蕭山江夏遂昌饒陽受縣

太君封者二會稽萬年男子四女子三以慶曆四年
某月日卒於撫州壽九十有二明年某月葬于南豐
之某地夫人十四歲無母事永安府君至孝脩家事
有法二十三歲歸曾氏不及舅水部府君之養以事
永安之孝事姑陳留縣君以治父母之家治夫家事
姑之黨稱其所以事姑之禮事夫與夫之黨若嚴上
然聽子慈聽子之黨若子然每自戒不處白人善否
有問之曰順爲正婦道也吾勤此而已處白人善否
靡靡然爲聰明非婦人宜也以此爲女與婦其傳而
至於沒與爲女婦時弗差也故內外親無老幼疏近
無智不能尊者皆愛輩者皆附卑者皆慕之爲女婦
在其前者多自歎不及後來者皆曰可矜法也其言

色在視聽則皆得所欲其離别則滯淒不能捨有疾
皆憂及喪來弔哭皆哀有餘於戚夫人之德如是是
宜有銘者銘曰
女子之德眗願愉愉敎隤弗行婦妾棄夫趨爲亢厲
勵之顓愚猗嗟夫人惟德之經媚于族姻柔色淑聲
其究女初不傾不盈誰疑不信來監于銘

太常博士楊君夫人金華縣君吳氏墓誌

銘 并序

錢塘楊蟠將合葬其母縗絰以走晉陵而問銘於其
守臨川王某王某曰古者諸侯大夫有德善功烈其
子孫必爲器以銘而國之人必能爲之辭越國而求
銘予未之聞也今杭大州以文稱於時者蓋有而蟠

也釋其殯千里以取銘於予蓋所以嚴其親之終而欲信其善於後世如此其慎也予豈敢孤其意以愛不腆之辭乎於是爲之序曰故太常博士知婺州東陽縣事楊君諱翱字翰之之夫人金華縣君吳氏世爲婺州之金華人自其大父文顗始有籍於杭州之錢塘而楊君亦自其父徽始去處州之麗水而爲錢塘人而葬於錢塘之履泰鄉龍井之原楊君之卒也年六十七以慶曆二年十二月二十一日從其先人以葬而夫人後君十六年以卒卒時嘉祐二年年七十三而以明年二月二十日祔于楊君之墓楊君少以文學中進士甲科而晚以廉靜不苟合窮於世夫人有馴德淑行協于上下內外無怨楊君有子十一

人其一人則孽也夫人母其孽子猶吳氏之甥雖鄉人之胥於楊君者不知爲異母既楊君卒敎養嫁娶皆各不失其時而子端子蟠同時以進士起家爲密和二州推官隣里歎慕以爲夫人榮然夫人不爲之喜也至楊君之弟子亨及進士第乃喜曰吾姒老矣此亦足以慰其心也蓋其仁如此夫人生男女十人卒畤子輔國子端與其女子七人皆已卒而蟠獨在爲泗州軍事推官銘曰

博士有家夫人實紹博士有子夫人實敎遊其門庭弦誦之聲御其堂奧賓祭齋明皇命淑人維君郡縣問名考德夫人實踐歸哉萬年博士之丘銘以昭之無有春秋

長安縣太君王氏墓誌

長安縣太君臨川王氏尚書都官員外郎贈太師中書令兼尚書令潭國公諱益之女尚書左丞張公諱若谷之婦尚書比部郎中諱奎之妻國子博士覯開封府雍丘尉覿之母十四而嫁五十一而老五十六而卒其卒在潁州子覯官舍實元豐三年正月己酉君爲婦而婦爲妻而妻爲母而母爲姑而姑皆可譽歎莫能閒毀工詩善書彊記博聞明辨敏達有過人者循循恭謹不自高顯曉好佛書亦信踐之衣不求華食不厭蔬慈哀所使不治小過欲歸歸之欲嫁嫁之君二女長不慧不可以適人其季殿中丞龔原妻也卜六年葬江州德化縣兄安石爲誌如此弟安上

書丹

永安縣太君蔣氏墓誌銘

毗陵錢公餗公謹公輔公儀公佺以皇祐六年三月戊子葬其母永安縣太君蔣氏方是時太君年七十矣公謹爲鄭州新鄭尉公輔爲太常丞集賢校理五子者卜明年之三月壬午祔于皇考府君屯田員外郎贈兵部員外郎諱冶之墓而具書使圖所以昭後世者敘曰蔣氏常之宜興人世以財築其鄉而其族人有以進士至大官者太君年二十一歸于錢氏與兵部君致其孝兵部君没太君進諸子於學惡衣惡食飾之不愠均親嫡庶有鳲鳩之德終不以貧故使諸子者趨於利以適己既其子官於朝豐顯矣里巷

之士以爲太君榮而家人卒亦不見其喜焉自其嫁至於老中饋之事親之惟謹自其老至於沒紉縫之勞猶不廢子婦嘗諫止之曰吾爲婦此固其職也子婦化服循其法嗚呼不流於時俗而樂盡其行己之道窮通榮辱之接乎身而不失其常心今學士大夫之所難而以女子能之是尤難也女六人皆有歸孫七人皆幼云銘曰

詩始關雎士莫不知孰能其家內外無違閫豈在多善成於好於惟夫人孰輔而告最功之修母道之行宜休而勸不耄以明紹良配淑式穀爾後昌哉其興以克有廟

建陽陳夫人墓誌銘

夫人建陽陳氏嫁同縣人余君[illegible]繼室余君諱楚有子四人其二人則夫人之子夫人之少子翼生三歲而余君卒余氏世大姓也夫人盡[illegible]其產以仁先母之子而使翼之四方遊學戒曰往哉從汝志必力無以吾貧爲恤於是翼年十五蓋在外十二年而後以進士起家爲吏歸見夫人於鄉里方此時夫人閉門窮窶幾無以自存母子相泣閭巷聚觀歎息曰賢哉是母有子食其祿宜也蓋食其子之祿十四年翼尉宿松而夫人年七十八以某年某月卒於宿松之官舍某年某月某日葬宣州宣城縣鳳林鄉竹塘里夫人之子長曰某死矣翼有文學善議論雖久困無所合然一時文人多知之者其卒能追榮夫人乎於其葬臨

川毛某銘曰

在句之陰有幽新宅誰筮葬毋之瘞銘斯石子閩余姓毋氏惟陳煢煢其行婉婉其仁且善祿有終名則不泯

李君夫人盛氏墓誌銘

夫人盛氏其先錢塘人曾大父、諱某某官贈某官父諱某某官贈某官實始去吳有里籍於汴夫人之幼季父文肅公稱其智曰宜以某字遂名之年二十三歸隴西李某為某官以後生三、男皆進士某某官其季曰某女子四人其長嫁某官、某次嫁某官某處者其季也春秋若干先李君、卒於寧海之官舍卒之某年葬某所實皇祐四年夫人事舅姑以孝聞持喪哀臞事齋餘卑衣食以其餘推親黨能讀易論語

孝經諸子之書親以教子子男女娶嫁必問賢否有挾貴以請者李君輒不聽維夫人有助云銘曰

夫人之德順慎明祇來胥有家婦子師師維師之難我敢爲之誰爲女史視此銘辭

金太君徐氏墓誌銘

夫人天性篤於孝謹女工婦事不懈以敏恭儉有節仁於宗族故以事其舅而順以相其君子而宜以臨其子孫而治以有賢子大其家室其享諸福終于壽考銘曰

婉娩女工彼徐之子來嬪金宗有衍其始鄮人大家相望而有誰則無父無姑無母帝嘉汝子服位在朝賜邑用書象首錦囊孝祇順慈俯仰皆宜考終榮祿

於慶有施偉歟夫人叶此銘詩

楚國太夫人陳氏墓誌銘

夫人陳氏故鎮安軍節度使檢校太師同中書門下平章事贈太師中書令兼尚書令定國文簡程公諱琳之妻也陳氏世家壽春其先潁川人漢太丘長寔之後也夫人曾皇考諱錫左班殿直皇祖考諱誨皇考諱京皆不仕而皇考愛賢夫人不欲以妻鄉邑乃徙居京師擇所居得定公以嫁當是夫人年十九定公尚爲進士其後公至將相終于位夫人用公自臨潁縣君九封而爲衛國夫人用公子加號陳國夫人再封而得楚國夫人莊而仁儉而禮從上承下御無不得宜故在父母家爲淑女既嫁爲令妻其卒有子爲

賢毋公薨六年當嘉祐七年夫人年七十一以十一月戊午薨于開封武成坊之第室明年二月甲申而公子以夫人祔于河南伊闕縣神陰鄉定公之墓於是公子四人嗣隆爲尚書屯田員外郎嗣弼爲國子博士嗣恭爲尚書屯田員外郎嗣先爲大理寺丞女子五人公壻滎譚爲尚書刑部郎中韓縝爲侍御史晁仲綽爲尚書屯田郎中潘士龍爲殿中丞王儞爲試將作監主簿銘曰

程公克壯萬夫所嚮奮功發名乃取將相云誰公配嬀姓氏陳文武自出太姬之孫歸佐休顯自公初屯序歷爵邑爲君夫人公旣樹勳以相爲伯帝曰晢矣夫人好德能勸其夫使有嘉績往以朕命賜封大國

出書五色珧首金葩褭之重錦來告于家有豫不怠
有盈不後致好內外具宜福履併仁鳲鳩以毋諸子
歲時振振爲壽在廷手笏腰章亦有公甥維子之才
而甥又獻維貴維富而兼壽善嗟此婉婉考終得願
作詩并藏爲識新窆

寧國縣太君樂氏墓誌銘

尚書屯田員外郎通判河南府西京留守司事陳君
諱見素之夫人樂氏太常博士諱黃裳之子尚書職
方員外郎直史館贈尚書兵部侍郎諱史之孫而贈
尚書刑部郎中諱璋之曾孫也其先自京兆遷江南
爲臨川人至李氏國除而史館君歸社於 皇朝子
孫多顯著於是又遷其家去爲河南人焉夫人以祥符

八年歸嬪陳氏封萬年縣考又以其子封寧國縣太
君年七十五以嘉祐八年十二月辛巳卒于京師卜以
三月丙寅祔葬河南唐興鄉屯田君之墓於是夫人
之子男三人其一人爲太常博士集賢校理其一人
爲祕書丞集賢校理其二人爲祕書省著作佐郎開
封府户曹參軍女子六人存者三人皆已嫁諸孫男
女十九人曾孫一人尚幼也夫人少知讀書能略識
其大指微諫數當故博士君特愛而賢之欲有所爲
多與之謀及歸陳氏不逮養皇姑矣屯田君二弟皆
尚幼也夫人鞠視如己子出匳中物以助施族人游
士之貧者蓋其家蕭然也而無慍色治諸子有節法
誨厲敎督造次必於文學故諸子皆以藝自奮名稱

一時以至諸孫亦多有爲善士先人與宛田君皆祥符八年進士昆弟又與夫人子爲同年友故其葬來屬以銘銘曰

夫人旣嚴兮又順以祥來配君子兮是生三良以才自致兮名聲之揚慶旣豈諸孫兮學問文章象服命書兮寵禄方將氣竟天游兮體魄在牀往營新宮兮嶷洛之陽作詩幽石兮示後無疆

仙居縣太君魏氏墓誌銘

臨川王某曰俗之壞久矣自學士大夫多不能終其節況女子乎當是時仙居縣太君魏氏抱數歲之孤專屋而閒居躬爲桑麻以取衣食窮苦困阨久矣而無變志卒就其子以能有家受封于朝而爲里賢母

嗚呼其可銘也於其葬爲序而銘焉序曰魏氏其先江寧人太君之曾祖諱某光祿寺卿祖諱某池州刺史考諱某太子諭德皆江南李氏時也李氏國除而諭德易名居中退居于此州以太君爲賢而選所嫁得江陰沈君諱某曰此可以與吾女矣於是時太君年十九歸沈氏歸十年生兩子而沈君以進士甲科爲廣德軍判官以卒太君親以詩論語孝經教兩子兩子就外學時數歲耳則已能誦此三經矣其後子迥爲進士子遵爲殿中丞知連州軍州而太君年六十有四以終于州之正寢時皇祐二年六月庚辰也嘉祐二年十二月庚申兩子葬太君江陰申港之西懷仁里於是遵爲太常博士通判建州軍州事而沈

君贈官至太常博士銘曰

山朝于躋其下惟谷纘戎博士夫人之淑其淑維何

博士其家二子翼翼其蔓[illegible]其華詵詵諸孫其實其蘤

孰云其昌其始萌芽皇有顯報曰維在後碩大蕃衍

封牲以告視銘考施夫人之效

右武衛大將軍黎州刺史丗岳故妻安喜

縣君李氏墓誌銘

安喜縣君李氏連州刺史贈太師中書令尚書令繼

昌之曾孫鎮國軍節度使駙馬都尉贈太師中書令尚

書令秦國文和公遵之孫供備庫使贈安武軍節

度使端愿之子是爲[illegible]族右武衛大將軍黎州刺史

丗岳之妻溫柔靜恭內外親[illegible]之治平四年年二十

五以十一月二十四日感疾死至三年十二月十七日葬河南府永安縣銘曰

懿懿獻穆下歸以祉有來肅雍施乃孫子厥嬪皇宗莫醜具美噫乎終藏兆此新里

仁壽縣君楊氏墓誌銘

太子中允致仕晉陵孫君冑之之夫人仁壽縣君楊氏者其先青州千乘人曾祖諱元祖諱從皆不仕父諱霖爲進士數舉不遂初徙其家常州之無錫夫人年十七歸孫氏舅姑曰吾婦之承我也孝夫曰吾妻之助我也仁至生子而成爲士能賢以有名則又曰吾母之能誨我也自内外族親以至州里之言則又皆以其舅姑夫子之言爲信嗚呼可謂賢矣夫人生

三男子伯曰舜卿季曰昌言皆早死曰昌齡簽書建康軍節度判官廳公事治平三年自尚書屯田員外郎召爲御史五月十四日次高郵而夫人卒享年六十四以某年某月某日葬某縣某鄉某里銘曰

猗嗟夫人女德之茂中允之妻御史之母孝其舅姑以順其夫又善教子終成御史官封偕老祿養卒齒歸安新丘送者空里其哀無窮榮則多已

臨川先生文集卷第九十九

臨川先生文集卷第一百

墓誌

王夫人墓誌銘

縣君康氏墓誌銘

太君李氏墓誌銘

縣君武氏墓誌銘

夫人李氏墓誌銘

鄞女墓誌銘

鄞女者知鄞縣事臨川王某之女子也慶曆七年四月壬戌前日出而生明年六月辛巳後日入而死壬午日出葬崇法院之西北吾女[illegible]惠異甚吾固疑其成之難也噫

仙遊縣太君羅氏墓誌銘

仙遊縣太君羅氏世家[illegible]州之沙縣祕書少監陵

君諱某之妻女比部員外郎嚴古田縣尉侃衛尉寺丞
佩同學究出身偉殿中丞儒之母年八十三以某年
某月某甲子卒女一人適張氏孫男女若干人太君
有賢行事皇姑蕭氏順焉諸姑慕其所爲後亦皆稱
孝婦經紀內治能勤不懈以至於老少監君行治勞
烈稱天下有施於後世其子孫蕃衍能中其家法皆
由太君善相其夫而能教子陳氏之所以興太君與
有力焉銘曰
嗚呼夫人有德有祉婦于嚴姑酒食燕喜乃相君子
陳宗以興乃教衆兒有以賢稱樂其室家以暨孫曾
纍然壽寵宜後之承

壽安縣君王氏墓誌銘

江淮荆湖兩浙制置發運使少府監廣陵孫君之夫
人壽安縣君太原王氏其先自滄州之清池徙河南
世有顯人太府卿諱某者皇曾祖也庫部員外郎贈
禮部侍郎諱某者皇祖也屯田郎中贈吏部侍郎諱
某者皇考也至夫人諸兄亦皆爲郎尚書而多以材
藝稱當世夫人好讀書善爲詩静專而能謀勤約以
有禮吏部君愛之尤而擇所嫁於是少府君爲大理
評事簽書淮南節度判官廳公事以夫人歸焉皇姑
曰自見有婦内外族人加親而吾食寢甘焉少府君
材能爲朝廷所信以至休顯其盡心外事不以家爲
卹者以夫人爲之内也嘉祐四年某月某甲子夫人
卒年五十三明年某月某甲子葬揚州之天長縣埤

陵鄉皋跕之兆子男二人某某女六人一嫁蘇州節
度推官毗陵張誨一尚幼四先夫人卒銘曰
竭竭少府有儀有聲誰相其祁以迄休成維王淑女
順婦慈母內諧尊卑燕及婚友錦繡象軸告命之華
序章爵邑維榮有家方大弗祿以宜寵服嗚呼其祖
葬有吉卜

河東縣太君曾氏墓誌銘

尚書都官員外郎臨川吳君諱某之夫人河東太君
南豐曾氏尚書吏部郎中贈右諫議大夫諱某之子
諫議君伉直以擯死而都官君亦孝友忠信鄉里稱
爲長者夫人於財無所蓄於物無所玩自司馬氏以
下史所記世治亂人賢不肖無所不讀蓋其明辨智

識當世游談學問知名之士有所不能如也雖內外族親之悍強頑鄙者猶知嚴憚且以爲賢而夫人循循應接親疎小大皆有禮焉嘉祐三年某月某甲子年七十四終于寢有子四人芮秘書丞蕡亳州錄事參軍其次蕃蒙曾出也皆進士而蒙爲濠州司户參軍於是蕡蕃皆已卒芮蒙以某年某月某甲子葬夫人某縣某鄉某所之原某實夫人之外孫而夫人歸之以其孫者也[illegible]泣而爲銘曰

靜專幽閒女子之方閎覽博考乃士之常猗歟夫人學問明智其德女子其能則士求子往孰與比倫

嗚呼公兮穆伯之妻

曾公夫人吳氏墓誌銘

夫人吳氏太常博士南豐曾君之配世家臨川二十四歸曾氏三十有五以疾終子男三鞏牟宰女子時博士方爲越州節度推官某其年月日乃啓其殯臨川葬南豐之某地前葬鞏謀於宗之長者而請於博士曰夫人事皇姑萬壽太君承顏色教令一主於順斟酌衣服飲食盡其力皇姑愛之如己女於夫人得輔佐之宜於族人上下適其分今其葬宜得銘祕之墓中於以永永延夫人之德無不可者博士曰然乃來求銘夫人固早沒不及見其存時雖然博士先人行也而又鞏於友莫厚焉於夫人之葬而銘也其何讓

銘曰

宋且百年江之南有名世者先焉是爲夫人之子葬

夫人於此於戲

樂安郡君翟氏墓誌銘 并序

尚書主客員外郎錢塘沈君名扶之夫人翟氏者鄧州節度推官諱希言之子太子左清道率府率致仕諱守序之孫利州葭萌縣令諱令圖之曾孫少則賢孝父母稱之及嫁爲婦則舅姑稱之如父母處娣姒能和以有禮畜妾御能正以有仁閨門雝雝上下順治自皇舅尚書公以才爲時用繼以主客及夫人之子而沈氏日大矣夫人之德善亦日以顯内外親皆悅服而歸之以謂其必大享爵禄終於壽考乃以治平三年九月十日卒于京師享年五十七初主客自河北提點刑獄移知明州而長子方領開封府事治

有異狀爲 上所禮以夫人文族請於 上留主客
京師詔特聽留以佐三司於是諸名醫治夫人無所
不爲然終不起始封長安縣君進京兆樂安二郡君
生五男三女男曰[illegible]翰林學士右諫議大夫知制誥
曰迥泰州軍事判官曰遼將作監主簿監壽州酒曰
遨漳州漳浦縣主簿曰適試將作監主簿女適祕書
省著作佐郎顏處恭邢州堯山縣令王子韶太常博
士監察御史裏行蔣之奇翟氏齊州金鄉人商州團
練使守素者當 太祖時親信任事族人因多爲武
吏而皇考獨好文學舉進士中第負材任氣不肯有
所屈以終不得意夫人之兄嚴亦知名又早卒夫人
傷其家替每獨歎息 今上即位翰林守杭州其季

舅惟康以奉獻得仕今爲道州寧遠縣主簿夫人既卒詔以主客知蘇州十二月某日葬夫人杭州錢塘縣龍居山舅姑之兆銘曰

沈侯世獻得相惟媛歸嬪于宗誨子而彦相之斯何德則有儀誨之斯何慶則有貽始周姓姬後氏爲翟於梁曰璜實佐其國至漢高陵又以才稱世降弗嗣乃齊女子許公之妻公武之母昭於銘詩無盛與衰彼暴而興亦遄其沮我以吾仁其昌孰禦柩柩中丘萬木如茨往從舅姑協我初龜

高陽郡君齊氏墓誌銘

夫人故翰林侍讀學士贈開府儀同三司王公諱洙之妻故光禄寺丞力臣今太常寺太祝欽臣祕書省

著作佐郎陟之祕書省正字曾亘之繼母也齊氏好讀書能文章有高節美行治平二年年五十五以五月初三日終于亳州其子之官舍治平三年十月初八日祔葬於南京虞城縣孟諸鄉田丘里初夫人自衰早孤誓不嫁以養母及公失初妻諸子幼聞夫人賢行求之曰是必能母吾子於是母兄強嫁之及歸果能母諸子聰明而仁恭儉以有禮閨門欣欣無一異言始封縣文安又封郡高陽而公卒即舉家政屬之子婦齋居素服不御酒樂以至沒齒雖時爲詩然未嘗以視人及終乃得五十四篇其言高絜曠遠非近世婦人女子之所能爲又得遺令一篇令薄葬其言死生之故甚有理齊氏祁州蒲陰人夫人曾祖諱

其故不仕祖諱安故不仕考諱永清莫州防禦推官兄恢弟惲皆知名公四男一女女嫁尚書職方員外郎陳安道夫人旣善撫諸子而諸子亦多賢能致孝於葬來求銘銘曰

在冀中山有孝參齊少孤恃母悲不忍離及以義行乃終順懿顯顯王公學問文章族爲大家爵祿寵光來繼來助其賢則譽銘詩幽宫以告齊終齊終有始自其爲子

同安郡君劉氏墓誌銘

尚書户部侍郎致仕廬陵王公贄之夫人同縣劉氏女也父諱某祖諱某曾祖諱某三世皆弗仕然常爲州大姓方公少時夫人父知公必貴故歸以其子夫

人之在父母家既以孝聞及嫁舅姑又稱其孝能相其夫以順又能畜其婦子以慈公當仁宗時以御史見聽用閱天章龍圖樞密三學士夫人亦累封爲同安郡君治平四年十一月七日終於廬陵宣化坊之私第有二子儀殿中丞前死僊今爲尚書都官員外郎安一人嫁撫州軍事推官蕭逑公之告老詔以僊通判本州以養及是喪夫人能自致焉明年某月某日葬某縣某鄉某里銘曰

於美夫人明祗順飭來嬪王宗時翼其德公榮在朝皇命所特出使入侍往來赫赫登爲大家自我承眞有田有廬偕老而息亦有孝子媚于朝夕噫乎終哉兆此幽宅

仁壽縣太君徐氏墓誌銘

夫人徐氏饒州浮梁縣人曾祖諱某某官祖諱某父諱某皆不仕夫曰尚書屯田郎中金君諱某同縣人也生子十一人男四人君著君佐君卿君佑皆進士君卿今爲尚書職方員外郎女七人皆適士族孫十九人男六人女十三人已嫁者十二人曾孫男女十四人外孫四十七人夫人以職方故封金堂壽安二縣君又封仁壽縣太君後郎中之沒九年享年七十七卒於池州官舍實治平三年八月十三日以四年某月某日藏柩于某鄉某里祔郎中之葬夫人天性篤於孝謹女功婦事不懈以斂躬儉有節仁於宗族故以事其舅姑而順以相其君子而宜以臨其子孫而治

以有賢子大其家室且享諸福終壽考臨川王某

銘其葬曰

婉婉女工彼徐之子來嬪金宗有衍其始鄱人大家相望而有誰則無父無姑無母帝嘉涖子服位在朝賜邑用書象首錦囊考[illegible]順慈俯仰皆宜考終榮祿於慶有施偉歟夫人協此銘詩

永嘉縣君陳氏墓誌銘

陳氏於蘇州爲大姓夫人者太子中允諱之武之子某官贈太常卿諱郁之孫左贊善大夫諱質之曾孫而太常博士王君諱逢之妻也聰明順善動有禮灋以不及養舅姑也故於祭祀尤謹博士祿賜盡之宗族朋友不足則出衣服簪珥助之而不言選飾妾御

進之不忌然博士終無子蓋吾聞於博士者如此撫博士之兄子如己子哭博士三年未嘗如陳氏除喪大貧顯者求以爲妻族人強之不可又強之則涕泣自誓居頃感疾以死蓋吾聞於博士之兄子景元者如此然夫人之行非特出於二人之言凡習陳氏王氏者皆知其爲賢而哀其志其封曰永嘉縣君其卒於蘇州以治平二年十一月九日年三十八其葬以三年十一月某日從博士於閶門之西原銘曰

穀也從於此器也隨以死歸義與命奚傷乎無子

王夫人墓誌銘

右侍禁知循州興寧縣事海陵周君諱彥先之夫人王氏我叔祖尚書主客郎中贈右諫議大夫諱貫之

之子年二十三嫁周氏嫁六年生一子澥而周君卒後十八年子濤為秘書省著作佐郎 知汝州梁縣事而夫人年四十八以疾棄世於梁縣子濤等護其喪歸以嘉祐四年十一月二十九日庚申葬海陵城北之兆夫人心壯而行厲氣和而色婉撫接內外親疎皆有恩意而於人終不校嗚呼其賢如此銘曰

於嗟夫人少憫憂祗專靜嘉好衆仇克協嫡子祠春秋方晉有家裕厥修不永於享其何充序哀以銘款諸幽

右監門衛大將軍世耀故妻仁壽縣君康氏墓誌銘

皇族右監門大將軍世耀之妻康氏故內殿崇班閤

門祗候遵度之子祖曰廷翰皇任磁州防禦使曾祖曰碩皇贈左千衛牛大將軍以嘉祐三年爲宗婦封仁壽縣君生令一子優爲右千牛衛將軍而以熙寧元年六月九日疾病死享年二十有六自爲女子以至於爲母卑尊幼長無所非議故於其死皆哀憐二年二月十七日葬河南永安銘曰

芒乎其孰致而來奄乎其孰推而往爲之幽宮覆以新壤魂浮氣游變化惚恍宛其德音尚可追想

壽安縣太君李氏墓誌銘

新喻蕭渤狀其母授息總使來求銘以葬惟夫人姓李氏於邑里實大姓曾祖諱某祖諱某考諱某皆弗仕而曾祖以其孫憲成公故門官至太子太師夫人

柔順靜專俯仰有儀年十有五而嫁是爲鼎州團練推官蕭君諱賁之妻年二十有二生渤淇瀓三男一女子而寡執節不嫁父母欲奪之不得卒就其男官學歸其女爲士妻孫曾詵詵饋祀裕如鄉人歸高稱諺嘆息治平三年渤用尚書駕部員外郎選主廣濟河漕而夫人年六十有八以九月八日卒於東都之私寢越明年某月十有一日合塟蘄喻某鄉某里於是推官君以渤故贈右諫議大夫夫人封壽安縣太君銘曰

有幽新宮在昇之陽慶既造家乃終同藏共伯之妻文伯之母於嘉夫人亦緒厥後磨石摛丹詒銘永久

右千牛衛將軍仲馬故妻永嘉縣君武氏

墓誌銘

皇族右千牛衛將軍仲馬之妻故永嘉縣君武氏內
殿崇班捴之子故左班殿直昭遜之孫贈尚書工部
侍郎崇亮之曾孫年十八以熙寧元年十二月十四日
棄世以明年二月十七日葬河南永安縣 君在襁褓
父母以爲婉及嫁節儉慈仁人稱之銘曰
象服之粲兮容車之皖兮歸于陵陂哀歌以相挽兮
擒銘壙石識幽以告遠兮

鄭公夫人李氏墓誌銘

尚書祠部郎中贈戶部侍郎安陸鄭公諱紓之夫人
追封汝南郡太君李氏者尚書駕部郎中贈衛尉卿
文蔚之子也光州仙居縣令贈 一部員外郎諱岵之

孫以祥符九年游至天聖九年年三十二以八月壬
辰卒於其夫爲安州應城縣主簿之時後三十七年
爲熙寧元年八月庚申祔於其夫安陸太平鄉進賢
里之墓於是夫人兩子獨爲祕書丞知潭州攸縣獬
爲翰林學士尚書兵部員外郎知制誥一女子嫁郊
社齋郎張蒙小夫人敏於德謹於禮事皇姑稱孝內
諸外附上下裕如鄭公大姓嘗以其富主四方之游
士至侍郎則始貧而專於學夫人又故富家盡其資
以助賓祭補紉澣濯饘爨朝夕人有不任其勞苦夫
人歡終日如未嘗貧故侍郎亦以自安於困約之時
如未嘗富鄭氏蓋將日顯矣而夫人不及其顯祿嗚
呼良可悲也於其葬臨川人王某爲銘曰

於嗟夫人歸孔時兮窈其爲德婉有儀兮命之如何
壯則萎兮烝烝令子悲慕思兮有嚴葬祔祭配祗兮
告哀無窮銘此詩兮

臨川先生文集卷第一百

曾大父之文舊所刊行率多舛誤
政和中　門下侍郎薛公宣和中
先伯父大資皆被
旨編定後罹兵火是書不傳比年
臨川龍舒刊行尚循舊本玨家藏
不備復求道藁於　薛公家是正
精確多以　曾大父親筆石刻為
據其間亦參用衆本取舍尤詳至於
斷缺則以舊本補校足之凡百卷
庶廣其傳云紹興辛未孟秋旦日
右朝散大夫提舉兩浙西路常平
茶鹽公事王玨謹題

宋本臨川先生文集

（宋）王安石　撰

第九册

國家圖書館出版社

第九册目録

臨川先生文集卷第八十四……八三

臨川先生文集卷第八十五……一〇五

臨川先生文集卷第八十一

啓

上泉州畢少卿啓

上信州知郡大諫啓

上明州王司封啓

上運使孫司諫啓

上發運副使啓

上李仲偃運使啓

上通判啓

謝范資政啓

謝知州啓

謝隣郡通判啓

謝葛源郎中啓

謝林中舍啓

荅馬太傅啓二

荅沈邑田啓

荅陳推官啓

賀集賢相公啓 代人作

賀樞密相公啓 代人作

賀鳳翔知府陳學士啓 代人作

賀樞密相公啓 代人作

賀昭文相公啓 代宋宣獻公作

謝及第啓

知常州謝運使元學士啓

叨恩兩觀備任一州以無能之賤身在有道之深庇夜歸之志已結於東南調問之儀當塵於左右某官

爲國瑋器有時盛名久矣戢更之勞此焉寄蜀之重
傳節所在神民具依膺時維休介福有裕約齋上路
將前受於指令請祝下風唯更加於調護

賀慶州杜待制啓

伏審拜命宸章作藩侯閫凡假聲猷之重居深慶蹈
之懷恭惟某官華國粹賢逢辰吉旦以儒雅飾治術
以器業結上知樹績計庭之司飛榮書殿之祕吳都
按部聳群吏之廉隅陜服登車峻列侯之風采國家
以邊城之寄戎路所圻眷內閣之近班督帥臣之重
柄申伯宜力方維屏以顯庸韓侯獻功即介圭而入
覲佇叅嚴蹕以協具瞻北律方嚴沖眞尚遠希上爲
宗社保固禖靈

賀運使轉官啓

躋榮中旨進秩郎闈服顯命之褒優竦輿情而驩抃某官器博以遠道粹而明學際天人之端識通治亂之本紬祕延閣剸劇外司彼方碌碌以巧圖此獨安安而養正恬於所守人之難能本朝推越次之恩雅非常之士遷左兵之名部實文臺之美資矜飾端廉敦厚風敎尚煩使節之寄以漸台衮之榮某側聞詔聲阻隨賓慶瞻望英重云云

賀鈐轄榮太保啓

榮拜恩章總持師柄伏惟慶慰竊以一都會之府二浙統於權維諸剌史之兵五符歸於節制國家以安娛之地域民甚於富穰備豫有經置使新於紀律宜

得魁壘之士以雄鎮領之方恭惟某官器範端良機守強濟出天嫻之貴而自任清節持使斧之重而素高能聲此孰朝僉遂董戎寄韜謀成俗坐肅於南州軒陛圖功即膺於寵數屬闈掌於支郡阻面慶於賓榮瞻企風稜豈勝欣悚

賀知縣啓

光膺芝檢榮宰花封凡屬庇庥良增欣抃恭惟某官資性敏悟器懷坦夷直哉有古人之風挺然生賢者之後自歷煩任聲施幹材美聲聞于帝聰佳器稱乎國寶是乃拜綸綍之命殿子男之邦凜乎清風聳是群望操刀之能製錦素顯殊勳彈琴之不下堂行聞異政

上宋相公啓

此者冒躋官次榮託使車躬裁瑣瑣之文私布惓惓之意干磨爲吝震疊于懷會走幹之鼎來辱滕書而寵荅優爲體皃略去等夷緊獎予之大隆滋回皇之失次恭審鎮臨以簡傃御惟和積有休祥來護輿寰伏況某官風華靈茂天韻閎深早冠冒於士人亟鶱翔於朝野讜言善策發爲天子之光厚實美名布在輿人之誦惟江都之舊壤乃天塹之上游地接京師聊倚諸侯之重民瞻嵓石方圖師尹之賢曾是頑踈終然庇賴尚茲嬰薄未即趨馳

上集賢相公啓

爲吏南州抗塵末路處洪鈞之大器小以自持瞻英

衮之尊蹤孤而難附恭惟浩宮議道賢業熙天爕精祲之至和納亨嘉之盛福伏惟某官秉堪輿浩直之氣爲廟堂商平之材逢辰清明發策高妙垂紳近署之列直筆中臺之端龍閣之富圖書密承顧問蜀部之風教化遂協都俞遽促鋒車入參嚴峨旋屬圜虛耀猿角之色狂寇毒清河之民擊義節以請行先堂兵而制勝淮西入命晉公大宣慰之名朔方耀威子儀開幕府之盛盡劉大憝入奏元功式尊通宰之榮上正文昌之坐方將圖講熙事修舉治綱坯冶一陶輔成於醇化簫勺群慝磨格於太寧顧惟並進之微獲此庇暉之下伏希上爲國體保固台嚴酉首鈞庭下情無任云云

上梅戶部啓

某一涯承乏自慚於塵容百舍懷賢坐傾於風美欽想承流之暇妙均安節之休恭惟某官奧學齊天懿文華國躋榮膴仕逢吉太辰由郡署之階擢臺端之要公毅執法而邪孽不奸讜明盡規而權綱自正奇咨心術之具往貳計侯之司式是均勞遂淹補外朱轓問俗訪山水之昔遊文石蹤恩即飆颺而日見入持政柄允副民瞻屬臨懷盍不之辰尚遠陞堂之拜願臻甌舊前對寵光

上杭州范資政啓

某近游制壤久挹孤風當眷齊之無容幸曳裾之有地粹玉之彩開眉宇以照人纏星之文借談端而飾

物羈瑣方嗟於中露逢迎下問於甕村仍
復見牢之之昜茲惟雅故少稔燕閒言旋桑梓之邦
驟感神麻之詠寫吳綾之危思未盡攀瞻遽楚乙之
孤風但傷閒闊恢台貫序虛白調神禱頌之私不任
下懇

上江寧府王龍圖啓

某位貌閒殊風規高遠恩賢百舍無階贄見之儀承
之一涯彌闊門牆之便恭審鎮臨會府燕息黃堂竊
銛畫清道環天粹伏惟知府龍圖巖廊佳品時棟上
材達亨會於凝旒躋榮階於近署龍圖司祕閣之奧
使臺峻右陜之邦均逸方城爲國巨屛帝曄溫辭召
還即對於清光台座熒煌圖任必歸於舊德蕭扆方

肅宇蔭尚遥伏希上爲治朝保和福履

上泉州畢少卿啓

自去容暉何嘗僕問謁來究局顧委瑣之自爲陰想价藩知崇高之難附伏審履和嘉月靜事雄堂訟銛晝清道環天粹恭惟知府凝姿恬懿遠器廉浮出相衮之名家而無重衣之逸領使符於壯齒而無巧宦之識全德所高上意必簡方將治成坐鎮擢寘近班胥縹臺閣之規光大勳業之舊某最惟孤苦夙佩獎知短羽畢飛已甘心於枚粒陰虬自躍思遠燿於風雲尚遥堂下之趨益切城中之詠

上信州知郡大諫啓

懷德名之重竊伏猷爲仰庭角之姿何嘗贄見敢謂

玉堂之彥萌飛寶刻之在日垂賁塵容邁形識柄外惟
榮佩中所銘藏恭惟某官挺不世之資敦絕俗之器
敷揚大業陟降泰庭演潤鑾坡光大訓辭之美儀鑾
天邑具瞻表則之材屬邪正之彙連亦勞逸之均致
銀符輔郡聊福於民鄰鷗驪贊謀即稽於天若某海
濱承乏之宇蔭未趨伏希上爲本朝精調均履

上明州王司封啓

伏審使旌來臨州部把江湖之重阻留淮楚之近藩
令德所存明神來相茂惟輿止休有福祥恭以某官
國之老成上所素仰入參省計出擁州麾竊聽海瀕
之謠迎貪善政特憂朝右之討恩得壯猷曾無幾時
遂去茲土某竊邑無狀芘身有歸

上運使孫司諫啓

近者承顔使宸獲拜於眞賢恪次海濱已虔於命署覼賦材之艱拙藉容厚之庇存蹈景爲懷向風增悚某官清襟昭理大業鎭浮以謨明抗論譚垣以才識典校仙藏赤棠接部一新廢置之綱文石疏恩即還清切之禁伏冀爲時寶練延國寵章

上發運副使啓

海濱重複天韻闊疎想經制之會煩固和倪之粹隱恭惟某官材爲時棟名著吏師澄清廢置之綱仰給兵農之亾寢戎久次即冠近班屬陽月之届和諒福基之敦裕未涯拜伏益用瞻祈

上李仲偃運使啓

伏念某得邑海瀕寄身節下操舟取道持版過庭自顧下寮之愚敢扳先子之雅坐蒙高義曲借齒言顏載惟恩私有過分願去離門守來造署居取庇自今馳情無遠要之糞莫惟是曠官之憂庶也始終不爲愛已之負歲時回薄氣候沍寒明賢之姿休福所嚮伏惟順節自壽副人所瞻

上通判啓

颸馳歲事斗曠音塵詠德所深摇旌曷諭伏審某官陞華儲幄顯被於王靈貳政侯藩益隆於宸寄忝守官於支邑將仰芘於公村欣抃之誠倍萬常品

謝范資政啓

竊閩大化瞻若重霄執訊隆堂近修於常禮占辭記

室屢致於尊光賜逾褒衮之榮仰極高山之詠恭想鎮海都會宣國福威御六氣之和薦百嘉之祐伏惟某官道宗當世名重本朝思皇廊廟之材均逸股肱之郡即還大政以澤含生某容跡海濱被光台鼎童烏署第夙荷於揄揚立鯉聯榮復深於奬眷幸當棲庇以處鈞成

謝知州啓

某攝承人乏附麗德輝顧庸陋之無堪辱庇存之光厚終逃官謗得近宸慈布聽仰高惟日爲歲恭惟布宣善治樓有太和伏以某官美業內充懿文彌飾傳會升平之世躋陞通顯之官風問日隆寵靈交至漢廷下詔方尊千里之師謝守論功當爲九伯之冠行

登近列允副僉言秋氣正剛風華浸遠之詹依禱頌倍

萬等倫

謝隣郡通判啓

某備官於茲聞問之久非席趨承之舊難陳嚮慕之
私敢圖高明過自賜損授之温教擬以謙辭惟茲感
銘其敢忘去進德之盛知名於今當褒以遷可拱而
竢仰惟自壽下副所瞻

謝葛源郎中啓

伏念某受材單少趨道闊踈時所謂賢少爲知慕欽
先君之德友實當世之名卿唯門牆之高未始得望
故竿牘之褻無容自通如其仰望之勤豈有須臾之
閒敢圖風誼親賜書辭追講前人之懽坐忘介子之

醜拜嘉已厚論媿則多恭以某宦邦之耆明朝所貴重聲舊行乎四海勢猶屈於一州雖教養之仁士民猶賴而褒升之寵日月以須唯兹惷愚其幸甚賴長惟爲道自愛副人所瞻

謝林中舍啓

鄉風有年修問無所維家伯氏得婿高門顧惟幸會之多曾是趨承之晚比聞州郡云改縣章治所相望私誠甚喜謂宜朝夕可布腹心敢圖高明見過勤恪先賜撫存之教曲加獎引之辭雖睦嫺之風可以厚俗而貶損之意有如過中言觀以思頗恐且媿餘暑謝去薄寒來歸吉士所居明神竝貫相茂惟體氣怡有休祥未即承顔惟祈養福

謝徐秘校啓

比因幸會得奉光儀爰荷眷存之深遂傷睽隔之遠忽承高誼特損謙辭顧獎引之過中非孤蒙之敢望拜嘉之重爲媿則多賢雋之材神明所相茂惟與止休有福祥未即趨承惟加調護節膺殊擢以慰遐思

謝林肇長官啓

伏蒙貺損猥先臨存方以出行梁川未嘗得望車騎繼陳悃愊叙謝高明敢圖仁人見過如舊申錫重問相存有加唯賤且貧尤愚不肖學焉昧道仕則曠官荷推褒之過情處負媿以終日三陽肇歲萬物同春茂惟賢明休有祉福以時自壽良副所瞻

荅林中舍啓二

幸隣封畛叨綴戚婣仰風誠勤奉問顧缺敢圖盛意
申貺華辭荷相存之至隆非遽數之可旣欽承德履
茂享春祺更冀保綏少符傾嚮

二

去德不遠嚮風誠勤日有簡書之煩久無竿牘之獻
敢圖風誼遠損書辭仰銜存愛之隆實重稽踈之過
未由占對竊冀保綏禱頌之私指陳不旣

荅定海知縣啓

竊邑海旁得鄰境上布私書之未暇辱寄重問以相先
惟知感悰豈易縷指未涯占對尤積詠思惟加自頤
良副所望

荅戚郎中啓

阻闊風貌固常詠思重慶誥章甫推陞郎署甫聞報之晚
裁賀未皇敢意謙明首形緘問辭博以厚義高且醇
承拜置前誦玩亡斁喜聞王事優簡神宇粹平某官
奉國不回上遷官以正秩中臺之顯要柄外鎮之慘舒
民無隱情治有異迹竚聞旌召續附慶書

上樞密王尚書啓

竊以璿璣上列齊七政以均和帝袞輔成欽四鄰之
基命親逢禁于旦允屬宗工恭惟某官與國忠純爽邦
明哲對越光華之旦居然文雅之宗簡在上心鬱爲
時棟雍容禁署嘗密贊於睿謀參貳宰司多委成於
治體奮庸甚盛注意特隆屬恩誥之誕頒分鎮臨之
重寄居留神甸爲表則於四方寵進樞庭當持衡於

萬里聲教所暨慶抃率同術念空疏夙叨存記綰縣章而祇役望君幄以勞懷恭聽吉音豈勝至願

與交代趙中舍啓

嘗請代期當留聽下單舟在境敢無告於僕人善政可師將有求於令尹自餘占對乃盡布陳

與張護戎

鼎來敝邑甫次近郊傳聞使旌適在州部將親盛德尤激懽悰

與譚主簿

爰兹治舟亦以造境將聯職治可丐規模惟喜則多非陳所悉

上范資政先狀

某此者之官敝邑取道樂郊引舟將次於近坊歛衽
即趨於前屛瞻望麾戟下情無任

謝許發運啓

近持悃愊進叩高明荷温教之見存假善舟而使濟
亦旣就道即將造門惟茲下情感喜殊甚

謝王供奉啓

伏審拜恩鼎來視職惟茲踈賤將庇高明敢圖恩私
先賜教督感竦之極敷言曷殫

荅馬太博啓二

伏審進被恩章來臨職任茲惟幸會得奉光儀敢圖
隆私先賜華問感佩之至云云

二

伏審光奉聖恩已諧禮上末皇修好先辱賜書感尉
至深叙陳不既

荅沈屯田啓

趨承維舊違去尚新唯是企思之深曾無忘去之頃
敢圖恩紀特賜書辭仰荷眷存之尤内懷恐媿之極
歲亢郁沐物且長嬴茂惟賢明多有休福竊況藩宣
之盛倚成陪貳之良伏惟順序自頤副人所望

荅陳推官啓

某受材無它竊邑於此高明賜教襃諭過情窺覬以
愳懼恐且媿夫由占對良自保綏

賀集賢相公啓代人作

恭以某座流恩政堂遷秩寵蕃常伯守在冬官伏推

慶慰恭以某官襲氣堪輿稟精河岳風華懋美號若東南之筠天韻純淪溫如西北之璞不階尺木遂致青雲世圖任於老成日對揚於休命股肱作相素同國體之安喉舌命官遂致文明之政茲爲異數允荅具瞻某充位外藩希風上國覲文辯叙彌高天老之台通謁爲儀寖遠豆晏之日懽愉無狀震慄兼嘗

賀樞密相公啓 代人作

恭審遷秩上公聯華冢宰伏惟慶慰竊以某官略非世出韻自天成時歸英特之材獨稟高明之器光華漫漫遂適於泰辰文學彬彬適階於膴仕逮濬明之正統圖衛翼之元勲周歷清華之階越登機密之通規亮節朝矜式以取平深叢遠猷上咨嗟而倚重

懋惟儆數允合膚公命布幅貟喜盈觀聽某久從外
補遴聽上臚曾馳謁之未遑筆承風而竊於瞻依之
厚度越于常

荅福州知府學士啓 代人作

某啓辭闊義風累更元曆雖疆城之相比愧緘疏之
未皇敢意謙明首書存聘賜之良實重以好辭無因
至前承拜知悚某官卿材脩固國器方康登步本朝
涯翔盛問維髙閎之要地實南越之舊都顧賴忠良
鎮此襟帶既聞善治宜有寵章用冀保和且須來命

賀鳳翔知府陳學士啓 代人作

伏審拜命恩綸頒條侯府竊惟慶慰某官器謀強濟
業履粹明名日起以貴成勢龍蕭而獨上儒林於職

之館方指事以載功岐陽襟帶之邦出承流而宣化
國家試能補郡顯俊熙天即須寬大之書召還清切
之禁某衰晚無狀情契所同顧海上之身寢爲俗吏
瞻牓中之彦敢附青雲未涯贄見之儀益切瞻言之
素願臻持攝前對寵光

賀昭文相公啓 代宋宣獻公作

恭審肅被寵靈參司樞要伏惟慶慰竊以安危所繫
文武相須眷注意之殊時崇仰成之異體至若萬務
通于四海二柄萃于一門簡在休辰職繇全德恭以
某官風華博照天韻雄成挾旦奭之謀謨襲韋平之
系冑逢辰鼎盛序爵彌高清議被民卓冠一時之傑
豐規振俗遄躋三代之隆嗟彼羌豪誓吾邊吏有嚴

天討爰整王師上方深拱以倚平博謀而取重畀兹
全責欽若壯猷興誦所同巖瞻惟允昔魄通函谷繄
沛邑之宗臣威被匈奴實漢家之真宰宜今具美與
古兼徽其夙附末光雅煩善庇仕藩城而待罪慝若
自安佔宿邸之移文蹇然滋喜依歸之素有過等夷

謝及第啓

三月二十二日　皇帝御崇政殿放進士蒙　恩賜
及第釋褐者四方之傑茂對清光一介之技猥塵華
選冒榮之辱撫己而慙竊以國家攬八寓之廣具萬
官之富一化所濡人有善行數路之舉野無滯材取
士如此之詳得人於斯爲盛然猶謙不自足樂於旁
求比詔郡邑詳延巖穴向非爾有聲采著在觀聽何

以醻上勤衍塞人類言如某者蓋欲敝而賤持頑且躁
逢世治文追師鄉道貞冠方屨奇賤儒之名高文大
冊無作者之實昊乾不吊先子夙喪僑家異土歸掃
窮閭上不能執軒冕以取高下不能力稼穡而爲養
俛首干進蘄榮逮親適會詔之興既遂負書而應令
鄉老胥其行薦之明朝春官訾其材置以異等率趨
法座輩試殊庭僅成戲戲之談復玷高華之選夫何
抵此厥有繇然茲蓋伏遇某官德厚兼容風華博照
斟酌元氣洪纖溥被其仁彫刻衆形妍惡曲成其彙
乘雲洒潤秉律噓枯使是寒士階於榮路敢不審圖
大方惇率常憲取所承學著之行事唯仁之守唯誼
之循不以邪曲回精忠之操不以寵利汚廉潔之尚

庶期盡齒毋負大賜易此而他未知所裁

臨川先生文集卷第八十一

臨川先生文集卷第八十二

記

虔州學記

虔於江南地最曠大山長谷荒翳險阻交廣閩越銅鹽之販道所出入椎埋盜奪鼓鑄之姦視天下爲多慶曆中嘗詔立學州縣虔亦應詔而卑陋褊迫不足爲美觀州人欲合私財遷而大之久矣然吏嘗力屈於聽獄而不暇顧此凡二十一年而後改築於州所治之東南以從州人之願蓋經始於治平元年二月提點刑獄宋城蔡侯行州事之時而考之以十月者知州事錢塘元侯也二侯皆天下所謂才吏故其就此不勞而齋祠講說候望宿息以至庖湢莫不有所又斥餘財市田及書以待學者內外完善矣於是州人相與樂二侯之適己而來請文以記其成余聞之

也先王所謂道德者性命之理而已其度數在乎俎豆鍾鼓管絃之閒而常患乎難知故爲之官師爲之學以聚天下之士期命辯說誦歌絃舞使之深知其意夫士牧民者也牧知地之所在則彼不知者驅之爾然士學而不知知而不行行而不至則奈何先王於是乎有政矣夫政非爲勸沮而已也然亦所以爲勸沮故舉其學之成者以爲卿大夫其次雖未成而不害其能至者以爲士此舜所謂庸之者也若夫道隆而德駿者又不止此雖天子北面而問焉而與之迭爲賓主此舜所謂承之者也蔽陷畔逃不可與有言則撻之以誨其過書之以識其惡待之以歲月之久而終不化則放棄殺戮之刑隨其後此舜所謂威

之者也蓋其教法德則異之以智仁聖義忠和行則同之以孝友睦婣任恤藝則盡之以禮樂射御書數淫言詖行詭怪之術不足以輔世則無所容乎其時而諸侯之所以教一皆聽於天子天子命之矣然後興學命之曆數所以時其遲速命之權量所以節其豐殺命不在是則上之人不以教而爲學者不道也士之奔走揖讓酬酢笑語升降出入乎此則無非教者高可以至於命其下亦不失爲人用其流及乎既衰矣尚可以鼓舞羣衆使有以異於後世之人故當是時婦人之所能言童子之所可知有後世老師宿儒之所惑而不悟者也武夫之所道鄙人之所守有後世豪傑名士之所憚而愧之者也堯舜三代從容

無爲同四海於一堂之上而其流風餘俗詠歎之不息凡以此也周道微不幸而有秦君臣莫知屈己以學而樂於自用其所建立悖矣而惡夫非之者乃燒詩書殺學士埽除天下之庠序然後非之者愈多而終於不勝何哉先王之道德出於性命之理而性命之理出於人心詩書能循而達之非能奪其所有而予之以其所無也經雖亡出於人心者猶在則亦安能使人舍己之昭昭而從我於昏昏哉然是心非特秦也當孔子時既有欲毀鄉校者矣蓋上失其政人自爲義不務出至善以勝之而患乎有爲之難則是心非特秦也墨子區區不知失者在此而發尚同之論彼其爲愚亦獨何異於秦嗚呼道之不一久矣揚子

曰如將復騖其所說莫若使諸儒金口而木舌蓋有意乎辟雍學校之事善乎其言雖孔子出必從之矣今天子以盛德新即位庶幾能及此乎今之守吏實古之諸侯其異於古者不在乎施設之不專而在乎所受於朝廷未有先王之法度不在乎無所於教而在乎所以教未有以成士大夫仁義之材虔雖地曠以遠得所以教則雖悍昏囂凶抵禁觸法而不悔者亦將有以聰明其耳目而善其心又況乎學問之民故余爲書二侯之績因道古今之變及所望乎上者使歸而刻石焉

君子齋記

天子諸侯謂之君卿大夫謂之子之爲此名也所以

命天下之有德故天下之有德之通謂之君子有天子
諸侯卿大夫之位而無其德可以謂之君子蓋稱其
位也有天子諸侯卿大夫之德而無其位可以謂之
君子蓋稱其德也位在外也遇之而有之則人以其名
予之而以貌事之德在我也求而有之則人以其實
予之而心服之夫人服之以貌而不以心與之以名
而不以實能以其位終身而無謫者蓋亦幸而已矣
故古之人以名爲羞以實爲慊不務服人之貌而思
有以服人之心非獨如此也以爲求在外者不可以
力得也故雖窮困屈辱樂之而弗去非以夫窮困屈
辱爲人之樂者在是也以夫窮困詘辱不足以槩吾
心爲可樂也已河南裴君主簿於洛陽治齋於其官

而命之曰君子裴君豈慕夫任外者而欲有之乎豈
以爲世之小人衆而躬行君子者獨我乎由前則失
己由後則失人吾知裴君不爲是也亦曰勉於德而
已蓋所以勝於其前朝夕出入觀焉思古之人所以
爲君子而務及之也獨仁不足以爲君子獨智不足
以爲君子仁足以盡性智足以窮理而又通乎命此
古之人所以爲君子也雖然古之人不亡乎德輶如
毛毛猶有倫未有欲之而不可得也然則裴君之爲君
子也孰禦焉故余喜嘉其志而樂爲道之

度支副使廳壁題名記

正司副使不書前人名姓嘉祐五年尚書户部員外
郎呂君沖之始稽之衆史而自李紘以上至于查道得

其名自楊偕以上得其官自郭勸已下又得其在事
之歲時於是書石而鑱之東壁夫合天下之衆者財
理天下之財者法守天下之法者吏也吏不良則有
法而莫守法不善則有財而莫理有財而莫理則阡
陌閭巷之賤人皆能私取予之勢擅萬物之利以與
人主爭黔首而放其無窮之欲非必貴强桀大而後
能如是而天子猶爲不失其民者蓋特號而已耳雖
欲食蔬衣敝憔悴其身愁思其心以幸天下之給足
而安吾政吾知其猶不得也然則善吾法而擇吏以
守之以理天下之財雖上古堯舜猶不能毋以此爲
先急而況於後世之紛紛乎三司副使方今之大吏
朝廷所以尊寵之甚備蓋今理財之法有不善者其

勢皆得以議於上而改爲之非特當守成法吝出入以從有司之事而已其職事如此則其人之賢不肖利害施於天下如何也觀其人以其在事之歲時以求其政事之見於今者而考其所以佐上理財之方則其人之賢不肖與世之治否吾可以坐而得矣此蓋呂君之志也

桂州新城記

儂智高反南方出入十有二州十有二州之守吏或死或不死而無一人能守其州者豈其材皆不足歟蓋夫城郭之不設甲兵之不戒雖有智勇猶不能以勝一日之變也唯天子亦以爲任其罪者不獨守吏故特推恩褒廣死節而一切貸其失職於是遂推選

士大夫所論以爲能者付之經略而今尚書戶部侍
郎余公靖當廣西焉寇平之明年蠻越接和乃大城
桂州其方六里其木甓瓦石之材以枚數之至四百
萬有奇用人之力以工數之至一十餘萬凡所以守
之具無一求而有不給者焉以至和元年八月始作
而以二年之六月成夫其爲役亦大矣蓋公之信於
民也久而費之欲以衛其材勞之欲以休其力以故
爲是有大費與大勞而人莫或以爲勤也古者君臣
父子夫婦兄弟朋友之禮失則夷狄橫而窺中國方
是時中國非無城郭也卒於陵夷毀頓陷滅而不救
然則城郭者先王有之而非所以恃而爲存也及至
喟然覺寤興起舊政則城郭之修也又嘗不敢以爲

後蓋有其患而圖之無其具有其具而守之非其人
有其人而治之無其法能以久存而無敗者皆未之
聞也故文王之興也有四夷之難則城于朔方而以
南仲宣王之起也有諸侯之患則城于東方而以仲
山甫此二臣之德協于其君於爲國之本末與其所
先後可謂知之矣慮之以悄悄之勞而發赫赫之名
承之以翼翼之勤而續明明之功卒所以攘戎夷而
中國以全安者蓋其君臣如此而守衛之有其具也
今余公亦以文武之材當 明天子承平日久欲補
弊立廢之時鎮撫一方修扞其民其勤於今與周之
有南仲仲山甫蓋等矣是宜有紀也故其將吏相與
謀而來取文將刻之城隅而以告後之人焉至和二

年九月丙辰群牧判官太常博士王某記

太平州新學記

太平新學在子城東南治平三年司農少卿建安李侯定仲求所作侯之爲州也寬以有制靜以有謀故不大罰戮而州既治於是大姓相勸出錢造侯之庭願興學以稱侯意侯爲相地遷之爲屋百間爲防環之以待水患而爲田二十頃以食學者自門徂堂闕壯麗密而所以祭養之器具蓋往來之人皆莫知其經始而特見其成既成矣而侯罷去州人善侯無窮也乃來求文以識其時功嗟乎學之不可以已也久矣世之爲吏者或不足以知此而李侯知以爲先又能不費財傷民而使其自勸以成之豈不賢哉然世

之爲士者知學矣而或不知所以學故余於其求文而因以告焉蓋繼道莫如善守善莫如仁仁之施自父子始積善而充之以至於聖而不可知之謂神推仁而上之以至於聖人之於天道此學者之所當以爲事也昔之造書者實告之矣有聞於上無聞於下有見於初無見於終此道之所以散百家之所以成學者之所以訟也學乎學將以一天下之學者至於無訟而止遊於斯餔於斯而余說之不知則是美食逸居而已者也李侯之爲是也豈爲士之美食逸居而已者哉治平四年九月四日臨川王某記

繁昌縣學記

奠先師先聖於學而無廟古也近世之法廟事孔子

而無學古者自京師至于鄉邑皆有學屬其民人相
與學道藝其中而不可使不知其學之所自於是乎
有釋菜奠幣之禮所以著其不忘然則事先師先聖
者以有學也今也無有學而徒廟事孔子吾不知其
說也而或者以謂孔子百世師通天下州邑爲之廟
此其所以報且尊榮之夫聖人與天地同其德天地
之大萬物無可稱德故其祀質而已無文也通州邑
廟事之而可以稱聖人之德乎則古之事先聖何爲
而不然也宋因近世之法而無能改至今 天子始
詔天下有州者皆得立學奠孔子其中如古之爲而
縣之學士滿二百人者亦得爲之而繁昌小邑也其
士少不能中律舊雖有孔子廟而庳下不完又其門

人之像惟顔子一人而已今夏君希道太初至則倣而作之具爲子夏子路十人像而治其兩廡爲生師之居以待縣之學者以書屬其故人臨川王某使記其成之始夫離上之法而苟欲爲古之所爲者無法流於今俗而思古者不聞教之所以本又義之所去也太初是無變今之法而不失古之實其不可以無傳也

芝閣記

祥符時封泰山以文天下之平四方以芝來告者萬數其大吏則天子賜書以寵嘉之小吏若民輒錫金帛方是時希世有力之大臣窮搜而遠采山農野老攀緣狙杙以上至不測之高下至澗溪壑谷分崩

隔絕幽窮隱伏人迹之所不通往往求焉而芝出於九州四海之間蓋幾於盡矣至 今上即位謙讓不德自大臣不敢言封禪詔有司以祥瑞告者皆勿納於是神奇之產銷藏委翳於蒿藜榛莽之間而山巖野老不復知其爲瑞也則知因一時之好惡而能成天下之風俗況於行先王之治哉太丘陳君學文而好奇芝生於庭能識其爲芝惜其可獻而莫售也故閣於其居之東偏掇取而藏之蓋其好奇如此噫芝一也或貴於天子或貴於士或辱於凡民夫豈不以時乎哉士之有道固不役志於貴賤而卒所以貴賤者何以異哉此予之所以歎也皇祐五年十月日記

信州興造記

晉陵張公治信之明年皇祐二年也姦彊帖柔隠詘發舒既政大行民以寧息夏六月乙亥大水公徙囚於高獄命百隸戒不共有常誅夜漏半水破城滅府寺苞民廬居公趨譙門坐其下敕吏士以桴收民縲孤老癃與所徙之囚咸得不死丙子水降公從賓佐按行隱度符縣調富民水之所不至者夫錢户七百八十六收佛寺之積材一千一百三十有二不足則前此公所命富民出粟以賙貧民者二十三人自言曰食新矣賙可以已願輸粟直以佐材費七月甲午募人城水之所入垣羣府之缺考監軍之室立司理之獄營州之西北亢爽之墟以宅屯駐之師除其故營以時教士剌伐坐作之法故所無也作驛曰饒陽

作宅曰迴車築二亭于南門之外左曰仁右曰智山水之所附也梁四十有二舟于兩亭之間以通車徒之道築一亭于州門之左曰宴月吉所以屬賓也凡為梁一為城垣九千尺為屋八以楹數之得五百五十二自七月九日卒九月七日為日五十二為夫一萬一千四百二十五中家以下見城郭室屋之完而不知材之所出見徒之合散而不見役使之及已凡故之所有必具其所無並迺今有之故其經費卒不出縣官之給公所以救災補敗之政如此其賢於世吏遠矣今州縣之災相屬民未病災也且有治災之政出焉弛舍之不適裒取之不中元姦宿豪舞手以乘民而民始病病極矣吏乃始謷然自喜民相與誹

且笑之而不知也吏而不知爲政其重困民多如此此予所以哀民而閔吏之不學也由是而言則爲公之民不幸而遇害災其亦庶乎無憾矣十月二十日臨川王某記

餘姚縣海塘記

自雲柯而南至于某有堤若干尺截然令海水之潮汐不得冒其旁田者知縣事謝君爲之也始堤之成謝君以書屬予記其成之始曰使來者有考焉得卒任完之以不隳謝君者陽夏人也字師厚景初其名也其先以文學稱天下而連世爲貴人至君遂以文學世其家其爲縣不以材自負而忽其民之急方作隄時歲丁亥十一月也能親以身當風霜氛霧之毒

以勉民作而除其菑又能令其民翕然皆勸趨之而忘其役之勞遂不踰時以有成功其仁民之心效見於事如此亦可以已而猶自以爲未也又思有以告後之人令嗣續而完之以永其存善夫仁人長慮却顧圖民之災如此其至其不可以無傳而後之君子考其傳得其所以爲其亦不可以無思而異時子當以事至餘姚而君過予與予從容言天下之事君曰道之閎大隱密聖人之所獨鼓萬物以然而皆莫知其所以然者蓋有所難知也其治政教令施爲之詳凡與人共而尤丁寧以急者其易知較然者也通塗川治田桑爲之隄防溝澮渠川以禦水旱之災而興學校屬其民人相與習禮樂其中以化服之此其尤

丁寧以急而較然易知者也今世吏者其愚也固不知所爲而其所謂能者務出奇爲聲威以驚世震俗至或盡其力以事刀筆簿書之間而已而反以謂古所爲尤丁寧以急者吾不暇以爲吾曾爲之而曾不足以爲之萬有一人爲之且不足以名於世而見謂材嗟其可歎也夫爲天下國家且百年而勝殘去殺之效則猶未也其不出於當時予良以其言爲然旣而聞君之爲其縣至則爲橋於江治學者以教養縣人之子弟旣而又有隄之役於是又信其言之行而不予欺也已爲之書其隄事因并書其言終始而存之以告後之人慶曆八年七月日記

通州海門興利記

余讀豳詩以其父子饁彼南畝田畯至喜嗟乎豳之人帥其家人勠力以聽吏吏推其意以相民何其至也夫喜者非自外至乃其中心固有以然也既歎其吏之能民又思其君之所以待吏則亦欲善之心出於至誠而已蓋不獨法度有以歐之也以賞罰用天下而先王之俗廢有士於此能以豳之吏自爲而不苟於其民豈非所謂有志者邪以余所聞吳興沈君興宗海門之政可謂有志矣既隄北海七十里以除水患遂大浚渠川釃取江南以灌義寧等數鄉之田方是時民之墊於海呻吟者相屬君至則寬禁緩求以集流亡少焉誘起之以就功莫不躍躍然奮其遠而來也由是觀之苟誠愛民而有以利之雖創殘窮

敝之餘可勉而用也況於力足者乎與宗好學知方音其學又將有大者焉此何足以盡吾沈君之才抑可以觀其志矣而論者或以一邑之善不足書之今天下之邑多矣其能有以遺其民而不愧於函之吏者果多乎不多則予不欲使其無傳也至和元年六月六日臨川王某記

臨川先生文集卷第八十二

臨川先生文集卷第八十三

記

漣水軍淳化院經藏記

大中祥符觀新修九曜閣記

揚州新園亭記

廬山文殊像現瑞記

撫州祥符觀三清殿記

鄞縣經遊記

慶曆七年十一月丁丑余自縣出屬民使浚渠川至萬靈鄉之左界宿慈福院戊寅升雞山觀碶工鑿石遂入育王山宿廣利寺雨不克東辛巳下靈巖浮石湫之 以望海而謀作斗門于海濱宿靈巖之旌教院癸未至蘆江臨決渠之口轉以入于瑞巖之開善院遂宿甲申遊天童山宿景德寺質明與其長老瑞

新上石望玲瓏巖須猿吟者久之而還食寺之西堂
遂行至東吴具舟以西質明泊舟堰下食大梅山之
保福寺莊過五峯行十里許復具舟以西至小溪以
夜中質明觀新渠及洪水灣還食普寧院日下昃如
林村夜未中至資壽院質明戒桃源清道二鄉之民
以其事凡東西十有四鄉鄉之民畢已受事而余遂
歸云

遊褒禪山記

褒禪山亦謂之華山唐浮圖慧褒始舍於其址而卒
葬之以故其後名之曰褒禪今所謂慧空禪院者褒
之廬冢也距其院東五里所謂華山洞者以其乃華
山之陽名之也距洞百餘步有碑仆道其文漫滅獨

其爲文猶可識曰花山今言華如華實之華者蓋音
謬也其下平曠有泉側出而記遊者甚衆所謂前洞
也由山以上五六里有穴窈然入之甚寒問其深則
其好遊者不能窮也謂之後洞余與四人擁火以入
入之愈深其進愈難而其見愈奇有怠而欲出者曰
不出火且盡遂與之俱出蓋予所至比好遊者尚不
能十一然視其左右來而記之者已少蓋其又深則
其至又加少矣方是時予之力尚足以入火尚足以
明也既其出則或咎其欲出者而予亦悔其隨之而
不得極夫遊之樂也於是予有歎焉古人之觀於天
地山川草木蟲魚鳥獸往往有得以其求思之深而
無不在也夫夷以近則游者衆險以遠則至者少而

世之奇偉瑰怪非常之觀常在於險遠而人之所罕至焉故非有志者不能至也有志矣不隨以止也然力不足者亦不能至也有志與力而又不隨以怠至於幽暗昏惑而無物以相之亦不能至也然力足以至焉於人爲可譏而在己爲有悔盡吾志也而不能至者可以無悔矣其孰能譏之乎此予之所得也余於仆碑又以悲夫古書之不存後世之謬其傳而莫能名者何可勝道也哉此所以學者不可以不深思而慎取之也四人者廬陵蕭君圭君玉長樂王回深父余弟安國平父安上純父至和元年七月某日臨川王某記

城陂院興造記

靈谷者吾州之名山衛尉府君之所葬也山之水東出而北折以合於城陂陂上有屋曰城陂院者僧法沖居之而王氏諸父子之來視墓者退輒休於此當慶曆之甲申法沖始傳其毀而有之至嘉祐之戊戌而自門至于寢浮屠之所宜有者新作之皆具乃聚其徒而謀曰自吾與爾有此屋取材於山取食於田而又推其餘以致所無然猶不足以完也而又取貨力於邑人以助蓋爲之以八年而後吾志就其勤如此不可無記惟王氏世與吾接而衛尉府君之葬於此也試往請焉宜肯於是其徒相與礱石於庭而使來以請

慈溪縣學記

天下不可一日而無政教故學不可一日而亡於天下古者井天下之田而黨庠遂序國學之法立乎其中鄉射飲酒春秋合樂養老勞農尊賢使能攷藝選言之政至于受成獻馘訊囚之事無不出於學於此養天下智仁聖義忠和之士以至一偏一伎一曲之學無所不養而又取士大夫之材行完潔而其施設已嘗試於位而去者以爲之師釋奠釋菜以教不忘其學之所自遷徙偪逐以勉其怠而除其惡則士朝夕所見所聞無非所以治天下國家之道其服習必於仁義而所學必皆盡其材一日取以備公卿大夫百執事之選則其材行皆已素定而士之備選者其施設亦皆素所見聞而已不待閱習而後能者也古

之在上者事不慮而盡功不爲而足其要如此而已此二帝三王所以治天下國家而立學之本意也後世無井田之法而學亦或存或廢大抵所以治天下國家者不復皆出於學而學之士羣居族處爲師弟子之位者講章句課文字而已至其陵夷之久則四方之學者廢而爲廟以祀孔子於天下斲木摶土如浮屠道士法爲王者象州縣吏春秋帥其屬釋奠於其堂而學士者或不預焉蓋廟之作出於學廢而近世之法然也　今天子即位若干年頗修法度而革近世之不然者當此之時學稍稍立於天下矣猶曰州之士滿二百人乃得立學於是慈溪之士不得有學而爲孔子廟如故廟又壞不治今劉君在中言于

州使民出錢將修而作之未及爲而去時慶曆某年也後林君肇至則曰古之所以爲學者吾不得而見而法者吾不可以毋循也雖然吾之人民於此不可以無教即因民錢作孔子廟如今之所云而治其四旁爲學舍講堂其中帥縣之子弟起先生杜君醇爲之師而興于學噫林君其有道者耶夫吏者無變今之法而不失古之實此有道者之所能也林君之爲其幾於此矣林君固賢令而慈溪小邑無珍産淫貨以來四方游販之民田桑之美有以自足無水旱之憂也無游販之民故其俗一而不雜有以自足故人愼刑而易治而吾所見其邑之士亦多美茂之材易成也杜君者越之隱君子其學行宜爲人師者也夫

以小邑得賢令又得宜爲人師者爲之師而以修醇一易治之俗而進美茂易成之材雖拘於法限於勢不得盡如古之所爲吾固信其敎化之將行而風俗之成也夫敎化可以美風俗雖然必久而後至于善而今之吏其勢不能以久也吾雖喜且幸其將行而又憂夫來者之不吾繼也於是本其意以告來者

萬宗泉記

僧道光得泉之三年直歲善端治屋龍井之西北發土得氿泉二萬宗命溝井而合焉東爲二池池各有溝注于南池而東南其餘水以漸山麓之田既甃善端請名余爲名其泉曰萬宗云

揚州龍興講院記

予少時客遊金陵浮屠慧禮者從予遊予既吏淮南而慧禮得龍興佛舍與其徒日講其師之說嘗出而過焉庳屋數十椽上破而旁穿側出而視後則榛棘出人不見垣端指以語予曰吾將除此而宮之雖然其成也不以私吾後必求時之能行吾道者付之願記以示後之人使不得私焉當是時禮方丐食飲以卒日視其居枵然余特戲曰姑成之吾記無難者後四年來曰昔之所欲爲凡百二十楹賴州人蔣氏之力既皆成盍有述焉噫何其能也蓋慧禮者予知之其行謹潔學博而才敏而又卒之以不私宜成此不難也今夫衣冠而學者必曰自孔氏孔氏之道易行也非有苦身窘形離性禁欲若彼之難也而士之行

可一鄉才足一官者常少而浮屠之寺廟被四海則彼其所謂材者寧獨禮耶以彼之材由此之道去至難而就甚易宜其能也嗚呼失之此而彼得焉其有以也夫

撫州招仙觀記

招仙觀在安仁郭西四十里始作者與其歲月予不知也祥符中嘗廢廢四五十年而道士全自明以醫游其邑邑之疾病者賴以治而皆憂其去人相與言州出材力因廢基築宮而留之全與其從者一人爲留而觀復興全識予舅氏而因舅氏以乞予書其復興之歲月夫宮室器械衣服飲食凡所以生之具須人而後具而人不須吾以足惟浮屠道士爲然而全

之爲道士人須之而不可以去也其所以養於人也視其黨可以無媿矣予爲之書其亦可以無媿焉慶曆七年七月復興之歲月也

石門亭記

石門亭在青田縣若干里令朱君爲之石門者名山也古之人咸刻其觀遊之感槩留之山中其石相望君至而爲亭悉取古今之刻立之亭中而以書與其甥之壻王某使記其作亭之意夫所以作亭之意其直好山乎其亦好觀遊眺望乎其亦於此問民之疾憂乎其亦燕閒以自休息於此乎其亦憐夫人之刻暴剝纏踣而無所庇障且泯滅乎夫人物之相好惡必以類廣大茂美萬物附焉以生而不自以爲功者

山也好山仁也去郊而適野升高以遠望其中必有慨然者書不云乎予耄遜于荒詩不云乎駕言出遊以寫我憂夫環顧其身無可憂而憂者必在天下憂天下亦仁也人之否也敢自逸至即深山長谷之民與之相對接而交言語以求其疾憂有其壅而不聞者乎求民之疾憂亦仁也政不有小大不以德則民不化服民化服然後可以無訟民不無訟令其能休息無事優遊以嬉乎古今之名者其石幸在其文信善則其人之名與石且傳而不朽成仁之名而不奪其志亦仁也作亭之意其然乎其不然乎

撫州通判廳見山閣記

通判撫州太常博士施侯為閣於其舍之西偏既成

與客升以飲而爲之名曰見山且言曰吾人脫於兵火洗沐仁聖之膏澤以休其父子者餘百年於今天子恭儉陂池苑囿臺榭之觀有堙毀而無改作其不欲有所驕動而思稱祖宗所以憫仁元元之意殊甚故人得私其智力以逐於利而窮其欲自蠻夷湖海山谷之聚大農富工豪賈之家往往能廣其宮室高其樓觀以與通邑大都之有力者爭無窮之侈夫民之富溢矣吏獨不當因其有餘力有以自娛樂稱上施耶又況撫之爲州山耕而水蒔牧牛馬用虎豹爲地千里而民之男女以萬數者五六十地大人衆如此而通判與之爲之父母則其人奚可不賢雖賢豈能無勞於爲治獨無觀游食饗之地以休其暇

曰殆非先王使小人以力養君子之意吾所以樂爲之就此而忘勞者非以爲吾之不肖能長有此願不如是不足以待後之賢者爾且夫人之慕於賢者爲其所樂與天下之志同而不失然後能有餘以與民而使皆得其所願而盍之說者曰召公爲政於周方春舍於蔽芾之棠聽男女之訟焉而不敢自休息于宮恐民之從我者勤而害其田作之時蓋其隱約窮苦而以自媚於民如此故其民愛思而詠歌之至於不忍伐其所舍之棠今甘棠之詩是也嗟乎此殆非召公之實事詩人之本指特墨子之餘言贅行者細碎迫者之所好而吾之所不能爲於是酒酣客皆歡相與從容譽施侯所爲而稱其言之善又美夫其閣

而益加其所以名之者曰閣之上流目而環之則邑屋草木川原無以隱之無蔽障者皆見施侯獨有見於山而以爲之名何也豈以山之在吾左右前後若蹯若踞若伏若鶩爲獨能適吾目之所觀邪其亦吾心有得於是而樂之也施侯以客爲知言而以書抵予曰吾所以爲閣而名之者如此子其爲我記之數辭不得止則又曰吾叔父之命以取焉遂爲之記以示後之賢者使知夫施侯之所以爲閣而名之者其言如此

真州長蘆寺經藏記

西域有人焉止而無所繫觀而無所逐唯其無所繫故有所繫者守之唯其無所逐故有所逐者從之從

而守之者不可爲量數則其言而應之議而辨之也亦不可爲言數此其書之行乎中國所以至於五千四十八卷而尚未足以爲多也真州長蘆寺釋智福者爲高屋建大輪兩輪而棲匭於轂間以藏五千四十八卷者其募錢至三千萬其土木丹漆珠璣萬金之閎壯靡麗言者不能稱也唯觀者知焉夫道之在天下莫非命也而有廢興時也知出之有命興之有時則彼所以當天下貧窶之時能獨鼓舞得其財以有所建立每至於此蓋無足以疑智福有才略善治其徒衆從余求識其成於是乎書

漣水軍淳化院經藏記

道之不一久矣人善其所見以爲教於天下而傳之

後毋後世學者或徇乎身之所然或蔽乎世之所趨或得乎心之所好於是聖人之大體分裂而爲八九博聞該見有志之士補苴調胹冀以就完而力不足又無可爲之地故終不得蓋有見於無思無爲退藏於密寂然不動者中國之老莊西域之佛也既以此爲教於天下而傳後世故爲其徒者多寬平而不忮質靜而無求不忮似仁無求似義當士之夸漫盜奪有己而無物者多於世則超然高蹈其爲有似乎吾之仁義者豈非所謂賢於彼而可與言者邪若通之瑞新閩之懷璉皆今之爲佛而超然吾所謂賢而與之遊者也此二人者既以其所學自脫於世之淫濁而又皆有聰明辯智之才故吾樂以其所得者間語

焉與之遊忘日月之多也璉嘗謂余曰吾徒有善因者得屋於漣水之城中而得吾所謂經者五千四十八卷於京師歸市匭而藏諸屋將求能文者爲之書其經藏者之歲時而以子之愛我也故使其徒來屬能爲我強記之乎善因者蓋嘗爲屋於漣水之城中而因瑞新以求予記其歲時予辭而不許者也於是問其藏經之日某年月日也夫以二人者與余遊而善因屬我之勤豈有它哉其不可以終辭乃爲之書而并告之所以書之意使鑱諸石

大中祥符觀新修九曜閣記

某自揚州歸與叔父會京師叔父曰大中祥符觀所謂九曜者道士丁用平募民錢爲堂庖廡已又爲閣

置九曜二僊其下從吾乞汝文如皆其年時洪爲之臨川之城中東有大丘左溪水水西出而北并于江城之東以溪爲隍吾廬當丘上北折而東百步爲祥符觀觀岸溪水東南之山不奄乎人家者可望也某少時固嘗從長者游而樂之以爲溪山之佳雖異州樂也況吾父母之州而又去吾廬爲之近者邪雖其身去爲吏獨其心不須臾去也今道士又新其居以壯觀蔚閣焉使游者得以窮登望之勝使可望者不唯東南而已豈不重可樂邪道士之所爲幾吾之所樂而命吾文又叔父也即欲已得邪惜乎安得與州之君子者游焉以忘吾憂而尉吾思邪閣成之日某年月日也

揚州新園亭記

諸侯宮室臺榭講軍實容俎豆各有制度揚之今大都方伯所治處制度狹庳軍實不講俎豆無以容不以偪諸侯哉宋公至自丞相府化清事省喟然有意其圖之也今太常刁君實集其意會公去鎮鄆君即而考之占府乾隅夷茀而基因城而垣並垣而溝周六百步竹萬箇覆其上故高亭在垣東南循而西三十軌作堂曰愛思道僚吏之不忘宋公也堂南北鄉袤八筵廣六筵直北爲射埒列樹八百本以翼其旁賓至而享吏休而宴於是乎在又循而西十有二軌作亭曰隷武南北鄉袤四筵廣如之埒如堂列樹以鄉歲時教士戰射坐作之法於是乎在始慶曆二年

十二月某日凡若干日卒功云初宋公之政務不煩其民是役也力出於兵材資於官之餘既地瞰於公宮之隙成公志也噫揚之物與監東南所覲仰天子宰相所垂意而選繼乎宜有若宋公者丞乎宜有若刁君者金石可斲此無廢已慶曆三年四月某日臨川王某記

廬山文殊像現瑞記

番陽劉定嘗登廬山臨文殊金像所没之谷睹光明雲瑞圖示臨川王某求記其事某曰有有以觀空空亦幻空空以觀有有幻亦實幻實果有辨乎然則如子所睹可以記可以無記記無記果亦有辨乎雖然子既圖之矣余不可以無記也定以熙寧元年四月十

日十年九月二十七日睹某以元豐元年十一月二十三日記

撫州祥符觀三清殿記

臨川之州城橫溢上西出出城之上有宮歸然溪之沄沄流過其下東南之山皆在其門戶牕牖之閒者曰祥符觀觀之中有屋四注深五十五尺廣七十二尺陛之高居深十八分之一楹二十有四門兩夾窻中象三旁象二十有六者曰三清殿用其師之說以動人而能有此者曰道士黎自新出其力以歸於道士之說而卒成此者曰里之人鄧佺佺之子袁故嘗與予遊予之歸喜語其父之事而乞予文予不能拒也夫用其師之說以動人者道士也予力顧出道士

下復何云哉皇祐二年五月二十五日

臨川先生文集卷第八十三

臨川先生文集卷第八十四

序

周禮義序

詩義序

書義序

熙寧字說序

新秦集序

老杜詩後集序

靈谷詩序

送陳興之序

送李著作之官高郵序

石仲卿字序

伴送北朝人使詩序

唐百家詩選序

善救方後序

送陳升之序

張刑部詩序

送孫正之序

送胡叔才序

周禮義序

士弊於俗學久矣　聖上閔焉以經術造之乃集儒臣訓釋厥旨將播之校學而臣某實董周官惟道之在政事其貴賤有位其後先有序其多寡有數其遲數有時制而用之存乎法推而行之存乎人其人足

以任官其官足以行法莫盛乎成周之時其法可施於後世其文有見於載籍莫具乎周官之書蓋其因習以崇之賡續以終之至於後世無以復加則豈特文武周公之力哉猶四時之運[illegible]積而成寒暑非一日也自周之衰以至于今歷歲千數百矣太平之遺迹掃蕩幾盡學者所見無復全經於是時也乃欲訓而發之臣誠不自揆然知其難也以訓而發之之爲難則又以知夫立政造事追而復之之爲難然竊覩聖上致法就功取成於心訓迪在位有馮有翼亹亹乎鄉六服承德之世矣以所觀乎今考所學乎古所謂見而知之者臣誠不自揆妄以爲庶幾焉故遂昧冒自竭而忘其材之弗及也謹列其書爲二十有二

卷凡十餘萬言上之　御府副在有司以待制詔頌焉謹序

詩義序

詩三百十一篇其義具存其辭亡者六篇而已　上既使臣雱訓其辭又命臣某等以訓其義書成以賜太學布之天下又使臣某爲之序謹拜手稽首言曰詩上通乎道德下止乎禮義放其言之文君子以興焉循其道之序聖人以成焉然以孔子之門人賜也商也有得於一言則孔子悅而進之蓋其說之難明如此則自周衰以迄于今泯泯紛紛豈不宜哉伏惟

皇帝陛下內德純茂則神罔時恫外行恂達則四方以無侮日就月將學有緝熙于光明則頌之所形容

蓋有不足道也微言奧義既自得之又命承學之臣訓釋厥遺樂與天下共之顧臣等所聞如爝火焉豈足以庚日月之餘光姑承明制代匱而已傳曰美成在久故棫樸之作人以壽考爲言蓋將有來者焉追琢其章纘 聖志而成之也臣雖且老矣尚庶幾及見之謹序

書義序

熙寧二年臣某以尚書入侍遂與政而子雱實嗣講事有旨爲之說以獻八年下其說太學班焉惟虞夏商周之遺文更秦而幾亡遭漢而僅存賴學士大夫誦說以故不泯而世主莫或知其可用天縱 皇帝大知實始操之以驗物考之以決事又命訓其義兼

明天下後世而臣父子以區區所聞承之與榮焉然
言之淵懿而釋以淺陋命之重大而承以輕眇玆榮
也秖所以爲愧歟謹序

熙寧字說序

文者奇偶剛柔雜比以相承如天地之文故謂之文
字者始於一二而生生至於無窮如母之字子故謂
之字其聲之抑揚開塞合散出入其形之衡從曲直
邪正上下內外左右皆有義皆本於自然非人私智
所能爲也與夫伏羲八卦文王六十四異用而同制
相待而成易先王以爲不可忽而患天下後世失其
法故三歲一同同之者一道德也秦燒詩書殺學士
而於是時始變古而爲隸蓋天之喪斯文也不然則

秦何力之能爲余讀許慎說文而於書之意時有所悟因序録其説爲二十卷以與門人所推經義附之惜乎先王之文缺已久慎所說不具又多舛而以余之淺陋考之且有所不合雖然庸詎非天之將興斯文也而以余贊其始故其教學必自此始能知此者則於道德之意已十九矣

新秦集序

新秦集者故龍圖閣直學士尚書禮部郎中知諫院虢略楊公之文公以嘉祐七年四月某日甲子卒官而外孀開封府推官尚書度支員外郎中山李壽朋廷老治其藁爲二十卷公諱畋字樂道世家新秦其先人以忠力智謀爲將帥名聞天下至公始折節讀

書用進士起家嘗提點荊湖北路刑獄數自擊叛蠻有功得士卒心故儂智高反時自喪服中特起之往擊其後爲三司副使天章閣待制侍讀知制誥數以言事有直名故遷龍圖閣直學士知諫院又數言事無所顧望所言有人所不能言者故其卒天子録其忠賻賜之加等而士大夫知公者爲朝廷惜也公所爲文莊厲謹絜類其爲人而尤好爲詩其詞平易不迫而能自道其意讀其書詠其詩視其平生之大節如此嗟乎蓋所謂善人之好學而能言者也

老杜詩後集序

予考古之詩尤愛杜甫氏作者其辭所從出一莫知窮極而病未能學也世所傳已多計尚有遺落思得

其字而觀之然每一篇出自然人知非人之所能爲而爲之者惟其甫也輒能辨之予之令鄞客有授予古之詩世所不傳者二百餘篇觀之予知非人之所能爲而爲之實甫者其文與意之著也然甫之詩其字見於今者自予得之世之學者至乎甫而後爲詩不能至要之不知詩焉爾嗚呼詩其難惟有甫哉自洗兵馬下序而次之以示知甫者且用自發焉皇祐壬辰五月日臨川王某序

靈谷詩序

吾州之東南有靈谷者江南之名山也龍蛇之神虎豹翬翟之文章楩柟豫章竹箭之材皆自山出而神林鬼冢魑魅之穴與夫仙人釋子恢譎之觀咸附託

焉至其淑靈和淸之氣盤礴委積於天地之間萬物之所不能得者乃屬之於人而處士君實生其阯君姓吳氏家於山阯豪傑之望臨吾一州者蓋五六世而後處士君出焉其行孝悌忠信其能以文學知名於時惜乎其老矣不得與夫虎豹翬翟之文章黻黼豫章竹箭之材俱出而爲用於天下顧藏其神奇而與龍蛇雜此土以處也然君浩然有以自養敖遊於山川之間嘯歌謳吟以寓其所好終身樂之不厭而有詩數百篇傳誦於閭里他日出靈谷三十二篇以屬其甥曰爲我讀而序之惟君之所得蓋有伏而不見者豈特盡於此詩而已雖然觀其鑱刻萬物而接之以藻繢非工於詩人之巧者亦孰能至於此

送陳興之序

先人爲臨江軍判官實佐今駕部員外郎陳公其後二十五年公之子興之主泰之如皐簿其爲判官淮南以事出如皐遇之相好也其後二年歸京師興之亦以進士得嘉慶院解復遇之相好加焉興之試禮部有日今宰相其世父也奏前試罷之以避嫌興之當遠官踰數月乃得泉之晉江主簿去陳公世大家仕官四十年連坐謫流落不得所欲其意不能毋望興之貴富世其家也興之亦誠博學能文辭有氣節吾意其爲進士宜有得焉今失所欲又爲所謂主簿者遠其親三千里不啻是其心獨能毋介然者邪夫大公之道行上之人子弟苟賢者任而進之無嫌也

下之人或一而一不以嫌之今興之去知者皆憐其才之可以進焉而一不得無以慰其親也吾於興之又世故數文焉之為者以慰其親豁其心之介然者不得其說而獨以悲上公之道不行焉

送文學著作之官高郵序

君之士大夫縉紳之多賢者之初君眠金陵酒政人皆惜君不試於劇而論於畢究君將優爲之曰孔子嘗爲乘田委吏矣會計當而已矣牛羊蕃而已矣既而又得調高郵學人復惜君不試於劇而論於畢究君言如初色滋甚喜於歲今之公卿大夫據徽乘機鑽隙抵巇僅不盈志則戚戚以悲吾乃皦然反之此豪所以高君也抑有猜焉古之柄國家者有…景藏采恬處

下列拔而致之朝使之相謀謨今豈不壯古邪奚遂君
請而弗拔也

石仲卿字序

子生而父名之以別於人云爾冠而字成人之道也
奚而爲成人之道也成人則貴其所以成人而不敢
名之於是乎命以字之字之爲有可貴焉孔子作春
秋記人之行事或名之或字之皆因其行事之善惡
而貴賤之二百四十二年之間字而不名者十二人
而已人有可貴而不失其所以貴乃爾其少也閩人
石仲卿來請字予以子正字之附其名之義而爲之
云爾子正於進士中名知經往往脫傳注而得經所
以云之意接之久未見其行已有闕也庶幾不失其

所以貴者歟

伴送北朝人使詩序

某被勑送北客至塞上語言之不通而與之並轡十有八日亦默默無所用吾意時竊詠歌以娛愁思當笑語鞍馬之勞其言有不足取者然比諸戲謔之善尚宜爲君子所取故悉錄以歸示諸親友

唐百家詩選序

余與宋次道同爲三司判官時次道出其家藏唐詩百餘編誘余擇其精者次道因名曰百家詩選廢日力於此良可悔也雖然欲知唐詩者觀此足矣

善救方後序

孟子曰先王有不忍人之心斯有不忍人之政臣某

伏讀善救方而竊歎曰此可謂不忍人之政矣夫君者制命者也推命而致之民者臣也君臣皆不失職而天下受其治方今之時可謂有君矣生養之德通乎四海至於蠻夷荒忽不救之病皆思有以救而存之而臣等雖賤實受命治民不推 陛下之恩澤而致之民則恐得罪於天下而無所辭誅謹以刻石樹之縣門外左令觀赴者自得而不求有司去皇祐元年二月二十八日序

送陳升之序

今世所謂良大夫者有之矣皆曰是宜任大臣之事者作而任大臣之事則上下一失望何哉人之材有小大而志有遠近也彼其任者小而責之近則煦煦

然仁而有餘於仁矣孑孑然義而有餘於義矣人見其仁義有餘也則曰是其任者小而責之近大任將有大此者然上下俟之云爾然後作而任大臣之事作而任大臣之事宜有大此者焉然則煦煦然而已矣孑孑然而已矣故上下一失望豈惟失望哉後日誠有堪大臣之事其名實烝然於上上必懲前日之所俟而逆疑焉暴於下下必懲前日之所俟而逆疑焉上下交疑誠有堪大臣之事者而莫之或任幸欲任則左右小人得引前日之所俟懲之矣噫聖人謂知人難君子惡名之溢於實爲此則柰何亦精之而已矣惡之則柰何亦充之而已矣知難而不能精之惡之而不能充之其亦殆哉予在揚州朝之人過焉

者多堪大臣之事可信而望者陳升之而已矣今去官於宿州予不知復幾何時乃一見之也予知升之作而任大臣之事固有待矣煦煦然仁而已矣孑孑然義而已矣非予所以望於升之也

張刑部詩序

刑部張君詩若干篇明而不華喜諷道而不刻切其唐人善詩者之徒歟君並楊劉楊劉以其文詞染當世學者迷其端原靡靡然窮日力以摹之粉墨青朱顛錯叢龐無文章黼黻之序其屬情藉事不可考據也方此時自守不汙者少矣君詩獨不然其自守不汙者邪子夏曰詩者志之所之也觀君之志然則其行亦自守不汙者邪豈唯其言而已畀予詩而請序

者君之子彥博也彥博字文叔爲撫州司法還自揚州識之日與之接云慶曆三年八月序

送孫正之序

時然而然衆人也已然而然君子也已然而然非私已也聖人之道在焉爾夫君子有窮苦顛跌不肯一失詘己以從時者不以時勝道也故其得志於君則變時而之道若反手然彼其術素脩而志素定也時乎楊墨已不然者孟軻氏而已時乎釋老已不然者韓愈氏而已如孟韓者可謂術素脩而志素定也不以時勝道也惜也不得志於君使眞儒之效不白於當世然其於衆人也卓矣嗚呼予觀今之世圓冠峩如大裾襜如坐而堯言起而舜趨不以孟韓之心爲

心者果異衆人乎予官於揚得友曰孫正之正之行古之道又善爲古文予知其能以孟韓之心爲心而不已者也夫越人之望燕爲絶域也北轅而首之苟不已無不至孟韓之道去吾黨豈若越人之望燕哉以正之之不已而不至焉然予未之信也一日得志於吾君而眞儒之效不白於當世予亦未之信也正之之兄官於溫奉其親以行將從之先爲言以處予予欲默安得而默也慶曆二年閏九月十一日

送胡叔才序

叔才銅陵大宗世以貲名子弟豪者馳騁漁弋爲已事謹者務多闢田以殖其家先時邑之豪子弟有命儒者耗其千金之產卒無就邑豪以爲諱莫肯命儒

者。遇儒冠者。皆指目遠去。若將浼己然。雖胡氏亦然。獨叔才之父母不然。於叔才之幼。捐重幣迎良先生教之。既壯。可以遊。資而遣之。無所靳。居數年。朋試於有司。不合而歸。邑人之訾者半。竊笑者半。其父母愈篤不悔。復資而遣之。叔才純孝人也。悱然感父母所以教己之篤。追四方才賢。學作文章。思顯其身以及其親。不數年。遂能褎然為材進士。復朋試於有司。不幸復詘於不己知。不予愚而從之遊。嘗為予言父母之恩。而羨其邑人不能歸。予曰。歸也。夫祿與位。庸者所待以為榮者也。彼賢者道彌於中。而澤之以藝。雖無祿與位。其榮者固在也。子之親。矯群庸而置子於聖賢之途。可謂不賢乎。或訾或笑。而終不悔。不賢者能之乎。今而舍道德而榮禄與其位。殆不其然。然則子之所以榮親而釋憖者亦多矣。昔之嘗者竊笑者固庸者爾。豈子所宜憖哉。姑持一丁言以歸爲父母壽。其亦喜無量於子何如。因釋然一狺治裝而歸。予即書其所以爲父母壽者送之云

臨川先生文集卷第八十四

臨川先生文集卷第八十五

祭文

祭曾魯公文

祭范潁州文

祭周幾道文

祭張左丞文

祭高樞密文

群牧司祭高公文

祭吕侍讀文

祭馬龍圖文

祭曾博士易占文

祭蘇虞部文

祭李省副文

祭高師雄主簿文

祭馬玘大夫文

祭盛侍郎文

祭杜待制文

祭丁元珍學士文

祭刁景純學士文

祭韓欽聖學士文

祭沈文通文

祭杜慶州杞文

祭曾魯公文

南豐曾公爲時臣宗小大具宜胥以勤恭寔相累朝

俾德有庸帝序之爵三公是秩神介之祉乃終有壽
纘允嗣子能𠀤公休贊我事[illegible]齊帝之[illegible][illegible]公榮在家
■養具美既壽且康順以卒[illegible]一公則無[illegible]憾以返其眞
天子震悼遠及國人況如某愿可知最久西望滂顛以
薦食酒

祭范潁州文 仲淹

嗚呼我公一世之師由初迄終名節無疵明肅之盛
身危志殖瑤華失位又隨以斥治功亟聞尹帝之都
閉姦興良稚子歌呼赫赫之家萬目俯趨獨繩其私
以走江湖士爭留公蹈禍不懾有危其辭謁與俱出
風俗之衰駭正怡邪蹇蹇我初人人以疑嗟力行不回
慕者興起儒先酋酋以節相後公之在貶愈勇爲忠

稽前引古誼不營躬外更三州[illegible]施有餘澤如醴河江
以灌尋尺宿贓自解不以刑加[illegible]獨盜涵仁終老無邪
講藝弦歌慕來千里瀟川[illegible]隍潩[illegible]田桑有喜戎孽猘狂
敢齮我疆鑄印刻符公屏一方取將於伍後常名顯
收士至佐維邦之彥聲之所[illegible]虜不敢瀕以其餘威
走敵亭鄣昔也始至瘡痍藊迴藥之養之內外宁姁
既其無爲飲酒笑歌百城晏眠吏士委蛇上嘉曰材
以副樞密稽首辭讓至于六七遂參宰相釐我典常
扶賢賛傑亂宄除荒官亩从朝士變於鄉百治具修
倫遺勉強彼鬩不遂歸侍[illegible]側卒屏于外身屯道蹇
謂宜耇老尚有以爲神乎[illegible]忍使至於斯蓋公之才
猶不盡試肆其經綸功就[illegible]討自公之貴巖庫逾空

材其色辭傲訏以容化于俱矣不靡珠玉翼翼公子
鮮綿惡稟閔一死憐窮惟是耆孤女以嫁男成厥家
孰堙于深孰寧乎厚其傳共詳以法永久碩人令士
邦國之憂刹鄙不肖辱公知尤承凶萬里不往而留
涕哭馳辭以贊翣蓋

祭周幾道文

初我見君皆童而情意氣家悍崩山決澤弱冠相視
隱憂困窮窮則倖年心頹[illegible]翁俛仰悲歡超然一世
皓髮蹙黴分當先斃孰知君先子赴我稱孤發封涕漣
舉屋驚呼行與世乖惟君繾綣弔禍問疾書猶在眼
序銘於石以報德音設辭[illegible]雖褊義不愧心君實愛我
祭其知歟

祭張左丞文 著公

嗚呼公作昇州先君實佐[illegible]公爲其子請昏于我先君不幸公覲京師計逮公門公[illegible]哭殊悲弔問賻祭使來以時乃今公薨獨以窶故[illegible]財無以遂　祭又不時獨悲以慕惟公之生[illegible]明惠裕和善恕於人恩賞我多雖祭不時其吐之耶

祭高樞密文

越初生民降說于茲發興[illegible]亂治成敗安危猷爲之君辯論之師章書傳記箴銘詩乖離詭駁有萬其辭公於其閒靡所不知江[illegible]海畜其富無訾言孰窮其源孰究其涯作時宗工出長[illegible]司洋洋厥閫可以敷施謂且永年左右無諐咨曷[illegible]其凶弗耄弗期凡我常僚

曷已其思爲此菲薄物以將我悲

群牧司祭高公文

嗚呼惟公學問文章丘山鬱鬱湖海茫茫彌我窮命作刑四方寅恭淑慎天子臧駟駟之良兵賴以盛公用勸告遂圖厥政其等職維公之傃孰奪以逝邈乎不歸殯引就行有翻其斾來陳薄物以告長違

祭吕侍讀文

嗚呼伯夷相唐尚父賓周學氏胙國重光奕休于辰之逢發我文靖公實家嗣績前之慶御書翰林典禮太常是爲世臣焜燿家邦方騫方奮厥隕誰使靈震驚咨嗟上自天子凡居此列惟公弟僚於公之殯祇薦醪羞

祭馬龍圖文

嗚呼余託業於進士孰君名於垂髫既備官於淮南胥爲縣之風謠去幕府而西遊依國門之嶕嶢始逢君之執鞫憂顧我而回鑣逮揚子之既見方晥城之窮漂遂有通家之好終無挾長之驕君言事以北出予罷官而南僑一江亭之邂逅話宿昔以終宵以牧官之在列當御史之還朝又追隨於暇日心所好而忘遥距乖隔之幾何忽水淺而風飄書半塗於萬里棄餘日於一朝維知君之日久信智邁而才超考前人之治亂講後世之昏昭釋衆言之抵牾排異學之傾搖衆相紛以異緒君獨悟而同條嗟墁人之已矣亦欲奮而誰要想明靈之猶在豈薄禮之能招

祭曾博士易占文

嗚呼公以罪廢實以不幸卒困以夭亦惟其命命與時違人實知之名之不幸知者爲誰公之閭里宗親黨友知公之名於實無有嗚呼公初公志如何孰云不諧而厄孔多地大天穹有時而毀星日脫敗山傾谷圮人居其閒萬物一偏固有窮通世數之然至其壽夭尚何憂喜要之百年一蛻以死方其生時窘若囚拘其死以歸混合空虛以生易死死者不祈唯其不見生者之悲公今有子能隆公後惟彼生者可無甚悼嗟理則然其情難忘哭泣馳辭往侑奠觴

祭蘇虞部文

君愼足以保其身和足以諧於世嗟乎不淑而不永

年受命徂東纔三年耳孰云今者君以喪歸文游之
情哀痛何極聊陳薄奠以告長違

祭李省副文 壽朋

嗚呼君謂死者必先氣索而神零孰謂君氣足以薄
雲漢兮神昭晰乎日星而忽隕背乎不能保百年之
康寧惟君別我往祠太一笑言從容愈於平日既至
即事升降孔秩歸鞍在塗不返其室計聞士夫環視
太息錫我於君情何可極具茲醪羞以告哀惻尚饗

祭高師雄主簿文

我始寄此與君往還於時康定慶曆之間愛我勤我
急我所難日月一丗疾於跳丸南北幾時相見悲歡
去歲憂除追尋陳迹淮水之上冶城之側握手笑語

有如一昔屈指數日待君歸船安知彌年乃見哭庭維君家行可謂修飭如其智能亦豈多得垂老一命終於遠域豈唯故人所爲歎惜撫棺一奠以告心惻尚饗

祭馬玘大夫文

嗚呼惟君才敏強明爲時能吏剸劇撥煩易於屈指近畏遠懷有譽無訾使于嶺南俗易夷鄙江東內遷厥勢方起孰去一朝壽止如此摅懷以辭薦此薄菲

祭盛侍郎文

某聞之行義弗高懋者則己行義既高位與年下憾者則人在己無懃在人無憾有若公然其又奚言惟昔先人損我諸孤實在公藩公泣然哀憐

死賻存託殯得宮寓處得廬一出公恩公或我臨不有其尊我獎我矜均其子孫戴德莫讎誰謂我人去公三年問不再行豈曰息忘賤不敢煩補官揚州公得謝歸曾幾何時訃者來門哭泣作書以弔後昆欲醊棺前縻不可奔會有吏役盡室而南戢恨含歎轉移寒暄乃今來歸公喪且朞纔命使人薄進蘋蘩嗟嗟公恩死莫敢諼

祭杜待制文

士恥無材恥不脩身脩而材有不及民凡世可願於公皆有孰若其年不使難老貴者善防其有孰窺公心豁豁不置牆雖有挾易驕不難拒善公義所在服之無斁推以時施宜以每成又况於公強果以行

物貴於時常以其少也矣子思我知其乂鍾山北蟠
江落而東宇厚窮窀上[illegible]世之寄其歸孰知愚與在此
酹公以文以配銘史

祭丁元珍學士文

我初聞門屈首書詩一出涉世茫無所知援挈覆護
免於阽危雖培浸灌使有華滋微吾元珍我始弗殖
如何棄我隕命一昔以志出怨以信行作至於白首
困厄窮屯又從躓之使以顛死豈伊人尤天實為此
有鑿彼石可誌於丘雖不屬我我其徂求請著君德
銘之九幽以馳我哀不奔[illegible]醪羞

祭刁景純學士文

嗚呼刁公不忮不求坦然立行之平裕然與人之周

既貴賤以同觀亦始終之相倖惟其動必依於仁故其壽若此之脩望音容而已遠欲親予以無由慨臨風而出涕辭以侑乎醪羞毌

祭韓欽聖學士文

嗟爲君兮邦之特目揚秀兮顏髮澤紛百家兮並涉超獨懷兮道德博蕩蕩兮無畛寬恂恂兮莫逆出當官兮發論使權疆兮象白心年何夭兮止此祿不多兮誰喬其靈觴兮酹哭攀靈車兮晝夕豈獨愁兮吾儕隱多聞兮諒直顧笑語兮已矣冀其來嘉兮鬼皇

祭沈文通文

嗚呼文通一世之英耀矣其光韡矣其榮有所不爲爲無不果有所不學學無不成故治行簡於人主之

心名聲溢於時士之口謂且復起謀謨左右何與之以如此之才而不副之以須臾之壽悲傷歎息舉世皆然豈特故人爲之流漣馳哀一醉以訣終天

祭杜慶州杞文

嗚呼慶州一世之英濯濯其靈粲粲其明材能稱於天下言行信於朝廷孰多其予而不足以齡不肖之身始佐公揚公後來東有嚴賜於明昔飲同堂今奠於庭酒肴則薄豐者維誠再拜奉公敢不如生

臨川先生文集卷第八十五

臨川先生文集卷第八十六

祭文

祭吴侍中冲卿文

祭歐陽文忠公文

祭張安國檢正文

祭李審言文

祭沈中舍文

祭束向元道文

祭陳浚宣叔文

祭王回深甫文

祭刁博士繹文

祭虞靖之文

祭北山元長老文

祭呂望之母郡太文

祭程相公琳文

祭秦國夫人文

祭鮑君承奉文二

祈雨文

謝雨文

哀辭

李通叔哀辭

秦興令周孟孝孔哀辭

祭吳侍中沖卿文

嗚呼公命在酉長我一時公先我茁我後公萎中間

仕宦有合有離後我所踐公輒仍之出則交轡歸與連榻坐肘則並行肩則差豈顧敢及天實我貽公之停蓄及所設施有誥有誄亦亦有銘詩又將有史傳所不疑我既僾眊何辭能爲婚姻之故唯以告悲

祭歐陽文忠公文

夫事有人力之可致猶不可期況乎天理之溟漠又安可得而推惟公生有聞乎當時死有傳於後世苟能如此足矣而亦又何悲如公器質之深厚智識之高遠而輔學術之精微故充於文章見於議論豪健俊偉怪巧瑰琦其積於中者浩如江河之停蓄其發於外者爛如日星之光輝其清音幽韻淒如飄風急雨之驟至其雄辭閎辯快如輕車駿馬之奔馳世之學

者無間乎識與不識而讀其文則其人可知嗚呼自公仕宦四十年上下往復感世路之嶇崎雖屯邅困躓竄斥流離而終不可掩者以其公議之是非既壓復起遂顯于世果敢之氣剛正之節至晚而不衰方仁宗皇帝臨朝之末年顧念後事謂如公者可寄以社稷之安危及夫發謀決策從容指顧立定大計謂千載而一時功名成就不居而去其出處進退又庶乎英魄靈氣不隨異物腐散而長在乎箕山之側與穎水之湄然天下之無賢不肖且猶爲涕泣而歔欷而況朝士大夫平昔游從又予心之所嚮慕而瞻依嗚呼盛衰興廢之理自古如此而臨風想望不能忘情者念公之不可復見而其誰與歸

祭張安國檢正文

嗚呼善之不必福其已久矣豈今。於君始悼歎其如此自君喪除知必顯予怪久不至豈其病歟今也君弟哭而來赴天不姑釋一士以爲予助何生之艱而死之遽君始從我與吾見游言動視聽正而不偷樂於饑寒惟道之謀旣掾司法議爭讞失中書大理弗爲君屈遂升宰屬能撓彊倔辯正獄訟又常精出豈君刑名爲獨窮深直諒明清靡所不任人恍莫知乃惻我心君仁至矣勇施而忘已君孝至矣孺慕以至死能人所難可謂君子嗚呼吾見逝矣君又隨之我留在世其與幾時酒食之哀侑以言辭

祭李審言文

嗚呼噫公之才豈獨我知公數困戹豈人能爲所齮
乎人豈能無疵所倖乎天我乃知之交不就利高明
所忌泣不失宜孤寡所恩凡今君子爽實在茲公亦
如我如我公知厥交淡如唯正無私哀今亡矣侑醊
以辭

祭沈中舍文

惟公之生于朝搢紳夫人嬪之以作封君皆以壽終
而世有人昔我先子公倫之舊施于不肖遂爲世友
不腆之文既藏于丘惟是區區以賛醪羞

祭東向元道文

嗚呼東君眞信然耶奚仇友朋奚怨室家堂堂去之
我始疑嗟惟昔見君田子之自我欲疾走哭諸田氏

吾縻不赴因疾不知今乃獨哭誰同我悲始君求仕士莫敢匹洪洪其聲碩碩其實霜落之林豪鷹雋鶚萬鳥避逃直摩蒼天躓焉僅仕后愈以困洗藏銷塞動輒失分如羈駿馬以駕柴車側身墮首與蹇同躬命又不祥不能中壽百不一出孰知其有能知君者世孰予多學則同游仕則同科出作揚官君實其鄉傾心倒肝迹斥形忘君於壽食我飲鄞水豈無此朋念不去彼既來自東乃臨君喪閟閟陰宮梗野榛荒東門之行不幾日月孰云於今萬世之別嗟屯怨窮閟命不長世人皆然君子則亡予其何言君尚有知具此酒食以陳我悲

祭陳浚宣叔文

嗟乎宣叔學以爲己不溺於俗孤騫介峙孰以不羸孰忤不強卒躓窮巳乃命不祥怡怡在宫翼翼在外胡是不福貴蔑壽悖我思古人祿世其初悲君之食不逮於孤古不背死隆親急故今此營營誰聽誰助自昔海濱以心相投俱官於南邂逅綢繆顏合意同云誰無友諒直之好於君實厚有志不施又困無財雖痛何爲維以告哀

祭王回深甫文

嗟嗟深甫眞棄我而先乎孰謂深甫之壯以死而吾可以長年乎雖吾昔日執子之手歸言子之所爲實受命于吾母曰如此人乃與爲友吾母知子過於子初終子成德多吾不如嗚呼天乎既喪吾母又奪吾

友雖不即死吾何能久樽肯一慟心摧志朽泣涕爲
文以薦食酒嗟嗟深甫子尚知否

祭刁博士繹文

惟君其先嶽晃之華君弱而良遂世其家越天聖初
上始即位開延聞人間不容僞若古堯虞稷契親逢
君子其時奮追群龍五兩之綸三鍾之粟沈才下吏
間關楚蜀揭來揚州輔佐元侯朝其或者明試謨謀
最未及論泯焉之幽龜紫紛如朱丹其車昔之同升
秦亦衆已胡寧若人乃此乎上旻天介壽宜良者多
良者弗壽謂旻天何親髮墮頭子䙝猶羈帷堂一慟
誰者無悲今龜得日棺還無參銘旌悠悠羽翣南首
惟君之舊惟僚及交徘徊路旁涕落奠觴

祭虞靖之文

剛耿直諒，醇明博美，敢於爲義。我實知子，達我所願，窮吾所恥。奈何終窮，命也夫只。前年僕馬，來自田里，白頭裹幘，相見悲喜。輸吾肝腸，莫逆其蹟。衰老邂逅，綢繆山水。念我難繼，庶今少止。飄然爲辭，遂隔生死。寓哀一酹，嗚呼已矣。

祭北山元長老文

元豐三年九月四日，祭于北山長老覺海大師之靈：自我壯强，與公周旋。今皆老矣，公棄而先逝，孰云遠大方現前。撰陳告逞，世禮則然。尚饗。

祭呂望之母郡太文

嗚呼賢矣！夫人善持門閫，皓若玉雪，一其終初。允孝

維婦允仁維姑實生才子我所歎譽秉義率法因而
不渝夫人之教著不可誣歸殯窀穸無悔無渝維子
之故具此俎壺

祭程相公琳文 為高若訥作

嗚呼公在京師為天子毗發論彊彊不茍其為公於
四方為鎮為屏推良抑姦兩適寬猛自伯仲父有偉
于周及公千年追配前休時文而文時武而武顧我
無狀辱公等侔庶見吉召乃聞凶歸馳衰一觴終古
之違

祭秦國夫人文 為高若訥作

於惟夫人順慎和恭上之岐岐寶護于中開號大邦
福祿之隆康寧壽考而以榮終䘮車其行攀此明發

上用舊德情之鬱結凡我在位敢忘心恒奠云將之具此薄物

祭鮑君永泰王文

年月日官某敢告于鮑君之神農之勞神之所知也歲之四時而於冬爲最隙然猶築場圃治屋廬塗圂倉糞田疇未嘗一日而晏然以休息今茲令又以其暇時屬之使治渠川比常歲則農之勞蓋有加焉神宜哀憐而有以相之也治之無幾也而雨雨且止丁壯老弱相與行水而涸之猶未也而又雨非民獨病也而令亦夙夜以憂惟神相之以霽令是役旦有卒也夫令之所以憂其職民也惟神之食於民也爲已久而憂之亦不可在令後也謹告

二

年月日敢昭告于鮑君之神謁於神之明日而天地廓然以温民賴以供役且卒事而復雨雨淫不止民愁而今恐意者今之治行無有可媚于神者而神不卒聽之乎今則有罪而民何尤且霜雪風雨之濫淫固其責自神而無與於今也巍然南面饗人之歸事已而利澤不加焉亦神羞也惟神降意以從令之言毋忽令亦能發明神之令德使民世事神不懈而有加焉謹告

祈雨文

惟神美名正氣索之前史詳矣噫昔人也挺王臣之節忠信我任德誼我故賜君倚焉今其神也享廟食

之責陰陽吾職禍福吾柄故州民賴焉今千里旱暵及時不雨農夫悼心郡將失色某遂躬率職僚屬來請于大廡下惟神全死生之大名開聰明于一方需甘靈以足民食則前謂之神之靈於古今無愧焉尚饗

謝雨文

夫廟其貌神其靈函聰明正直之德偁禍福倚伏之時用默於民而不知其所以用者斯之謂至神乎太守領天子命藩一都會歲時豐凶疾苦得喪侯之使百姓無愁歎之聲此斯太守之事也神陰也陰陽契合若影響然嘗歸以郊區係旱暵及夏不雨耘者耔者悼心自失遂祈福于大廡下惟神惻然開明靈惠然納至

誠言然而雲興、禱然而雨、零苗浡而生民默、而嘗又得非神之至乎、令吏民絜牲體奔走歡、呼請償、其靈某不佞輒書爲千古世讖、尚饗

李通叔哀辭 并序

通叔李不疑世爲閩民通叔再從太學進士試斥不送自京師歸而其親道建溪溪水暴下反其舟溺死年二十八去初予既孤寄金陵家焉從二兄入學爲諸生常感古人汲汲於友以相鐫切以入於道德予材性生古人下學又不能力又不得友以相鐫切以入於道德予其或者歸爲塗之人而已邪爲此憂懼既而遇通叔於諸生間望其容而色睟然類君子即而與之言皆君子之言也其容色在目其言在耳則

予放心不求而歸邪氣不伐而自遁去求其所爲文則一本於古華虛蕩肆之學蓋未嘗栖於其心誠有以開予者予得而友之亟愛懼釋然作太阿詩貽之道氣類之同而合也通叔亦作雙松詩道氣類之同而期之久也以爲報自予之得通叔然後知聖人户庭可策而入也是不惟喻於其言而已蓋觀其行而得焉者爲多其再斥於太學而歸也予待禮部試留京師別且言曰通叔去而歸某也不没而入於愚也其幾矣明年或斥而歸歸或得官皆宜在淮江之南某也亦可以之閩通叔來共和何通叔曰是亦不疑之言也[illegible]年從事淮南將聞日且召焉則未也或以死狀計既[illegible]凡疑且幸其不然嘗有江南之役過閩人輒問狀

還泊東流尉許程者閩人也乃知計者信又知陳安石者亦溺死安石字伯起亦閩人予嘗問通叔素友獨言伯起去噫二子豈行殆也其亦命而已矣予悲通叔窮以夭也其道之不及民也又悲天之不予相也作哀辭

我思古人兮維友之求燕處日講兮行相爲謀相翼以進兮相持以脩要歸于道兮不入于尤卒聖若賢兮其本則然我無以是兮甚懼以憂猗嗟吾子兮蓄德按材傑然自如兮不群庸游考講六藝兮造窮微深匪富貴慕兮匪賤窮羞曰子旣逢兮朝夕其旁仁義之光兮忠信之陬邪志蕩夷兮正氣獨宇吾子賜我兮於安以嚋尚曰子興兮羽儀于世吾君德澤此

兮渟滈固偷孰神不棐兮隕子于溪子生適然兮欲誰仇所嗟存者兮恚孤道遼子之不就兮一朝而休死不以所兮誰得子尸誰襚于棺兮誰安于丘子欲慟哭兮子豈有聞子不可作兮予生之愁

泰興令周孝先哀辭

吁嗟乎思兮孝乎父母施於族婣兮亦及朋友去然兮宜一不富又曷爲兮不壽巍巍兮其子煢煢兮其妻無廬與田兮哀之者其誰吾無奈何兮哀以吾辭

川先生文集卷第八十六

臨川先生文集卷第八十七

神道碑

贈司空兼侍中文元賈魏公神道碑

檢校太尉贈侍中正惠馬公神道碑

贈司空兼侍中文元賈魏公神道碑

魏公既薨之明年　皇帝篆其墓碑之首曰大儒元老之碑有詔造文賜公子使之并刻臣某昧死序列再拜稽首以聞曰

公諱昌朝字子明姓賈氏皇秘書省著作佐郎贈太師中書令尚書令晉國公諱注之子皇太子左賛善大夫贈太師中書令尚書令齊國公諱璉之孫晉中書舍人史館修撰皇贈太師中書令魯國公諱緯之

曾孫其先南皮人中徙獲鹿今葬開封而爲其縣人
著自公皇考始公少則莊重謹密治經章解句達老
師宿學譽歎以爲賢己天禧元年獻文章召試賜同
進士出身除常州晉陵縣主簿國子監說書又以江
州德化縣令兼潁川郡王院伴讀當是時孫宣公領
國子一見聽語待以公相數舉公學問當在 人主
左右大臣有以親嫌者故久弗用以知常州宜興開
封府東明兩縣監在京廣濟永濟兩倉又召置國子
監說書景祐元年積官至尚書都官員外郎乃始置
崇政殿說書而以公爲之公於傳注訓詁不爲曲釋
至先王治心守身經理天下之意指物譬事析毫解
縷言則感心自 仁宗即位大臣或操法令斷天下

事稽古不至秦漢以上以儒術爲疏闊然　上常獨
意鄉堯舜三代得公以經開説則慨然皆以爲善而
公由此顯矣於是　上所質問多道德之要公請悉
記録歳終歸之太史詔以章獻太后故爲彭城郡王
諱其名公言母之諱禮不得以出於宮太平興國寺
災公以易春秋進戒因言近歳屢災寺觀天意蓋有
所在獨可勿繕治以稱　陛下畏天威愛人力之意
西域僧以佛骨銅像來獻公請加賜遣還毋以所獻
示外　上皆從之以直集賢院天章閣侍講史館修
撰判尚書禮部判太府寺天章置侍講自公始故事
親祠郊廟燕遊慢戲之物皆在儀衛公奏除之無幾
遂以知制誥龍圖閣直學士權知通進銀臺司兼門

下封駁事權判吏部流内銓權知開封府又以右諫議大夫權御史中丞兼判國子監而侍講如初公之爲銓也河北蝗旱以公安撫公舉能詘姦於利害多所興除异時縣令奉錢滿萬二千乃擧令公以爲法如此則小縣終不得善治乃請槩擧令而與其奉如大縣其在御史劉平爲趙元昊所得邊吏以降敵告議收其族公言漢殺李陵母妻子陵不歸而漢悔眞宗撫王繼忠家後賴其力且平事固未可知乃不果收侍講林瑀者言　天子即位當步其日占所得卦以知吉凶公奏瑀所言不經不可用　上即爲公罷瑀又奏劾駙馬都尉柴恭僖公奪其州人以爲宜初元昊反公言兵事起財不贍宜及今度經費罷減

請不急至是詔與三司合議一歲所省率緡錢百萬
慶曆二年契丹來求地請婚公主其使責以信義告
之利害客詘服不能發口執政議使契丹攻元昊公
曰契丹許我而有功則必驕以弱我而責報無窮已
不且以我市於元昊矣曰唐中極衰時聽吐蕃擊朱
泚陸贄尚以爲不可後乃知吐蕃陰與泚合而陽言
助國今獨安知契丹計不出此乃言所以待夷狄者
凡六事　上皆行其策三年遂以本官參知政事四
年以尚書工部侍郎檢校太傅爲樞密使五年以集
賢殿大學士同中書門下平章事兼樞密使居兩月
拜昭文館大學士監修國史議祔章惠太后太廟公
言其非禮及祔獻懿二后密數遷文武位一等賜外

內諸軍特支優給公又獨奏罷之既而敕遣兩府官
公又不從乃已元昊歸石元孫議賜死公爭言自古
將帥被執歸多不死元孫罪以不死七年 上以旱避
正殿降食自責公因稽首自遜位章六七入乃除武勝
軍節度使檢校太傅同中書門下平章事判大名府
兼北京留守河北安撫使妖人王則謀舉大名反河
南北使其黨挾書妄言吉異得近公公疑爲姦考問具
服則惶恐不及會獨舉兵貝州以反公即使部將王信
爲元帥賈驗兵操攻具以往且請自出搏賊不許終賊
所以論威功居多移鎮山南東道檢校太師賜爵安
國公公因讞竟諸吏民爲則所脅者而捕河北妖人
治殺之無所濫河決商胡方急公暴隄上躬親指畫也

舍廩與被水百姓舍廬其流亡者接以醫藥所活九十餘
萬口契丹誘亡卒號南軍以戰夏人而邊法卒亡
自歸者死公變其法令自歸者赦拔擢超其伍於是歸
者衆因以知契丹國中事契丹亦因拒亡卒黜南軍不
用邊人以地外質公請董禁絕之不時贖人得贖而
有之地則盡歸邊以不申皇祐元年徙鄭州從公求
也至見留爲祥源觀使既而以尚書右僕射觀文殿
大學士判尚書都省朝會日班宰相視其儀物歲中又
求任外除山南東道節度使右僕射檢校太師兼侍
中判鄭州固辭僕射侍中乃改同中書門下平章事
又欲遷公四子各一官亦以公辭而止二年母燕國
太夫人薨命以故官不起賜書寵慰從之公事燕國

以孝聞 上嘗賜銀飾肩輿士大夫以為榮及薨自
鄭歸葬扶舁蓍然肩足皆胝行路瞻望悲哀歎息四
年除故官侍講居頃出治許州將行矣 仁宗問易
之乾卦公既講解又作書以亢龍為戒手詔襃荅以
公所獻藏太史五年又涖大名安撫河北中書議塞
商胡決以公異論故使建言者專其事公猶爭不已
[illegible]果不可塞建言者得罪而澶魏濱棣德博多水死
公乃請使撫巡賑救人用[illegible]息嘉祐元年進封許國
公又兼侍中方避未聽而以樞密使召至罷侍中而
以尚中書門下平章事為樞密使三年以鎮安軍節
右僕射檢校太師兼侍中充景靈宮使又出許州七
年以保平章節陝州大都督府長史移大名兼安撫

公凡三至魏及許鄭皆以寛恵爲治人安樂之宅將
相賜公使錢多使牟剩公度所賜爲用故在所尤不
擾　皇帝即位改節度鳳翔加左僕射鳳翔尹進封
魏國治平元年求還使侍中守許州至六七終不許
二年乃授許州入見又辭不許使撫諭須秋乃發六
月告疾中人太醫問視相屬又力求解將相乃以左
僕射觀文殿大學士判尚書都省七月戊寅薨
上親臨哭發涕爲不聽朝二日賜龍腦水銀以斂制
服出司賓祭弔別賜黃金給葬贈司空兼侍中謚曰
文元以九月甲申葬開封汴陽里晉公墓次公年六
十八散官開府儀同三司勳上柱國號推誠保德崇
仁守正忠亮佐運翊戴功臣邑户萬五千實封五千

六百公所著書有春秋要論十卷羣經音辨十卷通
紀八十卷本朝時令十二卷又奏議文集各三十卷
元配王氏尚書兵部郎中集賢殿修撰乾之女追封
莒國夫人繼配陳氏武信軍節度使康肅公堯咨之
女封魏國夫人六男子章太常博士集賢校理早卒
圭尚書比部員外郎田尚書駕部員外郎青尚書司
門員外郎齊大理寺丞炎未仕三女子國子博士程
嗣弼大理寺丞宋惠國太常博士龐元英公壻也其
後 天子以炎守將作監丞又官公內外族親凡九
人賈氏自誼及耽傅王相帝皆以儒學至公又以經
術致將相出入文武有謀有功當中國治安四夷集
附寵祿光大始終榮君臣相遭於是爲盛銘曰

於皇仁宗時宋之隆眞此中國四夷來同孰夾孰承
有宰魏公帝曰詢爾群公卿士朕欲考古以求亂
治有慱六藝使慰朕志魏公乃來錫帝之求進于殿
中登閣治幽乃尹開封治民不紛乃丞御史督制度
允膏澤在下熏烝在上參國政事遂都將相帝廵大
塗公帝之車帝御廣宮之一弁之墉文條武邑具獻膏
功終徂在天公則隨邁廷襃元老隱加問賚有銘太
史有謚太常次詩不誣斲石墓旁

初卜葬公汴陽里以水故改卜熙寧元年八月
庚申葬許州陽翟縣三峯鄉支流村奉　勑改
鄉名曰大儒村名曰元老里朝散大夫右諫議
大夫參知政事太原郡開國侯食邑一千一百

戶賜紫金魚袋臣王某謹記

檢校太尉贈侍中正惠馬公神道碑

推忠保順同德翊戴功臣彰德軍節度觀察留後特進檢校太尉使持節相州刺史兼御史大夫上柱國扶風郡開國公食邑六千六百戶食實封二千二百戶謚曰正惠馬公以天禧三年十月戊戌葬開封祥符縣某鄉某里至嘉祐七年公孫慶崇始來請銘以作公碑序曰馬氏故扶風人至公高祖而從處雲中贈太師諱某者於公爲曾祖贈太師中書令諱某者於公爲祖龍捷左廂都指揮使江州防禦使贈太師中書令尚書令蔡公諱某者於公爲父蔡公從太祖定天下力戰有功當是時雲中已爲契丹所得故馬

氏又徙處浚儀今開封府祥符縣也公諱某字子[illegible]
公之終也年七歲太祖召見禁中有司言剛當[illegible]
殿直詔特授西頭供奉官而賜以名開寶五年年七[illegible]
八監彭州兵馬以嚴飭見憚如老將太平興國三年
領兵戍秦州清水姦人李飛雄乘驛稱詔捕公及秦
隴巡檢劉文裕等將擊之秦州因盜庫兵以反公辨
其詐與文裕執飛雄治殺之五年監潭州兵馬改東
頭供奉官雍熙二年又監博州兵馬劉延讓敗於君
子驛而契丹歸矣公方料丁壯集芻糧繕城治械如
寇至吏民初不悅其生事也已而契丹果至度不可
攻乃去四年改西京作坊副使將屯于冀州端拱元
年移知定遠軍時議發河南十三州之民轉饟河北

公告轉運使樊知古此軍聚兵少而積粟多簸其腐尚可得十七知古用此得粟五十萬斛以罷河南之役事聞朝廷　太宗嘉之二年深州新蹂於契丹城郭廬舍多壞而流民衆乃移公知深州公至數月則壞者完流者復舉州忘其寇戎之故而以公爲能撫我會保州不治移往代之淳化二年又移知慶州羌萬人以怨程德元來寇公誘其渠帥諭以威信即皆引去四年遷西京作坊使知梓州五年李順爲亂於蜀之西川以公往討又以爲先鋒平劍州召還至三泉而復以公與王繼恩討賊繼恩怒公抗直使守彭州盡收其軍而與之羸卒三百賊率其衆至號十萬公力戰一日亡其卒太半乃夜獨出招救兵復入賊

終不能得城而以敗去除成都府兵馬鈐轄遷洛苑使五年除蜀漢九州都巡檢使已而又兼成都府兵馬鈐轄　眞宗即位改内苑使蜀卒劉旰聚黨數千人爲亂所攻數州至輒取之公以卒三百追至蜀州與戰旰走邛州而招安使上官正召公歸成都計事公爲正畫曰賊破邛州必乘勝劫掠度江薄我旣息而戰我軍雖倍未易敵也不如迎其弊急擊破之必矣遂行次方井與正合殺旰等無噍類　眞宗賜書獎諭賞以錦袍金帶咸平元年加澄州刺史知秦州諸羌質子有三十年不釋者公悉歸之諸羌德公訖公去無一人犯塞小泉銀坑久不發掌吏盡產以償歲課而責之不已公奏得釋而歸其產四年就除西

上閤門使知成都府兼本州兵馬鈐轄有告龍騎士謀為變者所引以千數公捕殺其首七人而置其餘無所問自乾德後歲漕蜀物以富人為送吏多坐漂失籍其家公奏擇三班使臣及三司軍大將代之而課其漕事為賞罰至今便之六年移鄜延路駐泊兵馬都總管兼知延州蜀人於公去皆環以泣公至延州羌方以兵覘邊會上元開門張燈視以無為而羌卒不能為寇又移知鎮州兼本州兵馬都總管景德元年契丹入邊民入保城公輿之約盜一錢者死有盜錢二百者公即殺之於是自澶以北城郭皆晝閉[illegible]使過公輒留之而募人間[illegible]行送詔皆得其報以聞又以便宜使所至受諸漕輸給邊之物故契丹欲虜

掠無所得車駕次澶州大將王超提卒數十萬逗留
不赴公屢趣之不爲動移書譙讓乃始出師猶辭以
中渡無橋則公先已度林一夕而橋就　上聞手詔
褒之且知公果可以屬大事也二年移知定州又除
東上閤門使樞密院都承旨三年遂以檢校太保簽
書樞密院事祥符元年東封泰山以爲行宮都總管
自此行幸必以公爲都總管而皆許之專殺公部分
明約束審出入肅然而未嘗輒戮一人於是邊將言
契丹近塞大臣議皆請發兵以備公獨議使邊將移
書問狀從之契丹解去遷檢校太傅四年加宣徽北
院使五年除樞密副使當是時契丹已盟中國無爲
大臣方言符瑞而公每不然之獨常從容極言天下

雖安不可忘戰去兵之意及它爭議甚衆 真宗多
以公言爲是七年除潁州防禦使知潞州州之稅賦
常移以輸邊遠公爲論其害曰是所輸不過鄰州而已
天禧元年移知大名府兼駐泊兵馬都總管使中貴
人勞問賜白金二千兩居頃之遂以爲宣徽南院使
知樞密院事檢校太尉有足疾時詔内朝別爲一班
免其蹈舞二年疾病賜告求去位 真宗不許而數
使中貴人勞問又幸其第視疾賜白金三千兩已而度公
實病不可強以事乃罷以爲彰德軍節度觀察留後
而公固求外鎮終不許居久之稍閒入謁 真宗輒
使閤門祗候二人伺公至即仗以入因掖其拜起數
屏左右問事常聽用三年又求外鎮乃以公知貝州

兼本州兵馬都總管將行矣召見又將付以政固辭謝久之乃已而更以公爲本鎮至五月公疾作詔使公子洵美將太醫往視而魏路二鎮之人亦皆奔走來問爲公請禱已而公疾革　眞宗又使公弟之子成美馳驛召公歸京師而公以八月壬寅不起矣享年六十五　眞宗爲之震悼罷朝詔贈侍中錄其子孫賻賜皆加等公前夫人丁氏某郡君後夫人沈氏某郡夫人子男二人洵美終西京作坊使英州刺史之美終内殿承制閤門祗候孫十六人其十四人皆已卒而慶宗今爲右班殿直慶崇今爲文思院知恩州公少忼慨以武力智謀自喜又能好書賓友儒者所與善必一時豪傑有集二十卷其文長於議論自

始仕以至登用遇事謇謇未嘗有所顧憚王冀公丁晉公用事每廷議得其不直輒面詆之　眞宗初或甚忤然終以此知公而天下至今稱其正直銘曰
在浚西南誰封誰樹有宋正惠馬公之墓公當
太宗　眞宗之時暨暨諤諤訐行討施以羸擊強以少捕衆以賤抗貴維公之勇雖貴雖衆雖強必克維公之敏亦維公直帝曰直哉汝予良弼見國而已不知家室内朝十年典掌機密暨予一心綱紀庶物元功宗謀莫汝敢匹公曰孤臣敢曠于榮讓說不用是維帝明士或困窮莫知其有既榮以位正或見醜公於可願兩得其尤不訖大耄天爲不謀德徽於年孰云耆老有賫後世公爲壽考刻趺篆首作此銘詩陳

之隧道永矣其詒

臨川先生文集卷第八十七

臨川先生文集卷第八十八

神道碑

護衛忠果功臣侍衛親軍步軍副都指揮使威塞軍節度新州管内觀察處置等使銀青光禄大夫檢校司空使持節新州刺史兼御史大夫上柱國始平郡開國公食邑二千一百户食實封二百户累贈太師中書令兼尚書令追封魯國公謚勤威馮

公神道碑

馮氏有家於滑州之白馬者莫知其始所以徙至曾公而嘗以公開國於始平曰其本出於漢杜陵楚相唐之後也公諱守信字中孚自爲兒童狀貌嶷然慷慨有大意人固已竒之矣既冠從其鄉人受學以三禮舉於鄉會太平興國初取兵民間公出應選有司以公儒者欲免之公曰吾以子弟免而父兄任其勞此儒者所不爲遂行以才武給宿衛　太宗征河東公奮身冒兵數取俘馘以獻于行在　太宗壯而勞之以功數遷至弓箭直副指揮使　真宗兩駕河北詔命公帥其所領先驅以禦契丹公所斬虜最諸將遷天武軍都指揮使封州刺史充御前忠佐馬步軍

都軍頭公雖在軍旅數以孝經論語爲人講說人尚以儒者目之至是 眞宗召問出孝經使講公講天子一章因言自天子至於士不可以無學學不必博孝經論語皆聖人以誨學者言行之要臣愚不足以盡識然所以事 陛下不敢一日而忘此 眞宗嗟嘆者久之由封州刺遷至捧日四廂都指揮使英州防禦使知瀛州兼高陽關都部署由瀛州召還領步軍司公事當是時河決滑州天子以爲憂問誰可使者公自言少長河上能知河利害詔以公爲侍衛親軍步軍副都指揮使容州觀察使知滑州兼修河都部署河怒動埽埽且陷公坐其上指畫自若也遂號其部人以一日塞之 天子賜手書獎諭召還領步

軍如初已而還威塞軍節度使是歲天禧五年也公年六十六以八月二日薨于位　天子悼慟爲之罷朝二日贈太尉賜錢三百萬勅宣慶使蔣州團練使韓守英禮部郎中直集賢院石中立給護其喪事遂以其年九月二十四日葬開封之祥符縣黄溝鄉大里之原公曾祖諱倫祖諱筠皆不仕考諱藴贈官至左屯衛大將軍先夫人劉氏玉城縣君後夫人張氏清河郡夫人子男十三人於是文懿左侍禁文吉文握文德文慶文既文質文貴文銑並右班殿直文檠文俊並右侍禁文郁文雅皆早卒公孝謹忠篤遇人有恩祖母夫人病公不釋帶以侍輒數月常患世醫不足賴以爲良力學方藥遂通其術公弟常欲上

其子爲公子以取官襲公對之慨然曰吾自行伍蒙
主上拔擢至此飽煖其軀以報久矣顧未有所奈何歟
之是歲并公子無所蔭曰以明吾心於弟非有愛也
韋城董方廉直爲公所友其卒有二女無以嫁公爲
選士辦裝嫁之如己子公將兵治民寬簡有法故人
人畏愛之而無敢犯所居有迹賢士大夫多稱之者
公葬之三十二年而以其子故累贈至中書令兼尚
書令追封魯國公又二年始請謚於　天子而
天子賜之謚曰勤威又五年文顯爲西京左藏庫副
使提點開封府界諸縣鎮公事始作碑以表公墓而
以銘來請予問諸於太常問書於太史問諸故老以
考公子之所告而得公之所爲如此於是爲銘曰

允文　眞宗俊藝在工相協予武有來馮公馮公頟
頟奮節金華有聲中邦外動夷狄自公在野手不去
經率其所學以撫戎兵公之所撫貔貅豹虎指麾進
退妥若兒女武室以虩文罷於橐維時馮公兩秉其
優孰施其文有壤千里孰致其武宿衛　天子
帝咨馮公爾往視河河決已塞滑人來歌　帝聞而
嘉勞以手勑公拜稽首匪臣之力　帝曰來爾予蠢
爾勤授之旄節留掌我軍方朝告薨有詔罷視朝贈
賻葬哀榮終始追拜爲令尚書中書賜爵國公胙以
曾墟士生顯榮没則多已維時馮公至今受社在周
方虎威有裒詩至漢充國雄爲之辭誰能詩公流示
無止刻碑墓門公實有子

翰林侍讀學士知許州軍州事梅公神

宋翰林侍讀學士正奉大夫行給事中知許州軍州事兼管內堤堰橋道勸農事上柱國南昌郡開國公食邑二千三百户食實封六百户賜紫金魚袋梅公之墓在宣州宣城縣長安鄉西山里公有五子鼎臣德臣寶臣輔臣清臣清臣今獨在爲尚書司門郎中以公行狀及樂安歐陽公之銘來請文以刻墓碑時熙寧元年八月四日也銘曰

公先梅伯後氏其國彌周涉秦不見史策有銷有福暨漢名籍公福之孫詢字昌言三世弗仕陵陽之里公第廷中判官利豐再歲而擢以丞將作以宰仁和

人譽用多主推御史侍考進士一見　天子以爲知
已詔曰試哉遂試中書館之集賢賜服緋魚於時繼
邊兵我西鄙老弱餽守丁彊多死靈州告危　帝視
不怡公請擇人使潘羅支兵法所謂以夷攻夷
帝曰誰可無如臣者曰予汝嘉閉喑奈何公拜且跪
聽言而起荀紓西師臣不愛死出書授之往訖爾謀
至羅勑還會棄靈州　帝察公藝可書　帝制相或
止之留佐三司其後羅支果窘西賊論將料敵皆如
所算或從或違或擠或推牾合阻夷神者公尸黜之
倅州用獄一眚去抗而蘇列國東孱漕輸澌河就付
將領三年告劾僅得故省又以譴投守彼淮州有僚
許公相得於此與之欣然樂以忘徙使于湖北遷自

濠梁又奪一官往禪于襄坐發驛馬給奔喪者于鄂
于蘇剖將之符握節關中俟　其輸煌煌金章厥賜
特殊謀復靈武度兵葫蘆秦有將璋諸公與俱會璋
召還公復淪胥有反咸陽能名氏朱始雖弗察後捕
而誅自懷徂池再副戎車　真宗新陟罷茄皆滁爲
郎度支以將廣德外吏四州楚壽陝荆乃還待制中
糾獄刑有歸龍圖其唐殖殖就以學士專其閣直轂
之銓衡秉傳臨并超遷郎務進直樞密趣歸封駁考
國中失申命選事得權進絀加職侍讀改司群牧移
之審官審是在服伐閱積遷給事于中告疾出許鼓
歌從容方公少壯志立人上談辭慨然　帝悅而嚮
及後晚出皆爲將相公則老矣將歸田里康定辛巳

六月十日公七十八以其官卒公開南昌勳爵第一夫人曰劉不及郡封封君彭城其卒先公公卒明年季秋挾日于州山西卜祔而吉公有四子伯爲進士丞于殿中輿仲前死仲賜科名叔也皆丞將作殿中或廢或興有顯惟季時丞衛尉今也爲郎中論序初終實來求詩刻示無窮

司農卿分司南京陳公神道碑

司農卿分司南京陳公既以嘉祐七年九月某甲子葬開封府之祥符縣西韓村皇考也魏公之塋至十二月公子世範等乃來求銘以作公碑蓋公昆弟皆從先人游而某又嘗得識公父子故也序其實而繫以銘序曰

公諱某字良器以贈太師尚書令兼中書令衛國公
諱嵩者爲曾祖以贈太師尚書令兼中書令燕國公
諱光嗣者爲祖而尚書左丞集賢院學士諱懋之子
也左丞當　眞宗時參知政事後以其子岐公之貴
而贈至太師尚書令兼中書令魏國公公岐公之弟
也而於魏公爲少子年六十八以嘉祐七年六月得
疾分司而以乙巳棄世于陳州階至朝散大夫勲至
上柱國爵至潁川郡開國子食邑至六百户賜紫金
魚袋官終於司農卿而所更者祕書省正字大常寺
太祝大理評事光禄大理寺丞太子中舍殿中丞國
子博士尚書虞部比部駕部員外郎郎中司農光禄
少卿少府監任終於知陳州而所歷者監楚州衡州

酒稅知衢州江山縣知南恩州通判江揚洪廬潭州
知衡州監江寧府糧料院知興化軍知均州判登聞
鼓院知曹州判殿中省知郢州鄭州其通判揚州廬
州皆有所避不赴知郢州則未赴而徙凡仕四十三
年蓋其行事可記者衆矣而公子所能記者在江州
人大饑且疫公爲具饘粥醫藥不足則取廬山諸佛
寺餘財以續之所活以萬數有盜刈人之禾而傷其
主者當死公曰古之荒政所以恤人者盡矣然尚緩
刑況今歲即奏貸其死洪州大水城之不滅者十五
水得城竇以入舉城惶擾不知所爲公豫具薪蒿不
終日以塞州人德之曰無陳公吾屬如何矣衡州之
南山廣袤百餘里與東接境大木叢密中國以逋逃

其中冒稱夷人數出寇常寧諸邑其酋有挾左道者人傳以爲能致風雨官軍尤憚之公誘以恩信則率衆數百來自占巳而與其甥亡去又將爲寇州人皆恐公設方略以一日捕得殺之　天子賜詔書獎諭公因圖上山川形勢攻取之策以爲賊今不除黨附日衆夷人謂中國無能爲必出助之可須農隙發千人使操斧斤隨以強弩斬木除道則賊失所恃不攻而自窮又出其材可以佐經用奏未報轉運使害其事劾公擅擊斷不聽用佐吏又嘗稱病不自祭炎帝公坐此罷州人乞留不得而賊果侵尋不制朝廷出使發兵擊之數年然後定興化多進士就鄉舉者常八九百人而學舍弊小無文籍公至則新而大之爲

之賻書而國子之所有者皆具均州漢上舟子歎溺
商旅取貨財而以險爲解公捕案寘法因取近灘數
家除其徭使表水險涉者因此得不死曹州多盜亡
命之尤凶強者七十餘人公集重賻得之幾盡又修
律令五家爲保之法故盜往往逃去之它境蓋公施
於政者能如此公嘗爲書十二篇上之曰國政要事
其説多聽用而中書欲遷職事以奬之公乃自言於
祖王氏葬揚州無主後願除淮南所當得之一官以
往視其丘墓而已岐公之葬也 天子自曹州召公
歸襄事特詔許公升殿公謝岐公遭遇始終恩禮之
尊高乞御篆表公之碑首上爲動容賜其首曰褒忠
之碑而公終無一言自及既分司無田園僦官屋以

居自爲棺斂葬埋之制趣於儉而已少長好書以至於老於篆籀尤善有集二十卷其文能世其家者也夫人馮氏江南李氏時宰相延巳之孫子男五人世範前商州洛南縣尉世安前廣州新會縣令世脩大理寺丞世永將作監主簿世弈太常寺太祝女四人長適大理評事柳安期次適右班殿直王允懿次尚幼也陳氏漢太丘長諱寔之後故其望在潁川而世居洪州之南昌縣當唐末五代之亂無仕者魏公布衣起閭巷明敏諒直稱天下仍父子執國柄而至岐公尤盛公於仕嘗齟齬然尚至九卿以榮祿自終蓋太丘之仁隱阨於一時而紀諶群泰貴顯者數世豈魏公之先遭世不治亦有潛德晦行如太丘者乎不

然何其後世之興如此是故不可以無銘也銘曰
虞賓夏商其後爲陳屢絕復封以承聖人至漢太丘
蘖時就德詒祿魏晉子孫世食既又困窮乃生魏公
魏公之出魁名碩實有公有卿纘杞其室公則盛矣
天子所思繩繩維卿亦顯于時治官牧民入出具宜
胡公之虛太丘之里兩有州國紹榮本始歸葬浚郊
皇考在前峙此銘詩爲告新阡

虞部郎中贈衛尉卿李公神道碑

嘉祐八年六月某甲子制曰朕初即位大賚群臣
朝者及其父母具官某父具官某率德蹈義不躬榮
祿能教厥子並爲才臣加賜名命序諸卿位所以勸
天下之爲人父者豈特以慰孝子之心哉可特贈衛

尉卿翌日某甲子中書下其書告第又副其書賜寬等以待墓焚寬等受書焚其副墓上乃撰次衛尉官世行治始卒來請曰先人賴　天子慶施賜之官三品矣而墓碑未刻惟德善可以有辭于後世者夫子實聞知某曰然衛尉公墓隧宜得銘久矣於是爲序而銘焉序曰

公姓李氏故隴西人七世祖諱某始遷于光山五世祖諱某以其郡人王閩從之始爲建安人曾祖諱某皆不仕考諱某嘗仕江南李氏稍顯矣江南國除又舉進士中等以殿中丞致仕有學行名能知人贈其父大理評事而已亦以子貴贈至吏部尚書遊豫章樂其湖山曰吾必終於此於是又始爲豫章人尚書

之子伯曰虛己官至尚書工部侍郎以才能聞天下
其季則公也公諱某字公濟少篤學讀書兼晝夜不
息一以進士舉不中即以兄蔭爲郊社齋郎再選福
州閩清洪州靖安縣尉有能名遷饒州餘干縣令至
於毀淫祠取其材以爲孔子廟率縣人之秀者與子
學豪宗大姓斂手不敢犯法州將部使者奏乞與京
官移之劇縣不報而坐一不覺獄卒殺人以免當是時
侍郎方以分司就第公曰吾兄老矣我得朝夕從之
遊以灑掃先人廬冢尚何求而仕遂止不復言仕侍
郎之卒也 天子以公試祕書省校書郎知江州德
安縣事辭不就後嘗一至京師大臣交口勸説欲官
之終以其不可強也而晏元獻公爲公請乃除太子

洗馬致仕初尚書不老棄其官以歸至侍郎及公之
退也亦皆未老自尚書至公再世皆有子而皆以嚴
治其家如吏治江西士大夫慕其世德稱其家法蓋
近世士多外自藩飾爲聲名而内實罕能治其家及
老往往顧利冒恥不知休息公獨父子兄弟能如此
嗚呼其可謂賢於人也已公事親孝比遭大喪廬墓
六年然後已事兄與其寡姊衣食藥物必躬親之及
公老矣二子就養如公之爲子弟也寬嘗爲江浙等
路提點鑄錢坑冶又嘗提點江南西路刑獄定亦再
爲洪州官不去左右者十二年皆以才能爲世聞人
以恩遷公官至尚書虞部郎中階至朝奉郎勳至護
軍以嘉祐四年七月某甲子卒於豫章之第室年八

二十九夫人長壽縣君趙氏先公卒八年既葬公矣五年某月某甲子以公葬於夫人之墓左曰雷岡在新建縣之桃花鄉新里夫人故衢州人某官湘之女湘有文行尚書與爲友故爲公娶其女子三人寬定寔寔守秘書省正字早世於公之葬也寬爲尚書司勳員外郎定爲尚書庫部員外郎女子二人已嫁孫二十有一人曾孫十有五人皆率公教無違者公既葬而二子以恩贈公衛尉卿云銘曰

李世大家隴西其先於唐之季再世光山後遷于閩嶺海之間乃生尚書節行有偉始來江南考室章水綿綿二子隱顯兼榮孰多後祿其季維卿幼壯躬耆唯君之踐能不盡用止於一縣退以德義釐身於家

外內肅雝人不訿嗟亦有二子維 天子使父曰往矣致而臣身之之曰歸哉以寧吾親以率其婦左右恂恂以官就侍 天子之仁既具祉福考終大耋追榮于幽乃賜鄉號伐石西山作爲螭龜竪之墓上勒此銘詩

臨川先生文集卷第八十八

臨川先生文集卷第八十九

神道碑

廣西轉運使孫君墓碑

君少學問勤苦寄食浮屠山中步行借書數百里升樓誦之而去其階蓋數年而具衆經後遂博極天下

之書屬文操筆布紙謂爲方思而數百千言已就以
天聖五年同學究出身補滁州來安縣主簿洪州右
司理再舉進士甲科遷大理寺丞知常州晉陵縣移
知潯州潯當是時人未趣學乃改作廟學召吏民子
弟之秀者親爲撰按講說誘勸以文藝居未幾旁州
士皆來學學者由此遂多以選通判耀州兵士有訟
財而不直者安撫使以爲直君爭之不得乃奏決於
大理大理以君所爭爲是而用君議編於勅慶曆二
年擢爲監察御史裏行於是彈奏狄武襄公不當退
敗劉滬　洛城事又因日食言陰盛以後宮爲戒
仁宗大獵于城南衞士不及整而歸以夜明日將復
出有雉隕于殿中君奏疏即是夜有詔止獵蠻唐和

寇湖南與其安撫奏事有所不合因自劾乃知復州又通判金州知漢陽軍亳州稍遷至尚書都官員外郎提點江南西路刑獄有言常平歲凶當稍貴其粟以利糴本者詔從之君言此非常平本意也詔又從之儂智高反君即出兵二千於嶺以助英韶會除廣西轉運使馳至所部而智高方熾　天子出大臣二部諸將兵數萬擊之君驅散亡殘敗之吏民轉芻米於惶擾卒急之閒又以餘力督守吏治城壍修器械屬州多字而師飽以有功君勞居多以勞遷尚書司封員外郎初君請斬大將之北者發騎軍以討賊及後賊所以破滅皆如君計策軍罷而人重困方恃君綏撫君乘險阻冒瘴毒經理出入啓居無時以皇祐三

年三月初七日卒于治所年五十四官至尚書工部郎中散官至朝奉郎勳至上騎都尉君所爲州整齊其大體闊略其細故與賓客談説弦歌飲酒往往終日而能聽用佐屬盡其方事以不廢在御史言事計曲直利害如何不顧望大臣以此無助所爲文自少及終以類集之至百卷天德地業人事之治掇拾貫穿無所不言而詩爲多君諱杭字和叔姓孫氏得姓於衛得望於富春其在黟縣自君之高祖棄廣陵以避孫儒之亂而至君曾大父諱師睦善治生以致富歲饑賤出米穀以斗升付糴者得驩心於鄉里大父諱亘始盡棄其産而能招士以教子父諱遵良嘗[illegible]于君始十餘歲後以君故贈尚書職方員外郎君初

娶張氏又娶吳氏又娶舒氏封太康縣君五男子遹邈迪适遺適嘗從予遊年十四論議著書足以驚人終永州軍事推官邈今潞州上黨縣令亦好學能文狀君行以求銘者邈也君之卒也　天子以适試祕書省校書郎二女子一嫁太廟齋郎李簡夫一嫁進士鄭安平君以其卒之年十二月二十五日葬黟縣懷遠鄉上林村歙之為州在山嶺澗谷崎嶇之中自去五代之亂百年名士大夫亦往往而出然不能多也黟尤僻陋中州能人賢士之所罕至君孤童子徒步官學終以就立為朝廷顯用論次終始作為銘詩豈特以顯孫氏而慰其子孫乃亦以詒其鄉里銘曰

在　仁宗世蠻跳不制餽師牧民實有膚使踐鄰秉

危絛變畫奇癘壽既陰陸骨尉以治方邊既隕哀暨山
夷維此膚使文優以仕祿則不殖其書滿笥書藏于
家銘在墓前以告縣人孫氏之阡

故贈左屯衛大將軍李公神道碑銘 并序

宋故贈左屯衛大將軍李公墓在河中府河東縣陶
邑鄉仙觀里紫金山北初咸平二年公以東班殿侍
隨彰國軍節度使康保裔部軍于高陽關契丹內侵
眞宗狩于魏六將恃城千里閉逃保裔以其屬出公
提少卒所戰輒破寇摶我疾孤堅弗支舉軍陷焉乃
以義死當是時十二月五日也公年四十六有詔賻
恤錄公子樞以爲西班殿侍蓋六十九年而樞以行
治勞烈積官至皇城使賀州團練使而嘗一冊辭賞

以求追榮其父母　天子亦數推恩以及朝士大夫之親而公九贈官自太子左清道率府副率至左監門衛大將軍遠　今上即位則再至三品而公夫人朱氏亦封錢塘仙遊永安縣太君太君有美志純行年六十三以天聖七年六月六日卒於其子之官舍而以嘉祐六年十一月十一日與公合葬公幼而愿恭長而敏武涉書喜謀將有以爲而卒不克盡知者傷焉唯忠壯不匃以詒禄于其後世而團練君實能力承以大厥家噫其可銘也哉李氏世家鄭之原武公諱興字仲舉曾祖諱顒祖諱光父諱元超皆弗仕公生一男二女二女皆早死孫六人其二人早死秦今爲尚書都官郎中餘皆以父廕仕昌齡終三班差

使葉今爲右班殿直藥今爲左班殿直銘曰

李姓之始聃周隱史厥家鄭邦代晦其光公奮自田啓蹟班行匪熊匪羆彼蔦其旅帝徂伐之孰致予武操戈以先所過虀逃曰敵可盡其來滔滔終沉于戎唯義之濟閔有傳祿追榮以暨誰無孫子錫命在幽我以吾功克稱無羞詒詩後觀有石道周

故淮南江浙荆湖南北等路制置茶鹽礬酒稅兼都大發運副使贈尚書工部侍郎

蕭公神道碑

蕭氏故長沙人也去馬氏亂遷江南又爲廬陵人公曾祖諱齊仕李氏終洪州武寧縣令祖諱煥考諱良輔皆不仕公諱定基字子守一用天禧三年進士補密

州軍事推官以母夫人陳氏喪罷後除虔州觀察推官人饑說州將以便宜糶倉米秋糴償之所捄活甚多監納潭州茶米舉者十八人遷大理寺丞知臨江軍新喻縣移監成都府市買務蜀引二江溉諸縣田多少有約李順爲亂時成都大豪樊氏盜約改一晝夜爲六由此他縣歲賂樊氏縣乃得其餘水訟二十年不決轉運使以屬公公曰約所以爲均即不均約不可恃也乃親決水視一晝夜而樊氏縣水有餘樊氏即伏罪諸縣得水如故約轉運使以爲能舉知黎州州近蠻出善馬異時勢人多以託守公一拒絕蠻大喜於是累遷至太常博士以博士召兼監察御史裏行成都王殿請鑄小鐵錢爲大錢當十鑄十得三

是歲十得三十也公疏以爲不便而駮議詘中貴人妄告兩浙轉運使罪以公往治直之蘄州王蒙正恃勢賂横猾誣屬縣長罪死又以公往治告隨吏曰蒙正賂汝受之以告我蒙正果賂吏直三百萬公因以正其獄　仁宗欲官公一子公乃以讓其隨吏除開封府判官於是自監察再遷至侍御史除江西水陸計度轉運使奏事稱　上意賜三品服三司税賦鷴鷲羽民入一尺賣餘百錢去矣以鵝鸛代之宜州蠻爲寇乃移廣西兼安撫公馳至問所以反曰吾知之矣乃蒐諸州澄海忠敢士萬人守要害戒諸將賊至乃擊歸則已蠻不復動明年邕州甲洞與永平寨將秦玨爭銀冶殺玨反邊大擾公曰蠻何敢是必玨有以

致之問之果然乃廢銀冶詐道賦歛户數十人又移
交州討殺狂者而邊遂定　仁宗曰邊吏好生事蕭
某如此可召用三司度支判官王琪使江淮浙議鹽
酒事請公俱往乃除三司鹽鐵判官與琪俱使江淮
浙議鹽酒事至吉州除江淮浙荆湖制置發運副使
以官卒于家享年五十四實慶曆二年五月十四日
以其年九月二十日葬廬陵儒行鄉故舍之原公寬
厚寡欲内行孝友稱於鄉里尤知爲吏在所皆有聲
續夫人河陽縣君毛氏五男子汝礪汝諧汝器汝士
汝㢠皆進士汝礪終太常博士汝器終殿中丞汝諧
今爲尚書屯田員外郎汝士今爲永州祈陽縣令故
累贈至尚書工部侍郎而墓碑未刻汝諧請曰先人

於王氏有故子銘士大夫多矣某曰然是宜以屬我乃銘曰

蕭氏食酇漢功之冠卒成齊梁以奕于唐人不絶史與唐終始厥遷廬陵來自長沙使乎御史于宋初家折獄衛戎有聲無譁禄則世繼而年不遐揚詩墓石以相哀嗟

尚書工部侍郎樞密直學士狄公神道碑

狄氏故并人唐武后時有以諒直至宰相者有功中宗以及社稷是爲梁公公梁公之十四世孫也諱棐字輔之曾祖曰崇謙連州桂陽縣令祖曰文蔚全州清湘縣令考曰希顔徐州録事參軍及公貴贈録事君至兵部尚書而公妣李氏封隴西郡太君蓋梁公

之後有兼臺者亦有名蹟至大官其後祿仕不[illegible][illegible]寖微弗顯及公乃以行能爲時用出使入侍終尚書工部侍郎直樞密爲學士天下稱爲善人長者公少孤力學中咸平三年進士甲科其官自大理評事歷大理寺丞殿中丞太常博士尚書屯田都官職方員外郎祠部刑部郎中太常少卿右諫議大夫給事中其職自直昭文館歷龍圖閣直學士其初任知袁州分宜縣後嘗知開封府司録通判鄧州成都府爲開封府判官使京西成都府路轉運又使制置江淮荆浙再判吏部流內銓知審官院知壁廣滑魏隨陝鄭同揚九州河中河南二府其知陝州河中府以趙元昊反擇西方守吏其知隨州則坐在魏時軍事有竊

不遜者不即治其知揚州則不及赴而卒于京師慶曆三年二月十七日也享年六十七公惇厚篤實未嘗妄言笑雖有喜慍未嘗見色終身不言人過惡罷南海所齎無南物在陝中貴人有力者言將援公於上公爲不聞接以它語退而歎曰吾束髮至此得爵禄皆以義可以老而自汙耶蓋其廉如此其治民出於寬仁不忍雖以此嘗得罪然自若弗悔也當時士大夫聞其死多歎惜累階至中散大夫勳至上柱國爵至山陽郡開國公食邑二千一百户食實封四百户夫人武城縣君路氏左司諫知制誥振之女初公以布衣見路公路公即譽公文學行治妻以其子生六男 遵道遵度遵禮遵懿遵路遵彝遵度當天聖

初善爲古文志義甚高嘗爲襄州襄陽縣主簿不幸早死君子莫不傷之遵路爲大常寺奉禮郎與遵道遵懿遵蘇亦皆早死遵禮今爲尚書虞部員外郎六女子嫁衛尉卿王罕衛尉卿魏琰樞密直學士何中立尚書駕部郎中王信民二人早死狄氏當五代之亂占潭之湘潭至公始葬武城君於許州陽翟縣張澗里故以公合葬葬以慶曆五年既葬二十年而遵禮來求銘文刻之墓碑銘曰

維狄先公開號於梁扶國舉帝仁柔義剛施垂子孫禄不曠仕歷世十四公爲循吏内行振振恕以與人無恚無忌考終厥身陽翟古墟有幽新里銘詩不磨彼石之視

尚書屯田員外郎贈刑部尚書李公神道碑

朝奉郎尚書屯田員外郎通判杭州軍州兼管内勸農事上輕車都尉賜緋魚袋贈刑部尚書李公諱陟字元昇少以進士舉太學衆推才高不妄交游獨與故相張文節公友善淳化中用甲科補河南府澠池縣尉群盜阻殽以略行人朝廷出中貴人傳捕公率其屬捕殺之盡以故爲轉運使所奏留再任方賞遭父喪去而契丹犯河北卒亡命相聚爲寇所居内黄兵擾令尉初不自保公爲設方略擒滅縣賴以無事服除貝州司理參軍州將邊肅知公能有難輒以公逐劇賊用一日馳百里悉縛來以歸於是州及

轉運使爲論功罷召見除大理寺丞知漢州什邡縣
改殿中丞知秀州嘉興縣　眞宗東封改太常博士
通判通利軍又以祀汾陰改尚書屯田員外郎河決
奪一官監眞州鹽倉杭州言浙江隄壞不可治詔江
淮荆浙發運使舉可用者以公通判杭州隄成度用
財力甚省而亭且可久乃復得故官留再任會是時
呂文靖公提點刑獄尤知公極論薦以爲材且召除
御史矣會母夫人死公行内修事母尤以孝聞所收
恤親屬多貧不能北歸留治喪南京哀戚毀甚未及
服除而卒年五十三天禧三年六月八日也留守王
沂公賻助之乃能具棺殯凡五娶賈氏高氏張氏耿
氏最後邊氏封太康縣君今皆贈郡太君邊氏則具

州邊公女也邊公諱明少所可知公而好之故女以
其子太康有賢行蓋見於國史公二男四女男曰守忠
肅守大理寺丞致仕曰守師給事中天章閣待制右
京留守女嫁太子中舍聶復貝州漳南縣令葛初子
尚書比部員外郎張參其一早死公初以文藝自進
然喜吏事所至強果辨治終以愛利爲人所思嘉祐
七年十一月二十三日葬于衛州新鄉縣貴德鄉戒
海里至熙寧元年十月乃始作銘刻之墓碑李氏故
博平人後徙内黄曾祖諱祚弗仕祖諱守澄開封府
襄邑縣尉考諱珣殿中丞銘曰
矯矯李公升自辭科啓迹澠池終功漸河課文曰治
武奏厥多毁于大吏曾不及嗇壽采琴未御虞殯遂歌

垂延在後寵祿有那苑衛西南彼墳陂陁追秩榮矣
哀如之何

贈禮部尚書安惠周公神道碑

公諱某字某姓周氏爲人倜儻有大節敏於文學達於政事　眞宗初即位以進士甲科除將作監丞通判齊州即有能名召還爲著作郎直史館提點開封府諸縣鎮公事歷三司戶部度支判官又皆有能名遂以右正言知制誥判吏部流內銓數進見奏事　眞宗以爲材其後置登聞鼓院糾察在京刑獄及考進士以糊名謄録之法　眞宗皆自選主者而輒以屬公居糾察未幾遂以樞密直學士知開封府聽斷明審無留事　眞宗滋以爲材至嘗幸其府問勞賦

詩樂飲然後去以公更外事亦久故不即大用而以
公知河中府又以知永興移天雄軍所至輒有聲績
數賜詔書獎諭於是　眞宗知公果可付以政即召
還除給事中同知樞密院事既而又以爲尚書禮部
侍郎樞密副使　眞宗得疾幾不寤丁晉公用事逐
去寇萊公而以公爲黨亦逐去之以尚書戶部侍郎
知青州既而又以爲太常少卿知光州　仁宗即位
稍遷祕書監知杭揚二州晉公得罪去還公禮部侍
郎留守南京召見之將復用公病矣乃請知潁州自
潁徙陳自陳徙汝至汝若干年以某年某月某甲子
卒春秋五十九訃聞天子爲震悼贈禮部尚書賻賜
錄其子孫加等謚曰安惠初公奮白衣數年遂知制

詔特爲　眞宗所禮禁中事大臣所不得聞者往往爲公道之公亦慷慨爲上言事無所撓而其言祕世莫得盡聞東封還公卿大夫皆獻文章頌功德公獨上書進戒及在樞密進止侃侃不以丁晉公方盛爲之詘節故爲所逐公好收挽後進士得一善汲汲如世之夸者爲己進取未嘗問家人生産好讀書善爲文有文集二十卷獨奏事諸草則公既焚之矣無在者愛其弟越甚篤與越皆以能書爲世所稱每書輒爲人取去積階至金紫光祿大夫勳至上柱國爵至汝南郡開國公食邑至四千一百戶食實封至九百戶嘗爲東京留守判官東封考制度副使亦皆眞宗所自選也周氏世爲淄州鄒平人公曾祖考諱

某祖考諱某皆儒者以學行知名山東考諱某仕歷
御史終尚書都官貟外郎及公貴贈曾祖考某官祖
考某官考某官公夫人王氏北海郡夫人先公一年
卒於公之卒也公子延荷爲大理寺丞延讓爲太常
寺太祝延壽爲東頭供奉官閤門祗候延雋爲大理
評事以某年某月某甲子葬公鄭州新鄭縣平康鄉
之北原而以王氏祔其後若干年公子延雋爲尚書
都官郎中累贈公至某官始追序公世次閥閱行治
來請曰先人名位功德嘗顯矣而墓碑無刻諸孤獨
延雋爲後死微夫子許我則無以詒永久嗟乎公之
事遠矣蓋雖公子有所不及知故所次止於如是
觀公所以進而公之材可見視公所以遂而公之[illegible]

可知懔懔乎一世之名臣[illegible]所[illegible]此不爲[illegible]

曰

群獻俣俣御于　帝所出入百年將相文武有如[illegible]

公左右　眞宗自初筮仕以至[illegible]咏國晦顯險夷考[illegible]

一德公去州郡無民不思公來朝廷　天子所知[illegible]

論造功每成無隳誰私黨讎用[illegible]國威福聞上不豫乃

讒乃逐既投有罪而以公歸退[illegible]一州遂隕于腓美

矣邪士公之季子銘詩墓門載以龜趾

臨川先生集卷第八十九

臨川先生文集卷第九十

行狀

墓表

外祖黄夫人墓表

韶州翁源縣令楊府君墓表

尚書兵部員外郎知制誥謝公行狀

公諱絳字希深其先陳郡陽夏人以試祕書省校書郎起家中進士甲科守太常寺奉禮郎七遷至尚書兵部員外郎以卒嘗知汝之潁陰縣校理祕書直集賢院通判常州河南府爲開封府三司度支判官與修　眞宗史知制誥判吏部流内銓最後以請知鄧州遂葬於鄧年四十六其卒以寶元二年公以文章貴朝廷藏於家凡八十卷其制誥世所謂常楊元白不足多也而又有政事材遇事尤劇尤若簡而有餘所至輒大興學舍莊懿明肅太后起二陵於河南不

取一物於民而足皆公力也後河南聞公喪有出涕
者諸生至今祠公像於學鄧州有僧某誘民男女數
百人以昏夜聚爲妖積六七年不發公至立殺其首
弛其餘不問又欲破美陽堰廢職田復召信臣故渠
以水與民而罷其歲役以卒故不就於吏部所施置
爲後法其在朝大事或諫小事或以其職言郭皇后
失位稱詩白華以諷爭者能公又救之嘗上書論四
民失業獻大寶箴議昭武皇帝不宜配上帝請罷內
作諸音巧因災異推天所以譴告之意言時政又論
方士不宜入宮請追所賜詔又以爲詔令不宜偏出
數易請錄中書密院然後下其所嘗言甚衆不可悉
數及知制誥自以其近臣上一有所不聞其責今豫

我俞懷慨欲以論諫爲己事故其葬也廬陵歐陽公銘其墓尤嘆其不壽用不極其材云卒之日歐陽公入哭其室撫無新衣出視其家庫無餘財箸食者數十人三從孫弟姪皆在而治衣櫛纔二婢平居寬然貌不自持至其敢言自守矯然壯者也謝氏本姓任自受氏至漢魏無顯者而盛於晉宋之間至公再世有名爵於朝而四人皆以材稱於世先人與公皆祥符八年進士而公子景初等以歷官行事來曰願有述也將獻之太史謹撰次如右謹狀

彰武軍節度使侍中曹穆公行狀

公諱瑋字寶臣眞定府靈壽縣人少以蔭爲天平武寧二軍牙內都虞候至道中李繼遷盜據河西銀夏

等州後又擊諸[illegible]部并其衆李繼隆范廷召等數出無功而朝廷終棄靈武繼遷遂强屢入邊州爲寇當是時公爲東頭供奉官閤門祗候年十九　太宗問大臣誰可使當繼遷者武惠王以公應詔　太宗以知渭州而欲除諸司使以遣之武惠王爲公固讓乃以本官知渭州　眞宗即位改内殿崇班閤門通事舍人西上閤門副使移知鎭戎軍當是時繼遷虐使其衆人多怨者公即移書言朝廷恩信撫納之厚以動之羌人得書往往感泣於是康奴諸族皆内附咸平六年繼遷死其子德明求保塞公上書言繼遷擅中國要害地終身旅拒使謀臣狼顧而憂方其國危子弱不即捕滅後更盛强無以息民當是時朝廷欲以

惡致德明寢其書不用而河西大族延家妙等遂挾
其部人來歸諸將猶豫未知所以應公曰德明野心
去就尚疑今不急折其羽翮而長養就之其飛必矣
即自將騎士入天都山取之內徙德明由此遂弱而
至死不敢窺邊大中祥符元年召還除西上閤門使
邠寧環慶路兵馬都鈐轄兼知邠州東封遷東上閤
門使高州刺史再務眞定府定州路都鈐轄已而又
以爲涇原路都鈐轄兼知渭州公乃圖涇原環慶兩
路山川城郭戰守之要以獻　眞宗留其一樞密院而
以其一付本路使諸將出兵皆按圖議事祀汾陰遷
四方館使初章埋驕於武延鹹泊擬藏掘強於平涼
公皆誅之而汧渭之間無一羌犯塞八年遷英州

團練使知秦州秦西南羌唃廝囉宗哥李遵始大邊
獻方物求稱贊普公上書言夷狄無厭足其求必輕
中國大臣方疑其事會得公書遂不許而猶以爲保
順軍節度使公曰我狃遵矣又將爲寇吾治兵以俟
爾遵使其舅賞樣丹招熟户郭廝敦爲鄉導公即誘
樣丹捕廝敦而許以一州樣丹終殺廝敦公遂奏以
爲穎州刺史而樣丹亦舉南市城以獻先是張吉知
秦州生事熟户多去爲遵耳目及公誅樣丹即皆惶
恐避逃公許之入贖自首還故地而至者數千人後
遂帖服皆爲用至明年囉遵果悉衆號十萬寇三都
公帥三將破之追北至沙州所俘斬以萬計事聞除
客省使康州防禦使其後又破滅馬波叱臘鬼留等

諸羌囉遵遂以窮孤逃入磧中而公斥境隴上置弓
門威遠凡十寨自是秦人無事矣天禧三年召還除
華州觀察使以西人之恃公也復以爲鄜延路馬步
軍都部署四年遂除宣徽北院使鎮國軍節度觀察
留後簽署樞密院事丁晉公用事稍除不附己者乃
貶寇萊公即指公爲黨罷宣徽南院使出爲環慶路
都署又降容州觀察使知萊州晉公貶乃以公爲華
州觀察使知青州天聖三年除彰化軍節度觀察留
後知天雄軍又移知永興軍而詔使來朝至則除昭
武軍節度使而復遣之天聖五年以疾病求知孟州
得之會言事者以公宿將有威名不當置之閒處乃
以爲真定路馬步軍都部署知定州七年換彰武軍

節度使八年正月薨于位年五十八 皇帝爲罷朝兩日贈侍中謚曰武穆公爲將幾四十年用兵未嘗敗衂尤有功於西方舊羌殺中國人得以羊馬贖死如羌法公以謂如此非所尊中國而愛吾人奏請不許其贖又請補內附羌百族酋爲上軍主假以勲階爵秩如王官至今皆爲成法陝西歲取邊人爲弓箭手而無所給公以塞上廢地募人爲之若干畝出一卒若干畝出一馬至其重斂發兵戍守至今邊賴以實所募皆爲精兵在渭州取隴外籠竿川築城置兵以守曰後當有用此者及李元昊叛兵數出卒以籠竿川爲德順將軍而自隴以西公所措置人悉以爲便也自三都之戰威震四海唃廝囉聞公姓名即以

手加額在天雄契丹使過魏地輒陰勅其從人無得
高語疾驅至多憚公不敢仰視契丹既請盟 真宗
於兵事尤重慎即有邊手詔詰難至十餘反而公每
守一議終無以奪 真宗後愈聽信有論邊事者往
往密以付公可否好讀書所如必載書數兩無適春
秋公羊穀梁左氏傳而尤熟於左氏始娶潘氏馮翊
郡夫人忠武軍節度使同中書門下平章事韓國公
美之子後娶沈氏安國大夫人故相左僕射倫之
孫光禄少卿繼宗之子子男四人僖禮賓使知儀
州當元昊叛時以策說大將不能用反罪之遷韶
州以死倚終內殿崇班俱供備庫副使拒元昊於
兎亭戰死贈寧州刺史倩右侍禁一女子適四方館

使榮州刺史王德基孫五人諒諷東頭供奉官誼右
侍禁閤門祗候諝三班奉職諮右班殿直

魯國公贈太尉中書令王公行狀

公諱德用字元輔其先眞定人也世以財雄北邊而蔣公邢公皆倜儻喜赴人急歲飢所活以千計武康公當　太宗時貴寵任事以殿前都指揮使受遺詔輔　眞宗葬其先公河南密縣縣後分屬鄭州管城故今爲管城人焉公先喪其母韓國夫人宋氏事繼母魯國太夫人張氏以孝聞至道二年　太宗五路出師以討李繼遷之叛而武康公出夏州當是時公爲西頭供奉官而在武康之側年十七自護兵當前所俘斬及得馬羊功爲多及歸公又請殿將至臨公

以爲歸之至隘而爭先必亂亂而繼遷薄我必敗於
是又請以所護兵馳前至隘而陣武康爲公令於軍
曰至陣而亂行者斬公亦令曰至吾陣而亂行者吾
亦如公令至陣士卒帖然以此行而武康公亦爲之
按轡繼遷兵相隨屬左右望公莫敢近於是武康公
嘆曰王氏有兒矣及論功武康公曰吾爲大將不可
使子弟與諸將分功繼公不列三年遷東頭供奉官
咸平二年遷內殿崇班二年換御前忠佐馬軍副都
頭景德二年爲馬軍都頭大中祥符元年爲邢洺磁
相巡檢提舉捉賊男子張鴻霸聚黨界中爲盜朝廷
以名捕久之不得公以一車載壯士僞服爲婦人誘
之於野於是鴻霸與其黨三十二人皆得朝廷以爲

能移陝西東路提舉捉賊自陝以東爲盜者聞公擒
鴻霸事皆惴恐逃去五年爲環慶路指揮使奏事上
前忤旨責授鄆州馬步軍都指揮使是歲武康公薨
天子命公乘驛護喪歸京師已而還其舊職七年遷
散虞候散都頭八年遷散員內殿直都虞候天禧四
年爲殿前左班都虞候柳州刺史乾興元年爲捧日
左廂都指揮使英州團練使天聖三年改博州團練
使知康信軍城壞公使禁軍爲築築者久之而無敢
竊言望公使已以非其事者城成　天子賜書獎諭
五年移冀州兼馬步軍都部署是歲除康州防禦使
龍神衛四廂都指揮使又除捧日四廂都指揮使六
年除侍衛親軍步軍都虞候歸就職又除環慶路副

都部署不行八年除并代州馬步軍副都部署又除殿前都虞候十年除桂州觀察使侍衛親軍步軍副都指揮使權馬軍都指揮使諸將皆遷與士之請馬者皆不求有司而得故事取糞錢於軍以給公使自公死罷之使各置庫以待其軍用明道元年除福州觀察使軍人挾内詔求爲軍吏公爭曰軍人敢挾詔以干軍制後不可復治且軍吏不可使求而得得則軍人必大受其侵明肅太后固使與之公固不奉詔已而太后亦寤卒聽公及太后崩有司請衛士皆坐甲公又不奉詔曰故事無爲太后喪坐甲也於是天子心賢公以爲可用及閱太后宫得爭軍吏事遂以公檢校太保簽署樞密院事公固辭武人不學不

足以當大任　天子使中貴人趣公入院公於朝廷
臨義慷慨言無所顧計至於親戚故舊待之亦皆當
理而有恩故人爲人求官於公公問其得謝幾何故
人辭窮以實對公亦一不拒也歸而使家人以銀與之
曰爾所求者在此矣官非吾有不可得居頃之除樞
密副使三年除明州奉國軍節度觀察留後同知樞
密院事四年除安德軍節度使五年檢校太尉充宣
徽南院使寶元元年李元昊叛公嘗請將以扞邊
天子不許曰吾以公謀可也卒所以鎮撫扞治者亦
多公計策始人或以公威名聞天下而狀皃奇偉疑
非人臣之相御史中丞孔道輔因以爲人言如此公
不宜與機密在上左右　天子不得已以公爲武寧

軍節度使徐州大都督府長史兼本鎮賜手詔慰遣而言曰皆尚論公未止也又以公爲右千牛衛上將軍知隨州人爲公懼恬然唯不接賓客而已移曹州或聞孔溫業死以告曰是嘗害公者今死矣公愀然曰孔中丞嘗害君者乎彼其心所以事君當如此也惜乎朝廷無一忠臣言者服公以謂有德而終身自愧甚言曹人喜訟多盜佗日獄未嘗空也公在曹嘗無一人囚者數矣慶曆二年除檢校司空保靜軍節度使 天子以手詔賜公曰朕以卿重地勉視事毋以人言爲憂有傷卿者朕不聽契丹使劉六符過澶州書曰六符聞公久矣遇於此豈非幸也今此州歲大熟豈非公仁政之效也公謝曰 明天子在上固常

多豐年此豈吾力也今朝廷多賢士大夫可畏者吾老矣備位於此不足以累公稱數是歲移眞定府等路駐泊馬步軍都部署求奏事京師　天子使中貴人諭公入覲除宣徽南院使判成德軍固辭不得未行以契丹使使求周世宗所取三關故地聚兵幽薊爲若侵邊者乃移公判定州兼三路都部署聽以便宜從事而以楊崇勳知成德軍崇勳使客問公所以戰公曰吾患不仁不患不威患不知不患無功蓋見敵而後勝可制吾所戰豈可以豫言也公至定州則明賞罰以教戰契丹使人來覘或以告勸公執殺公置之不問曰吾視士卒皆樂戰可用矣使彼得歸以告其主是伐人之兵以不戰也明日大閱于郊公提

誓鼓誓師進退坐作終日不戮一人而畢乃下令具糗糧聽鼓於中軍將盡以汝行唯吾莫所嚮契丹聞之震恐巳而　天子密詔問公方略公上書論近世用兵之失與今所以料敵制勝之方甚備會兵罷徙公知陳州過都　天子使中貴人勞賜問公欲見否公辭謝備邊無功幸蒙　上恩赦誅徙内郡非有公事當對者不敢見三年移孟州召還署宣徽院事巳而出判相州六年除同中書門下平章事判澶州七年移鄭州封祁國公八年還除會靈觀使又除檢校太師判鄭州過都　天子召見慰勞皇祐二年除集慶軍節度使進封莒國公三年以年老求致仕詔以太子太師致仕大朝會綴中書門下班公威名雖老矣

尚爲四夷所憚而　天子亦賢公以爲可屬大事也四年復強起公以爲河陽三城節度使同中書門下平章事判鄭州六年遂以爲樞密使契丹使至公伴射使曰南朝以公使樞密而相富公可謂得人矣天子聞之賜公御弓一矢五十以寵焉嘉祐九年進封魯國公以年老求去位至六七　天子爲之不得已猶以爲忠武軍節度使景靈宮使又以爲同群牧制置使有詔五日一會朝給扶者以一子若孫一人是歲公年七十八矣明年二月辛未公以疾薨　天子至其第爲之罷朝一日又爲之素服發哀苑中而以太尉中書令告其第又賜以黃金水銀龍腦等物出內人撫其諸子公忠實樂易與人不疑不諱小過皇

之毅然有不可犯之色及就之温如也平生少玩好不以名位驕人而所得禄賜多施之親黨善治軍旅寬仁愛士卒士卒樂爲之盡與士大夫遊士大夫亦多服其度以爲莫能窺也夫人宋氏武勝軍節度使延渥之女也累封安定郡夫人先公卒後以子追封榮國夫人孝慈恭儉有助於公男子咸熙東頭供奉官早卒以子故累贈至右千牛衛將軍次咸藝西京左藏庫使果州團練使次咸庶内殿崇班早卒次咸蕡供備庫副使次咸康内殿承制女四人長嫁尚書駕部郎中張叔詹其次嫁太常博士程嗣恭國子博士寇譓皆早卒孫七人澤淵皆内殿崇班閤門祗候淑左侍禁湛左班殿直潭右班殿直沆瀛左侍禁温

未仕淑淇皆早卒曾孫二人任左侍禁价未仕公子下以五月甲申葬管城之先塋而國夫人祔謹具公歷官行事狀請牒考功太常議謚并史館

寳文閣待制常公墓表

右正言寳文閣待制特贈右諫議大夫汝陰常公以熙寧十年二月己酉卒以五月壬申葬臨川王某誌其墓曰公學不期言也正其行而已行不期聞也信其義而已所不取也 而非彫斲以為廉所不為也可使弱者立焉而非矯抗以為勇官之而不事召之而不赴或曰必退者也終此而已矣公為今天子所禮則出而應焉於是 天子悅其至虛已而問焉使莅諫職以觀其造已也使董學政以觀其

造士也公所言乎上者無傳然皆知其忠而不阿所施乎下者無助然皆見其正而不苟詩曰胡不萬年惜乎既病而歸死也自周道隱觀學者所取舍大抵時所好也違俗而適己獨行而特起嗚呼公賢遠矣傳載公久莫如以石石可磨也亦可泐也謂公且朽不得可也

太常博士鄭君墓表

德安鄭湜書其父太常博士諱詒字正臣之行治伐閱世次因其姊壻廣陵朱介之以來請曰鄭氏故家滎陽有善果者卒於唐江州刺史而子孫爲德安人自善果至晊七世生裔爲樂清縣令君之大父也裔生東君之父也以詩書教授鄉里而終不仕君以景

祐四年進士爲洪州都昌縣主簿於是令老矣事皆決於君而都昌至今稱以爲能又爲廬州合淝縣尉盜發輒得故其後無敢爲盜者又爲同州朝邑縣令當陝西兵事起察簿書度民力所堪以均賦役而人不困又掌集慶軍書記歲旱轉運使不欲除民租以爲其守而使君出視君以實除民租如法又遷祕書省著作佐郎知南康君南康縣移知梧州方是時儂智高爲亂吏多避匿即不往君獨亟往治城壍集吏民以守而州無事經畧使舉君以知賓州再遷至太常博士而歸爲陵臺令召見言事稱旨賜緋衣銀魚未赴以嘉祐三年三月二十四日卒年六十君前夫人張氏後失人吳氏子男三人其長則湜也〻〻公次

澴女四人其三人已嫁矣董　何贊朱介之其壻也君爲人孝友諒直得人一善若已出能振窮急而自養尤儉約自賔州歸所齎無南方一物其平生所爲如此今既以某年某月某日葬君德安之永泰鄉谷步里而未有以碣諸墓也敢因介之以告介之於余爲外姻而其妻能道君之實將懼泯没而無聞數涕泣屬其夫求得余之一言以表之墓上蓋余嘗奉使江東泝九江上廬山愛其山川而問其州人士大夫之賢而可與游者莫能言也今湜能言其父之賢如此問其州人之游仕於此者乃以爲良然嗟乎鄭君誠如此豈特一鄉之善士歟而其子男與女子又能如此故爲存次其說使表之墓上

貴池主簿沈君墓表

予先君女子三人其季嫁沈子也他日有問予先君之壻而予告以沈子其知沈子之家者必曰是其父能文學他日從沈子於銅陵而遊觀其縣縣人得沈子必曰是其父能政事已而予求其父所爲書於沈子沈子曰先君卒於逆旅其書悉爲人取去無在者又問其政事曰吾嘗聞於祖母矣先君爲池州貴池縣主簿令不能而縣大治者先君之力也嘗攝銅陵縣事縣人有兄弟爭財者先君能爲辨其曲直而卒使之感寤讓財相與同居其去也兩縣人追送濟泣遠焉而後去其施設之方則吾不得其詳也沈子遂言曰先君事生嚴喪死哀自族人至於婚友無所不

盡其心終身好書未嘗一日不讀而於酣樂娛戲未嘗
豫也循道守官以不諂其上而幾至於殆者數矣故其
仕嘗有去志而無留心唯不得壽考富貴以卒其學問
究其施設故其文章不多見而獨爲士友所知其行義
不博聞而獨爲親黨所稱其政事不大傳而獨爲邑人
所記日月行矣不卽論次懼將卒於無傳也吾願以此
屬子矣予應曰然予之先君固賢矣而又有賢子其後世
將必大不可使無考也於是爲之論次曰君諱某字某
其世家于杭州之錢塘而其先湖州之武康人也武康
之族顯久矣至唐有既濟者爲尚書禮部員外郎生傳
師爲尚書吏部侍郎贈吏部尚書尚書生詢爲潞州
刺史昭義軍節度使自昭義以上三世皆有名迹列於

國史昭義生丹爲舒州團練判官舒州生宰江南李氏時爲饒州刺史饒州生廷蘋爲濠州軍事推官濠州生承誨　大宋爲明州定海縣主簿累贈光禄卿光禄生玉尚書屯田郎中知眞州軍州事君眞州之子天聖二年以進士起家楚州司法參軍再調爲池州貴池縣主簿年三十六疾卒於京師之逆旅夫人元氏生男子伯莊季長叔通皆爲進士而季長則予先君之壻也君以某年某月某甲子葬眞州城北之原蓋其行義文學政事皆如其子之言云

建昌王君墓表

君建昌南城人姓王氏諱某字君玉少則貧窶事親盡力未嘗佚游慢戲以棄一日亦未嘗屈志變節以

辱於一人故雖食蔬水飲而父母有歡愉之心徒步襤縷而鄉人有畏難之色及其有子則盡其方以教子於是鄉人之子弟皆歸之君隨少長所能以教又盡其力蓋娶邑里周氏女有賢行能助君所爲生四子無忌無咎無隱無悔皆進士無忌早卒而無咎獨中第爲揚州江都縣尉率君之教博學能文篤行不怠然人以爲君能長者以有是子而非特其教之力也君亦嘗舉進士不中某年年六十五以某月日卒於江都其子之官舍明年三月二十四日葬所居縣裹屯之原葬久矣無咎始求予文以表君墓當時無咎斉台州天台縣令教授於常州其學彌勤其行彌厲其志蓋非有求於茲世而止能使君顯聞於後世

庶其在此以予不肖而言之不美也安能有所重以
稱君之孝子耶亦論次之如此

處士征君墓表

淮之南有善士三人皆居於眞州之揚子杜君者寓
於醫無貧富貴賤請之輒往與之財非義輒謝而不
受時時窮空幾不能以自存而未嘗有不足之色蓋
善言性命之理而其心曠然無累於物而予嘗與之
語久之而不厭也徐君忠信篤實遇人至謹雖疾病
召筮不正衣巾不見寓於筮日得百數十錢則止不
更筮也能爲詩亦好屬文有集若干卷兩人者以醫
筮故多爲賢士大夫所知而征君獨不聞於世征君
者諱某字某事其母夫人至孝居鄉里恂恂恭謹樂

振人之窮急而未嘗與人校曲直好蓄書能爲詩有子五人而教其三人爲進士某今爲某官某今爲某官某亦再貢於鄉征君與兩人者相爲友至驩而莫逆也兩人者皆先征君以死而征君以某年某月某甲子終于家年七十七噫古者一鄉之善士必有以貴於一鄉一國之善士必有以貴於一國此道亡也久矣余獨私愛夫三人者而樂爲好事者道之而征君之子又以請於是書以遺之使之鑱諸墓上征君諱嬰字大和徐君諱仲堅字某

鄱陽李夫人墓表

鄱陽處士贈大理評事黃君諱某之妻太平縣君鄱陽李氏者今太常博士巽之母也年若干以嘉祐五

年十一月乙酉終而以後年十一月丙子從其夫葬鄱陽長順里之西原葬若干年而太君之子所與游者臨川王某表其墓曰太君之爲女子以善事父母聞於鄉里及嫁移所以事父於舅而致其禮有加焉凡在舅黨者無不禮也移所以事母於姑而致其愛無損焉凡在姑黨者無不愛也相其夫以正而順誨其子以義而慈處士君嘗娶而有子矣蓋視遇之無異於己子其後太君之子以進士起爲閩人而州之士大夫皆曰是母非獨能教亦其爲善也宜有子初其子爲尉於宣州之太平又參虔州錄事皆欲迎太君以往太君曰吾助汝父享祠春秋於此義終不得獨往及爲南劍州順昌縣令知洪州新建縣事而處

士君已不幸乃曰吾老矣今而後可以從子故其終在新建其子之官寢太君生一男二女男即博士女皆已嫁其幼蚤卒其長者少喪其配事姑以孝聞而不嫁州之士大夫又皆曰是母能教非獨施於其一男而已蓋其女子亦母之力也嗚呼豈不賢哉

外祖母黃夫人墓表

外祖夫人黃氏生二十二年歸吳氏歸五十年而卒卒三月而葬康定二年十二月也夫人淵靜裕和不彊而安事舅姑夫撫子皆順適吳氏內外族甚大朝夕相與居歲時以辭幣酒食相綴接卒夫人之世戚疏愚良一無閒言又喜書史曉大致往往引以輔導處士信厚聞於鄉子為士無虧行繫夫人之助夫人

貴實不言笑聲若不能出聲然人亦不知其曉書史也某外孫也故得之詳明道中過舅家夫人春秋高矣視其禮猶若女婦然視其色不知其有喜慍也病且革以薄葬命子億其可謂以正始終也已舅藩既誌其葬四年某還自揚州復其墓復表曰聖人之教必繇閨門始後世諱於教者亦未之勤而已天下相重以戾相蕩以侈荒然戰矣自公卿大夫無守德豈或女婦然或者女婦居不識廳屏並言不闈隣里是讚然也置則悖矣然其死也聞人傳焉以美之是亦教之熄也人人之不能然也傳焉以美之宜也矧如夫人者有不可表耶於戲

翁源縣令楊府君墓表

君諱某字某故華陰楊氏其爲臨江軍之清江人蓋
亦已久矣曾皇祖曰某仕江南李氏爲大理評事皇
祖曰某皇考曰某 眞宗時以行義聞嘗召之不起
初宰相王隨少時與友善 仁宗即位隨知杭州諫
以皇考奉章入賀既至度不可屈乃已後終推子弟
一官以與其子得太廟齋郎君是也初任袁州萍鄉
縣尉會令免獨當一縣豪猾吏民以君少共爲十餘
獄嘗之君立斷治大服又選饒州德興縣主簿舉餘
干縣令大水民乏食有死者君以便宜出常平米計
口賤糶又誘富人發錢米所活人蓋數萬縣人蘧璉
捕荅盜父因殺子誣璉以求賂君治服語璉曰汝歸
以米百石餉貧民所以謝我至州州吏疑璉大姓持

畧當是時范文正公爲將閣璉没來時長官何言璉
道君語公曰楊某洽此不自嫌可以無疑也璉卒得
雪歸舖民如君語蓋君爲文正公所信如此而能得
民樂輸多此類又除韶州翁源縣令轉運使舉監廣
州市舶司至一月卒年四十二某年某月某日也以
某年某月某日葬某縣某鄉某里君事後母孝至然
謹於人喪或大寒脫衣買棺以赴之平生如此不一
既已未嘗爲人道死之日家所有獨其父書十餘篋
學者甚衆然仕終不遂其可惜也已娶陳氏子曰遘
漳州軍事判官曰通池州建德縣尉皆時所謂才士
也天所以報施蓋將在於是

臨川先生文集卷第九十

宋本臨川先生文集

（宋）王安石 撰

第八册

國家圖書館出版社

第八册目録

臨川先生文集卷第七十三……五五

臨川先生文集卷第七十四……七七

臨川先生文集卷第七十九……一九七

臨川先生文集卷第八十……二一五

臨川先生文集卷第十一

雜著

先大夫述 并集序附

題王逢原講孟子後

許氏世譜

傷仲永

同學一首別子固

書瑞新道人壁

讀孟嘗君傳

讀柳宗元傳

讀江南録

書李文公集後

先大夫述

王氏其先出太原今爲撫州臨川人不知始所以徙其後有隱君子某生某以子故贈尚書職方員外郎職方生衛尉寺丞某公考也公諱某始字損之年十

七以文干張公詠張公奇之改字公舜良祥符八年得進士第爲建安主簿時尚少縣人頗易之旣數月皆畏翕然令賴以治嘗疾病闔縣爲禱祠縣人不時入稅州咎縣公曰孔目吏尚不時入稅貧民何獨爲邪即與校至府門取孔目吏以歸杖二十與之期三日盡期民之稅亦無不入自漕已下皆側目爲判官臨江軍守不法公遇事輒據（一無）守之以故事一政吏爲文書謾其上至公輒閣軍有（一無）關灘號難度以腐船度輒返吏呼公爲判官灘去豪吏大姓至相與出錢求轉運使下吏出公領新淦縣縣大治今三十年吏民稱說如公在改大理寺丞知（一無）盧陵縣又大治移知新繁縣改殿中丞到縣條宿姦數人上府流惡處自餘

一以恩信治之嘗歷歲不笞一人知韶州攺太常博士尚書屯田員外郎夷越無男女之別前守類以爲俗然即其得可已者弗寃公曰同是人也不可瀆其倫夫所謂因其俗者豈謂是耶凡有萌蘖一切擿矜窮治之時未幾男女之行于市者不敢一塗胡先生瑗爲政範亦掇公此事部縣翁源多虎公教捕之民言虎自斃者五令斷虎頭輿致州爲頌以獻公麾輿者出以頌還令其不喜佞不以其道説之不説也如此蜀劾忠士屯者五百人代不到謀叛韶小州即有變無所可捍梧佐吏始殊恐公不爲動獨捕其首五人即日斷流之護出之界上劫佐吏固爭請付獄既而聞其徒謀若以首遁獄當夜劫之以叛衆乃愈服

公宇營驛倉庫建坊道隨所施設有條理長老言自
嶺海服朝廷爲吾置州守未有賢公者丁衛尉府君
憂服除通判江寧府闕兩淛一以府倚公辦寶元二
年二月二十三日以疾棄諸孤官下其年四十六公
於忠義孝友非勉也官游常奉親行獨西川以遠又
法不聽在新繁未嘗劇飲酒歲時思慕哭殊悲其自
奉如甚嗇者異時悉所有又貸其於人治酒食須以娛
其親無秋毫愛也人乃或以爲奢居未嘗怒詈子弟
每置酒從容爲陳孝悌仁義之本古今存亡治亂之
所以然甚適其自任以世之重也雖人望公則亦然
卒之官不充其材以夭嗚呼其命也毋謝氏以公故
封永安縣君娶某氏封長壽縣君子男七人女一人

適張氏處兩人將以某月日葬某處子某某等謹撰次
公事如右以求有道而文者銘焉以取信於後世

先大夫集序

君子於學其志未始不欲張而行之以致君下膏澤
於無窮唯其志之大故或[illegible]位於朝而執
不足以自効則思慕古之人而作爲文辭亦不失其
所志也二帝三王群聖人之時賢俊並用雖窮處巖
穴亦振而在高位其志莫不得施而文之傳于後者
少矣後之時非古之時也人之不得志者常多而以
文自傳者紛如也先大夫少而博學及強年有仕進
之望其志欲有以爲而遽没其於文所不暇也一日
諸子閱稾中乃得舊歌詩百餘篇雖此不足盡識其

志然調詠情性其亦有以助于道者不忍棄去也輒序次之嗚呼公之詩君子覩之當自知矣不敢贊也

題王逢原講孟子後

逢原在常江陰時學者有問以孟子而逢原爲之論説是以如是其詳也未幾而逢原卒故其書纔終於一篇而考之時不同蓋其志猶未就也雖然觀其説亦足以槩見之矣若逢原所謂見其進未見其止也其卒時年二十八嗚呼惜哉逢原卒於嘉祐己亥六月後七年講義方行

許氏世譜

伯夷神農之後也佐堯舜有大功賜姓曰姜其後見經者四目曰申詩所謂申伯者是也曰呂書所謂呂

侯者是也曰齊曰許春秋内書齊侯許男是也周衰
許男嘗從大侯侵伐會盟著於春秋及後世復國而
子孫以其封姓然世傳有許由者堯以天下讓由由
不受逃之箕山箕山上蓋有許由冢焉其事不見於
經學者皆疑之或曰由亡求於世者耳雖與之天下蓋
不受也故好事者以云而由與伯夷其生後先所祖
同不同莫能知也漢興許氏侯者六人柏至侯盎宋
子侯瘛嚴侯猜此三侯者其始以將封而史不書其
州里平恩侯廣漢博望侯舜樂成侯延壽此三侯者
同産昆弟也以外戚起於宣元之世曰昌邑人也盎孫
昌嘗爲丞相延壽及廣漢弟子嘉嘗爲大司馬至王
莽敗許氏始皆失其封云後漢會稽有許荊者循吏

也許慎者以經術顯許峻者爲易林傳於世許揚者
治鴻隙陂有德於汝南汝南之民報祭焉許靖者避
地交州後入蜀先主以爲太傅與從弟劭俱善論人
物劭兄虔亦知名世稱平輿淵有二龍焉慎峻揚靖
皆汝南人也許褚者家於譙以忠力事魏封侯牟鄉
許慈者家南陽入蜀父子爲博士司馬晉時有許孜
者東陽人也德行高察孝廉不起老於家其子白生
亦有至性焉初許氏爵邑於周子孫播散四方有紀
者猶不乏焉至昌邑始大者間興於汝南其後祖高
陽者爲最盛然高陽之族不見其所始有據者仕魏
歷校尉郡守生允爲鎮北將軍允三子皆仕司馬晉
奇司隸校尉猛幽州刺史奇子遐侍中猛子式平原

太守自允至式皆知名允後五世詢司馬晉嘗召官
之不起詢孫珪爲鼓陽太守於齊珪生勇慧齊太子
家令允從僕射勇慧生懋篤學以孝聞卒於梁爲中
庶子懋生亨爲陳衛尉卿嘗領史官次齊梁時事有
子善心爲之卒業是時有許紹者善心族父也通守
夷陵治有恩流户自歸數十萬爲卒有勞於唐爵安陸
郡公國師欽寂欽明其後也國子師紹少子寬博有器
幹别自封平恩勇與敬宗俱龍朔中宰相欽寂謂紹
曾大父也萬歲中師師當契丹爲所敗執以如安東
使説守者降至安東曰賊今且破滅公勉守無忌忠
已契丹即殺之是歲弟欽明亦遇殺欽明爲涼州都
督案行卒與突厥遇亦執使降至靈州顧爲虜言官

守者所以破賊兄弟將兵一旦同以身徇邊邑鄙賢者
榮之敬宗者善心子也始以公開郡於高陽而其孫
令伯以久稱當世天寶之亂敬宗有孫曰遠而張巡
以睢陽亢賊自以不及巡推巡爲將而親爲之下久
之食已盡煮茶紙以食猶堅守賊所以不得南向以
睢陽弊其鋒也卒而俱死者皆天下豪俊義士云唐
亡遠孫儒不義朱梁自雍州入于江南終身不出爲
儒生稠沈毅有信仕江南李氏參德化王軍事稠生
規好道家言不以事自累嘗爵宣歙間聞旁舍呻呼
就之曰我某郡人也察君長者且死願以骸骨屬君
曰指橐中黃金十斤曰以是交長者規許諾敬負其
骨千里拜黃金置死者家家大驚愧之曰請獻金如

兒言以爲許君壽規不頎竟去於是聞者滋以規爲
長者卒葬池州後以子故贈大理評事生遂遜迴三
子遂善事母里母屬其子輒曰汝獨不慚許伯通乎
祥符中　天子有事於大山加恩群臣遜當遷讓其
兄遂　天子以遂試將作監主簿遂子俞字堯言名
能文章大臣屢薦之有用不合者官以故不遂嘗知
興國軍大治縣縣人至今稱之俞兩子均爲進士遜
字景山嘗上書江南李氏李氏歎奇之以爲崇文館
接書郎歲終拜監察御史後復上書　大宗論邊事
宰相趙普奇其意以爲用已合知興元府起鄭侯廢
堰以利民治澧荊揚三州爲盜者逃而去其事兄如
事父使妻事其長姒如事母故人無後爲嫁其女如

已子有子五人伯蘄州錄事參軍恢尚書虞部員外郎怡今為太子中舍簽書淮南節度判官廳公事元今為江淮荊湖兩浙制置發運使平泰州海陵主簿五人者咸孝友如其先人故士大夫論孝友者歸許氏元以國子博士發運判官七年遂為其使待制天章閣自　天子大臣莫不以為材其勞烈方在史氏記余故不論而著其家行云迴字光遠其事母如伯通之孝事其兄如景山之為弟也慷慨有大意少嘗仕李氏後不復仕與其兄俱葬顏村有子曾為進士方壯特亦慨然好義天下事今為太廟齋郎臨川王某曰余譜許氏自據以下其緒傳始顯焉然自許男見於周其後數封而有紀之子孫多焉考是論之夫

伯夷之所以佐其君治民余讀書未嘗不喟然歎思之也傳曰盛德者必百世祀若伯夷者盖庶幾焉彼其後世忠孝之良亦使之遭時沐浴舜禹之間以盡其材而與夫夔皋熊虎之徒俱出而馳焉其孰能概之耶

傷仲永

金谿民方仲永世隸耕仲永生五年未嘗識書具忽啼求之父異焉借旁近與之即書詩四句并自爲其名其詩以養父母收族爲意傳一鄉秀才觀之自是指物作詩立就其文理皆有可觀者邑人奇之稍稍賓客其父或以錢幣乞之父利其然也日扳仲永環於邑人不使學予聞之也久明道中從先人還家

於舅家見之十二三矣令作詩不能稱前時之聞又七年還自揚州復到舅家問焉曰泯然衆人矣王子曰仲永之通悟受之天也其受之人也賢於材人遠矣卒之爲衆人則其受於人者不至也彼其受之天也如此其賢也不受之人且爲衆人今夫不受之天固衆人又不受之人得爲衆人而已耶

同學一首別子固

江之南有賢人焉字子固非今所謂賢人者予慕而友之淮之南有賢人焉字正之非今所謂賢人者予慕而友之二賢人者足未嘗相過也口未嘗相語也辭幣未嘗相接也其師若友豈盡同哉予考其言行其不相似者何其少也曰學聖人而已矣學聖人則

其師若友必學聖人者聖人之言行豈有二哉其相似也適然予在淮南爲正之道子固子固不予疑也還江南爲子固道正之子固亦以爲然予又知所謂賢人者既相似又相信不疑也子固作懷友一首遺予其大略欲相扳以至乎中庸而後已正之蓋亦嘗云爾夫安驅徐行轥中庸之庭而造於其堂舍二賢人者而誰哉予昔非敢自必其有至也亦願從事於左右焉爾輔而進之其可也噫官有守私有繫會合不可以常也作同學一首別子固以相警且相慰云

書瑞新道人壁

始瑞新道人治其衆於天童之景德予知鄞縣愛其材能數與之遊後新主此山之四年予自淮南來視

蘇州之積水卒事訖焉則新既死於[illegible]
知與不知莫不愴焉而子與之又久以深宜其[illegible]
夫新之材信奇矣然自放於世外而人悼惜之如此
彼公卿大夫操治民之勢而能以利澤加焉則其生
也榮其死也哀不亦宜乎皇祐五年六月十五日臨
川王某介甫題

讀孟嘗君傳

世皆稱孟嘗君能得士士以故歸之而卒賴其力以
脫於虎豹之秦嗟乎孟嘗君特雞鳴狗盜之雄耳豈
足以言得士不然擅齊之強得一士焉宜可以南面
而制秦尚何取雞鳴狗盜之力哉夫雞鳴狗盜之出
其門此士之所以不至也

讀柳宗元傳

余觀八司馬皆天下之奇材也一爲叔文所誘遂陷於不義至今士大夫欲爲君子者皆羞道而喜攻之然此八人者既困矣無所用於世往往能自強以求列於後世而其名卒不廢焉而所謂欲爲君子者吾多見其初而已要其終能毋與世俯仰以自別於小人者少耳復何議彼哉

讀江南録

故散騎常侍徐公鉉奉　太宗命撰江南録至李氏亡國之際不言其君之過但以歷數存亡論之雖有愧於實録其於春秋之義（春秋臣子爲君親諱禮也）箕子之說（周武王克商問箕子商所以亡箕子不忍言商惡以存亡國宜告之）徐氏録爲得焉然吾

闓國之將亡必有大惡惡者無大於殺忠臣國君無道不殺忠臣雖不至於治亦不至於亡紂爲君暴虐矣武王觀兵於孟津諸侯請伐紂武王曰未可又聞其殺王子比干然後知其將亡也一舉而勝焉季粱在隋隋人雖亂楚人不敢加兵虞以不用宮之奇之言晉人始有納璧假道之謀然則忠臣國之與也存與之存亡與之亡予自爲兒童時已聞金陵臣潘佑以直言見殺當時京師因舉兵來伐數以殺忠臣之罪及得佑所上諫李氏表觀之詞意質直忠臣之言予諸父中舊多爲江南官者其言金陵事頗詳聞佑所以死則信然則李氏之亡不徒然也今觀徐氏錄言佑死頗似妖妄與予舊所聞者甚不類不止於佑其

它所誅者皆以罪戾何也予甚怪焉若以商紂及隋虞二君論之則李氏亡國之君必有濫誅吾知佑之死信爲無罪是乃徐氏匿之耳何以知其然吾以情得之大凡毀生於嫉嫉生於不勝此人之情也吾聞鉉與佑皆李氏臣而俱稱有文學十餘年爭名於朝廷間當李氏之危也佑能切諫鉉獨無一說以佑見誅鉉又不能力諍卒使其君有殺忠臣之名踐亡國之禍皆鉉之由也鉉懼此過而又恥其善不及於佑故匿其忠而汙以它罪此人情之常也以佑觀之其它所誅者又可知矣噫若果有此吾謂鉉不唯厚誣忠臣其欺吾君不亦甚乎

書李文公集後

文公非董子作仕不遇賦惜其自待不厚以予觀之
詩三百發憤於不遇者甚衆而孔子亦曰鳳鳥不至
河不出圖吾已矣夫蓋歎不遇也文公論高如此及
觀於史一不得職則詆宰相以自快令吾於人也聽
其言而觀其行言不可獨信久矣雖然彼宰相名實
固有辨彼誠小人也則文公之發爲不忍於小人可
也爲史者獨安取其怒之以失職耶世之淺者固好
以其利心量君子以爲觸宰相以近禍非以其私則
莫爲也夫文公之好惡蓋所謂皆過其分者耳方其
不信於天下更以推賢進善爲急一士之不顯至寢
食爲之不甘蓋奔走有力成其名而後已士之廢興
彼各有命身非王公大人之位取其任而私之又自

以爲賢僕僕然忘其身之勞也豈所謂知命者耶記曰道之不行賢者過之不肖者不及也夫文公之過也抑其所以爲賢歟

書刺客傳後

曹沫將而亡人之城又刼天下盟主管仲因勿倍以市信一時可也予獨怪智伯國士豫讓豈顧不用其策耶讓誠國士也曾不能逆策三晉救智伯之亡一死區區尚足校哉其亦不欺其意者也聶政售於嚴仲子荆軻豢於燕太子丹此兩人者汙隱困約之時自貴其身不妄願知亦曰有待焉彼挾道德以待世者何如哉

孔子世家議

太史公叙帝王則曰本紀公侯傳國則曰世家公卿特起則曰列傳此其例也其列孔子爲世家奚其進退無所據耶孔子旅人也棲棲衰季之世無尺土之柄此列之以傳宜矣曷爲世家哉豈以仲尼躬將聖之資其教化之盛舄奕萬世故爲之世家以抗之又非極摯之論也夫仲尼之才帝王可也何特公侯哉仲尼之道世天下可也何特世其家哉處之世家仲尼之道不從而大寘之列傳仲尼之道不從而小而遷也自亂其例所謂多所抵牾者也

書洪範傳後

王某曰古之學者雖問以口而其傳以心雖聽以耳而其受以意故爲師者不煩而學者有得也孔子曰

不憤不啓不悱不發舉一隅不以三隅反則不復也夫孔子豈敢愛其道驁天下之學者而不使其蚤有知乎以謂其問之不切則其聽之不專其思之不深則其取之不固不專不固而可以入者口耳而已矣吾所以教者非將善其口耳也孔子沒道日以衰熄浸淫至於漢而傳注之家作爲師則有講而無應爲弟子則有讀而無問非不欲問也以經之意爲盡於此矣吾可無問而得也豈特無問又將無思非不欲思也以經之意爲盡於此矣吾可以無思而得也夫如此使其傳注者皆已善矣固足以善學者之口耳不足善其心況其有不善乎宜其歷年以千數而聖人之經卒於不明而學者莫能資其言以施於世也

予悲夫洪範者武王之所以虛心而問與箕子之所以悉意而言爲傳注者汨之以至於今冥冥也於是爲作傳以通其意嗚呼學者不知古之所以教而蔽於傳注之學也久矣當其時欲其思之深問之切而後復焉則吾將孰待而言耶孔子曰予欲無言然未嘗無言也其言也蓋有不得已焉孟子則天下固以爲好辯蓋邪說暴行作而孔子之道幾於熄焉孟子者不如是不足與有明也故孟子曰予豈好辯哉予不得已也夫予豈樂反古之所以教而重爲此譊譊哉其亦不得已焉者也

題張忠定書

忠定公沒久矣士大夫至今稱之豈不以剛毅正直

有勞于世如公者少歟先公年十七以上文見公賞見稱賞遂易字舜良時在昇州也竊覽遺蹟不勝感惻之至

題燕華仙傳

燕華仙事異矣黄君所爲傳亦辯麗可悉十方世界皆智所幻推智無方幻亦無窮必有合焉乃與爲類則王夫人之遇豈偶然哉

書金剛經義贈吳珪

惟佛世尊具正等覺於十方刹見無邊身於一尋身説無量義然旁行之所載累譯之並通理窮於不可得性盡於無所住金剛般若波羅蜜爲最上乘者如斯而已矣

與妙應大師說

妙應大師智緣診父之脉而知其子之禍福翰林王承旨疑其古之無有緣曰昔秦醫和診晉侯之脉而知良臣必死良臣之死乃見於晉侯之脉診父而知子又何足怪哉熙寧庚戌十二月十九日某書

題旁詩 仲子正字

旁近有詩云杜家園上好花時尚有梅花三兩枝日莫欲歸巖下宿爲貪香雪故來遲會秀老一見稱賞不已云絕似唐人旁喜作詩如此詩甚工也

臨川先生文集卷第七十一

臨川先生文集卷第七十二

書

答韓求仁書

比承手筆問以所疑哀荒久不爲報勤勤之意不可以虛辱故略以所聞致左右不自知其中否也唯求仁所擇爾蓋序詩者不知何人然非達先王之法言

者不能爲也故其言約而明肆而深要當精思而熟講之爾不當疑其有失也二南皆文王之詩而其所繫不同者周南之詩其志美其道盛微至於赳赳武夫兔罝之人遠至於江漢汝墳之域久至於衰世之公子皆有以成其德召南則不能與於此此其所以爲諸侯之風而繫之召公者也夫事出於一人而其不同如此者蓋所入有淺深而所施有久近故爾所謂小雅大雅者詩之序固曰政有小大故有小雅焉有大雅焉然所謂大雅者積衆小而爲大故小雅之言有疑於大雅者此不可不知也又作詩者其志各有所主其言及於大而志之所主者小其言及於小而志之所主者大此又不可不知也司馬遷以爲古

雅言王公大人而德逮黎庶小雅譏小己之得失而其流及上此言可用也又宣王之大雅其善疑於小而幽王之小雅其惡疑於大蓋宣王之善微矣其大者如此而已幽王之惡大矣其小者猶如此也凡序言刺某者一人之事也言刺時者非一人之事也刺言其事疾言其情或言其事或言其情其實一也何以知其如此墻有茨衛人刺其上也而卒曰國人疾之而不可道也是以知其如此也刺亂爲亂者作也閔亂爲遭亂者作也何以知其如此平王之揚之水先束薪而後束楚忽之揚之水先束楚而後束薪周之亂在上而鄭之亂在下故也亂在上則刺其上亂在下則閔其上是以知其如此也管蔡爲亂成王幼

序周公作鴟鴞以遺王非疾成王而刺之也特以敎
亂而已故不言刺亂也言刺亂刺褊刺奢刺荒序其
所刺之事也言刺時者明非一人之事爾非謂其不
亂也關雎之詩所謂悠哉悠哉輾轉反側者孔子所
謂哀而不傷者也何彼襛矣之詩所謂平王者猶武
王寧王而已非東周之平王也所謂齊侯者猶康侯
寧侯而已非營丘之齊侯也鄭緇衣之詩宜也好也
蓆也此詩先後之序也此詩言武公父子善善之無
已故序言以明有國善善之功焉蓆多也宜者以言
其所善之當也多者以言其所善之衆也緇衣者君
臣同朝之服也適子之館者往就之也爲之改作緇衣
而授之粲以粲者錫之而養之也能就之又能錫之而養之

此所以爲有國者之善善而異於匹夫之善善也夫
有國者善如此則優於天下矣其能父子善於其職
而國人美之不亦宜乎生民之詩所謂是任是負以
歸肇祀者言后稷既開國任負所種之穀以歸而肇
祀爾非以謂兆帝祀於郊也所謂卬盛于豆于豆于
登其香始升上帝居歆者言我既爲天子得祀郊則
盛于豆登其香始升而上帝居歆爾非以爲后稷得
郊也其卒曰胡臭亶時庶無罪悔以迄于今者言上
帝所以居歆何臭之亶時乎乃以后稷肇祀則庶無
罪悔以迄于今得郊祀之時爾蓋所謂文武之功起
於后稷故推以配天者此也衛有邶鄘之詩而說者
以謂衛後世并邶鄘而取之理或然也既無所受之

則疑而闕之可也意誠而心正心正則無所爲而不正故孔子曰詩三百一言以蔽之曰思無邪此詩之言故曰詩三百一言以蔽之也非以它經爲有異乎此也吾之所受者爲此則彼者吾之所弃也所謂彼哉彼哉者蓋孔子之所弃也孔子曰管仲如其仁仁也揚子謂屈原如其智不智也猶之詩以不明〻爲明又以不明爲昏考其辭之終始則其文雖同不害其意異也忠足以盡己恕足以盡物雖孔子之道又向以加於此而論者或以謂孔子之道神明不測非忠恕之所能盡雖然此非所以告曾子者也好勇過我也者所謂能勇而不能怯者也能勇〻而不能怯非或材也故孔子無所取古者鳳鳥至河出圖皆聖人一

上之時其言鳳鳥不至河不出圖者蓋曰無聖人在
上而已矣顏子具聖人之體而微所謂美人也其於
尊五美屏四惡非待敎也若夫鄭聲佞人則由外鑠
我者也雖若顏子者不放而遠之則其於爲邪也不
能無敗書曰能哲而惠何憂乎驩兜何畏乎巧言令
色孔壬由此觀之佞人者堯舜之所難而況於顏子
者乎夫佞人之所以入人者言而已言之入人不如
聲之深則鄭聲之可畏固又甚矣孔子曰如有所譽
其有所試矣謂顏子三月不違仁者蓋有所試矣雖
然顏子之行非終於此其後孔子告之以克己復禮
而請事斯語矣夫能言動視聽以禮則蓋已終身未
嘗違仁非特三月而已也語道之全則無不在也無

不爲也學者所不能據也而不可以不心存焉道之在我者爲德德可據也以德愛者爲仁仁譬則左也義譬則右也德以仁爲主故君子在仁義之間所當依者仁而已孔子之去魯也知者以爲爲無禮也乃孔子則欲以微罪行也以微罪行也者依於仁而已禮禮此者也智知此者也信信此者也孔子曰志於道據於德依於仁而不及乎義禮智信者其說蓋如此也揚子曰道以道之德以得之仁以人之義以宜之禮以體之天也合則渾離則散一人而兼統四體者其身全乎老子曰失道而後德失德而後仁失仁而後義失義而後禮揚子言其合老子言其離此其所以異也韓文公知道有君子有小人德有凶有吉

而不知仁義之無以異於道德此爲不知道德也管
仲九合諸侯一正天下此孟子所謂天之大任者也
不能如大人正己而物正此孔子所謂小器者也言
各有所當非相違也昔之論人者或謂之聖人或謂
之賢人或謂之君子或謂之仁人或謂之善人或謂
之士微子一篇記古之人出處去就蓋略有次序其
終所記八士者其行特可謂之士而已矣當記此時
此八人之行蓋猶有所見今亡矣其行不可得而考
也無君子小人至於五世則流澤盡澤盡則服盡而
尊親之禮息萬世莫不尊親者孔子也故孟子曰予
未得爲孔子徒也予私淑諸人也孟子所謂市廛而
不征法而不廛者先儒以國中之地謂之廛以周官

考之此說是也廛而不征者賦其市地之廛而不征其貨法而不廛者治之以市官之法而不賦其廛或廛而不征或法而不廛蓋制商賈者惡其盛盛則人去本者衆又惡其衰衰則貨不通故制法以權之稍盛則廛而不征已衰則法而不廛文王之時關譏而不征及周公制禮則凶荒札喪然後無征蓋所以權之也貢者夏后氏之法而孟子以爲不善者不善非夏后氏之罪也時而已矣責難於君者吾聞之矣責善於友者吾聞之矣雖然其於君也曰以道事之不可則止其於友也曰忠告而善道之不可則止王驩於孟子非君也非友也彼未嘗謀於孟子則孟子未嘗與之言不亦宜乎求仁義所問於易者尚非易之藴

也能盡於詩書論語之言則此皆不問而可知其嘗學易矣讀而思之自以爲知此則書之以待知易者質其義當是時未可以學易也唯無師友之故不得其序以過於進取乃今而後知昔之爲可悔而其書往往已爲不知者所傳追思之未嘗不媿也以某之愧悔故亦欲求仁愼之蓋以求仁之才能而好問如此某所以告於左右者不敢不盡冀有以亮之而已至於春秋三傳旣不足信故於諸經尤爲難知辱問皆不果荅亦冀有以亮之

荅龔深父書

某得手筆感慰尤喜侍奉萬福所示至深父事甚曉然不爲小廉曲謹以投衆人耳目而趣舍必度於仁

義是乃深父所以合於古人而衆人所以不識深父者也言之於深父何病揚雄亦用心於内不求於外不脩廉隅以徼名當世故某以謂深父於爲雄幾可以無悔揚雄者自孟軻以來未有及之者但後世士大夫多不能深考之爾孟軻聖人也賢人則其行不皆合於聖人特其智足以知聖人而巳故某以謂深父其知能知軻其於爲雄幾可以无悔揚雄之仕合於孔子無不可之義奈何欲非之乎若以深父不仕爲過於雄則自雄以來能不仕者多矣豈皆能過於雄乎若以深父之不仕爲與雄異則孟子稱禹稷顔回同道深父之於爲雄其以强學力行之所至仕不仕特其所遭義命之不同未可以議於此深父吾友

也言其義尤不敢略亦不敢誣所以致忠信於吾友
然以久廢學恐所論尚不中不惜更詳諭及也

再荅龔深父論語孟子書

某啓所論及異論其曉然道德性命其宗一也道有君子有小人德有吉有凶則命有順有逆性有善有惡固其理又何足以疑伊尹曰茲爲不義習與性成出善就惡謂之性亡不可謂之性成伊尹之言何謂也召公曰惟不恭厥德乃早墜厥命者所謂命凶也命凶者固自取然猶謂之命若小人之自取或幸而免不可謂之命則召公之言何謂也是古之人以無君子爲無道之無吉德爲無德則去之性非不可也雖然可以謂之無道而不可謂之道小人

無可謂之無德而不可以謂德無　可以謂之性亡
而不可以謂之性無惡孔子　和也習性遠也
無言相近之性以習而相遠則習不可以不慎非謂
天下之性皆相近而已矣孔子　南子爲有禮則孔
子不可告子路曰是禮也而曰天厭之乎孟子曰男
女授受不親禮也嫂溺援之以手者權也　有禮而
無權則何以爲孔子天下之理固不可以一言盡君
子有時而用禮故孟子不見諸侯有時而用權故孔
子不見南子孔子與蒲人盟而適衛者將以行法也
不如是則要盟者得志矣且有至于人而不得行則
聖人之無所柰何孔子之適衛非蒲之所能至則孔子
爲而不適衛蓋適衛然後足以明義此孔子之所

識也凡此皆畧爲深甫道之以深甫之明何難於荅
是而千里以書見及此固深甫之好問嗜學之無已
也久廢筆墨言不逮意幸察

荅王深甫書三

某拘於此鬱鬱不樂日夜望深甫之來以豁吾心而
得書乃不知所冀況自京師去潁良不遠深甫家事
會當有暇時豈宜愛數日之勞而不一顧我乎朋友
道喪久矣此吾於深甫不能無望也向說天民與深
甫不同雖蒙丁寧相教意尚未能與深甫相合也深
甫曰事君者以容於吾君爲悅安社稷者以安吾之
社稷爲悅天民者以行之天下而澤被於民爲達三
者皆執其志之所殖而成善者也而未及乎知命大

人則知命矣其則以謂善者所以繼道而行之可善者也孔子曰智及之仁能守之莊以涖之動之不以禮未善也又曰武盡美矣未盡善也孔子之所謂善者如此則以容於吾君爲悅者未可謂能成善者也亦曰容而已矣以容於吾君爲悅者則以不容爲戚安吾社稷爲悅則以不安爲戚吾身之不容與社稷之不安亦有命也而以爲吾戚此乃所謂不知命也夫天民者達可行於天下而後行之者也彼非以達可行於天下爲悅者也則其窮而不行也豈以爲戚哉視吾之窮達而無悅戚於吾心不知命者其何能如此且深甫謂以民繫天者明其性命莫不稟於天也有匹夫求達其志於天下以養全其類是能順天

者敢取其號亦曰天民安有能順天而不知命者乎深甫曰安有能視天以去就而德虧貶於大人者乎某則以謂古之能視天以去就其德貶於大人者有矣即深甫所謂管仲是也管仲不能正已者也然而至於不死子糾而從小白其去就可謂知天矣天之意固嘗甚重其民故孔子善其去就曰豈若匹夫匹婦之爲諒也自經於溝瀆而莫之知也此乃吾所謂德不如大人而尚能視天以去就者深甫曰正己以事君者其道足以致容而已不容則命也何恤於吾心哉正己而安社稷者其道足以致安而已不安則命也何恤於吾心哉正己以正天下者其道足以行天下而已不行則命也何窮達於吾心哉某則以謂

大人之窮達能無悅戚於吾心不能異欲達孟子曰我四十不動心又曰何爲不豫哉然而千里而見王是予所欲也不遇故去豈予所欲哉王庶幾改之予日望之夫孟子可謂大人矣而其言如此然則所謂無窮達於吾心者殆非也亦曰無悅戚而已矣深甫曰惟其正己而不期於正物是以使萬物之正焉某以謂期於正己而不期於正物而使萬物自正焉是無治人之道也無治人之道者是老莊之爲也所謂大人者豈老莊之爲哉正己不期於正物者非也正己而期於正物者亦非也正己而不期於正物是無義也正己而期於正物是無命也是謂大人者豈顧無義命哉揚子曰先自治而後治人之謂大器揚子

所謂大器者蓋孟子之謂大人也物正焉者使物取正乎我而後能正非使之自正也武王曰四方有罪無罪惟我在天下曷敢有越厥志一人横行於天下武王恥之孟子所謂武王一怒而安天下之民不期於正物而使物自正則一人横行於天下武王無爲怒也孟子没能言大人而不放於老莊者楊子而已深甫嘗試以某之言與常君論之二君猶以爲未也願以教我

二

某學未成而仕仕又不能俛仰以赴時事之會居非其好任非其事又不能遠引以避小人之謗讒此其所以爲不肖而得罪於君子者而足下之所知也往

者足下遽不棄絶手書勤勤尚告以其所不及幸甚幸甚顧私心尚有欲言未知可否試嘗言之某嘗以謂古者至治之世然後備禮而致刑不備禮之世非無禮也有所不備耳不致刑之世非無刑也有所不致耳故某於江東得吏之大罪有所不治而治其小罪不知者以謂好伺人之小過以爲明知者又以爲不果於除惡而使惡者反資此以爲言某乃異於此以爲方今之理勢未可以致刑致刑則刑重矣而所治者少不致刑則刑輕矣而所治者多理勢固然也一路數千里之間吏方苟簡自然狃於養交取容之俗而吾之治者五人小者罰金大者纔絀一官而豈足以爲多乎工尹商陽非嗜殺人者猶殺三人而止以

爲不如是不足以反命業之事不幸而類此若夫爲此紛紛而無與於道之廢興則亦知之矣抑所謂君子之仕行其義者竊有意焉足下以爲如何自江東日得戮於流俗之士顧吾心未嘗爲之變則吾之所存固無以媚斯世而不能合乎流俗也及吾朋友亦以爲言然後怵然自疑且有自悔之心徐自反念古者一道德以同天下之俗士之有爲於世也人無異論今家異道人殊德又以愛憎喜怒變事實而傳之則吾友庸詎非得於人之異論變事實之傳而後疑我之言乎況足下知我深愛我厚吾之所以日夜向往而不忘者安得不嘗試言吾之所自爲以冀足下之察我乎使吾自爲如此而可以無罪固夫善卽

足下尚有以告我使釋然知其所以爲罪雖吾往者已不及尚可以爲來者之戒幸留意以報我無忽

三

某啓不見已兩月雖塵勞汩汩企望盛德何日無之忽辱惠書承以論語義見教言微旨奧直造孔庭非極高明孰能爲之仰羨仰羨近蒙子固袁甫過我因與二公同觀尤所歎服何時得至金陵以盡遠懷

與王深父書

某頓首自與足下别日思規箴切劘之補甚於飢渴足下有所聞輒以告我近世朋友豈有如足下者乎之固某所望於足下者惜乎與足下相去遠過失日甚而不肯傳聞於足下誠使盡聞而盡教之雖古來之

患其庶幾少有成乎惟足下可以數附書爲勸幸甚

幸甚

二

某頓首近已奉狀不知到否昔之不得眺省中而今日就職聞足下當入都下幸能番萊冀得一見若足下來差池則某此月乞去至淮南迎親矣出不過三四十日則還至都下幸足下且留以待某還事欲講於左右者甚衆切勿遽去若今不得一見又不知何時奉見切勿亟歸也有王逢原者卓犖可駭自常州與之如江南已見其有過人者及歸而見之所學所守愈超然殆不可及忽得報死矣天於善人君子如此可歎可歎如逢原者求之於時殆未見比不知常君

方之孰賢耳可痛可痛恨足下不得見之耳書不盡意自愛自愛

答劉讀秀才書

久不聞問忽得書承侍奉萬福良以爲慰見問進退去就之意蓋道之所存意有所不能致而意之所至言有所不能盡第深考微子一篇則古之聖人君子所以趣時合變蓋可睹矣阻闊愈遠惟自愛數以書見及

臨川先生文集卷第七十二

臨川先生文集卷第七十三

書

答徐絳書

答李資深書

答韶州張殿丞書

答司馬諫議書

答曾公立書

答呂吉甫書

與王子醇書四

與趙卨書

回蘇子瞻簡

與陳和叔内翰簡

答許朝議書

答蔡天啓書

與參政王禹玉二

答曾子固書

答徐絳書

某啓某鄙朴未嘗得邂逅而蒙以書辱於千里之遠固已幸甚足下求免於今之世而求合於古之人不以問世之能言而欲有取於不肖此某之所以難於對也自生民以來爲書以示後世者莫深於易易之所爲作不出足下之所求文王以伏羲爲未足以喻世也故從而爲之辭至於孔子之有述也蓋又以文王爲未足此皆聰明睿智天下至神然尚於此不能

以一言盡之而患其踰之難也況以區區之中材而遇變故之無窮其能皆有所合而卒以自免乎雖能有所合而有以自免其可以易言而遽曉乎此某夙夜勉焉而懼終不及者也其能遽有以進左右者乎然學者患其志之不同而有志者欲其爲之不已某與足下幸志同矣如爲之不已他日邂逅得各講其所聞擇其可以守之庶其卒將有得焉蓋古之人其成未嘗不以友者此亦區區有望於君子也

答李資深書

某啓辱書勤勤教我以義命之説此乃足下忠愛於故舊不忍捐弃而欲誘之以善也不敢忘不敢忘雖然天下之變故多矣而古之君子辭受取舍之方不

一彼皆内得於己有以待物而非有待乎物者也非有待乎物故其迹時若可疑有以待物故其心未嘗有悔也若是者豈以夫世之毁譽者槩其心哉若某者不足以望此然私有志焉顧非與足下久相從而熟講之不足以盡也多病無聊未知何時得復晤語書不能一一千萬自愛

答韶州張殿丞書

某啓伏蒙再賜書示及先君韶州之政爲吏民稱誦至今不絶傷今之士大夫不盡知又恐史官不能記載以次前世良吏之後此皆不肖之孤言行不足信於天下不能推揚先人之功緒餘烈使人人得聞知之所以夙夜愁痛疚心疾首而不敢息者以此也先

人之存其尚少不得備聞爲政之迹然嘗侍左右尚能記誦教誨之餘蓋先君所存嘗欲大潤澤於天下一物枯槁以爲身羞大者既不得試已試乃其小者耳小者又將泯沒而無傳則不肖之孤罪大釁厚矣尚何以自立於天地之間耶閤下勤勤惻惻以不傳爲念非夫仁人君子樂道人之善安能以及此自三代之時國各有史而當時之史多世其家往往以身死職不負其意蓋其所傳皆可考據後既無諸侯之史而近世非尊爵盛位雖雄奇雋烈道德滿衍不幸不爲朝廷所稱輒不得見於史而執筆者又雜出一時之貴人觀其在廷論議之時人人得講其然不尚或以忠爲邪以異爲同誅當前而不慄訕在後而不

著苟以饜其忿好之心而止耳而況陰挾翰墨以義前人之善惡疑可以貸褒似可以附毀往者不能訟當否生者不得論曲直賞罰謗譽又不施其間以彼其私獨安能無欺於冥昧之間邪善既不盡傳而傳者又不可盡信如此唯能言之君子有大公至正之道名實足以信後世者耳目所遇一以言載之則遂以不朽於無窮耳伏惟閤下於先人非有一日之雅餘論所及無黨私之嫌苟以發潛德爲己事務推所聞告世之能言而足信者使得論次以傳焉則先君之不得列於史官豈有恨哉

荅司馬諫議書

某啓昨日蒙教竊以爲與君實游處相好之日久而

議事每不合所操之術多異故也雖欲強聒終必不蒙見察故略上報不復一一自辨重念蒙君實視遇厚於反覆不宜鹵莽故今具道所以冀君實或見恕也蓋儒者所爭尤在於名實名實已明而天下之理得矣今君實所以見教者以爲侵官生事征利拒諫以致天下怨謗也某則以謂受命於人主議法度而修之於朝廷以授之於有司不爲侵官舉先王之政以興利除弊不爲生事爲天下理財不爲征利闢邪説難壬人不爲拒諫至於怨誹之多則固前知其如此也人習於苟且非一日士大夫多以不恤國事同俗自媚於衆爲善 上乃欲變此而某不量敵之衆寡欲出力助 上以抗之則衆何爲而不洶洶然盤

庚之遷胥怨者民也非特朝廷士大夫而已盤庚不爲怨者故改其度度義而後動是而不見可悔故也如君實責我以在位久未能助　上大有爲以膏澤斯民則某知罪矣如曰今日當一切不事事守前所爲而已則非某之所敢知無由會晤不任區區向往之至

荅曾公立書

某啓示及青苗事治道之興邪人不利一興異論羣聾和之意不在於法也孟子所言利者爲利吾國如曲防遏糴利吾身耳至狗彘食人食則檢之野有餓莩則發之是所謂政事政事所以理財理財乃所謂義也一部周禮理財居其半周公豈爲利哉姦人者因名

貫之近而欲亂之以眩上下其如民心之願何始以爲不請而請者不可遏終以爲不納而納者不可卻蓋因民之所利而利之不得不然也然二分不及一分一分不及不利而貸之貸之不若與之然不與之而必至於二分者何也爲其來日之不可繼也不可繼則是惠而不知爲政非惠而不費之道也故必貸然而有官吏之俸輦運之費水旱之逋鼠雀之耗而必欲廣之以待其飢不足而直與之也則無二分之息可乎則二分者亦常平之中正也豈可易哉公立更與深於道者論之則某之所論無一字不合於法而世之譊譊者不足言也因書示及以爲如何

答呂吉甫書

某啓與公同心以至異意皆緣國事豈有它哉同朝紛紛公獨助我則我何憾於公人或言公吾無與焉則公何尤於我趣時便事吾不知其説焉攷實論情公宜昭其如此開喻重悉覽之悵然昔之在我者誠無細故之可疑則今之在公者尚何舊惡之足念然公以壯烈方進爲於聖世而某恭然衰疢特待盡於山林趣舍異路則相呴以濕不如相忘之愈也想趣召在朝夕惟良食爲時自愛

與王子醇書四

某啓得書承動止萬福良以爲慰洮河東西蕃漢集附即武勝必爲帥府今日築城恐不當小若以目前功多難成城大難守且爲一切之計亦宜勿隳舊城

審度地勢以待異時增廣城成之後想當分置市易務爲蕃巡檢大作廨宇募蕃漢有力人假以官本置坊列肆使蕃漢官私兩利則其守必易其集附必速矣因書希詳喻經畫次第秋涼自愛不宣

二

某啓承已築武勝又討定生羌甚善聞郢成珂等諸酋皆聚所部防招恩威所加於此可見矣然久使暴露能無勞費恐非所以慰悅衆心令見内附之利謂宜喻成珂等放散其衆量領精壯人馬防招隨宜犒勞使悉懷惠城成之後更加厚賞人少則賞不費財賜厚則衆樂爲用不知果當如此否請更詳酌蕩除强梗必有穀可獲以供軍有地可募人以爲弓箭手

特恐新募未便得力若募選秦鳳涇原舊人投換仍
許其家人刺手承占本名官主人負節級更與轉資
即素教之兵足以鎮服初附事難遥度心所謂然聊
試言之爾諸當條奏想不憚煩露次勞苦爲時自愛
不宣

三

某啓得書喻以禦寇之方　上固欲公毋涉難冒險
以百全取勝如所喻甚善甚善方今熙河所急在脩
守備嚴戒諸將勿輕舉動武人多欲以討殺取功爲
事誠如此而不禁則一方憂未艾也竊謂公厚以恩
信撫屬羌察其材者收之爲用令多以錢粟養戍卒
乃適足備屬羌爲變而　未有以事秉常董氊也誠

能使屬羌爲我用則非特無内患亦宜賴其力以棄
外寇矣自古以好坑殺人致畔以能撫養收其用皆
公所覽見且王師以仁義爲本豈宜以多殺斂怨耶
喻及青唐既與諸族作怨後無復合理固然也然則
近董氊諸族事定之後以兵威臨之而宥其罪使討
賊自贖隨加厚賞彼亦宜遂爲我用無復與賊合矣
與討而驅之使堅附賊爲我患利害不侔也事固有
攻彼而取此者服誠能挫董氊則諸羌自服安所事
討哉又聞屬羌經討者既亡蓄積又廢耕作後無以
自存安得不屯聚爲寇以梗商旅往來如募之力役
及伐材之類因以活之宜有可爲幸留意念恤邊事
艱遠度想公自有定計意所及嘗試言之春暄爲國

自愛不宣

四

某啓久不得來問恩仰可知本征內附熙河無復可慮矣唯當省冗費理財穀爲經久之計而已 上以公功信積著虛懷委任疆場之事非復異論所能搖沮公當展意思有以報 上餘無可疑者也某久曠職事加以疲病不能自支幸蒙恩憐得釋重負然相去彌遠不勝惓惓唯爲國自愛幸甚不宣

與趙卨書

某啓議者多言遂欲開納西人則示之以弱彼更倔強以事情料之殆不如此以我衆大當彼寡小我尚疲弊厭兵即彼偷欲得和可知我深閉固距使彼不

得安息則彼上下合懼并力一心致死於我此彼所以能倔強也我明示開納則彼孰敢違衆首議欲爲倔強者就令有敢如此則彼舉國背將德我而怨彼孰肯爲之致死此所以怨我而息寇也老子曰抗兵相加哀者勝矣此之謂也至於開納之後與之約和乃不可遽遽則彼將驕而易我蓋明示開納所以息其衆而紓吾患徐與之議所以示之難而堅其約也聖上恐龍圖未喻此指故令以書具道前降指揮如西人有文字詞理恭順即與收接聞奏宜即明示界上使我吏民與彼舉國皆知朝廷之意

回蘇子瞻簡

某啓承誨喻删畧幅知尚盤淵聖御名江比俯仰踰月豈勝

感悵得秦君詩手不能捨棄致遠適見亦以爲清新嫵麗與鮑謝似之不知公意如何餘卷正冒暄尚妨細讀嘗鼎一臠旨可知也公奇秦君數口之不置吾又獲詩手之不捨然聞秦君嘗學至言妙道無乃笑我與公嗜好過乎未相見跋涉自愛書不宣悉

與陳和叔内翰簡

某啓今日承以劵致饋喻今來取與和叔交游三十餘年豈敢復相求於未度然人道所以相交際亦宜粗有禮非苟以豢養爲利而已是以不敢拜貺竊恐此非公舊然久客於此每以煩費公帑爲慙自是臺無餽亦亦善乎餘留面叙不宣

答許朝議書

某啓連得誨示具感慰歲暮寒冽想比日安佳頃在朝廷觀公議法每求所以生之竊想今爲州亦用此意公壽考康寧子孫蕃衍當以此也咫尺思一相見情何有已唯冀良食自愛永綏福履不宣

荅蔡天啓

某啓近附書想達比日安否如何何時南來日以企佇得書説同生基以色立誠如是也所謂猶如野馬熠熠清擾者日光入隙所見是也衆生以識精木合此而成身衆生爲想所陰不依日光則不能見想陰既盡心光發宣則不假日光了了見此此即所謂見同生基也未即會晤爲道自愛數以書見及尊教授想比日安佳未及爲書

與參政王禹玉

某啓越宿伏惟台候萬福某久尸宰事每念無以塞責而比者憂患之餘衰疹浸加自惟身事漫不省察持此謀國其能無所曠廢以稱主上任用之意乎況自春以來求解職事至于四五今則疾病日甚必無復任事之理仰恃契眷謂宜少敦僚友之義曲爲開陳使得壽遂所欲而不宜適上見留以重某逋慢之罪也區區之懷言不能盡惟望深賜矜憐而已不宜

二

某啓繼蒙賜臨傳喻聖訓徬徨踧踖無所容措某羈孤無助遭値大聖獨排衆毀付以宰事苟利於國

豈謂縻殞顧自念行不足以悅衆而怨怒實積於親貴之尤智不足以知人而險詖常出於交游之厚且據勢重而任事久有盈滿之憂意氣衰而精力弊有顛失之懼歷觀前世大臣如此而不知自弛乃能終不累國者蓋未有也此某所以不敢逃逋慢之誅欲及身未衰積得優游里閭爲聖時知止不殆之臣庶幾天下後世於 上拔擢任使無所譏議伏惟明公方佐佑大政上爲朝廷公論下及僚友私計謂宜少垂念慮特賜敷陳某既不獲通章表所恃在明公一言而已心之精微書不能傳惟加憫察幸甚不宣

荅曾子固書

某啓久以疾病不爲問豈勝鄉往前書疑子固於讀

經有所不暇故語及之連得書疑某所謂經者佛經也而教之以佛經之亂俗某但言讀經則何以別於中國聖人之經子固讀吾書每如此亦某所以疑子固於讀經有所不暇也然世之不見全經久矣讀經而已則不足以知經故某自百家諸子之書至於難經素問本草諸小說無所不讀農夫女工無所不問然後於經爲能知其大體而無疑蓋後世學者與先王之時異矣不如是不足以盡聖人故也揚雄雖爲不好非聖人之書然於墨晏鄒莊申韓亦何所不讀彼致其知而後讀以有所去取故異學不能亂也惟其不能亂故能有所去取者所以明吾道而已子固視吾所知爲尚可以異學亂之者乎非知我也方今

亂俗不在於佛乃在於學士大夫沉沒利欲以言相尚不知自治而已子固以爲如何苦寒比日侍奉萬福自愛

臨川先生文集卷第七十三

臨川先生文集卷第七十四

書

與吳特起書

與曾子山書

與吳司録議王逢原姻事書

上相府書

某聞古者極治之時君臣施道以業天下之民匹夫匹婦有不與其澤者爲之焦然恥而憂之瞽聾侏儒亦各得以其材食之有司其誠心之所化至於牛羊之踐不忍不仁於草木今行葦之詩是也況於所得士大夫也哉此其所以上下輯睦而稱極治之時也伏惟閣下方以古之道施天下而某之不肖辛以此時竊官於朝受命佐州宜竭罷駑之力畢思慮治百姓以副吾君吾相於設官任材休息元元之意不

宜以私恩上而自近於不敏之誅抑其勢有可言則亦閤下之所宜憐者某少失先人今大母春秋高宜就養於家之日久矣徒以内外數十口無田園以託一日之命而取食不腆之禄以至於今不能也今去而野處念自廢於苟賤不廉之地然後有以共裘葛具魚菽而免於事親之憂則恐内傷先人之明而外以累君子養完人材之德濡忍以不去又義之所不敢出也故輙上書閤下願殯先人之丘冢自託於莞庫以終犬馬之養焉伏惟閤下觀古之所以材聾聵侏儒之道覽行葦之仁憐士有好修之意者不窮之於無所擴以傷其操使老者得養而養者雖愚無能無報感德於以廣仁孝之政而曲成士大夫為子孫

之誼是亦君子不宜得已者也黷冒威尊不任皇恐之至

上富相公書

某不肖嘗朝廷選用才能修立法度之時不以罪廢而蒙器使此其幸固已多矣某竊自度守一州尚不足以勝任任有大於一州者固知其不勝也自被使江東夙夜震恐思得脫去非獨為私計亦以此也三司判官尤朝廷所選擇出則被使漕運而金穀之事某生平所不習此所以蒙恩反側而不敢冒也惟不肖常得出入門下蒙眷遇為不淺矣平居不敢具書以勤左右之觀省幸緣恩惠所及敢布其私心誠望閣下哀其忠誠載賜一州處幽閒之區寂寞之濱其

治民非敢謂能也庶幾地閒事少夙夜悉心力易以塞責而免於官謗也若夫私養之勢不便於京師固嘗屢以聞朝廷而熟於左右者之聽矣今茲蒙恩厚賜祿多豈宜復言私計不便乎雖然所辭者才力所不能而所願猶未安理分也亦冀閣下哀之

上曾參政書

某聞古之君子立而相天下必因其材力之所宜形勢之所安而役使之故人得盡其材而樂出乎其時今也某材不足以任劇而又多病不敢自蔽而數以聞執事矣而閣下必欲使之察一道之吏而寄之以刑獄之事非所謂因其材力之所宜也某親老矣有上氣之疾日久比年加之風眩勢不可以去左右閭

下必欲使之奔走跋涉不常乎親之側非所謂因其形勢之所安也伏惟閤下由君子之道以相天下故某得布其私焉論者或以爲事君使之左則左使之右則右害有至於死而不敢避勞有至於病而不敢辭者人臣之義也某竊以爲不然上之使人也既因其材力之所宜形勢之所安則使之左而左使之右而右可也上之使人也不因其材力之所宜形勢之所安上將無以報吾君下將無以慰吾親然且左右惟所使則是無義無命而苟悅之爲可也害有至於死而不敢避者義無所避之也勞有至於病而不敢辭者義無所辭之也今天下之吏其材可以備一道之使而無不可爲之勢其志又欲得此以有爲

者蓋不可勝數則某之事非所謂不可辭之地而不可避之時也論者又以爲人臣之事其君與人子之事其親其勢不可得而兼也其材不足以任事而勢不可以去親之左右則致爲臣而養可也某又竊以爲不然古之民也有常産矣然而事親者猶將輕其志重其禄所以爲養今也仕則有常禄而居則無常産而特將輕去其所以爲養非所謂爲人子事親之義也且某之材固不足以任使事矣然尚有可任者在吾君與吾相處之而已爾固不可以去親之左右矣然任豈有不便於養者乎在吾君與吾相處之而已爾然以某之賤未嘗得比於門墻之側而慨然以鄙樸之辭自通於閤下之前欲得其所求自常人觀

之宜其終齟齬而無所合也自君子觀之由君子之道以相天下則宜不為遠近易慮而不以親疎改施如天之無不燾而施之各以其命之所宜如地之無不載而生之各以其性之所有彼常人之心區區好攸而自私不恕己以及物者豈足以量之邪伏惟閣下垂聽而念焉使天下士無復思古之君子而樂出乎閣下之時而又使常人之觀閣下者不能量也豈非君子之所願而樂者乎冒黷威尊不任惶恐之至

上執政書

竊以方今仁聖在上四海九州冠帶之屬望其施為以福天下者皆聚於朝廷而某得以此時備使畿內

交遊親戚知能才識之士莫不為某願此亦區區者
思自竭之時也事顧有不然者某無適時才用其始
仕也苟以得祿養親為事耳日月推徙遂非其趣今
親闈老矣日夜惟諸子壯大未能以有室家而某之
兄嫂尚皆客殯而不葬也其心有不樂於此及今愈
思自置江湖之上以便昆弟親戚往還之勢而成婚
姻葬送之謀故某在廷二年所求郡以十數非獨為
食貧而口衆也亦其所懷如此非獨以此也某又不
幸今茲天被之疾好學而苦眩稍加以憂思則往往
昏瞶不知所為以京師千里之縣吏兵之衆民物之
稠所當悉心力耳目以稱上之恩施者蓋不可勝數
以某之不肖雖平居無他尚懼不給又況所以亂其

心如此而又爲疾病所侵乎歸印有司自請於 天
子以待放絀而歸田里此人臣之明義而某之所當
守也顧親老矣而無所養勢不能爲也偷假歲月饕
禄賜以徼一日之幸而不忖事之可否又義之所不
敢爲竊自恕而求其猶可以冐者自非哀憐東南寬
閒之區幽僻之濱與之一官使得因吏事之力少施
其所學以庚禄賜之入則進無所逃其罪退無所託
其身不惟親之欲有之而已蓋聞古者致治之世自
瞽矇昏瞶侏儒籧篨戚施之人上所以使之皆 各
盡其才鳥獸魚鼈昆蟲草木所以養之皆各得盡其
性而不失也於是裳裳者華魚藻之詩作於 時
而曰左之左之君子宜之右之右之君

子有之惟其有之是以似之言古之君子於士之宜左者左之宜右者右之各因其才而有之是以人人得似其先人又曰魚在在藻依于其蒲王在在鎬有那其居魚者潛逃深渺之物皆得其所安而樂王是以能那其居也方今寬裕廣大有古之道大臣之在內有不便於京而求出小臣之在外有不便於身而求歸朝廷未嘗不可而士亦未有以此非之者也至於所以賜某者亦可謂周矣為其貧也使之有屋廬而多祿廩為其求在外而欲其內也置之京師而如其在外之求顧某之私不得盡聞於上是以所懷齟齬而有不得也今敢盡以聞於朝廷而又私布於執事矣伏惟執事察其身之疾而從之盡其才憐其親

之欲而養之盡其性以于朝廷寬裕廣大之政而無使裳裳者華魚藻之詩作於時則非獨於某爲幸甚

上歐陽永叔書四

今日造門幸得接餘論以坐有客不得畢所欲言某所以不願試職者向時則有婚嫁葬送之故勢不能久處京師所圖甫畢而二兄一嫂相繼喪亡於今窘迫之勢比之向時爲甚甚萬一幸被館閣之選則於法當留一年藉令朝廷憐閔不及一年即與之外任則人之多言亦甚可畏若朝廷必復召試某亦必以私急固辭竊度寬政必蒙矜允然召旨既下比及辭而得請則所求外補又當遷延矣親老口衆寄食於官舟而不得躬養於今已數月矣早得所欲以紓家

之急此亦仁人宜有以相之也翰林雖嘗被旨與其試然某之到京師非諸公所當知以今之體須某自言或有司以報乃當施行前命耳萬一理當施行遽爲罷之於公義亦似未有害某私計爲得竊計明公當不惜此區區之意不可以盡唯仁明憐察而聽從之

二

某以不肖願趨走於先生長者之門久矣初以疵賤不能自通閣下親屈勢位之尊忘名德之可以加人而樂與之爲善顧某不肖私門多故又奔走職事不得繼請左右及此蒙恩出守一州愈當遠去門牆不聞議論之餘私心眷眷何可以處道途邅迴數月始

至敝邑以事之紛擾求得具啓以叙區區鄉往之意過蒙獎引追賜詩書言高旨遠足以爲學者師法惟褒被過分非先進大人所宜施於後進之不肖豈所謂誘之欲其至於是乎雖然懼終不能以上副也輒勉强所乏以酬盛德之貺非敢言詩也惟赦其僭越幸甚

三

某以五月去左右六月至楚州即七舍弟病留四十日至揚州又與四舍弟俱失郡牧所生一子七月四日視郡事承守將數易之後之水旱吏事亦尚紛冗故修啓不蚤伏惟幸察閣下以道德爲天下所望方今之勢雖未得遠引以從雅懷之所尚惟攄所蘊

以赦時敝則出處之間無適不宜此自明哲所及者
承餘論及之因試言 其區區某到郡侍親幸且順適
但以不才而臨今日之民宜得罪於君子固有日矣

四

某以疵賤之身聞問顧見非一日積幸以職事二年
京師以求議論之補蒙恩不棄知遇特深違離未久
感戀殊甚然以私門多故未嘗得進一書以謝左右
伏蒙恩憐再賜手書推獎存撫甚非後進所當得奈
先生大人之門以愧以恐何可以言也秋令伏惟動止
萬福惟為時自重以副四方瞻望之意

與劉原父書

辱手教勤勤充感慨伏承動止萬福又良慰也河役

之罷以轉運賦功李、狹與兩崖不止督役者以病告
故止耳昔梁王墮馬賈生悲哀涸魚傷人曾子涕泣
今勞人費財於前而利不遂於後此某所以愧恨無
窮也若夫事求遂功成而不量天時人力之可否
此某所不能則論某者之紛紛豈敢怨哉閣下乃以
初不能無意爲有憾、此非某之所敢聞也方今萬事
所以難合而易壞常以諸賢無意耳如鄙宗夷甫輩
稍稍騖於世矣今聖在上故公家元海未敢跋扈耳
閣下論爲世師此雖戲言願勿廣也前月被使江東
朝夕當走左右自餘酒以面請

答吳孝宗書 孝宗字子[illegible]

比得周秀才所示書即欲奉報以多病多事未能報

惠書承手問尤以感愧知生事彌困爲之奈何某丞以婣事見迫又田入不足故私計亦未能不以經心然勞佚有命當順以聽之耳前書所示大抵不出先志若子經欲以文辭高世則世之名能文辭者已無過矣若欲以明道則離聖人之經皆不足以有明也自秦漢已來儒者唯楊雄爲知言然尚恨有所未盡今學士大夫往往不足以知雄則其於聖人之經宜其有所未盡子經誠欲以文辭高世則無爲見聞矣誠欲以明道則所欲爲子經道者非可以一言而盡也子經所謂斜鑿以矯矢揩柄以矯舟此天下之所同而舟矢已來未之改也先志所論有非天下之所同而特出子經之新意者則與矯舟矢之意爲不類

又子經以爲詩禮不可以相解乃如某之學則惟詩禮足以相解以其理同故也子經以謂如何兩家各多難無由會合許明年見過幸甚未爾自愛

荅吳孝宗論先志書

某辱書又示以先志而怪某尚有欲爲吾弟道者責以一言盡之吾弟所爲書博矣所欲爲吾弟道者非可以一言盡然吾弟自以爲才不及子貢而所言皆子貢所欲聞於孔子而不得著也則某有欲爲吾弟道者可勿怪也積憂久病廢學疲懶書不能遠意知已就試國學隆暑自愛他俟試罷見過面盡不宣

荅錢公輔學士書

比蒙以銘文見屬足下於世爲聞人人力足以得顯者

銘父母以屬於不腆之文似其意非苟然故輒爲之
而不辭不圖乃猶未副所欲欲有所增損鄙文自有
意義不可改也宜以見還而求能如足下意者爲之
耳家廟以今法準之恐足下未得立也足下雖多聞
要與識者講之如得甲科爲通判通判之署有池臺
竹林之勝此何足以爲太夫人之榮而必欲書之乎
貴爲天子富有天下苟不能行道適足以爲父母之
羞況一甲科通判苟粗知爲辭賦雖市井小人皆可
以得之何足道哉何足道哉故銘以謂閭巷之士以
爲太夫人榮明天下有識者不以置悲歡榮辱於其
心也太夫人能異於閭巷之士而與天下有識同此
其所以爲賢而宜銘者也至於諸孫亦不足列況有

五子而無七孫者乎七孫業之有可道固不宜略若皆兒童賢不肖未可知列之於義何當世諸不具道計足下當與有識者講之南去愈遠君子惟順愛自重

與崔伯易書

伯易足下得書於京師所以開我者不敢忘而人事紛紛不得修報以爲到高郵即奉見得道所欲言者去軍城止三十里而遇親舟遂挽以北念還軍中則重煩親友然遂不得一見足下而西殊悒悒也逢原遽如此痛念之無窮特爲之作銘因吳特起去奉呈此於平生爲銘最爲無媿惜也如此人而年止如此以某之不肖固不敢自謂足以知之然見逢原所學

所爲日進而比在高郵見之若不可企及竊以謂可畏憚而有望其助我者莫此君雖足下之言亦以謂如此今則已矣可痛可痛然此特可爲足下道爾人之愛逢原者多矣亦豈吾兩人者知之之盡乎可痛可痛華老必朝夕見之於京師不別致書爲致意

與郭祥正太博書三

某叩頭得手筆存問區區哀感所不可言示及詩篇壯麗俊偉乃能至此良以歎駭也輒留中甌永以爲玩山邑少事不足以煩劃治想多暇日足以吟詠無緣一至左右惟自愛重以副鄉往之私幸甚

某叩頭罪逆餘生奄經時序咫尺無由自訴伏承存録貺以詩書不勝區區哀感詩已傳聞兩篇餘言所未見豪邁精絕固出於天才此非力學者所能逮也雖在衰疚把玩不能自休謹輒藏之巾匭永以爲好也知導引事稍熟希爲人慎疾自愛幸甚

三

某叩頭承示新句但知歎愧子固之言未知所謂豈以謂足下天才卓越更當約以古詩之法乎哀荒未能劇論當俟異時爾聞有殤子之釁想能以理自釋情累也某罪逆荼毒奄忽時序諸非面訴無以盡

與吳特起書

某啓適見鍾檢正出美言士舍吳師禮浙人也有文

學節行欲爲逢原壻彼極多人欲壻之而慕逢原節義故欲要其女鍾爲人不妄吴亦有名故欲作書奉報乃得來書更請審擇特起肯遠相過甚慰思渴老年待盡若復得一相見豈非幸願今歲暑雨特甚多逃於北山平生未嘗畏暑年老氣衰復值此非常氣候殊爲憊頓書不及悉千萬自愛

與曾子山書

某啓北闗上下嗷嗷何故人不患無材患齟齬之爲難況州縣之勢固已相遼郡若摧縣易於拉朽此不可不知也冬寒千萬自愛

與吴司録議王逢原姻事書

某啓仲冬嚴寒伏惟尊體動止萬福王令秀才近見

文學才智行義皆高過人見留他來此修學雖貧不應舉爲人亦通不至大段苦節過當他恐二舅不欲與作親久不得委曲不審尊意如何傳聞皆不可信也某目見其所爲如此甚可愛也未拜見千萬乞保尊重

二

某啓新正伏惟二舅都曹尊體動止萬福向曾上狀不審得達左右否王令秀才幸見在江陰聚學文學智識與其性行誠是豪傑之士或傳其所爲過當皆不足信某此深察其所爲大抵只是守節安貧耳近日人從之學者甚衆亦不至絕貧乏況其家口寡亦易爲贍足雖然不應舉以某計之今應舉者未必及第

未必不困窮更請斟酌此人但恐久遠非終困窮者也雖終困窮其畜妻子當亦不至失所也渠卻望三舅有信來決知親事終如何幸一賜報也尚寒伏乞善保尊重

臨川先生文集卷第七十四

臨川先生文集卷第七十五

書

與王逢原書

與劉元忠待制書

與沈道原舍人書二

答黎檢正書

與丁元珍書

上杜學士言開河書

與馬運判書

答王伯虎書

答段逢書

答姚闢書

答李參書

答史諷書

上邵學士書

與王逢原書

某頓首逢原足下比得足下於客食中窘窘相造謝不能取一日之閑以與足下極所欲語者而舟即東矣閒閱足下之詩切有疑焉不敢不以告足下詩有歎蒼生淚垂之說夫君子之於學也固有志於天下矣然究吾身而後吾人吾身治矣而人之治不治係吾得志與否耳身猶屬於命天下之治其可以不屬於命乎孔子曰不知命無以爲君子又曰道之將行也歟命也道之將廢也歟命也孔子之說如此而或

以爲君子之學汲汲以憂世者惑也惑於此而進退
之行不得於孔子者有之矣故有孔不暇暖席之説
吾獨以聖人之心未始有憂有難子者曰然則聖人
忘天下矣曰是不忘天下也否之象曰君子以儉德
避難不可榮以禄初九曰拔茅茹以其彙正吉象曰
拔茅正吉志在君也在君者不忘天下者也不可榮
以禄者知命也吾雖不忘天下而命不可必合憂之
其能合乎易曰遯世無悶樂天知命是也詩三百如
栢舟北門之類有憂也然仕於其時而不得其志不
得以不憂也仕不在於天下國家與夫不仕者未始
有憂君子陽陽考槃之類是也借有憂者不能奪聖
人不憂之説孟子曰伊尹視天下匹夫匹婦有不被

其澤者若已推而納之溝中可謂憂天下也然湯聘之猶囂囂然曰我處畎畝之間以樂堯舜之道豈如彼所謂憂天下者僕僕自相而幸售其道哉又論禹稷顏回同道曰鄉鄰有鬬者被髮纓冠而救之則惑也今窮於下而曰我憂天下至於慟哭者無乃近故鄉鄰之事乎孔子所以極其說於知命不憂者欲人知治亂有命而進不可以苟則先王之道得伸也世有能諭知命之說而不能量進退者有矣由知及之仁不能守之也始得足下文特愛足下之才耳既而見足下衣刓屨缺坐而語未嘗及己之窮退而詢足下終歲食不葷不以絲忽妄售於人世之自立如足下者有幾吾以謂知及之仁又能守之故以某之所

學報足下

二

某頓首讀所辱書辭見足下之材浩乎沛然非某之所能及問諸邑人知足下之行學爲君子而方不已者也惜乎某之行亟不得久留從足下以遊及求足下所稱滿君者而見之所示藁副輒留傳玩不審定復枉顧否不勝幸望也

三

某啓曾逢原近已附書亦得所賜教殊感慰唯逢原見教正得鄙心之所欲方欲請而已被 旨還都遂得脫此亦可喜也但今茲所除復非不肖所宜居不免又干瀆朝廷此更增不知者之毀然吾自計當如

此豈能顧流俗之紛紛乎不久到眞州冀逢原一來
見就不知有暇否幸因書見報某止寓和州耳來其
唯迎親老來視女弟既而歸和俟命也冬寒自愛

四

某頓首被　命使江東按刑獄事明日遂行欲至揚
州宿留別乞一差遣切欲一見逢原幸枉駕見追只
於舟陽奉候切勿以事爲解也它須面陳此不詳悉
切見過專奉邀切切

五

某頓首自別逢原一得書遂不知行李所在伏計已
達[illegible]陽今此介往幸喻動止之詳以慰思渴也[illegible]
[illegible]果可以徙否某之勢恐未能自脫於此矣[illegible]

積而設然無友朋之歎此寤寐所以怵惕而不知所
爲者也逢原不知可以遊番乎番亦多士可以優游
卒歲試思之也人還一報餘自愛重

六

某頓首得手教承尚在江州思企何可勝言某昨到
金陵忽忽遂歸番冬末須一到金陵不知逢原此行
以何時到江陰今必與吳親同舟而濟但到金陵莫
須求客舟以往否近制船難爲謀自金陵至潤只一
兩程到潤則求舫至江陰亦易矣某處此遂未有去
理如孫少述丁元珍曾子固尚以書見止不宜自求
便安數溷朝廷它人復可望其見察者乎罪釁日積
而不知所以自脫足下安以爲我謀哉配兵不習水

事甚善但計今之勢如此等事皆不可與論説不知足下意以爲當如何施行幸試疏示更有所聞悉望見教所至幸望留意訪以所不逮也至冬末到金陵欲望逢原一至金陵見訪不知可否私心極有事欲面謁切試思之幸能一來爲惠大矣

七

某頓首逢原足下方欲作書而得所賜書尤感感雖逢原所以教我得鄙心所欲出者窮僻無交游所與議者皆不出流俗之人非逢原之教我尚安得聞此方力求所欲但未知何時得耳及冬春之交未得脱此冀相遇於江寧不審肯顧否承教許如此當可如約也但不謀潤居何也江陰豈不可留乎若在潤則

相遇尤易耳。醞卒事須面叙，乃悉餘。更有所聞，意望見教。今世既無朋友相告戒之道，而言亦未必可用。大抵見教者，欲使某同乎俗、合乎世耳，非足下數我，尚何望於他人？切無所惜也。冬寒自愛。

與劉元忠待制書

某啓：乆阻闊，豈勝向往。繼奉手誨，勤勤懇懇，尤荷眷念。承欲求宫觀方　主上躬親庶政，求才如不及之時，人臣雖有邪心，安能有所軒輊？謂宜黽勉以俟休命，不須如所喻也。無緣面晤，幸深思鄙言而已。炎溽，爲時自愛。

與沈道原舍人書

某啓：辱手筆，感慰。又復冬至，投老觸緒多感，但日有東歸之思爾。　上聰明日躋，然流俗險膚未有已時，亦安能

又自困苦於此北山松栢間修雜說已極茂長一兩日今愈遂往北山因欲漸治垣屋矣於道原欲略示所懷

二

某啓久不作書然思一相見極飢渴也近因歙州葉戶曹至此論及說文因更思索鳥獸草木之名頗爲解釋因悟孔子使人多識乃學者最後事也續當錄寄道原何以淹留如此若道原有除吾甥當能一過江相見諸欲面晤何可勝言此時四娘亦當可以一來相見矣未間自愛

荅黎檢正書 佚

某啓前得所示熟讀蓋自秦漢以來所謂能文者不過如此竊以爲士之所尚者志志之所貴者道苟不

合乎聖人則皆不足以爲道唯天下之英材爲可以與此故欲以所聞告左右而嘗爲尊叔父道之足下聞之而遂自悔以足下如此之才而復之不遠又能如此此何所不至如其者良久矣徒知思而已尚何能有所補助乎辱書愧歎以不即見爲恨嚮寒自愛

與丁元珍書

某頓首過廣　欲作書遣人奉詗動止以有故亟歸是以雖作書而不果遣辱教承知屢賜問然不得也亦嘗附狀何爲皆不至乎曹振佳士已爲發令狀如此人雖微元珍之教固不敢失况重以元珍之見諭乎前書已報左右恐不到故復以聞求郡固且止甚荷見教然某之所謂不爲無辭若執政不察直以爲

罪則某何敢解免如欲盡其辭而然後加之罪則某事固有本末非今日苟然欲避煩勞而求佚也古者一道公以同俗故士有揆古人之所爲以自守則人無異論今家異道人殊德士之欲自守者又牽於末俗之勢不得事事如古則人之異論可悉弭乎要當擇其近於禮義而無大譴者取之耳不審足下終將何以爲僕謀哉秋冷自愛重之望冬間復到廣 莫或一邀從者爲境上之會不審可求檄來否耳不宣

上杜學士言開河書

十月十日謹再拜奉書運使學士閣下某愚不更事物之變備官節下以身得察於左右事可施設不敢因循苟簡以孤大君子推引之意亦其職宜也鄞之

地邑跨負江海水有所去故人無水旱憂而深山長谷之水四面而出溝渠澮川十百相通長老言錢氏時置營田吏卒歲浚治之人無旱憂恃以豐足營田之廢六七十年吏者因循而民力不能自并向之渠川稍稍淺塞山谷之水轉以入海而無所瀦幸而雨澤時至田猶不足於水方夏歷旬不雨則衆川之涸可立而須故今之邑民最獨畏旱而旱輙連年是皆人力不至而非歲之咎也某爲縣於此幸歲大穰以爲宜乘人之有餘及其暇時大浚治川渠使有所瀦可以無不足水之患而無老壯稚少亦皆懲旱之數而幸今之有餘力聞之翕然皆勸趨之無敢愛力夫小人可與樂成難與慮始誠有大利猶將强之况其所

願欲哉竊以爲此亦執事之所欲聞也伏惟執事聰明辨智天下之事悉已講而明之矣而又導利去害汲汲若不足夫此最長民之吏又當致意者故輒具以聞州州既具以聞執事矣顧其曆事之詳尚不得徹輒復條件以聞唯執事少留聰明有所未安教而勿誅幸甚

與馬運判書

運判閤下比奉書即蒙寵答以感以怍且承訪以所聞何閤下逮下之周也嘗以謂方今之所以窮空不獨費出之無節又失所以生財之道故也富其家者資之國富其國者資之天下欲富天下則資之天地蓋爲家者不爲其子生財有父之嚴而子富焉則何

求而不得今闔門而與其子市於門之外莫入焉雖盡得子之財猶不富也蓋近世之言利雖善矣皆有國者資天下之術耳直相市於門之内而已此其所以困與在閣下之明宜已盡知當患不得為耳不得為則尚何賴於不肖者之言耶今歲東南饑饉如此汴水又絶其經畫固勞心私竊度之京師兵食宜窘薪芻百穀之價亦必踴以謂宜料畿兵之駑怯者就食諸郡可以舒漕輓之急古人論天下之兵以為猶人之血脉不及則枯聚則疽分使就食亦血脉流通之勢也儻可上聞行之否

荅王伯虎書

辱書問以所疑如某者何足以語然聖人君子之行

則嘗聞於先生長者矣蓋曰不辱己不害人而已不辱己所以爲有義不害人所以爲有仁若夫操至治之成法責備於叔世以自絕與以仁施其身以及其親則皆聖人君子之所不爲不知足下謂當如此否因出見過得復從容爲左右道之

荅段縫書

段君足下某在京師時嘗爲足下道曾鞏善屬文未嘗及其爲人也還江南始熟而慕焉友之又作文粗道其行惠書以所聞詆鞏行無纖完其居家親友惴畏焉怪某無文字規鞏見謂有黨果哉足下之言也鞏固不然鞏文學論議在某交游中不見可敵其心勇於適道殆不可以刑禍利祿動也父在困厄中左

右就養無虧行家事銖髮以上皆親之父亦愛之甚嘗曰吾宗敝所賴也者此兒耳此某之所見也若足下所聞非某之所見也鞏在京師避兄而舍此雖某亦罪之也宜足下深攻之也於罪之中有足矜者顧不可以書傳也事固有迹然而情不至是者如不循其情而誅焉則誰一不可誅邪鞏之迹固然邪然鞏為人弟於此不得無過但在京師時未深接之還江南又既往不可咎未嘗以此規之也鞏果於從事少許可時時出於中道此則還江南時嘗規之矣鞏聞之輒瞿然鞏固有以教某也其作懷友書兩通一自藏一納某家皇皇焉求相切劘以免於悔者略見矣嘗謂友朋過差未可以絕固且規之規之從則已固且為

文字自著見然後已邪則未嘗也凡輩之行如前之去其既往之過亦如前之去而已豈不得爲賢者哉天下愚者衆而賢者希愚者固忌賢者賢者又自守不與愚者合愚者加怨焉挾忌怨之心則無之焉而不謗君子之過於聽者又傳而廣之故賢者常多謗其國於下者尤甚勢不足以動俗名實未加於民愚者易以謗謗易以傳也凡道輩之去去者固忌固怨固過於聽者也足下乃欲引忌者怨者過於聽者之言縣斷賢者之是非甚不然也孔子曰衆好之必察焉衆惡之必察焉孟子曰國人皆曰可殺未可也見可殺焉然後殺之匡章通國以爲不孝孟子獨禮貌之孔孟所以爲孔孟者爲其善自守不惑於衆人也

如惑於衆人亦衆人耳烏在其為孔孟也足下姑自重毋輕議鞏

答姚闢書

姚君足下別足下三年於茲一旦犯大寒絶不測之江親屈來門出所為文書與謁并入若見貴者然始驚以疑卒觀文書詞盛氣豪於理殆有焉者希聞而論衆經有所關發私獨喜故舊之不予遺而朋友之足望也今冠衣而名進士者用萬千計蹈道者有焉蹈利者有焉蹈利者則否蹈道者則未免離章絶句解名釋數遠然自以聖人之術單此者有焉夫聖人之術修其身治天下國家在於安危治亂不在章句名數焉而已而曰聖人之術單此者皆守經而不苟世

者也守經而不苟世其於道也幾其去蹈利者則緬然矣觀足下固已幾於道姑汲汲乎其可急於章句名數乎徐徐之則古之蹈道者將無以出足下上足下以爲何如

荅李參書

李君足下留書獎引甚渥卒曰教之育之在執事耳某材德薄不能堪足下望之又何過也夫教之育之某之所以望於人也足下曾某之望乎豈欲享杞人以壯者之食而強之負重乎然足下自言不樂雷同不喜趨競審如是某誠愛焉誠慕焉誠欲告足下以所聞焉曰其人誠甚貴有官長稍近於諛則疾之若數世之讎審如是亦過矣天下靡靡然足下之讎豈

少耶君子不爲已甚者求中正而其可也

答史諷書

前日蒙訪及以易說一通且欲責某之一言以信之天下大非某智力之所能任也某嘗學之矣而未之有得故雖悦足下志意之高而辭説之明而不敢斷其義之是非則何能推其義以信之天下雖然足下屬我良重不可以無説蓋學者君子之務本而教者聖人之餘事故學則求之教則應之有餘則應不足則求蓋有餘而求之以足有矣未有不足而能應者也蓋見求而不應者有矣未有不求而應之者也爲足下計亦志於學而已學足乎己則不有知於上必有知於下不有傳於今必有傳於後不幸而不見知於上

下而不傳於今又不傳於後世之人蓋猶不憾也知我者其天乎此乃易所謂知命也命者非獨貴賤死生爾萬物之廢興皆命也孟子曰君子行法以俟命而已矣且足下求以誨人者也道無求而誨之者求人而誨之則喪道喪道以求傳道則孰取以爲道足下其試思之

上邵學士書

仲詳足下數日前辱示樂安公詩石本及足下所撰復鑑湖記啓封緩讀心目開豁詞簡而精義深而明不候按圖而盡越絶之形勝不候入國而熟賢牧之愛民非夫誠發乎文文貫乎道仁思義色表裏相濟者其孰能至於此哉因環列書室且欲目覽非有厚

也公義之然也某嘗患近世之文辭弗顧於理理弗顧於事以襞積故實爲有學以雕繪語句爲精新譬之擷奇花之英積而玩之雖光華馨采鮮縟可愛求其根柢濟用則蔑如也某幸觀樂安足下之所著譬由笙磬之音圭璋之器有節奏焉有法度焉雖庸耳必知雅正之可貴溫潤之可寶也仲尼曰有德必有言德不孤必有鄰其斯之謂乎昔昌黎爲唐儒宗得子壻李漢然後其文益振其道益大今樂安公懿文茂行超越朝右復得足下以宏識清議相須光潤苟力而不已使後之議者必曰樂安公聖宋之儒宗也猶唐之昌黎而勳業過之又曰郡公樂安公之壻也猶昌黎之李漢而器略過之則韓李蔚郡之名登齊

驪並驤與此金石之詞不朽矣所以且欣且慶者在於茲焉郡庠拘攣偶足下有西笑之謀未獲親交談議聊因手書以道欽謝之意且賀樂安公之得人也

臨川先生文集卷第七十五

臨川先生文集卷第七十六

書

上郎侍郎書二

上運使孫司諫書

上浙漕孫司諫薦人書

上田正言書二

正言執事某五月還家八月抵官每欲介西北之郵布一書道區區之懷輒以事廢揚東南之吭也舟與至自汴者日十百數因得侍問汴事與執事息耗甚詳其間薦紳道執事介然立朝無所跛倚甚盛甚盛顧猶有疑執事者雖某亦然某之學也執事誨之進也執事獎之執事知某不爲淺矣有疑焉不以聞何以責執事之知哉初執事坐殿廡下對方正策指斥天下利害奮不諱忌且曰願陛下行之無使天下謂制

科爲進取一塗耳方此時觀執事意其若今所謂擧
方正者獵取名位而已哉盍曰行其志云爾今聯諫
官朝夕耳目天子行事即一切是非無不可言者欲
行其志宜莫若此時國之疵民之病亦多矣執事亦
抵職之日久矣向之所謂疵者今或痤然若不可治
矣向之所謂病者今或痼然若不可起矣曾未聞執
事建一言寤主上也何向者指斥之切而今之疏也
豈向之利於言而今之言不利邪豈不免若今之所
謂擧方正者獵取名位而已邪人之疑執事者以此
爲執事解者或造辟而言詭辭而出疏賊之人奚遽
知其微哉是不然矣傳所謂造辟而言者遁其言則
不可得而聞也其言之效則天下斯見之矣今國之

疵民之病有滋而無損焉烏所謂言之效邪復有爲執事解者曰蓋違辟而言之矣如不用何是又不然臣之事君三諫不從則去之禮也執事對策時嘗用是著于篇今言之而不從亦當不翅三矣雖惓惓之義未能自去孟子不云乎有言責者不得其言則去盍亦辭其言責邪執事不能自免於疑也必矣雖降彊之辯不能爲執事解也迺如某之愚則願執事不矜寵利不憚誅責一爲天下昌言以啓主上起民之病治國之疵蹇蹇一心如對策時則人之疑不解自判矣惟執事念之如其不然願賜教答不宜

二

某聞公卿大夫士名與寵辱盛於世必有大功以宜

之否則君子稱之執事姿略穎然出常士之表應進
士中甲科舉方正爲第一將朝車通舉刺史事又
善筆得璽書召名與寵不已兼盛於世邪所未較著
者功爾本朝　太祖武靖天下　眞宗文持之
今上接祖宗之成兵不釋翳者蓋數十年近世無有
也所當設張之具猶若闕然重以羌酋梗邊主上方
覽衆策以濟之天下舉首戴目屬心執事者難以一
二計爲執事議者曰朝廷藉不吾以宜且自賛以植
顯效疇天下屬己之意刷上惓惓然命之乎此固策
大功之會也抑聞之嶢嶢者易缺皦皦者易汙執事
方名與寵可謂易汙易缺者必若策大功適足宜之
而已可無茂耶恭惟旦暮輔佐天子秉國事修所當

設張之具復邊人於安稱主上所以命之之意使天下舉首戴目者盈其願而退則後世之書可勝傳哉董仲舒有是才名顧不獲此寵公孫季有此寵不成此功有此寵而成此功者宜在執事不完在宅草鄙之人不達大誼辱獎訓之厚敢不盡愚

謝張學士書

某頓首某不肖學不得盡意於文章仕不得行其所學苟居竊食動輒愧心而世之同好惡者已云少矣遇足下於此最為相盡義不得諱其不腆之文過蒙推褒非所望也朋友道喪為日久矣以某之不肖行於前而誨於後自已為多矣況足下之明耶每望教督而終未嘗爾惟足下不遺以朋友之心見存不勝幸

甚更數日遂東去千萬自愛不勝思懷也

答李秀才書

昨日蒙示書今日又得三篇詩足下少年而已能如此輔之以良師友而爲之不止何所不至自涇至此蓋五百里而又有山川之阨足下樂從所聞而不以爲遠亦有志矣然書之所願特出於名名者古人欲之而非所以先足下之才力求古人之所汲汲者而取之則名之歸孰能爭乎孔子曰君子去仁惡乎成名古之成名在無事於文辭而足下之於文辭方力學之而未止也則某之不肖何能副足下所求之意邪

答孫長倩書

孫君足下比過江寧家兄道足下雖穉年有奇意欲務古人事於今世發爲詞章尤感切今世事槩槩有可畏愛者語未究足下來門見示以文見責以教誨觀足下所爲文探足下志信然獨責教誨爲失其所焉爾古之道廢踣久矣大賢間起廢踣之中率常位庳澤狹萬不救一二天下日更薄惡官學者不謀道主祿利而已嘗記一人焉甚貴且有名自言少時迷喜學古文後乃大寤棄不學學治今時文章夫古文何傷直與世少合耳尚不肯學而謂學者迷若行古之道於今世則往往困矣其又肯行耶甚貴且有名者云爾況其下碌碌者耶反於是其亦幾何矣足下何覺之早耶世其亦謀道而不主利祿者耶語曰塗之

人皆可以爲禹盖人人有以善性而未必善自充也若足下者充之不已不惑以變其又可量邪走將企聳嗟慕之不遑於教誨乎何敢

上杜學士書

竊聞受命改使河北伏惟慶慰國家東西南北地各萬里統而維之止十八道道數千里而轉運使獨一二人其在部中吏無崇卑皆得按舉雖將相大臣氣勢烜赫上所尊寵文書指麾埶不得恣一有罪過糾詰按治遂行不請政令有大施舍常咨而後定生民有大利害得以罷而行之金錢粟帛倉庾府舟車漕引凡上之人皆須我主出信乎是任之重也而河北又天下之重處左河右山强國之與隣列而爲藩

者嘗將相大臣所屯無非天下之勁兵悍卒以惠則忿以威則搖幸時無事廟堂之上猶北顧而不敢忽有事雖天子其憂未嘗不在河北也今執事按臨東南無幾何時淅河東西十有五州之吏士民未盡受察便宜當行而害之可除去者猶未畢也而卒然舉河北以付執事豈主上與一二股肱之臣不惟付予必久而后可要以效哉且以爲世之士大夫無足寄以重獨執事爲能當之耳伏惟執事名行於天下而材信於朝廷而處之宜必有補於當世故雖甚蒙恩德最厚一日失所依據而釋然於心不敢恨望唯公義之存而忘所私焉

與孫莘老書

某昨日相見殊悤悤所示及信獄事深思如此難處足下試思其方因書示及今世人相識未見有切磋琢磨如古之朋友者蓋能受善言者少幸而其人有善人之意而與游者猶以爲陽不信也此風甚可患如某之不肖雖不爲有道計足下猶當以善言處我而未嘗有善言見賜豈以爲不足語乎足下尚如此復何望於今世人也是爲事某亦雖多復辨論非敢自強蔽以所識直以爲不如是則亦有所未悟彼此之理不盡在他人恐以不能虛受其說而欲是者因而已在足下聰明想宜知鄙心要當往復窮究道理耳古之人未有不須友以成者蓋無朋友則不聞其過最患之大者况某之不肖所學者非世之所可用

而所任者非身之所能爲忍心拂性苟取衣食而冒人之寄屬其大過宜日日有方理稽求可以自脫冀足下時見諭也鹽秤子擾擾事幸蹤示其詳不敢作足下文字施行要約束今後耳足下既受人民社稷於上官勢亦不得有所避避太過則其事將不直而職事亦何由理也如鹽秤子事悉望蹤示自足下職事然某不敢漏露也至麾嶺鄉詩奉寄一覽也秋冷自愛

上徐兵部書

[illegible]蒙執事畀之嚴符開以歸路暮春三月登舟而南[illegible]江絕湖緜二千里風波勁悍雨潦湍猛窮兩月乃[illegible]家展先人之墓寧祖母於[illegible]至十年縈戀一旦釋去

戴執事之賜此時惟重還職不時以懼以懃然去父母之道古人所爲遲遲也不識執事謫之貫之宜將何如區區之懷無以自處矣恭惟執事寬通精明暴著有年宜留本朝輔助風教利權之柄國家誠重爲紳之論猶爲嗟咨寵靈降集可拱以俟伏惟爲國自壽遲迎休福某此月治行承序於左右在旦暮矣下情無任依歸頌願之至

上宋相公書

某愚戇淺薄動多觸罪初叨一命則在幕府當此之時尤爲無知自去吏屬之籍以至今日雖嘗獲侍燕語然不能自同衆人之數也閤下撫接顧待久而加親及以罪逆扶喪歸葬閤下發使弔問特在諸公之

先而所以顧恤之尤厚此蓋仁人君子樂於以禮長育成就人材哀念一日之雅而忘其終身不肖之醜顧在私心宜何以報當閤下以三公歸第四方奔走賀慶之時而某尚以衰麻之故不能有一言自獻以贊左右之喜歲時不居奄及喪除可以有獻矣然所能進於左右乃不過如此蓋心之委曲有不勝言冀蒙有以恕之而已伏惟閤下以直道相先帝雖已不在政事之地然絕德至行九州四海所共矜式朝廷大議在所諮謨伏惟爲時自重幸甚

上富相公書

某以閤下在相位時獨蒙拔擢在常人之情固以歸德於左右然某以謂大君子以至公佐 天子進天

下。工而其適以不肖謬在選中閤下非故爲賜也則
某宜不知所得矣及以不孝得罪天地扶喪南歸閤
下以上宰之重親屈手筆撫循慰勉過於朝夕出入
牆屏之人又加賜物以助其喪祭然後慨然有感槩
於私心而雖在攀號擗劃之中不能以須臾忘也近
聞以旌纛出撫近鎮而尚以衰麻故不得參問動止
卷卷之情何可以勝日月不處既除喪矣而繼以疾
病又念之曲折造次不足以自達故曠日引久而闕
然不即叙感實冀寬大仁明有以容而察之而已伏
惟閤下以盛德偉譽豐功茂烈爲天下所鄉往而又
忠言讜議終始如一此志義之士所以尤勤勤於執
須也伏惟體道爲國自重以荅輿人之心幸甚

上張樞密書

某憃陋褊迫不知所向在京師時自以備數有司而閤下方斷國論故非公事未嘗敢以先人之故私請左右脩子姪之禮及以罪遯扶喪歸葬閤下方以醫藥自輔哀疚迷謬闕於赴告凡此皆宜得疏絕之罪者也然閤下拊循顧待既久而加親追賜手筆哀憐備厚當是時某方纍然在喪服之中無以冀於全存故不能有所獻以謝恩禮之厚今既除喪可以叙感矣然所能致於左右者不過如此蓋拳拳之心書不能言實冀寬大仁明有以容而亮之而已伏惟閤下以正直相天下翊堯戴舜功不世有辭寵去寄而退託一州所以承下風而望餘澤非特門牆小人而已

伏惟爲國自重幸甚

上郎侍郎書二

某啓伏念先人爲韶州明公使按其部存全挽進誼固已厚先人不幸諸孤困屢而又遭明公於此時閔閔煦煦視猶子姪兩世受惠缺然不報唯其心不敢一日置也身賤地遠又不敢輒以書通左右得邑海上道當出越庶幾進望庭下解積年企仰之意失於問聽到越而後知安車還在杭也不敏之罪無所辭誅伏惟尊明赦之不遽棄絕以終夙昔之賜幸也不敢必然覬也既到職下拘於法不得奔走以詷下從者伏惟以道自壽下情不任惓惓之至

二

某啓昔者幸以先人之故得望步趨伏蒙撫存教道如親子姪而去離門墻凡五六年一介之使一書之問不徹於隸人之聽誠以苛禮不足報盛德空言不能輸欲報之實顧不知執事察不察也去年得邑海上塗當出越而問聽之繆謂執事在焉比至越而後知車馬在杭行自念父黨之尊而德施之隆去五六年而一書之不進又望門不造雖其心之勤企而欲報者猶在而執事之見察其可必也且悔且恐不知所云輒試陳不敏之罪於左右顧猶不敢必左右之察也不圖執事遽然貶損手教重之蜀牋兖墨之賜文辭反復意指勤過然後知大人君子仁恩溥博度量之廓大如此小人無狀不善隱度妄自悔恐而不

知所以義之也一官自繇勢不得去欲趨而前其路無由唯其思報心尚不怠

上運使孫司諫書

伏見閤下令吏民出錢購人捕鹽竊以爲過矣海旁之鹽雖日殺人而禁之勢不止也今重誘之使相捕告則州縣之獄必蕃而民之陷刑者將衆無賴姦人將乘此勢於海旁漁業之地搔動艚户使不得成其業艚户失業則必有合而爲盜賊殺以相仇者此不可不以爲慮也鄞於州爲大邑某爲縣於此兩年見所謂大户者其田多不過百畝少者至不滿百畝百畝之直爲錢百千其尤良田乃直二百千而已大抵數口之家養生送死皆自田出州縣百須又出於其

家方今田桑之家尤不可時得者錢也今責贖而不可得則其閒必有鬻田以應責者矣使良民鬻田以賞無賴告訐之人非所以為政也又其閒必有扞州縣之令而不時出錢者州縣不得不鞭械以督之鞭械吏民使之出錢以應捕鹽之贖又非所以為政也且吏治宜何所師法也必曰古之君子重告訐之利以敗俗廣誅求之害急較固之法以失百姓之心因國家不得已之禁而又重之古之君子蓋未有然者也犯者不休告者不止糶鹽之額不復於舊則贖之勢未見其止也贖將安出哉出於吏之家而已吏固多貧而無有也出於大戶之家而已大家將有由此而破產失職者安有仁人在上而令下有失職之民

乎在上之仁人有所爲則世輒指以爲師故不可不慎也使世之在上者指閣下之爲此而師之獨不害閣下之義乎上好是物下必有甚者閣下之爲方爾而有司或以謂將請於閣下求增賸賞以勵告者故某竊以謂閣下之欲有爲不可不慎也天下之吏不由先王之道而主於利其所謂利者又非所以爲利也非一日之積也公家日以窘而民日以窮而怨常恐天下之勢積而不已以至於此雖力排之已若無奈何又從而爲之辭其與抱薪救火何異竊獨爲閣下惜此也在閣下之勢必欲變今之法令如古之爲固未能也非不能也勢不可也循今之法而無所變有何不可而必欲重之乎伏惟閣下常立天子之側

而論古今所以存亡治亂將大有爲於世而復之乎
二帝三代之隆顧欲爲而不得者也如此等事豈待
講說而明今退而當財利責蓋迫於公家用調之不
足其勢不得不權事勢而爲此以紓一切之急也雖
然閤下亦過矣非所以得財利而救一切之道閤下
於古書無所不觀觀之於書以古已然之事驗之其
易知較然不待其辭說也枉尺直尋而利古人尚不
肯爲安有此而可爲者乎今之時士之在下者浸漬
成俗苟以順從爲得而上之人亦往往憎人之言言
有忤已者輒怒而不聽之故下情不得自言於上而
上不得聞其過恣所欲爲上可以使下之人自言者
惟閤下其職不得不自言者某也伏惟留思而幸聽

之文書雖已施行追而改之者尚猶愈於遂行而不反
也干犯云云

上浙漕孫司諫薦人書

某今日遂出城以西度到潤州必得復望履舃故不敢造辭以戀起居明州司法吏汪元吉者其爲吏廉平州人無賢不肖皆推信其行喜近文史而尤明吏事有論利害事一編今封獻左右伏惟暇日略賜觀省其言有可採者不以某之言爲妄則儻可以收備從吏役使有仕進之望乎蓋薄惡之俗士大夫之修行義者少矣況身處汙賤之勢而清議所不及者乎勸奬之道亦當先錄小善務以下流之有善者爲始今世胥史士大夫之論議常恥及之惟通古今而明

者當不以世之所恥而廢人之爲善爾

臨川先生文集卷第七十六

臨川先生文集卷第七十七

書

上張太傅書二

上人書

代人上凌屯田書

與祖擇之書

與孫子高書

與孫侔書三

請杜醇先生入縣學書三

答孫元規大資書

答孫少述書

答王該秘校書二

荅張幾書

荅楊忱書

荅陳柅書

荅余京書

荅王景山書

上張太傅書二

某愚不識事務之變而獨古人是信聞古有堯舜也者其道大中至正常行之道也得其書閉門而讀之不知憂樂之存乎己也穿貫上下浸淫其中小之為無間大之為無崖岸要將一窮之而已矣中不幸而失先人母老弟弱衣穿食單有寒餓之疾始憮然欲出仕往往即焉而乃幸得於今年矣唯是憂患疾疥

筋力之懦而神明之衰也學日以落而廢職之咎幾不能以免其敢出所有以求正而世貴者之識哉其亦偷怿焉而已矣今也執事延之勤問之密而又使獻其所爲文其又敢自朋匿以重不敏而虛教命之辱哉謹書所爲原説誌序書詞凡十篇獻左右夫文者言乎志者也既將獻故又書所以志以爲之先焉冒犯威重惟赦之

二

某惷昧淺薄不知所以爲文得君子過顧不能閉伏所短以終取憐開命之辱輒具以獻追自悔恐且得罪戾而失所以望於君子者伏蒙執事有時之盛名而不以矜愚有使者之重而不以驕微賤辱之書接

之欲其至於道加賜所作俾得規而法之誠見執事之實於人也賢與衆人之所以異不在此其將安在伏惟執事之用心持久而力行則瓌偉閎廓自重之士將皆願綴於門闌之游豈獨某哉其將從某者始也既拜賜敢不獻其將然

上人書

嘗謂文者禮教治政云爾其書諸策而傳之人大體歸然而已而曰言之不文行之不遠云者徒謂辭之不可以已也非聖人作文之本意也自孔子之死久韓子作望聖人於百千年中卓然也獨子厚名與韓並子厚非韓比也然其文卒配韓以傳亦豪桀可畏者也韓子嘗語人以文矣曰云云子厚亦曰云云疑

二子者徒語人以其辭耳作文之本意不如是其已也孟子曰君子欲其自得之也自得之則居之安居之安則資之深資之深則取諸左右逢其原孟子之云爾非直施於文而已然亦可託以爲作文之本意且所謂文者務爲有補於世而已矣所謂辭者猶器之有刻鏤繪畫也誠使巧且華不必適用誠使適用亦不必巧且華要之以適用爲本以刻鏤繪畫爲之容而已不適用非所以爲器也不爲之容其亦若是乎否也然容亦未可已也勿先之其可也某學文久數挾此說以自治始欲書之策而傳之人其試於事者則有待矣其爲是非耶邪未能自定也執事正人也不阿其所好者書雜文十篇獻左右願賜之教使之是

非有定焉

上夌屯田書 代人作

俞跗疾醫之良者也其足之所經耳目之所接有人於此狼疾焉而不治則必歛然以爲己病也雖人也不以病俞跗焉則少矣隱而慮俞跗之心其族婣舊故有狼疾焉則何如也未如之何其已未有可以治焉而忽者也今有人於此弱而孤壯而屯蹷困塞先大父棄館舍于前而先人從之兩世之柩寠而不能葬也嘗觀傳記至春秋過時而不葬與子思所論未葬不變服則戚然不知涕之流落也竊悲夫古之孝子慈孫嚴親之終如此其甚也今也乃獨以寠故犯春秋之義繆子思之說鬱其爲子孫之心而不得伸

猶人之狼疾也奚有間哉伏惟執事性仁而躬義憫鄰而悼厄窮人之命躋也而又有先人一日之雅焉某之疾庶幾可以治焉者也是敢不謀於龜不介於人跋千里之途犯不測之川而造執事之門自以爲得所歸也執事其忽之歟

與祖擇之書

治教政令聖人之所謂文也書之策引而被之天下之民一也聖人之於道也蓋心得之作而爲治教政令也則有本末先後權勢制義而一之於極其書之策也則道其然而已矣彼陋者不然一適焉一否焉非流焉則泥非過焉則不至甚者置其本求之末當後者反先之無一焉不悖於極彼其於道也非心得

之也其書之纂也獨能不詩耶故書之纂而善引而被之天下之民反不善焉無矣二帝三王引而被之天下之民而善者也孔子孟子書之纂而善者也皆聖人也易地則皆然某生十二年而學學十四年矣聖人之所謂文者私有意焉書之纂則未也間或悱然動於事而出於詞以警戒其躬若施於友朋補追陋庸非敢謂之文也乃若執事欲收而教之使獻焉雖自知明敢自蓋邪謹書所爲書序原說若干篇因敘所聞與所志獻左右惟賜覽觀焉

與孫子高書

子高足下辱賜教獎勞甚渥反復誦觀慙生於心慕天介踈撲與時多忤[illegible]者徒以貧賤無以養故應書

京師名錯百千人[illegible]不願過爲人知[illegible]誠無以取知於人獨因友兄田[illegible]通得進之仲實二君子不我愚而許之朋往往有溢美之言寘疑於人抑二君子實過豈其願哉兄乃[illegible]拔其辭以爲既是重二君子之過而深某之慙也其敢承乎兄粹淳靜深文彩焰然而摧縮鋒角不自夸[illegible]舊具大樹立之器人所趨慕宜擇豪異而明之顧眷[illegible]眷於某豈今所謂同年交者固皆當然哉某願從兄以[illegible]誠不待同年然後定也承日與介第講肄圖史商[illegible]數出俗甚盛甚盛孔子曰垂之空言不如見之行事[illegible]切著明也私有望於兄焉此月奉計牒當度江南上[illegible]一日盡室行江山清華有可歎愛無良朋以共之亦足憮然眷睠職外奉親自壽

與孫侔書一

某頓首辱書具感恩意之厚先人銘固嘗用子固文
但事有缺略向時忘與議定又有一事須至別作然
不可以書傳某於子固亦可以忘形迹矣而正之云
然則某不敢易矣雖然告正之作一碣立於墓門使
人之名德不泯幸矣子固亦近得書甚安樂云不
來此遂入京恐欲知故及此朱氏事固如足下說
而李秘校乃已入京者於禮蓋亦皆如足下之說但
愁痛不能具道此意以負於賢者耳銘事子固不以
此罪我兩人者以事有當然者且吾兩人與子固豈
嘗相來於形迹間耶然能不失形迹亦大善唯碣宜
速見示也某憂痛愁苦千狀萬端書所不能具以此

恩足下欲飛去可以言吾心所欲言者唯正之子
耳思企思企千萬自愛

二

某啓手筆感媿近亦聞正之喪配未敢即問人生夕
難乃至此乎當歸之命耳人情處此豈能無愁但當
以理遣之無自苦爲也然此乃某不能自勝者二年
之間愁釁相仍居常忽忽不自聊勉從俗往還其心
唯欲閉門坐卧耳欲仕奉見久矣況以書見趣乎親
老常多病生事怵迫如坐燬屋之下不可以一日輟
而不圖其能遠來千里之外乎欲足下一至廣德某
當走見矣爲十日之會亦足以晤言矣或潤州亦可
也諸俟面論此不復云矣正之或來潤或廣德不可

復以它爲解矣某甚重去親側若正之難來此亦無所係著但至潤及廣德尤爲易耳

三

某到京師已數月求一官以出旣未得所欲而一舟爲火所燔爲生之具略盡所不燔者人而已家人又頗病人之多不適意豈獨我乎然足下之親愛我良厚其亦欲知我所以處此之安否也故及此耳知與公蘊居甚適何時當邂逅以少釋愁苦之心乎且頻以書見及某自度不能數十日亦當得一官以出但不知何處耳子高當已入京不知得及相見於京師否諸不一一千萬自愛

請杜醇先生入縣學書

人之生久矣父子夫婦兄弟賓客朋友其倫也孰持
其倫禮樂刑政文物數制事爲其具也其具孰持之
爲之君臣所以持之也君不得師則不知所以爲君
臣不得師則不知所以爲臣爲之師所以并持之也
君不知所以爲君臣不知所以爲臣人之類其不相
賊殺以至於盡者非幸歟信乎其爲師之重也古之
君子尊其身耻在舜下雖然有鄙夫問焉而不敢忽
歛然後其身似不及者有歸之以師之重而不辭曰
天之有斯道固將公之而我先得之得之而不推餘
於人使同我所有非天意且有所不忍也某得縣於
此踰年矣方因孔子廟爲學以教養縣子弟願先生
留聽而賜臨之以爲之師某與有聞焉伏惟先生不

與古之君子者異意也幸甚幸甚

二

惠書何推褒之隆而辭讓之過也仁人君子有以教人義不辭讓固已爲先生道之今先生過引孟子柳宗元之說以自辭孟子謂人之患在好爲人師者謂無諸中而爲有之者豈先生謂哉彼宗元惡知道韓退之毋爲師其孰能爲師天下士將惡乎師哉夫謗與譽非君子所卹也適於義而已矣一不曰適於義而唯謗之卹是薄世終無君子唯先生圖之示詩質而無邪亦足見仁人之所存甚善甚善

答孫元規大資書

某不學無術少孤以賤材行無可道而名聲不聞於

當世巨公貴人之門無可進之路而亦不敢輒有意
於求通以故閣下之名於天下之日久而獨未嘗
得望履舃於門比者得邑海上而聞左右之別業實
在敝境猶不敢因是以求聞名於從者卒然蒙賜教
聲讀之茫然不知其爲媿且恐也伏惟閣下危言讜
論流風善政簡在天子之心而諷於士大夫之口名
聲之盛位勢之尊不宜以細故苟自貶損今咳唾之
餘先加於新進之小生疑左右者之誤而非閣下之
本意也以是不敢即時報謝以忤視聽以累左右而
自得不敏之誅顧未嘗一日而忘拜賜也今茲使來
又拜教之辱然後知閣下眞有意其存之也夫禮之
有施報自敵以下不可廢況王公大人而先加禮新

進之小生而其報謝之禮缺然者久之其爲罪也大矣雖聰明寬閎其有以容而察於此而獨區區之心不知所以裁焉

荅孫少述書

少述足下某天稟疏介與時不相値生平所得數人而已兄素固知之置此數人復欲强數指不可詘唯接兄之日淺而相愛深別後焦然如失所憑兄賜問者八九奉荅卒不過一再而已以爲吾黨之相與情誼何如爾問之密疏不足計也不然今之游交竿牘之使午行於涂豈某於兄顧不能然此月十二日抵眞州明日當舟行無事當爲朱先生叙字且慮所既詩以寄元珍六月代去民先受弊訴爲之祭何進曰

人事可嗟可怍者衆何時見兄論之春暄自重

答王該秘校書

某不患其力之不任也而唯孔子之學操行之不得取正於孔子焉而已官爲吏非志也竊自比古之爲貧者不知可不可耶今之吏不可以語古拘於法限於勢又不得久以不見信於民民源源然日入貧惡借令孔子在與之百里尚恐不得行其志於民故凡某之施設亦苟然而已未嘗不自愧也足下乃從而譽之豈其聽之不詳耶且古所謂賂之者徒若是而止耶殆不若是而止也易子之事未之聞也幸教之亦未敢怨也

某頓首自足下之歸未得以書候動止而以慰左右者之憂乃辱書告以所不聞幸甚如見譽則過甚實甚矣告者欺足下也其尤顯白不可欺者縣之獄至或歷累月而無一日之空屬民治以苟自免以脊罰者以十數安在乎民之無訟而服役之不辭哉且某之不敏不幸而無以養故自縻於此蓋古之人有然者謂之爲貧之仕爲乘田曰牛羊蕃而已矣爲委吏曰會計當而已矣牛羊之不蕃會計之不當斯足以得罪牛羊蕃而已矣會計當而已矣亦不足道也唯其所聞數以見告幸甚

答張幾書

張君足下某嘗以今之仕進爲皆詘道而[illegible]身者顧

有不得已焉者捨爲仕進則無以自生捨爲仕進而
求其所以自生其誠道有甚焉此固某之亦不得已
焉者獨嘗爲進說以勸得已之士焉得已而已焉者
未見其人也不圖今此而得足下焉足下恥爲進士
貴其身而以自娛於文而貧無以自存此尤所以爲
難者凡今於此不可毋進謁也況如某少知義道之
所存乎今者足下乃先貶損而存之賜之書詞盛指
過不敢受而有也惟是不敏之罪不知所以辭敢布
左右惟幸察之而已

荅楊忱書

承惠書盛欲交之不知其爲懼與愧也已又喜焉聞
君子者仁義塞其中澤於面浹背謀於四體而出

於言唯志仁義者察而識之耳然尚有其貌濟其言圓其言濟其實匱者非天下之至察何與焉某嘗竊觀古之君子所以自爲者顧而自忖其中則歉然又思昔者得見於足下俯數刻爾就使其中有絕於衆人者亦未嘗得與足下言也足下何愛而欲交之邪或者焯然察其有似邪夫顧而自忖其中則歉然其爲貌言也乃有以召君子之愛宜乎不知其爲懼與媿也然而足下自許不妄交則其交之也固宜相切以義以就其人之材而後已爾則某也甚有賴其爲善也可以已邪

答陳禔書

某伏蒙不遺不肖而身辱先之示之文章使得窺

究其所蘊又取某所以應見問書序而存之以寵其行足下之賜過矣不敢當也某懦陋淺薄學未成而仕其言行往往背戾於聖人之道擯而後復者非一事也自度尚不足與庸人爲師況如足下之材良俊明安能一有所補邪雖然足下過聽所序而存者或非某所聞於師友之本指也則義不得默而已莊生之書其通性命之分而不以死生禍福累其心此其近聖人也自非明智不能及此明智矣讀聖人之說亦足以及此不足以及此而陷溺於周之說則其爲亂大矣墨翟非亢然詆聖人而立其說於世蓋學聖人之道而失之耳雖周亦然韓氏作讀墨而又謂子夏之後流而爲莊周則莊墨皆學聖人而失其源者

也老莊之書具在其說未嘗及神仙唯葛洪爲二人作傳以爲仙而足下謂老莊潛心於神仙疑非老莊之實故嘗爲足下道此老莊雖不及神仙而其說亦不皆合於經蓋有志於道者聖人之說博大而閎深要當不遺餘力以求之是二書雖欲讀抑有所不暇某之所聞如此其離合於道惟足下自擇之

荅余京書

某行不足以配古之君子智不足應今時之變竊食窮縣而無勢於天下非可以道德而謀功名之合也今足下貶損手筆告之所存文辭博美義又宏廓守而充之以卒不遷其至可量邪顧告之非其所推褒之語不以實稱類有以不敏欺足下者孔子曰不患

人之不己知患己不知人也此亦足傷足下知人之明獨愧而已不敢當也

荅王景山書

某愚不量力而唯古人之學求友于天下久矣聞世之文章者輒求而不置蓋取友不敢須臾忽也其意豈止於文章耶讀其文章庶幾得其志之所存其文是也則又欲求其質是則固將取以爲友焉故聞足下之名亦欲得足下之文章以觀不圖不遺而惠賜之又語以見存之意幸甚幸甚書稱歐陽永叔尹師魯蔡君謨諸君以見比此數公今之所謂賢者不可以某比足下又以江南士大夫爲能文者而李泰伯曾子固豪士某與納焉江南士大夫良多度足下不

徧識妄知無有道與藝闇匿不自見於世者乎苟以二君槩之亦不可也況如某者豈足道哉恐傷足下之信而又重某之無狀不敢當而有也孔子曰十室之邑必有忠信如丘者聖人之言如此唯足下思之而已聞將東遊它語須面盡之

臨川先生文集卷第七十六

臨川先生文集卷第七十八

書

承教并致令嗣埋銘祭文發揮德義足以傳後

感惻豈可勝言其次僕於人事惟須見令嗣數邀請之心所愛尚不知應接之勞也不圖奄忽遂隔生死言及於此秖傷慈念然壽夭有命悲痛無補惟寬以理自開釋耳無緣會晤千萬良食自愛

與章參政書

自聞休命日與賢士大夫同喜承誨示重以感愧又喜動止多福某外戶榮祿幸可以小愓而痞端稍瘳即苦耆眩投老殘年況不復久唯覬公爲時自愛勉建功業稱明主眷遇而已書不逮意想蒙恕亮

與王宣徽書

某頓首再拜阻闊門墻浸彌年月惓惓嚮往豈可勝言某屏居丘園衰疾日嬰闕於修問想蒙矜恕比郜

荷接偶至北山得聞北日動止康豫深慰鄙情也南北遼闊無緣進望履舄惟冀爲時倍保崇重無任禱頌之至

又

某頓首再拜留守宣徽太尉台座 久違言侍豈勝瞻仰山川阻闊修問曠踈竊惟尊體動止萬福門内吉慶新正伏冀爲國自重下情禱頌之至不宣

二

某惶恐再拜伏承憂戚自佚 聖上貪賢想必未遂高懷無緣造詣豈勝企仰某衰疾日積待盡丘園無荷眷記但深感切

與彭器資書

某啓數得會晤深以慰釋遽當乖闊豈勝係戀亦哉
無緣追路且爲道自愛謹勤此以代面叙

與程公闢書

某啓比承故人遠屈殊以不獲從容爲恨更煩專使
貺以好音豈勝感悵陰晴不常寒暄屢變尤喜跋涉
動止安豫平字韻詩不敢違揹聊供一笑集古句亦
勉副來喻不足傳示也尚此阻闊惓惓可知千萬自
愛以副情禱也不宣
厚之康強必數相見久欲致書未果幸因晤語爲道
惓惓也

與李修撰書 復圭

某啓比得奉餘論殊以不從容爲恨忽復改歲豈勝

恩仰乃煩枉教慰感感何可復言此喜動止多福日冀
別膺休命復得展晤於丘園未間息食自壽不宣

與徐賢良書

某叩首罪逆苟活向蒙賢者不以無狀遠賜存省區區哀感所不可言自後日欲修問而乃重煩手教先加撫慰重以愧惻也從是北征計行在旬月過潤去此甚近以几筵之故無由一至京口奉候瞻向之情可以意知也自別後不復治禮亦時時體中疾病諸非面見何可言也千萬自愛數以書見及幸甚尊兄丈福不及別削也

與楊皤推官書

某頓首推官足下辱手筆所以見教者過當不敢當

也某不爲通乎道者曰有志乎道可也方當求正乎人其敢正人乎哉讀足下之文但知愛之而已足下固嘗得賢人者而師之願造請所聞焉以私故未遑謹奉手啓不宣

二

某頓首區區之意已白左右卒不見亮而相責望加焉夫豈敢有愛哉特無以當所欲耳輙然得聞將試進其疑者亦冀足下或有以聞之不宣

與孟逸秘校手書

某頓首仲休兄足下自京師奉别於今已八九年事物之役少休息時不得馳問但增勤企忽得書乃知尚滯下邑幸得會合歡慰固無量顧忝一日之雅而

以公函見賜竊歎怍不知所謂也拜見在迩千萬自愛他留面陳

二

某頓首昨日以旱事奉報既而且以書抵王公言今旱者皆貧民有司必不得已不若取諸富民之有良田得穀多而售數倍之者貧民被災不可不恤也度治所已接狀矣然民既爲使者所沮得無貧懦力不能復自訴者乎唯念之屯田必已入城矣前治宿松事何其詳也錦鷄更求兩雌不欲忤物性耳秋凉自愛

三

某頓首數日得奉談笑殊自慰別後懷渴殊深從懽

動止萬福鵬已領得感作當有元給之直幸示下不然則魯自是不贖人矣按田良苦惟寬中自愛兩日稍寒矣尤宜自愛

四

某頓首到郡忽忽欲一詣邑奉見尚未果伏惟動止萬福歲饑如此幸得賢令君相與爲治宜不至有失所者然聞富室之藏尚有所閉而未發者切以謂方今之急閤下宜勉數日之勞躬往隱括而發之裁其價以予民損有餘以補不足天之道也悠悠之議恐不足恤在力行之而已不知鄙見果可行否幸一報有以見教幸多及屯田尊候萬福不及上狀不知端州何時可以到此欲及其將至使人以書逆之幸一

爲致聞示及不久得奉見未爾自愛

五

某頓首某不肖學不得盡意於文章仕不得行其所學苟居竊食動輒媿心而世之同好惡者已云少矣遇足下於此最爲相盡義不得諱其不腆之文過蒙推褒非所望也朋友道喪之日久矣以某之不肖行於前而悔之於後自已爲多矣况足下之明邪每望敎督而終未蒙惟足下不遺以朋友之義見存不勝幸甚更數日遂東去十里自愛不勝思懷也

六

某頓首辱書感慰𢡟按田勞苦乞自愛惟下户所得亦不多又誠可哀至於豪右雖所斶至少未爲損也

仁明審處之而已質利甚好但其小亦自質却數十千恐不免嫌謗也邑中但痛繩之豈有不從者乎按置一二人自然趨令矣日夕思一見無由聞常因檢覆至近郊能入城否或不欲入城憚請謁之煩即至近郊可示諭當走城外奉謁也

七

某頓首辱書感慰非兄之愛厚何其能勤勤不忘如此也奔走南北而事多不能如心去就之際未知所擇安能無勞於心邪不知兄代者何時到乎春暄千萬自愛以慰鄙懷也時以書見及不勝幸願

八

某頓首近別殊思渴雨不足遂止為之奈何兩日欲

作書往而私門不幸再得小功之訃愁苦豈可以言説邪元規得南信否昨日報之當更重其憂思然恐其急於得實又當走人往候之故耳前日所議云何欲以公往可否然元規方内憂暇議此否此決無害事但已之爲不可耳更裁之黄任道書煩送去無聊上問不謹幸憐察

九

某頓首幸以一日之雅而每辱以公禮見加非所望也蒙諭具曉盛意舉監若行辭不難也至於閤下治行自爲諸公所知不患無知己也惟以道自釋餘留面究也蠶麥之入今歲如何邑亡歲之凶固賢令仁佐政治之所及也竊以爲慰

與樓郁敎授書

某竊邑無狀每自隱度宜得罪於賢者敢圖不遺辱賜手筆而副以褒揚之辭乎此乃重某之不肖使不得聞其過惡而非所以望敎誨之意也足下學行篤美信於士友窮居海瀕自樂於簞瓢之內此某所仰歎也

荅王逢原書

某啓不見已兩月雖塵勞汩汩企望盛德何日無之忽辱惠書承以論語義見敎言微旨奧直造孔庭非極高明孰能爲之仰羨仰羨近蒙子固裒甫過我因與二公同觀尤所歎服何時得至金陵以盡遠懷不宣

荅王致先生

某頓首先生足下久不見顏色傾渴無量蒙賜手筆存獎尤過新將頗慰民望固幸甚足下無事於職而愛民之心乃至於此可以爲仁矣他留面陳悤悤不謹

回文太尉書

某再拜留守太尉儀同台座久違言燕豈勝悵仰山川阻闊久曠馳問伏惟尊體動止萬福令閤衰疾候望懸階唯冀爲時倍保崇重下情祈望之至不宣

回元少保書

某啓比承存問不敢因郵敘感日詗營從之東馳商惆悵尋涉臨門誨諭稠疊區區感激何可具言承動

上康寧深以爲慰心相望數驛而衰憊日滋無緣馳詣但有鄉往若春氣暄和乘興遊衍得陪几杖何幸如之未爾間伏乞良食自重不宣

二

某啓久闕修問豈勝企仰新歲想膺多福貴眷各吉慶山川相望拘綴無緣造晤冀倍自壽重以副惓惓也程公闕想日得從容也

荅范峋提刑書

某啓久阻闊豈勝鄉往承誨喻示及知舟馭已在近闗良喜動止萬福並冀得瞻晤又重以喜餘非面叙不悉

二

某啓承譽從數辱丘園得聞餘論多所開釋哀行有日適以服藥疲頓不獲追路豈勝愧悵冒涉冬遠冀良食自壽以慰係戀謹奉啓以代面叙

荅孫莘老書

某啓丘園自屏煩公遠屈衰疾不獲奉迓仰惟譽從跋涉勞苦謹遣人馳此奉候不宣

荅俞秀老書

某啓比嬰危疾療治百端僅乃小愈竊聞秀老亦久伏枕近纔康復不知譽從何時如約一至乎歲盡當營理報寧庵舍以佇遊憩餘非面叙不悉未相見間自愛令弟見訪闕於從容及聞邀之已過江矣聞不久復來不及別悵也

荅宋保國書

某啓使人三至示以經解副之佳句勤勤如此豈敢鹵莽以虛來旨所示極好尚有少疑想嘗從非久淹於符離冀異時肯顧我可以究懷未爾爲時自愛不宣

荅熊伯通書

某啓幸得會晤豈勝欣慰遽復乖闊實深悵戀明日當展親墓不獲追送瞻傃旌旆重增愧恐唯兾爲時自重度非久北還餘非面敘不可宣究也

二

某啓久欲相送於崇果適值展墓今日聞舟師尚次淮濱猶欲與七弟一往而疲憊殊甚惓惓之情何可

具言重煩誨喻感激感激沈氏書即馳送幸託婚姻之卜木豈勝欣慰冬寒跋涉自愛想公非久淹南方冀復朝夕會晤於此爲時自愛不宣

荅蔣穎叔書

阻闊未久豈勝思渴承手筆訪以所疑因得聞動止良以爲慰如某所聞非神不能變而變以赴感特神足耳所謂性者若四大是也所謂無性者若如來藏是也雖無性而非斷絕故曰一性所謂無性曰一性所謂無性則其實非有非無此可以意通難以言了也惟無性故能變若有性則火不可以爲水水不可以爲地也不可以爲風矣長來短對動來靜對此但令人勿著兩若了其語意則雖不著二邊而對[illegible]

此亦是著故經曰不此岸不彼岸不中流長爪梵志一切法不變而佛告之以受與不受亦不受皆爭論也若知應生無所住心則但有所著皆在所訶雖不涉二邊亦未出三句若無此過即在所可三十六對無所施也妙法蓮華經說實相法然其所說亦行而已故導師曰安立行淨行無邊行上行也其所以名芬陁利華取義甚多非但如今法師所釋也佛說有性無非第一義諦若第一義諦有即是無無即是有以無有像計度言語起而佛不二法離一切計度言說謂之不二法亦是方便說耳此可冥會難以言了也

臨川先生文集卷第七十八

臨川先生文集卷第七十九

啓

回文侍中啓

賀韓魏公啓

伏審判府司徒侍中寵辭上宰歸榮故鄉兼兩鎮之節麾備三公之典策貴極富溢而無亢滿之累名遂身退而有褒加之崇在於觀瞻孰不慶羡伏惟某官受天間氣爲世元龜誠節表於當時德望冠乎近代典司密命摠攬中權毀譽幾至於萬端夷險常持於一意故四海以公之用捨一時爲國之安危越執鴻樞遂躋元輔以人才未用爲大恥以國本不建爲深憂言衆人之所未嘗任大臣之所不敢及纔變故畢有成功　英宗以哀疚荒迷慈聖以謙冲退託内揆百官之衆外當萬事之微國無危疑人以静一周勳

霍光之於漢能定策而終以致疑姚崇宋璟之於唐善政理而未嘗遭變記在舊史號爲元功孰有獨運廟堂奠安社稷弼亮三世敉寧四方巋然在諸公之先者乎如今日之懿若夫進退之當於義出處之適其時以彼相方又爲特美某久叨庇賴實預甄收職在近臣欲致盡規之義世當大有更懷下比之嫌用自絶於高閎非敢忘於舊德遽聞新命竊仰遐風瞻望門闌不任鄉往之至

賀致政文太師啓

伏審明制閔煩安車歸憩位在三師之首名兼兩鎭之崇誕告敷聞具瞻胥慶宜惟未契竊仰高風恭惟致政儀同太師聲冠時髦功至隆國謀天應時而生德

帝考實而念功蕭何漢之宗臣方叔周之元老寵靈
莫二宜受祉之難窮懇惻有加遂留貿而弗獲瞻承
雖阻企慕寔深

賀留守侍中啓

伏以露章有請辭寵甚堅遂廻渙號之孚以徇撝謙
之美爰田衍食舊鎮撫臨雖非朝廷爵以報功之心
兹見君子廉以激貪之節高風所洎薄俗以敦恭惟
留守太保侍中躬授將明之才出逢開泰之運謨謀
王體秉執事樞勳庸已著於三朝寵祿具膺於多祉
惟騎出處作世表儀未遑慶牘之修首辱占書之貺
永言感戢實倍悃悰

賀留守王太尉啓

恭聞孚號崇獎耆明肇建節旄再司管鑰匪周邦之獨慰乃黎獻之交欣伏惟留守太尉朝廷偉材宗廟貫器華問既大寵祿用光取甘茂之十官最先諸老間季友於兩社乃允具瞻將壇之拜既崇公袞之歸豈晚某舊蒙識拔尚阻趨承踊躍之私實爲倍百

賀致政趙少保啓

竊審抗言辭寵得謝歸榮懸西省諫諍之官序東宮師保之位殿庭鳴玉尚仍前日之班里舍揮金甫遂高年之樂伏惟慶慰資政少保懋昭賢業寅亮聖時伯夷之直惟清仲山之明且哲所居之名赫赫豈獨後忌爾瞻之節巖巖方當上輔遂從雅志實激貪風未即披承徒深欽仰

賀呂參政啓

竊聞明命登四州大儒是宜夷夏之交歡豈特親朋之私慶某官以君子之器值聖人之時直道正言石投水而必受淫辭詖行雪見晛而自消果膺夢卜之求式受鈞衡之任王功方就庶無一簣之虧國勢已安更加九鼎之重豈徒惠好過示獨謙冀同雅擇之堅以稱茂恩之厚

回謝王參政啓

伏審光被上恩寵參國論明揚敷告庶位交忻歷選迓衡之君疇咨當軸之輔尚克違之敢弼則曰汝無後言欲譽問之能宣則曰予有疏附厥懷協濟乃稱具瞻當盛德之日躋攬衆材而時舉懋膺休顯允屬

聽明恭惟參政侍郎秉哲在躬推仁及物告嘉謨于后學皆會於本原揚至號于庭辭必稽於典要以陳善閉邪之類應贊元經體之求重念羈單最稱眷舊牽絲一府久承論議之餘持橐三朝常出踐更之後復叨榮於並命茲竊幸於爲僚曲荷至懷先諭重閒方勵同寅之志敢忘胥顧之勤

賀章參政啓

承聞大號登用正人國論所歸帝畢時當伏惟參政諫議素所蘊蓄實在生民久於謳相遷乃遇明主遠大蓋存乎道術緒餘宜見夫功名斯四海幾生門闌表契方士師之未立可謂曰知於樂正之有爲云胡不喜更荷誨言之無間但慚慶禮之不先

免參政上兩府啓

恕奉明綸俾參大政蒙恩則厚撫己不遑方以聖明之時尤艱輔弼之任置人或誤累上非輕[illegible]揆揣躁仰慚優渥雖已陳情而懇辭猶疑渙汗之難迴敢竭吝衷更煩公議伏惟某官望隆熙世謀協睿聰儻矜一介之誠願借半辭之助使安常分無忝盛時亦所以正選用之總恩不獨荷保全之私惠

答高麗國王啓

伏以數疆阻闊邈止無階道義流聞瞻言有素使及擅及國擧寶在庭遠以好音申之嘉惠眷存即厚慰感寶深恭惟大王膺保德名踐修獻訓纂榮懷之舊服襲壽豈之多祥冀順節宣眔綏福履有必儀物具如

別牋

罷相出鎮回謝啓

比奉制恩許還宰柄妨賢廢事徂淹歷於歲時辭劇就安更叨逾於寵數受方國藩宣之寄兼將相威儀之多在於無功是謂叨寵此蓋留守太師忠能與善美務成人顧惟疲曳之餘每賴推揚之助得紆符紱歸貢丘園仰玷寵光之私實踰分願之素

謝皇親叔敎啓

比者叨被命書延登樞路方至神之獨運追羣聖以上行褒典所加治功宜稱顧薄材之難强豈高位之敢安甫集愧懷遽承慶問尋嘉甚寵匆感丕奚勝

賀韓史館相公啓

伏覩制命登用臣宗大〻世嘗與衆正欣賴伏惟慶慰
恭惟吏部相公世載賢業躬合聖時道直方而行以
不疑氣剛大而養之無害謙尊國柄實佑帝庭貪夫
以廉惟伯夷之行是效狂者更直則成湯之舉可知
某久曠舊恩尚竊榮祿以承流而自効知恥義之所
歸

回留守太尉賀生日啓

聞史記時永念勳勞之報于六傳數乃蒙慰賜之加
仰荷眷憐豈勝感惻伏惟判府留守太尉望隆國棟
聲冠時髦如畎畝之餘生乃門闌之舊物尚負品題
之賜每愧愚憧敢圖恩紀之施未遺幽遠仰承嘉惠
增激懦衷

除參知政事謝執政啓

此者登備近司與聞大政誤膺休命良積媿懷竊念某早以孤生出階賤仕稍蒙推擢遂至叨逾久於侍從之班初乏論思之效皇明繼照將守外分亟被召還得參勸講已汗禁林之選更陪宰席之延據非其宜知有所自此蓋伏遇某官貫行忠恕啓佑善良因令危拙之身亦與訏謨之地敢不自致進爲之義庶以上同經濟之心

同王參政免啓

伏審升拜 帝恩進陪國論孚號布宣於朝位歡言騰溢於士林卓與明游實先慶忭恭惟某官元精發秀沖氣鍾和 贊綸命於三朝 驚隆名於四溯 大忠無

撫常寮簡於上心經德不回非外發衆口又蓋臣
民之施果膺置輔之求方當上同扶世之猷庶幾曾
免瘝官之責過煩垂問曲喻至懷冀回操以就三遷
協謀而許國

參知政事回宗室賀啓

此者叨被　上恩使陪國論惟才能之淺陋荷眷遇
之特殊遜避弗容省循知畏此蓋伏遇某官道存博
愛志務上同有許國之至懷樂推賢而與共因令孤
拙得冒寵靈先荷慶問之勤尤積媿顏之厚

回曾簽書免啓

伏審顯膺優詔進貳中樞伏惟歡慰某官蘊古宏達
逢運休明夙柬注於宸心克將明於王政乃寔民瞻

之地實賫無濟之才明命誕敷師言咸允而對章上
奏辭寵更堅惟祗若於王休庶共聲於界柔

上執政辭僕射啓

竊以中臺揆路之要左省侍班之崇以青茂勳乃擇
公論某誤尸宰事久曠天工方慙莫副於具瞻豈意
更叨於殊獎比陳愚款未賜俞音伏惟某官乞垂曲
成義惟兼善特借寺辭之助庶逃虛授之尤

除宰相上兩府大王免啓二

伏奉制命特授云云綸綍之言布宣於朝廷鈞衡之
任總率於臣工必收特出之才乃稱具瞻之實某叨
塵事任參豫政機曾有許國之愚忠初無濟時之明
效夂思自強以免尸素光敢圖眷注之私更冀辨章之

地方蒙曲論謝未獲於辭伏望某官深垂兒愍誠俯垂怜惻少借半辭之助以紓曠責之慙

二

竊以鈞衡之任寔總於百工苟非經濟之材曷膺於庶績某叢叨柄用已乏事功方追虛責之尤豈稱具瞻之實敢圖隆眷未獲固辭伏惟某官仁以由成義惟兼濟願借重言之助庶逃虛授之慙

回謝舍人啓

伏審詔試公府書命帝庭茂對明綸之恩遂膺[illegible]之賜豫遊惟舊懷慰良多舍人美行邁倫高材[illegible]自翺翔於朝路實熠爍於士林孚號載揚師虞惟允未皇贊喜特枉鳴謙感愧之私敷言曷罄

回韓相公啓

伏審祗服命書已臨使府來章得請允欣閭里之異舊俗去思胥慶旌麾之入伏惟某官氣凝簡厚宇度本元忠義著於三朝功名垂於一代銅臺坐鎭居多恬養之休棠訟日清久被仁漸之化未遑馳廢先辱貽書惕然汗顔俯以拜貺其爲感戢實倍悃悰

回文侍中啓

伏審顯奉制書榮遷官秩暫解樞衡之密出分藩輔之憂伏惟某官器範曠遠才猷膚敏著三朝之茂烈爲一代之宗工遽辭機務之繁屢貢近藩之請詔音賜可頷志願之莫違寵數有加唯德功之宜稱豈輿明悊尚屈謙虛況當成命之行允恊僉言之望冀還

冲守以對茂恩

臨川先生文集卷第七十九

臨川先生文集卷第八十

啓

回賀冬啓三
回賀正啓三
賀文太師啓
謝知制誥啓
回謝館職啓
知常州上中書啓
知常州上監司啓
上楊州韓資政啓
上郎侍郎啓二
上田正言啓

三

伏以七始載華三微遂基方明主攝辰之盛宜哲人膺祉之多恭惟儀同太師一代宗工三朝耆俊適屆新陽之盛備膺諸福之歸　竊以嬰痾阻於稱壽曉蹉祝頌實倍等夷

二

伏以四序密移一陽來復氣驗管灰之應官書雲物之占伏惟某官佐主以聰明之材庇民以平易之政踐揚機要時所具瞻就立功名老方益壯肅臨誕旦宜介多祥邈無薦壽之田第切馳情之極

三

伏以陽朋初復圭景　長惟勳德之並隆宜福祿之荐至某官材高百辟望重三朝收善世之榮名丝番

王室暢經邦之遠業復荷天衢延跂台華彌增善頌

回賀正啓三

伏以杓回寅位德盛木行物乘引達之陽朝布始和之令伏惟留守司徒侍中澤宓許國令德在民方設旦之甫臨宜春祺之協應某方茲居里適阻造門顧敘慶之恭違在馳誠而無已

二

伏以杓回寅位德盛木行品物時亨吉人類長伏惟某官元功致主茂德宜民烝庶之所詠歌神明之所輔相甫臨穀旦宜介吉祥稱慶未遑鳴謙遽及感銘之素數敘何殫

三

肇復歲端始和治本惟國之元老荷天純休伏惟宰官抗志極高守氣甚約措之事業而盛大發爲問望而輝光暫息价藩佇還宰席瞻馳頌願倍百等夷

賀文太師啓

伏以歲旦更始物得以生當命相布德之時乃變民觀象之月伏惟致政儀同太師王纘之事天降之才冕服命圭極上公之貴號神旗豹尾總全魏之壽師宜獲相於明靈以時膺於戩穀某限以病居在遠慶賀無階同善頌於輿人以自輸於微志

謝知制誥啓

據非其稱懇甚於榮切以通會朝之籍於禁中出誥命之書於天下自昔必求乎良士方今尤謂之美官

非夫能道先王之言及通當世之務文章足以潤色
知術足以討論一有誤居必乖衆論某素出貧賤偶
遭盛明讀書雖勤未免是古之累更事雖久終無適
時之才製作淹遲而不工思慮短淺而不敏有此一
物自足窮於多士之時兼是四端豈宜辱於邇臣之
列此蓋伏遇某官以忠純翼戴以寛大甄收謂其引
分而無求儻或負能而有待因加奬借使得超躐盖
大公之賜所加唯至誠之報為稱敢不内盡致身之
德庶以上同許國之心

回謝館職啓

奉膺明詔綜理秘文凡與交游舉同慶慰惟館閣圖
書之府實朝廷俊乂之[illegible]或起賢良進士之高科或

出公卿大臣之列薦因循流弊稍容濫進於平時選用校覈多得真才於近歲并罷爲其謨謀之已審故不必課試而後知某官以甚高之資加至美之行服異能於大衆蓋已千人積素望於昭明時固非一日鉅工所以極論而無避先帝所以特用而不疑雖列職書林於儐未塞然奮功朝路其進可量未獲造門先承枉駕私懷感愧豈易敷言

知常州上中書啓

將毋之求屢關於聽覽長民之寄終累於陶鎔勢則便安心焉震悸蓋聞抱關擊柝所以待士之爲貧直鎛蒙鏐所以處人之有疾其志卑者其獲少其能淺者其任輕自非審分以取容則必近刑而速謗如某

者湮淪素業邀會時恩備官牧人既以貧而擇郡奉
使畿縣又以衰而告勞甚矣能薄而志卑宜乎生輕
而獲少尚蒙優詔猥備方州自惟缺然何以稱此盖
蓋伏遇某官上同一德而以寬裕處心旁燭萬情而
以平均待物遂令疎賤亦至叨逾永惟憂國之所存
獨可勤民而上副顧今州部已遠朝廷田疇多荒守
將數易教條之約束人無適從簿書之因緣吏有以
肆惟是妄庸之舊當茲凋瘵之餘自非上蒙寵靈少
假歲月則牧羊弗息彼將何望癸少休畫土復墁此
亦無逃於大譴更期元造終賜曲成

知常州上監司啓

蒙恩寬裕得郡便安竊以造官以身受察而稱念某鄙

陋之質拙跡於時聞先子之緒餘慕古人之名節爰
勉仕宦聊盡爲貧之誠苟簡歲時亦預在位之數來
佐群牧甫更二年數承州符兼更職縣顧神明之寵
茲當事役之浩穰懃非其宜辭得所欲遂以一身之
賤猥分千里之憂荷覆露之生成出備賢之撫按竊
惟幸會良用震驚惟此陋邦近更數守吏卒困將迎
之密里閭苦聽斷之煩自非函容少賜優假緩日月
之效使教條之頒則何以上稱督臨下寬彫瘵伏惟
某官逢亨嘉之會負舊將明之杵簡在清衷久於煩使
体愛養元元之意樂扶持斷斷之能庶幾始終得出
庇賴未期望履允切勵情願順節宣以需褒寵

上楊州韓資政啓

某受才素卑趨世尤拙冒千從事之選積有敗官之
憂洎由恩臨得以理去違離大旆留止近郛惟德之
依無時以懈整僕夫之駕方爾就途拜使者於庭遣
慭承教未忘故吏之賤加賜上樽之餘望不素慭報
將安所念當遠適顧獨長懷行願高明之才遂處機
要坐令衰廢之俗復覩大平伏惟爲上自頤副久所
望

上郎侍郎啓二

伏蒙過采浮議使承乏之官借寵則榮循涯而惧願留
平聽得究下情頑跡之人滯固於事席先子之緒業
玷大常之寺名備位於兹歷年無状安全者幸亟矣
乃宜何言誤知欲覼縷試審處私計追惟舊聞不越

組以代庖蓋言有守未操刀而使割可必無傷[illegible]取
用是固辭誠願易而他使依違王事雖名理之未安
妄冒人知亦生平之不欲高明在上惘惼奚中臨路
怔忪果於得請

二

某備官有守望復無階職是簿書之憂鈌然筆簷之
獻頷惟薄陋最荷庇存實賴盛恩之臨不誅苛譴之
廢惟春且暮於氣已暄伏惟養福有經衛生無恙伏
惟某官望隆先進德茂老成言歸典刑動應皓書章
收功於要路晚得謝於明時貴而能貧恬以養恭為
時所嚮於義可師伏惟順序節宣慰人所望

上田正言啓

謝去賓廷歸安子舍遠。今旋月惟日想風會稽之
祖仍顧賸書而不暇伏況賢哲冥禀神明真休吉
安恬福履貌厚恭以某官剛絜不倚沈深內明逢乂
以徵取位如拾朝所恃賴士相据依矧惟甚盛之才
實在可言之職廟謀中失物議否藏有足獻替讜無
回隱仰裨大政取顯官繫四面所瞻一心以徯其早
煩教育晚出薦延方茲辦裝不日臨職趣馳之地固
奉育涯莊賴之心尚安、所適

上撫州知州、啓 代人作

講聞風聲積有時序、刺史之天所以芘先人之渴固吾
仰高之心惟日為歲顧以賤官之右守追私請之無階
恭惟班宣有條保養多福伏以某官學問事業行權

表儀比以將明之才遂當寬博之選一麾坐府猶屈於遠圖三節造庭宜膺於顯數伏惟為國自愛副人所瞻

謝孫龍圖啓

伏念某蕞爾之材儻然而仕進有官謗未嘗不無私田何以自處苟安朴野之分無意賢達之遊矧勢位之嚴尊加功名之儁偉 天子之所倚重士人之所取平敢干月進之誅自廢退藏之守過蒙收引親賜撫臨因使下材得聞餘教蓋忘千乘以友賤貧之士先匹夫而輕貴富之身在古已希豈今宜有顧無報稱私用震驚比聞治舟既祖取道恨造門之獨後慚追路之不遑尚幸仁明儻存哀恕縻身於此望

纔何階順變于時養安以節

謝王司封啓

伏念某孤窮之人少失所恃雖勉心竭力求以合於古人而固陋顓蒙動輒乖於時變以此而遊於世未嘗見恕於人而自趨走下風習聞餘教慰藉之禮稱揚之私恃嚴顏而不加犯上之誅拂盛指而更以首公爲是書又報答　從見臨不以先進略後生不以上官卑下吏以至其去重煩送將又賜其行使不留滯爰初就道甫爾踰旬乖離雖新感戀殊甚伏惟順節自壽副人所瞻

謝　賴全安遭會使卓

叨備一官甫更三歲不

按臨州部頗望風而震恐將按劾以去歸敢圖高明
見過優過載銜盛德尤激下情 離尚新企仰殊甚
茂惟賢僑善迓福祥固有神明陰來輔相褒陞之寵
倚立以須伏惟爲上自題副人所望

謝夏 察 啓

伏審某官策皀之盛時收名異等以財自稱爲議所歸
時惟私幸之多代有同升之義惟當造請勢未暇遑
敢圖高明不自重貴親存館申貺華牋窺覿以思
懼恐且媿感池無賴於海鳥章甫不加乎越人夫何
謙辭乃爾虛辱方且揆日以時造門

答交代張廷訊啓

某受才無它竊邑已於此更書始下已傾自附之誠賜

閫撫臨重荷相存之意維茲地所邈在海濱方條教
之未孚得仁賢而復治恭以某人天材粹美地勢高
華生逢盛時進取顯仕分一麾之土雖屈遠圖撫千
室之弦坐期美政趨承在近企仰居深

賀致政楊侍讀啓

伏審得謝中樞戒歸下國孔　在事議臣雖願其留
蹤廣乞身觀者固榮其去丁時翕艴取道阻長繁盛
德之可師宜明神之實相茂惟興止休有福祥伏惟
某官逢辰清明取位通顯義勇不挫忠精無疵登備
諫工嘗已告嘉猷于后奉將使節則以下膏澤於民
儀儀會朝凜凜侍從功名之美既耀於將來智略之
閎猶嗟於不試引年去任循禮得中雖其養恬有以

鎮薄某望塵非數見器 則深竊冒上官之大智雅所
不欲推揚後進之羊音 云何敢忘備位於茲仰高無
止

答桂帥余侍郎啓 安道

受才無狀馳義有年夠 以先人是爲雅故夫何筆牘
之間乃後門闌之廁試以賢否之分殊而又早尊之
勢隔恭惟某官以挺生軸世以簡儻帥邊戎猜夏之
近憂與保民之長利有紀 之政當謹後世之傳無能
之詞敢虛遠人之屬過蒙收引先賜揖循丹青甚襪
本累玉瑩之粹土木至陋 猥承綈繡之華莫副推揚
徒知感服念當拜賜宜在 至前莫歸節於本朝得望
塵於末路私懷未果善禱 同良深

遠迎宣徽太尉狀

伏審某官遠驅台旆肅次國都朝論具依上心虛佇某阻於官制莫遂郊迎輩趨命之弗遑副瞻風而已矣謹奉狀攀迎

先狀上韓太尉 魏公

昔者幸以鄙身託於盛府無薄才以參籌筴之用有踈節以累含容之寬久而再惟滋以自愧伏惟某官憂國愛君之操仁民恤物之方賓禮賢豪包收疵賤盡嘗沐浴於餘澤而且鼓舞於下風孰云去離遂自踈斥徒以地殊南北勢隔卑尊小夫竿牘之勤不足自效莫府文書之衆或以爲煩方隨傳車得望步履固願陪緣於疇昔因得瞻仰於緒餘敢圖高明先賜

學來書以下賤不矜其行之迺賢而容愚不誅其禮之嚮夫惟昔之有道皆慎所以與人欲示其自養之汚隆必觀其所遇之能否㦝固陋有玷將成溺次郊闈即趨牆屏其爲感喜易談言

荅程公闢議親定書

某啓言念某跂通德之門誠數仞敘宜家之慶拜貺尺書伏承賢郎推官蘭傳芳鯉庭稟訓賢好逑之荅見久要之彌敦鴻之復問敢稽鵲喜之叶占飯吉眷惟姪女未習婦功交秦晉之歡仰從嘉命學愈張之館甫愧衰宗所兼數陳嘒爰謹奉狀請伏惟照察謹狀

臨川先生文集卷第八十